济世安民

唐太宗

刘乐土◎著　　下册

中国铁道出版社有限公司
CHINA RAILWAY PUBLISHING HOUSE CO., LTD.

图书在版编目（CIP）数据

济世安民：唐太宗：全2册 / 刘乐土著. —北京：
中国铁道出版社，2017.3（2021.9重印）
（中国历代风云人物）
ISBN 978-7-113-22818-7

Ⅰ. ①济… Ⅱ. ①刘… Ⅲ. ①李世民(599–649) –
传记 Ⅳ. ①K827 = 421

中国版本图书馆CIP数据核字（2017）第020347号

书　　　名：济世安民：唐太宗
作　　　者：刘乐土

责任编辑：殷　睿　　　　　电　　话：（010）51873012
编辑助理：奚　源　　　　　电子邮箱：tiedaolt@163.com
封面设计：MX DESIGN STUDIO
责任印制：赵星辰

出版发行：中国铁道出版社有限公司（北京市西城区右安门西街 8 号，100054）
印　　刷：三河市燕春印务有限公司
版　　次：2017年3月第1版　2021年9月第2次印刷
开　　本：787mm×1092mm　1/16　印张：29.5　字数：562千字
书　　号：ISBN 978-7-113-22818-7
定　　价：74.00元（全二册）

【第七回】

玄武门李世民发难，幽州地庐江王不臣

美丽的春天又来了，太极宫的后苑里，春暖花开，景色宜人。宽大的后殿里，豪华的御宴专用红木桌椅次第排开，左边坐着花枝招展的嫔妃内眷，中间是油光粉面的公子王孙，右边是喜笑颜开的宠臣贵戚。

那些侍候的宫女太监穿梭往来，动作利落，却又脚步轻轻。精雕细刻的花纹木格窗户全部推开，窗外红花绿叶，粉蝶旋舞，靓鸟啁啾。御座上的高祖频频点头：人到这份上了，又有何求？

"众卿干了这一杯！"高祖大声道。

"谢圣上隆恩，干！干！"众人连忙附和。

高祖嘴里咂着世界上最美的酒，大发感慨："我李唐代有天下，一是顺天应时，所谓'天道将改'，我老君子孙治世；再则我李姓子弟个个有出息，圣武龙兴，光宅中夏。"高祖一激动，话也说不顺溜。

李姓王公听高祖这一说，忙拱手谦虚地说："此亦陛下之盛德，天命归于陛下。"

李世民也在想，说什么话讨皇上喜欢？但一时想不出自己认为满意的话来。想父皇一生最爱母后，而母后早逝，若此时思念母后，必讨父皇喜欢，也能抹去父皇对张亮一事的不快。想到这里，李世民稳定了一下情绪，在酒桌旁唉声叹气起来，见没人注意，又用手揉眼睛，揉着揉着流起泪来，还小声地抽泣起来。

众王公一看秦王没缘由地哭了，都惊得不知所措。高祖一见，很不痛快，手抚桌案喝道："朕与众王亲饮宴正乐，秦王所哭何为？"

李世民不慌不忙，从容答道："儿臣见此太平光景，丰盛筵席，想想太穆皇后早逝，不得见李唐有天下，因而伤心流泪。"

好孝顺的儿子，高祖也觉伤感，点点头说："是啊，太穆皇后是好，她深谋远虑，钩沉致远，曾劝朕献骏马于隋炀帝，以消灾避祸，事实证明她的想法是对的。皇后四十五岁就匆匆离开了人世，没有看到朕创立唐朝，朕也感叹她去世过早了。"

李建成、李元吉见李世民表演成功，引起父皇的一番感慨，心里嫉妒。哥俩交头接耳一番，又定下一番妙计。

李元吉自恃和尹德妃近乎，乘乱走到了她的身后，对她耳语了一番。

尹德妃打心眼里喜欢愣头愣脑却不乏坏心眼的三胡，听了他的话，频频点头，为了表示真心认可，又从酒桌底下伸手，捏了李元吉一把。

酒宴散去，尹德妃扶高祖回后宫，高祖还沉浸在刚才的伤感之中，兀自欷歔不已，尹德妃撇着嘴，长袖一甩，说："皇上以为秦王酒宴上为何流泪？"

高祖答道："太穆皇后在日，心袒二郎，二郎孝谨，所以悲泣。"

"不是，不是。"尹德妃头摇得拨浪鼓似的，"秦王正是不识好歹之人。今海内升平，陛下年事已高，正当颐养天年。酒宴之时，秦王独自流涕，一则不顾陛下身体，二则憎恨妾等。今陛下亲眼所见，尚且如此，陛下万岁后，妾等母子焉能为秦王所容？"

高祖一听，此话也是，摸了摸尹德妃的脸说："谅他也不敢怎的。"

尹德妃泪珠已下来了，滚珠似的："皇太子仁孝，齐王大度，陛下以妾母子嘱托，必能保全。秦王有虎狼之心，千万不要让他成什么气候。"

见高祖已有所动，尹德妃继续煽风道："听说秦王左右，如那房玄龄、杜如晦，日夜劝秦王行大事。秦王虽是陛下的亲儿，恐坏话听多了，也不把陛下放在眼里。"

话说得有些粗鄙，但高祖听了颇觉是那么回事，他当即指示旁边的太监："传朕旨意：房玄龄、杜如晦永不更事秦王！"

太监应声去了。尹德妃心中暗喜，服侍高祖睡下，待高祖打起呼噜，忙撤身退出寝殿，摇摇摆摆找齐王报喜去了。

李元吉正在偏殿候着，尹德妃手半捂着嘴，笑嘻嘻地把事说了，李元吉心里高兴极了，乘着酒劲，亲了尹德妃一口，尹德妃见眼前无人，顺势往李元吉怀里一倒，元吉狠狠搂了一下，想想大事未成，又推开尹德妃："忍一忍，等咱当家做主再说。"

李世民在后宫的情报网也够迅速的，宴会上流泪却被人暗箭中伤的事很快反馈了过来。另外还捎带一个重要的信息，即齐王和尹德妃有不可告人的亲密接触。此事是李世民对付齐王的杀手锏，但还得谨慎行事，弄不好就是另一个"流泪不讨好"。

此事按下先不说，尤其令李世民恼火的是，房、杜二人被敕令不准事秦王，房谋杜断，少了这二人，李世民像丢了魂似的，一些重要的决策难以立即付诸行动。但无论如何，李世民是不愿屈居人下的，各项政变前的准备工作也在有条不紊地进行。

转眼进入五月，随着炎热夏天的到来，李世民预想的几步已基本到位。在后宫，秦王府与妃嫔的关系虽比不上东宫、齐王府，但李世民在太监中也收罗了几个重要耳目。宫中的一举一动总能适时地反馈过来。尤为重要的是，一些驻守在玄武门的羽林军将领也被争取了过来，同时秦王府私养的几百名勇士也通过各种渠道加入羽林军。

在外廷上，李世民也以有克定天下大功、礼贤下士的风度，赢得了萧瑀、陈叔达等大臣的有力支持。在培植地方势力上，秦王府也先走了一步，在河南、山东一带聚集地方势力，把东都洛阳经营成对付东宫的重要基地。李世民的打算是，如果在京师斗东宫不成，即退守洛阳，与李建成对垒争天下。

武德九年（626年）六月，景色宜人、风平浪静的昆明池边上的凉亭里，高祖李渊正和裴寂等宠臣一块喝酒消闲，裴寂不小心又提到了秦王，高祖唉声叹气地说："朕最愁的是不好安排他。"

裴寂刚要说话，一个太监手拿锡封机密文书匆匆走过来。裴寂接过文书，小心拆掉封皮，而后双手呈给高祖。高祖接过看了看，无奈地摇摇头，把文书递给裴寂说："灭不完的西突厥啊！"

"突厥人居无定所，来去无牵挂，历朝历代都对他们头疼。"裴寂猜到了机密文书的内容，边说边看，"……突厥郁射设将数万骑屯河南，入塞，围乌城……"

看完后，裴寂脑瓜一转，对高祖说："依臣之见，不如派秦王督军北征，一来把他们兄弟分开；二来防御突厥，仗打完后就让秦王在北边屯田。"

此主意甚妙，高祖心胸顿觉豁然开朗，他赞许地看着裴寂说："下午开御前会议定此事。"

开会通知刚一发出，消息灵通的李建成立即找李元吉紧急磋商，定下一个主意，而后李建成出面，来到后宫，对高祖说："此番出征，还是元吉督诸军北征比较合适。"

"元吉有时办事毛躁，怕难以胜任。"高祖说。

"元吉现在可有长进了，"李建成指手画脚地说，"那年随我平定刘黑闼时，元吉率军自后包抄，一路势如破竹。"

高祖想说出让李世民出征，把他们兄弟分开，免得手足相残的事。但忍忍又不说了，表现出一丝顾虑说："元吉手下没有多少精锐之师，不若秦王府多骁将。"

此事正说到李建成的痛处，他有些激动，立定身子对高祖说："此所以天下

239

太平而暗藏风云。只因秦王府借战争机会，笼络天下英雄，其府内谋士如云，战将如雨，致使他李世民时时有夺嫡之图谋。儿臣此番所以让元吉督军北上，是想拔秦王府的精锐军士随军出征，使秦王府的势力不过是一个王爷的水平，此于国于家有百利而无一害！"

李建成慷慨陈词，一语道破天机，也不知是他自己想出的，还是魏徵等人所教。高祖听了颇对心思，频频点头，当即拍板："御前会议不开了，传旨下去，命齐王率右武卫大将军李艺、天纪将军张瑾等驰救乌城！出征将士任齐王挑选。"

接到圣旨后，李元吉得意非凡，六月二日，即赶到兵部大堂，调秦王府的尉迟敬德、程咬金、秦琼、段志玄等人到帐下听令，另派亲信持圣旨到秦王府任选精锐军士随军出征。要求所有人员在六月五日前到位，六月六日在昆明池誓师出征。

六月丁巳日，太白经天（昼见午上为经天）。太白阴星，出东当伏东，出西当伏西，过午则经天。太白经天，预示着天下革，民更王。

此时，秦王府里戒备森严。三步一岗，五步一哨，人人神情严峻，好像有什么大事要发生。后院的一个工房里，几十个妇女在紧张地缝制一件新的甲衣。秦王妃长孙氏一边飞针走线，一边招呼大家把缝好的甲衣码在墙边。

王府的后厅里，李世民、长孙无忌、高士廉、尉迟敬德、侯君集等人围坐在一块，紧张地商讨对策。外号"小诸葛"的高士廉说："太白经天，其占为兵丧，为不臣，为更王。东宫、齐王府褫夺我秦王府兵权，即是乱子的开始，天已露征兆，当今之计，需痛下决心，躲避肯定不是办法。"

李世民的大舅子长孙无忌焦急地说："图穷匕见，调走我们秦王府的将士，就是要孤立殿下，置我们于死地，我们不能再犹豫了。"

李世民坐在那里一言不发，其实他恨不得马上动手，宰了那两个通往皇位的绊脚石。他迟迟不表态，就是要看僚属们的决心，等大家劲憋足了，上下一心了，这事就算成功多半了。但见尉迟敬德在那搓着手急不可耐："殿下，快快动手吧！"

李世民面若秋水，沉默不言。

正在这时，大厅的门"哐"的一声被推开了，程咬金气急败坏地闯进来，冲秦王嚷嚷着："日前使知节出为康州刺史，我抵死不往。今往征突厥，岂能道半个不字？齐王又以金帛诱右二护军段志玄，志玄不从。大王帐下将佐，俱将随军北征，大王羽翼尽拔，身何能久？愿早早为计。"

程咬金的观点挺尖锐，粗中有细，大叫大嚷中话却说得头头是道，并明确告诉李世民：若你身边的人都走了。李建成、李元吉就可以在京城轻而易举地

制服你。

这道理李世民何尝不知，他令程咬金坐下。正在这时，一个卫士走进来，对李世民耳语了一番，李世民站起身来说："请率更令丞进来！"

太子率更令丞王晊被人引进内厅，见里面坐了好几个人，王晊有些意外，李世民请他坐下说："这都是自己人，王先生有话请讲。"

的确，李世民暗中已下定决心，要在一两天之内解决问题，王晊的话必须让大家听到，超级密探太子率更令在众人跟前的亮相，也让大家对事变有必胜的信心。王晊似乎还不明白李世民的意思，他疑惑地看了看在座的人，仍压低声音对秦王说："这两天太子和齐王日夜在一起商谈。头午时，探得太子对齐王说，'今你得秦王骁将精兵，拥兵数万，我邀秦王于昆明池予你饯行，你可使壮士将其于幕下拉下，奏称暴卒。主上不能不信。我当使人进说，令皇上以国事属我。尉迟敬德等既入你手，可悉坑之，谁敢不服？'齐王道，'事成之后，兄以我为皇太弟，我当为兄手刃秦王。'"

王晊说完，只说怕耽搁久了引人怀疑，拱了拱手，先告辞走了。

王晊一走，尉迟敬德一拳擂在桌子上："先下手为强，后下手遭殃，一不做二不休，先结果太子、齐王再说。"

尉迟敬德的话说得比谁都直白，第一次明说要灭太子、齐王。的确，就要被别人坑杀的人，话语间也顾不得许多了。李世民并不以为悖逆，他心里不知杀过李建成、李元吉多少次了，他叹了口气说："骨肉相残，古今大恶。我虽知祸在须臾，但欲待其先发，方可以义讨之。公等以为如何？"

这会儿说出这个话来，只不过要在众人面前表现出一副正人君子的做派。程咬金一时看不透秦王的心思，跳起来道："死到临头了，还待其先发，你要真不想干我来干！"

这话和动作都有些不恭敬，但李世民见部下决心这么大，心里暗暗高兴，并不加以责怪。尉迟敬德也进前一步恳切地说："人情畏死，今众人以死奉王，此乃天授。祸机将发，而王安然不以为忧。王纵自轻，不应置社稷于不顾。存仁爱之小情，忘国家之大计。祸至而不惧，将亡而自安。失人臣临难不避之大节，乏先贤大义灭亲之是非。大王不用尉迟敬德之言，尉迟敬德将窜身草莽，不能随大王交手自戮。"

长孙无忌也接口说："如不从尉迟敬德之言，事必败。尉迟敬德必不为大王所有。无忌也将相随而去，不复事大王。"

程咬金见别人说了，更是连声威胁着要离去。面对几个老部下从未有过的"离心离德"，李世民一点儿也不着急。杀兄害弟怎么也得犹豫一下，要不然让后人怎么说？李世民沉思良久，才说："我之言未可全弃，公等再图之。"

尉迟敬德又前进半步，几乎顶到李世民的鼻子："今大王处事犹疑，非智也；临难不决，非勇也。大王素日所养之勇士八百余人，在外的已入宫，执兵贯甲，其势已成，大王安得罢手？"

原先不该说的军事机密，现在全说了出来，没有回旋的余地了，看样子不动手也得动手了。李世民攥了攥拳头，又抹了抹手心的汗，还是一副难以下决心的样子。

众人见状，七嘴八舌地说："齐王凶残暴戾，终不肯北面事兄。近日人多言道，护军薛实曾对齐王说，'大王之名，合而成为唐字，大王终当主李唐天下。'齐王喜极而道，'但取秦王，取东宫易如反掌。'齐王与东宫谋乱未成，已有取东宫之心，乱心无厌，何所不为？若使二人得逞，恐天下非唐所有！以大王之贤能，取二人如拾草芥。奈何徇匹夫之小节，忘社稷之大计！"

李世民仍然犹豫，众人转过话头，循循善诱："大王认为舜是怎样的人？"

"圣人也！"李世民老老实实答道。

众人于是说："瞽叟欲杀舜，使舜上涂廪，瞽叟自下纵火焚廪。舜以两笠，自捍而下。瞽叟又使舜穿井。舜穿井预为匿空旁出。舜既入深井，瞽叟与舜弟象下土实井，舜从匿空出。如舜涂廪不下，则为廪上之灰，浚井不出，则为井中之泥，安能泽被天下为后世法？小杖则受，大杖则走，所存者大也。"

大伙儿你一言我一语，搜肠刮肚，寻找典故，说了很久，李世民仍然拿不定主意，他抱歉地看了看众人说："不行咱们占个卜看看？"

占卜决疑，显然不适合如此重大的事情。众人无奈，只得同意。如此机密大事又不能到外面找个算命先生，长孙无忌因陋就简，从后面佛堂找来一把卦签。在壶里狠命地摇了几摇，让秦王来抽。

秦王心里祷告了几句，捋袖刚要抽签，幕僚张公谨跨进门来，见行将占卜，从无忌手中夺过卜具，"哗"的一声摔在地上，大声说："卜为决疑，无疑何须卜！事不可疑而疑，其祸立至！如卜得不吉，岂能作罢？"

事不过三，已谦让再三了，高姿态也做足了。李世民一副痛苦的样子，一拳擂在案子上，大声说："我李世民是重情重义的人，不能让大家为我而遭受不幸，今日这事定了！先发制人！长孙无忌！"

长孙无忌精神抖擞，走过来叉手听令。李世民小声说："你亲自跑一趟，密召房玄龄、杜如晦马上入府议事。"

长孙无忌作个揖，转身大踏步地走了。李世民又和众人说了一会儿话，等着"房谋杜断"，等了好大一会儿，都等得不耐烦了，方见长孙无忌一个人垂头丧气地回来了。关键时刻怎能少了房、杜二人？李世民忙迎过来问："怎么了？他二人怎么没来？"

济世安民：唐太宗

长孙无忌摊着手说："我去了以后，刚把来意一说，说秦王相召，房玄龄却道，'奉圣上敕旨，不令更事秦王，今若私谒，必坐违敕旨论死，不敢奉教！'我好说歹说，二人就是不愿意来。"

　　此时的李世民心里波涛汹涌，比谁都着急，比谁都明白。自己翻来覆去考虑了无数次，决定生死、改写历史的时刻就要到了。此时此刻，两个最重要的谋士却没有来，李世民再也按捺不住自己，他勃然大怒，一把扯下佩刀，抛给尉迟敬德，喝道："玄龄、如晦莫非叛我？公往视之，若无心前来，可断其首！"

　　尉迟敬德拱一下手，大踏步地去了。长孙无忌怕尉迟敬德莽撞，伤了房、杜两人，看了一下秦王，也跟着去了。

　　院子里，尉迟敬德从下人手中接过缰绳，飞身上马，正要从大门冲出去，被长孙无忌拦住："咱们坐篷车从后门走。"

　　"篷车哪有马跑得快！"

　　"非常时期，不宜招摇！"长孙无忌招手叫过来一辆外表装扮很土气的马车，拉着尉迟敬德钻了进去，指挥马夫从后门出了秦王府。

　　房玄龄、杜如晦住在长安府旁边的一个巷子里，马车赶到后，尉迟敬德率先冲进屋子，把秦王的佩刀一亮说："王已决计，公宜入秦王府共商大计，不然……"

　　房、杜两人对望了一下，点点头，心说：看这架势，秦王杀兄害弟是铁了心了，咱们此时不去，更待何时？建功立业的时候到了。房玄龄抖擞精神，扬手道："我等四人，不可同道行。"

　　杜如晦早有准备，从里屋拿出两套道服，递给房玄龄一套，自己一套，两人快速穿戴停当，杜如晦说："我俩和长孙先生同车先走，尉迟将军目标大，等会从另一条路回王府。"

　　夜已降临，夏天，长安城宽阔的街道上，人来人往，热闹非凡，道边有许多摇扇乘凉的人，小吃摊上的吆喝声一个比一个高。

　　妓院的楼上，更是人影晃动，笑语喧哗。四处呈现出一幅人间生活的安乐图。吃饱即知足的老百姓们哪里知道，长安城里正悄悄地酝酿着一起重大的事变。

　　丁巳日的太白经天，在朝臣心中引起了不小的波动，太平盛世，朗朗乾坤，太白经天所为何事？高祖命太史令傅奕速速测算此事。

　　太史令就是仰观天文的，自太白经天的那一刻起，傅奕就没有闲过，在太史府里和几个老朽一块废寝忘食，翻阅老黄历，噼里啪啦地打算盘，溯本求源。到了六月三日晚，老朽们好歹拿出了一个比较统一的意见，傅奕写成密奏，准备明日呈与皇帝。

　　忙了一天多，傅奕头昏脑胀，和小妾简单温存了一下，刚刚睡下，就听见门外

一阵脚步声，有人不顾看门人的拦阻，一连声地叫："太史令呢？太史令呢？"

不等家人通报，一个大太监就气宇轩昂地撞进内室，冲府上的傅奕叫道："圣上还没睡呢，你倒先睡下了。"

"进门也先打个招呼，怎么直接到卧间来了？"傅奕认出了来人是侍候皇上的赵公公，急忙拉过被单把小妾的光膀子盖上。

太史府就在宫城旁边，赵公公常来常往，熟门熟路，他干笑一声说："我一个太监，有什么可忌讳的？妃嫔们哪点没见过，何况你一个小妾光膀子？"

"皇上有事？"傅奕边穿衣服边问。

"'太白经天'，皇上夜不能寐，一直等你的消息，你倒没事人似的睡下了。"

"刚算出来，黑天了，怕打扰皇上，没敢送去。"

说话间，傅奕已穿戴停当，从床边小柜里拿出密奏，又到床前和小妾耳语了两句，方随着赵公公快步向皇宫走去。

太极宫里，灯火通明，傅奕怀揣着密奏，跟着赵公公走进大殿。高祖李渊坐在龙椅上，有两个宫女在背后打扇，旁边还侍立着一个人。灯光下傅奕来不及细看，先跪倒在地，三叩六拜，给皇帝行大礼。高祖早等得不耐烦，问："傅爱卿，那事算出来了吗？"

"出来了，出来了。"傅奕连忙爬起，从怀里掏出密奏，正准备呈上去，见旁边那人目光如电，傅奕手一哆嗦，密奏掉在地上，那人却温和地说道："太白经天，让太史令操心了。"

"秦王殿下。"傅奕叫一声，却说不出下句，眼盯着地上的密奏，心说，怎么这么巧？密奏里说的正是秦王的事啊！

赵公公见傅奕失礼地把密奏掉在地上，忙走过来拾起，呈给高祖，高祖瞪了傅奕一眼，展开密奏观瞧："太白经天，太白见秦分，秦王当有天下。"

高祖嘴唇动着，手拿密奏，疑惑的目光看着侍立在旁边的二儿子，好像要从他身上发现什么不同寻常的东西。

李世民也觉出这密奏与自己有关，他镇定自若地拱一下手，叫声："父皇。"

高祖定了定神，把密奏抛给李世民，说："你自己看看！"

李世民双手接过密奏，打眼一看，就明白怎么回事，他心里迅速地思考着，父皇看了傅奕的密奏怎么想，都是次要的了，眼下必须不折不扣地执行既定的计划。想到这儿，李世民拱一拱手说："儿臣有密奏！"

秦王也有密奏，傅奕意识到自己该走了，遂趴在地上冲高祖叩首说："臣告退！"

高祖不知在想些什么，一言不发，傅奕悄悄退了下去。高祖看着二儿子，儿子还是那个儿子，只是身材显得更壮实了，脸上显出成熟的英气，眼一眨一眨的，似乎有什么解不开的疑问。太白经天，他要变成君临天下的真龙天子了，这是真的吗？有时候，天相并不应验啊，我李渊还能再干十年八年，他现在就要夺位，他凭什么呢？高祖想到这些，以异样的腔调问："你有何密奏？"

李世民抖擞抖擞精神，上前半步，拱手说出一句令高祖震惊的话："太子、齐王淫乱后宫！"

"什么？"要不是年纪大了，高祖几乎要从龙榻上跳起来。但高祖毕竟是高祖，当了皇帝的人怎么着也得有些气概，他在卧榻上坐直了身子，低声问："有这等事？"

"宫城里好些人都知道，只是瞒着圣上，儿臣今日斗胆说了出来。"

高祖气得脸有些发紫，但很快情绪就稳定下来。高祖想，太子、齐王不缺吃，不缺穿，不缺玩，侍妾成群，淫乱后宫没这必要，再说后宫一向照管严密，两人也没有什么机会下手。所谓"淫乱后宫"极有可能是李世民的诬告，此子和太子、齐王已到了水火不相容的地步了。

李世民见父皇脸色缓和下来了，知道父皇不大相信这攻击的话。于是抛出最最关键的一招说："父皇若不信，儿臣可与太子、齐王三面对质！"

高祖眉头一皱，倒吸了一口凉气，这诬告的话还敢当面对质，莫非真有此事？有可就惨了，这可是天下第一家丑啊！高祖正在疑疑惑惑，大费思量时，早有预谋的李世民又抛出一个令高祖吃惊的消息："太子、齐王准备在六日大军出行那一天，在昆明池饯行时，伏壮士于帐下，害儿臣性命，还要坑杀为大唐江山立下汗马功劳的天策府僚属。"

这真是一波未平，一波又起，李世民和太子、齐王的关系果真到了如此不堪的地步吗？大出高祖的预料。多少年的征战，好不容易灭掉王世充等几个劲敌，刚过几天太平日子，三个儿子又开始内讧，而且动刀动枪，以死相逼。兄弟相残，即使一个小老百姓也害怕这样的事啊！想到这里，高祖无力地斜倚在龙榻上。

这时候，李世民已趴在地上，头磕得砖地砰砰响，当抬起头来时，已是眼含热泪："儿臣自十几岁时，即随父皇征讨天下，刀枪箭雨中走过，死尸里爬过，冲锋陷阵，从来没有怕过死。而今建立万世基业，本想马放南山，过几天太平日子，不料却遭如此嫉恨，臣死不足惜，只是……"

李世民早已泣不成声，高祖看了看为打天下而立下赫赫战功的儿子，有些伤感，他欠了欠身子，伸手拉了拉李世民说："明天早参时，朕问问他俩，若果有此事，定饶不了他们。"

李世民抹了抹眼泪，又说："太子、齐王淫乱后宫，人神共愤，又设计害儿臣，儿臣于兄弟无丝毫所负，今欲杀儿臣，似为世充、建德报仇。儿臣今枉死，永违君亲，魂归地下，实耻见诸贼。"

"为世充、建德报仇"的话不大能讲通。李建成、李元吉、王世充、窦建德四人之间并无交情。李世民说这话，一是无中生有，二是表白自因平定王、窦之大功才遭人陷害。

高祖也听出了这些话的意思，觉得李世民有些言过其实，不过是他们互相诋毁，打打嘴仗而已。

高祖没再往深处想，打算明天早朝时，约几个大臣一起问问太子、齐王，做做他们兄弟三人的工作，还是万事以和为贵。

"起来吧。"高祖望着跪在膝前的李世民说，"你也早点回去休息吧，明日质问他们，你照常来早朝。"

"唉。"李世民答应一声，又抹抹眼泪，磕了个头，起身走了。

出玄武门时，门前静悄悄的，灯笼里发出暗红的光，与平时没啥两样。李世民满意地暗暗点点头。掌握玄武门宿卫的云麾将军敬君弘亲自过来，例行公事地验明秦王腰牌，小声说："我已准备好了，殿下尽可放心。"

李世民会意地看了一眼敬君弘，点点头，带着随从从角门出去了。

秦王府离玄武门不远，从外面看，秦王府和往日没有多少区别，但进了大院，却平添一股肃杀的气氛，微风吹动树叶，"哗哗"作响，墙角里、树权上、花丛里到处放了暗哨。后殿的窗户被封得严严实实，看不出一丝灯光，显得死气沉沉。但当李世民推门进入室内，却见里面灯火通明，秦王府的文臣武将三十多人聚在一起，焦急地等待秦王归来，秦王一露面，长孙无忌上前一步问："怎么样，殿下？"

"按计划行动！"李世民手一挥，兴奋地说。

殿内人多，窗户又用厚布幔挡着，室内显得很热，大家把秦王让到主座，分文武自动站在两旁候令。李世民喝了一口凉茶，问长孙无忌："李世勣联系了没有？"

长孙无忌走上前来，附在秦王耳边悄声说："李总管说这是秦王家事，请秦王自便，他不在王府为官，不管此事。"

李世民沉吟一下，心说，世勣所做的也算合情合理，先不管他。又叫高士廉："京兆府隶卒、囚犯的事有把握吗？"

掌管京兆府刑狱的高士廉跨前一步说："俱已准备妥当！"

"最后确定多少人？"

"一千多人。"

"好！"李世民命令道，"你马上赶回，坐镇京兆府狱中，只待事变一起，立即率武装囚徒夺取芳林门，担当保卫王府和策应玄武门的重任！"

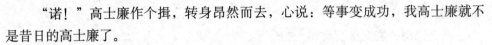

"诺！"高士廉作个揖，转身昂然而去，心说：等事变成功，我高士廉就不是昔日的高士廉了。

"秦叔宝、程知节！"

"在！"奏琼和程咬金二将挺胸凸肚，昂首待命。

"你两人急赴军营，各领本部兵马待命杀贼！"

"遵令！"秦琼、程咬金也昂然而去。

"玄龄、如晦！"

"臣在！"两个人开始自称臣了，语气中含着必胜的信心。

"你们率百余人守卫王府，有把握吗？"

"兵力只能这样布置，殿下得手后要迅速回防王府。"房玄龄说。

"殿下切记！"杜如晦伸出一个手指头说，"要死的不要活的，这样才能彻底瓦解东宫、齐王府的军心，防止他们拼力反击。"

李世民点点头，这道理他明白，只有杀死李建成、李元吉，才能一劳永逸，他才能顺顺利利坐上皇位。

"长孙无忌、尉迟敬德、侯君集、张公谨、刘师立、公孙武达、独孤彦云、杜君绰、郑仁泰、李孟尝！"李世民叫道。

"末将在！"除了长孙无忌稍差一些外，尉迟敬德等九人都是顶天立地的好汉，刀枪血雨中随李世民冲杀过来，都立下过赫赫战功。

"你十人随我进入玄武门里守候。生死成败在此一举，各人务要奋力杀敌！"

"遵令！"十个人压低声音答应道。望着部下雄赳赳的气势，李世民心里说，只要李建成、李元吉进了玄武门，就别想再回去。

布置妥当后，各人按战斗位置，乘着夜色悄悄而去。

张婕好一天到晚没别的事干，一门心思观察高祖，充当太子李建成的耳目。听说高祖深夜会见秦王，张婕好觉得此事非同寻常，忙派心腹之人前去窥伺。话倒没听着什么，但见秦王跪伏在高祖膝前，为时颇久。

这几天，太子、齐王似乎要有什么大动作。李建成亲自叮嘱张婕好，要多注意后宫的动静，特别要密切注意秦王何时参见，和什么人有所接触，一有动静，立即密告东宫。李建成考虑得也很全面，李元吉即将领兵北御突厥。在这非常时刻，务必提高警惕，防止李世民先发制人。

夜已很深了，宫门、殿门等处已阖户挂锁。自己去送信儿显然不合适，而宫人无特殊情况又根本出不了宫。高祖老矣，把后半生都押在太子李建成身上的张婕好，把太子的事当作自己的事。她在后殿内坐卧不安，想了一百个点子也没法出宫。好容易挨到四更天，宫里有了动静，有早起扫除的，也有套着马车出去买东西的。张婕好忙叫了一个贴身宫女，嘀咕了一番，那宫女点点头，提着裙子，匆匆而去。

在玄武门，宫女被羽林军士拦住了。

"天未亮，到哪去？"

"张婕妤肚子不好受，让我到东宫找太子妃找些药。"宫女亮了亮手中的出入牌说。

"后宫有太医房，什么药没有？"

"东宫有偏方。"那宫女回答得干净利索。

"你等着，我去汇报一声。"这军士说着，把手中的枪交给同伴，从旁边的楼梯"噔噔噔"向楼上跑去。

"殿下，"黑乎乎的瞭望楼里，那军士悄悄地向埋伏在这里的秦王说，"张婕妤的宫女要到东宫，说去取药。"

李世民和旁边的长孙无忌低声交换了一下意见，对那军士说："让她去，绝不能打草惊蛇。"

那宫女出了玄武门，一溜烟来到东宫，太子李建成尚在梦中，被人唤醒，和衣在床上听了那宫女的汇报。觉得不可等闲视之，该找齐王商议一下，于是命令宫人："速把齐王召来，有要事相商。"

李元吉这两天事特别多，后天就要出征，既要顾外又要顾内，忙得团团转，脑子也不得休息。三更天时，才由宫人服侍睡下，听说大哥来召，怕有急事，只得勉强下床，披衣来到东宫。

"大哥，深更半夜，何事相召？"

"张婕妤使宫人来说'皇上夜召秦王'，怕不是好事。"李建成忧心忡忡地说。

李元吉沉思了一下说："后天就要出征，在昆明池饯行，秦王半夜参见皇上，定不是好事。这几天太白经天弄得人心惶惶。依弟之见，乃事急有变，宜托疾不朝，以观形势。"

李元吉数次随李世民出征，每当大战前有一点儿异常，李世民从不等闲视之，李元吉也跟着学精了，凡事先从坏处打算。见李建成不语，李元吉又说："弄清情况，知己知彼，方好下手。"

李建成想了想说："玄武门守将都是我的旧部，兵备已严，当与弟入参，自问消息。"

李元吉还是不放心："魏徵遇事有主见，大哥何不听听他的意见？"

"他住在城外，要来天也亮了，些许小事，弟不必担忧。"李建成说着，命旁边的宫人准备早膳，备水沐浴，准备天亮人参。

当了太子、王爷，事事得有人伺候。这不，用完了早膳，两人只是抬了抬胳膊，宫女们就把衣服给扒了下来，扶着他俩进了浴池。池内碧波荡漾，水温正好，两个宫女伺候一个，上上下下，给太子、齐王搓洗了一遍。李元吉忙里偷闲，还抓住一个宫女，乱摸了几把。

洗完后，两人换上干净的衣服，看看天也不早了，窗外已露出鱼肚白，李建成说："咱早一会儿入参，先问问父皇情况。"

"行！"李元吉整整裤腰，"带上弓箭，以防不测。"

"在宫里还有人敢动咱？"洗过澡后，李建成的心情显然愉快了许多。

从人牵过两匹马，扶两人上去，两人坐稳当后，逍逍遥遥向外走去。

东宫大门口，有几棵大槐树，树上栖着几窝乌鸦，一大早见有人打扰，乌鸦们扑棱棱地飞起，"苦呀、苦呀"地乱叫。李元吉觉得晦气，"呸呸"地啐了几口口水，骂道："老子乐还来不及呢，什么苦呀苦呀的。"

一口口水没吐出去，又沾在下巴上，李元吉更觉晦气，抹了抹嘴埋怨李建成说："乌鸦住在你东宫门前，也不赶走，这不是挡咱发家吗？"

李建成表现出一副老大的风度，呵呵笑道："鸦鸣乃吉祥之意，你小时候就嫌鸦啼，这习惯到如今未改。"

李元吉仰天打了个饱嗝，说："乳母陈善意不喜鸦啼，带着弟从小也不喜鸦啼。"

亏你说得出口，李建成心里说，你乳母这么疼你，你还把她活活气死了。

两人边走边说，就来到玄武门。玄武门守将常何一身戎装，站在门口，见太子、齐王驾到，忙躬身施礼："末将常何恭迎太子殿下、齐王殿下。"

"你值班啊？"

"是啊，末将今天白天临班。"

李建成一见常何，心里安稳多了，自己的亲信当班，扼住宫城内外交通要道，即使李世民今天想玩花样，他也玩不出来。

李建成、李元吉照例把贴身卫士留在玄武门外，而后两人策马进入玄武门，向临湖殿方向走去。天热，高祖大都住在那里。

奇怪，往日玄武门内宫人来来往往，今儿怎么一个人也没有？晨风吹过树丛，郁郁葱葱的树丛深处显得神秘可怕。

"奇怪，这人都到哪儿去了？"李建成说。

一语惊醒梦中人，李元吉久经沙场，警惕性高，忙拨转马头，叫道："不好！大哥，快回宫！"

两人打马掉头就往回蹿，这时，左边墙角闪出几十匹马来，领头一将金盔金甲，手握大枪，威武雄壮，正是秦王李世民。李世民一手持枪，另一只手举起来还假惺惺地叫道："大哥、元吉别走，同去早参！"

早参还穿盔甲？李元吉情知不好，乃拔箭在手，连向李世民射了三箭，但由于事出突然，心里着慌，拉弓不满，箭只是斜斜地落到李世民跟前。

李世民杀人无数，心比谁都狠，他挂起长枪，摸出弓箭，按事先商定的方案，箭头直瞄李建成，大力发射，"嗖——"一箭射了出去。

李世民的大羽箭是出了名的，此时相距李建成仅有二十步远，这支霸王箭更是又快又狠又准，流星飞溅，直贯李建成的后心。天热衣服单薄，利箭穿心而过，李建成哼也没哼就掉下马来，一命鸣呼，年仅三十八岁。

李元吉见李世民真敢杀兄害弟，大吃一惊，自觉不如李世民狠，忙一拨马头，伏下身子，两腿狠命一夹，胯下骏马飞奔而去。

"哪里跑？"尉迟敬德、侯君集等十几名战将如一群恶狼般猛扑过来，边追边发箭乱射。

仓皇之间，李元吉催马从树丛中躲着走，身后箭飞如雨，却没射到要害处。

射杀李建成，李世民心里一阵狂喜，再结果李元吉，我李世民就可稳坐皇帝宝座了。念及于此，李世民蹿得比谁都快，胯下宝驹一马当先，蹿入树林，搭箭来射李元吉。

由于杀兄害弟心切，李世民狠打马屁股，那马斜刺里往树林里猛一蹿，蹿进了树林，主人李世民却"噌"一下被树杈挂住，全身穿着盔甲的李世民一只脚似沾似不沾地，一只脚在空中直打晃，两只手乱舞，急切之间，不可脱身。

李元吉一见狠心贼坠马，在树杈上挣扎打晃，仇恨的烈火腾腾冒起，几步跃了过来。李世民窘迫之间，只能手拿硬弓乱打一气，却让李元吉把弓劈手夺过。

"老子结果了你这个杀兄害弟的狠贼！"李元吉伸出两只铁钳般的大手，恶狠狠地朝李世民咽喉处扼来——李元吉力大，又有武功在身，在泰山压顶铁锁喉的情况下，李世民必死无疑。

这天下归李元吉了，刚才还在挣扎的李世民喃喃自语，无奈地闭上了眼睛。

谁知，"咔嚓"一声，挂着李世民的树杈折断了，李世民随之落到地上，李元吉被闪了一下，但他随后跟进，十指叉开，直奔李世民的咽喉要害。其实李元吉笨，腰里还别着一把利刀，若拔刀在手，早就结果秦王了。也许是李元吉气糊涂了，没想到李世民先发制人，设此阴谋诡计，光天化日之下，在宫里把太子射死。人生啊，有无数个可能，有无数个分秒之间就可以改写历史的例子。总之，李元吉失去了这次拔刀相向、置对手于死地的机会。

"休伤我主！"空中一声惊雷般的吼叫，随着吼声，尉迟敬德马到人到，铁塔般的身子朝李元吉扑来。

李元吉自知斗不过尉迟敬德，先逃命要紧，回齐王府、东宫搬兵杀你们，李元吉只好放开了李世民，跳跃奔突，发疯似的逃去。

济世安民：唐太宗

"快，快把他杀了！"李世民一把推开正要搀扶他的尉迟敬德，指着李元吉叫道。

"哪里跑！"尉迟敬德一边追赶，一边拈弓搭箭，相距被射目标也就十几步远，训练有素的尉迟敬德，双箭连发，箭箭射进李元吉的头颅。李元吉逃脱不了命运，倒地而亡，两眼大睁着，似无语问苍天。

李世民又跨马赶来，见李建成、李元吉都倒在地上，血流满地，忙下马察看，确信两人都已死了，李世民这才伏地大哭，边哭边叫："啊，啊，兄弟相残，乃天下至痛之事，我，我……"

见李世民如此，气得尉迟敬德在一旁直嚷嚷："此是何时，容王哀痛！"

李世民也是干打雷下不雨，见有人劝，忙站起身来，命令道："尉迟敬德带着常何等羽林军卒，速去找皇上，让皇上下手诏，勒令内外军马归我天策府处置。"

"皇上要是不答应呢？"尉迟敬德问，对于重大问题，多请示一遍没错。

"让你的大槊说话！"李世民生气地说，昨晚商量好的事，现在还问。

尉迟敬德带着常何等几十名羽林军士，急匆匆地走了。李世民回头望着地上，地上的李元吉睁着眼睛，瞪着李世民，不远处的李建成也被人倒提着腿拖了过来，同样圆睁着眼，瞪着李世民，一副死不瞑目的样子。

"把他俩的头砍掉！"李世民命令道。

随后，有两个兵士抽刀向地上的太子、齐王走了过去。

李建成的贴身警卫翊卫将军冯翊、冯立正在玄武门口等候主人，听里面有喊杀声，想闯进去，守门军士不让，两人探头探脑，情知大事不妙。一会儿里面传出消息，太子让秦王给杀死了。冯立一听，脸灰灰的，对冯翊说："太子已死，无枝可栖，咱弟兄还是另寻安身之处吧。"

冯翊仰天叹道："岂能受恩于其生前，而避祸于其身后！"

不能做忘恩寡义之人，两冯决定厮杀一场再说。于是，飞奔回东宫，把情况迅速通报给副护军薛万彻、直府左护军谢叔方等人，紧急集合起东宫、齐王府兵卒两千人，直驱玄武门。

张公谨负责玄武门守卫，见宫府兵人多势众，闹闹嚷嚷地赶来，忙命闭关守护，以待援兵。羽林军将领云麾将军敬君弘早已是秦王的人，想这正是报效秦王的机会，于是不顾张公谨的命令，驱马挺枪要出关，中郎将吕世衡和敬君弘最好，劝道："事之原委尚未知，结果如何也不得知，且徐观其变，待兵集而战，犹未晚也。"

"杀退这些宫府兵再说！"敬君弘命人打开大门，一马当先冲了出去。吕世衡怕他吃亏，也率部冲了出来。

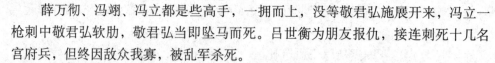

薛万彻、冯翊、冯立都是些高手，一拥而上，没等敬君弘施展开来，冯立一枪刺中敬君弘软肋，敬君弘当即坠马而死。吕世衡为朋友报仇，接连刺死十几名宫府兵，但终因敌众我寡，被乱军杀死。

门口混战，张公谨怕玄武门有失，影响大局，命令把大门顶上了。薛万彻等人杀死了门外的羽林军，却难以攻破坚如磐石的玄武门，乃命兵士鼓噪道："走，走，去攻秦王府，把秦王府的人都杀光。"

这时，李世民已领人赶到了玄武门，听宫府兵要攻打秦王府，吓出一身冷汗——"人头，人头！"李世民急忙叫着。

一个兵士一手提一个人头，飞奔上玄武门楼，李世民接过来，亲手拿着李建成、李元吉的人头，摇晃着对下面的人高喊："我乃秦王！李建成、李元吉犯上作乱，现被杀死，宫府的人只要放下武器，一律既往不咎！"

李建成、李元吉的人头赫然在目，展现在早晨灿烂的阳光下，宫府兵们的心一下子凉了下来。主子都没有了，咱当部下的还有什么拼头？看秦王这架势，俨然一个皇上，咱再拼就犯上作乱了，是灭门之罪啊！冯立对哥哥冯翊说："咱也把敬君弘杀了，我等不负太子，亦可稍报东宫矣。不如趁早逃亡吧！"

冯翊点点头，心说，不能让弟兄们都死在这儿，各奔生路吧。于是在马上扬手叫道："战也是死，大伙儿逃命去吧！"

两冯扔下武器，策马逃去，宫府兵也跟着树倒猢狲散，一哄而走，朝野外逃窜。

外面发生如此惊天动地的大事，高祖却浑然不觉，皇宫太大了，这么喧闹的声音，经过层层楼台殿阁和树丛的过滤，怎么也传不到皇宫深处。

太白经天的事还没弄明白，突然李世民又来告李建成、李元吉淫乱后宫，弄得高祖一夜未曾睡好。他虽身为一国之主，但毕竟是血肉之躯，一生中参与和经历了这么多改变历史的重大事件，早已把他的神经折磨得疲倦不堪。六十一岁的人了，没有多少觉睡了。当了皇帝，成了孤家寡人，人变得更加孤独，一句知心的话也听不到，心有些空落落的，高祖只想找老臣拉拉呱。天还未亮，就命内使去召裴寂等几个老臣过来。太极宫苑中东海池内，晨风从水面上徐徐吹来。四面临水的画舫内，高祖斜躺着，旁边分别坐着裴寂、萧瑀、陈叔达等几位老臣。两杯茶喝过，高祖几次想提秦王告太子、齐王淫乱后宫的事，但都难以开口。

高祖望着湖面，叹了一口气，几个人想来想去，也找不出话茬儿来安慰高祖，该说的似乎都说过了。

"皇上，天不早了，用点早膳吧。"裴寂见岸边凉亭上已摆上饭，忙转脸对高祖说。

也行，饭桌上边吃边说，看李建成这事怎么处理。高祖打定主意，手一扬道："靠岸，众卿陪朕一起吃。"

画舫徐徐靠岸，裴寂等人扶着高祖上了凉亭。高祖坐下后，端起一杯米汤喝了一口，刚要说话，就见石桥那边过来几十个军人，领头一将领壮如铁塔，顶盔贯甲，手持长槊，汹汹而来。深宫禁地，寸兵不得擅入！莫非有人造反？高祖惊得手中的酒杯"叭"的一声掉在地上。

"是尉迟敬德！"裴寂抓住高祖的袖子，想拉着高祖逃跑，但水亭仅一石桥连在岸上，石桥上乱兵端刀持枪，已无路可逃。

"出大事了！"萧瑀说道，他心里经常想来想去的事今天被证实了，秦王真的举兵了。

"今日乱者谁？卿来此何为？"高祖冲着已窜到近前的尉迟敬德厉声喝道。

尉迟敬德跪伏在地，回道："秦王以太子、齐王作乱，举兵诛之，恐惊动陛下，遣臣宿卫！"

高祖似乎一下子明白了许多，却又不敢相信自己的耳朵，追问："太子、齐王何在？"

"二贼已被秦王诛杀！"

"啊！"高祖惊呼一声，瘫倒在地。

"皇上！皇上……"萧瑀等人慌忙把高祖扶坐在椅子上。两个活生生的儿子顷刻间没有了，叫自己的兄弟杀了。高祖怎么也接受不了这个事实，他浑身无力，歪坐在龙椅上老泪纵横。

"秦王请陛下立降手敕，令内外军马归天策府处置！"尉迟敬德单膝跪地，手拉长槊，虎视眈眈。

高祖眼前阵阵发黑，唯有那只大槊闪着寒光，这寒光让高祖缓过神来，看清了眼前的一切。是啊，事情虽然来得太突然，但这一切的变故都是真实的，触手可及的。

"皇上若不立降手敕，乱兵杀进大内，恐有不测之祸！"尉迟敬德索性站起身来，厉声说道，手中的大槊捣得地上"咚咚"直响。

高祖望着缩在旁边的裴寂，神情凄怆地问："不图今日乃见此事，当如之何？"

没等裴寂说话，心里早已不拥护太子、齐王的东宫旧部萧瑀抢先进谏道："东宫无功于天下，嫉秦王功高望重，共为奸谋，今秦王已讨而诛之，秦王功盖宇宙，陛下委之国事，就没有别的乱子出了。"

见高祖还在发愣，陈叔达在旁边大声道："当断不断，反受其乱。今太子、齐王已死，只剩下秦王，陛下还在想什么？"

高祖回过神来，再一次让裴寂拿主意："卿意下如何？"

裴寂曾力主杀掉秦王的心腹刘文静，一向支持太子李建成，他心里是一百个不愿秦王当皇储，但尉迟敬德的大槊就立在眼前，不说行也没有出路了，裴寂拱手道："臣心一如二人所奏。"

高祖抽了抽鼻子说："甚好，此亦朕之夙愿。"

没等高祖示意，萧瑀早已从近侍那里要过纸笔，替高祖拟写了手诏，高祖沉痛地摇了摇头，指点着近侍盖上随身玉玺。

尉迟敬德一把拿过手诏，塞给身后的天策府司马宇文士及，说："速去玄武门找秦王，我在这里宿卫皇上，请秦王殿下放心！"

宇文士及答应一声，带着几个兵卒飞奔而去。高祖望着虎视眈眈的尉迟敬德，如坐针毡，传旨道："起驾回太极殿。"

李世民所走的每一步都是事先算计好的，从杀死李建成、李元吉那一时刻起，事情就出奇的顺利。半个时辰的工夫，就杀散了宫府兵，牢牢控制住玄武门。

"高士廉怎么还不来？"李世民站在玄武门楼上，焦急地望着芳林门方向，虽说宫府兵散了，但外无援兵，李世民一时半会儿还不敢擅离玄武门。

"殿下，殿下。"宇文士及拎着那张手敕，满头大汗，气喘吁吁地从楼梯上爬上来。

李世民一把抓过，飞快地看了一遍，里面的内容正是自己想要的。时间宝贵，李世民又一把把手敕塞给宇文士及说："速去东上阁门宣读敕文，而后飞马到西城门外，命城门放秦琼、程咬金率军进城，控制各个路口！"

"遵命！"宇文士及抹一把汗，带着几个随从又急急忙忙地跑去了。

这当儿，高士廉已率上千名隶卒狱囚赶来，正按计划集结在天策府前，这些见了天日的狱囚捋胳膊弯腿，"呸呸"地往手心里吐口水，仿佛有使不完的劲。

天策府的大门"吱呀呀"打开了。美丽可人的秦王妃长孙氏一身短打扮，正指挥几十名家眷把赶制好的盔甲和兵器抬出来。长孙氏雍容大度，高声令高士廉把狱囚整理成队形，而后亲自勉慰参战狱卒并授以兵甲。

李世民在高高的玄武门楼上，早就瞧见了这一幕，暗暗佩服妻子长孙氏，而后命令身边的侯君集："你过去配合高士廉领人杀进东宫、齐王府，把他们大小老幼一律杀光。"

"杀光？"侯君集有些不相信自己的耳朵，这些可都是你秦王的宗亲啊，这样干也忒狠了吧？

"斩草除根，以绝后患！"李世民咬牙切齿地说。

侯君集心里掠过一阵寒意，握了握刀把，转身要走，李世民又叫住他："不，你在这守着，我亲自去！"

李世民领着几十名亲随，"噔噔噔"下楼去了。

高祖坐着步辇，缓缓来到太极殿。太极殿外，等待早朝的百余名老朝臣已经知道了玄武门所发生的惊天动地的大事。大家凑在一堆，想说又不敢说，只是惊慌地望着御道尽头，当高祖的身影出现时，大家像孩子找到娘似的，跌跌撞撞奔过去——"皇上，您没事吧？"

"皇上，皇上啊！"

高祖挥了挥手，这些带着哭腔的声音渐渐小了下来，大臣们簇拥着高祖，来到太极殿中。

待高祖在龙椅上坐定，黄门侍郎裴矩上前奏道："为防止事态进一步扩大，请皇上降手敕，晓谕诸将士立即罢战，不得滥杀无辜。"

裴矩边说边紧紧地盯着高祖，高祖心里迟疑一下，但立即明白过来，指着裴矩说："快，快拟手敕，东宫、齐王府诸王乃皇家血脉，立即带进后宫保护，任何人都不得碰一下！"

裴矩心里想表达的正是这个意思，他到旁边飞快地拟好手敕，待盖好玉玺大印后，转身就要出殿，到殿门口被尉迟敬德横槊拦住了，伸手把手敕要了过去。

裴矩心里一惊，刚要辩解，尉迟敬德看了看内容，又把手敕递给了他，说："裴大人骑我的马去，务告秦王不要滥杀无辜。"

裴矩感激地看他一眼，出殿跨上一匹骏马，飞驰而去。

"兵分两路，兵分两路！"李世民摇着胳膊对高士廉嚷着。

东宫、齐王府相隔不远，里面的武装人员早已跑得差不多了，只剩下些许宫人家眷们不知所措。

李世民一马当先，领着一群杂牌军冲进东宫，这些摇身一变成为秦家军的狱囚们，匪徒之性难改，手里挥舞着各式各样的兵器，向东宫的各个地方冲去，往日宁静森严的东宫一时间鸡飞狗跳，鬼哭狼嚎。

李建成的妻妾儿子们都被捉到大殿前的空地上，李世民瞪大眼认了一遍，见嫂子们和侄儿们都在，于是手一挥，叫道："杀，杀！一个不留！"

李世民十几岁就开始杀人，经过无数次的战斗，杀人如麻，对血腥场面习以为常，面对屠刀砍向女人、孩子的场面，他一点儿恻隐之心也没有。

"叔叔，俺没犯啥错，饶了俺吧？"李建成的二儿子、河东王李承德挣脱按住他的兵卒，扑在李世民的脚下，伏地大哭。他马上就要死在自己亲叔叔的刀下，还有比这更伤痛的事情吗？

李世民一脚把河东王踢到一边，眼珠子瞪得比牛眼珠还大："杀，杀，一个不留！"

兵卒们抡刀就要砍人，这时裴矩高举手敕飞奔而来——"刀下留人！"

裴矩气喘吁吁跑过来，双手把盖着朱红玉玺的手敕恭恭敬敬递给李世民，说："皇上敕令把东宫、齐王府的王子们全保护起来，带进后宫！"

裴矩故意把声音说得很大，周围的人全听见了，几乎做刀下之鬼的王子们激动地以头磕地，直磕得嘣嘣响。

"本王知道了，你回去复命吧！"李世民狠狠地看了裴矩一眼。

裴矩心知得罪秦王了，但能救出众多王子们的性命，为人为臣也算值了。裴矩深深地给秦王作了一个揖，转身就走。

"啊……"

耳边一声惨叫，眼睛余光所及处血光四溅，裴矩急忙转过身来，但见河东王李承德已被大刀砍翻在地，死尸冒着热气兀自抽搐。

"杀，杀，一个不留！"李世民手拎一把血淋淋的砍刀，有些变腔地叫道。

高祖李渊的手敕成了地地道道的马粪纸，裴矩不敢再往下看，跌跌撞撞地走了，身后传来刽子手为了壮胆的怒吼声和失去人腔的惨叫声，以及砍瓜切菜似的"噗噗"声……

"无忌，无忌，"李世民叫着躲在一边的长孙无忌，"你亲自点点数，重点看看李建成子安陆王李承道、河东王李承德、武安王李承训、汝南王李承明、钜鹿王李承义，这几个人要一个个和死尸对上号！"

长孙无忌声音软软地答应一声，走过来，一一拨拉着地上的尸首，嘴里念叨着："这是汝南王李承明，这是河东王李承德，这是武安王……"

李世民拨马又去齐王府，齐王府在这些狱囚的翻腾下，早已是一片狼藉，衣服、文书扔得到处都是。

殿前甬道旁的大榕树下，李元吉的五个儿子梁郡王李承业、渔阳王李承鸾、普安王李承奖、江夏王李承裕、义阳王李承度，几个十几岁、几岁大的孩子被堆拢在一块，不停地瑟瑟发抖。王子们白白胖胖，披金挂玉，高士廉手握刀把，正拿不定主意杀还是不杀。

"杀，杀，全部杀！"李世民血红的眼瞪着高士廉。

杀就杀，反正是你的侄子不是我的侄子，高士廉一挥手，那些狱囚们为了争功，一拥而上，乱刀砍杀起来。

"杀，杀，全部杀了！"李世民又指着树下李元吉的那些妻妾们，几十个如花似玉的王妃、小妾们相互搂着，哇哇大哭来。囚徒们杀完了众王子，又抢刀奔女人们而来。

"秦工殿下！"妃子堆里有一个声音摄人心魄地叫起来，一双幽怨的大眼睛直瞪瞪地看着李世民，美丽的脸庞上有两滴晶莹的泪珠。

"这不是元吉的妃子杨氏吗？"李世民摇了摇头，想起来了，他几次去齐王府，发现她特别眷顾自己，自己看着她也觉得特别惹人疼爱。没容多想，李世民大步跨过去，从乱刀挥舞中一把把杨氏妃提将出来，对旁边的一个卫士说："送天策府，好生看待。"

那卫士心领神会，领着杨氏妃转身走了。

黄门侍郎裴矩神情暗淡地返回太极殿，高祖一见，便知事情不好，急问："东宫、齐王府里朕的那十个王孙呢？"

裴寂叩头叹道："东宫、齐王府血流滂沱，不能止矣！"

高祖老眼昏花，泪眼婆娑，胳膊抖动着，手指着殿外，半晌才说出一句话："传……传秦王！"

一个近侍拔腿而去，高祖犹嫌不足，挥手把身边几个近侍全撺了出去。

"快，快传秦王！"

"该杀的差不多都杀了，杀了以后，天大的本事也接不上头了，杀了这些人以后，我才是唯一的皇帝人选。"李世民嘴里咕咕哝哝，踩着脚下流淌的黏稠的鲜血，望着东方冉冉升起的朝阳，内心一片大功告成的喜悦……

"召秦王觐见——"

"召秦王火速觐见——"

几个黄衣近侍脚跟脚地跑过来，老远就扯着嗓子吆喝着，李世民理都不理，问身后的长孙无忌："程咬金呢？"

"早叫人去催了，该来了。"

今天的一切都按预想的步骤走的。李世民嘴里念叨着程咬金，话音未落，就见甬道拐弯处旋风般卷来一大队人马，领头一将凶神恶煞般挥舞着双斧，催动着胯下的骏马，来的人正是程咬金。

程咬金见了秦王，"吁——"的一声，挥手约定身后兵马停住，而后滚鞍下马，奔跑几步，给秦王施礼，口称："知节来迟，殿下恕罪。"

"城中各个主要路口都控制住了？"

"都布上了我们的人，"程咬金喘口气说，"秦大哥正在城中往来巡视。"

"干得好！"李世民一挥手，"命令你的人，立即接管皇城诸门，加强戒备，不得有误！"

"是！"程咬金答应一声，昂首挺胸地走了。胜利在望，顶头上司要当皇上，搁谁谁都高兴得合不拢嘴。

"高士廉！"

高士廉正在那边指挥着不大守规矩的狱囚，听秦王叫他，忙颠颠跑过来，拱手听命。

"让你的人占住东宫、齐王府，没有命令不准出去！"

"是！"高士廉答应一声，心说，不出去正好，我正怕这些杂牌军出去惹事呢。现在东宫、齐王府臭了，在这里怎么折腾都行。

安排妥当，李世民这才整整衣甲，上马来到玄武门，叫上百余名亲兵，奔太极殿而去。

高祖正气得昏头昏脑，手脚乱颤，正想等李世民来了，叫人把他一刀砍了，裴寂最知道高祖的心思，在一旁悄声劝道："秦王从年轻时就带兵打仗，比谁都精明，如今太子、齐王被杀，他又讨得皇上手敕，宫里宫外已布置上他的人，皇上还是认命吧，他虽不仁不义，但毕竟是皇上的骨血，江山还是大唐的，待会儿他来了，皇上就别再跟他别扭了。"

高祖头耷拉着，苦着脸说："他眼里哪有他的爹啊，哪有朕这个皇帝啊！"

裴矩是黄门侍郎，一向随侍高祖左右，也轻声劝道："自古皇家无小事，手足相残的事历朝历代都有，事到如今，皇上还是放宽心为好。总归年纪大了，皇位总要下一辈来接替。"

人要听人劝，若没有人劝，李世民若此刻来了，高祖还真能传旨将他砍了。不过，尉迟敬德手持大槊把住殿门，这杀人的旨意也绝不能执行。

高祖的心渐渐好受了一些，还自己劝慰自己，咱一辈子杀人多了，也许上天降此惩罚，才让他们兄弟相残。

高祖寻思一会，但眼睛还是不离殿门口，他盼望着李世民能赶快来向他承认错误，诉说他实在是万不得已才杀了兄弟侄儿们的。

李世民终于来了，只见他在殿门口一站，挡住了殿门口的所有光亮——

"圣上！"李世民仆倒在地，冲里面喊着，"恕儿臣不孝，儿臣实在是万不得已啊！"

这正是高祖想听到的自欺欺人的话，但这话未免太自欺欺人了，刚才李世民在殿门口一站，长孙无忌就带着百余个亲兵，迅速控制了大殿的各个角落，并挥手把诸大臣及高祖的近侍赶了出去。

孤家寡人的高祖，坐在龙椅上有些害怕，难道这二小子敢杀朕？正在高祖不安的时候，但见李世民飞奔过来，奔上御阶，一下扑到高祖的怀里，号啕大哭，高祖心里说，到底是小二子心眼多啊，哭时也得把他爹双手按住，这是怕他爹别从哪摸出把刀刺死他啊！

"父皇！父皇！"见大殿里没有外人了，李世民鼻涕一把泪一把，开始放声忏悔："儿臣……儿臣惊动圣驾，犯了……犯了死罪啊，父皇，你饶了我吧！"

高祖听了这话，稍稍觉得欣慰，别管这求饶是真是假，这李世民眼里毕竟还有他这个父皇。天正是热的时候，高祖穿着一件薄薄的绣着滚金龙的丝织龙袍，一动不动地看着二儿子的一举一动。李世民也许真动了感情，脸贴着高祖的胸，哭得浑身直哆嗦，高祖仍是无动于衷，冷峻地望着殿门口持槊而立的尉迟大将军。

"父皇，父皇……我是您的亲儿啊……您不原谅儿臣，儿臣唯有一死啊……"李世民边哭边说，那情景真像一个犯错的孩子向父母真诚地认错。

高祖长叹一声才抚着李世民的背说："近日以来，几有投杼之惑，几如曾母因人三次误传'曾参杀人'，便也相信。"

见父皇说话了，李世民知道父皇气顺一些了，再恨他也还得原谅他。他又恸哭了一会儿，才抬起头说："儿臣若不动手，就会被他俩杀死，此是自卫，绝非有所图谋。只要父皇还要我，儿臣当竭尽忠诚，孝顺父皇，绝不敢有半点辜负。"

"哎——"高祖叹一口气，"事到如今，朕也只好如此了，这江山打下来就是要传给子孙的，子孙辈再惹朕生气，但还是子孙啊！"

该哭的也都哭了，该说的也都说了，能原谅也都原谅了。宫内宫外的局势还不平稳，有许多大事等待处理。李世民觉得在父皇这也没什么好盘桓的了，于是叩头说道："请父皇注意龙体，先休息一下。儿臣先出去安排一下，令乱兵回营，稳定一下局势。"

高祖无力地摆了摆手："建成、元吉还有十个嫡孙都死了，朕也没有什么好牵挂的了，外头的事你自作主张吧。"

"敬德！"李世民站起来叫道。

"末将听令！"尉迟敬德"噔噔噔"几步奔过来，拱手听令。

"送皇上回后殿休息，加强宿卫，不得有误！"

"遵令！"

把守后门口的长孙无忌一挥手，高祖的那些近侍们才慌慌张张地跑过来，搀扶高祖。高祖颤巍巍地从龙椅上站起来，一步一挪地向门口走去，下台阶时，高祖不小心打了个趔趄，不无悲哀地想到：宫内宫外的人都奔李世民去了，不听我的招呼了，我也被软禁起来了，成了一个名不副实的皇帝了。

李世民带领百十名亲卫回到秦王府，秦王府内早已布置一新。大殿的议事厅里，房玄龄、杜如晦带领在家的几个主要僚属分班而立，恭迎李世民，那架势分明是大臣们在迎皇上归来。李世民也不客气，在侍从引导下，大步流星地登上台子，往那把大椅上一坐，房玄龄有板有眼地趴在地上叩个头，才起身奏道："府中亲兵已从玄武门回撤，现全部布置在王府周围。"

行啊，宫外有秦琼，宫城有程咬金，秦王府又有八百亲兵护着，真可谓万无一失。李世民满意地点了点头，说："皇上那边我已说好，他也只好认可眼前的局势了，尉迟将军在后宫寸步不离地宿卫，估计没有什么问题。"

房玄龄说："应该把朝臣们召到王府听候调遣，也防止他们在外说三道四。"

"殿下，"杜如晦也拱手献计，"让裴寂、萧瑀、陈叔达三位大人到后宫劝劝皇上，尽快下诏立殿下为太子，委以军国大事。"

　　"好！"李世民频频点头，觉得这两人的建议确实重要，于是命令侯君集："你带些人过去把朝臣们全部召来，不来不行。"

　　侯君集个子不高，长相丑恶，带上几十个兵挎刀持枪到太极殿前一说，那些不知道干什么好的朝臣们不敢怠慢，跟着侯君集就来了。

　　李世民显得很有礼貌，令人在大殿里摆上座位，文武大臣们分列而坐，又像朝堂又像聚义厅。待宫人给各位朝臣奉茶完毕，李世民开口讲道："今天早上发生的事各位大臣已经知晓了。太子、齐王图谋不轨由来已久，今犯上作乱，幸天意昭昭，本王举兵诛之。本王奉圣上手敕，总督各军，望各位大臣各司其职，各安其事，一切听我秦王府号令！"

　　李世民说着，严厉的目光扫视着大家，以裴寂为首的大臣们不得不顺水推舟，应道："惟秦王裁处！"

　　李世民又讲了讲京城和全国各地的局势，无非是炫耀自己布置的如何妥当、周密。大臣们听了，哪有不点头的，都频频点头，各人心里说道：你杀的人是你亲兄弟亲侄子，关我们何事？反正圣上老了，该由儿子辈接班，爱谁当谁当，天下总归是你们姓李的。

　　"天也不早了，各位大人就在王府用些便饭吧！"房玄龄招呼大家说。

　　太阳升起老高了，至巳时，半晌不晚吃什么饭？无非是把大家软禁在这里不让走。但谁也不敢说个不字。房玄龄一挥手，宫女、太监排成两队，端着酒菜饭食，款款走进大殿，在大臣们面前的长桌上摆开。

　　是想把我们这些老臣集体毒死吧？有人惴惴不安地看着秦王，迟迟不敢动碗筷。办完了大事的李世民心情舒畅，一向少喝酒的他端起满满一杯酒祝道："凶顽已诛，天下太平，祈愿我们以后同甘共苦，创建一个强盛无比的大唐。"

　　说完，李世民率先一饮而尽，下面的人哪有主见，也懵懵懂懂跟着尽力喝干，呛得几位老臣直咳嗽。

　　乘着酒劲，李世民探过头对离他最近的裴寂、萧瑀、陈叔达说："用完饭以后，大家在王府候令，你三人仍去后宫，陪伴皇上，劝慰劝慰圣上，力劝圣上立即下诏，立我为太子，并委以军国大事，这样才能保证国家局势的稳定。"

　　萧瑀、陈叔达本来就是李世民的人，频频点头，裴寂也只得跟着点头，李世民又说："我让长孙无忌随你们去，又有尉迟敬德在一旁盯着，估计皇上不会不答应。"

　　吃过饭后，没容得喝口水休息一下，长孙无忌就走过来，朝裴寂三人打了个手势："三位大人请——"

济世安民：唐太宗

"请，请。"裴寂望了望长孙无忌，不敢怠慢，心说，平时我正眼也不瞧你一眼，可现在不同了，你是秦王的得力干将，又是大舅哥，等秦王上台后，你就是堂堂的宰相啊！

天热，一走一身汗，长孙无忌叫了四个步辇，四人乘着进入了玄武门，又一路来到了临湖殿。

临湖殿前厅里，尉迟敬德持槊而立，四五个宫人也默默站在一旁，裴寂向里头指了指，小声问尉迟敬德："圣上呢？"

"里面呢，"尉迟敬德显得很伤脑筋，"圣上回来后，茶饭不思，心灰意懒，谁也不见，连把扇的宫女都给撵出来了，我这正愁这事咋办呢！"

长孙无忌看了看裴寂说："大人和皇上是旧交，您先进去看看吧！"

裴寂不吭声，寻思了一番说："圣上现在身心疲惫，进去了也说不成正事，我看还是让尹德妃、张婕好过来哄哄皇上，让皇上吃些茶饭，休息一下，咱再进去说事。"

裴寂毕竟是高祖的第一宠臣，对高祖了解得很透，高祖毕竟是一国之君，硬和他说什么话也不好。

长孙无忌采纳了裴寂的建议，招呼一个宫人说："速请尹德妃、张婕好来看视皇上。"

秦王府的话不敢不听，那宫人答应一声，快步走了，时候不大，尹德妃、张婕好在几个宫女的簇拥下匆匆而来。裴寂迎上去把意思一说，尹德妃一脸怨气，一拍手说："俺姊妹们惦记着圣上呢，只是听说没有命令不准乱走，俺们才不敢来的。"

别人说一句，尹德妃能说八句，心情万分复杂的裴寂也不想和她多啰唆，指了指内殿说："好好劝劝皇上吃点饭，休息一下，我和萧大人，陈大人在门外候着。"

衣袂飘飘，香风阵阵，宠妃们进了内殿，裴寂他们在前厅找了些凳子坐下，干巴巴地等。约等了半个时辰，一个宫人走出来，等得心焦的长孙无忌一步跨过去，扯住那宫人问："皇上怎么样了，能进去和他说说话吗？"

那宫人说："尹德妃让我到御膳房要一些饭。"

看宫人走了，长孙无忌心神不宁地回凳子上坐下，裴寂说："老百姓说，心急吃不了热豆腐，长孙先生还是耐心地等等吧。"

御膳送来了，吃剩的御膳又端走了，又过整整了一个时辰，尹德妃和张婕好才悄悄从内殿走出来，对裴寂说："吃了点饭，洗了个澡，刚刚睡下。"

只好耐心地等吧。几个人又默默坐了半个时辰，时间已经是下午了，一个把扇的宫人走出来说："皇上醒了，传裴大人、萧大人、陈大人。"

三个人整整衣服起身往里走，长孙无忌迟疑了一下，但还是跟着走了进去。

近侍正在侍候高祖洗脸，几个人进来后不敢说话，只是站在一边，待高祖在卧榻上坐下后，裴寂几个人才走过去跪地叩拜："参见皇上，皇上万岁万万岁。"

高祖摆了摆手，显然不耐烦这些废话。他抬了抬眼皮，见长孙无忌也来了，冷冷地问："这位是谁呀？"

长孙无忌知道皇上明知故问，但还是磕个头，老老实实答道："臣长孙无忌现为秦王府僚属，秦王遣臣下看望圣上。"

"看望朕？"高祖冷笑着，从坐榻旁边的几案上拿过一张卷起来的圣旨，抛给地上的长孙无忌，"你是来为你的主子讨债的吧？给，拿去吧！"

"讨债？"长孙无忌一时还明白不过来，拿起圣旨展开一看，只见上面只有一行字："立李世民为太子。钦此！"

长孙无忌高兴得手都有些哆嗦，来的目的就是要这行字，想不到事情办得如此顺利。长孙无忌趴在地上替秦王磕了个头，却并不走，昂起脸来说："请圣上委新太子以军国大事及庶务，以安天下！"

这要求有些过分，况且，出自一个王府的僚属之口，高祖瞪着眼气得不轻，萧瑀忙对长孙无忌说："你先回去安排新太子册立的事，剩下的事我来办。请秦王放心，圣上盼着他能把大唐治理好呢！"

长孙无忌也觉自己有些过分，想想尉迟敬德在前厅持槊而立，煮熟的鸭子也飞不到哪里去。长孙无忌磕个头，而后卷起圣旨，急急走了。

李世民的所作所为，实际上是逼宫，断绝了高祖与各个重要部门的联系。高祖老了，李建成、李元吉及十个嫡孙被害后，高祖就接受了这一现实，自己只能当个有名无实的皇帝了。未待萧瑀等人劝，高祖即无力地摆了摆手，令萧瑀拟旨，下诏自今起，军国庶事，无大小悉委太子处决，然后奏闻。

尉迟敬德忠于职守，吃饭时也是槊不离手，不离寝殿门口半步。至掌灯时分，程咬金拎着两面大斧来了："尉迟敬德，你回去休息一下，殿下着我来给皇上宿卫。"

尉迟敬德舒了一口气，问："外面形势怎么样？"

"到处是咱们的人，已完全控制宫内宫外局势。只是有人说'斩草不除根，明春当再发'，要求全国大搜捕，把东宫、齐王府僚属赶尽杀绝。"

"有这等事？"

"此事我老程不同意，气得我就来了，你快去劝劝秦王吧。人生在世，都是忠于所事，乱杀乱砍还行吗？"程咬金气哼哼地说。

"好，程兄你放心，我马上回去劝说殿下。"尉迟敬德起身就走，却又转回头对程咬金说："好好宿卫，说话声音小点，动作轻点，别惊动皇上。"

"行。"程咬金晃了晃板斧，叹了一口气，"老皇帝也够可怜的。"

尉迟敬德回到秦王府，王府里灯火灿烂，人人脸上洋溢着喜庆的神气，见尉迟将军来了，都争着上去告诉他一些好消息。秦王要当皇帝了，大家都要跟着平步青云了，谁能不高兴啊？尉迟敬德却急着问："东宫、齐王府僚属怎么处理？"

众人说道："这还能饶了他们？这些人助纣为虐，理应尽诛，并籍没全家，王爷已允此事，明早当即执行！"

尉迟敬德一听，分开众人，大步流星直奔大殿。大殿里，秦王正在和长孙无忌、房玄龄、杜如晦等人叙话，见尉迟敬德进来，秦王说："来得正好，我们正等你一块吃饭呢！临湖殿那边没有事吧？"

"临湖殿一切照旧。"尉迟敬德拱手道，"闻听大王将尽诛太子、齐王故将僚属，且籍没其家？"

"是啊，"李世民点点头说，"太子、齐王党羽甚多，日后怕他们为乱四方。"

"谋社稷，乱国家，罪在二凶。二凶既伏诛，其僚属只是跟错人而已，一向并无过错，若非要牵连他们，这不是安天下的方子，而是乱天下的方子。"尉迟敬德认真地说道。

见秦王沉默不语，尉迟敬德继续说道："武德五年，刘黑闼二次起兵，尽复山东，李建成采纳魏徵建议，不再将其将帅处死，而是采取攻心战术，把俘虏全部释放，坐视其离散，这才打败了刘黑闼，彻底熄灭了山东的战火。而今太子、齐王已伏诛，其僚属只不过离乱之人，有奶就是娘，哪有心思再反对朝廷，为死人报仇？"

尉迟敬德分析得有道理，秦王点点头，却又说："已允诸将所请，剿除太子、齐王党羽的命令也已传达下去了。"

尉迟敬德拱手道："诸将处由我言明，还请王爷宽容大量。"

秦王看了看房玄龄、杜如晦，两人也觉尉迟敬德的话有道理，频频点头，秦王这才对长孙无忌说："明日奏明圣上，大赦天下，凶逆之罪，止于太子、齐王，其余党羽，一无所问。"

"我明早就办好这事。"长孙无忌叉手答道。

说话间，酒菜传上来，大家陪着秦王在桌边坐定，秦王先端起一杯酒对尉迟敬德说："敬德乃一武将，想不到如此心细，若不是你，不知又有多少人头落地，多少人家破人亡。"

"王爷宽宏大量，高瞻远瞩，所以才成就今天之伟业，天下贤能之士也无不以侍奉殿下为快事。"尉迟敬德也恭维道。

"是啊，"秦王李世民感慨万千，把杯中酒一饮而尽，"一个人能力有限，

虽贵为皇帝，但伟业还是大家共同创立的，正所谓海纳百川，有容乃大。"

众人纷纷附和，秦王拍拍脑袋说："魏徵现在人在哪儿？找他来见我，人才难得，此人一个主意可抵十万雄兵。"

秦王被立为皇太子后，旋即以高祖的名义，下圣旨大封官职，以宇文士及为太子詹事，长孙无忌、杜如晦为左庶子，高士廉、房玄龄为右庶子，尉迟敬德为左卫率，程咬金为右卫率，虞世南为中书舍人，褚亮为舍人，姚思廉为洗马。这些人其实就是朝廷的执政班子，处理国家的日常事务。天下军国庶务从内到外渐渐掌握在太子李世民一人手中。

高祖连朝也不上了，每日只是与裴寂等老臣在后苑水池边盘桓，名曰消夏。太子李世民把东宫"嘉德殿"改名为"显德殿"，设朝而号令天下。

这天，新太子李世民在朝上想起了魏徵，为了试试魏徵的骨气，他故意板起脸，命人把魏徵押来，当堂发落。玄武门之变后，魏徵就被软禁在家中，闻新太子要亲自审他，魏徵搞不清是祸是福，但打定主意要让新太子和那些臣下们看看他魏徵是怎样一个人。

魏徵双手被缚，随押解官来到显德殿，面对这么多的目光和森严的气势，魏徵不慌不忙，只是向御座上的新太子作个揖，脸转向一边，立而不跪。李世民一看就烦了，一拍书案喝道："魏徵，你为何离间我兄弟，害得我兄弟骨肉相残，贻笑天下？"

这话问得实在勉强，你谋夺皇位，杀兄害弟，怎能从我魏徵身上找原因，真是笑话！魏徵忍不住轻蔑地一笑，众人一见，都为魏徵捏了一把汗，当众嘲笑新太子，岂非找死！

"你笑什么？"李世民怒问。

"我曾劝故太子早杀秦王，可惜，可惜啊……"魏徵仰天叹道，"先太子早从征言，必无今日之祸！"

见魏徵毫不惧怕，说话行止出自天然，李世民爱才之心油然而生，这样的人性格耿直，了无私心，哪里找去？李世民忙走下来，亲手解去魏徵手上的绳索，说："本王素重先生之才，愿引为詹事主簿，先生意下如何？"

詹事主簿为从七品官，掌印检、勾稽等事，魏徵不以为陋，拱手说道："我为大唐臣子，自当尽忠于大唐！"

见魏徵答应来东宫做事，李世民非常高兴，他想试试魏徵是否真心归附，也想试试魏徵对目前时局有什么高见，便问道："今局势初定，而人心不稳，主簿有何良策教我？"

魏徵略一沉思，侃侃而道："为王者天下为家，至公无私，以德服人。故太子、齐王乃殿下同胞兄弟，不宜过暴其恶，当请皇上降旨，以礼葬之，仍留其尊号，以布殿下孝悌仁恕之德于天下。"

这事有些难办，李世民琢磨了一下说："局势初平，宫内宫外事情千头万绪，礼葬太子、齐王一事容以后再议。"

知无不言，言无不尽，虽位为新太子麾下的七品芝麻官，但魏徵仍是竭诚谋划，继续进言道："虽颁旨大赦天下，但仍有不少故太子旧属心存疑虑，望殿下把前年因庆州兵变流至嶲州的王珪、韦挺加恩召回，薛万彻乃世之悍将，逃匿不归，也请谕其亲属，诚心召回。"

王珪、韦挺是李建成的死党，又犯有不可饶恕的大罪，薛万彻更不用提了，鼓噪兵士围攻秦王府，李世民早就恨得不行。魏徵的两条建议若一条也不采纳，倒显得我李世民没有气量。罢，罢，宰相肚里能撑船，何况我这个就要做皇帝的太子。想到这里，他对长孙无忌说："召王珪、韦挺回朝，重新任用。你亲自跑一趟，向薛万彻将军的家人传达本宫的好意，盼薛将军回京述职。"

魏徵见新太子准了这条建议，便跪倒在地，贺道："殿下英武明断，宽宏大量，实当今天下之真主也。"

放别人一条生路，李世民心里也觉得愉快，扶起魏徵后谦虚又不无自得地说："此数人皆忠于所事，义士也。天下也都知道本宫是爱才之人。"

李世民确实是爱才之人，这些年来，别人都是抢钱抢物抢权，他却不动声色，网罗了大量的人才。

玄武门之变一举成功后，面对着复杂的局势，手下的文武僚属们显示了卓越的处事能力，大家不折不扣地执行对故太子党羽一无所问的宽宏作法，赢得了人心。与秦王府兵将厮杀的冯立、谢叔方以及薛万彻陆续返回京城，重新得到了任用，王珪、韦挺回京后即任谏议大夫。

对突厥犯边之事，李世民奏明高祖，遣富有实战经验的右武卫大将军柴绍率军击之。

为了给人以政令一新之感，李世民下令把禁苑的鹰犬等玩物放掉一部分，同时罢四方贡献。第三天抽出半天，听百官各陈治道，简肃政令，由此中外大悦。

高祖李渊见大势已去，为避免不必要的麻烦，先放出风来，以手诏赐裴寂等人曰：朕当加尊号为太上皇。

七月初，新太子李世民以皇帝的名义下诏任命秦琼为左武卫大将军，程咬金为右武卫大将军，尉迟敬德为右武侯大将军，从名义和实权上彻底把握了首都长安禁卫军的军事指挥权。

过了几天，李世民又索性来个彻底大换班，以高士廉为侍中，房玄龄为中书令，萧瑀为左仆射，长孙无忌为吏部尚书，杜如晦为兵部尚书，封德彝为右仆

射，又以前天策府兵曹参军杜淹为御史大夫，中书舍人颜师古、刘林甫为中书侍郎，左卫副率侯君集为左卫将军，右虞侯段志玄为骁卫将军，副护军薛万彻为右领军将军，右内副率公谨为右武卫将军，右监门率长孙安业（长孙无忌的哥哥）为右监门将军，右内副率李客卿为领左右军将军。

自此，三省六部的重要职务，全被秦王府的僚佐所把持，高祖李渊实际上成了一个空壳皇帝。

天渐渐转凉了，一片片黄树叶打着旋儿跌在地上，太极宫的甬道上冷清清的，宫人弯着腰不紧不慢地扫着地。西海池内，水清如蓝玉，荡起的波纹一圈圈地消失在远方。高祖在侍从的搀扶下，在游廊里眺望着秋景。一阵风吹来，高祖不禁剧烈地咳嗽起来，侍卫钱九陇忙过来，轻轻拍打着高祖的后背。

"老得弱不禁风喽！"高祖急喘了几口气，凝望着蓝天上飞过的苍鹰，问："九陇，你跟朕多少年了？"

"回圣上，有十年了吧。"

"十年了……"高祖摇了摇头说，"朕耽误你的前程了，早该外放你一官半职的。"

"九陇出身隶人，得以侍卫圣上已是三生有幸，九陇哪也不去。"

"你想升职，朕现在可能也帮不了你了，朕成了一个有其名无其实的皇帝了。"

"新太子孝顺，早晚参问，处理政事得心应手，实为圣上之洪福，大唐之洪福。"钱九陇拱手道。

间不疏亲啊，一个当侍卫的只能帮皇上往好处想，此外他还能说什么呢？

"怎么？你也替他说话？"高祖看了看钱九陇，见他不说话，又把目光投向远方，"他当皇帝是绰绰有余啊，可朕的两个儿子十个孙子的惨死又上哪找？"

这不是一个侍卫所能回答的问题，钱九陇沉默着。高祖抹了抹眼角的泪，问："裴寂来了没有？"

"正派人去召他，也该来了。"钱九陇回答道。

"走，咱到殿里去等他。"高祖颤巍巍地走着，边走边感叹着，"偌大的皇城，只有裴爱卿能和朕说上话了。"

高祖刚回寝殿里坐定，裴寂就匆匆而来，高祖命人传上御膳，与裴寂头对头喝起了闷酒。几杯酒下肚，见裴寂不如往日话多，高祖问："你也有不愉快的事吗？"

"臣也已靠边站喽，"裴寂愤愤地说，"我连预议政事的权力也没有了，朝堂上打眼一看，都是东宫的僚属。"

高祖感叹地摇了摇头，说："一朝天子一朝臣啊！"

济世安民：唐太宗

"圣上，"裴寂心情不好，两杯酒下肚有了醉意，他伸过头对高祖说，"新太子上台，也没有臣的事了，伏愿赐臣骸骨，许以退耕。"

高祖一听，涕泪沾襟，好半天才说："朕曾经说过要与你相偕老，你要一走，朕闷在后宫与谁说话去？"

裴寂望了望远远站在门外宿卫的尉迟敬德，压低声音说："圣上亲政，臣还能自由地说话，如今新太子当政，我的好日子也到头了，我毕竟和新太子不大合辙啊！"

"别怕别怕，"高祖安慰道，"朕早想好了，要传位于李世民，朕把这劝退的功劳安在你头上，就说你说服朕让位的。"

这真是个莫大的人情，裴寂撤身伏地叩首，抬起头来有些哭笑不得地说："新太子知臣与圣上最契，命臣劝圣上早早让位。陛下不知，这位若不早传，臣的日子更难过呀！"

"罢，罢！"高祖端起一杯酒一饮而尽，"这个皇帝朕不当了，朕为太上皇，当与公在一起，喝酒听曲，像当年在晋阳宫一样，逍遥日月，岂不快哉！"

君臣老弟兄两个，说一阵子，又喝一杯酒，又伤感一阵，无奈地打发着年老的日子。

尽管在立李世民为皇太子的诏书里，称李世民"夙禀生智，识量明允，文治武功，平一宇内……朕付托得人，义同释负，退迩宁泰，嘉慰良深"，把李世民夸成一朵花，但天下仍有好多人并不服气他，其中镇守泾州的燕郡王李艺、镇守凉州的长乐王李幼良均拥兵自重，蠢蠢欲动，不想安分守己。

最有意思的是现今镇守幽州的庐江王李瑗，此人是李渊叔父李哲的儿子，一向与李建成要好，自谓是太子李建成的嫡系部队。玄武门事变的消息传到幽州后，一向为人软弱的庐江王李瑗吓得茶饭不思，唉声叹气，右领军将军王君廓劝慰道："王爷只是和故太子交好，又没做过什么恶事，怕新太子什么？"

"秦王连亲兄弟亲侄子都能下得了手，何况我这个小堂兄？"庐江王叹息道。

王君廓是盗贼出身，为人诡诈，两面三刀，表面上勤勤恳恳佐助庐江王，实则背地里瞧不起他。今见庐江王如此害怕牵连自己，王君廓计上心来，何不唆使李瑗反了，再瞅空儿把他斩了，岂不是奇功一件？想到这里，王君廓搓着手坐在椅子上，也陪着叹息了一会儿，才说："是啊，太子、齐王的儿子们也全部被诛，皇上连亲王孙也保不住，何况王爷你一个藩王？秦王手段也太狠了，王爷与故太子交好，天下皆知，按理说应该早作打算，免得到时措手不及，遭杀身之祸，哎……灭门之罪也说不定呢！"

庐江王听了更觉害怕，仿佛大祸真的即将临头，小脸煞白，无力地瘫坐在椅子上。

"王爷——"王府兵曹参军王利涉急急火火推门进来,但见王君廓在此,嘴张了张,又不言语了。

"有什么事要说?"庐江王从椅子上坐直身子,"王将军又不是外人。"

"王爷,"王利涉近前一步,对庐江王说:"朝廷遣通事舍人崔敦礼召王爷入京。"

"什么?"庐江王险些从椅子上滑下来,瞪着眼问王利涉,"崔敦礼人在哪儿?"

"在关上驿站住着,明天上午就能来到。"

"完了,完了……"庐江王颓然地坐回椅子上,"想不到本王一世的荣华富贵也要到头了。"

"也许是召王爷回京述职呢。"王利涉小声地说。

"述职?"旁边的王君廓冷笑道,"早不召晚不召,偏在这节骨眼上召,分明是准备对王爷下毒手啊!"

庐江王挥了挥手,王利涉退了出去,王君廓又说:"一朝天子一朝臣,秦王绝不会让他仇敌的属下留在世上,从秦王凶狠阴险的手段来看——"

"将军随本王镇守幽州,长期共事,义同生死,将军可得想个办法救我。"庐江王伸出手来抓着王君廓,好似抓着一根救命稻草。

"哎,去京城是必死无疑……"王君廓说完,眉头皱成一大把,来回踱着步,苦苦地思索着,又抓了抓头皮,才突然显出一副猛然醒悟的样子,对庐江王说:"今拥兵数万,何苦受特使诏、自投罗网?"

"将军是说——"

"秦王杀兄害弟,威逼皇上,人神共愤,天下有识之士无不想食其肉,寝其皮。幽州是北方重镇,退可没于万里草原,进可直扑长安郊外。王爷若在幽州振臂一呼,四方必然纷纷响应。总比乖乖地去长安送死好。"

庐江王是个没有主见的人,听王君廓这一说,觉得十分有道理,好死不如赖活着,等死不如大干一场,说不定还能整出点名堂呢!庐江王起身离座,紧紧握住王君廓的手:"将军得好好帮我!"

"王爷若真的想匡扶正义,为太子、齐王报仇,君廓将以死报之!"王君廓指东画西地说,"我以前打过游击,在各地都有江湖朋友,只要我一起来,他们都会跟着起来。我再问一句,王爷真的想起兵?"

庐江王重重地点点头说:"今以命托公,决计起兵。"

王君廓单膝跪地,紧紧握住庐江王的手,看见庐江王激动得眼里噙着泪,王君廓也挤出两滴眼泪,以示同呼吸共命运。

庐江王还真动了感情,对王君廓说:"事成之后,我把小女儿嫁给你。"

王君廓一副感激涕零的样子，心里却说：事成之后，朝廷许我以高官厚禄，你家的女人我想挑哪个就挑哪个，何况是手无缚鸡之力的小郡主。

庐江王把王君廓搀起来，两个人各归本座，开始商定下一步的行动计划，当前需要的是：把朝廷特使崔敦礼抓来，审问京中机密；派轻骑遍贴起兵檄文，通告天下；发驿传征兵，紧急动员各方面的力量……

庐江王李瑗在王君廓的蛊惑下，真的轰轰烈烈地干了起来，十八路流星快马怀揣檄文奔赴各地，大街上摆起桌子开始招兵买马。老夫子崔敦礼正在驿站休息，让人从被窝里拽起，跌跌撞撞押到幽州都督府。

崔敦礼官虽不大，但怎么着也是朝廷特使，任庐江王、王君廓等人大喊大叫，只是昂首不答，绝口不提京中机密。庐江王见状大怒，一拍桌子，刚想叫人来硬的，刚才还上蹿下跳、挺积极的王君廓说："君子动口不动手，让崔大人好好想想，他自然会回心转意的。"

兵荒马乱的时候，还讲什么"君子动口不动手"？庐江王嘴张了张，终没有反驳王君廓，非常时期，处处还得倚仗他，只能按他的意思处理崔敦礼了——"来人，把姓崔的暂押狱中，明日再不开口，杀头祭旗！"

崔敦礼被推推搡搡地押了下去。头一件事没办成，众人都有些灰心，场面有些沉闷，王君廓见状，借口到前堂看看情况，就告辞走了。

见王君廓走了，兵曹参军王利涉对庐江王说："我看王君廓办一些事好似做戏一般，不实在。"

"何以见得？"庐江王问。

王利涉摇了摇头，表示说不清楚，只是说："王君廓为人反复无常，不当以机密委之，应早除去，使王诜代之。"

庐江王回想回想，这王君廓还真有些贼眉鼠眼的，让他掌握兵权的确不大可靠，不如让自己的老部下燕州刺史王诜总督兵马。想到这里，庐江王对王利涉说："你亲自跑一趟，召王诜前来议事。"

王利涉见庐江王应允了他的建议，忙出门带着两个随从上马急匆匆地去了。这一幕正巧让王君廓瞧见了，觉得好像有什么事瞒着他，忙差一个亲信到后堂去打听。庐江王办事本来就不严密，消息很快反馈过来：庐江王召王诜是想让他统领兵马。

王君廓一听，着了急，自己没有军权，就等于失去了一切。阴险狡诈的他决定一不做二不休，先下手为强，他当即带着百余名亲兵去找王诜。

刺史府就在城西，对庐江王起兵的事，王诜心里没底，心里七上八下，听说庐江王相召，王诜决定见见王爷，探探口风。打发走王利涉，王诜叫人打来温水，洗个头再去，还没等洗好，家人来报："王君廓将军已到前厅，有急事

269

求见！"

王刺史不敢怠慢，握着头发来到前厅，王君廓来回踱步，正等得不耐烦。王诜热情地迎上去："将军请坐，下官正准备去都督府见王爷呢！"

"见他干啥？"王君廓偎了上去。

"说是商议征兵一事。"

征兵归我管，有你什么事，果然想把军权交给你了，我让你这个门都出不了！强盗出身的王君廓以迅雷不及掩耳的速度拔出佩刀，寒光一闪，"唰"的一下砍向王诜。王诜握着湿漉漉的头发，眼睛还没看清怎么回事，就已人头落地。

这一幕让在场的人惊呆了，王诜的属下更不知怎么办才好。王君廓一手提着王诜的人头，一手持刀，跳到院子里，领着他的百余名亲兵吆喝着："李瑗、王诜同反，囚执敕使，擅自征兵，犯下滔天大罪。今诛王诜，李瑗无能为也，你等愿随李瑗，必招致灭族，若跟从我，可取富贵！"

庐江王有什么能耐人人皆知，跟着他和朝廷对着干无异于自取灭亡，众人本来就不想造反，今见王诜已死，纷纷向王君廓拱手说："愿从公讨贼！"

王君廓稳定住刺史府，而后率领千余名属下，越西城进入都督府，先到监牢里把崔敦礼放出，奉为首领，而后直冲后衙抓庐江王。

庐江王折腾了两天，心力交瘁，正在卧床歇息，闻听王君廓哗变，心知大事不好，急忙起身贯甲，率左右百余人出战。

二道门外，王君廓等上千兵丁拥着通事舍人崔敦礼汹汹而来。王君廓以刀尖指着李瑗左右大叫："李瑗反叛朝廷，犹如飞蛾扑火，新太子手下任何一个将领都能打败李瑗。君等都是有头脑的人，何必抛家舍业跟着李瑗自取灭亡？"

崔敦礼作为朝廷特使，也义正词严地指责李瑗，奉劝大家认清形势，悬崖勒马，归顺朝廷。李瑗的那些属下本来就没有信心，听了这些话，有人便悄悄放下武器，转身溜走。

"走啊！不能在这等死！"不知谁喊了一声，大家一听，把手中的武器一扔，一哄而散，只剩下庐江王一个光杆司令孤零零地站在台阶上。

"小人卖我，行将自及！"庐江王指着王君廓骂道。

王君廓怕庐江王说多了于己不利，忙蹿上台阶，一刀把庐江王砍了。

"怎么说杀就杀，生擒活捉多好！"崔敦礼以手掩面，老夫子不愿多看血淋淋的场面。

"杀了他才叫彻底平息祸乱。"王君廓抹了抹刀上的血说，"崔大人速回朝廷报告幽州形势，就说有我王君廓在，幽州永不背叛朝廷。"

幽州祸乱刚刚冒头就被平息了，新太子李世民非常高兴，以王君廓平叛有功，下诏封其为左领军大将军，兼幽州都督，并以李瑗家口赐之。王君廓终于达到了目的，当上了都督府的主人，并强行把小郡主搂到了怀里，但不知这小子结局如何，是否如庐江王临死前咒骂的那样：行将自及？

庐江王李瑗反叛朝廷的事件出来后，各地也陆续传来一些不好的消息。当年李建成平定刘黑闼后，在山东各地安插了不少自己的人，此次李建成、李元吉被杀后，其宫府僚佐、将士约有一百多人逃往山东，形势十分严峻。而镇守泾州的燕郡王李艺、镇守凉州的长乐王李幼良都是李建成一派的人，山东一乱，这些藩王说不定就会举兵响应，到时候天下之势就不好收拾了，当今之计，极需要有一个人前去山东安抚。

派谁去合适呢？东宫后殿里，新太子李世民和僚属聚在一块，讨论合适的人选。房玄龄心里早已有谱，当即向新太子建议道："我们原秦王府的人和山东一些官吏不熟，去了恐怕作用不大，詹事魏徵智勇双全，为人公正，先前曾两次招抚过山东，一次是说服李密旧将归顺，一次是招降刘黑闼部众。此次山东之行，非魏徵不可。"

"他才是个七品詹事啊！"李世民说。

"此人有大才，望殿下急用之。"房玄龄拱手道，"可升迁为谏议大夫宣慰山东，听其便宜行事。"

李世民沉思了一下，拍板道："好，召魏徵晚上来东宫见我。"

房玄龄把想说的事说完了，心里一块石头落了地，端起酒来浅斟慢饮，杜如晦又开口说话了："得尽快想办法让圣上下诏传位，殿下虽立为皇储，掌管国家庶政，但毕竟不是皇帝，名不正言不顺，天下就有些人蠢蠢欲动。应尽早让圣上传位于殿下，以绝他人之望。"

对接班的事，李世民早已急不可耐，听杜如晦这一说，几乎坐不住了，他在椅子上欠欠身子，说："催裴寂办这事，的确不能再等了。裴寂再不回话，只有当面和圣上摊牌了。"

所谓"摊牌"就是逼宫。面对几个得力僚属，李世民毫不犹豫吐出这句话，大家也纷纷赞成。软的不行只有来硬的了，管他是皇帝还是爹，如今朝廷各个重要位置都是原秦王的人，强行即位也不是多么难的事。

"殿下，"一个近侍走进来，朝李世民拱一下手说，"裴大人求见。"

说曹操曹操就到，李世民会心地看了看大家，对那近侍说："快快有请！"

裴寂走路有些打晃，脸呈猪肝色，显然刚喝过酒，他甩手甩脚走上来，刚要跪地叩头，李世民忙扶住了他："裴大人免礼，免礼。"

裴寂也不言语，从怀里掏出一张圣旨，递给李世民，喷着酒气说："传位的圣旨我替你讨来了。"

"真的？"李世民兴奋得几乎要叫出声来，他接过圣旨，细细地看着，手有些发抖。也难怪啊，李世民虽从大风大浪中闯过，但毕竟才是二十七岁的人啊，面对朝思暮想的皇帝宝座，心情怎能不觉得激动？

"殿下，"房玄龄走过来，看了一下传位圣旨说，"请殿下上表固辞。"

这不是胳膊肘子往外拐吗？有人不满地看着房玄龄，房玄龄抖抖袖子，说："虽然传位诏书已至，殿下仍须上表谦辞，以绝天下之谤。此所谓'三辞而诏不许，然后受之'。"

众人听了大笑，李世民把圣旨交于房玄龄说："这事你尽快去办。另外，登基大典的事现在就可以筹备了，叫太史令算个好日子。"

吃过晚饭，魏徵奉召来到了东宫，李世民把遣他去安抚山东的事一说，魏徵连连点头说："理应如此，理应如此。"

见魏徵答应得如此爽快，李世民非常高兴，当即让房玄龄拟旨升其为谏议大夫。

魏徵似乎对升官一事不感兴趣，拱手道："魏徵出使山东前有一事相求。"

"说！"李世民静听魏徵提条件。

"请殿下尽快答应我以前提出的礼葬太子、齐王一事！"

"这事当然要办，"李世民说，"等你从山东回来再说，另外这事想安排在登基以后。"

皇帝宝座李世民是坐定了，登基大典的筹备工作有条不紊地进行着，房玄龄挥舞大笔，替李世民上表固辞，言辞恳切。高祖自然知道这"谦逊"的含义，他以前也干过，于是下诏不许。

一而再，再而三，大家心照不宣地玩着"谦逊"的游戏，同时加紧登基大典的准备工作。日子也看好了，就在八月八日。这当儿，李世民正和长孙无忌等人合计在哪登基。长孙无忌说："在太极殿吧，那才是皇帝号令天下的地方。"

"我看不合适，"谏议大夫王珪说，"太上皇尚在世，若占了太极殿于礼于情都说不过去。不如把登基地点设在东宫显德殿，以示对太上皇的孝敬。只要殿下驾驭天下有方，在哪里都是天下的中心。"

"这话说得有道理。"李世民赞成地点了点头。这时，一个东宫参军走进来，小声对李世民说："磁州刺史送来有关魏徵的密报。"

"噢？"魏徵安抚山东，已走了十来天了，他在磁州有什么不轨行为，竟有人密报他的事？李世民甚觉奇怪，打开蜡封的密报细细看起来。

事情说起来也是一件不大不小的事。磁州土地爷王刺史好像抓住了原东宫僚属魏徵的什么把柄，在密报中煞有介事地说，磁州知悉秦王诛灭反贼李建成、李元吉的消息后，在通往山东的大道上设置了层层关卡，严防李建成、李元吉死党逃往山东。七月中旬，抓获了两个重要人犯，一个是前太子千牛李志安，一个是齐王府护军李思行。三审六问，确信两人逃往山东，图谋不轨，因派差役押往京城交刑部处理。哪想押送两名人犯刚出磁州界，迎面碰上魏徵一行人，魏徵拦住差官说："我乃谏议大夫魏徵，奉皇太子令，宣慰山东，许以便宜行事。我受命之日，前宫府左右皆赦不问，今又锢送思行等，谁不怀疑，虽太子遣使，谁能信之？我不能顾避嫌疑，不为国虑。且我蒙太子以国士相待，安能不以国士报之！"说完，魏徵强令打开枷锁，纵两犯自去。差役慑于魏徵奉谕出京，不敢有所违抗，只得回来报告刺史府，刺史府不敢自专，故上报东宫请令定夺！

看了磁州刺史的密报，李世民把密报递给王珪，说："你看这事当如何处理？"

王珪接过密报，浏览了一遍，反问皇太子李世民："殿下觉得魏徵做得如何？"

李世民哈哈笑道："孤托付得人，可无忧也。"

王珪内心十分佩服新太子的大度和远见卓识，建议道："李建成、李元吉党羽，虽经赦令赦免，但仍不自安，有些地方官吏，为邀赏赐，常常告官追捕，请殿下再下一赦令：'六月四日以前事连东宫及齐王，十七日前连李瑗者，并不得相告，违者反坐！这样才能打消所有人的顾虑，安定人心，稳定局势。"

"行！"李世民爽快地应道，"马上把这条赦令拟发下去！"

千等万等，绞尽脑汁，杀兄害弟，终于迎来登上大位的这一天。武德九年（626年）八月八日，一个大吉大利的日子，东宫内外布置得花团锦簇，到处张灯结彩，喜气洋洋。虎贲羽林军挺胸凸肚，沿甬道两边排开，显示皇家的气派。手持朝天大喇叭的乐手们，鼓着腮帮，拉好架式，静听乐官的命令。显德殿前，总管一切的长孙无忌，左观右瞧，检查完这个，又检查那个，生怕有哪一个细节出纰漏。

"长孙大人，殿下叫你。"一个近侍走过来说。

"我这就去。"

时已至仲秋，为了防止登基大典时有树叶落下来煞风景，东宫的树叶早被杆子打了好几遍，但秋风乍起，仍有不少树叶落下来，飘落在猩红的地毯上。长孙无忌一边快步往后殿走，一边指着地上的落叶命令随从："叫人拾，快，随落随拾！"

李世民像新郎官似的，站在殿里让近侍们侍候着，今儿是登基大典，这烦琐的舆服制度必须严格执行，穿什么颜色，穿什么质地，先穿什么，后穿什么，一点儿也马虎不得。宫女们捧来沉甸甸的玄衣纁裳，小心地给新皇上一件件套上。玄衣纁裳顾名思义，上黑下红，衮服上绣着十二章纹，上衣有：日、月、星辰、山、龙、华虫、火、宗彝；裳有：藻、粉米、黼、黻。此所谓日月

星辰，取其照临；山，取其稳重；龙，取其应变；华虫（雉鸟）取其光明；粉米，取其滋养；黼为斧形，取其决断；黻为两兽相背形，取其明辨。反正所有的花纹图案都有讲头。

李世民摇摇头，这些章纹看起来有些杂乱，但仍不失庄重，李世民在镜子前左顾右看，打量着镜子里的自己，见长孙无忌进来，笑问："朕这身衮服好看吗？"

长孙无忌微笑着点了点头，从近侍手中接过那前圆后方、前低后高、作俯仰状、前后各有十二旒的大冕，戴在了李世民的头上，说："这礼冠一戴上，就更是一个皇上了。黄帝、尧、舜垂衣裳而天下治，殿下英才天纵，君临天下后，必将给我大唐带来无尽的洪福。"

李世民整了整大冕，望了望镜子中的自己说："其实好多人都不知道，朕当皇帝不是为了追求权位，而是想真真正正为天下人着想。"

这话没有几个人信，长孙无忌也不大信，但长孙无忌还是连连点头，以无限崇敬的目光看着面前这个马上要成为皇帝的人，表示他对"为天下人着想"那句话的深深认可。

"太上皇那边怎么样了？他还没决定来不来？"李世民问。

"是啊，太上皇也不说来，也不说不来。不过我们已准备了两套方案，绝不会对太上皇失礼的。"

"还有一个时辰登基大典就要开始了。"李世民望了望窗外说，"你亲自到临湖殿去一趟，联系一下裴寂，确保万无一失。"

"好，我再嘱咐一下赞礼官，马上就去。"长孙无忌拱拱手走了。

新太子登基为人帝，突厥兵临城触天威

天变冷了，但高祖和谁斗气似的，仍赖在临湖殿不走。秋风从清冷的湖面上吹来，高祖因年老伤情而变得混浊的眼睛不时地透过窗棂看着湖面，那里有他无尽的哀愁，也有他数不清的安慰，好像能突然从水面上浮现出他的李建成、李元吉和十个孙子的影子。他又想起了老妻窦氏，他多少次喃喃地对她说：当了皇帝又怎么样，还不是照样要老，若不刻意去追求皇位，也许老妻你也不会死，一家几十口快快活活地生活在武功乡下。人，怎么也都是过一生，我们姓李的也不能霸占皇位万万年啊！当了这个皇帝，将来又有多少腥风血雨在等待着我们李氏子孙呢？

"皇上。"裴寂见高祖又陷入了沉思，忙唤了一句。

"别叫皇上了。"高祖无力地摆了摆手。

"那……皇上，您还去出席登基典礼不？"

"你说去不去？"

"那……您不去了？"

"唉——"高祖叹了一口气，"朕谁也不想见，待会儿大典时，朕要一伤心，流下泪来，会煞风景的，还是你代表朕去吧！"

裴寂指了指放在卧榻旁的衮冕："这礼服皇上怎么也得穿上，等登基后，新皇上来，您还得受贺呢！"

"朕会穿的，你去吧！"高祖对裴寂挑了挑眉毛，"你看，那边不放心，又派长孙大人来了。"

裴寂回头一看，果见长孙无忌来到了殿门口，忙站起来，以示尊重，待长孙无忌给高祖行过礼，裴寂拱手说："都准备好了，传国玉玺、受命玺、皇帝行玺、皇帝之玺、皇帝信玺、天子行玺、天子之玺、天子信玺，这八玺都准备妥当，待会儿就送往显德殿。"

　　裴寂的言行举动明显有巴结新贵的味道，长孙无忌对此也习惯了，他看了看旁边站着的掌管玺宝的符宝郎，符宝郎挎着七八个描龙画凤的小黄布包，黄包里鼓鼓囊囊，显然放着人间重宝。

　　长孙无忌点点头，拱手对高祖说："太子殿下盼望皇上能驾临显德殿，接受太子、文武百官及藩国使节的朝贺。"

　　高祖摆了摆手，也不说话，正眼也不看长孙无忌，裴寂忙代答道："皇上身体欠安，诏请皇太子便宜行事。"

　　不去正好！长孙无忌松口气，这省了我们多少繁文缛节，皇太子也可以正大光明地南面升座，接受来自八方的朝贺。

　　一切准备妥当，吉时来到，雄浑的钟声回荡在皇宫内外，回荡在每一颗平静和不平静的心中，乐官眉毛一挑，手一挥，上千名吹鼓手喇叭朝天奏起了朝天乐。文武百官、藩国使节和百姓代表各按规定的方位站好。赞礼官一声吆喝，但见新皇帝李世民身着大衮冕，迈着八字步，从偏殿昂然而出。大家一见，没别的，磕头吧，呼啦啦跪倒一大片——"吾皇万岁万岁万万岁！"

　　"众卿平身！"

　　"谢万岁！"

　　文武百官重新列班站好，中间留出一条通道，大司徒裴寂捧着传国玉玺，领着捧着其他七玺的符宝郎，一路走来，神情庄重地走上御阶，念了一番腔，方把玉玺郑重其事地呈献给李世民，李世民稍微验看了一下，又转给身后的新任符宝郎。

　　"吾皇万岁万万岁！"大家忙着又叩头致贺。

　　"众卿平身！"李世民趁大伙跪拜的时候，动了动被大冕（长二尺四寸，宽一尺二寸）压得有些发酸的脖子，他放眼望去，但见彩旗猎猎，仪仗就位，金吾卫甲士自殿前一直布列到大门外，百官俯伏跪拜致贺，行礼如仪，所有人等莫不振恐肃敬，无敢喧哗失礼。

　　当皇帝和做一个藩王就是不一样，除了后殿的那个老爷子，普天下都跪在你的脚下。经历了这么多年的拼杀和血泪情仇，值啊！太值了！李世民心里默默地说道。

　　"皇上升殿了——"宣赞官吆喝道。

　　李世民缓缓转过身来，顿了顿，才迈步走进显德殿。显德殿虽不如太极殿高大宏伟，但经过半个多月的突击整修，却也呈现出一派金光灿烂、富丽堂皇的景象。镂空金漆御座设在六层台阶的高台上，周围六根蟠龙金柱、梁、楣、天花板上都沥粉贴金，更显皇家的尊贵。尤其气派的是，有四个身材高大的镇殿将军站立于殿廷的四角，以示威武。

　　李世民在御座上坐定，随后接受文武百官的朝贺，正式登上了皇帝大位，史称唐太宗。

太宗下了第一道圣旨，遣大司徒裴寂与长孙无忌祭告南郊，同时大赦天下，关内及蒲、芮、虞、泰、陕、鼎六州免二年租调，其余给复一年。

接下来就是赐宴百官，君臣欢饮，雅乐溢于殿庭。人生在世，吃喝二事，平常有什么高兴事，大家都要举杯庆祝，更何况皇帝登基这样大吉大利、人间第一喜庆的日子。

太宗平常不大喝酒，本身酒量又不算大，今天因为太高兴了，多喝了两杯，人有些醉醺醺的，在近侍的挽扶下，飘飘然回到后殿。贤妻长孙氏早就迎过来，嘘寒问暖，扶他在卧榻上坐下，亲手为他卸下各式各样的服饰。

"朕让他们安排册后大典，你下一步就是母仪天下的皇后了。"太宗喷着酒气对长孙氏说。

勤勤恳恳的长孙氏并没有表现出特别的欢喜，仍然做一个贤惠的妻子所能做的一切，她奉上一杯热茶，看着太宗喝了几口，又为太宗除去内袜，把他的双足放到热水里，轻轻地撩水为他洗脚。

"这事让宫人干就行了，你一个堂堂的皇后……"太宗一边享受着爱意，一边责怪着长孙氏。

"皇后再尊贵，也是皇上的妻子，也要尽一个妻子的责任。"长孙氏想说出这句话，但终于没有说，仍然轻柔地给太宗洗脚，她就是这样一个人，少说漂亮话，多干实际事。

热水洗了脚后，换上新袜，又穿上柔软的便服，太宗人变得轻松多了，他斜躺在龙榻上，刚才的醉意已变成融融的享受。

"杨氏到哪里去了？"太宗眯着眼看着周围问。

杨氏就是李元吉的妃子，那个在大屠杀的早晨梨花带雨、顾盼生情，被李世民从屠刀下一把拽出的那个女子。长孙氏见新皇帝想杨氏，不以为怪，对旁边的宫人说："召杨氏侍候皇上。"

由于李世民的宠爱，加之长孙氏的大度，杨氏在东宫受到很好的礼遇，隔三差五陪侍李世民，如今正值南面升座的喜庆日子，回到后殿的李世民闲心一来，马上又想到了杨氏。杨氏玉质柔肤，态媚容冶。她袅袅婷婷地走进内殿。长孙氏一见，领着宫人识趣地退了下去。杨氏脱下鞋子，爬上卧榻，偎到了太宗的怀里。

"你愿意侍候朕吗？"

"愿意。"杨氏的声音像莺儿一样缠绵动听，她用兰花指轻轻地抚摸着太宗，"妾常常从梦中笑醒，妾哪辈子修来的福气得以侍候皇上？"

"你还想元吉吗？"太宗审视着杨氏的反应。

这话显然有些煞风景，见太宗又来问此类话，杨氏也不傻，忙道："妾心里装的都是皇上您。"

太宗哈哈大笑，手点着杨氏的鼻子说："朕就喜欢你这个机灵劲。元吉虽然死了，但朕也不会亏待他，过一段时间，朕还要隆重地礼葬他和李建成。"

杨氏头往太宗怀里钻，心里却嘀咕着，人死不能复生，再隆重的礼葬也洗刷不了你杀兄害弟的恶名。这个死了，那个死了，好歹我杨氏没有死，活着虽有些丢人现眼，但总归活着啊！李世民手杀亲弟，复纳其妃，竟不愧耻，世人要骂先骂他李世民，一时半会儿还轮不到我一个妇道人家。

长孙氏在外间等了一会儿，见杨氏脸红红的从里面出来了，方才走进去，叫宫人侍候太宗洗濯，完了又亲手扶太宗歪靠在卧榻上，方说："后宫宫女上万，青春在宫内逐渐消磨着，好多人终生未被眷顾，毫无乐趣。皇上仁爱，更兼南面升座，应对后宫有所裁减，以示皇恩浩荡。"

太宗刚刚临幸过杨氏，心情愉快，点头认可了长孙氏的恳请。再说旧的不去，新的不来，抛开这一切不说，简放宫女也是积德行善，也会给新皇帝带来莫大的美名，何乐而不为呢！

"行啊，"太宗说，"你马上就是皇后了，这事你做主，看放多少合适。"

"臣妾只是提出建议，放多少还得皇上说了算。"

"先放三千吧，"太宗伸出三个指头说，"那些进宫时间长的，年龄大的，老的，丑的，先让她们走。"

太宗捋捋胡子，又歪着头沉想了一会，对长孙氏说道："太上皇逊位，再居住太极宫不太合适。房玄龄他们建议太上皇徙居弘义宫，这也向世人表明太上皇彻底离开了权力中心，这对稳定局势大有好处。"

长孙氏只顾给太宗捶腿，并不吭声，太宗又说："太上皇徙居弘义宫虽然有诸多好处，但从感情上来说，太上皇恐怕接受不了，一下子从住惯的地方迁走，对一个六十多岁的老人来说，肯定不合适。迁与不迁，朕一时拿不定主意，爱妃一向虑事全面，你替朕拿一个主意吧！"

长孙氏辞道："牝鸡司晨，唯家之索。妾一介妇人，怎敢与闻政事？"

"你也可以说说你的意见，比如像简放宫女一事。"太宗说。

"简放宫女，一者扬君之德，二属后宫内务，臣妾因而大胆提意见，至于有关国家大局的政事，非臣妾所知。"

太宗知道长孙氏是个识大体顾大局的人，便不再追问她"太上皇徙居"的事。但皇帝的事毕竟多，过一会儿，太宗又忍不住问："待你立后那天，朕想一并册立杨氏为贵妃，你意如何？"

长孙妃答道："皇上多少年过的都是戎马生活，如今南面称君，更是政务繁忙，日理万机，难得享受儿女情趣。杨氏若真能给皇上带来欢娱，皇上不妨立她为妃。"

"有你这话朕就放心了。"太宗撇撇嘴，又感慨地说，"她毕竟做过元吉的妃子，朕收了她，一定会惹来不少世人的议论。"

作为妻子，长孙氏所能做到的，是尽量服从丈夫，她想了一下，开导太宗："即使一国之明君，也难以做到完美无瑕。皇上只要把国家治理好了，百姓生活幸福安康，必能赢得流传千古的美名！"

听了长孙氏的话，太宗非常高兴，他振作了一下精神，让长孙妃拿一本《尚书》来。偃武修文是当前要务，太宗以治理好天下的雄心，耐心地一字一句地品起儒家典籍。

第二天早朝时，太宗首先抛出了《放宫女诏》，言"宫女众多，久离亲族。一时减省，各从罢散，归其戚属，任从婚娶"。一般皇帝登基后，都会发布征美令，在民间大规模地选美，太宗登基后却宣布裁减宫女，大臣们颇觉奇怪，太宗立刻解释道："妇人幽闭深宫，情实可悯。隋氏末年，求采无已，至于离宫别馆，非幸御之所，多聚宫人，此皆竭人财力，朕所不取，且洒扫之余，更何所用？今将出之，任求伉俪，非独以省费，兼以息人，亦各遂其情性。"

太宗的一番话冠冕堂皇，大臣们纷纷投以敬佩的目光，表示赞同，有的说"宫女无用者尚多"，有的说"她们虚费衣食"，有的说"非独以省费，兼以息人"。

见"释放宫女"一事赢得这么好的反响，太宗趁热打铁，又抛出第二道旨意：将太上皇徙迁大安宫。大臣们这下都哑口无言了，此等事不便发表意见啊！

"裴爱卿！"太宗叫道。

"臣在！"

"太上皇徙居之事，由你前去办理，好好跟太上皇解释解释！"

"臣遵旨！"裴寂硬着头皮答应下来，谁让他和太上皇关系最铁呢！

太上皇还真听裴寂的，三劝两劝，太上皇同意搬家，说搬就搬，第二天太极宫里就行动起来了。

"太上皇小心，小心！"裴寂搀着高祖，迎着灿烂的朝阳，小心地迈过殿坎。

十几辆马车停在殿外，宫人们在偏门穿梭来往，不停地搬抬着东西，一辆装饰豪华的步辇停在殿阶下，正翘首等待太上皇的到来。

"这要往哪里搬呀？"连往哪里搬，高祖似乎都没记住。

"到大安宫，到大安宫。"裴寂打着圆场说，"太极宫离水太近，有些潮湿，对太上皇的关节炎影响不好。"

"大安宫在哪里呀？"高祖步履蹒跚地坐上御辇，又问。

"就是弘义宫，皇上为了显示孝心，特把弘义宫改名为大安宫，以便太上皇安度晚年。"

"这孝心真不小。"高祖嘀咕着，并没有显出特别的伤感。这一个多月来，随着时间的推移，高祖渐渐变得平静了许多，也看透了许多。活着的就活着，死了就死了吧，李世民一手遮天，就随他去吧，人老了，功名利禄也看得很淡了，也不再留恋那俯视天下的宝座了。

深秋的后宫内，到处是秋风扫落叶的凄凉，高祖大权旁落后，后宫也失去了许多欢声笑语的场面。高祖所坐的御辇缓缓前行，但见殿角游廊处，有好多宫女聚在一块，叽叽喳喳地说话，还有的挎着包袱在走，见了高祖的车驾，慌忙伏地叩头。

"赶庙会似的，这些人都在干什么？"高祖问旁边的裴寂。

"哦，忘了和太上皇说一声，今天早朝时，皇帝下诏书，言：宫女众多，幽闷可愍，宜简出之，各归亲戚，任其适人。这些宫女们大概是准备出宫的。"裴寂答道。

"把宫女全都放出去？"高祖有些急眼。

"嘿嘿。"裴寂笑道，"也就捡年老的放出三千人，无碍大局，又赢得好名。"

高祖点点头，又抓住裴寂的手问："朕的尹德妃、张婕妤不在简放之列吧？"

"不在。"裴寂发现悲痛过去了的高祖显得越来越幽默了，常常和他这老友开些无伤大雅的玩笑。裴寂手指着宫城的最深处那丛林中显露着殿角的地方，说："她们正在大安宫收拾新家，等着太上皇呢！"

新官上任三把火，新君即位，更要政令严明，言出法随，全国各地不断有好消息传来，上表称贺的天天都有。这天上朝，吏部尚书长孙无忌给太宗讲了一件循吏的事："陛下还记得右卫率府铠曹军唐临吗？"

"嗯……"太宗想了一下说，"记得，记得，他的哥哥唐令则曾是隋太子杨勇左庶子，以媚人取宠，常常自弹琵琶歌舞，后因杨勇废立被斩。"

"陛下好记性。"长孙无忌说，"这唐临却和他哥哥大不一样，奉命出京，当了秦州万泉县的县丞，为国为民办了不少好事。"

官吏循良，太宗非常高兴，叫长孙无忌："说来听听。"

长孙无忌饶有兴趣地讲起来："那万泉县秋收后久不下雨，麦子种不上，眼看农时已过，老百姓一季的收成就要落空。这时唐临就任县丞，可巧的是到任才几天，接连下了几场喜雨。唐临一天没闲着，又是冒雨到乡下察看耕种，又是检察县里公务。他见狱中关押着十多名犯人，在牢里吃饱了睡，睡足了吃，蹲在门口眼巴巴地看着两脚。唐临问了问案情，知道这些犯人在家都是壮劳力，心想，这十几人囚系在狱中，白白吃掉米谷，又荒废了田亩，如今下了几场雨，正该农时，不如放他们回家耕种，限定回来的日期，岂不是一举两得？唐临把这事和犯人一说，犯人们非常高兴，欢呼雀跃地奔回家去。"

济世安民：唐太宗

"这些犯人种完庄稼后又回来了吗？"太宗关切地问。

"盛世出佳话啊，"长孙无忌笑道，"犯人回家耕种之后，皆如期而返。"

"真是贤能县丞啊，这样的人应该提拔重用。"太宗感慨地说。

"遵旨！"长孙无忌不失时机地拱手说道。他正想破格提拔唐临呢。

见圣上为一个县丞私放犯人回家耕种的事和长孙无忌说了半天，谏议大夫王珪有些等不住，见他们话音一落，即上前奏道："陛下允以登基之后礼葬故太子李建成和齐王元吉，此事还望陛下早作安排。"

礼葬自己的仇人，太宗确实不情愿，也担心因此而混淆黑白，想把此事一拖再拖，拖黄了为止，不想王珪继魏徵之后，又把这事挂在嘴上。太宗沉吟了一下，心想君无戏言，自己想成为一代贤能之君，首先必须宽宏大度，从谏如流，连礼葬李建成、李元吉的事都做不到，还能算明主吗？太宗就有这点好处，凡事容易想通，想通了马上去做，于是下诏道："此事交礼部去办，拟定礼葬的规格、日期。"

王珪听了，这才拱手退到一边。王珪本为李建成僚属，朝上说话不为自己着想，不避嫌疑，为人正直，有啥说啥，这真是一个谏议大夫所为。一个皇帝再英明，若由着自己的私心胡来，难免出错，而皇帝的一个错，不是平常老百姓的一个错，事关国计民生和千千万万人的利益。这些道理，太宗十分清楚，他看着王珪瘦小的身躯不卑不亢地侍立在一旁，大发感慨道："主上御使奸邪之臣，不能治国，正直臣下奉侍君主，国亦不得治，唯有君臣相遇，如鱼得水，则国家可治，四海得安。汉高祖仅一田舍翁，提三尺剑定天下，而后天下大治，规模宏远，流布子孙，这是因为得贤臣之故。朕虽不明，幸得诸公多次匡救，致天下于太平。"

王珪拱手对道："臣闻木从绳则正，人从谏则圣。故古代圣君必有诤臣七人，言而不用则相继以死。陛下开圣虑，纳诤谏，臣愿罄其狂瞽之言。"

太宗连连点头，表示接纳，并下令，自今三品以上及中书门下入阁，必使谏官相随。

说了半天，眼看时间不早了，掌管军机的杜如晦匆匆走进朝堂，向太宗奏道："颉利、突利二可汗合兵十余万寇泾州，其先头部队已进至武功。"

太宗一听怒道："突厥人敢趁朕登基前来捣乱，岂不知朕是马上皇帝？"

房玄龄奏道："泾阳仅距长安七十里，也就是马军一天的路程，宜遣一上将前去讨伐。"

打仗的事太宗比谁都在行。如今草茂马肥，正是用兵的好时机，况他新君初立，用兵上更不可大意，太宗略一沉思，命道："以尉迟敬德为泾州道行军总管，率军十万以拒突厥。即日起，京师开始戒严，卫戍军队临战以待。"

兵贵神速，杜如晦讨得旨意后，拱一下手，急匆匆出殿布置去了。

尽管大敌当前，太宗却不以为然，册后大典在丙子日如期举行，隆重繁缛的

册后仪式后，好色的太宗同时下诏册封一大把妃嫔，其中有正一品夫人四人：贵妃、淑妃、德妃、贤妃；正二品九嫔：昭仪、昭容、昭媛、修仪、修容、修媛、充仪、充容、充媛；正三品婕妤九人，正四品美人九人，正五品才人九人；正六品宝林二十七人，正七品御女二十七人，正八品采女二十七人。

册封仪式后，宫中照例赐宴。晚上，待百官命妇人散去后，略有醉意的太宗携长孙皇后回到后宫中。美女再多，再令人眼馋，太宗今晚也得陪新册封的皇后娘娘。

正宫里早已布置一新，各地献来的珍玩器物琳琅满目，什么玳瑁黄金莲花帐、云母翡翠屏风、翠羽鳞毫帘、五方金玉玛瑙床，以及手巾、香囊、香炉、暖手、辟寒，每一样器具有好几种，金灿灿，亮闪闪，显出皇后独有的荣华和尊贵。

"满意吗？"太宗指着那些器具，有些夸耀地问长孙皇后。

"托皇上洪福。"长孙皇后施一礼，卸去了皇后服饰，仍像平常一样侍候太宗，支使下人时，仍和颜悦色，一点也不摆皇后的架子。

"皇上，"长孙皇后指着那些华丽奇巧的用具说，"衣服用品够用就行，请允许臣妾把这些用不完的器具转送给妃嫔们。"

太宗有些不情愿，但他知道这正是长孙氏一贯的风格，只好随声附和："你是后宫的主人，你说了算，随你怎么安排。"

夫妻夜话，端的是甜言蜜语，有愿许愿，太宗揽着长孙皇后说："朕登上皇位，有你们长孙家一半功劳。在内，你识大体，顾大局，弥补了朕许多过失；在外，无忌也是尽心尽力，尤其在玄武门一战时机敏相助，这些日子，朕决定大封功臣，以勋劳、成效考量而定封邑，无忌是佐命元勋，功在第一！"

听了太宗的话，长孙皇后却并没显得多么高兴，她起身施礼辞道："妾托身紫宫，尊贵已极，实不愿兄弟子女布列朝廷，妾兄无忌文不能安邦，武不能定国，论功更不能列在第一。"

太宗不以为然地说："朕和无忌是布衣之交，起事前即是好友，他跟随朕的时间最长，朕看重无忌，并不因为他是国戚。朕不但论功排他为第一，下一步还打算任命他为宰相。"

长孙皇后道："汉之吕、霍，外戚干政，可为切骨之戒，特愿圣朝勿以妾兄为宰执。"

太宗哼哼着，并没认可皇后的恩请，但长孙皇后以古人的善恶作为自己的鉴戒，表现出一位非凡女性的大度和卓识，确实难得，李世民之所以取得如此非凡的业绩，实在和贤妻长孙氏的配合和协助分不开。

己卯日，突厥进击京兆高陵县。辛巳，泾州道行军总管尉迟敬德与突厥战于

济世安民：唐太宗

泾阳，大破突厥，斩首千余级，并擒获俟斤阿史德乌没啜。战报传到皇宫，太宗大为高兴，正巧魏徵也从山东回来了，太宗设宴招待几位重臣，一则庆贺打败突厥，二则为魏徵接风。

人逢喜事，君臣欢娱，谈到在前线奋战的尉迟敬德，太宗高兴地说："尉迟敬德随朕驰骋战场多年，颇有经验，又加其勇猛，朕料一战即可挫败突厥，今果不其然。"

长孙无忌继之吹捧太宗道："皇上的军事指挥才能，非凡人所能及也，想以军事手段来撼我唐皇，纯粹是痴人说梦！"

这话不假，太宗哈哈大笑，喝一口松醪酒，夹一块鹿唇肉填进嘴里，略作沉思，总结自己多年的用兵之道："朕自少经略四方，颇知用兵之要，每观敌阵，则知其强弱，常以己弱当其强，强当其弱，彼乘我弱，逐奔不过数十百步，我乘其弱，必出其阵后反击之，无不溃败，所以取胜，多是仰仗这些。"

众卿听了这经验之谈，连连点头称是。右仆射封德彝见太宗兴致很高，乘机奏道："隋末丧乱，人口骤减，如今全国在册人口仅二百余万户，不及隋朝人口多时的四分之一。如今突厥入侵，军队调动频繁，军校粮秣，颇感不足，皇上诏免关东赋税一年，可否暂缓执行？"

吃饭的不知当家的苦，太宗知道尚书省的难处，点点头说："明日重新颁布诏令，说'已役已纳，并遣输纳，明年总为准折'。先征赋税，供国家急需，以后再补他们就是。"

魏徵听了这话，当即表示反对，他义正词严地说："今陛下初膺大宝，亿兆观德。始发大号，便有二言。生八表之疑心，失四时之大信。纵国家有倒悬之急，犹必不可。况以泰山之安，而辄行此事！为陛下为此计者，于财利小益，于德义大损。臣诚智识浅短，窃为陛下惜之。"

太宗一听魏徵说得有理，点点头说："还是按原诏令执行吧，做皇帝的不能失信于天下。"

"那……"封德彝苦着脸说，"开销大，赋税又少，我们做宰相的确实有些急眼，不似当谏议大夫的，嘴上说说也就完了。"

魏徵也不计较封宰相语含讽意，径直提出自己的见解说："发展农业，需要足够的民力，目前急需解决的是人口增殖问题，我以为首先从两个方面入手。一是劝勉民间婚嫁，具体措施是，规定男二十、女十五作为法定的婚龄，凡是鳏夫、寡妇丧期已过的，并须申以婚媾，令其好合。对那些贫乞不能嫁娶者，责令乡里亲戚或富有之家予以资送；第二，想方设法赎回外流人口，以臣的估计，隋末丧乱，汉民避乱而入北或为戎狄所掠者，不下于一百五十万人。"

没等魏徵说完，封德彝抬杠说："赎回外流人口，固然可以解决中原人力不足的问题，但如今正与突厥开战，赎回人口岂不等于白说？"

大家也都小声议论，认为魏徵的第二条措施不可取，但太宗却一脸喜悦地拍手道："魏爱卿的这两条意见切中要旨，尚书省马上研究，拿出具体措施，颁诏执行。至于赎回外流人口，朕认为完全可以，突厥扰我中华，从来就没有停止过，到最后还是他们俯首称臣。怕他们什么，比突厥强大的多的是，最终还不是都被我们打败了？"

见皇帝表了态，众人风向标一转，交口称赞魏徵的两条增殖人口的措施十分必要。大家搜肠刮肚，纷纷提出自己的见解，对魏徵的两条措施加以补充，正在讨论得热闹时，一直在兵部值班的杜如晦匆匆走进来，拱手向太宗报告说："渭河西岸突然出现大批突厥骑兵。"

渭河就从长安城西北流过，杜如晦的意思说突厥人已经兵临城下，众人听了都有些着急，但十几岁就领兵在战场上拼杀的太宗一点儿也不慌张，命令杜如晦："一、速差人探明突厥人马数目；二、通知支援的兵马昼夜兼程，向长安靠拢；三、加强城防，做好打恶仗的准备。"

杜如晦答应一声，拱拱手，急步走了。望着杜如晦神色严峻的样子，封德彝有些担心地说："突厥人不会强攻长安城吧？"

"不会，"太宗笑道，"突厥人善奔袭，不善攻城。长安城高壕深，由着他们攻战，也占不了我们多少便宜。"

众人听了太宗的分析，才悄悄舒了一口气。

"长孙爱卿！房爱卿！魏爱卿！"太宗叫道。

"臣等在！"三个答道。

"随朕去北城楼观景！"

观敌阵叫"观景"，众人不禁为太宗的气势所折服，会心地一笑，齐齐朗声答应，即刻撤了宴席，簇拥着太宗出宫上马而去。

十月的渭河，清亮而碧绿，宛若一条玉带绕长安城西北向东飘过。河西岸落木萧萧，狼烟四起。圆顶帐篷像一个个蘑菇散布在山冈田间，连绵十几里，一眼望不到边，突厥兵来来往往，有的在切草喂马，有的在挖坑埋灶，准备做饭。皂狼牙雕旗竖在道边，在秋风中招展飞舞。一阵阵号角呜呜咽咽，顺风吹来，空气中掠过一阵阵马骚味……

太宗站在城楼上足足看了小半个时辰，才点了点头，对长孙无忌等人说："朕观突厥兵马，不下十余万，其在渭水之西，安营扎寨，散乱而无章法，看来他们并不想临阵交战。"

"那他们十余万人，深入渭水，意欲何为？难道是向我们新朝示威？"长孙无忌说。

太宗笑了笑，手指着渭水对岸对大家说：“无忌说对了，颉利与突利合兵十余万突进渭水，玩的是军事诡诈，朕自有办法对付他们。”

正在说话间，兵部崔侍郎来到城楼，对太宗说：“颉利可汗遣其心腹执失思力进城，要求皇上接见。”

“这是来探听我城内虚实。”太宗和大家交换了一下眼神，对崔侍郎说：“告诉杜尚书，朕这就回宫，命那执失思力报名入见。”

从午门到显德殿，虎贲羽林军排成两行，挺胸凸肚，佩刀持枪，摆得甚是齐整威严。人在屋檐下，不得不低头，满脸傲气的执失思力进午门时，被人扇了两巴掌，不得不举着揭帖报名入见。在虎贲军枪林刀丛中一路穿行，来到显德殿。三叩六拜毕，执失思力趾高气扬，露出一副不可一世的神气，似乎不把太宗这个大唐皇帝看在眼里。

“颉利可汗和突利可汗将兵百万，如今已经到达了。”执失思力说道，那意思是，咱大军来了，看你这个大唐的小皇帝怎么办？望着执失思力可笑的样子，太宗觉得又可气又可笑，当即指着执失思力厉声道：“朕与你们可汗面结盟约，且许和亲，赠金银前后无算。你们可汗背约忘盟，引兵犯我大唐，何得自夸强盛？出兵不愧，自夸不羞，汝虽戎狄，当有人心，何能全忘恩义！”

突厥人心眼实，听太宗这一说，执失思力脸上有些发热，头也渐渐低了下来，太宗又一拍龙案道：“别说你突厥来了一百万，就是来了二百万朕也不怕。来人哪！”

话音未落，殿角就上来四个金吾卫，一边两个，牢牢地把执失思力摁倒在地，执失思力被掐得龇牙咧嘴。

“把他先斩了，再行决战！”太宗喝道。乖乖，没说上几句话就要杀头，执失思力缩缩脖子，心中害怕，以头点地，叫道：“臣不读书，不知礼，冒犯皇帝，皇帝大人不计执失思力小人之过，恳请免死！免死！”

萧上来为之请命道：“两国交兵，不斩来使，番将无知，请圣上宽恕。”

封德彝也跟着上来说：“执失思力已承认不识礼，请以礼放还，以显我天朝大国的气度。”

执失思力见两个老头为他说话，感动得鼻涕一把泪一把，左一下，右一下，叩头不已，太宗“哼”了一声，说：“放了他可不行，朕若遣去，突厥则谓朕畏惧，则更加猖獗。来人哪，先把这执失思力囚系于门下省，待破了突厥再说。”

金吾卫答应一声，把执失思力脚不沾地地提走了。此时天色已晚，太宗又和大臣们研究了几个军事上的问题，吩咐各军小心戒备，方才回宫歇息。四更天时，太宗就起了床，来到前殿披阅兵部送来的奏报。杜如晦更是一夜未睡，闻听太宗已来到前殿，忙赶去晋见，汇报情况。

　　"各方增援大军已陆续赶来，估计在天亮时可形成对突厥的合围之势。"杜如晦说。

　　太宗赞许地点了点头，幽默地说："那咱们用不着唱空城计了。"

　　"突厥营中怎么样？"太宗又问。

　　"倒没有什么大的动静，夜里有小股突厥兵涉过渭水，转了一圈又回去了。"

　　"这是试探我虚实，颉利性疑，执失思力一夜未回，估计他已没了主意。"太宗想了一下，又问杜如晦："你说这仗咱们打不打？"

　　"我们的兵已集结到位，打，我们也不会吃亏。"杜如晦说。

　　太宗摇摇头，望着殿外深沉的夜空说："百废待兴，抚民以静，还是不打仗为好啊……"

　　杜如晦会意地点了点头，又小心地探问："是否在北边开一个口子，留一条通道让颉利……"

　　太宗想了一下，点点头说："只派小股兵马在北边活动，示以兵威，但不与突厥正面交锋。"

　　"可也不能让突厥小看了我们。"杜如晦说。

　　"对突厥，我们早晚要打，但不是现在。"太宗分析道，"突厥十万人马，都是骑兵，往来迅速，这一点我们暂时还不能做到，交战起来，也占不了他们什么便宜。天亮时朕亲自到渭水河边，与颉利对话，当面责其贪得无厌，背信弃义。"

　　"这，这不太合适吧？"听太宗这一说，杜如晦大感意外，御驾亲临前沿阵地，这也太冒险了。

　　但太宗决定了的事很难改变。第二天上午，太宗点了长孙无忌、房玄龄、高士廉、魏徵、侯君集、丘行恭六人，身披甲胄，跨上轻骑，就要出城。老臣萧瑀到底不放心，拦住马头，叩马固谏："陛下万金之躯，身系国家社稷，怎可亲临战场？望陛下三思，不可轻敌！"

　　太宗低头拍了拍萧瑀说："卿可勿虑，朕筹之已久，非卿所知，制服突厥在此一举，卿可观之。"

　　萧瑀无奈，只得闪在一旁，抹抹老泪，看着太宗纵马而去，渭河西岸，狼烟四起，番兵正在生火做饭，热闹得好似集市一般，有的突厥兵挽着袖子，正在宰杀掠来的牛羊，就在河中洗涮，那些牛羊下水随手一扔，到处都是。

　　太宗带长孙无忌等人骑着高头大马，直接来到渭河边。侯君集扯开嗓门，朝对岸叫道："大唐皇帝召颉利可汗说话！"

　　东岸来了七骑，俱着金盔金甲，行动不凡，早惹起突厥哨探的注意。一听说是大唐皇帝轻骑来到河边，突厥兵放下手中的杂活，抓兵器在手，跨上战马，虎视眈眈、严阵以待，谁知这大唐皇帝葫芦里卖的什么药。

心腹大将执失思力进京城谒见太宗，一夜未归，颉利可汗心里焦躁，正在大帐里来回乱走。按照颉利的如意算盘，玄武门之变后，李世民新近登基，定然不敢妄动刀兵，而突厥以十万人马进逼渭水，李世民必然心怀畏惧，遣使求和，到时颉利可以乘机要挟，索要金帛美女。但事情的发展并未像颉利所预料的那样，前去察看虚实，夸说突厥兵力雄厚的使臣执失思力不但音讯皆无，李世民竟轻骑驰至渭水边，难道大唐早有所准备，想一次歼灭突厥？

但不管怎样，先去见见李世民再说，颉利披挂一新，在数百骑的簇拥下，驱马靠近岸边。

"颉利可汗！"太宗以鞭梢指着对岸高声喝道，"人之立世，应当以信，两国相交，亦应如此，旧日约以盟好，许结和亲。先后获我大唐金银布帛，难以数计，今日负约，践我大唐国土，扰我大唐百姓，岂有人心！"

太宗上来就把颉利可汗数落一顿，颉利张口结舌，一时答不上话来，半天才说："我的使臣执失思力呢？"

"执失思力狂妄自大，目无尊长，朕本欲斩他，诸大臣又跟着讲情，现囚系于门下省，待破了你突厥，再一并处置！"

见唐太宗丝毫没有畏惧的意思，颉利可汗更没了主意，他勒着马缰原地转了两圈，指着自己绵延十几里的兵马说："我数十万骠骑，几日之间就冲到渭水，破你都城易如反掌。我之所以驻扎在北岸，徘徊不进，是给你一个机会，让你重新申表，纳贡称臣！"

攻破都城有些吹牛，但"申表称臣"之说却有些来头，原来隋末时，东西突厥雄踞漠北，控弦数十万，薛举、窦建德、王世充、刘武周、梁师都等人为了取得突厥的支持，俱北面称臣，受其可汗之号。称臣纳贡是人主耻辱，朝廷一向讳莫如深，如今颉利当面说出这些话，太宗有些恼怒，厉声说道："朕不负可汗，而可汗独负于朕，今既来之，朕自当奉陪到底，你敢与朕独斗吗？"

颉利深知李世民的武功，没敢接他的话茬，却在这时，但见正南方向旌旗遮蔽田野，长安城内城外，唐军一队队向渭河边开来，脚步声和马蹄声敲打着大地，像闷雷一样掠过颉利可汗的耳边。颉利脸上闪过一丝不安的神色，却又强词夺理地说："我大军至此，断无空手返回的道理。"

太宗见他语气软了下来，拍马向前走了十几步，对颉利说："朕给你一夜时间考虑，战还是不战，战，朕奉陪到底；不战，我们还是好兄弟，重申旧约，也当资助你一些金银钱粮回国。"

没等颉利回答，太宗拨马而回，这时主力部队已赶来接应太宗，太宗叫过高士廉吩咐道："麾军后退一里，以弓箭手压住阵脚，轻骑兵藏在弓箭手后头，排槊手再居后，若突厥兵过河，则来个反冲锋，把突厥兵压制在河里。"

287

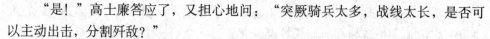

"是!"高士廉答应了，又担心地问："突厥骑兵太多，战线太长，是否可以主动出击，分割歼敌？"

"朕坐镇城楼，你自管勒兵布阵，听候号令!"太宗吩咐道。颉利可汗见唐太宗丢下几句话，拨马走了，唐军又后退一里路，严阵以待。心知今天这场仗是不好打了，只得回到大帐，召驻扎在后边的突利可汗前来计议。

秋深了，天黑得早，突厥营地上升起一堆堆篝火。军情紧急，战况可能瞬间就有变化，突利可汗跑得头上冒汗，进了大帐就对颉利说："西北方也发现唐军，有好多旌旗在山野间晃动。"

颉利却并不着急，命人摆上酒菜，招呼突利入座，倒上一碗酒，突利一口干了，抹抹嘴说："我们本来就不应该来，仓促深入，前无可掠，后无可援，若唐军以倾国兵力前后夹击，我们可就惨了。"

颉利捋着胡子哈哈大笑："李世民也一口吃不下我们，今天我听他话里的意思，还是想讲和，还准备赠咱以金银布帛呢!"

突利这才舒了一口气，说："唐兵强盛，我军深入，恐遇不测，不如允和，还可获些金银，回国而去。"

颉利点点头，叔侄俩计议已定，开始放心地喝起酒来，突利喷着酒气，摇摇头说："我与李世民打过几次交道，这个人不好对付，若我们不讲信义，他早晚得对付我们突厥。以我的意思，明天讲和时，他馈赠我们金银，我们也还赠他一些毛皮、马、牛，以示友好。"颉利点点头，指示侄儿突利可汗明天具体负责讲和一事。

两军对阵，谁胜谁负，形势仍不明朗，大臣们齐聚显德殿，想向太宗问个究竟。太宗胸有成竹，对萧瑀等人说："突厥敢倾国而来，直抵京郊，以我国有难，朕新即位，谓朕不能御敌故也。朕若示之以弱，闭门拒守，颉利必然纵兵大掠，不可复制，则扰践杀掠我郊甸黎庶，为害大矣。故朕轻骑独出，示轻觑之意，又耀我军威，示以必战，出其不意，使其失计。突厥深入我地，必怀戒心，故我战则克，与和则固。故曰制服突厥，在此一举。"

群臣一听太宗这么自信，都放下心来，正要辞别太宗回家睡个好觉，这时，一直坐镇西门的兵部尚书杜如晦走进大殿，向太宗奏道："颉利可汗遣使前来，请求讲和。"

太宗点点头，他早就料到了这一步，对杜如晦说："诏令允和，明日上午盟于渭水。"

化干戈为玉帛，昨天还剑拔弩张的战场，今天有了一些喜洋洋的气氛。渭水上，一夜之间，凭空冒出一座便桥，上面还扎了一个大彩楼子。东岸边，几十辆马车一字排开，车上堆着金银布帛，上面插着彩旗，在秋风里哗啦啦地飘着。河滩的平地上，搭了几十个棚子，棚子下面，朱色八仙桌和大板凳次第排开，足供数百人同时就餐。不远处，熊熊柴火舔着十几口大锅底，锅内牛羊肉翻滚，传送着美美的肉香。案板前，伙头军在忙着料理美味佳肴。再看西岸突厥军这边，烟火不起，显然准备过去吃人家的，但好歹有上百头头戴大红花的牛、羊还撑撑门面，上千张毛皮也在渭水边摞得老高，显然是准备回赠大唐的。

已时整，会盟时间到，颉利领着突利等一班文武，阔步来到便桥上，那边太宗也在长孙无忌、高士廉、秦琼、程咬金等人的护卫下，上了便桥。双方交割国书毕，太宗指着身后的几十架大车对颉利说："朕知你突厥除了草地、沙漠、牛羊之外别无长物，朕心怜悯，特赐金银布帛三十六车，望好自为之。"

颉利满脸堆笑，连说"谢谢"，他指了指身后数百牛羊和上千张毛皮说："颉利也回赠皇帝一些牛羊、毛皮，以示永结同盟之好！"

出于安全考虑，便桥上与颉利的会见时间安排得很短，太宗也不和颉利多说，当即命人牵过一匹大白马，在便桥上斩了，和颉利两人各喝了半碗马血，此所谓"歃血为盟"。

太宗抹抹嘴，令人把执失思力推过来，交还对方，而后对颉利说："朕在东岸准备了一些便宴，请可汗及众文武过去坐坐，以示庆贺。"

颉利怕自己过了河不安全，推辞道："让突利等臣下过去陪皇帝吃吧，有美酒佳肴送过来我一个人吃得了。"

突厥人性直，说话从不拐弯抹角。太宗微微一笑，点头应允，当即从便桥上撤回东岸。在突利的带领下，突厥众文武在御帐里谒过太宗，又领了一些赏赐，而后入座开怀畅饮。一直喝到太阳落西，颉利可汗下达了开拔令，这些达官才跌跌撞撞地爬上马背过河，一路向北方而去。

见突厥兵退了，太宗才回到显德殿。文武大臣心里也都安稳了许多，赶来向太宗朝贺。

不废一箭，不死一人，退了突厥二十万人马，世上谁能有这么大的本事？"万岁、万岁、万万岁！"文武百官伏在地上，一片真诚的欢呼声。

萧瑀代表大家再拜后，问道："突厥未和之时，诸将请战，陛下不许。继而虏骑自退，其策安在？"

太宗微微一笑道："朕观突厥兵虽多而不整，君臣之间，唯贿是求。当其请和之时，颉利独在水西，达官皆来谒朕，朕若乘其醉酒而缚其可汗，再袭击其众，则势如摧朽，再命长孙无忌、李靖伏兵幽州以待，虏必豕奔而归。若伏兵邀击于前，大军蹑踪于后，消灭颉利，易如反掌。所以不战之原由，朕即位日浅，国家未安，百姓不富，当以静抚之。一与之战，所损甚多，且与虏结怨既深，彼必惧而修备，则朕亦未得安。故卷甲掩戈，诒以金帛，彼既得所欲，理当自退，

第八回　新太子登基为人帝，突厥兵临城触天威

289

当此之时，意志骄惰，不复设备。然后养威伺衅，一举灭之。'欲将取之，必先与之'，正谓此也！卿可知否？"

"臣等不知，陛下圣明！"萧瑀等人再拜道。

"唉，"太宗并没显出得意的神色，叹道："我国边患，首推突厥，这个威胁早晚都要解决。"

君臣纷纷赞同太宗的远见卓识，议论道："目前我们所要做的，必须发展生产，增加人口，积极备战，一旦时机成熟，就可主动反攻突厥。"

太宗又说："朕曾令百官各上封事，提出治理国家的建议。有上书奏事的，所列条数甚多，朕每条都认真看，有时三更方寝。"

群臣纷纷称赞太宗励精图治，太宗一脸谦虚地说："天下安危，系之于朕，朕不勤奋能行吗？但毕竟个人才智有限，一日万机，一人听断，虽复忧劳，安能尽善？人欲自照，必须照镜；主欲知过，必藉忠臣。公等每看事有利于人，必须极言规谏。"

群臣望着御座上年轻英武的太宗，都觉得为人臣有幸遇到了明主。太宗望着这些朝夕相伴、忠心耿耿的臣下们，也充满感情地说："主纳忠谏，臣进忠言。君臣之义，能不尽忠匡救？"

太宗把臣辅佐君说成"匡救"，群臣不禁为太宗的真挚和大度所感动，纷纷跪下自表忠心。太宗说了几次"爱卿平身"，群臣才站起来各归本班。君臣之间动情地交流着，想不到这次突厥进犯渭水，竟促使君臣团结一心、奋发图强。

突厥颉利可汗回国后不久，遣使送来马三千匹，羊万只，以示交好。太宗不接受这些礼物，给退了回去，只是诏颉利归还以前掠走的中原人口，颉利可汗遵照执行，一下子遣回中原人口八万余人，并把武德八年八月太谷之战中俘虏的前并州道行军长史温彦博一并送回。

温彦博也是朝中老臣，阔别一年后，朝中已发生了重大的人事变化，温彦博顾不得回家与家人团聚，即随着萧瑀来到宫里拜见太宗。两人刚进宫门，就听显德殿的庭院中人声喧哗，不断地有人呼喊："好箭法，好箭法！"侧耳细听，有利箭射进木板的"噗噗"声。温彦博甚觉奇怪，忙问萧瑀这是什么声音。

"唉，"萧瑀摇摇头说，"皇帝肯定又和众侍卫一起练箭了，陛下从十几岁就开始打仗，喜马善射，当了皇帝，也放不下走马射箭啊！"

"这怎么得了？"温彦博眼睁得大大的，"大唐律例规定：以兵刀至御所者绞杀。在宫内与侍卫玩箭，成何体统？大人职为宰相，怎么也不劝劝？"

"劝了多少次不听啊！"萧瑀无奈地说。

"不听也得劝。"说话间温彦博快步走进显德殿庭院里。

殿庭的北墙根，一排人形箭靶直挺挺地竖着，上百名侍卫有的在一旁拍巴掌叫好，有的拈弓搭箭，眯缝着眼，"嗖嗖"放箭。太宗则以行家里手的姿态，在一旁指指点点，兴致颇高。直到近侍奏道温大人、萧大人晋见，太宗才发现两人已来到了背后。

"臣温彦博拜见万岁，万岁万岁万万岁！"温彦博跪在地上说。

"温爱卿平身。"太宗忙把温彦博扶起，问他一年来在突厥的情况。

温彦博说了声"惭愧"，简单地给太宗汇报了一下，太宗连连点点头，表示将重新给他安排职位。对于职位温彦博倒没多想，他指着那些箭靶向太宗劝谏道："万岁好走马骑射，以娱悦近臣，此乃少年为王时所为，非今日天子之事业。"

太宗弹了弹甲衣说："话虽如此，然则突厥屡为边患，朕亲习弓马，乃示众军以不敢忘战之意，也使四夷知我兵备甚严，胆寒气沮，无犯边境，以安康万民，又何尝不是天子大事呢？"

温彦博见太宗把殿庭射箭提到了一个为国为民的高度，不好以此和他理论，乃换一个角度劝谏道："今使侍卫张弓挟矢于殿庭中，陛下又亲在其间，万一有狂夫窃为突发，出其不意，非社稷所重。"

太宗一听，仰脸哈哈大笑，侍卫们也被太宗的笑声吸引过来，太宗故意扬声说道："王者视四海如一家，封域之内，皆为朕之赤子，朕一一推心置腹，何以于宿卫之士，亦加猜忌！"

这话说得冠冕堂皇，侍卫们都感动得不得了，有的还擦擦眼角，到底有一个老成的侍卫觉得温彦博说得有道理，对太宗说："万岁于刀丛中与我等一同讲武，到底不大合适，还应以社稷为重。"

"不，"太宗挥手道，"朕不但教射习武于庭院中，且要形成制度，射中者赏弓刀与布帛。"

见温彦博仍不解，太宗说道："自古以来，有夷狄侵犯边境事，不足为患，患在边境少安，则人主逸游忘战，因之寇来难以为御。今后射箭活动不但在侍卫中推广，而且要在大臣中推广，真正地做到兵强将勇。"

温彦博看了看旁边的萧瑀，似懂非懂地点点头。太宗乘兴对温、萧二人说："朕有一首《咏弓》诗，说来请两位爱卿评评——

上弦明月半，激箭流星远。
落雁带书惊，啼猿映枝转。

这诗听起来一般，但太宗能写出这样的诗，亦属不易，温彦博、萧瑀忙拱手连称："好诗，好诗。陛下不但娴熟弓法，而且通晓诗文，古来帝王中能有几人？"

太宗哈哈大笑，对温、萧二人说："走走，到殿中看朕的书法去。温爱卿有一年多没见朕了，看看朕的'飞白'是否自成一家了。"

太宗早年曾在母亲窦皇后的指导下，潜心练习过书法，爱好书法也是人所共知，武德四年（621年）曾指使萧翼到辩才处骗取了王羲之的名帖《兰亭序》。酷爱王帖的太宗经常临摹钻研，工力甚深，而且衍化而成"飞白"体，即枯墨用笔，字体苍劲老练，于笔画中丝丝透白。

太宗拿出他的书法作品给温彦博、萧瑀看，两个臣子自然是赞不绝口，温彦博说："哎呀，哎呀，想不到万岁的飞白写得这么好了，简直超过了前朝的钟繇、张芝。"

萧瑀望着御书房上千卷历代名书法家的真迹，羡慕得不得了，请求道："万岁博购王羲之之故帖，人所共知，能不能把《兰亭序》借臣一观？"

"这不行！"太宗一口回绝道，"此乃国宝，怎能轻易示人？等朕临摹透了，再给你们看。"

萧瑀一听，忙拱手致谢。太宗说："彦博回来了，回家歇息歇息，陪陪家人。"

"臣不累，臣想马上上任。"温彦博请求道。

"那好，"太宗对萧瑀说，"让彦博协助你拟定宗室功臣实封的措施，尽快拿出方案，过几天在朝堂上讨论。"

萧瑀和温彦博领旨，两人又和太宗探讨了一些书法技艺，而后告退出宫。

"说一句不该说的话，"温彦博对萧瑀说，"皇上比太上皇行事做人气派多了。"

"是啊，"萧瑀回头望着身后被夕阳的余晖染红的显德殿，若有所思地说，"我估摸着皇上能成为一个千古名帝。"

唐朝建立伊始，高祖李渊以四海未定，欲威天下，李世民、李元吉等诸子分掌兵权，而且恩及弟侄，遍封宗子，再从、三从弟及兄弟之子封王者达数十人。其中李神通、李神符两家合封十六王，为宗室中封王最多，什么胶东王李道彦、高密王李孝察、淄川王李孝同、广平王李孝慈、河间王李孝友、清河王李孝节、胶西王李孝义等等。分封过多，也带来一定的弊病，一是异姓的功臣觉得不满，流汗流血，拼命打下了江山，还不如李姓中的一个小毛孩子；再一个由于食邑过多，给拮据的国库和百姓带来了一定的压力。就分封的问题，这天上朝，太宗和群臣一起专门进行了讨论。

太宗坐在高高的龙椅上，扫了一眼文武百官，拿过龙案上的宗正属籍，问群臣："遍封宗子，对于安定天下有无好处？"

尚书右仆射封德彝善于揣摸旨意，知道太宗想纠正武德年间滥封宗室的弊病，出班答道："历观往古，封王者今为最多。两汉以降，惟封帝子及亲兄弟，若宗室疏远者，非有大功，并不得滥封，所以别亲疏也。先朝敦睦九族，一切封

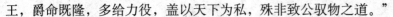

王，爵命既隆，多给力役，盖以天下为私，殊非致公驭物之道。"

太宗深以为然，点头说："朕理天下，本为百姓，不欲劳百姓以养己之亲。"

太宗指示萧瑀，把限制宗室分封的具体方案说给大家听听，并展开讨论。萧瑀根据太宗的旨意，说出了如下改进措施——除皇室子弟外，宗室子弟藩封明辨亲疏，示以至公，非功不封，非亲不授，根据这些原则，那些由疏属、孩亲无功者滥封为亲王、郡王的，分别降为郡公、县公，那些近亲子弟和疏属有功者仍为王。初步计划是淮安王李神通、襄邑郡王李神符、赵郡王李孝恭等人不降封爵，保持原王位，李神通兄弟的十四个儿子全都由王爵降为郡、县公爵。

这个方案一经抛出，除淮安王李神通等人因涉及自家的利益，不大高兴外，其他文武百官纷纷表示赞成。太宗见对降封宗室爵位的事没有什么反对意见，当即下诏予以执行。临散朝时，太宗又高兴地向群臣宣布道："朕将于丁酉日定勋臣爵邑，论功行赏，人人平等，疏远不遗，微贱不漏。"

群臣一听，个个喜形于色，封赐不拘一格，宗室与庶族、地主、奴隶等，在军功面前一律平起平坐，这在历朝历代也是少有的开明举动。丁酉日这天，一个阳光灿烂的日子，文武百官纷纷起了个大早，穿戴一新，或骑马或坐轿，喜气洋洋地赶往皇宫。淮安王李神通兴高采烈，在岔路口遇到左骁卫将军侯君集，两人并马而行，淮安王说："把我的七个儿子由王降为郡公，我没意见，那是因为他们都是些孩子，没有打过仗立过军功。这次论功定爵邑，我觉得我有把握位列第一，我自小就跟着太上皇，晋阳举义后，又随着当今皇上，每次有战事时，我总是冲在前面，功劳也从不低于别人。"

侯君集为自己定封的事想了半夜，弄不清太宗到底把他摆在哪一格，这会骑在马上还在出神，听淮安王这一说，忙随着贺道："是啊，论宗室，你是太上皇从弟，自不必说；论功劳，你曾随陛下多次出生入死，想来想去，您的封产也得数第一。"

"你也不差啊，"淮安王说，"陛下登基后不久，即以你、长孙无忌、房玄龄、尉迟敬德、杜如晦五人为国公。玄武门之变，你紧随陛下，立下汗马功劳。这次实封，本王觉得你最少也得和尉迟敬德平级。"

"就是差也差不到哪里去。"侯君集自信地说。

两人相互赞美，相互鼓励，不觉间来到了午门外，才五更天不到，四更天多一点，但待朝房已坐满了人。大家轻松地说着各种各样的话题，但人人心里都琢磨着即将开始的功臣实封。

天色微明，司礼官过来，"嘘——"一声，手一摆，文武急忙起身，自动排成两队，依品级鱼贯而入殿门。

来到殿廷丹陛，百官恭恭敬敬，北向而立。又是一阵鼓乐声，太宗皇帝方从后门进，临御升座。

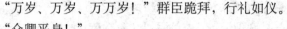

"万岁、万岁、万万岁！"群臣跪拜，行礼如仪。

"众卿平身！"

群臣归班毕，太宗说道："朕今以公等勋劳、成效考量而定封邑，恐不能尽当，待宣读完毕，可自言之！陈叔达——"

"臣在！"侍中陈叔达手拿一张表应声而去。

"你来唱名，把受封之人、所得爵告示众卿。"

"遵旨！"

陈叔达来到殿下，站在班尾面北朗声唱道："裴寂，为武德四十三名功臣之首，赐实封连同以前共一千五百户；长孙无忌，佐命元勋，功在第一，晋封为齐国公，实封一千三百户，赐绢一万匹；尉迟敬德，论功与长孙无忌同为第一，赐爵吴国公，并实封一千三百户，赐绢一万匹……"

刚唱完三人封邑赐爵，原本凝神倾听的百官开始骚动起来。淮安王李神通听开头三个没有他的名，脸拉得很长，有些醋意地小声对身旁的侯君集说："谁亲谁近这可分得清了。武德四年（621年），平王世充后，初行开元通宝钱，赐黄金两千两给李元吉，又赐三炉铸钱以自给，富可敌国。之前齐王府一并赐给尉迟敬德不说，这回又大封特封，啧啧……"

侯君集心里也不是滋味，他眨巴眨巴眼，捅捅淮安王："听听，听下面怎么唱的。"

"房玄龄，进爵邢国公，赐实封一千三百户；杜如晦封蔡国公，食邑一千三百户；长孙顺德、柴绍、赵郡王李孝恭等四人各食邑一千二百户；侯君集、张公瑾、刘师立等三人各食邑一千户；李勣（李勣，原名徐世勣，外号徐茂公，后改名李世勣，又为避李世民讳，改名李勣）、刘弘基二人各食邑九百户……"

侯君集见自己的封邑没有预想的那样高，苦笑着摇了摇头，他看了看身边的淮安王，淮安王脸拉得更长了，脸已憋得红红的，侯君集故意惹他说："看样子王爷的封邑还不如我啊！惭愧，惭愧！"

陈叔达继续朗声唱道："高士廉、宇文士及、秦琼、程咬金四人各食邑七百户；安兴贵、安修仁、唐俭、窦轨、屈突通、萧瑀、封德彝、刘义节八人各食邑六百户；淮安王李神通食邑五百户；钱九陇、樊兴、公孙武达、李孟尝、段志玄、庞卿恽、张亮、李药师、杜淹、元仲文十人各食邑四百户；张长逊、张平高、李安远、李子和、秦行师、马三宝六人各食邑三百户……"

没等陈叔达把论功行赏、分爵邑者的名单念完，殿下一些功臣武将早已按捺不住，欲上前讨个说法。有的大声地嚷嚷着："某年某月什么什么仗，我立了多少多少功，现在封食邑了却不如他！"有的武将则叉着腰叫道："战场上咱流血流汗，到头来不如几个白面书生！"淮安王李神通更是气得青筋暴突，呼呼直喘……

见朝堂上乱哄哄的，太宗又说道："量定封邑可能不那么恰当，众卿有意见可以尽量提。"

　　话音刚落，淮安王李神通奏道："义旗初动，臣潜入鄠县南山，费尽千辛万苦，联系上京师大侠史万宝，举兵响应，这可以说明我是干得最早的，是首义功臣；后来我数次随陛下出征，先后杀败宇文化及、激战窦建德，虽然未立什么大功，但多少次出生入死，身上的刀疤箭伤也有好几处。按理说，此次封邑，我不是一千三百户，也得摊个一千二百户，没想到只给我五百户。那房玄龄、杜如晦一些舞文弄墨的文人，功劳根本比不过我，却位居前列，这……这臣怎么能服气？"淮安王说完，摊了摊手，无奈地看了看大家，一些和淮安王一样憋着气的人都点头称是，将军丘师利也跟着说道："淮安王确实名声挺响，又是宗室，按理封爵应该在房、杜二人之上。"

　　"是啊，确实名声挺响的。"太宗数落淮安王说，"义旗初动，叔父虽首倡举兵，但遁入南山也是为了自营脱祸。攻战宇文化及时，化及请降，你不让，非要亲自攻取。后来宇文化及得了济北馈赠，坚守聊城，贝州刺史赵君德付出好大代价才攀城堞上城，你怕赵君德抢了头功，竟鸣金收兵，致使化及又能固守聊城；后来窦建德吞没山东，叔父全军覆没被俘。刘黑闼余烬再燃时，叔父率关内兵，又发邢、洛、相、魏、恒、赵等五万余人，与刘黑闼战于饶阳，叔父望风败退，士卒死伤殆尽。叫你说你功劳在哪？"

　　太宗一番话说完，淮安王已憋得满脸通红，这不是当众揭俺的伤疤吗？淮安王李神通拱拱手，就要退下。"你别走！"太宗叫住他，"你说房玄龄、杜如晦不如你。朕摆给你听听……他二人虽不曾上战场厮杀，但随朕转战南北，出谋划策。每当战胜，别人都是搜求珍宝，独有玄龄到处罗致人才。如晦剖断如流，连太上皇私下都夸奖他们。此二人运筹帷幄，坐安社稷，论功行赏，你觉得该不该居你之先？"

　　"嗯……"淮安王摸摸头，"该！"

　　太宗又说道："汉之萧何，虽无汗马之功，但指纵推毂，却功居第一。叔父国之至亲，朕诚所至爱，但不可以私恩滥与勋臣同赏！"

　　淮安王想想也是，宫里私下里已赐了不少东西，作为皇叔，和老侄子较什么劲啊，应该顾全大局才是，五百户就五百户吧！淮安王摸摸有些发烧的老脸，低头退入班中。一些秦王府的旧人掂掂手中的封户，心理颇不平衡，相互抱怨道："我等侍奉秦王左右多年，今拜官授爵，魏徵、薛万彻等前宫府、齐王府故人，竟然都在我们前头，这不乱套了吗？"

　　太宗听了这些闲言碎语，高声训道："王者至公无私，故能服天下之心。有私心者，不能王天下。隋炀帝私心纵欲，故天下大乱。朕与卿等日用衣食，皆取之于民。故设官分职以为民，当择贤才而任，岂能以新旧以分先后，若新也贤，旧也不肖，安可舍新而取旧？今且不论贤与不肖，而仅以嗟怨而言，你们觉得你们做得对吗？"

见太宗有些生气，众人忙相互抚慰说："今上至公无私，虽淮安王至亲、秦王府旧人，尚无所私，我等何敢不安其分！"

殿下渐渐平静下来，陈叔达高声问："谁还有意见？"见没有人答应，遂对太宗说："大家对所唱封赐，均无意见。"太宗点点头，于是诏令执行。

封邑的事不到半天就定了，大家带着不同的心情陆陆续续地下殿去了。封德彝见封了自己六百户，也不生气，心说先巴结巴结皇上要紧，保住自己相位最要紧。

"皇上，臣那个奏章……"封德彝见太宗转身要走，忙追上来问。

"什么奏章？"

"臣奏说'秦王府旧兵，宜尽除武职，进入宿卫'，"封德彝说，"这样可以保证皇上的绝对安全。"

太宗看了看封德彝说："卿之忠心，实为可嘉，但朕以天下为家，唯贤者是与。岂旧兵之外，无可信之人？卿此意虽善，非广朕德于天下，故不可取。"

封德彝只得慢慢退了下来。封德彝心里说，这皇上可比太上皇明白多了，哪黑哪白，他一眼就能分得清。以后为官可得注意些，一不留神，这官就完了。

后宫里炉火熊熊，温暖如春，太宗斜躺在御榻上，拿着奏表看着，想着下一步的施政措施。杨氏妃在一旁低眉顺眼地侍候，轻轻地给太宗捏着脚，半天，才抬起头来柔声问："到后宫还想着国家大事啊？"

太宗拍拍手中的奏章答道："朕终日孜孜，非但忧怜百姓，也是欲使你等长守富贵啊！"

杨氏妃莞尔一笑，走过来偎在太宗的怀里，幽幽地说："臣妾昨晚又做噩梦了。"

"又怎么了？"太宗摸摸杨氏妃发黑的眼圈说。

"臣妾又……梦见那死鬼了。"

"李元吉？他又来干什么？"

"他脸跟白纸似的，拿着一支带血的箭，望着臣妾惨笑……"

杨氏妃说着，美丽的大眼睛里已然是泪光点点，楚楚动人，太宗心一软，忙用衣袖给她拭了拭，安慰道："朕转战南北，杀人无数，死人这样的事不值一提，你不想他就不缠你了。"

杨氏妃点点头，停了一会，又说："听说皇上要礼葬故太子李建成？"

"是啊，还包括李元吉。"太宗说着，欠了一下身子，有些奇怪地问，"怎么，你也关心这个？"

杨氏妃跪下身子，头埋在太宗的怀里，幽幽地道："臣妾侍候皇上，从无二心。皇上若能礼葬李元吉，至少臣妾的心里会安稳一些，望皇上能理解臣妾的心。"

太宗摸了摸杨氏妃如朝霞映雪的脸蛋，叹了一口气，说："你曾是他的妃子，朕也曾是他的兄长，所谓'孝惟德本，周于百行，仁为重任，以安万物'。要不是为了这个皇位，朕也不会平白无故杀自己的亲兄弟；你要不是为了……"

太宗的话说了半截不说了，他觉得这话说得太白了，尽管面对的是自己的妃子。杨氏妃低着头，默默地在心里把太宗的话叙完：你要不是贪生怕死，贪图富贵，怎么也不会安心侍奉杀夫的仇人。

第二天早朝，太宗的脸上笑吟吟的，经过昨晚和杨氏妃的一番谈话，太宗终于下定决心要礼葬李建成、李元吉。他至少想出了两个礼葬他们的好处，一是可以求得自己的心安，二可以消除他在老百姓心中的"杀兄害弟，古今大恶"的不良形象。

"魏爱卿，"太宗坐在龙椅上探身问道，"朕要下诏礼葬李建成、李元吉，你以为如何？"

"此臣之所愿。"魏徵拱手道。心里说，此事我已进奏多少回了，早该办了。

"房爱卿，你的意见呢？"

房玄龄脑子好使，接着答道："此举足显陛下仁爱，也为玄武门之事定音。死者已矣，也可彻底消除原东宫僚属心中的疙瘩，大家以后同心同德，忠君为国。"

"说的是，说的是，"太宗很高兴，经房玄龄这一说，这礼葬的事意义更大了。既然是礼葬，得给死者些称号、名誉，太宗就问群臣："众爱卿看看，封他们什么谥号为好？"

杜如晦出班奏道："按照《谥法》，隐拂不成曰隐。不思忘爱曰刺；暴戾无亲曰刺。可追封李建成为息王，谥曰'隐'，李元吉为海陵王，谥曰'刺'。"

"嗯，嗯。"太宗不住地点头，此追封甚好，即高待了他们，又指出他俩的"不思忘爱"，申明屠杀他俩的正义性，一举两得，甚好，甚好！太宗当即对杜如晦说："就这样定了，你具体操办此事，到了那天朕还要亲自致祭。"

"万岁，万岁，万万岁！"群臣不约而同拱手道。一个君主的聪明才智毕竟有限，胸怀宽广，善于倾听别人的正确意见，才能成为一个有所作为的明君。在礼葬李建成、李元吉的前一天晚上，太宗特意摆了一桌，与爱妃杨氏饮酒作乐。幽幽的烛光下，看着杨氏妃娇滴滴的样子，太宗拍拍她的手说："明天这事办完，你也安心了，朕也安心了。"

"是啊，"杨氏妃眼瞅着地上幽幽地说，"和他们有关联的人都可以安心了。"

太宗伸手把杨氏妃揽过来，撩撩她的头发说："你以后也不用自责了，可以睡个好觉，也没有噩梦来打扰你了。"

"天下这么多女人，皇上为什么喜欢我呀？"杨氏妃眼波流转，望着太宗说。杀死亲兄弟，复纳其妻，走遍天下也说不过去啊！

"你柔媚，会事人，还有……"太宗也说不出个所以然来，反正和杨妃在一起，他感到一种深深的满足，当中还夹杂着一些折磨人的快乐……

"皇上。"一个内侍走过来，轻轻地叫一句，太宗从陶醉中醒过来。

"皇上，皇后求见。"

皇后？这个好女人从不在我和别的女人快活时打扰我，今天她一定有事。太宗坐直身子，整整衣服，对那内侍说："快快有请！"

一阵环佩响，衣着得体的长孙皇后脚步轻轻地走了过来。太宗不待她施礼，忙起身相迎。

"皇上"，长孙皇后叫一声，拿出一个奏本来。

"恕臣妾打扰，"长孙皇后双手呈上那个奏本说，"黄门侍郎王珪、尚书右丞兼谏议大夫魏徵等原东宫僚属联名上表。因天色已晚，又属敏感之事，故托臣妾转呈皇上。"

"这些人想干什么？"太宗嘴里说着，接过表细细看起来。但见上面写着：

臣等昔受命太上，委质东宫，出入龙楼，垂将一纪。前宫结衅宗社，得罪人神，臣等不能死亡，甘从夷戮，负其罪戾，寔录周行，徒竭生涯，将何上报？陛下德光四海，道冠前王，陟冈有感，追怀棠棣，明社稷之大义，申骨肉之深恩，卜葬二王，远期有日。臣等永惟畴昔，忝曰旧臣，丧君有君，虽展事君之礼，宿草将列，未申送往之哀。瞻望九原，义深凡百，望于葬日，送至墓所。

太宗看了半天没说话，半天才酸溜溜地说："卜葬之日，送至墓所，这些人对李建成还真有感情啊！"

"此陛下之福。"长孙皇后施礼道，"魏徵、王珪等人侍奉陛下，忠心不二；不忘旧主，情理之中。朝上有这样的明理之事，陛下应该高兴才是。"

"是啊，"杨氏妃也在一旁帮腔道，"李建成、李元吉'结衅宗社，得罪人神'，伏诛理所当然。如今礼葬、送葬也是'明社稷之大义，申骨肉之深恩'。"

太宗就有这个好处，善于倾听别人的意见，他见一后一妃说得句句在理，心里马上觉得开朗多了，他拍拍那个奏章说："朕还要明天在宜秋门致祭呢，何况他们？"

"那，皇上准奏了？"长孙皇后笑着问。

"准！"太宗大度地说，"诏令原东宫旧臣、齐王府僚佐，统统前去送葬！"

长孙皇后莞尔一笑，施一个礼，告辞走了。杨氏妃重新斟上酒，敬了太宗一杯，又小声问："臣妾明日能设案致祭吗？"

"你？"太宗一口把杯中的酒喝干，"你就免了吧，让人看见不好。明日朕致祭，悄悄地代你说几句就行了。"

在男女情爱方面，太宗把得挺严，丝毫也不含糊，杨氏妃只好在心里轻轻叹了一口气，故齐王啊故齐王，妾也对不起你多少回了，只好再一次对不起你了。吃饱喝足，盥洗完毕，太宗搂着杨氏妃上了龙床，嘻嘻哈哈一番，沉沉睡去……

武功乡下的别墅里，李建成、李世民、李元吉小弟兄仨一字排开，各握一支大毛笔，歪着头在书案上用心练字。母亲窦氏手拿一支小竹竿，不停地指指点点，时而敲一下调皮偷懒的三胡。

"好好写，娘去厨房看看有什么好吃的犒劳你们。"窦氏说着，放下竹竿出去了。

三胡一见娘出去了，把竹竿抢在手中，装着娘的样子，指点着两个哥哥："好好写，写不好宰了你俩！"

"连我也宰？"老大李建成说着，从袖筒里摸出糖块，递给三胡。

"那……"三胡嘴噙着糖块，竹竿指着李世民说："那就只宰这小子。"

李世民不以为然地笑了笑，手捧着写好的大字，装作欣赏的样子，凑到李建成、李元吉跟前，却突然从大字纸底抽出一把匕首，以迅雷不及掩耳之势，一刀一个，刺中了李建成、李元吉的心窝。两人眼里泌出血来，捂着咕咕冒血的心窝，手指着李世民艰难地说："说着……玩的，你还……真来啊！"

"不狠不能成大事！"李世民阴笑着，看着两人抽搐着，慢慢倒下……

"孩子们，字写好了吗？"随着脚步声，母亲窦氏的声音从窗外传来，李世民慌张起来，他望着地上的两具尸首，不知如何是好，情急之下，他扑上去，把李建成、李元吉的首级割了下来，藏在怀里。

"哗啦"一声，窦氏手中的茶碟和糕点全撒在地上，她望着地上两具年轻的无头尸，惊恐地问："这是谁？谁死在这儿？"

"我不知道，两个陌生人。"李世民拿刀的手藏在背后说。

"你……你怀里是什么？鼓鼓囊囊的……"窦氏说着，走过来欲察看，李世民死死地捂着怀，不让。挣扎之间，手中的刀露出来，刺在母亲的心口，窦氏大睁着眼，指着李世民："你，你连娘都敢伤？"

"我……我不是故意的啊，娘……娘你不能死啊……"李世民哭叫着，扑了过去，怀里的两个头颅也抖落出来，骨碌碌地滚在地上……

"啊，啊……"太宗忽地从龙床上坐起来，两眼瞪着龙帐，呼呼直喘。

"皇上，皇上怎么啦？"杨氏妃也从被窝里爬起来。

太宗慢慢清醒过来，想想刚才的梦境，有些心悸又有些心酸，他默默地坐了一会儿，问："几更天了？"

杨氏妃忙高声向帐外问一句："几更天了？"

龙床不远处值勤的近侍应道："回皇上、贵妃，有三更天了。"

"着衣！"太宗命令道。值宿近侍忙拍一下巴掌，外殿立即走进来两个管理衣帽的太监，移灯过来，给太宗穿衣。杨氏妃也爬起，帮太宗穿衣，连连柔声地说："才三更天，再睡一会儿吧！"

太宗摇摇头，叹一口气说："当了皇帝也不可能无忧无虑啊，朕的心再广阔，也不能摆脱噩梦的惊扰。"

梳洗完毕，御膳房传上早膳，太宗简单吃了一些，就走到殿门口。远处的花园黑糊糊的，像深渊一样，太宗好像第一次意识到无名黑暗的可怕。他仰视天空，寒夜沉沉，星斗满天。母后啊母后，儿子诛杀兄弟，实属万不得已，人世间就是这样。我们姓李的如果心慈手软，也不可能夺得这万里江山！望母后不要再用怒责的目光看我，我将视国家为莫大之产业，用心经营，让太穆皇后您老人家的后代，世世代代安享富贵荣华，让您以太穆皇后的尊崇永享祭拜；李建成啊李建成，你虽然死了，也用不着感到多么冤屈，天下的屈死鬼多得多了。即使我不杀你，等你做了皇帝，我也不会善罢甘休，因为我李世民压根儿就没准备当你的臣子，这夺取天下的功劳有一多半是我的。我要做皇帝，不得不杀你。将心比心，你有时候还寻思着除掉我呢！我今天礼葬你，这里包含着兄弟的情分，望你在地下安息吧！元吉，三胡，你本身就是一个捣蛋虫，三兄弟中就数你捣蛋，就数你无能，我现在不杀你，早晚得杀你。今天礼葬你，希望你能安心，至于杨氏，二哥会好好照顾她……

太宗望着星空，默默地想着，嘴唇轻轻地嚅动着，他希望他的想法能传达给地下长眠的人儿，生活就是这样，不是我好，就是你好，很难做到皆大欢喜、大家都好。

"皇上，外面太冷，还是回殿里吧。"杨氏妃走过来，劝道。

自己一个人嘀咕半天，太宗显然解脱了许多，他对杨氏妃含笑点了点头，折身回殿。人放松了，歪坐在御榻上的太宗困意袭来，刚闭上眼睛，李建成拿着一块血淋淋的裹尸布，向太宗身上盖来，骂道："你杀了我，是我无能，我服了。可你为什么连我的五个儿子也不放过，我现在连个后代也没有了。你必遭到诅咒，你必遭到报应，我要让你活不到50岁，我要让你的子子孙孙也遭人屠戮。"

太宗被唬得目瞪口呆，当腥臭的裹尸布盖在他身上时，他才惊恐地弹跳起来，乱扑乱踢　　"朕，朕……"但太宗手脚僵硬，想活动却活动不起来，干张嘴也不能说话，眼瞪得跟泥蛋子似的。

"皇上，皇上……"

"啊，啊……"

"皇上！"杨氏妃在一旁叫着。

"咚！"杨氏妃脸上早挨了一拳。

太宗似醒非醒，气急败坏地问："谁给朕盖的被子？"

杨氏妃捂着又痛又麻的左脸，动了动被打歪的下颌骨，跪在床上艰难地回道："臣……臣妾怕圣上冻着，臣妾……罪……罪该万死。"

太宗无奈地摇了摇头，又怔怔地坐了一会，对一旁愁眉苦脸的杨氏妃说："朕和你说一个事，你看行不？"

杨氏妃受宠若惊，忙凑过来洗耳恭听——"朕想给李建成找个嗣子。"

"谁愿意当他的嗣子？"杨氏妃捏了捏还不大灵巧的下巴说。

"这还不是朕一句话，指定谁就是谁。"太宗仰望殿顶，又想了一会，"为了弥补骨肉相残留下的伤痕，朕就以皇子赵王李福为李建成后嗣。"

"皇上大度，此诏一颁，天下人更是颂扬皇上仁义。"杨氏妃巧嘴滑舌，又小心地问："那还给元吉立一个后嗣不？"

太宗睖了杨氏妃一眼，对不远处的一个近侍叫道："去千秋殿！"

今天是礼葬李建成、李元吉的日子，四更天时，千秋殿直对着的宜秋门外就有了人声，礼部的那帮人扎棚的扎棚，摆案子的摆案子。李建成、李元吉的尸骨被人放在两副黑油油的棺材里面。好在这两人葬礼的规格有限，天亮时，一切准备就绪。

辰时三刻，执事官来请太宗出殿至宜秋门祭祀。太宗早换了一身深色礼服，乘坐步辇来到宜秋门外。

宜秋门外，招魂幡在初冬的风里高高飘扬，李建成、李元吉的灵棚外，挂着两丈长的黑色的铭旌，上面写着一行醒眼的白字：息王、海陵王之枢。灵棚两边，林林总总设立了几十个祭棚，五品以上的东宫、齐王府旧属及文武百官陈设醴馔，一拜、再拜、三拜，庄重地奠帛、献酒、读祝文，祝故太子、齐王一路走好……

太宗身为皇帝，哪能轻易到灵棚前致祭，他只是在宜秋门内摆了个摊子，在赵王李福、尚书右丞兼谏议大夫魏徵、黄门侍郎王珪等人的陪同下，向李建成、李元吉的灵位致祭。

"李建成、元吉啊……"太宗亲自点燃一炷香，拜了拜，一语未了，太宗已是泪眼婆娑："你我毕竟是一母所生，骨肉相残，乃古今之大恶。哎——早知如此，何必当初，我李世民早该在天下方定时，功成身退，宁愿你们负我，我也不愿负你们。如今事已至此，我只好说声对不起了。也许这都是命啊……"

王珪、魏徵等人见太宗哽咽得嘴唇颤动，怕他伤心过度，忙上来劝解："皇上还是回后宫吧，心意到了就行了，别太伤心。这里有我们呢。"

太宗点点头，接过巾帕拭拭眼角，对旁边一直痴愣愣站着的赵王说："你虽然是个孩子，但也要明白事理，作为继子，你今天该哭就哭……"

赵王李福忽闪着大眼睛，不解地看着香烟缭绕的灵位，我父皇好好的，干吗要我哭死的爹啊，你们这些大人都干了些什么呀？

太宗回内宫后，魏徵等人带着赵王来到宜秋门外，执事官过来对赵王李福说："该起灵了。"

赵王望着魏徵，魏徵代赵王答道："时间有限，起灵！"

执事们捧着谥册、打着招魂幡，而后两辆灵车载着棺椁，开始行进，其后纸人、铭旌随后而行，有一里路长，像个大户人家的葬礼，只是没有一个人哭泣，大家都是在完成自己的职责，跟着灵柩默默地走着……

大封功臣和礼葬李建成、李元吉后，太宗对政权机构的设置作了一些调整，确定中央机构为六省、一台、九寺、三监、十四卫、东宫诸司；地方为州县两级制。具体设置如下：

六省：尚书、门下、中书、秘书、殿中、内侍；
一台：御史台；
九寺：太常、光禄、卫尉、宗正、太仆、大理、鸿胪、司农、太府；
三监：国子监、将作监、少府监；
十四卫：左右卫、左右骁卫、左右领军、左右武侯、左右屯、左右领、左右监门。

尚书省下辖吏、户、礼、兵、刑、工六部，为最高行政执行机构，尚书省长官左右仆射，从二品官阶，属下官员有左右丞、左右司郎中、主事、令史、书令史、亭长、掌固；六部的长官为正三品尚书，其中有侍郎、郎中、员外郎、令史、书令史、亭长、掌固等僚属。

门下省与中书省同掌机要，共议国政，负责诏令、签署章奏的审查，有封驳权，其长官为正三品侍中，僚属有门下侍郎、给事中、左散骑常侍、谏议大夫、起居郎、左补阙、右拾遗等。

中书省草拟政策，通过门下省审议，交由尚书省执行，长官为正三品的中书令，下属有中书侍郎、中书舍人、右散骑常侍、右补阙等官。

秘书省为国家文史馆，隶属中书省，长官为从三品的秘书监。

殿中省掌管皇帝供奉事务。长官为从三品的殿中监。

内侍省掌管后宫供奉事务，其成员由宦官组成，长官为从四品的内侍。

御史台为国家监察机关，长官为正三品御史大夫，下属有御史中丞、侍御史、殿中侍御史、监察御史等。

太常寺掌管礼乐、郊庙、社稷等国家事务，长官为正三品太常卿。

光禄寺负责后宫膳食。长官为从三品光禄卿。

卫尉寺负责皇宫保卫事务，长官为从三品的卫尉卿。

太仆寺掌管皇宫车辆、马匹等事务。长官为从三品的太仆卿。

大理寺负责司法审判，长官是从三品大理卿。

鸿胪寺负责对外交往，长官为从三品鸿胪卿。

司农寺掌管仓储事务，长官为从三品司农卿。

太府寺负责商业流通，长官为从三品太府卿。

国子监为国家最高学府，长官为从三品国子祭酒。

将作监负责工程建设等事务，长官为从三品将作大匠。

少府监负责宫中制作事务，长官为从三品少府监。

十四卫依其职责分别负责皇宫、皇城和京城的保卫工作，长官为正三品大将军。

东宫官属最高者为太子太师、太子太傅、太子太保，一般由德高望重的老臣兼任。

州有上州中州下州，长官分别为从三品、正四品上、正四品下的州刺史。

县有上县中县下县，长官分别为从六品上、正七品上、从七品上、从七品下的县令。

行政编制定完后，太宗在显德殿主持御前会议，讨论"自古理政得失"的问题。太宗俯视着宽大的殿堂和文武百官，感慨地说："朕十多年的戎马生涯，觉得削平区宇是顺理成章的事。如今安人理国，究竟怎样实行天下大治，朕还是每每彷徨无计……"

封德彝想抢先来一句漂亮话，拱手说："陛下能把安人理国放在心里，这已很不容易了，足以证明陛下是有为之君。"

太宗睨了他一眼，继续刚才的喟叹："今大乱之后，不容易治理吧？"

魏徵抖了抖袍袖，满怀信心地对道："乱后易教，犹饥人易食也。若圣哲施化，上下同心，人应如响，不疾而速，期月而可，信不为过，三年成功，犹谓其晚！"

"三年？"太宗伸出三个指头，摇摇头，"再快再快也得三年啊！"

封德彝为附和太宗，对魏徵的话大不以为然，指手画脚地说："夏、商、周三代以后，人心渐渐浅薄，故秦朝专致于法律，汉朝间或用霸道，此乃想教化而不能，非能教化而不想。依臣看，还得制定严厉的法律，令出必行，这样才能治理好国家。"

魏徵还是坚持"教化"的施政纲领，说："凡人在危困，则忧死亡。忧死亡，则思化。思化，则易教！"

封宰相见魏徵敢继续和他顶着来，生气地对太宗说道："魏徵书生，不识时务，若信其虚论，必败乱国家！臣为政多年，致力于历代治国方略的研究，难道不如他一介书生？"

魏徵笑笑，反驳道："若言人渐浅薄，不及纯朴，至今应悉为鬼魅，宁可复得而教化耶？"

封德彝被驳得哑口无言，强词夺理地对太宗说："若想止盗，令百姓安居乐业，必须重法以禁之，否则，没别的好办法！若用教化，只能盗贼越来越多，天下越来越乱！"

太宗心向着魏徵，当即哂笑封德彝："民之所以为盗者，由赋繁役重，官吏贪求，饥寒切身，故不暇顾廉耻耳。朕当去奢省费，轻徭薄赋，选用廉吏，使民衣食有余，则自不为盗，安用重法邪！"

封德彝见太宗公开支持魏徵，忙闭口垂手，在一旁默默不言语了。太宗见状，继续开导臣子们："君依于国，国依于民。刻民以奉君，犹割肉以充腹，腹饱而身毙，君富而国亡。故人君之患，不自外来，常由身出。夫欲盛则费广，费广则赋重，赋重则民愁，民愁则国危，国危则君丧矣。朕常以此思之，故不敢纵欲也。"

群臣听了太宗的高论，都投以崇敬的目光。大臣们都知道，太宗虽然以武功立国，不暇于学，但他极为聪颖，国事之余，手不释卷，所以言之有物，有的放矢，话语中不乏巧思警句。

这次御前会议，决定了以德治为主、法治为辅的治国方略。在恢复和发展农业生产上，综合多方面的意见，决定严格执行武德七年颁布的均田令，同时对租庸调法进一步修改，减轻农民的赋税和徭役，具体方法是：

每丁每年交纳租粟二石，调则根据各地的特产，交纳绫、绢等的，加交调绵三两，交纳布的，加交调麻三斤。每丁每年服役二十天，也可以庸来替代，每天交三尺。有事增加服役时间时，每十天中免去五天交调，三十天则租调全免，即使增加徭役，一般不超过五十天。岭南各州以米为租，上户交一石二斗，次户交八斗，下户交六斗。少数民族中，交纳一半，内附的少数民族，上户每丁交税钱十文，次户交五文，下户免交。内附超过两年的，上户每丁交羊二口，次户一口，下三户合共交一口，遇水旱虫霜天灾的，十分损失四分以上的免租，十分损失六分以上的免调，十分损失七分以上的赋役全免。

增殖人口和减免农民赋役政策的推行，极大地促进了生产力的发展，改善了人民的生活。与此同时，太宗对司法制度也作了一系列的改革。诉讼程序实行由县、州、中央三级三审制。大理寺为全国最高审判机关，审理来自全国各地的疑案、死刑及京官的犯罪案件。大理寺在行使审批权的同时，有权否决或驳回审判不当的案件。太宗从慎刑的原则出发，给大理寺定了十二字标准，即：大理之职，人命所悬，当须妙选。

太宗指示魏徵等人，加紧对《唐律》的研究、修订和补充，尽量做到尽善尽美，以保证各项政策的落实和社会的安定。

一个开明有为的君主，总是注意文学的作用。这天一上朝，太宗就对百官说："朕虽以武功定天下，终当以文德绥海内。文武之道，各随其时，先前秦王府文学馆的十八学士多数人已调任要职。朕想重整文学馆，众卿以为如何？"

群臣一听，纷纷表示赞同。房玄龄拱手道："文学馆过去是秦王府属机构，如今是朝廷机构，应该变变名称才是。"

"是啊，朕也有如此考虑。"太宗想了一下说，"叫弘文馆吧。就设在弘文殿左边，这样朕可以随时跟学子们讲文论道？"

在谈到弘文馆的职责时，杜如晦说："弘文馆都是精选天下文学之士，除了典籍校理，文史撰著，教授生徒之外，还可商榷政事，参与设定礼仪、律令和朝廷制度，等等。"

太宗听了非常高兴，说："可以常与朕探讨古今，道前王成败的缘由。"

封德彝望了望同僚，微微摇了摇头说："只是这文学之士难找啊，知道的几个人也都有职务在身，哪有工夫说文论道。"

太宗见封德彝在那瞎咕哝，点他的名问道："朕曾令你举荐贤才，久无所举，什么原因？"

封德彝端了端袖子说："这事臣一直忙着，非不尽心，但于今未有奇才。臣总不能拿一些平庸之人来塞责吧？"

"照你这样说，朕于今治世，只能借才于异代了？"太宗生气地问。

封德彝嘴唇动了动，但终于没能还嘴。太宗又教训他道："当今之世，奇才必有，正患己不能知，安可诬一世之人！"

"是啊，"萧瑀在一旁附和道，"君子用人如器，各取所长，哪能说天下没有能人呢？"

太宗瞪了封德彝一眼，似有走马换将之意，但他压了压火气，平静地问百官："朕料众卿心中必有贤才，可举荐出来，以便下一步为弘文馆精选文士。"

不能说出几个能人来，还算国之大臣吗？百官们马上开动脑筋，欲举出三两个文士在太宗跟前显显。长孙无忌脑子转得快，抢先说道："著作郎虞世南，乃饱学之士，先前就做过文学馆学士，而今弘文馆也必须有他，臣荐虞世南以本官兼任弘文馆学士。"

太宗点点头，说："虞世南有五绝：德行、博学、文辞、书翰、忠直，乃当今文坛之领袖，弘文馆不能没有他。"

"褚亮、姚思廉也是弘文馆学士的当然之选！"房玄龄伸出手掌，指点着说道，"褚亮从小好学，博览群书，过目不忘，和姚思廉一样，也担任过文学馆学士，此二人亦是饱学之士，名满天下……"

太宗挥挥手，打断房玄龄的话，说道："虞世南、褚亮、姚思廉，包括蔡允恭，这些人朕心里都有数，都可以本官兼任弘文馆学士。朕的意思，众卿能不能举荐一些新的人才？"

百官你望我，我望你，心里各打小九九。杜如晦稳步出列，奏道："臣举荐欧阳询为弘文馆学士。"

太宗一听，哈哈大笑："此人相貌十分丑陋啊！"

杜如晦正色道："此人貌虽丑，然却聪明绝顶，读书时数行俱下，其书法更是一绝，辽东多次派使者专程求字，太上皇曾盛赞他的书法。"

杜如晦说完，群臣也都善意地笑了，太宗拍板道："人不可貌相，海水不可斗量，欧阳询为弘文馆学士当之无愧。"

大家七嘴八舌，又举荐了一些人，太宗命人一一记录在案，逐一选拔任用。

确定了弘文馆学士的人选后，太宗还根据国子祭酒的提请，下诏颁布了大唐的教育制度，主要内容如下：

国子监为国家最高学府，掌管国家儒学训导，长官为国子祭酒，以下分别设司业二人，从四品下；丞一人，从六品下；主簿一人，从七品下；录事一人，从九品下；以及府七人、史十三人、亭长六人、掌固八人。

国子监下设六学，即国子学、太学、四门学、律学、书学、算学。教授的经书主要有《周易》《尚书》《周礼》《仪礼》《礼记》《毛诗》《春秋》《公羊传》《谷梁传》《孝经》《论语》等。

规定每年春分、秋分时，由祭酒担任初献，司业担任亚献，用太牢祭，乐用，祭奠孔子。

国子学设博士二人，正五品上；助教二人，从六品上；以及典学四人，掌固四人。

国子学学生一般为三百人。其学生主要是三品以上文武官员和国公的子孙、二品以上文武官员的曾孙。学生入学时，设束帛一篚、酒一壶、修一案（干肉一木盘）。学生通晓两经以上可以上报国子监，请求毕业为官。

太学设博士三人，正七品上；助教三人，从八品上；学生一般为五百人。学生主要是七品以上文武官员和侯伯子男的儿子；平民的孩子有学业突出者，也可入太学。

律学设博士一人，从八品下；助教一人，从九品上；学生一般为五十人。学

济世安民：唐太宗

生来源为八品以下文武官员以及平民的孩子，主要学习律令和一些格式法则。

书学设博士二人，从九品下；学生为三十人，来源于八品以下文武官员和平民的家庭。主要学习《石经》《说文》《字林》等其他字书。

算学设博士二人，从九品下；学生为三十人，来自八品以下文武官员和平民家庭。学生分为两班，一班学《九章》《海岛》《孙子》《王曹》《张邱建》《夏侯阳》《周髀》。另一班学习《缀术》《缉古》《纪遗》《三等数》等书。

地方学校学生人数为：京都八十人，大都督府、中都督府、上州各六十人，下都督府、中州各五十人，下州四十人，京县五十人，上县四十人，中县、中下县各三十五人，下县二十人。

京都和大都督府设经学博士一人，从八品上，助教二人；中都督府设经学博士一人，从八品下，助教二人；下都督府设经学博士一人，从八品下，助教一人；上州设经学博士一人，从八品下，助教二人；中州设经学博士一人，正九品上，助教一人；下州设经学博士一人，正九品下，助教一人；其余各县均设经学博士一人，助教一人。

国子监学生的入学，由尚书省批准，国子祭酒掌管。州县学的学生，由州县长官批准，长史掌管。

学生年龄限制在十四岁以上，十九岁以下，律学学生在十八岁以上，二十五岁以下。

值得一提的是，弘文馆设立后，所招收的学生非一般子弟，这些学生分别是皇室的亲属，宰相和散官一品、身食实封的功臣、从三品以上的京官、中书、黄门侍郎等达官显贵的儿子。

太宗是个明白人，知道一人再能，单凭一己之力也难以治理好天下，早年创业凭武功，如今要靠文治。有事没事，太宗就拿起书来，向书本学习；有事没事，太宗就召有才德的大臣，一起谈经论道，探讨治理天下的法子。

这天在弘文殿召见魏徵，太宗从龙案上拿起一本书，摇摇头，有些不解地问魏徵："朕观《隋炀帝集》，文词广博，辞意深奥，亦知崇敬尧舜而非桀纣，然其行事，何其相反？"

说的也是，隋炀帝文章写得比谁都好，坏事干得比谁都绝，一个人为什么有这么大的两面性呢？且看魏徵怎么回答——"陛下曾于文学馆，与我等深夜论诗文，说隋炀帝恃才傲物，自负才学，每骄天下士。常对侍臣说'天下之人皆谓朕承先皇余绪而有四海。设若朕与士大夫高选，亦当为天子'。隋炀帝深嫉士之诗文出其右。薛道衡死，隋炀帝道：'尚能作空梁落燕泥否？'王胄死，隋炀帝又道：'庭草无人随意绿，复能作此语耶？'由此观之，隋炀帝恃其俊才，骄矜

自用，故口诵尧舜之言，而身为桀纣之行，没有自知之明，以致覆灭。人君虽圣哲，犹当虚己以爱人，天下人方能智者献其谋，勇者竭其力。"

太宗听了，深有感触地说："前事不远，我等之师呀！"

太宗把《隋炀帝集》扔到一边，又问："前代君主，有明君，有昏君。君主为何而明，又为何而暗？"

魏徵笑笑，看了看空茶杯，太宗忙命人续茶，魏徵抖了抖袖子，方才说道："兼听则明，偏听则暗，帝尧问于下民，有苗氏之恶，方得上闻。舜明目达聪，故共鲧之罪不能蔽。秦二世偏信赵高，致有望夷宫被逼而死之祸；梁武帝偏信朱异，以取饿死台城之辱；隋炀帝偏信虞世基，以有彭城阁之变。由此观之，人君兼听广纳，则贵臣不蔽，下情可得上达。"

太宗听了，暗暗佩服魏徵博古通今，言之凿凿，觉得自己大有收获，点点头说："人言天子至尊，无所畏惮，朕则不然。上畏皇天鉴临，中畏群臣之瞻仰，下惧黎庶之不安。兢兢业业，犹恐未合天意，未符人望。"

听太宗说完，魏徵便起身行礼道："陛下之言，实治国之要。愿陛下慎终如始，始终如一，则至善矣！"

谈了半天，获益匪浅，太宗非常高兴，对魏徵说："天气渐渐暖和了，蛰伏了一冬，你随朕到后苑海池看看水吧，叫上弘文馆的学士们。朕这些天累了，想和你们这些文人雅士饮酒作诗啊……"

这要求不为过，饮酒作诗是高雅的事。有张有弛，皇上也该歇歇了。魏徵欣然同意。

春天还没有真正地来到，但天已出奇的暖和了。经过漫长的冬天洗濯的西海池，沉静而碧绿，一些耐冬的水禽在轻轻地游弋。

听说太宗有难得的兴致，要和弘文馆的学士们来海池边游玩，宫人们急忙把暖屋里的花花草草搬来，摆在临湖殿旁的海池边，各式各样的花朵枝叶，点缀着末冬萧瑟的御花苑。

太宗在魏徵以及弘文馆虞世南、褚亮、姚思廉、欧阳询、蔡允恭、萧德言等众学士的陪同下，来到临湖殿旁的水亭上。宦官们早把亭台收拾得利利索索，摆上酒席。

太宗在当中龙椅上一坐，面朝一池碧水，对那些学士们说："朕刚才在弘文殿与魏徵谈论，获益良多，人欲自见其形貌，必资明镜；君临天下欲自知其过，必赖忠臣。若君主刚愎自用，自以为贤，臣下且复阿谀顺旨，君主失国，臣亦不能自全。如虞世基等人，以谄媚为能事，皆欲自保其身之富贵，隋炀帝既弑，世基等亦被诛。公等应引以为戒！政有得失，朕有过错，只管进言！"

学士们也不知魏徵和皇帝都谈了些什么，听话音反正都是些谏议的事，于是众人拱手道:"当竭愚诚,尽盲瞽。"

众人纷纷表态,只有虞世南面含悲色,一言不发。其中原由鲜为人知。

虞世南字伯施,越州余姚人,太宗提到的虞世基是他的亲哥哥。兄弟俩从小刻苦读书,好学不倦,文章都写得很好。陈朝灭亡后,兄弟俩来到长安,都很出名。隋炀帝为晋王时,听到兄弟俩的好名声,和秦王杨俊写信争着要他们。虞世南以母亲年老为名,推辞不去。大业初年,始任秘书郎,后迁起居舍人。而哥哥虞世基却青云直上,成了隋炀帝的宠臣,大权在握,吆五喝六,衣着车马比王公们毫不逊色,虞世南虽然和哥哥在一起,却衣着俭朴,清廉自持。宇文化及杀死隋炀帝后,接着要杀虞世基,虞世南抱着哥哥号哭,请求替兄长去死。宇文士及不听,杀死了虞世基,却提拔虞世南当了高官。虞世南欲替哥哥去死,表现了兄弟情义,为时人所称道。如今太宗当着虞世南的面骂虞世基是大佞臣,被杀活该,虞世南当然不大高兴。

太宗也看出虞世南的不自在,笑着说:"世南是世南,世基是世基,二者不可同日而语,论起来,隋炀帝还是朕的表哥呢!"

听太宗这么一说,虞世南面色缓和下来,在太宗的示意下,端起杯子抿了一口酒,这事就算过去了。

太宗似早有准备,从袖里拿出一张纸,对大家说:"朕昨晚读书时,写了一首诗,朕念给众卿听听。"下面是太宗所作的诗:

> 赋尚书
> 崇文时驻步,东观还停辇。
> 辍膳玩三坟,燃灯披五典。
> 寒心睹肉林,飞魄看沉湎。
> 纵情昏主多,克己明君鲜。
> 灭身资累恶,成名由积善。
> 既承百王末,战兢随岁转。

众人一听,知道太宗是借诗明志,一齐拱手道:"臣等得以侍明主,实三生有幸!"

太宗哈哈大笑,端起酒杯一饮而尽,说:"昨晚皇后看了这首诗,也说'得以侍明主,三生有幸',朕不想听你们的客套话,只想问问这首诗写得好不好。"

褚亮见太宗反复考问,忙拱手答道:"对仗工整,用典恰当,不乏巧思警句……"

太宗扬手打断他的话:"别光说好的,也说说短处。"

魏徵看出太宗诚心向人讨教，也想借此炫耀自己的才思，只见他抻了抻袖子，即席赋诗道：

夜燕径柏谷，朝游出杜原。
终籍叔孙礼，方知天子尊。

这首诗是说高祖创业艰难，劝太宗要警惕政治上的自满，不要取得一些成绩，就盲目自信、及时行乐。太宗自然听出了诗里的意思，笑笑指着魏徵说："魏徵每言，必以礼约朕！说不谈政事又谈政事。"太宗举杯道，"喝下这杯酒，谈谈诗文，众卿可有什么新作吗？"

虞世南还未从因哥哥虞世基引起的伤感中醒过来，见太宗眼看着他问话，只得答道："臣秋天时做了一首《咏蝉诗》，甚能表达臣此时的心境。"

"说来听听——"太宗很有兴趣地说。

虞世南手打着节拍吟道：

垂緌饮清露，流响出疏桐。
居高声自远，非是藉秋风。

此诗托物寓意，作者说自己虽为贵族，但仍像蝉儿一样栖高饮露。自己虽然声名远播，但立身高洁，并不需要什么外在的凭借。

太宗也听出了虞世南的清高和自信，笑着对大家说："咏蝉者每咏其声，而世南独尊其品格。清华隽永，高标逸韵，这样的好诗，实在难得啊！"

众学士听这么一说，也纷纷跟着称贺，言虞世南的咏蝉诗为古今一绝。

远处吹来缕缕微风，水面上荡起一层层绸缎般美丽的波纹。六七只长腿长颈的丹顶鹤望见临湖殿水亭上的红花绿叶，以为是春天的风景，伸展着翅膀，连游带飞地向岸边而来。太宗和诸学士饶有兴趣地看着，仙鹤们也扑到亭边，太宗领头用筷子挑一些饭菜扔进水里。大伙儿伸着头看，以为仙鹤们会来抢食这些天下无双的御膳，但高傲的仙鹤扭了扭头，游到一边去了。

姚思廉看着这些高傲的仙鹤们，赞同地点了点头，说道："鹤有丹顶鹤、灰鹤、蓑羽鹤等类，《诗经·小雅·鹤鸣》有'鹤鸣九皋，声闻于野'。鹤的清奇独立向来为世人所称道。"

"'竦轻躯以鹤立，若将飞而未翔。'朕之选人，向来看重的是有气节的人士。"太宗含笑看着姚思廉说。这话是在夸姚学士。姚思廉，字简之，雍州万年人，勤学寡欲，曾奉隋炀帝之命和起居舍人崔祖皓一起修《区宇图志》，后又

任代王杨侑侍读。高祖率兵攻占京城时，杨侑的手下逃得一干二净，独有姚思廉不离左右。唐将士欲上殿捉拿杨侑，姚思廉厉声喝道："唐公举义，本为匡救王室，卿等不应对王无礼！"众人很服他的话，乖乖地在殿下站好。高祖很佩服姚思廉的忠义，允许他扶杨侑到顺阳阁下，哭拜而去。人们都指着姚思廉的背影夸赞道："这才是忠烈之士，仁者有勇，就是指这个！"

"话以言志，姚卿当以鹤为题作一首诗。"太宗点名道。

姚思廉沉吟片刻，即从容诵出——

鹤鸣鹤飞鹤语多，天晴宛虹青云初。
美酒嘉粟散芳菲，鸾翔凤集第一国。

众人听了拍手叫好，太宗听诗里称赞的是君臣相契，高兴地和大家一起举杯饮酒。太宗环顾一下四周，说："既有仙鹤，当有鹤草！"

"有，有。"一直在太宗身后侍候的近侍，听太宗问到鹤草，忙指挥宫人颠颠地从远处搬来五六盆花，摆在太宗旁边，一位管花的近侍还顺口介绍道："鹤草，本出自南海，形如飞鹤，嘴、翅、尾、足无所不备，一般都在夏天开花。"

"那怎么现在开花了？"太宗问。

"这是暖屋里精心培育出来的，皇上请看——"那近侍搬起一盆花凑过来，近前指给太宗看："其花麦牟色，浅紫蒂，叶如柳而短……"

"嗯，"太宗点了点头，"鹤寿千岁，以极其游，众卿随朕上船，与鹤同乐。"

近侍一听，慌忙指挥人调过龙舟，重新摆置酒席，太宗在侍臣、学士的侍奉下登上龙舟，尚未坐定，太宗又是一个想法冒出来，命近侍："快快叫阎立本来，画一幅《鹤游图》以志纪念！"

一句"快叫"，非同小可，马上有脚快的宦官飞也似的跑去找人了。

阎立本，雍州万年人，曾画过《秦王府十八学士》，为当时著名的画家，所画人物精妙传神，堪称一绝。阎立本职为主爵郎中，正在南衙里忙着呢，忽然大门口响雷一般连声传呼："宣画师阎立本！宣画师阎立本！"

阎立本心知是急事，忙跑出门来，早有一个宦官窜过来，招手叫："快，快，皇上召你作画！"

"待我换一件衣服。"阎立本说。

"换衣服？"宦官心急火燎，差点把阎立本扯个跟头，"皇上都上船了，正等你作画呢！"

阎立本无奈，只得整整衣服跟着那宦官走，三步并作两步，赶到玄武门，一个正在等候的内官二话不说，朝那宦官脸上就是一耳光："皇上召人，还敢磨磨

蹭蹭的，跑步前进！"

那宦官有委屈也不敢说，擦擦眼泪，拉着阎立本飞奔起来，后宫里不准骑马，只能跑步了。

阎立本也算一个文人名士，虽说是皇帝相召，但不顾斯文，跟着宦官跑，总觉不雅观，他气喘吁吁地对旁边奔跑的宦官说："不就是……不就是画画吗？用得着……如此急迫？"

"嘘——"那宦官眼瞪得溜圆，看着阎立本说："瞧你说的，皇上还能眼巴巴地在龙舟上……等你？你一个画匠，能让皇上召见，就积八辈子德了！"

阎立本低着头拼命地跑着，后宫真大呀，跑了有半个时辰，才到了海池边，离岸边不远的龙舟上，太宗和侍臣们正把酒临风，指点着周围的风景。

"快！快！怎么这么慢？"一个内官很是着急，指着地上的画笔、颜料、纸等一大摊子说："别耽误皇上的游兴，快，快画！"

阎立本已跑得大汗淋漓，眼也叫汗水杀得生疼，在内官的催促下，也顾不得擦一把头上的汗，即俯身趴在地上，拿着画笔的手直抖，好半天才沾上颜料，画上一笔……

"要论画，谁都没有阎立本画得像啊！"龙舟上的太宗手擎着酒杯，感叹地对群臣说。

"是啊，是啊！"众人一起附和着，把目光投到岸上，只见阎立本俯在地上，抬头看一眼，又低着头画；看一眼，又低着头画。头上、脸上汗津津，也没见他顾得上擦一把。

"作画也不容易啊，"不知哪个学士酸溜溜的话传过来，"画得像了，足以挣得一口饭吃。"

阎立本伏身在地，临摹君臣，内心感到十分羞愧，他的脸涨得通红，手颤抖着，几乎握不住笔，但他又怕人看破他的心思，所以仍然表现出诚惶诚恐的样子努力去画——画着，画着，不知什么时候，笑语声渐渐远去，龙舟驶向了海池深处，只留下酒味、肉味弥漫在空气中……

傍晚，阎立本才筋疲力尽地回到家中，饭也不吃一口，只是呆呆地坐在书房里一言不发。家人们情知他在外受了委屈，小心地进来劝慰。好半天，阎立本才叹了一口气，对儿子说："我从小喜爱读书，也了解一些道理。就是写诗撰文，也不比一般人差。但现在只能以作画出名，干一些仆役所干的活，被人当做工匠看待，这真是奇耻大辱！你还小，应引以为戒，不要学这些写写画画的末技！"

话虽如此，当家人都出去后，阎立本望着心爱的画笔，长叹一声，又抓起画笔涂抹起来……

新年的钟声终于敲响了，过去几个月为了照顾太上皇的情绪，年号仍用武德。

如今欣逢新春，太宗下了第一道诏令，改元为"贞观"。所谓"天覆地载之道，以贞正得一，故其功可为物之所观也"。

太宗期望借一个吉利的年号，从此澄清宇宙，恢宏正道。

丁亥这天，太宗在太极殿大宴群臣。几十张桌子分左右排开，酒菜飘香，峨冠博带，一幅盛世欢乐图。

太宗的喜悦心情犹如面前满溢的酒杯。

"启奏陛下，《秦王破阵乐》已准备完毕，现在是否开奏？"太常祖孝孙过来问道。

"奏！"太宗挥手命道。

《秦王破阵乐》是秦王率部打败叛将刘武周时，军中将佐、士卒相与而作的系列军歌。在太宗登上大位的第一个新年里演唱此歌，有着特殊的纪念意义。

祖孝孙站在殿中，大袖一挥，手在空中划了一个优美的弧线，立即从殿外走进一队乐工、一队歌者，排成整齐的两行。

大殿中鸦雀无声，大臣们正襟危坐，恭候着这首大曲的开始。

祖孝孙手又是在空中一挥，乐工手中的琵琶、筝、笛、笙箫等立即吹奏起来，紧接着歌者也亮起了喉咙——

> 其一
> 受律辞元首，相将讨叛臣。
> 咸歌《破阵乐》，共赏太平人。
> 其二

主圣开昌历，臣忠奉大猷。
君看偃革后，便是太平秋。

        其三

四海皇风被，千年德水清。
戎衣更不著，今日告功成。

主题曲时而悠扬时而铿锵，令人听了精神为之一振。

群臣脸上的表情先是崇敬，后是喜悦，及曲终歌罢，群臣端杯在手，一齐向太宗恭贺："万岁万岁万万岁！"

太宗听了，含笑干了杯中的酒。

他又怕有人说演奏此乐是表功，于是向大家解释道："朕于昔年受任专征，民间遂有此曲。虽非文德之雍容，然武功由兹而成，不敢忘本。故命人重奏《破阵乐》。"

"皇上，"老臣封德彝颤巍巍站起来，躬身奏道，"《破阵乐》系将士们原创，气势雄壮，给人以身临其境之感，足称得上一首大曲。臣以为，若配上舞蹈，则更能表现皇上盖世的武功。"

太宗听了连连点头，说："是啊，朕也觉得欠缺了一些。应该有舞蹈之人披甲执戟，以舞伴歌，则更有气派。"

群臣纷纷附和，有的说要想表现出恢宏的战场气势，非二百人上场表演不可；有的说歌词内容还不足以表现皇上的英才天资，应该写得更长一些。

太宗心情愉快，脸喝得红扑扑的，大手一挥说："改编的事慢慢来，要让《破阵乐》成为历史上有名的大曲，朕当亲自设计破阵舞图。歌词由魏徵、虞世南、褚亮、李百药改写！"

成功太让人高兴了，况且这个成功是天下第一的成功，是别人无法企及的成功。

御宴散罢，回到后宫的太宗仍然无法抑制内心的喜悦。

在后宫，他命人又摆上宴席，与妃子们一块饮酒作乐，太宗歪坐在卧榻上，看几个美女在面前浅吟低唱，甩袖子表演——

天上月，遥望似一团银。
夜久更阑风渐紧，为奴吹散月边云。
照见负心人。
……
叵耐灵鹊多谩语，送喜何曾有凭据？

济世安民：唐太宗

几度飞来活捉取，锁上金笼休共语。

比拟好心来送喜，谁知锁我在金笼里。

欲他征夫早归来，腾身却放我向青云里。

……

都是些轻歌曼舞，软绵绵的，太宗不喜欢，他挥了挥手，歌女们知趣地向一边站了。太宗在案几上顿了顿酒杯，命道：“传祖孝孙！”

祖孝孙官居太常少卿，熟悉陈、梁、周、齐旧乐，以及关楚之音、胡戎之伎，是当时杰出的音乐大师。曾改编文舞曰《治安之舞》、武舞曰《振德之舞》。

听到皇帝相召，祖孝孙一刻也不敢怠慢，赶紧整理衣装，颠颠地一路跑，气喘吁吁地来到了后宫。

后殿里衣袂飘动，香气袭人，从小拙于和女人交往的祖孝孙到了这佳丽云集的后宫，是大气也不敢喘，眼皮也不敢抬，只是盯着脚下的路，跟着近侍来到御榻前，伏地叩头，口称万岁万岁万万岁。

“祖爱卿？”太宗斜靠在御榻上叫道。

“臣在！”

“你看看朕的这些宫人——”太宗指着帷幕旁的歌女说，“她们犯了一个毛病，好为郑、卫之声。”

祖孝孙抬了一下眼皮，又急忙低下头，回道：“都是些休闲的乐曲，圣上不是很喜欢，可以改掉。”

太宗晃了晃那久经沙场的魁梧的身躯，说：“郑、卫靡靡之音，不能修政教。应该改为雅音。”

太宗顿了顿，命人给祖孝孙看座上茶，而后又说：“朕起自民间，深知守成以文，戡乱以武之理。卿当融南乐北曲，扩大新声，借鉴‘梁、陈之音’与‘周、齐之音’，创造出健康向上的大唐雅乐。”

祖孝孙这才领会了太宗的意思，忙躬身说道：“圣上英明。功成而作乐，治定而隆礼，我大唐疆土辽阔，理应斟酌南北，考以古音，制定自己的雅乐。”

“卿打算以哪些音乐为新乐的基础？”

“制定雅乐，不外乎这十部——”祖孝孙掰着手指头如数家珍地说，“第一是燕乐，第二是清商，第三是西凉乐，第四是扶南乐，第五是高丽乐，第六是龟兹乐，第七是安国乐，第八是疏勒乐，第九是康国乐，第十是高昌乐。”

“行，这事你太常寺尽快去办。”太宗说着又指了指那些花枝招展的宫女，“你先教教这些宫人，给朕听听，以后再向民间慢慢推广。”

最怕和女人打交道的祖孝孙面有难色，但张了张嘴巴，又不敢说什么，只得答应下来，起身告辞。

祖孝孙走到殿外，已觉得头上汗津津的。

走过了一个拐角，他想从袖筒里掏出手帕擦擦汗，早有一个香喷喷的巾帕递到他眼前。

突然而至的手帕把祖孝孙吓了一跳，回头一看，几十个如花似玉的宫女跟在身后，笑眯眯地看着他。

"你，你们——"祖孝孙眼前一花，结结巴巴地说不成句。

"哎呀！"打头的那个递给祖孝孙手帕的大姐大宫女，眉毛一挑，"怎么祖大人看不上我们？不要我们？"

"这，这从何说起？"祖孝孙以袖掩面，结结巴巴地说着，低头就要走。

"哎！"宫女们早已围上来，把他拦住。

"这，这……"夹在女人堆里的祖孝孙手足无措，不停地用衣袖擦着头上的汗。要说探讨音律，沉醉其中，祖孝孙比谁都行，但要面对这些个如花似玉的女子，他可真的是一个地地道道的外行。

一个近侍挤进来，祖孝孙总算捞到了一棵救命稻草，急忙拉他的手，说："公公，你看，你看这——"

"是皇上叫她们跟你学乐啊，怎么，你敢抗旨？"那近侍不管祖孝孙的窘迫，只管瞪着眼睛说。

一听这话，祖孝孙更急了，只得无奈地朝众人团团作个揖说："今儿天色已晚，改天再说，改天再说。"

好不容易摆脱这群寂寞的宫女，回到家中，祖孝孙草草吃了口晚饭，坐在书房里，对着那些乐器长吁短叹，夫人见状，知道他白天一定遇到了难题了，于是就扳着他的肩头问："老爷怎么了，谁惹你了？"

祖孝孙摇摇头，推开夫人的手，装作没有什么事情的样子说："没啥，没啥，你不用担心我，我是在思考音律的事情。"

看丈夫整个是一个闷葫芦，问不出个所以然来，夫人也就由他去了。她想，丈夫一向是个稳重人，应该不会有什么大问题。

面对宫女，祖孝孙确实不好说什么。第二天在太常寺，他草草地应付了那些宫女，便借故溜了，如此三天打鱼两天晒网地过了一个月，太宗把他召去，训道："命卿以乐教宫人，但却不肯用心，有负朕望！"

祖孝孙苦着脸不知说什么才好，太宗继续寒着脸说："昨晚朕让她们演了一遍，乐声不谐，音律不对，都说你不肯用心教，要你个太常少卿，还有啥用！"

祖孝孙见皇帝生气，早吓得满头大汗，叩头不已……

及下得殿来，迎面碰上王珪和温彦博，二人把他拦住，说："看祖大人这愁眉苦脸的样，准是为了教女乐不称职，让圣上训了一顿。"

祖孝孙苦着脸，又是摇头，又是摆手，说："别提了，别提了。"

王珪哈哈笑道："太常少卿作《大唐雅乐》，以梁、陈之音多吴楚，周、齐之声多胡夷。于是斟酌南北，考以古声，与协律郎张文收共同修订，颇有建树，如何教不得几个宫女啊？"

祖孝孙一听，更是急得脸上通红。温彦博解围道："祖君持身严正，难教宫人，待我俩给圣上说说去。"

两人又安慰了祖孝孙一下，然后迈步上殿，行过大礼。王珪对太宗说："祖孝孙持身严正，陛下命教女乐，又一再责备，天下人共知，误以为陛下有轻天下士子之意，这恐怕对陛下的名声影响不好。"

太宗一听王珪以此责备自己，刚才还未消的火腾地又上来了，呵斥道："卿等皆朕心腹，当尽忠献直，何以附依下属，欺罔君上，反为祖孝孙说话？"

温彦博见皇上发怒，但还是躬身把话说完："孝孙妙解音律，非不用心。孝孙雅士，陛下忽命教女乐，恐天下怪愕。"

"什么话！"太宗一拍龙案斥道，"朕让他教几个宫人又怎么啦？要你们过来说三道四！"

温彦博见皇上的火越发越大，忙跪在地上，再拜谢罪。王珪仍是直挺挺地站着，冲太宗说道："臣本来侍奉隐太子，罪已当死。陛下矜恕性命，不以不肖，引为枢密门下。陛下责臣以忠直，今臣等所言，岂为私耶？陛下以臣有私，欺罔君上，诮呵臣等，是陛下负臣，臣并不负陛下！"

王珪保持那股倔劲，说完后气呼呼地站在一边。

太宗发过了脾气，看了看站在旁边的房玄龄等人，见没有打圆场的，只得喘着粗气沉默了一会，挥手散朝。

王珪当面顶撞皇帝，到底还是为公不为私？太宗想来想去，想明白了。

第二天早朝，太宗又提起这事，并对房玄龄等人说："纳谏一事，自古皆难。昨日责王珪后，朕甚后悔，公等不要因此而不进谏言。"

房玄龄躬腰称是，太宗又问："朕让你重新规划州县建制，如今怎么样了？"

"正欲上奏陛下。"房玄龄拿个手本说。

唐朝初建时，归降的豪杰甚多，为了安抚他们，高祖设置了许多新的州县。自是唐朝州县之数，远多于隋朝。太宗即位后，以民少吏多，思革其弊，诏命大加并省。

房玄龄清了清嗓子，看着手本念道："因山川形便，全国共分为十道：一曰关内，二曰河南，三曰河东，四曰河北，五曰山南，六曰陇右，七曰淮南，八曰江南，九曰剑南，十曰岭南。"

接着，房玄龄将各道所辖地名一一唱出。

唐朝的疆域太辽阔了，光给各个州府唱名就唱了好长时间，把房玄龄累得不轻。太宗听了，却非常满意，普天之下，有谁有他这么大的家业啊！

"就这样定了，尽快推行下去！"太宗说道。

"遵旨！"

房玄龄说完，就要回归本班，太宗招手止住了他："还有，京中的官员太多了，这些人白拿俸禄不说，还跟着扯皮误事，官在得人，不在员多，你研究一下，裁减哪些人合适，朕的意见，京中留六百多人，就足以把事办了。"

"遵旨！"

见稍稍有空闲，御史大夫杜淹上来，躬身奏道："诸司文案恐有稽，请令御史到各个部门逐一检校。"

太宗没有回答，而是把目光转向封德彝，问："你是宰相，你看这事行得通不？"

封德彝大摇其头，说："设官分职，各有所司。果有愆违，御史自应纠举。若遍历诸司，搜求瑕疵，大为烦琐。"

杜淹听了，退到本班，默然不语，太宗问他："你怎么不和他辩论辩论？"

杜淹拱手道："天下之务，当尽至公，善则从之，德彝所言，真得大体，臣诚心服，不敢遂非。"

太宗听了，大为高兴，于是他大声对着众人说："公等都这么能干，朕还有什么可担忧的？哈哈哈哈！"

有贤明的君主，才能出贤能的大臣。太宗勇于纳谏和善于使用人才，使朝廷的各项工作逐步走向正轨，使贞观时代有了一个良好的开端。

春暖花开，宫苑的各类奇花异草使人眼花缭乱。罢朝之后，回到后宫的太宗沿着花园旁的小道，不知不觉来到杨氏妃所住的殿前。太宗解嘲似的笑了笑，健步登上台阶，早有眼尖的宫人看见了，急忙为太宗打开了人门，然后一面在门旁伏地恭敬地迎接，一面扬声给里面的人报信说："恭迎圣上——"

一个打扮不俗的侍女跑过来，道了个万福："圣上里面请。"

太宗来到内殿，见杨氏妃不在，问："贵妃呢？"

"刚才还在花园里转悠玩呢，怎么皇上来时没看见？"

"没事在花园里转悠啥？"见杨氏妃不在，太宗颇感不快。

"就是没事才在花园那转悠呢！"那侍女抿嘴一笑，将一杯热茶轻轻放在太宗身边的案几上。

见这侍女说话伶俐，闲来无事的太宗不禁打量起她来：微微凸起的额头，时隐时现的笑靥。立着似海棠带露，行来如杨柳随风，私语口生香，含颦眉销黛，虽是一身侍女打扮，举手投足间，却别有一番风情……

太宗好像第一次发现杨氏妃身边还有这样一个可人的侍女，不觉龙心大悦，眼睛发亮，他用一副与身份不相称的温柔的腔调，问："你叫什么名字？哪里人啊？"

"妾姓吴，是贵妃的侍巾，老家在晋阳。"

"哟，是吴侍巾啊！"太宗咧嘴笑笑，以示玩笑，又问："芳龄几何啊？"

"属小龙，十七了。"

"朕是大龙，这里居然有一个小龙，而且还是个龙女。"太宗为活跃气氛，搜肠刮肚地开着玩笑。

"臣妾这就去叫贵妃。"吴侍巾让皇帝火辣辣的眼睛盯得心里好难过，起身欲走，太宗手疾眼快，伸手把她拦住了，顺势一把把她拉在怀里，柔声问："你在晋阳怎么又到了朕的宫里呢？来，跟朕好好说说。"

吴侍巾满面含羞，偏着脸，眼瞅着地砖，幽幽说道："臣妾本是晋阳读书人家女儿，从小许配给表哥许郎。十五岁时，准备婚嫁，臣妾与母亲一起到街上买绣嫁衣的丝线，不想就遇上了海陵王李元吉，他当即让手下把臣妾抢走，海陵王伏诛后，贵妃进宫，臣妾就随着贵妃来到了后宫。"

"还有一大段曲折的故事呢！"太宗大手抚弄着吴侍巾，"朕看你清秀娴丽，朕从心里喜欢，你愿意服侍朕吗？"

吴侍巾满面通红，好半天才点了点头。太宗二话没说，当即把吴侍巾横抱起来，走向寝宫内室。

听说皇上驾临，正在花园里徜徉的杨氏妃像得了个宝似的，急忙回转，刚到自家殿门口，却让皇上的贴身近侍赵公公伸手拦住了，赵公公客气地说："皇上在里面有些小事，请贵妃稍候！"

"皇上找我当然有事！"杨氏妃一把推开赵公公，一头撞了进去。

几步来到寝宫内室门口，却见寝帐里红浪翻滚，杨氏妃瞪大眼睛认出了里面的人，气得直咬牙，但火气再大，她还是止住了脚步，在门口站了一会，又退到外间。从脂粉堆里闯过来的杨氏妃深知：要想得到皇帝的喜欢，一个最大的准则，就是不要表现出争风吃醋，性情刚烈的马上皇帝从来都是吃软不吃硬。

凝神听了一会儿，见里面没有了动静，杨氏妃亲自端一盆温水走进屋中，微微笑着，一副贤妃模样。

"皇上，洗洗吧，看看，可把俺皇上累坏了。"杨氏妃装作平静的样子，拧一把热毛巾，轻轻地给太宗擦着。

太宗见杨氏妃如此会来事，喜出望外，拍拍躲在被底下的吴侍巾，笑着对杨氏妃说："屋里藏着这么漂亮的侍巾，为什么不告诉朕？"

杨氏妃继续甜甜地笑着，扯开被子，对吴侍巾说："起来吧，得以侍候圣上，是你吴家八辈子修来的福分。"

侍巾到底是侍巾，听贵妃一招呼，不敢再赖床，忙爬起来，自家手忙腿乱地穿上衣服，又侍候太宗穿上衣服，而后一溜烟出去了。

"臣妾有孕了。"杨氏妃跪在寝床边，一边给太宗捶着腿，一边说道。

"好啊，好事！"一个好事接一个好事让太宗高兴得直笑，"朕的午膳就在你这用了，你去安排一下。"

用过午膳，太宗又在杨氏妃处流连了一会，方来到弘文殿，刚刚坐下，御史大夫杜淹就拿着手本，过来奏道："左骁卫大将军长孙顺德收人彩绢千匹，为人谋差。"

长孙顺德是国家的功臣，又是长孙皇后的族叔，德高望重，爵封薛国公。连长孙顺德都跟着受贿，太宗脸上有些挂不住，说："顺德封邑一千二百户，朕又赐他宫女，允其宿寝内省，可谓仁至义尽，为何敢乱我法度？"

杜淹心说你问我，我问谁？这话你当面问问长孙顺德不就行了。

"传长孙顺德！"太宗叫道。

长孙顺德在宫中宿卫了一夜，回家喝了点酒，睡了一觉刚起床，听皇上急急地要召见，忙递上十两银子，问来召他的内侍："皇上何事相召？"

那近侍把银子掖起来，笑着说："你收人彩绢的事犯了！"

长孙顺德一听，顿觉浑身无力，他整整衣服，硬着头皮跟着近侍来到弘文殿。太宗正在看书，长孙顺德进来，他眼也没抬一下，就是装作没有看到的样子。过了半晌，他才问道："干吗要收人家的彩绢？"

事已至此，长孙顺德只好老老实实说道："上月那天朝中无事，我正在家中暖阁喝点小酒，忽听门上说晋阳豪富朱参求见，当年我躲辽东兵役，亡命太原时，与朱参有旧。故人相见，没说的，就把他接进内厅。我们两个开怀畅饮，说到封邑时，我说家中人多，虽食邑一千二百户，仍觉捉襟见肘，不够花的。我说说也就算了，不想过了几天，朱参将千匹彩绢送到我府中，我想既然是老朋友，收下就收下吧……"

长孙顺德边说边拿眼瞅着太宗，可太宗头也不抬，又似听，又似不听，长孙顺德见状，不敢怠慢，继续交代，"后来朱参又来找我，说他一个儿子想在官场上锻炼锻炼，我想人家话已说出来了，这事能办就给人家办了吧，于是我就给朱氏之了谋了个差使。臣本心并不是为了贪他那一千匹彩绢……"

长孙顺德叨叨了半天，不见太宗回一句话，心里更觉得七上八下，但又不敢挪动一步，只得像个桩子似的竖在那里，一动不动。

"你下去吧。"不知过了多长时间，一个近侍过去了推了他一下说，"皇上

济世安民：唐太宗

赐绢五十匹，命你下去领。"

受贿的事不但没受任何责备，反而又领到皇上赐给的五十匹绢，长孙顺德直觉老脸滚烫。心里说，这是皇上说我老来贪财，羞我啊！回到家中，长孙顺德令人把千匹彩绢退给朱参，朱氏之子的官不用说，也早叫御史台的人给抹了去。

长孙顺德因受贿赐绢的事很快传扬出去，大理少卿胡演气愤不过，正色对太宗说："长孙顺德身为外戚元勋，食邑千二百户，不思安邦之策，却起祸乱之源，贪心不足，受人贿绢，坏大唐法度，罪不可赦，赐绢不宜！"

太宗耐心地向他解释道："顺德不学，若使其观摩有益于社稷者之事，当不致贪墨如是，朕当与之共府库。今虽受贿，朕不罪责。彼有人性，得绢之辱，甚于受刑。如不知耻，一禽兽罢了，杀之何益？"

听太宗这样一说，他做得还蛮有道理，但律法是律法，能用"羞辱"二字代替吗？胡演想争辩两句，但心里自己劝自己，算了，法自上出，讲也无益。说来说去，你当皇帝的还是偏袒自己的亲戚。

长孙顺德的事还没有了结，另一个皇亲国戚长孙安业又翻了船。

长孙安业是长孙皇后的异母兄长，从小就不大守规矩，交一些无赖朋友，吃喝嫖赌，不干正事。父亲长孙晟去世后，长孙安业作为长子，当家做了主人。没有管头的他更加肆无忌惮，挥霍浪费，眼见得偌大的家业在他手里变得破败中落。

生性无赖的长孙安业手头拮据后，视后母高夫人和幼小的长孙无忌、长孙氏为眼中钉，时不时地欺负她们娘仨。高夫人向哥哥高士廉哭诉此事。高士廉见没有办法，干脆将她母女三人接到家中过活。

后来长孙氏许配给李世民，及李唐得天下后，长孙氏也成了堂堂的王妃。此时长孙安业已把家业糟蹋一空，塌着眼皮找到长孙无忌，但长孙无忌没理他这个哥。没奈何，长孙安业又来王府找长孙氏，宽厚待人的长孙氏不计旧怨，在秦王面前，为他谋了个掌管秦王府门卫的差使。及太宗君临天下后，长孙安业又沾了长孙皇后的光，当上了一名堂堂的监门将军。

从街头无赖到监门将军，从一穷二白到高坐衙门的吆喝人，按理说长孙安业已混得不错了，也应该知足了。但长孙安业嫉妒心作怪，见兄弟长孙无忌位为国公，食邑一千三百户，妹妹又是母仪天下的皇后，自己却不过是个监门将军，心中颇为不平衡，一天到晚阴沉着脸，一副怀才不遇的样子。

这天长孙安业正在监门将军府前挺着肚子晃，远远地就见右武卫将军刘德裕和统军元弘善走来。

"安业将军，晚上有事吗？"刘德裕扬手问道。

"干吗？"

"喝酒去！"刘德裕大拇指一晃说，"带你去认识个人。"

一听说有酒场，长孙安业来了劲，整了整裤腰说："见谁都无所谓，又给你俩说好，我现在不喝孬酒啊！"

"嘁，李大人能有孬酒？"刘德裕撇着嘴说。

李大人就是李孝长，现为利川都督，此次回京，特在家中设宴款待几位老友新朋。

长孙安业随着刘德裕、元弘善早早来到李府，坐在客厅等，久久不见李孝长出来待客，长孙安业不耐烦了，一把把桌上的茶碗推到地上，骂道："能的李孝长，架子不小！"

"可不敢这样说！"刘德裕摇了摇手，一副神秘的样子，对长孙安业说，"李大人可不是凡人，将来贵不可言。"

"贵不可言？"长孙安业不屑地笑，"他能当上皇上？"

"可让你说对了。"刘德裕压低声音说，"利川南山中有个老道，年纪百十几岁了，给李大人看过相算过命，左看右看，都说李大人'相貌大贵，当主天下'。"

"真事？"长孙安业睁大眼睛问。他颇信命，长孙无忌和长孙皇后小时候，就有相士对他说此二人日后将贵不可言，劝他不要欺负幼弟弱妹，但他没把相士的话当作一回事，以至现在老是得不到提拔，长孙无忌从宫门走，正眼也不看他一眼。

"安业将军说话呀！"见长孙安业在那里发愣，刘德裕推了推他说，"你对李大人的未来怎么看？"

"乖乖，不信不行。"长孙安业边说边耐心地帮助丫环把打碎的茶碗扫进土簸箕里，又抢过抹布，抹了抹桌子，眼盯着门口，乖乖地坐在那里等候李孝长。

又等了一会儿，才见李孝长大驾光临，李孝长颌下长髯飘拂，走路四平八稳，冲虚雅度出凡尘，不愧为皇家贵青。长孙安业一见如此风度，想想相士之言，刚想下跪，让李孝长给拦住了："是长孙大人吧，免礼，免礼！"

长孙安业又忙着打躬，李孝长一挥手，侍女们端着美酒佳肴鱼贯而入，霎时摆满了桌子。李孝长当中端坐下，刘德裕、长孙安业左右相陪，元弘善相陪末座，四个人关起门来，推杯换盏地喝起来。

喝到二八盅，话题自然转到了符命一事，李孝长昂着脸，吹嘘了自己一番，对长孙安业说："那个精通相术的道士我带来了，德裕和弘善都让他看过了，你也让他看看吧。"

长孙安业一听，忙吐掉嘴里正在啃的驼蹄，抹了抹嘴，整整帽子。

李孝长拍一下巴掌，从角门里走出一个精瘦的老道来。老道起初淡淡地看了看长孙安业，似乎没把他放在眼里，但左看右看，老道神情肃穆起来，打了个稽首，说："月建生身，当际风云之会；岁君合世，必承雨露之恩。敢问阁下官居何职？"

"监门将军。"刘德裕代为回答道。

"啧，啧，啧。"老道摇头晃脑，"以将军之貌，应为开国元勋，不应居为监门将军。"

听老道这么一说，慌得刘德裕起身非要跟长孙安业换座，说："大人还是坐在上首吧，早晚大人得反过来做我的顶头上司。"

长孙安业本来酒就喝多了，被这老道的话一冲，人就更晕了，他当仁不让地坐在仅次于李孝长的位置上，他不断地偷偷打量着李孝长，真切地感受到他的非凡气度，老道见状直点头，又问长孙安业："你说说都督大人哪点不一般，贫道看看你说得对不对。"

长孙安业挤挤眼，猛然有什么大发现似的，说："眼，眼，都督大人的眼不一般，十分特别啊！"

"对了，"老道手捋胡须哈哈大笑，"李都督目如日月，单凭这点就贵不可言！"

"长孙大人，属下敬您老人家一杯酒。"本来是上司的刘德裕端着一杯酒，单膝跪在地上，恭恭敬敬地说。

长孙安业一饮而尽，接着又喝了一杯元弘善献来的酒。平常喝点酒就大话连篇的他再也按捺不住，脱掉外衣，拍着胸脯，大声说："诸位要想有所作为，就要除去当今之主，由我扶保，另立新君！"

刘德裕马上跟上去说："都督骨相大贵，可登九五。只要长孙安业在宫门发难，再来个玄武门之变，除去当今，我率兵马上接管南衙宫城，拥立都督，咱所有的梦想岂不一蹴而就？"

元弘善也在一旁吆喝着："他李世民就这么干的，说起来天大的事，实际上三下五除二就定了局了。"

长孙安业此时已激动得手心出汗，他摩拳擦掌，跃跃欲试，乘着酒劲问李孝长："事成之后，当如何谢我？"

李孝长保持着一名未来皇帝的沉稳样，微微朝刘德裕努努嘴："来，你和长孙爱卿仔细地讲一讲。"

"封你为宰相是没得说了，"刘德裕指手画脚地说，"后宫佳丽，可由君自选，府库珍玩、金银财宝，任君取用！"

长孙安业一听，喜得心里直痒痒，照这样说，我不就成了二皇帝了？长孙安业当即酒兴大发，豪迈地一挥手："拿酒来，今儿喝个一醉方休！"

"留一口，留一口。"元弘善嘻笑着对长孙安业说，"今晚咱都住在这不走了，都督大人选几名美姬陪咱们。"

　　长孙安业一听更加高兴，乘着酒兴一拱手，对李孝长说："李大人何不这就把你的美姜叫出来？"

　　"美姬有的是。"李孝长拍一下巴掌，角门再一次打开，这次进来的不是死老道。但听琅琅作响，只闻香风阵阵，一溜儿美貌女子款款地走了进来。

　　刚一接触李孝长，长孙安业就感到前所未有的快活，特别是吃喝玩乐一条龙的服务，更是感到心满意足。早晨，略感到疲倦的长孙将军回到府中，刚想倒头补上一觉，管家满脸喜色地推门进来——"老爷，啧啧……"

　　长孙安业情知有好事，一下坐了起来，管家贴近他的耳朵小声说："李孝长大人差人送来一车金银。"

　　"什么？"日子紧巴惯了的长孙安业不相信自己的耳朵。

　　"金银！满满一车金银。"管家两手比划着，"一辈子咱也花不完。"

　　"这算啥？"长孙安业头枕着双手，仰望着天棚，自言自语地说，"坐拥后宫佳丽，府库任我取用，那才是不枉一生啊……"

　　管家见老爷还未醒酒，说话仍然大舌头，他也听不太明白老爷到底在说什么，就忙把门带上，走了出去。

　　一心想当开国元勋的长孙安业着了迷似的，白日里大手大脚地花钱，目无一切。晚上睡在床上则盘算着怎样干掉当今之主李世民。

　　日有所思，夜有所梦。一向把持不住自己的长孙安业开始睡不安稳，动不动就在梦中大喊——"上，上！胆大的吃肉，胆小的啃剩骨头。"

　　"杀啊，杀啊！别让李世民跑了……"

　　李孝长、刘德裕那边还没计划好，政变的事八字还没一撇，长孙安业先吆喝满了，监门将军府中上上下下都知道了这事，都跟着心下不安，私下里悄悄议论："老爷当年把幼年的皇后斥还舅家，而今皇后不念旧恶，把老爷提为监门将军，按理说恩礼甚厚，怎么老爷还不知恩图报，反而在梦中喊出如此不堪的话来？"

　　多数人忌讳长孙安业是皇亲国戚，再说又是梦中的事，都没敢多往坏处想。但府中一个叫王利的僚属却放在了心上。此人原是秦王府中一个士兵，秦王登基后鸡犬升天，他才做了一名军官，自然是对太宗忠心耿耿。他听说监门将军梦中喊大逆不道的话后，二话没说，当即求见皇上，上报此事。太宗不敢怠慢，当即指派大理少卿戴胄查办此事。

　　十几个甲兵冲进监门将军府，将长孙安业提小鸡似的提到大理寺。铁面无私的判官戴胄当中而坐，手持械具的衙役喝着堂威。

　　长孙安业是安逸惯了的人，一见这阵势，早吓得小腿肚子转了筋，脑袋"嗡"一下就大了……

　　经过戴胄的三推六问，两个时辰不到，长孙安业便一五一十全都招供了，还

济世安民：唐太宗

可怜巴巴地说："俺原先可没有这个心啊，是李孝长、刘德裕、元弘善他们让我唆使宿卫兵作乱。事成以后，他们当皇上的当皇上，当宰相的当宰相，也不过许我金银、美女，试想我一个人能用多少金银、美女……"

长孙安业鼻涕一把泪一把，戴胄命人将他押下去，而后一面差人飞奏皇上，自己则亲自率队抓捕李孝长、元弘善等人。

太宗既惊又怒，当即诏令把主犯李孝长拉出去砍了。李孝长伏诛后，长孙安业等人也依律定为死罪。

龙椅还没坐稳一年，就有人想在宫中作乱，太宗非常生气，回到后宫还是气哼哼的。长孙皇后亲手为太宗脱下朝服后，亦眼泪汪汪地匍匐在太宗脚下。

"没你的事，你跪倒干啥？"太宗伸手想把皇后拉起来。

长孙皇后跪倒不起，她还是坚持说："臣妾自知有荐人之误，臣妾现在只是想请求圣上免安业一死。"

"什么？"太宗生气地拍着桌子说，"长孙安业身受国恩，不思报效，竟谋与宿卫兵作乱，欲杀害朕，大逆不道，十恶不赦！"

长孙皇后再拜说道："安业之罪，实当万死。今置于极刑，人必以为妾之所为，恐亦为圣朝累。"

说着长孙皇后哭了起来，太宗被哭得心软，火气渐渐地消了下去，心说皇后要求减免长孙安业的死罪，其理由也算合情合理，于是吩咐一个近侍："长孙安业'死罪'之事，命大理寺重新议定。"

"重议"就是要求改判，戴胄哪里愿意，第二天上朝就向太宗郑重指出："谋反之事，铁板钉钉，不能改判！"

太宗只得含含糊糊把皇后的意思说了一遍。

杜如晦是一点就透的人，他体谅主子的难处，奏道："坦白从宽，其情可怒。长孙安业老老实实把事情前因后果交代出来，李孝长等人才无话可说。于情于理，可减免长孙安业死罪，流放州，永不许回朝。"

只要免长孙安业一死，就算对皇后有所交代了，太宗急忙表态同意杜如晦的意思。

长孙皇后对待同父异母的哥哥真是仁至义尽，亲自打点了一些衣服等生活用品，让长孙无忌给长孙安业送去，嘱咐长孙安业到了巂州好好改造，老实做人，再不要起什么非分之想，以免害己害人。

接连两个皇戚出了事，使太宗颇感失落，这天他坐在弘文殿，望着龙案上堆得高高的奏表大摇其头，对旁边侍候的近侍赵玄利说："治天下易，治贪官难，这些贪官很多时候都是看不见摸不着。贪赃必然枉法，国家不知不觉就被这些人蛀空了。"

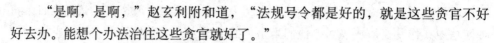

"是啊，是啊，"赵玄利附和道，"法规号令都是好的，就是这些贪官不好好去办。能想个办法治住这些贪官就好了。"

太宗叹息了一会，继续批阅奏章。一会儿，赵玄利过来奏道："臣心中有一办法可以威慑贪官。"

"说来听听——"太宗蛮有兴趣地问。

"皇上可以密使左右试着贿赂官吏们，若真有受贿的，杀无赦，这样下来，既可以试试人心，又可以威慑百官。"

太宗一听，还真是个办法，当即指示赵玄利带几个人拿些金银绢布去办这事。

这一招一试就灵，半个时辰不到，赵玄利他们就送出去一匹彩绢，其中刑部的一个司门令史不幸中招。此公掌管天下门关出入往来之籍赋，收了赵玄利使人送的一匹彩绢后，二话没说，批了两张通商关文。人证物证俱在，无可抵赖，太宗当即令人把该司门令史押到朝堂上，历数其罪行，宣布判处其死刑，立即执行。

太宗声色俱厉，"试赂"一招犹如冷箭，朝臣们都摸摸自己的脖子暗自庆幸，心说，幸亏没来"赂"我，不然咱也保不准不收，这一收这脑袋可就掉了。

太宗见群臣心有余悸，觉得赵玄利这点子还真管用，至少在以后一年之内没人敢乱收贿赂了。

"皇上！"民部尚书裴矩上来打断太宗的沉思，他拱手作一揖，侃侃而言，"为吏受赂，罪诚当死。但陛下使人遗之而受，乃陷人于法也，恐非所谓'导之以德，齐之以礼'。"

裴矩言下之意，此是小人行径，一个以德治国的皇上岂能干这样的事？

魏徵也上来说道："当年隋文帝也'试赂'过官吏，然于事无补。"

太宗就是有这点好处，虚心纳谏，闻过则改。他当即命人将司门令史免死，改为流放，而后召集在京五品以上官，将这一事件举一反三，谆谆教育了众文武一番，最后说道："裴矩能当官力争，不为面从，倘每事皆然，我大唐又何忧不治！"

杨氏妃是真的怀孕了。

这天，正在门口望风景的她突然皱着眉头，捂着胸口，扶着殿门大吐酸水。吴侍巾一见，慌忙提了个痰盂，拿了个毛巾跑来。杨氏妃吐得眼泪直冒出，满脸通红，她抬起头来，狠狠地看了吴侍巾一眼，骂道："你脑子进糨糊了，漱口水！"

漱口水早让另一个宫女端来了，只是这宫女站在一边，杨氏妃没瞧见。

自从那次吴侍巾获宠以后，表面温柔、生性狠毒的杨氏妃对她恨之入骨，隔三差五就找茬儿，非打即骂。

面对刁难，生性温顺的吴侍巾也只能暗地里流泪而已。

吴侍巾被罚扫地上的秽物，等吴侍巾弯下腰来，她自己先憋不住哇哇地吐了起来。杨氏妃大怒，一脚把她踢倒，骂道："该死的奴才敢嫌我脏！"

吴侍巾趴在地上，叩头道："小人哪敢嫌弃贵妃，只是……只是……"

"只是什么？"杨氏妃愣眉斜眼地问。

"小的蒙皇上临幸了一次，已……已怀孕了。"

"啊？"生性嫉妒的杨氏妃发疯似的扑上来，抓住吴侍巾的头发捶打起来。

几个老宫女见状，慌忙上去劝解道："贵妃小心身子，她一个宫人不值钱，贵妃却是千金之躯啊！"

杨氏妃这才停了下来，她望着吴侍巾的肚子，气不打一处来，对几个宫人喝道："跺，跺她的肚子，把她肚子里的东西给我跺掉！"

几个宫人迟迟不动，杨氏妃伸胳膊抬腿就要自己冲上去。一个姓钱的老宫女眉头一皱，计上心来，拉住杨氏妃悄悄说："弄死她一个宫人不难，只是她也是怀的龙种，算来生育的月份也和贵妃相同，不如留她性命，若她生下男孩，贵妃生下女孩，可以换将过来。有了个王子，贵妃后半辈子就有靠山了。就是以后还有可能当皇后呢！"

杨氏妃一听在理，这才改变了主意，哼了一声，说："把她弄到后院去，别让我看见心里烦。"

政务之余，太宗来看看怀孕的杨氏妃，摸摸杨氏妃微微鼓起的肚子，温存了一会，太宗左顾右盼，似有所期盼，问："那个吴……吴什么？就是那个宫女，很伶俐的……对了，就是那个吴侍巾，她在哪里呢？"

"她身上有些不好，"杨氏妃笑脸吟吟地说，"不宜陪伴皇上。"

没有什么想头，太宗起身欲走，说："朕到东宫看看太子书读得怎么样了。"

对待太宗，杨氏妃保持着不变的笑靥，款款地把太宗送至殿外，挥手别去。

太子李承乾是太宗的长子，武德二年（619年）生于承乾殿，故名承乾。武德三年，封恒山王。七年，改封中山王。太宗即位后，立为皇太子。

来到东宫，太宗直奔书房。

八岁的李承乾正在课桌下搞小动作，殿外一迭声地接驾声，使他知道父皇来了。太子从小聪敏，马上正襟危坐，摇头晃脑地读起书来："……仲尼曰：善哉！政宽则民慢，慢则纠之以猛，猛则民残，残则施之以宽。宽则济猛，猛则济宽，政是以和。《诗》曰：'民亦劳止，汔可小康，惠此中国，以绥四方……"

太宗一见，颇为高兴，对太子少师萧瑀说："太子最近读书还行吧？"

"还行，就是有时候沉不住气，可能是年纪太小，没有别的孩子伴读的原因。"

"这事好办，"太宗指示萧瑀，"柴绍的儿子柴令武、房玄龄的儿子房遗爱，年龄比太子大不了几岁，听说也都挺聪明，叫他们过来陪读就行了。"

"遵旨。"萧瑀拱手答道。

见承乾仍在摇头晃脑地读书，太宗满意地点了点头，和萧瑀一起到隔壁屋子说话。这间屋子也是承乾的课间休息室，西墙上挂的是尧舜贤帝图，东墙上挂的是宝剑弓矢，真是文治武功，相得益彰。

太宗看了，感叹地说："将来国家好坏都在太子身上，要想方设法把太子培养成一个文武兼备的人。"

萧瑀心知李承乾小小的年龄，就有许多难以克服的毛病，但对太宗的期望之语，只有唯唯应声而已。

太宗伸手把墙上挂的弓拿过来，端详了一番，觉得还不错，对萧瑀说："朕少好弓矢，得良弓十余张，自以为无出其上者，后拿将来以示弓工，弓工曰：'皆非良材。'朕不知原因，但问其故。弓工曰：'木心直，则木之脉理皆直，弓劲，发矢则直。此十数弓，木心皆未直，脉理皆斜，弓虽劲，而发矢不直，箭出则力差。'朕方悟。曩昔辨弓，自以为精，而实未精。朕少历戎旅，以弓矢定四方，识弓犹未能尽，况天下之务，岂能遍知？"

萧瑀十分佩服太宗勇于求真的勇气，答道："陛下圣睿逾前圣，抚庶民如严慈，以辨弓不精，思及天下之务。陛下何不令京官五品以上，更宿内务省使可随时廷见，询问政事得失，民间疾苦？"

"甚好，甚好。此事由你来拟诏。"太宗高兴地采纳了萧瑀的意见。

望着鬓发斑白的老臣萧瑀，太宗感慨地说："武德六年以后，朕不为兄弟所容，后宫里一些妃子跟着李建成一溜神气，对朕阴行谮毁，太上皇惑其言，将有贬责，在这种备受猜忌的境遇之中，是卿给朕以有力支持，每每向太上皇固谏。"

"是啊，"萧瑀也深情地回忆道，"当时大臣们都看好息王李建成，纷纷向他靠拢，但臣觉得没有圣上您，大唐不可能这么快地建立。圣上文武双全，功与天齐，才是当之无愧的皇帝人选。所以说压力再大，处境再艰难，臣也要支持皇上。"

"卿不可以厚利诱之，不可以刑戮惧之，真社稷之臣也。"太宗由衷地赞道。

望着墙壁上的名人字画，太宗诗兴大发，说："纸笔伺候，朕赋首诗赠给萧爱卿。"

萧瑀一听，喜出望出，急忙亲手摆好纸笔，请太宗题字。

太宗擎笔在手，凝神沉思了一下，接着用他最擅长的"飞白"，唰唰唰写了一首诗——

赐萧瑀
疾风知劲草，板荡识诚臣。
勇夫安知义，智者必怀仁。

写完后，太宗问："怎么样？"

萧瑀激动地跪地叩头，抹抹老泪答道："得以侍明君，此诚为臣之幸也。"

十月怀胎，一朝分娩。东花圃旁的一座大殿里，特意布置了一间月子房，医婆抱着杨氏妃的腰，产婆在下面汗流浃背地忙乎着，第一次生产的杨氏妃没人腔地叫着，一个女官按照规定在旁边念着长长的《净胎发祝寿文》。

"行了吗？我的娘嘞……疼死俺了……"杨氏妃像快要死去一样，俊脸纸一样的煞白。

"行了，行了……"产婆望着冒出头的龙羔子凤凰蛋，暗暗地一狠心，一把就给提前拎了出来。

三下五除二剪去脐带，一巴掌拍哭手中的婴儿，扒开两腿一看，产婆嘴咧得很大，高兴地叫起来："皇子，皇子，是皇子！"

杨氏妃无力地抬了抬手，对旁边一个贴身老宫女说："快，你赶快去把这件事情报与皇上知道。"

老宫女磨磨蹭蹭不走，小声禀道："娘娘，听说吴侍巾上午也生了一个孩子，是否一块上奏皇上？"

"什么？她也生了，生了个什么？"

"生个女孩。"

"活该！"听吴侍巾生了个女孩，杨氏妃来了精神，"咱也用不着跟她换了，让她娘俩住在后院，有一顿没一顿地吃吧，也别管她了。"

杨氏妃也不敢说吴侍巾生了个公主不得上奏皇帝，但她言下之意分明不准老宫女去说。老宫女不敢拂主人的意思，只得唯唯地去了。

但纸里包不住火，吴侍巾生了一个公主的消息到底传到了长孙皇后那里。

皇后为人仁厚，就是一般妃嫔有病，她都亲去探视，为皇上生下一儿半女的，她是更加厚待，如今听说一个侍女生下公主已几个月了，自己和皇帝却一无所知，长孙皇后急忙打点一些补养品和衣物，来到杨氏妃寝殿。

春暖花开，杨氏妃正在门口晒着太阳逗小皇子玩，见皇后驾到，忙笑吟吟迎了上去。皇后看了看这起名为李明的白白胖胖的小子，关心地问了问孩子的情况，接着就开门见山地对杨氏妃说："我来看看吴侍巾母女。"

"吴侍巾？"杨氏妃假装糊涂，一脸茫然的样子，"吴侍巾患疾，住在后院，我也半年没有见她了。怎么，她有孩子了？"

长孙皇后也不揭穿她的谎言，淡淡地说一句："那本宫去看看她们。"

"我陪皇后去。"杨氏妃怕人说她的坏话，想一路跟着。长孙皇后手一挥，止住了她："你产后身子虚弱，吴侍巾患疾，你就不要去了。"

吴侍巾还真的患上了重疾，本来她就身体不好，嫉妒成性的杨氏妃对她百般折磨，一日三餐都不让她吃饱，时不时地还恶语相加。产后气血失调的吴侍巾此时面色蜡黄，卧在床上已难以下床。

长孙皇后走进后院的一个小屋里，好一会儿才适应里面黯淡的光线。

"皇后来看你了。"一个宫女上去叫着昏睡的吴侍巾。

吴侍巾睁眼一看，皇后真的来了，挣扎着想爬起，一个宫女去把她扶了起来。

"娘娘……"一语未了，吴侍巾已是泪如雨下，她竭尽全力把床里面的婴儿抱起，长孙皇后急忙过去接住，抱在怀里。小公主虽然因营养不良显得瘦小，但从她那温存聪明的大眼睛里，仍能看出她父亲的影子。

吴侍巾拼尽力量翻转身体，伏在床上连叩了三个头，哽咽了半晌，对皇后说："奴婢不幸，被齐王抢进府中，远离爹娘，落到了这步田地。奴婢自觉难挨过今春。人总有一死，死倒没有什么可怕的，死了奴婢就能魂归老家晋阳。只是眼下这块骨肉，实实放心不下。娘娘看在皇上的面上，大恩大德将女娃收养。奴婢九泉之下，当结草衔环以报！"

吴侍巾硬撑着把话说完，看见她如此虚弱的身子，长孙皇后也颇觉伤感，亲自扶吴侍巾靠在枕上，说："本宫知道得太晚了，要不然绝不会让你娘俩这样，说什么娃儿也是位公主啊！"

见皇后认可了孩子，吴侍巾眼里看到了希望，挣扎着又要叩头，长孙皇后止住了她，说："本宫马上给你另换一个住处，遣太医来医治，人有七灾八难，原是常事，你放下心来，好好养病。孩子我替你抚养，等你病好了，再由你来抚育。"

长孙皇后亲自抱着孩子，命人调来自己的步辇，将吴侍巾小心地放在上面，载往正宫。

虽然换了环境，吃、穿、用和杨氏妃不相上下，但备受折磨的吴侍巾终告不治，在正宫过了几天就溘然长逝。长孙皇后为了防止后宫出现更大的矛盾，没有把吴侍巾的遭遇告诉太宗。她把女娃抚养得白白胖胖，才抱来给皇上看。

"什么？朕的女儿！"太宗一见孩子，听长孙皇后说是他的骨血，高兴得如获至宝，他抱着已到半周岁的孩子转了一圈，严肃地问皇后："孩子都长这么大了，为什么不告诉朕？"

"是杨氏妃那边吴侍巾生的，"长孙皇后尽量地回避矛盾，"后宫太大，吴侍巾因生病住在别院，所以知道得晚了。"

太宗没再追问，也不问问吴侍巾现在怎么样了，只是一味地抱着他的女儿亲。长孙皇后幽幽地叹道："可怜孩子的生母已经过世了。"

"是吗？那她真是没福。"太宗淡淡地应了一句。后宫佳丽成千上万，一个皇帝哪有心思去关心一个侍女的命运？

"生母没有了，那就认皇后为娘吧！"太宗又亲了亲孩子，交给长孙皇后，

济世安民：唐太宗

"这孩子长相像朕，朕非常喜欢，册封为豫章公主。"

贞观元年七月的一天，太宗在弘文殿审阅僧人玄奘要去西域取经的上奏。

玄奘，俗姓陈，名祎，洛州偃师（今河南偃师）人。十三岁出家，遍读佛经，遍访名僧，贯通南北各派，造诣很深。但陈祎感觉各派阐释佛性教义歧义太多，有必要亲去佛国，求如来之秘藏，寻释迦之遗旨，以去伪续真，开兹后学。

太宗对陈祎的志向深表赞同，他叫人召来一向以儒黜佛的太史令傅奕，批评他说："佛之为教，玄妙可师，且报应显然，屡有征验，卿何独不悟其理？"

傅奕学识渊博，尤晓天文历数，一向擅长说理雄辩，当即躬身答道："佛乃胡中桀黠，诳耀彼土。中国邪僻之人，取庄、老玄谈，饰以妖幻之语，用欺愚俗，无益于民，有害于国，臣非不悟，鄙不学也！"

太宗听了，不置可否，知道在这方面说不过他，挥手让他退了下去。

善于侍奉太宗的赵公公见太宗批阅文书累了，悄悄对一个小近侍耳语了几句，这小近侍答应着走了出去，不一会儿叫来一个如花似玉的女人，这女人长得美艳惊人，那真是盈盈粉面媚含春，疑是凌波出洛神，罗绮生香笼白雪，钿钗曳玉掠白云。

这美人端着一碗香茶，款款来到龙案边，还未开口说话，一道艳光已惊得太宗抬起头来。太宗放下朱笔，贪婪地看着美人，连美人送到手的茶水也忘了接，好半天才问："你是谁？怎么以前没有见过。"

那美人弯腰施了一礼，启朱唇，发莺声，说道："妾名修宁，原本幽州人，新近籍没入宫。"

"籍没入宫？"太宗好奇地问，"你是谁的家眷？"

"庐江王李瑗。"

"嗯。"太宗心里说可不，庐江王谋反被诛，其家眷男的被杀，女的没为宫奴。

"可臣妾原本并不是庐江王的妃妾。"这美人看样子是见过世面的，面对太宗，她一点也不怯场。

"说说——"太宗蛮有兴趣地拉住美人的手，将她揽在怀里。

"臣妾原本是庐江王府僚属刘尔耕的妻子，庐江王见色起意，寻个理由将尔耕杀了，把臣妾掠进王府。幸天理昭昭，皇上出奇兵诛顽凶，救臣妾出了苦海。"

太宗见这美妇不但长得艳丽，而且说话头头是道，欢喜不已，揽着美妇入偏殿亲热去了。

好半天，太宗才重整衣衫转了回来，美妇人面若桃花，如影随形地跟在后面。近侍见太宗重又坐回龙案边，上前回道："黄门侍郎王大人在殿外等候。"

"召他进来。"太宗心情舒畅，朱笔刷刷地在奏章上批字。

黄门侍郎王大人就是王珪，新近由谏议大夫改任的，一向好直言劝谏。他进

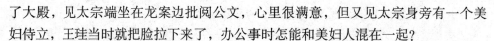

了大殿，见太宗端坐在龙案边批阅公文，心里很满意，但又见太宗身旁有一个美妇侍立，王珪当时就把脸拉下来了，办公事时怎能和美妇人混在一起？

太宗也意识到王珪的不高兴，怕他又劝谏，忙指着美妇说："庐江王李瑗不道，杀其夫而纳其室，暴虐之甚，怎能不亡！庐江王死，籍没入宫。"

太宗分明是在转移话题，王珪是何等人，说话哪能让太宗牵着鼻子走？他话头一转，下个套来劝谏太宗："陛下以庐江王娶此妇人，为是为非？"

太宗听这话挺奇怪，一时不知道王珪要说什么，就反问一句："杀人夫取人妻，卿问朕是或非，何故？"

王珪学养深厚，善于廷辩，当即引经据典，侃侃言道："齐桓公之至郭，问郭之父老，'郭何故而亡？'父老说，'因郭君善善而恶恶之故。'齐桓公说，'如子之言，郭君贤君也，何至于亡？'父老说，'郭君善善而不能用，恶恶而不能去，所以亡'。"

太宗听出了王珪想说什么，知道他要劝谏，忙正襟危坐，摆出一副虚心纳谏的样子。王珪继续说道："庐江王暴虐不道，杀人夫娶人妻。今此妇人尚在陛下左右，臣窃以为陛下以庐江王为是。陛下若以庐江王为非，则可谓恶恶而不能去。"

王珪说完，也不办别的正事了，拱一下手，转身走了。太宗好半天才缓过神来。他望了望美妇人修宁，心说，朕用用她又能怎么了，庐江王杀人夫娶人妻，他犯的错干吗要往朕身上扯。再说，庐江王已死，其夫也已被庐江王杀了。如今轮到朕了，朕让她服侍左右有什么大不了的？嘁！

武德老臣中，裴寂有职无权，靠边站了，没事只到大安宫陪太上皇唠嗑。萧瑀、封德彝虽为尚书左、右仆射，但实际上说了不算，每当大臣们参议朝政时，萧、封二人倚老卖老，指手画脚，说得比谁都多。

房玄龄、杜如晦他们表面不跟他俩争，办起事来，实际上根本不用他俩的意见。房玄龄、魏徵、温彦博有点儿小过，萧瑀就上表劾之，但太宗睁一只眼闭一只眼，根本不问。萧瑀常常若有所失。

和那些少壮派弄不到一块倒还罢了，就是萧瑀、封德彝两人也常常狗撕猫咬。封德彝善变，常常见机行事。萧瑀人实诚，动不动就相信人。封德彝与萧常常商定上奏之事，可一到太宗跟前，封德彝就变了卦，弄得萧瑀左也不是右也不是，十分难堪。两人的矛盾也越来越深。

十月的一天，衮衮诸公都来上早朝，奏事辞辩，萧瑀因为一件事又让封德彝耍了一下。萧瑀再也沉不住气了，声色俱厉，高声和封德彝吵了起来，二人争得脸红脖子粗，最后竟然拉拉扯扯，全然不顾朝廷的礼节和国家重臣的风度。太宗大怒，一拍龙案，以不敬朝堂的名义当即罢免了他俩的相职。

宰相位置空着，太宗这次毫不犹豫地任命长孙无忌为右仆射。

回到后宫，早已得知消息的长孙皇后责怪太宗道："皇上不听臣妾前番固请，果然授无忌以相职。"

太宗早就想罢免萧瑀、封德彝的相职，此番终于找到了借口。朝堂上走了两个老臣，太宗挺高兴，笑着对长孙皇后说："'国家政事，非臣妾所宜问。'这可是皇后你亲口说的啊！朕任命无忌，皇后就不要多管了。"

"话虽如此，但吕、霍之事，怎能不视为切骨之戒？"长孙皇后幽幽地说。

太宗哈哈大笑道："诸吕之祸，是因吕后当朝，方有诸吕之乱。汉霍光死后，昭帝夺权，废霍后，才灭了霍氏一族。再说朕一身健在，谁敢篡权？就是皇后你，也绝不似那无德无才的吕后。"

见长孙皇后仍是有所顾忌，太宗安慰道："朕不是看你皇后的面子任命无忌为相，也不能因无忌是外戚而弃其不用。朕与无忌是布衣之交，无忌又有佐命大功，要不是你拦着，说实话，朕早就让他当仆射了。"

见长孙皇后不语，太宗拿出一张奏表说："看看这张奏表可笑不？"

太宗有意哄皇后高兴，皇后的脸上随之也多云转晴，接过奏表说："奏表有什么可笑？"

"你自己看看。"太宗指点着笑着说，"这是中书舍人李百药治天旱的方子。"

长孙皇后手拿奏表，轻轻念道："……往年虽发放宫人，但闻太上皇宫中及掖中宫人，无用者尚多。岂惟虚费衣食，且阴气郁结，亦足致旱……"

长孙皇后看完奏表，正色对太宗说："臣妾以为百药的奏书一点儿也不可笑，所言皆切中要害，所说皆臣妾之所想。"

听皇后一说，太宗也重视起来，又细细把奏表看了一遍，点点头说："是啊，妇人深宫幽闭，诚为可悯，洒扫之余，亦无所用，应该全部放出，听求伉俪。"

"全部放出？"长孙皇后笑着说，"这宫里可就真的剩下您一个孤家寡人了。"

"放三千。"太宗伸出三个手指头，"朕明早就颁诏让戴胄去办这事。"

一下子又能放出三千宫女，长孙皇后也很喜悦，又说："也许圣心未动，天已有感知，上午听宫人说，寝殿庭中高槐上有白鹊筑巢。"

"是啊，群臣为这事，早朝时还向朕称贺呢！"

"皇上常说'社稷之瑞，瑞在得贤'。"

"是啊，朕直接就跟群臣说：国家之瑞，瑞在得贤，白鹊筑巢，何足贺？"

用过午膳，略休息了一会，长孙皇后率内外命妇到后苑亲务蚕桑。太宗则来到弘文殿，处理政要。翻开堆放得高高的奏本，第一个是幽州记室直中书省张蕴古上大宝箴，其奏云：

……圣人受命，拯溺扶威，故以一人治天下，不以天下奉一人……壮九重于

内，所居不过容膝，彼昏不知，瑶其台而琼其室。罗八珍于前，所食不过适口，惟狂闇念，丘其糟而池其酒……勿没没而暗，勿察察而明，虽冕旒蔽目而视于未形，虽黈纩塞耳而听于无声……

太宗看了这篇"大宝箴"，着实高兴，对旁边的侍臣说："蕴古正直，赐以束帛，改任大理丞。"

下面又有一手本，言请去佞臣，太宗正想想看看佞臣是谁，当即叫人召来那个上书者，问："佞臣为谁？"

那人书生打扮，见了太宗也不打怵，摇头晃脑地说道："臣居草泽，不能知其人，愿陛下下群臣言，或佯怒以试之，彼执理不屈者，直臣也，畏威顺旨者，即是佞臣。"

太宗正色说道："君，源也，臣，流也；浊其源而求其流之清，不可得矣。君自为诈，何以责臣下之直乎！朕方以至诚治天下，见前世帝王好以权谲小术接其臣下者，常窃耻之。卿策虽善，朕不取也。"

太宗说得冠冕堂皇，那人听了，只得连连叩头认可，但心里颇不服气，以布帛试贿司门令史，难道不是你干的事，难道不是以"权谲小术接其臣下"？

话说王君廓执杀李瑗，卖主求荣当上幽州都督后，其险恶的人性更加暴露无遗。身为大州长官，行事为人却似一个无赖，一个月不到，骄纵不法的臭名就传到了京都，朝廷闻知后，立即行文征他入朝述职。

临行前，幽州长史李玄道摆酒相送，王君廓心里有鬼，喝酒时心不自安，李玄道安慰说："征外官入朝述职也是正常的，也就是汇报汇报常例事项，到一个什么宫署听听教诲，最多秋后大人就会回来的。"

"但愿如此。"王君廓心事重重地喝下一杯酒，又问李玄道："听说你和房玄龄大人有亲戚关系？"

"是啊，房宰相的堂妹是我母亲。"

"你能不能给房大人写一封信为我说说好话？"

"行啊，小菜一碟。"李玄道也黑白不分，当即到书房挽起袖子，写了一封称赞王君廓的信，封好后交给王君廓。

有了这封信，王君廓安心多了，和李玄道称兄道弟，喝了个不亦乐乎。

王君廓怀着一肚子鬼胎向京城进发，行至渭南。生性狡诈的他又有些怀疑李玄道的真心，怀疑李玄道不说好话反说坏话。晚上住在驿站时，他把李玄道给房玄龄的信私自拆开，但强盗出身的他认不了几个字，但见上面龙飞凤舞，一个疙瘩连一个疙瘩，却不认识。王君廓心里更加发虚，别是李玄道那小子上疏告我吧？

济世安民：唐太宗

为保险起见，王君廓叫来李驿吏，让他帮助看信，驿吏也是斗大的字不识几个，翻来覆去看了好几遍，摇摇头说不大明白。王君廓鬼心眼子多，马上又怀疑驿吏故意装作看不懂，这封书信也一定有问题。京城是不能去了，王君廓暗自琢磨，去了革职为民不说，弄不好还要掉脑袋呢，想到这里，他打定主意不去京城，向北逃窜，投奔突厥。

乘着夜色，王君廓甩掉从人，单人独马，偷偷离了驿站，但走了不远又折了回来，那个驿吏已看过了信，留他在世上终是不妥。王君廓拍门叫出驿吏，出其不意杀死了他，随即乘马北窜。

驿吏被杀很快就被人发现了。驿站机构纵横交错，遍布全国，消息很快发布出去。渭南周边驿站紧急行动起来，设卡捉拿凶手王君廓。第二天下午，走投无路的王君廓被闻讯赶至的士卒杀死在山林河沟边。

庐江王李瑗死前悲愤地骂王君廓"小人卖我，行将自及"，一年时间不到，这句话就顺理成章地变成了现实。

庐江王和王君廓的事算划了一个句号。但在西北重镇泾州，命运又在悄悄安排一位王爷走向灭亡。

早在武德年间，有一个姓李的曹州女子，自称能通鬼神，善医病，能知未来，此人名声越传越远，竟传到高祖李渊的耳朵里，高祖召李氏女入京，问了她一些情况，但听不大明白，又把她打发回家。但从此以后，李氏女名声更是越来越大，成了一些王侯将相、官宦人家的座上客。燕王李艺的妻子孟氏也与她过往甚密。

李氏女长就一副神秘的模样，又会拿腔作势，交往多了，为哄孟氏高兴，一次竟摸着孟氏的脸道："王妃骨相贵不可言，必当母仪天下。"

孟氏一听，马上拉李氏女子藏在帷幕后边偷看李艺的相貌。李氏女乐得做个顺水人情，看后煞有介事地说："妃之贵也由于王，王之贵色发矣！不久当升大位！"

孟氏着了迷，日夜劝李艺起兵。李艺本来就是个自高自大的人，自恃功高，封了王后根本不把一般人放在眼里。一次他在军营中，因看秦王府的人不顺眼，无故把一个秦府僚属殴打了一顿。

玄武门事变后，秦王被立为太子，紧接着登基做了皇上。此时的李艺以左翊卫大将军，领天节将军镇守泾州，他素与李世民不睦，担心以后会遭李世民的毒手，曹州李氏女的预言又在他耳边萦绕，干脆一不做二不休，起兵反唐！

主意一定，李艺矫称奉密旨入朝，率领大军向京师进发，行至豳州，治中赵慈皓不明就里，敲锣打鼓率众出迎，正好让李艺逮个正着，就这样顺利占据了豳州城。

李艺谋反的消息由谍报传至京城。

太宗不敢怠慢，命长孙无忌、尉迟敬德率大军征讨。

王师未至，幽州城先发生变故，赵慈皓与统军王岌等人悄悄联络，决定谋袭李艺。王岌等人打着朝廷旗号，大喊大叫，勒兵攻城，李艺部下对反叛朝廷的事本来就没有信心，借机一哄而散。

孤家寡人的李艺见势不妙，抛下妻子儿女，率领百余名亲兵，投奔突厥。亲兵们不愿北走，许多人借机散去，及至宁州地界，几个部下暗中合计，干脆合力把李艺杀了。

长孙无忌等人兵马还未出京师地界，叛乱旋告平息。

突厥屡为边患，太宗即位伊始，就下定了平定突厥之乱的雄心。军事上积极备战，招兵买马，加强训练，提高士兵的战斗力。

突厥人虽然常常袭扰邻邦，但政令简达。后来中原人赵德言去了突厥，被颉利可汗引为上宾，委以重任。

赵德言专其威福，把中原那一套烦琐的礼仪强加于民众，政令烦苛，人民苦不堪言。后来颉利可汗又信任贪婪狡诈的胡人，与之建立同盟关系，有事没事就出兵帮人打仗，兵革岁动，劳民伤财。贞观六年，草原遭遇大雪，平地深数尺，牛羊等杂畜多遭冻死。百姓缺衣少穿，又不堪重敛，于是内外离怨，部落反叛，政局出现了多年没有的动荡。

消息传到长安，许多人上疏请太宗乘势发兵讨伐突厥。太宗权衡利弊，拿不定主意，于是召来熟悉突厥情况的老臣萧瑀和长孙无忌，询问他们对攻打突厥的看法，太宗说："颉利君臣昏虐，危亡可必。今击之，则新与之盟；不击，恐失机会，如何而可？"

萧瑀虽然免了职，但仍是德高望重的名臣，朝廷上下以礼待之。他也不服老，挽了挽袖子说："机不可失，该到了解决突厥问题的时候了，臣虽老矣，也愿随军出征，以击突厥！"

太宗又把目光投向长孙无忌，长孙无忌摇摇头，表示反对："虏不犯塞而弃信劳民，非王者之师也。"

长孙无忌一句话说到了太宗的心上，再说军事上还要作进一步的准备。根据谍报，综合各方面的情况，突厥的国内经济、政治形势只能进一步恶化，而无明显的好转趋势。太宗于是认可了长孙无忌的建议，决定暂不出兵，再等良机。

太宗视长孙无忌非同一般大臣，也只有长孙无忌才能随时自由地出入皇宫。就是当吏部尚书时，长孙无忌的权力也超过了他的职责范围，人事、财政、军事等方方面面都可以过问，如今位为右仆射，更是受宠过盛，权力大得惊人。这天青州地方送来急件，言有谋反事，州县逮捕了数千人，监狱人满为患，请求朝廷派员按察。时天色已晚，长孙无忌拿着奏表匆匆入宫。

太宗已用过晚膳，准备就寝。长孙无忌就在寝殿里把事情说了一遍。太宗听完后笑笑："这样的事你们派一个侍御史去就行了，明日早朝给朕汇报也不迟。"

长孙无忌拱手道："待明日早朝时，人就可以赶一百多里路，故入宫奏明圣上。"

倒也是个勤政的人，太宗点点头："就依你们的意思，派殿中侍御史崔仁师前去按察。务必查清实由，严加惩处谋反者。"

"遵旨！"长孙无忌行了个礼，拿着奏表退了下去。长孙无忌步履匆匆，在玄武门口正碰上巡视外廷的黄门侍郎王珪。长孙无忌打了个招呼，刚想出门，王珪把他叫住，指着长孙无忌腰间的佩刀厉声说："身为右仆射，不知进内宫不许带刀吗？"

长孙无忌下意识地摸了摸腰间，恍然大悟，赔着笑说："天晚了，事忙，把这事忘了。"

王珪可不管长孙无忌是谁，当即喝令玄武门值把长孙无忌的佩刀下了，又把带班的军官狠狠训了一顿。这才拱拱手对长孙无忌说："朋友是朋友，规矩是规矩，这事明天我得上奏给皇上。"

王珪说到做到，第二天早朝，即向太宗递本，弹劾长孙无忌。王珪言之凿凿，太宗自知长孙无忌是由于疏忽才带刀入宫，对百官说道："朕之子俱幼，朕视无忌如子。此许小事，朕不在乎就算了。"

王珪职责所在，见太宗不允，也就拱拱手退了下去。太宗散朝后回到后宫，早已得到此消息的长孙皇后迎上来说道："皇上不听臣妾前番固请。今日臣下与妾见略同，冀罢长孙无忌右仆射。"

太宗摆摆手，不想再听长孙皇后的固请。皇后无奈，只得差人传话，嘱咐长孙无忌一定要辞职。

次日早朝，长孙无忌跪于丹墀，恳请免去右仆射之职。太宗刚要斥回，后宫宫监也过来言道："奉皇后懿旨，代送上恳请长孙无忌逊去右仆射奏本。"

宫监奉上奏本。太宗翻了翻，放在一边。文武百官见状，纷纷奏道："天道忌盈，吏部尚书自戒盈满，皇后又代为恳请，陛下便当恩准。"

太宗见状，只得叹了一口气，对仍跪在丹墀的长孙无忌说："允卿所请，罢右仆射一职，但仍为开府仪同三司，参知朝政。"

长孙无忌磕了个头，心存感激地退了下去。虽然名义上不是宰相了，但权力一点也没减。长孙无忌虽然不是大才，但检点群臣，他仍是太宗心里最信任的大臣。

贞观二年（628年），漠北又降大雪，平地数尺，牛马冻死无数，人畜几乎断炊。国势更加衰弱的颉利怕唐军乘势袭击，乃引兵至朔州境上，扬言是打猎，实则是戒备唐军。

出使突厥的鸿胪卿郑元璹，比较了解突厥疲惫的状况，回来后向太宗报告说："戎狄兴衰，以羊马为征候，今突厥民饥畜瘦，将亡之兆，不过三年。"

太宗点点头，说："是啊，天时、地利、人和，咱们都占着了，现在的确是讨伐突厥的绝好机会。"

群臣听太宗这一说，也觉兴奋，纷纷上前劝太宗乘此良机攻打突厥，一劳永逸地解决突厥问题。

太宗心里早就有所考虑：主要是军事上准备不足，再一个颉利虽然疲惫，但其内部还未出现真正的大乱，莫若再等一年，待其烂得透了，再行攻打。太宗不把这真实的想法说出，而是另找一个冠冕堂皇的理由搪塞群臣道："新与人结盟，而背盟约，为不信；利其灾祸击之，为不仁；乘其危取胜，为不武。纵使其种族、部落叛尽，六畜无余，朕终不击。必待其有罪，出仁义之师而讨之。"

群臣一听，肃然起敬，觉得太宗武功文德，超越古今，一齐拱手祝道："万岁万岁万万岁！"

太宗也很得意，顺便问一下老臣封德彝关于征兵的意见。封德彝奏道："总的说来，兵源还是不足，臣建议不能按年龄搞一刀切。中男虽未十八岁，但躯干壮大者，亦可并点。"

太宗认为此主意甚好，当即指示中书舍人署敕。魏徵虽为谏议大夫，但与中书舍人连署办公，他挺身而出，不让中书舍人署敕，称此等规定既不合理也不合法。太宗见他当庭顶撞，怒道："中男壮大者，乃奸民诈妄以避征役，取之何害，而卿固执至此！"

魏徵立于庭下，侃侃而言："夫兵在御之得其道，不在众多，陛下取其壮健，以道御之，足以无敌于天下，何必多取细弱以增虚数乎？且陛下常说要以诚信御天下，欲使臣民皆无欺诈。今即位未几，失信于天下多次了！"

太宗听魏徵指责他失信于天下，愕然道："朕何为失信？"

"陛下初即位，下诏云，'逋负官物，今悉蠲免。'有司以为负秦府国司者，非官物，征督如故。陛下以秦王升为天子，国司之物，非官物而何？又说，'关中免二年租调，关外给复一年。'继而有敕云，'已役已输者，以来年为始。'散还之后，方复更征。百姓固已不能无怪。今既征得物，复点为兵，何谓以来年为始？又陛下所与共治天下者在于守宰，居常简阅，咸以委之，至于点兵，独疑其诈，岂所谓以诚信为治？"

太宗被魏徵呛得一愣一愣的，心里一股火腾地冒起，但太宗毕竟是太宗，努力压抑住自己，换出一副笑脸来，高兴地说道："曩者朕以卿固执，疑卿不达政事，今卿论国家大体，诚尽其精要。夫号令不信，则民不知所从，天下何由得治！是朕之过！"

"那中男不点了？"封德彝听了他们的一番高论，疑疑惑惑地问。

"还点啥？"太宗瞪了封德彝一眼，对群臣说："为表彰魏徵忠直善谏，赐金瓮一个。"

且说殿中侍御史崔仁师到青州按察谋反者。大堂之上，面对跪在地上黑压压的谋反者，崔仁师并没有大动刑罚，除了十几个首犯继续关押，其余党悉数脱去枷械。

不仅如此，崔仁师还让这些人洗了澡，换上干净衣服，杀猪宰羊，摆了上百桌酒席让他们吃。如此对待谋反分子，世所罕见，青州人奔走相告，衙门前挤满了看热闹的人。

三下五除二，两天的工夫，崔仁师就把案子办完了，回到京师，汇报后，依例派敕使前去复察。大理少卿孙伏伽怕崔仁师在这案子上犯错误，忧心忡忡地说："足下平反者多，人情谁不贪生，恐见徒侣得免，未肯甘心，深为足下忧之。"

崔仁师自有主张，弹了弹官帽说："凡治狱以平恕为本，岂可自规免罪，知其冤而不为之伸邪！万一误有所纵，以一身易十囚之死，亦所愿也。"

孙伏伽听了，自觉比不过崔仁师，惭愧地退了下去。那敕使赶到青州后，又把那些谋反者提到衙门，重新审讯。诸囚感崔仁师之恩，什么话都不说，只是对敕使说："崔公平恕，事无枉滥，请速就死。"

敕使见无一人有异辞，心知崔御史的平恕起了效果，遂上报朝廷，将诸囚全部放了。青州大地也自然而然安静下来，多少年没有一个谋反的。

太宗闻知崔仁师之举后，也大加赞赏。一次太宗问侍臣："朕闻西域贾胡得美珠，剖身以藏之，有没有这事？"

侍臣答道："有。"

太宗叹道："人皆知彼之爱珠而不爱其身；吏受贿抵法，与帝王徇奢欲而亡国的，何以异于彼胡之可笑！"

魏徵在旁边接口道："昔鲁哀公谓孔子曰，'人有好忘者，徙宅而忘其妻。'孔子曰，'又有甚者，桀、纣乃忘其身。'道理是一样的。"

太宗点点头，对群臣说："朕与公辈宜戮力相辅，庶免为人所笑！"

虽说"既与人结盟，不便动武"，但太宗无时无刻不想着灭掉突厥。除了发展生产，增加军事储备，积极开展军事训练外，太宗也着手布置一些分化突厥的外围工作，其中之一就是斩除突厥的帮凶梁师都。

梁师都是夏州朔方（今陕西靖边白城子）人，世为本郡豪族，后仕隋，为鹰扬郎将。大业十三年（617年），梁师都聚众反隋，杀了郡丞而自称大丞相。后又联兵突厥，攻占弘化、延安等郡，自即帝位，立国号梁，建元永隆。又接受了突厥赠给的狼头纛，受始毕可汗封为大度毗伽可汗、解事天子。曾引突厥兵居河南地，攻破盐川郡。武德二年（619年），梁师都被唐延州总管段德操击败了一次，不久，刘武周兵败，梁师都手下大将张举等降唐。梁师都见势不妙，急忙派遣尚书陆季览去游说处罗可汗，言道："近日中原丧乱，分为数国，势贫力弱，所以北附突厥。今武周既灭，唐国益大，梁师都甘从破亡，恐亦次及可汗。愿可汗行北魏孝文帝故事，遣兵南下，梁师都愿为向导。"

处罗可汗被说动了心，准备发兵南侵，但事有不巧，处罗可汗意外猝死，发兵之事只好搁浅。

段德操又奉诏进攻梁师都，梁师都转而向颉利可汗求援，后长期依附颉利，为其出谋划策。颉利、突利率十余万骑兵突至渭水桥就是梁师都的主意。

贞观年初，铁勒部的回纥、薛延陀等相继起来反对突厥的统治。颉利可汗派突利前去讨伐这些叛离的部落。由于颉利连年用兵，重敛各部，加之亲近西域胡人，由是下不堪命，兵无战心，突利的讨伐未能获胜。颉利大怒，不给突利一点面子，把他囚系起来加以鞭挞。突利怨恨之极，于是背弃颉利，遣使奉表降唐。

颉利得知突利背弃自己后，即刻出兵攻打，两军大战，都以与唐王朝有盟的名义遣使入朝乞兵。支援谁不支援谁，太宗一时还不想拿主意，因为攻打哪一方都是背约弃盟。太宗最想灭的还是颉利，于是遣柴绍、薛万钧攻打依附于突厥的梁师都。

在发动军事进攻的同时，太宗命夏州长史刘旻、司马刘兰成经略夏州，采用反间计，派遣间谍潜入朔方，行贿梁师都的手下，离间其君臣关系。乘着夜色，夏州又出轻骑践踏庄稼，致使梁师都缺粮，城中人心惶惶。

秋风乍起，柴绍率军长驱直入，距朔方三十里路的时候，但见前方尘头涌起，皂雕旗忽隐忽现，马蹄声敲击着大地轰轰直响。右卫大将军柴绍勒马命令："突厥援兵来了，三军做好战斗准备！"

殿中少监薛万钧携其弟薛万彻慨然请战："我们兄弟率精骑五百横击敌军，敌败，将军可乘势率大军掩杀。"

柴绍知薛氏兄弟是世间虎将，点了点头。薛万钧、薛万彻率五百精骑旋风般驰去。他们绕过一个小丘陵，出其不意地出现在突厥军面前。

"杀——"薛万钧、薛万彻抖擞精神，一马当先，率部向突厥军拦腰杀去。

前来支援梁师都的突厥兵虽然看起来还是那么剽悍，但因国内时局动荡，人心惶惶，兵无战心，其战斗力已大为减弱。突如其来的唐军使他们一阵慌乱。领头的突厥将领见唐军人少，大声吆喝，催自己的兵士迎战。

薛万钧马快，左手持枪，右手拎刀，枪刺刀砍，说话之间，已冲开突厥队

济世安民：唐太宗

伍，旋风般杀到突厥骁将跟前，"刷刷刷"三招没到，即一枪刺中敌将咽喉，挑于马下。紧接着又跃马上前，一刀砍翻了突厥的擎旗兵，黑白突厥将旗当即从人们的视线中消失。

领头的骁将被杀，军旗又倒了，突厥兵乱作一团，悔不该前来支援梁师都。薛万钧的五百骑在突厥阵中横冲直撞，尘烟四起。

柴绍率领的主力部队也赶到了，令旗一挥，呐喊着向敌军冲去。本无战心的突厥兵见状，拨马就走。唐军跟随其后一阵冲击，到底是突厥人马快，留下几百具尸首后，远远地消失在阴山南麓中……

退了突厥兵，柴绍大军乘势而进，进逼梁师都的老巢——朔方城。

朔方城被梁师都经营了十几年，城高壕深，看起来比塞外大大小小的城池都要坚固。安营扎寨毕，柴绍召开了军事会议，会上有人摇摇头说："看来我们要做长期的战斗准备，是否报告朝廷，再派一些人马来，同时粮草也要供应得上。"

也有人干脆建议，先肃清梁师都的外围势力，等明年开春再作进攻朔方的打算。主帅柴绍正在沉吟间，薛万钧胸有成竹地说："城中气死，鼓不能声，破亡兆也。多说一月，少说十天，我军必能占据朔方！"

还真未出薛万钧之所料。梁师都的堂兄弟梁洛仁见唐军压境，突厥顾头不顾腚，不能为援，随即动开了心思，为人生长远之计，梁洛仁联络了几位大将，一天夜里，突袭梁师都的后宫，将其杀死，随即控制局势，宣布降唐。

柴绍大军不费一兵一卒，随即昂首阔步开进了朔方城，结束了梁师都十二年的统治。

在隋末群雄中，就数梁师都历年最久，但时势使然，仍落个兵败身亡的下场。太宗为彻底抹去梁师都留下的阴影，改朔方为夏州。梁洛仁降唐有功，封右骁卫将军。同时封柴绍为左卫大将军，薛万钧为左屯卫将军，薛万彻为右屯卫大将军。

所谓"远交近攻"，在采取军事行动的同时，太宗遣游击将军乔师望北去薛延陀。薛延陀首领夷男，原附突厥，见颉利势衰，于是率其徒属反攻颉利，取得了一些战绩。周围部落欲推夷男为可汗，夷男不敢当，恰逢乔师望赍册书拜夷男为真珠毗伽可汗，并赐以鼓纛，夷男大喜，遣使贡方物。

薛延陀与唐朝结成了军事联盟，大大削弱了东突厥的军事力量，使颉利处于南北受敌的地位。在这种情况下，代州都督、左武侯将军张公谨上疏，请求转入对突厥的战略反攻，他总结了六条有利战机，指出：

颉利纵欲肆凶，诛害善良，昵近小人，此主昏于上，可取一也。别部同罗、仆骨、回纥、延陀之属，亦自立君长，图为反噬，此众叛于下，可取二也。突利被疑，以轻骑免，拓设出讨，众败无余，欲谷丧师，无托足之地，此兵挫将败，可取三也。北方霜旱，粮草乏绝，可取四也。颉利疏突厥，亲诸胡，胡性翻覆，大军临之，内必生变，可取五也。华人在北者甚多，比闻屯聚，保据山险，王师之出，必有应者，可取六也。

张公谨做事一向讲究爽快。玄武门之变前夜，太宗以占卜的方式来决定是否先发制人，是张公谨一把把算命的工具夺过来摔了。此次表陈六议，备言突厥可取状，太宗看了，深以为然，决定发兵北讨。此番对突厥决定性的进攻，只能胜不能败，在决定主帅的人选时，太宗毫不犹豫地选择了兵部尚书李靖。

李靖，本名药师，雍州三原（今陕西三原）人，少有文武才略，常对人说："大丈夫若遇主逢时，必当立功立事，以取富贵。"其舅韩擒虎为世之名将，每与论兵，未尝不称善，抚之曰："可与论孙、吴之术者，惟斯人矣。"

高祖克城时，执靖将斩之，靖大呼——公起义兵，本为天下除暴乱，不欲就大事，却以私怨斩壮士，这是什么道理？高祖认为他说得有理，加上当时为秦王的太宗又固请，遂舍之，太宗召入幕府。

武德三年（620年），从讨王世充。会开州蛮首肇利反，率众寇夔州，赵郡王孝恭与战不利，靖率兵八百，袭破其营，后又要险设伏，临阵斩肇利，俘获五千余人。高祖十分高兴，谓公卿道："朕闻使功不如使过，李靖果展其效。"

武德四年（621年），李靖为主将，破萧铣。六年，辅公祐于丹阳反，李靖披挂出征，不二月，江南悉平。八年，突厥寇太原，以靖为行军总管，统江淮兵一万，与张公瑾屯大谷。时诸军不利，靖众独全。寻检校安州大都督。高祖常说："李靖是萧铣、辅公祐膏肓，古之名将韩、白、卫、霍也比不上他啊！"

九年，突厥莫贺咄设寇边，征靖为灵州道行军总管，颉利可汗入泾阳，靖率兵倍道趋豳州，邀贼归路，既而与虏和亲而罢。

李靖足智多谋，有丰富的理论和实战经验，对付突厥这样的敌人，非李靖不可。贞观三年（629年）十一月，太宗下诏命李靖为行军总管，统兵北征。以张公谨为副，李勣、薛万彻为诸道总管，分路进兵，总兵力达到十余万人。

大军方发，突利可汗来到了长安，朝见了太宗，重申与唐朝和盟的决心，表示唐朝进攻颉利，自己绝不帮颉利一兵一卒。太宗听了非常高兴，问了问突利近来的情况，而后回使馆听命。

望着突利高大的身影摇摇晃晃地消失在大殿的门口，想想即将发动的对突厥的进攻，太宗感慨地对侍臣说："从前太上皇仗义起兵，不惜称臣突厥，朕尝引以为耻。今单于稽颡，北狄将平，庶几可雪前耻了。"

济世安民：唐太宗

突利刚走，户部尚书捧了个表册走上大殿，向太宗汇报道："突利归顺后，许多中原人口得以大批返回故乡，据我户部钩沉，迄今为止，计中原人自塞外归还，及四夷前后降附，共得男子人口一百二十余万口。"

太宗听了，颇觉安慰，忙令人将表册呈上，亲自观看，太宗边看边歆歔不已。

根据拟订的作战计划，由李靖率一部出马邑，正面攻击驻扎在定襄的颉利；另一路李勣由云中直趋阴山脚下的要隘——白道，在此截住颉利可汗的退路。贞观四年（630年）正月，天寒地冻，大雪纷飞，大队人马行进迟缓，为了夺得战机，李靖亲率三千精骑直趋恶阳岭。

恶阳岭在定襄城南面。到达预定地点后，李靖立即召开作战会议，会上众将士摩拳擦掌地说："出其不意，攻其不备，夜袭定襄！"

孤军深入，利在速战，李靖点了点头，随即布置细作按照原先拟好的计划，混入定襄城，分化离间敌军，重点策反颉利的心腹番目康苏密。

唐军的异常行动被上报到颉利那儿，颉利对唐军三千前来对敌不以为意，仍坐在殿里和侍臣们一块喝酒烤火，有人建议加强戒备，防止唐军偷袭，颉利摆摆手，笑着说："唐兵不倾国来，李靖哪里敢孤军至此？即便来，也是兵少无能，虚张声势而已。"

月亮洒下冷冷的光辉，照得塞外的冬夜格外白亮。马蹄踏在厚厚的雪地上，发出震撼人新的铿铿声。

训练有素的三千精骑，在李靖的率领下，绕道悄悄接近定襄城西门。

时已二更天，整个定襄城死一般的寂静，只有几盏昏黄的风灯在城楼上摇曳着。李靖率领大队人马刚一接近外围壕沟，就有细作从黑暗中闪出，报告道："一切准备就绪，城门虚关着。"

"上！"李靖一挥手，骑兵分成两路纵队，迅速接近城门。马蹄声敲击着地面，发出隆隆的声音。望着黑糊糊的城门，许多马儿也激动地嘶叫起来。城墙上值守的突厥兵警醒起来，连声吆喝，乱成一片，一些冷箭、火箭也"嗖嗖"向下射。

这时，前哨骑兵已抵达城门口，呼啦一声把城门撞开——"杀啊！"三千唐骑呐喊着杀入城内。

城内鸡飞狗跳，喊声四起，正在睡梦中的定襄人不知来了多少唐兵。老百姓都紧紧地把门顶住，躲在旮旯里听着外面的动静。兵营里更是乱作一团，兵找将，将找兵。善于野外作战的突厥兵，对唐骑突然进城，一点儿对付的方法也没有。

颉利喝了一晚上的酒，刚躺下睡了没多久，卫士闯进门来，急切地把他摇醒："可汗，可汗，唐兵杀进城了！"

住在另一间屋里的义成公主闻声也穿衣跑过来，合力把鼾声如雷的可汗叫醒。

"有多少唐兵？"颉利一边披挂，一边问拥进屋来的几个心腹。

"不清楚，但听满城乱糟糟的。"

"一定是李靖的主力来了，"颉利连声叫苦，他看着美丽的义成公主，催促几个亲信，"快！快！带上公主，快撤！"

颉利扯着义成公主跌跌撞撞来到殿外，刚要上马，义成公主叫道："还有萧皇后呢，她住在后苑，快把她带上！"

"顾不得她了。"颉利一把把公主举上马背，而后翻身上马，在亲兵卫队的护送下，匆匆从北门逃走。

颉利一走，树倒猢狲散，残存的突厥兵也无心恋战，逃之夭夭，李靖的三千铁骑没费多少力气就占领了定襄城。搜查定襄颉利行宫的后苑时，在一座院落里，士兵发现一名容貌端庄的美妇人。美妇人显得凛然不可侵犯，对唐兵说："我乃隋朝萧皇后，速传语李靖，送我归长安！"

士兵们一听是名闻天下的萧皇后，不敢怠慢，急忙先安排人守卫，保证她的安全，而后飞报主帅李靖。

萧皇后性婉顺，有智识，好学属文，隋炀帝虽昏聩，萧后却享有很高的评价。宇文氏之乱时，萧后随军至聊城。宇文化及败，又没于窦建德，突厥处罗可汗在义成公主的要求下，遣使迎后于州，窦建德不敢留，遂没于房庭。然萧后到底是中原皇后，唐太宗和隋炀帝又是表兄弟关系，闻找到萧皇后，李靖不敢怠慢，火速差人申报朝廷。

头一仗就袭破颉利的驻地定襄，捷报传到长安，太宗大喜过望，极其兴奋地说："李陵以步卒五千绝漠，然卒降匈奴，其功尚得书竹帛。靖以骑三千，喋血房庭，遂取定襄，古未有辈。太上皇称赞李靖，说古之韩、白、卫、霍也比不上他。此役足洗我渭桥之耻呀！"

太宗当即传旨道："晋封李靖为代国公，大赦天下，摆五天庆功酒！"

见太宗沉浸在胜利的喜悦中，似乎忘了萧后的事，一旁的房玄龄提醒道："是不是令李靖把萧后送回长安？"

"送回，送回！"太宗手一挥说，"她到底是我们中原人嘛！"

莺飞草长，春暖花开，萧后在一队唐兵的护卫下，和儿子杨政道一起乘车回到了长安。太宗在长孙皇后的陪同下，在弘文殿以礼接见了萧皇后，太宗对这个表嫂子很是敬佩，问了问她在北边的生活情况，说道："听说你当年作了一篇《述志赋》，表达你想劝隋炀帝又劝不了的两难境地，是否有此事？"

萧后道："妾为后，帝每游幸，未尝不随从，但见帝失德，心知不可，曾作了一篇《述志赋》以自寄。"

"念来朕听听——"太宗看了一眼长孙皇后说。

萧皇后记忆力还很好，轻启朱唇念道：

承积善之余庆，备箕帚于皇庭。恐修名之不立，将负累于先灵。乃夙夜而匪懈，实寅惧于玄冥。虽自强而不息，亮愚蒙之所滞。思竭节于天衢，才追心而弗逮。实庸薄之多幸，荷隆宠之嘉惠。赖天高而地厚，属王道之升平。均二仪之覆载，与日月而齐明。乃春生而夏长，等品物而同荣。愿立志于恭俭，私自竞于诚盈。孰有念于知足，苟无希于滥名。惟至德之弘深，情不迩于声色。感怀旧之余恩，求故剑于宸极。叨不世之殊盼，谬非才而奉职。何宠禄之逾分，抚胸襟而未识。虽沐浴于恩光，内渐惶而累息。顾微躬之寡味，思令淑之良难。实不遑于启处，将何情而自安！若临深而履薄，心战栗其如寒。夫居高而必危，虑处满而防溢。知恣夸之非道，乃摄生于冲谧。嗟宠辱之易惊，尚无为而抱一。履谦光而守志，且愿安乎容膝。珠帘玉箔之奇，金屋瑶台之美，虽时俗之崇丽，盖吾人之所鄙。愧缔纷之不工，岂丝竹之喧耳。知道德之可尊，明善恶之由己。荡嚣烦之俗虑，乃伏膺于经史。综箴诫以训心，观女图而作轨。遵古贤之令范，冀福禄之能绥。时循躬而三省，觉今是而昨非。嗤黄老之损思，信为善之可归。慕周姒之遗风，美虞妃之圣则。仰先哲之高才，贵至人之休德。质菲薄而难踪，心恬愉而去惑。乃平生之耿介，实礼义之所遵。虽生知之不敏，庶积行以成仁。惧达人之盖寡，谓何求而自陈。诚素志之难写，同绝笔于获麟。

萧后念完后，坐在那里默默无语。隋炀帝荒淫无道，以至国破家亡，也弄得妻儿老小藏身无地，飘泊异域，确实让人悲叹啊！

"你以后有什么打算？"太宗问。

萧后说道："妾迭遭惨变，奔走流离，此后余生，全仰恩赐，惟死后得归葬江都，得与故主同穴，妾就衔感不尽了。"

太宗点点头，表示会很好地安排萧皇后。时间不早了，侍从刚想示意接见结束，但见萧皇后从自己的侍女手中接过一个锦囊，从中取出一个朱红色的小匣，打开金锁，掀开匣盖，周围人觉得眼前一亮，但都不清楚里面是什么，萧后双手捧着小匣，对太宗说："此乃传国玉玺。圣主即位，天下归心，理应物归正主。"

太宗一听说是传国玉玺，忙接过匣子，但见匣内放有一块方圆四寸，龙璃虎钮的玉玺，以黄金镶补缺角，并有篆文，曰"受命于天，既寿永昌"。太宗取在手中，激动得手微微颤动，宝玺玉色正青，以龙蚓鸟鱼文，正是秦始皇传下来的帝王受命之符。高祖李渊得天下后，找不到传国玉玺，只得另刻玉璧，文曰"皇帝景命，有德者昌"。传国玉玺是天命所归的体现，一个皇朝没有传国玺实在是

345

一大憾事。

"陛下，"萧后向不停把玩玉玺的太宗行个礼说，"传国玉玺乃天下至宝，愿陛下能小心对待，臣妾告辞了。"

太宗满口答应，目送萧后走出大殿，对长孙皇后说："随朕去大安宫，朕要让太上皇亲眼看看传国玉玺是什么模样，太上皇自太原举义，又当了八九年皇帝，真正的传国玉玺还没见过一次呢！"

李靖出马邑旗开得胜，颉利急急慌慌撤军碛口，跑了一天一宿，人困马乏，前面就是通往阴山以北的要隘白道。回视追随的兵将，断断续续的也有好几万人。颉利抹了一把头上的汗，喘了口气，对部将执失思力说："幸亏我们突厥战士灵活、马儿善跑，撤退得才这样及时，不然就让李靖的十万唐兵一网打尽了。"

"李靖有这么些人吗？"执失思力不相信地问，"定襄城破时，怎么听着唐兵动静不大，咋咋呼呼的倒都是我们的人！"

"小心为妙，小心办大事。"颉利遥望着前面的隘口说，"过了白道，就不怕他们了，阴山以北辽阔的草原是我们突厥战马驰骋的地方。"

大队撤退的突厥人马迤逦接近隘口，正在颉利松了一口气的时候，耳边就听几声闷雷似的炮响，有几股硝烟从两旁山谷、树丛中升起。紧接着，喊杀声四起，平地冒出许多唐兵，他们挥舞着战旗，刀光闪闪，勇猛地向突厥杀来……

颉利大惊，差点从马上摔下来，早有人指着唐军战旗上的字对颉利说："不好了可汗，唐兵主将是名将李勣，此人虽是山东一田夫，但通晓兵法，骁勇善战……"

颉利急令几个酋长："快！快领你们本部兵马顶住唐兵！"

无奈何，酋长们只得提马接战去了。颉利回头催促亲兵卫队："快，保护好义成公主，冲过白道！"

唐军两路伏兵一起杀出，李勣则自率一队精骑，勇猛穿插，将突厥兵截成两截。阴山脚下这一块狭小的战场上一片刀光飞舞，鬼哭狼嚎。

面对突然杀出、以逸待劳的唐兵，突厥酋长们显然无心恋战，三杀两杀，见势头不妙，觉得保命要紧，相继滚鞍下马，叩头求降。而他们的主子颉利，则趁着兵乱，凭着兵精马快，勉强冲过白道，狼狈奔碛口而去。

此役李勣大获全胜，检点降卒达五万余人，可谓战绩赫然。捷报传至京城，太宗当即下诏拜李勣为光禄大夫。

颉利虽然逃过了白道这一关，却也丢失了这一河套东北通往阴山的要隘。回到碛口的颉利面对众叛亲离、屡战屡败的不利局面，哀叹着对亲信执失思力说：

"白道已失，唐军可长驱而入，碛口亦不能守，不如逃往铁山吧！"

执失思力脑子比较好使，想了一下说："不如遣使长安，谢罪求和，来一个缓兵之计。等我们形势好了，养精蓄锐，再来个大举反攻。"

颉利一听，也是个办法，顿时眉开眼笑，指着执失思力说："好好好，就说本可汗愿举国内附，马上让人修国书，由你亲自出使唐朝。"

执失思力见出使任务摊到他头上，面露难色，颉利见状一瞪眼，执失思力只好满口答应，立即去长安。

执失思力快马加鞭，抄近道，风尘仆仆来到长安，递上了降表，表示情愿举国内附，请大唐皇帝宽恕。太宗大人不计小人过，允其所请，乃遣鸿胪卿唐俭、将军安修仁一同前往突厥，抚慰颉利。

此时李靖已率军北上，在白道与李勣会师。两人商议下一步的行动时，一致认为要乘胜追击。由李靖率军作正面攻击，李绩军后继，直插碛口，堵住颉利，切断其漠北退路。

休整了两天后，李靖挑选精骑一万，携带二十日干粮，作为先头部队，自白道出发，向铁山方向追击。

部队临出发前，李靖接到驿传紧急文书，言颉利求和，朝廷已应允，并派唐俭前去安抚，诏令李靖率兵去迎。

看了驿传后，李靖李勣李会商，李勣先自笑道："颉利求和，乃缓兵之计，谁人不知？"

李靖点头道："颉利狡猾，圣上早有觉察，遣使和谈，只不过是使颉利放松戒备，以利我军追击。"

"即使皇上真的允和，但将在外君命有所不受！"李勣挥手道。

"好！"李靖一锤定音，"按原作战方略执行，为了不贻误战机，不用再向朝廷上奏疏了。"

李靖率万余精骑背道而驰，几天后就离铁山不远了。部队休整一日后，李靖决定对颉利突然发起进攻，他对副将张公谨说："颉利虽败，部众尚盛，若走度碛北，后且难图，为今之计，宜乘诏使到虏，发兵掩击，虏以为有诏往抚，必不相防，我军一至，不及趋避，必为我所擒！"

一万精骑隐藏在铁山不远的一座山包后，突然发动对颉利的攻击，对颉利极有杀伤力。但张公谨想到了尚在颉利营中的使者唐俭和安修仁，担心地说："诏书许降，使者已往，若我发兵袭击，我们的使者会因此被颉利害了。"

李靖不以为然地说："机不可失，韩信破齐，就用此策。唐俭辈何足惜也！"

使者的性命李靖未放在眼里，当即勒兵向颉利营进发。

再说颉利见唐诏使到，闻已许降，心中甚感欣慰，正在营中大摆酒宴，款待两位唐使。几个突厥美女披着秀发，在大帐中翩翩起舞，颉利咧着大嘴边看边喝酒，并时而对身边的唐俭说："我们突厥女子虽不如中原女子细腻，但却也别有一番野味，诏使此次来，可以多住些日子，好好享受一下我们漠北的美女。"

唐俭哼哼哈哈，点着头，应承着，内心里却是满腹心事。过白道关隘时他就听说李靖要乘胜追击，若两军开战，颉利一怒之下，必然会加害他和安修仁。正当唐俭思忖脱身之计之时，但见颉利的一个亲卒急急慌慌闯进大帐，向颉利报告说："南边山谷里突然冒出大队唐军骑兵，正向我铁山驰来。"

颉利大惊，手中的酒碗"哗"的一声掉在地上，他拔刀在手，瞪着唐俭喝道："大唐天子既许我归附，为何又到此袭击？你们言而无信，到底玩的什么招数？"

唐俭暗地里担心的事终于发生了，他当机立断，忙起座拱手道："可汗不必惊疑，我两人奉诏从都中来此，未曾到过李总管军前，想是李总管尚未接洽，所以率军前来。我两人即刻奉诏书前去拦阻，定可令他回军，可汗勿虑！"

突厥人信以为真，颉利也把太宗允和的诏书还给唐俭，期望他拿着诏书令李靖退军。

唐俭接诏书在手，一刻也不敢耽搁，和安修仁一齐步出帐外，跨马加鞭，竟自驰去。

颉利听了唐俭的话，心里安定了一些，望着他俩的身影消失在寨门口，颉利还拍拍手，对部下说："好了，好了，进帐篷等他俩，边喝边等。这仗是打不起来了。"

又斟了一圈酒，突厥美女在马头琴的伴奏中重新跳起了舞，已有几分醉意的颉利也手打着节拍，如醉如痴地看着舞女美丽的面庞。就在这时，一个亲卒跟跟跄跄跑进大帐，指着帐门口，惊慌地报告说："大事不好了可汗，唐军精骑如旋风一般卷过来了！"

"你胡扯什么？"颉利还不相信。

"可汗您支起耳朵听听——"

颉利摆手止住了乐声，支起耳朵倾听帐外，但觉无数铁蹄敲击着地面，有如风暴一样的声音从南面滚滚传来……

第十回

落魄书生马周豪饮，得意将军尉迟闹席

突厥可汗颉利正端坐帐中时，听说外边有更多的军队到来，久经沙场的他一下从座位上跳了起来。

他自知不及整兵迎战，还是走为上策，于是高叫自己的亲兵："快！快拉过我的千里马，逃命要紧！"

亲兵拉过千里马，颉利翻身上去，回望寨南，但见无数唐骑浩浩荡荡，疾驰而来。颉利头皮发麻，两腿一夹马肚子，领着亲兵落荒而去。

一队搜索营的唐骑，按照李靖的命令，直接冲进颉利的后帐。好东西没搜着，倒搜着一个盛装美妇和一个孩子。

住在可汗后帐的可不是一般人，兵士们二话不说，立刻扑上去，把这两人携上马背，来见主帅。

一个时辰左右，战斗基本结束，番兵营帐也全部被荡平。检点俘虏，不下数万，一串一串的，全被绳索捆着，垂头丧气地听从唐兵的安排。

李靖重新择地安营，帅帐中当先就座，兵士们推来那盛装妇人和少年男子，一见面，李靖就猜个八九不离十，问那妇人："你是义成公主？"

妇人一开始默默无语，只是看着李靖。也许是看李靖不是个可以随便糊弄过去的人，所以她虽然心中不愿意说，但最后还是点了点头。而且，大不了是个死罢了，有什么可怕的呢？豁出去了。

"这是你和颉利的儿子？"李靖指着那个在一旁瑟瑟发抖的少年问。

妇人点了点头，旁边早有先自投诚的指认道："此乃颉利子叠罗支。"

李靖点点头，喝令手下把叠罗支打入槛车，即刻解往京师。

"你四次嫁人，不觉羞耻吗？"李靖又回头指着义成公主斥道。

义成公主听了李靖的话并不觉得难堪，她撩了撩额边的乱发，侃侃而言："开皇十九年，我奉旨嫁给突厥启民可汗，使得隋朝在突厥心目中地位大增。启民曾上书炀帝，希改民族服饰为汉装，给北幸的炀帝跪伏敬酒，炀帝大悦赋诗，自认为汉朝天子'空上单于台'更为威风。启民死，我依突厥民俗先后改嫁给他的三个儿子：始毕可汗、处罗可汗、颉利可汗。我始终作为可汗的可敦，乃身不由己，没有多么可耻的地方。"

见义成公主脸不红，心不跳，娓娓道来，李靖大怒，指着义成公主喝道："你多次怂恿突厥兵侵犯边境，使得百姓离散丧亡，该当何罪？！"

义成公主微微一笑，道："要杀便杀，何必动怒？我作为隋宗室子女，数请颉利出兵攻唐，为隋报仇，乃是忠于故国家乡，理所应当，何罪之有？"

罢罢，我是说不过你这个女子了，反正大唐、突厥都没有你的立足之地了，我就成全了你吧——想到这里，李靖手指着义成公主，命令刀斧手："拖下去，即刻斩首！"

义成公主面不改色，一副雍容大度的样子，不待刀斧手近前，已袅袅婷婷先自走了出去，一点儿也没有惧怕的样子。

打扫战场的工夫，唐军后续部队已赶了上来，李靖当即决定马不停蹄，率精骑沿阴山山道追击颉利。

颉利携万余残兵向碛口方向退却，临近碛口时，不想李勣又故伎重演，早已在颉利通往漠北的路上设下埋伏。

此时已是下午，阴云低垂，唐兵突然伏兵四起，截住了突厥人的退路。

前有劲敌，后有追兵，没奈何，颉利只得掉头向西逃窜，末路穷途的他准备往投吐谷浑，暂求一个安身之地。

碛口也是颉利的主要据点之一，储藏着许多突厥人抢来的财宝、牛羊皮、粮草等。颉利西逃后，碛口不攻自破。

辛苦多日的唐兵长驱直入，大街小巷人喊马嘶，颉利的行宫更是翻腾得不成样子，谁先来是谁的，无组织无纪律，许多重要的珍宝文书均不翼而飞。

主帅李靖对一切都看在眼里，但是他没有制止，只是对此睁一只眼，闭一只眼，直到第二天上午才命令各军归队，原地休整。

这么快袭破颉利，简直让人难以相信。但李靖确实善于出奇兵，同时在其他战场上，唐军也发动着大小不同的进攻，以配合主帅李靖。

除李勣出通漠道以外，灵州大都督任城王李道宗出大同道，左武卫大将军柴绍出金河道，幽州都督王孝节出恒安道，营州都督薛万淑出畅武道，十余万人马，几路并进，江河日下的颉利不败才怪呢！

其中任城王李道宗战果也很辉煌，战灵州，俘人畜万计，郁射设、荫奈特勒等部首领慑于威势，率所部来降。

捷报传至长安，太宗激动地对群臣说："往国家初定，太上皇以百姓故，奉

济世安民：唐太宗

突厥诡而臣之，朕常痛心疾首，思一雪耻于天下，今天我诸将所向辄克，朕岂遂有成功乎！"

且说任城王李道宗接到李靖的通报，知颉利正向西逃窜。

任城王不敢怠慢，在通往西方的路上层层设卡，堵截颉利。颉利被逼无奈，只好白天躲藏，夜里赶路。

这天白天，颉利躲在一个荒谷中，饿极了，打了几个野兔子，正和几个亲信一块架火烧着吃，不想冒出的柴烟恰巧让巡逻的行军副总管张宝相看见了。张宝相寻烟雾摸过来，见荒谷中几个人扮相不俗，遂挥兵包抄，将颉利生擒活捉。

颉利的被捉宣告东突厥的灭亡，太宗大喜过望，下令将突厥可汗颉利即刻解来京师。

贞观四年（630年）三月，太宗在长安举行了隆重的献俘仪式。作为阶下囚的颉利，被人牵着，到李唐太庙转了一圈，三叩六拜，表示归顺和忏悔，此所谓告俘太庙。而后，颉利又被牵着，来到顺天楼。

顺天楼上，设有御座，太宗一身礼服，端坐其上。两边站立着长孙无忌等授有爵位的重臣，不远处侍立着身材魁梧的御前侍卫。

顺天门外的广场上，更是旌旗飘扬，人山人海。太宗传旨士民纵观，因而广场外围全都站着看热闹的老百姓。

往里，排列着数千名从前线归来的战士，更是一身戎装，挺胸昂首，气概非凡；再往里，是在京的大大小小的文武官员。

巳时整，在无数目光的注视下，颉利等千余名有官爵的突厥俘虏被兵士们带进广场。所有俘虏均戴着镣铐，一块开圆孔的红布穿过头颅，遮胸盖背，一步一挪，到达指定的位置后，被吆喝着对着顺天门跪下。

一个肥胖的太监阔步来到顺天门口，扬起一个特制的鞭子，"唰唰唰"来个净鞭三响，声闻广场。

广场上喧闹的声音渐渐沉寂了下来。

净鞭的太监退下，刑部尚书趋步上前，站在门前一个临时搭起的台子上，手拿一张判决书，高声朗读各个俘虏的罪行，请皇上诏准依律押赴市曹斩首示众。

要把这上千突厥俘虏全部杀了，观众中一阵骚动，那些突厥俘虏更是露出绝望的神色，眼巴巴地望着顺天门上的太宗，期望太宗开恩不杀。

"传颉利入见——"顺天楼上传来联次传喝声。

紧接着，过来几个人高马大的虎贲羽林军，抓起颉利就走，连拖带提，入了顺天门。

进了顺天门，别有一番洞天。

甬道两旁，红地毯铺地，上面摆满了物件，什么错金铜镂鼎、铜编钟、战国

珑、铜鼓、玉樽、金兽、金虎纹圆屏，个个光辉四射，耀人眼目。这是太宗有意向颉利展示大汉族的文明。羽林军士牵着颉利，让他缓步而行、仔细观看。颉利也是被晃得眼花缭乱，只顾鸡啄米似的乱点头。

看了一圈后，颉利被押上城楼。

见他过来，人群自动给他闪开一条路，颉利本认识太宗，径直上前，俯伏请罪，咦哩哇啦说了一大通。

太宗也听不懂，未待译官翻译，即朗声诘责道："尔罪有五，尔父国破，赖隋以安，不以一镞助之，使其庙社不血食，一也；与我邻而弃信扰边，二也；恃兵好战，使白骨蔽野，罪三也；蹂我稼穑，掠我子女，罪四也；朕宽宥你所犯之罪，存你邦国，你迁延不来，其罪五。朕杀尔非无名，顾渭上盟未之忘，故不穷责罢了。"

译官俯下身子，逐字逐句把太宗的话翻译给颉利听。颉利听说太宗顾念渭上之盟，不杀他，感动得且泣且谢。

太宗完全是一副胜利者施恩于人的姿态，他答应着，不愿和颉利多说一句，叫来太仆卿吩咐道："把颉利引去你们太仆寺住，好生管待，也别委屈了他，他若有什么要求，能满足的就满足他。"

太仆卿连连答应，这时已有人给颉利除去脚镣手铐，颉利活动活动手脚，向太宗行个礼，转身跟着太仆卿去了。

献俘仪式结束了，太宗颁下诏令，要负责绘图的人将西起阴山，北至大漠的广阔地带统统都绘入大唐版图。

顺天门举行隆重的献俘仪式，住在大安宫的太上皇李渊也惊喜交集。这时候的他对儿子已经没有了怨恨。他站在殿前廊下，倾听着来自顺天门方向的欢呼声，不知不觉流下了热泪，仰天叹道："汉高祖白登被围，耻未得雪，仇不得报，今朕子擒颉利，灭突厥，朕托付得人，复有何忧！"

太上皇李渊正对天叨念着，一个小近侍从宫外飞奔而来，叫着："太上皇，太上皇，皇上来了！"

话音未落，大安宫门口呼啦啦出现一群人，给寂寞的大安宫平添一份热闹。

唐太宗李世民一脸喜悦，迈步走上台阶，来到太上皇李渊面前。面对李渊，他正要行跪拜礼，早有近侍把他扶起，爷俩两代皇帝并肩走进大殿。

龙椅上坐定，太宗详细地向太上皇描绘了一下献俘仪式的盛况，太上皇十分高兴，赞许地看着儿子，扼了扼不人管事的手腕说："当年朕率两千骑兵与突厥激战，至今历历在目，敌强我弱，建国伊始，百废待兴，不得不软硬兼施，七次阻止了突厥的进犯。种种艰难与屈辱，想来真令人感慨啊！"

看太上皇这样兴奋，太宗乘机道："不如明日置酒凌烟阁，召诸王、妃、公主还有几位大臣聚集一堂，以庆贺胜利。”

“好！”太上皇一挥手，“明日好好地喝几盅，可老长时间没有值得高兴的事了。”

第二天上午，凌烟阁里一派喜庆的气氛，御膳房使出拿手绝技，什么豹胎、鲤尾、鹗炙、猩唇、熊掌、酥酪蝉（羊脂）等八珍一应俱全，都用精美的牙盘装着。

参加宴会的只有十来人，有太上皇的两个妃子、任城王李道宗以及好作诗的长广公主等人，再就是太宗带来的长孙无忌等几位大臣。魏徵虽是刚直不阿的谏臣，却也喜欢喝酒凑热闹，此次宫宴，魏徵特地带来他亲自酿造的名为“醹醁”、“翠涛”的两种酒。

此是小范围的宫廷宴饮，都是皇家贵戚。为庆贺胜利而开心取乐，太上皇特意指定聪悟的长广公主为酒使。

一个小型的音乐班子在殿旁演奏着，随着铿锵而又悠扬的琵琶声，大家开始举杯，纷纷为太上皇祝寿。

同时，这宴会也是在祝贺大唐终于征服了不可一世的东突厥。

魏徵酿的酒置于罐中贮藏，十年都不会坏掉，虽然酒性很烈，但味道极佳，饮之四体融融。大家高兴起来，包括太上皇，你一杯我一杯地畅饮着，一会儿便觉醉意袭来，长广公主打趣地对弟弟说：“魏徵酒香，皇上何不乘醉作诗，以赐魏徵。”

“你是酒使，朕不敢违你。”太宗说着，沉吟了一下，手打起拍子，吟出一首诗来——

> 醹醁胜玉兰，翠涛过玉薤。
> 千日醉不醒，十年味不败。

也不管这诗作得好不好，大家齐声叫好。酒过三巡，菜过五味，天也不早了，酒也喝得差不多了，太上皇李渊摇摇晃晃站起来，走过去拿过乐工手中的琵琶，轻拨慢挑弹将起来，想不到太上皇还有这一手，大家兴奋地连声叫好，拍起巴掌。这时，太宗也乘着酒劲起身离座，和着琴声跳起舞来……

悠扬的旋律，美好的时光，两代皇帝共乐的不同寻常的场景感染了在场的每一个人。公卿、妃子、公主们轮番上前，再次为太上皇祝寿。自早至晚，大家乐此不疲，流连忘返，直饮到深夜，方才散席。

东突厥既已灭亡，余众或入西域，或北附薛延陀，而来降唐者尚有十余万口，怎样安置这些降唐的人，成了当前第一大问题。为此，太宗专门在太极殿召

开御前会议，讨论一个妥善的解决办法。

参加会议的人很多，除朝臣外，还有一些来京办事的都督。

大家议论纷纷，各抒己见，多数人认为：突厥扰中原已久，今幸而破亡，非慕义自归，可悉数迁到兖、豫空闲地带，使习耕织，这样百万之虏，可化为胡人，由是中国有加户，而漠北遂空也。

中书侍郎颜师古不同意在兖、豫之地安插，他说："突厥，铁勒，自古以来，未能使其臣服，陛下天威，得其臣服。请皆置于河北，分立酋长，领其部落，可永保无虞也。"

礼部侍郎李百药听了颜师古的话点了点头，后又摇了摇头，他端端袖子，上来奏道："突厥虽云一国，但以种族区分，各有酋首。今宜就其离散，各遣还本部，置其君长，互不臣服。国分则弱而易制，势均力敌则难相并吞。各自保全则不能与中原抗衡。我认为应在定襄置都护府，作为统驭，才是安边长策。"

夏州都督窦静来自地方，最了解突厥人，上来奏道："戎狄之性，有如禽兽，不可以刑法威，不可以仁义教，况彼首丘之情，未易忘也。置之中国，有损无益，恐一旦生变，犯我王略。不如因其破亡之余，施以望外之恩，假以王侯之号，妻以宗室之女，分其土地，析其部落，使其权弱势分，易为羁制，这样才能使其常为藩臣，永保我边塞。"

中书令温彦博综合各人的意见，提出自己的安置办法："徙突厥于兖豫之间，离其本土，有违物性，非化育之道。若驱逐塞外，也非王道所为。请按东汉光武帝故事，置降匈奴于塞下，全其部落，顺其风俗，以实空虚之地，使为中国之拱卫。"

温彦博的意见比较全面，切实可行，太宗点点头，刚要表示认可，秘书监魏徵出班奏道："突厥世为寇盗，与中国寻仇不已，今幸得破亡，陛下因他降附，不忍尽诛，自宜纵归故土，断不可留居中国。从来戎狄无信，人面兽心，弱即请服，强即叛乱。今降众不下十万，数年以后，繁息倍多，必为心腹大患。试想西晋初年，诸胡与民杂居内地，郭钦江统，皆劝武帝驱出塞外，以杜乱源，武帝不从，沿至二十年后，伊洛一带，遂至陆沉。往事可为明鉴，奈何不成？"

温彦博坚持己见，毫不理睬魏徵"夷狄非我族类，其心必异"的论断，辩驳道："不然，天子于四夷，若地养万物，覆载全安之，今突厥破灭，余种归命，不哀怜而弃之，非天地蒙覆之义，而有阻四夷之嫌。臣谓处以河南，盖死而生之，亡而存之，彼世将怀德，何叛之为？"

魏徵也觉出自己主张的狭隘、片面性，但仍梗着脖子说："看问题要看实际，不是德化不德化的问题。永嘉之乱，前车可鉴，陛下必用彦博言，遣居河南，所谓养虎自贻患也。"

温彦博继续阐明道："圣人之道无不通，故曰'有教无类'，彼创残之余，以穷归我，我援护之，收处内地，将教以礼义，数年后尽为大唐赤子，又复简选酋长，令入宿卫，彼等畏威怀德，趋承恐后，有什么后患呢？"

以往太宗对魏徵的诤谏，无不言听计从，但这次却不认可魏徵的主张。

权衡利弊，择善而从，太宗对群臣说："朕不是晋武帝，也绝不会养兽为患。'分期部落，变其风俗'，是强制民族同化，于理于情不符。朕以为温爱卿安置突厥的方法是切实可行的，决定予以采纳！"

魏徵见太宗已偏向温彦博，料难挽回，再想想自己的谏言于理于德也有站不住脚之处，于是退到一边默然不语，不再强谏了。

御前会议确定了小部突厥降众迁居内地，其余仍居原处。同时确定在原突利辖区的东起幽州西至灵州一带，设置顺、祐、化、长四州都督府。把颉利过去辖区置为六州，左置定襄都督府，右置云中都督府，分统降众。

为了体现"绥之以德""爱之如一"的德化政策，在行政管理方面，原则上任命本族首领为都督或刺史。因此诏封突利为右卫大将军、北平郡王，职任顺州都督，封协助擒拿颉利的苏尼失为怀德郡王、职任北宁州都督，封阿史那思摩为北开州都督……

且说突利既为顺州都督，乃受命辞行，太宗专门摆了宫宴，为其送行。

这次宴会的参加者不少，除突利之外，还有淮安王、长孙无忌、房玄龄、萧等几位亲近的大臣。

席间，太宗回忆起当年便桥之盟，想到如今擒颉利，灭突厥，不禁感慨万千，他语重心长地告诫突利说："尔祖启民，避难奔隋，隋立为大可汗，奄有北荒，尔父始毕，反为隋患，天道不容，乃使尔乱亡至此。朕本立尔为可汗，因念启民故事，可为寒心，是以幡然变计。今命尔都督顺州，尔应善守中国法律，毋得侵掠，不但使中国久安，亦使尔宗族永保。"

太宗话里有安慰也有些许威胁，突利是实诚人，频频点头称是，末了，突利眼巴巴地对太宗说："想求陛下一件事。"

"说！"

"颉利虽然犯了大罪，但毕竟是我叔叔，我既当了大将军，也请皇上封他个大官，这样才看出皇上的宽仁气概。"

太宗听了，点点头说："此事朕已有考虑，即将下诏封颉利为正三品右卫大将军之职。只是颉利要在朕身边为官，不能外放为都督了。"

饮酒间，太宗又对侍宴的长孙无忌等人说："贞观之初，上疏言事者皆言'人主当独运权威，不可委之臣下'，又云'宜震威耀武，征讨四夷'。唯魏徵劝朕偃武修文，道'中国既安，四夷自服'，朕用其言。今颉利被擒，其酋长皆

带刀侍卫，部落皆袭衣冠，乃魏徵之力。"

坐在近旁的魏徵听到这话，忙起身拜道："突厥破灭，海内康宁，皆陛下德威所致，臣有何力！"

太宗叫人端一杯酒赐给魏徵，笑道："朕能用公，公能称所任，其功岂独在朕？来，喝下这杯酒！"

看太宗高兴，臣下们也跟着"哈哈"而笑。

太宗乘兴，接着说道："朕与卿等联手赋一首诗，诗名《两仪殿赋柏梁体》，朕说第一句，以下你们一人接一句。"

长孙无忌等人连声附和，太宗手打节拍，先吟出一句。以下几位大臣各跟着一句，吟出的联句诗为——

绝域降服天下平，　　（太宗）
八表无事悦圣情。　　（淮安王）
云披雾敛天地明，　　（长孙无忌）
登封日观禅云停，　　（房玄龄）
太常具礼方告成。　　（萧瑀）

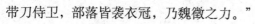

时为御史大夫的萧瑀一向耿直，有话就说，值此君臣欢宴之时，他近前奏道："李靖持军无律，纵士大掠，散失奇宝。攻下定襄、碛口等地，竟然没见他带回什么战利品。这其中必然有问题。"

李靖正坐在旁边侍宴，太宗寒着脸问他："果有此事？"

李靖也不愿分辨，只是离座伏地顿首，一言不发，算是默认了此事。

"唉——"好半天太宗才长叹一声说，"隋史万岁破达头可汗，有功不赏，以罪致戮。朕则不然，录公之功，赦公之罪，再赐绢千匹，增你封户五百。"

纵兵大掠，不罚反赏，可见太宗多么看重李靖大破颉利的功绩。萧瑀见状，也就不再弹劾，退回到座席上。

这天早朝，仍沉浸在大破突厥喜悦中的太宗对群臣说道："往昔突厥强盛，控弦百万，欺凌中国，又因骄恣而失其民，败亡至此，朕见此且喜且惧，何为喜且惧？突厥败亡，边境得安，故喜；然或朕失道，他日亦将如突厥，能不惧乎？卿等应不惜苦谏，以补朕之不逮。"

安逸中能时刻警醒自己，这是太宗的长处。

魏徵身为太宗朝第一谏臣，当仁不让，出班奏道："内外治安，臣不以为喜，唯喜陛下居安思危！"

太宗一听，忙正正腰身，一副虚心接受的样子，却在这时，值日朝臣进殿奏

济世安民：唐太宗

道："四夷酋长诣阙，请陛下为天可汗。"

太宗一听，大感兴趣，命道："快快召进殿来。"

来的都是些侨居长安或暂时逗留长安的四夷酋长，呼啦啦拥进大殿，衣服五颜六色，说话咦哩哇啦。

太宗通过几个译官，亲切地问道："朕为唐天子，又为天可汗，可乎？"

四夷酋长齐称万岁，指手画脚地说道："外俗以可汗为尊，不识'天子'二字的意义。今称陛下为天可汗，可令外俗知可汗以上，又有天可汗为尊，自然畏服。"

说得倒也是，太宗看了看群臣，群臣也表示赞同，齐呼万岁。

眼见是盛情难却，太宗只好含笑应允。他明确说道："以后凡有玺书给四夷君长，皆称'天可汗'。"

在大破颉利的喜庆日子里，太宗的重臣之一蔡成公杜如晦却突发重病，太宗亲临探望，亲自指派御医进行抢救，但却无力回天，四十七岁的杜如晦终告不治。

这天，太宗十分伤感，他用低沉的声音对侍坐的房玄龄说："公与如晦同佐朕，今独见公，不见如晦啊！"

房玄龄也陪着太宗抹泪，好半天才说："如晦日理万机，理起事来不分白天黑夜，不善于保养身体，以致英年早逝啊！"

太宗点点头，叮嘱房玄龄道："劳逸结合，卿也要注意啊！"

房玄龄施礼致谢，又奏请道："夏天要来了，皇上也要保重身体，也去洛阳宫避避暑，到处走走散散心……"

太宗"嗯"了一声，端了端袖子说："天下没有干完的事，朕是要出去走走了，传旨下去，让工部整修整修洛阳宫，以备巡幸！"

自唐朝建立以来，洛阳宫就没有好好修过。接旨后，工部概算了一下工程量，决定发卒五万人维修洛阳宫。如此兴师动众，给事中张玄素不干了，上疏切谏道：

洛阳未有巡幸之期而预修宫室，非今日之急务。昔汉高祖纳娄敬之说，自洛阳迁长安，岂非洛阳之地不及关中之形胜邪！景帝用晁错之言而七国构祸，陛下今处突厥于中国，突厥之亲，何如七国？岂得不先为忧，宫室可遽修，乘舆可轻动哉！臣见隋氏初营宫室，近山无大木，皆致之远方，两千人曳一柱，以木为轮，铸铁为毂，行一二里，铁毂辄破，别使数百人赍铁毂随而易之，尽日不过行二三十里，计一柱之费，已用数十万功，则其余可知矣。陛下初平洛阳，凡隋氏宫室之宏侈者皆令毁之，曾未十年，复加营缮，何昔日恶之而今日效之也！且以今日财力，何如隋世？陛下役疮痍之人，袭亡隋之弊，恐又甚于隋炀帝矣！

张玄素的谏书一针见血，毫不客气，太宗看了以后心里有些承受不了，召来张玄素问道："卿谓朕不如隋炀帝，比桀、纣怎么样？"

张玄素拱手道："若此役不息，最终非得归于动乱！"

太宗瞅瞅其他侍臣，见大家都有倾向张玄素的意思，叹了一口气承认道："当初朕以隋宫室'逞侈心，穷人欲'，命撤端门楼，焚乾元殿，如今又令人重新建造，说来说去，还是朕虑事不周啊！"

话说出来后，太宗又觉太过直白，有损自己形象，转而对房玄龄说："其实朕是因为洛阳位居国家中部，四方朝贡来到洛阳都差不多远近，修缮洛阳宫也是与民方便的意思，现在玄素所言有理，应该为之罢役，以后有事去洛阳，即使露宿街头也没什么可说的了。"

太宗的话说得有些赌气，但赌气归赌气，太宗仍以切谏为名赐张玄素绢帛二百匹。

皇帝毕竟是皇帝，天下也被认为是他家的，虽然也没长什么三头六臂，但所吃所用所住，怎么也不能和常人一样，太宗仍命人修洛阳宫。

民部尚书戴胄却不放弃，仍然是表谏不止，言："乱离甫尔，百姓凋敝，币藏空虚，若营造不已，公私劳费，恐不能堪！"

太宗看了谏表以后，当着满朝文武夸道："戴胄与朕非亲非故，但能以忠直报国，知无不言，朕当以官爵来酬谢他。"

说归说，做归做，表面文章做完后，太宗仍命将作大匠窦璡主持修缮洛阳宫。

春暖花开，诸事顺心，太宗的日子渐渐舒坦起来。

这天林邑献来五色鹦鹉，新罗又千里迢迢派使者送来两名美女，太宗甚为高兴，专门在上苑摆开御宴，召几位亲近大臣欢聚。

徐徐的风儿吹来，海子里碧波荡漾。观花亭里，太宗当中而坐，两名如花似玉的新罗美女左右侍候。

酒过三巡，君臣相契，太宗叫人提来五色鹦鹉，用手挑逗着："怎么样，在长安过得还舒坦吗？"

"苦寒！苦寒！"林邑的五色鹦鹉叫道。

"哈哈，林邑比长安暖和吗？"

"苦寒！苦寒！"

见俩鹦鹉不识趣，太宗挥手令人提下，又笑着问俩新罗美女："来长安习惯吗？此地温柔富贵，可比新罗暖和多了。"

新罗美女不懂中国话，咿哩哇啦一通新罗语，这稀奇的异国语言，不觉引起太宗的一阵哈哈大笑。

旁边侍宴的魏徵见太宗这样，劝谏之心又起，起身离座，整整衣冠，郑重其事地奏谏道："臣以为不宜接受两新罗女，应予遣回。"

"为什么？"太宗顿了顿手中的酒杯，有些不高兴了，觉得魏徵有些过分，"我天朝大国，受贡两美女都不行？"

魏徵拱了拱手，不说话，太宗寻思了一番，转而拍手大喜道："林邑鹦鹉犹能自言苦寒，思归其国，何况二女远别自己的亲戚啊！"

"臣正是想到了这一点。"说完，魏徵拱手退回自己的座位上。虽然他人回到座位上，但是眼睛还是在定定地看太宗。

"传朕的旨意，二女并鹦鹉，各付其使者，让他们还是带回去吧！"

"我主仁慈！万岁万岁万万岁！"魏徵等诸大臣一起离座称贺道。

虽经劝谏，可毕竟是干了一件好事，太宗也觉心情愉快，在侍臣的祝贺声中，干了一杯酒，顿觉才思敏捷，考问房玄龄、萧瑀道："隋文帝是怎样一个皇帝啊？"

萧瑀曾见过隋文帝，拱手答道："文帝勤于为治，每当临朝，自早至晚，太阳偏西方罢。五品以上的官，几乎都得以与文帝论事，往往忙得吃饭只待卫士传餐而食。"

"这样的皇帝怎么样？"太宗问房玄龄。

房玄龄拱手道："虽性非仁厚，亦励精图治之主也。"

太宗不置可否地笑了笑，摇摇头说："公只知其一，未知其二。文帝不明而喜察。不明则许多事看不明白，喜察则多疑。凡事自己做决定才觉放心，不敢委任臣子去办。天下那么广大，一天处理一万件事，虽然说劳神劳形，但又岂能每一件都处理得恰当？臣下虽然知道该怎么办，但仍然有了号令才去办，以致事情拖拖拉拉，却没有敢去劝谏的。此所以隋朝二世而亡也。"

房玄龄等人听了太宗的高论，一齐拱手贺道："陛下所言极是！"

太宗又继续发挥道："朕则不然，而是择天下贤才，促使百官思天下之事。一切大事，均交宰相把关，然后奏闻。有功则赏，有罪则罚，谁敢不尽心竭力以修业？还愁天下不治么？"

侍宴的几位大臣听了，又一起端杯称贺。

王珪也充满感情地对太宗说："陛下偃武修文，任贤致远，天下人有口皆碑，得侍明主，实臣等之幸。"

太宗听了，颇觉自负，打量了王珪一下，又对王珪说道："卿知识渊博，又善于谈论，自玄龄以下，卿也算品级最高的了，卿自谓比其他几位大臣如何？"

王珪施礼答道："孜孜奉国，知无不为，臣不如玄龄啊！才兼文武，出将入相，臣不如李靖。敷奏详明，出纳惟允，臣不如温彦博。处繁治剧，众务毕举，臣不如戴胄。耻君不及尧舜，以谏争为己任，臣不如魏徵。至于激浊扬清，疾恶如仇，臣比其他几位，算是突出一些。"

太宗听了，哈哈一笑，点了点头，算是认可了王珪的话。其余几位大臣听了王珪的一番高论，也深以为然。尺有所短，寸有所长。人生在世，各有长处，就看你发挥得恰当不恰当了。如王珪那样，正确认识自己，积极发挥长处，人生必有过人之处。

太仆寺的主要职责是掌管宫内车辆、马匹等事务，东突厥灭亡后，太仆寺又多了一项任务，奉诏好好安置原突厥可汗颉利。为此，太仆寺专门扩建了宾客舍，拨出一个庞大的院落供颉利及家人居住。

颉利虽然兵败被擒，但毕竟做过一国之可汗，从民族团结的大局出发，太宗对他还是比较优待的，廪食享受丝毫不亚于那些王亲贵臣。

"天苍苍，野茫茫，风吹草低见牛羊"。一向纵马驰骋在辽阔草原上的颉利，哪里习惯宾舍的生活？每每望着高墙屋宇唉声叹气，心情不好，弄得人也变得日渐消瘦。

一直追随颉利的属下胡禄达官，原是颉利母亲婆施之的媵臣，颉利出生后，就一直由胡禄达官照料。

见颉利郁郁不欢，胡禄达官心里也不好受，向颉利建言道："可汗住屋子不习惯，咱们可以在院子里搭起帐篷，搬到里面住，借以消释思乡的痛苦。"

这倒是一个好办法，闲来难受的颉利当即表示同意，叫人找来绳索、羊皮、粗布、长竿，在宾舍前的草地上摆开架式，颉利亲自动手，小半天的功夫扎起一大二小三顶帐篷。

夜幕降临，帐篷前升起一大堆篝火。悠扬的马头琴声中，手持酒囊的颉利边喝酒边随着乐曲跳起舞来，家人为了逗他高兴，也围成一圈跟着跳了起来……

酒能醉人，故乡草原熟悉的马头琴更是让人心醉。八分醉意的颉利舞到酣处，一把把牛皮酒囊扔了，扬手高叫："备我的千里马，我要到星空下的草原上奔驰一圈！"

这事可难以办到，众人面面相觑，不知怎么办，颉利大怒，跳过去飞脚把篝火踢飞，两只胳膊张着，拨开人群，四处乱撞，疯子一样叫着，找寻他的千里马。

老仆臣胡禄达官见状，上去抱住颉利的腿，伏在地上哭了起来。颉利被哭声惊醒，他望着周围黑糊糊的高墙和屋瓦，明白了自己的处境，也跟着哭了起来。

"拿酒来！"颉利高叫一声，接过酒囊猛灌了几口，又扬手把酒囊扔出，与家人一起围着残存的篝火，且歌且舞且泣……

济世安民：唐太宗

颉利的一些举动早由太仆卿上奏太宗，太宗想试试颉利的心思，这天特地宣他进宫问话。颉利面色憔悴，一步三摇，人光剩骨架了，太宗见了，叹了一口气，流露出一副怜悯的神色，对颉利说："听说卿不喜欢住在屋中，常设穹庐以居之，是不是他们招待你不周啊？"

"廪食很好。"颉利叩首答道，"只是臣自小住在帐篷中，住得惯了，一时难以改掉。"

太宗又关切地说道："卿形枯骨瘦，原来是在京住不惯的原因。朕听说虢州地多麋鹿，可以游牧，卿如果愿意去，朕不妨命你为虢州刺史，也好借此消遣，安享天年。"

这倒是个好事，去虢州当刺史比在京都自由多了。颉利刚要答应下来，但又猛然想起自己乃一亡国之君，若外放为官，久之必会引起猜疑。再说太宗这话说不定仅仅是试探他呢。想到这里，颉利下拜道："臣乃有罪之身，仰蒙陛下洪恩，才得以在京城居住，以后能得以保全骸骨，已是万幸，所有其他特别的照顾，臣是万万不敢接受了。"

太宗听了，很是满意，对颉利说："南越酋长冯智戴来了，过几天要在未央宫举行一个御宴，你也过来吧！"

过了三天，果然在未央宫举行御宴，有降服的外夷酋长侍宴，太宗特地去大安宫请来了太上皇李渊，让他也来享受一下四夷宾服的喜悦。

春暖花开，惠风和畅，御宴在未央宫九宝亭举行。冯智戴虽是一个蛮夷酋长，但地位显然要比亡国之君颉利高。他坐在太宗的身旁，太宗也似乎特别高看他一眼，开宴后频频赐酒，而坐在下首的颉利几乎没人去搭理。

"冯卿年龄不大，对兵法却有特别的研究。"太宗向上座的太上皇介绍道，"四方酋长中，像他这样有悟性的人几乎没有。"

太上皇几杯酒下肚，人也显得活泛多了，他将了将袖子，手指着远处天际的一朵云彩，考问冯智戴："云彩下的山里有贼兵，现在可以对他们发起攻击吗？"

冯智戴手搭凉棚，瞧了瞧云朵，答道："可以出击！"

"何以知之？"太上皇问。

"云形似树，日辰在金，金能制木，击之必胜！"冯智戴侃侃言道。

太上皇一听，大为惊奇，嘴里"啧啧"地赞个不停，冯智戴也不客气，上来奏道："臣不但通兵法，还会吟诗呢！"

"好好，快快咏诗一首给朕听听。"

冯智戴摇头晃脑，迅速口占一诗，曰："溪云我本住天涯，万里北上拜中华。龙颜奉觞请恩泽，轻歌曼舞纷如麻。"

"嗯，嗯……"太上皇频频点头，接着指示乐工："谱上曲子，唱给朕听！"

一个乐女亮开夜莺一样的嗓子，行云流水般地唱了起来，太上皇眯着眼睛，手打着拍子听着，犹嫌不足，对下座的颉利说："你也别闲着，还不去跳个突厥舞，以娱朕心？"

颉利一听让他和一个乐女一块歌伴舞，气得不轻，但又不敢表现出来，客客气气地推辞道："臣的舞跳得不好，不敢污太上皇圣目。"

"跳，你跳——"太上皇懒得多说话，只是指着桌前的空地催促着。

颉利见无法推辞，只得起身下阶，伴着歌声扭起突厥舞来……

听着冯智戴的诗歌，看着颉利的蛮夷舞，太上皇高兴地对太宗说："胡越一家，为从古所未有呢！"

正在跳舞的颉利听了这话，愈加赧颜，他在心里叹了一口气，一个亡国之君这样活着，确实没有多大的意思啊！

御宴结束了，颉利失魂落魄地回到住处，唉声叹气，恹恹成病，卧床不起，不到两月，竟撒手人寰。

颉利死后，太宗命以突厥的风俗，焚尸安葬。追封归义王，谥曰荒。

颉利的儿子叠罗支，非常孝顺，父亲死后，他哭得死去活来，太宗闻听后，感叹地说："天禀仁孝，不分华夷，不要说胡虏没有独具至性的人啊！"

颉利死后，其老仆臣胡禄达官更是哀恸得不能自已，乃至自杀身亡。太宗对此更是惊异万分，追封胡禄达官为中郎将，和颉利一起葬于灞东，诏命中书侍郎岑文本作墓志铭，为其树碑立传。

在通往京城长安的大道上，一个三十多岁的男子手拿折扇，迈着方步，不急不缓地走着。他时而眺望远方青翠的山峦，时而回望一下东去的逝水，心中似乎有许多感慨，但见他把折扇在手掌上一拍，信口吟道：

太清上初日，春水送孤舟。
山远疑无树，潮平似不流。
岸花开且落，江鸟没还浮。
羁望伤千里，长歌遣四愁。

这男子衣着破旧，貌不惊人，吟出的诗却清奇。他名叫马周，本是博州茌平人，父母早丧，孤贫好学，尤精通《诗》《书》。由于落拓不羁，不置产业，常常喝得酩酊大醉，乡亲们都不尊敬他，背后称他为"穷马周""捞酒篓"。后来，马周因"明经有学"，被聘为博州助教。又因喝酒误事，丢了饭碗。无奈，他只好远走长安，寻求出路。

长安城热闹繁华，囊中羞涩的马周进城以后直奔一家饭店。

马周人虽落魄，架子却不倒，待他大模大样地进了厅堂，找个位子坐下，等了半天却没人理他。伙计看他穿得破，都不屑去搭理他。马周见状，一拍桌案，叫道："偏偏俺不是客，不来照顾吗？"

一个伙计慢腾腾地走过来，拿个抹布抹抹桌子，方才应道："我们店大客人多，忙不过来。客人用酒用饭，只管吩咐！"

马周也不和伙计多说，简单明了地叫道："牛肉一盘，羊肉一盘，驴肠一盘，豆腐一盘，再来十坛上等好酒！"

"你一个人能喝这么多酒吗？"伙计惊讶地问道。

"少废话，喝不了我兜着！"马周拍了拍自家的大肚皮说。

伙计笑了一下，心说你这人穿着不怎么样，能得不轻，待我先给你上酒菜来，等你最后付不起酒账再治你。

酒菜上齐，马周敞开怀，蹲在太师椅上旁若无人地吃喝起来。

菜没见他吃多少，酒量却让周围的人看呆了，眨眼的工夫，像喝水那样流畅，两坛酒让他灌进了肚里。

"海量啊，海量！"邻桌的几个人一齐竖起大拇指，"我们八个人加起来也不如他一个人喝得多。"

马周面不改色心不跳，又起了一坛，自得地喝起来，半个时辰不到，六坛酒喝了个底朝天。六个东倒西歪的酒坛子摆在桌面上，引起周围看客的一片惊呼，楼上楼下的，客人带伙计，一齐跑过来围着看马周喝酒。

乖乖，喝水也喝不了这么多，六坛酒搁平常人身上，能放倒好几条汉子。这客人是谁呀？再喝非出人命不可！

"拿个盆来！"略带醉意的马周叫道。

"莫非这小子要论盆喝？"有心要看客官笑话的伙计颠颠地跑到后堂，拎了个洗脸盆回来交给马周。

还剩下四坛酒，马周一一打开，全倒进洗脸盆里，在众人惊讶的目光里，马周将盆端放在地上，而后坐在太师椅上，脱掉鞋和袜，将双脚很舒服地泡在盆里……

以酒濯足？此人定不是凡人！店老板王艾青大惊，急忙分开众人，过来给这客官行礼——"敢问客官哪里人氏？姓啥名谁？作何生计？"

马周洗完脚，穿上鞋袜，回礼道："姓马名周，博州荏平人。来到天子脚下，想讨个生计。"

这王老板也够活泛，看马周这一身穷打扮，出远门连个包都没有，肯定付不起酒钱，此人行为不俗，不妨做个顺水人情，免了他这顿酒钱吧！王老板拱手道："客官初来长安，交个朋友，这顿饭就算我请你了。"

马周哈哈一笑，向账房先生要过笔墨，对王老板说："我还真没有酒钱给你，题诗一首相赠吧！"

"请，请——"

马周索笔在手，龙飞凤舞，在雪白的墙壁上题了一首诗，诗曰：

古人感一饭，千金弃如屣。
匕箸安足酬，所重在知己。

这王老板也略通文墨，知道这马周不是凡人，恭恭敬敬把他请到上房叙话。

王老板帮人帮到底，经他的举荐，马周到中郎将常何家做了门客，总算是不用流落街头，有了栖身的地方。

常何曾在玄武门之变中起过重要的作用，也算太宗的亲近武将之一。

这天晚上，常何坐在厅堂上手扶膝盖唉声叹气，马周正在一旁侍候着，探问道："有什么事吗，将军？"

"是这么回事——"常何愁眉苦脸地说，"先前皇上令百官上封事，提出关于治理国家的意见和建议，今天上朝，别的大臣的上书奏疏都交上了，就我没交，圣上当面批评了我，令我明早交上。"

"交就交呗，写了交上不就得了。"马周说道。

"说得容易，我一介武夫出身，从小没上过学，打打杀杀还行，叫我提出治国良策，有点赶鸭子上架。"

"将军别愁，属下代你写上，缀你的名交上就行。"

"明早可就交上，现在来得及吗？"常何不相信地问。

"哈哈……"马周笑着叫人拿来笔墨，当即在桌案上铺开摊子，文不加点，"刷刷刷"一路写下来，接连写了几大张纸，把常何都看呆了。

"好了。"马周拍拍手说，"一共是二十条建言，盖上你的将军印，明早就可以交差了。"

"人才，人才！"常何惊喜交加，拿过奏疏看了好几遍，又问了几个自己不懂的地方，这才把奏疏卷了起来，放心地睡觉去了。

两仪殿里，太宗展读常何的"建言二十条"，但见上面写道：

……臣历观夏、商、周、汉之有天，传祚相继……自古明王圣主，虽因人设教，而大要节俭于身，恩加于人，故其下爱之如父母，仰之如日月，畏之如雷霆，卜祚遐长，而祸乱不作也。

……臣窃思自古黎庶怨叛，聚为盗贼，其国无不即灭。凡修政教，当修于可修之时，若事变一起而悔之，无益也。夫俭以息人……

太宗没等看完这奏疏，即大叫："传常何！"

一声令下，常何被以最快的速度传到两仪殿。喘息未定，常何抹抹头上的汗问："万岁，召臣有何事？"

"这奏疏是你写的吗？"太宗拍拍手上的奏折问。

"是……是呀！"

"你一介武夫，不会有此宏论。"太宗摇了摇头，笑了笑说。

常何只得老老实实地回答道："皇上恕罪，这的确不是臣所作，乃臣的家客马周所作，他在桌边眨眼间就写成了。"

"是吗？"太宗探着身问，"你哪里得的这个人才？"

"是别人推荐的，他确实不一般，他每与臣交谈，有些话连臣都听不懂。"

"传马周！"太宗叫道，却又招手叫住往外走的近侍，"遣使去，把马周请来！"

"遣使"和"传"就不一样了，使者骑着高头大马，带辆四轮豪华马车，打着旗帜，摆着仪仗，一溜烟地赶到常府。

第一拨使者刚到，正在手忙脚乱地找寻马周，第二拨使者又到了，责问先来的使者："马先生呢？皇上催着呢！"

"说是到相国寺赶庙会去了，没在家。"

"快去找！还愣着干吗？"

二拨使者一前一后，催马冲向相国寺。相国寺庙会是长安第一大庙会，几条街上行人如织，有买的有卖的，人山人海，上哪找马周去？

使者们忙得不亦乐乎，根据马周爱喝酒的习惯，一个饭店一个饭店地挨着找。

人没找到，太宗派来的第三、第四拨使者也来了。

穿着五色锦衣的使者们一搅和，再加上赶来帮忙找人的五城兵马等，整个庙会到知道了，早轰动起来。

最后，总算在一个客栈找到了马周，原来是有人给马周介绍这家客栈孀居的老板娘做老婆，马周正和人家见面呢。

老板娘三十多岁，长得不错，马周觉得满意，漂泊无定的他终于可以有个家了。

两人谈得也挺满意，到了谈婚论嫁的程度，正在这时，几拨衣着鲜亮的皇帝特使破门而入。

"马先生，快快，圣上在两仪殿等您呢！"使者万分火急地说。

　　马周一见，就明白了怎么回事，他握住老板娘的纤纤玉手说："圣上要起用我了，小艾，无论我做多大的官，我都会来娶你。"

　　小客栈门口人头攒动，挤满了看热闹的人，仪仗吹吹打打，百余个羽林军虎视眈眈，护住一辆豪华马车，那个叫"小艾"的老板娘抹着眼泪把马周送上车，说："当了皇上的客，你可不要忘了俺呀！"

　　"哈哈，能大能小才是我马周！"马周豪爽地挥一挥手，在大队仪仗和羽林军的护卫下，迤逦而去……

　　马周穿着一身与小艾见面的新衣服，跟着黄门官直接来到两仪殿。三叩六拜参见毕，太宗问道："卿何处人氏，曾出仕否？"

　　"臣乃博州茌平人，曾任本州助教，因不得志，弃官游于京都。今获睹龙颜，实三生有幸。"

　　太宗见马周说话行礼，有板有眼，非常高兴，又把那二十条建言细细详问。

　　谈到治理国家，马周来了精神，抗词质辩，一一剖析，侃侃道来。那真是学富五车，才高八斗。

　　太宗大喜，当即传旨，授予马周监察御史之职，安置于门下省。常何因举荐有功，特地奖赏三百匹帛。

　　马周穿着钦赐的官袍玉带，拿着笏板，出宫第一件事就是直奔那家客栈，找老板娘王小艾。出去一个穷光蛋，回来一个大官人，把小寡妇喜得不知怎么办才好，末了冒出一句话："您才三十出头，还是找一个官宦人家的小姐吧。至于我……我配不上您。"

　　马周拉着小艾的手，笑着说："我可是马周啊，怎能一阔脸就变呢？等着瞧吧，我还会做到宰相的位置呢，你就等着当你的一品诰命夫人吧！"

　　小艾靠在马周的怀里，喃喃自语："怪不得那天得一异梦，梦见一匹白马，来到店中，自己不觉腾上马背，那马化为火龙，冲天而去呢！"

　　为了让小艾安心，在府第没有着落的情况下，马周先择了个吉日，与小艾在小客栈成亲。成亲那天，百官都来庆贺，小客栈披红挂绿，热闹非凡，街邻无不称羡。

　　朝廷命官不能老住小客栈啊，马周在纸上画了一所宅第，命中人按图索骥。

　　众人以马周一介寒士，素无积蓄，想一下子住那么好的地方，有些不现实，劝他觅几间小房子先住住。马周不同意。

　　过了几天，中人说城中有一佳宅待售，和马周所画的宅第一模一样，好得没法说了，只是价值不菲，卖家索要二百万钱。

　　二百万？别说是马周，一般为官的人也承担不了啊！众人窃笑，以为这下可把马周吓住了。

马周毕竟是马周，路子和别人就是不一样。

他当即入宫，把要买房子的事告诉皇帝。既然用了人家就要给人安个家，再说是马周第一次开口，不好回绝，太宗于是特许有司拨给马周二百万钱，供其买房。

帮人帮到底，这么好的房子，不能让两人空手住进去，太宗又拨给了马周二十万钱，并赐奴婢什物，以充其宅。

马周买了房子，带着小艾，气宇轩昂地搬进新宅，这时众人才明白过来马周使的是哪一招。

上任伊始，作为监察御史，马周先在长安城转了几天，上书提出几条改进意见：

一、京城各条街，每天早晨和黄昏，派人大声传呼，以为警戒，此浪费人力，老百姓听了也觉不得劲，不如置鼓代之，同样可以起到警戒的作用。

二、城门平日出入人很多，有时造成拥挤碰撞，应该规定入由左，出由右，这样就秩序井然了。

马周提了许多切实可行的建议，众人都感到方便，太宗更加赏识他。不久，即升任给事中。

天渐渐变热了，九成宫也修缮一新，太宗下诏，将幸九成宫。

通直散骑常侍姚思廉上书，以九成宫离长安太远，千乘万骑，来回花费巨大，再者，百官衙门办事也不方便，请求圣上留在长安。

太宗叫人召来姚思廉，先赐给他五十匹绢，肯定他的进谏精神，而后对他说："朕有气疾，一到暑天就加剧，只得到九成宫去避避。"

姚思廉听圣上这么一说，只得拱拱手，领着绢帛退了下去。他前脚刚走，马周又赶来递上奏疏，情真意切地指出皇帝的不足：

臣每读前史，见贤者忠孝事，未尝不废卷长想，思履其迹。臣不幸早失父母，犬马之养，已无所施；顾来事可为者，惟忠义而已。是以徒步两千里，归于陛下。陛下不以臣愚，擢臣不次。窃自念无以为报，辄竭区区，唯陛下所择。

臣伏见东宫在宫城之中，而大安宫乃在宫城之西，制度比于宸居，尚为卑小，于四方观听，有所不足。宜增修高大，以称中外之望。又，太上皇春秋已高，陛下宜朝夕视膳。今九成宫去京师三百余里，太上皇或时思念陛下，陛下何以赴之？又，车驾此行，欲以避暑，太上皇尚留暑中，而陛下独居凉处，温凉之礼，窃所未安。今行计已成，不可复止，愿速示返期，以解众惑。

太宗看了马周的疏奏，深以为然，叫人召来马周，当面向他解释道："不是朕没安排太上皇去九成宫避暑。当年隋文帝就崩于九成宫，太上皇恶之，怎么也不愿去那里住。"

为了不给地方上增加不必要的麻烦，太宗命令轻车简从，前往九成宫。哪知御驾尚未到九成宫，就有监察御史前来奏道："打前站的右卫将军陈万福依仗权势，非法榨取驿站三石麦麸皮。"

"朕行前三令五申，不准额外骚扰地方，他要这三石麦麸皮干啥？"太宗没好气地问道。

"喂马呗！"监察御史道。

"怎么处理的？"

"按规定已将三石麦麸皮充公。"

三石麦麸皮的小事也来上奏，太宗有些不高兴，挥手命道："拿三石麦麸皮来，传陈万福见朕。"

快马赶来的陈万福见了圣驾，伏地叩头，一句话也不敢多说。太宗指着旁边的三石麦麸皮说："朕把这三石麦麸皮赐予你，你打算怎么处理啊？"

陈万福又不敢说不要，想了想说："臣这就派人把麦麸皮转还给驿站。"

"你自己犯的错怎能再动用别人，朕给你两天假期，你去把麦麸皮还给驿站。"

"谢主隆恩。"陈万福自信地说，"不用请假了，臣快马加鞭，半天时间就能打个来回，还不耽误护驾。"

太宗笑道："朕让你背着三石麦麸皮，步行送还驿站。"

陈万福一听，头上的汗就下来了，但只得叩头谢恩，过去背起那沉甸甸的三袋子麦麸皮，摇摇晃晃地逆着队伍往回走。

太宗令陈将军背还麦麸皮的事马上传遍了整个护驾队伍。大家不敢怠慢，自动整肃，整个大部队秋毫无犯，规规矩矩地来到了九成宫。

九成宫原名仁寿宫，依山傍水，环境幽雅，古木参天。太宗流连其中，觉得身心愉快了许多，人也放松了许多。

这天傍晚，太宗和尉迟敬德、宇文士及一班文臣武将在庭院里散步，但见一棵巨大的柏树，周身裹着斑斑点点的树皮，好像披着一身鳞甲，显出它的苍劲与威严。太宗抚摸着树干说："比起笔直娟秀的其他树木，这种挂甲树更符合朕的心情，人生在世，就应该竭尽所能、有一番作为。"

群臣听了，频频点头，宇文士及想讨太宗喜欢，立即对这 棵树赞不绝口："此巨柏树干粗大，树冠丰茂，比起周围的树更显得阅尽沧桑，它浑身的纵横成行的鳞斑，让我想起当年圣上身披战甲，驰骋疆场的英姿。"

太宗一听宇文士及张嘴就是满篇的好话，心中不悦，马上转过身来，指着他

济世安民：唐太宗

严肃地责备道："魏徵经常劝朕疏远阿谀奉承的人，朕不知道这佞人是谁，猜想是你，现今听你说话，果然不错。"

宇文士及没想到拍马屁拍到马蹄子上，慌得急忙跪倒在地，叩头谢罪不已。

太宗念他年纪大了，叫人把他扶了起来，告诫道："朕不是隋炀帝，恭维的话最好不要说给朕听。要知道朕遇千虑一失，必望有犯无隐。那些只说好话的人，只会让朕下情不通，贻害无穷。"

宇文士及擦着头上的汗，连连称是。

在九成宫住了一段时间，太宗又忽然想回出生地武功乡下去看看，于是传旨摆驾庆善宫。这是太宗第二次巡幸武功旧邸了，乡里故旧和当地绅耆一起赶来觐见。天下太平，荣归故里，太宗心情也极为舒畅，传旨设宴相待。

赏赐闾里，重游故乡，触景生情，来到旧邸的当天，太宗就欣然提笔，赋诗一首：

> 重幸武功
> 代马依朔吹，惊禽愁昔丛。
> 况此承眷德，怀旧感深衷。
> 积善忻余庆，畅武悦成功。
> 垂衣天下治，端拱车书同。
> 白水巡前迹，丹陵幸旧宫。
> 列筵欢故老，高宴聚新丰。
> 驻跸抚田畯，回辇访牧童。
> 瑞气凝丹阙，祥烟散碧空。
> 孤屿含霜白，遥山带日红。
> 于焉欢传筑，聊以咏南风。

诗作完成后，群臣争相传诵，随驾的音律大师吕才当即把此诗谱之管弦，取名为《功成庆善乐》并组织乐人排练舞蹈。

大宴开始前，庆善宫钟鼓齐鸣，乡里乡亲与随驾的王侯显贵济济一堂，热闹非凡。

"万岁万岁万万岁——"大家一齐举杯向坐在主位上的皇帝祝道。

太宗颔首致意，满满干了一杯，臣子们也随着干了一杯。

这时，《功成庆善乐》的音乐声响起。但见六十四位乐童，头戴进德冠，身穿紫袴褶，长袖漆髻，排班来到殿中空地上，伴随着悠扬的乐曲，徐徐起舞，同时歌喉婉转地吟唱起来。

美酒偕舞，其乐融融，大家喝酒之余，摇头晃脑欣赏着乐舞，啧啧称赞着圣上的诗句。与宴的同州刺史尉迟敬德为一介武夫，对歌啊舞啊的一窍不通。

努力地看了半天，还是没看出个头绪，听了半天没听个明白，尉迟敬德就忍不住不耐烦地哼哼道："什么'凝丹阙''散碧空'，圣上的诗到底说些什么呀？"

坐在下座的任城王李道宗笑着解释道："歌和舞都表达了圣上对故土的怀念和成功之后喜悦的豪情。"

尉迟敬德白了他一眼，心说哪轮到你说话啊，当年咱与圣上并马齐驱，每逢大战，圣上第一个想到我尉迟敬德，两军阵前，除了圣上就数我最风光。如今天下太平了，却把我放在外地，一会儿当个都督，一会儿又迁个刺史，如今又弄些诗啊舞啊的，欺负我不懂啊？

见别人都能对圣上的诗评价一二，唯独自己不通，尉迟敬德有些气闷，一杯酒接一杯酒地灌，一会儿，那酒劲就上来了，但见上座一个文官摇头晃脑在那品咂歌舞，尉迟敬德早就不耐烦了，将酒杯往桌上一顿，嚷嚷道："你有何功，敢居我之上！"

那人吓了一跳，转脸见尉迟敬德双目圆睁，须发皆竖，忙往旁边挪挪身子，老老实实地待着，不敢搭腔。任城王李道宗见状，抛过话来说："功立名标，众人皆知，争此座次，大可不必！"

尉迟敬德一听大怒，又转过脸来，冲任城王喝道："座次先后，为示功勋大小，怎的不必？"

任城王正眼都不瞧尉迟敬德，只是盯着殿中欣赏歌舞，嘴里有些不屑地说："争功争名又争座次，何无谓乃尔！"

见任城王说自己无谓，尉迟敬德一股无名火腾地冒起，再也按捺不住，又开五指，"呼"的一下向任城王脸上打去，嘴里还叫着："我专打你这个'无谓乃尔'！"

任城王也是练家出身，身为王爷，怎么也没想到尉迟敬德敢在御宴上打他。

被人打，当然会本能地反抗。任城王匆忙间用手一挡，但对方带着千钧之力的手掌还是贴上他的半边脸，任城王顿觉眼冒金星，疼痛难忍，眼泪哗哗流出，不禁"啊"的大叫一声，两颗门牙也随之掉在食案上。

众人都被这一幕惊呆了，连乐工也停止了动作。

程咬金怕事情闹大，忙跳过来，抱住尉迟敬德，又急忙叫人把任城王扶下去，寻找太医前来疗伤。

御宴上动手打人成何体统，太宗寒脸挂霜，但肇事者毕竟是救过自己性命的功臣尉迟敬德，太宗挥挥手道："罢宴。"

乐工们悄悄退去，众家公卿、乡里故人也拱手散去，太宗拂袖而起，留下一句口敕给尉迟敬德："归第思过，明日早朝。"

尉迟敬德打了人，心里气还没消去，回到家里，仍然大喘粗气，夫人苏氏见状，忙奉上一杯浓茶，小心在旁边侍候着。

尉迟敬德端过茶来，一饮而尽，把茶杯往桌上一顿。

没等夫人问，他就气愤地说："当年俺冒着刀枪箭雨，冲锋陷阵，打下这万里江山，论功也数前几名，如今朝堂之上，却让如一些刀笔小吏备受礼遇，怎不让俺心中气闷！"

夫人又奉上一杯茶，在一旁小声劝解道："文治武功，自古亦然，如今虽然没让老爷在朝中当什么宰相，但皇上已经高看咱一眼了，当了个刺史，仍拜为开府仪同三司。就说今天御宴吧，换别人这样闹事，皇上早就当场把他发落了。你呢，也要为皇上想想，皇上也是要面子的人啊！"

"当年大战刘黑闼时，圣上被重重围住，眼看就要不济，要不是我飞骑冲入阵中杀开一条血路，圣上还有今天？"尉迟敬德又猛灌一杯茶水，哼哼着说。

"圣上也救过你呀，"夫人柔声柔语地劝解道，"海陵王曾在太上皇面前告谮，将你下狱，即将处死，还不是圣上力谏才得以幸免？"

见尉迟敬德不吭声，夫人又道："明日早朝，别跟皇上顶嘴啊，承认错误得了，今日早点休息吧！"

夫人打来热水，亲自服侍尉迟敬德洗濯，尉迟敬德再大的气头也没有多少了。

看来，火爆脾气的男人，就得找一个温柔体贴的贤夫人啊！不然，两夫妻都是火爆的脾气，那这家就好不了。

早朝上，太宗绝口不提尉迟敬德的事，朝散后，太宗在偏殿召来尉迟敬德，君臣沉默了一会，太宗问："你对昨天的事有什么想法？"

"惟听圣上发落。"尉迟敬德闷声闷气地说。

太宗"哼"了一声，说："有人道卿叛逆。"

尉迟敬德一听这话，那火腾地就上来了，张口就道："臣反是实！"

太宗愣了一下，没想到尉迟敬德竟然如此回答，他在御座上正了正腰身，严肃地盯着尉迟敬德。

尉迟敬德把朝服一撒，扔在地上，又解开内衣，光着上身，指着满身的伤疤，气愤地说："臣从陛下征讨四方，身经百战，九死一生，所存者皆锋镝之余。今天下已定，乃疑臣反，臣不得不自认反！"

说完，尉迟敬德兀自站立，正眼不瞧太宗，只是呼呼直喘粗气。

尉迟敬德身上的累累创痕，不禁让太宗想起当年并肩征战的岁月，他流着泪水，屏退左右，走过去拾起地上的衣裳，递给尉迟敬德说："卿穿上衣服，朕不疑卿，实为故意试卿。"

待尉迟敬德穿好衣服，太宗命他坐下，非常严肃地对他说："朕览《汉书》，见高祖杀戮功臣，功臣获全者少。心中常常憎恶高祖的行为。及居大位，常欲保全功臣，令其子孙绵延，与朕之后裔，永享富贵。"

太宗说到这里，停了一下，见尉迟敬德低头不语，又接着说道："卿居官，常犯宪法，方知韩信、彭越遭戮，非高祖之过。国家大事，唯赏与罚，非分之恩，不可数得！勉自修节，无贻后悔！"

太宗话说得很重，说完后即挥手让尉迟敬德退了下去。回到家里，尉迟敬德左想右想，不住地摇头。汉朝韩信、彭越，功高震主，最后落了个杀身之祸，我得遇今上，按说已对我不错了，御宴上打李道宗并未获谴。圣上说"非分之恩，不可数得"，我生性耿直，遇事不藏心里，万一以后再闹出事来，圣上赦不赦我可就很难说了。想当年，我只是朔州麻衣乡下的一个铁匠，后来从军，到刘武周部下当了先锋，刘武周兵败，才归顺了李唐。数年征战，功高归功高，按理说自己的际遇已经很好了。如今天下太平，我也渐渐老了，何必再与人争短长，自找不痛快？

想到这里，尉迟敬德招手叫过夫人苏氏，和她商议道："这个小刺史我也不想干了，想回长安家中颐养天年，你道如何？"

苏夫人听了非常高兴，赞成道："现在已非当年，不需要你冲锋陷阵了，再说你征战多年，不就想过个好日子吗？咱回到京城，把圣上赐给咱的齐王府整修整修，再在后园种上奇花异草，再给你做上几身新衣裳……"

尉迟敬德听了哈哈大笑，捋了捋胡须说："行啊，明日我就上表辞官。"

且说一朝天子一朝臣，原先最受太上皇宠爱的裴寂自从李世民登基后，境遇一日不如一日。长安有一个叫法雅的和尚，以前常常出入皇宫，后被禁绝，法雅心生怨恨，常常妖言惑众，散布流言。被人告发后，交由兵部鞫问，法雅拉裴寂作挡箭牌，供道："我所说的话，裴尚书全知道。"

兵部差人又去问裴寂，此时的裴寂最怕惹事，挠挠头说："法雅只云，疫疾即将发作，可没听他有别的妖言。"

再审问法雅。法雅言之凿凿，说某年某月某日，包括裴尚书，以及谁谁在场，说出什么什么话。法雅曾得太上皇宠幸，无疑也与裴寂过往甚密，但裴寂哪里能记得这么多话，对法雅的指认，竟是无言以对。供词报到太宗案上，一向对裴寂不满的太宗当即卜诏：裴寂坐罪免官，削去一半食邑，放归蒲州故里。

裴寂怕离开长安再也没机会回来，思考再三，决定奏请乞住京师，哪知刚递上奏疏，就惹得太宗不高兴，训道："以公勋绩，不当食封一千五百户，只因太上皇恩泽倍加，得居第一。武德之时，政刑纰缪，官方弛紊，实由公故。今当重

济世安民：唐太宗

刑，但以旧情，不能极法，放归故里，得扫坟墓，已多宽宥！何得复辞？"

太宗的一番话正说在裴寂的心坎上，裴寂一句话也不敢多说，惶惶然辞职回家，收拾起行囊，当天就坐上马车，奔蒲州老家去了。

到了老家，还没过几天安稳日子，却又祸起萧墙。有一个叫信行的狂人，寓居汾阴，常常路过裴寂的家门口，与裴寂的一个看门的家僮闲扯，他三番五次对这家僮说："裴寂有天分，当主天下！"

后来这信行死了，家僮偶然想起，又把信行的话说给管家恭命听，恭命也当一句玩笑话，颠颠跑到书房说给裴寂听。

裴寂正是因为"妖言"才获罪的，听了恭命的传话大吃一惊，这要是传扬出去，还不得摊上杀头之罪？裴寂脸上一阵青一阵黄，想了一番，招手叫过恭命，附耳说道："此话非同小可，传扬出去，我们家就完了。夜里三更，你寻个机会，将那家僮杀死，神不知鬼不觉，以后休要再提此事。"

为一句玩笑话杀人？恭命惊得一愣一愣的，但看老爷的神色，事关重大，不答应不行，只得点点头，退了下去。

杀人可不是小事，恭命左思右想，这事干不得，没奈何，等天黑了，他找到那家僮，两人到了野外，恭命指了条生路，放那家僮逃亡了。恭命则在刀刃上抹了些鸡血，回来向裴寂复命，言已在野外将人杀死，就地掩埋了。

裴寂看了看带血的匕首，也就信了。

事情还是坏在后来，恭命奉裴寂之命去食邑收钱，收了一百多万。

钱一多了，恭命忘乎所以，吃喝嫖赌起来，不久，钱让他糟蹋殆尽。人躲在食邑迟迟不归。裴寂听说钱让恭命用光了，勃然大怒，命人去捉拿恭命。

恭命也是有心计的人，他心知没有好果子吃，为自身计，急忙上疏告密，将裴寂欲杀人灭口的事和盘托出。

奏疏递到太宗手里，太宗览之大怒，对侍臣说："裴寂有死罪四：身为三公，与妖人法雅亲善，其罪一；事发之后，乃负气愤怒，自称：'国家有天下，是我所谋'，其罪二；妖人言其有天分，匿而不奏，其罪三；阴行杀人灭口，其罪四。"

至于如何处理裴寂，群臣议论纷纷，大家一致的意见是：裴寂毕竟是开国功臣，与太上皇有旧，若猝然毁其性命，难免让天下人议论当今圣上，不如改为发配。

群臣的话说得有道理，太宗愤愤地说："朕杀裴寂，非无词也。然议者多言流配，朕当从众。"

通往静州的路上，山道崎岖，裴寂领着一家大小百余口，凄凄惶惶，蹒跚而行。

山风吹着裴寂灰白的头发，老裴寂望着岭外荒蛮之地，长叹一声，想当年太原起兵，太上皇为大将军，我为长史，太上皇登基，我又为尚书，拜右仆射，官高爵显，太上皇每视朝，自称名，引我同榻而坐，天下谁人不羡慕？没想到换了皇上后，一个莫须有的罪名，竟让自己落个发配流徙的下场！时也命也，太上皇有知，若有一点权力，想也会帮帮我，把我召回京师，不至于把这一把老骨头抛弃于荒山野外……

在甲士的押送下，裴寂一家人来到静州，虽名为州，但静州城比一般的州可差远了，还不如长安近郊的一个镇子大。

这镇子不是很繁华，找住的地方不是一件容易的事情。找来找去，终于找到一处还算宽敞的院子。裴寂看了还算满意，就带着家人在这宽敞的院落安顿下来。刚刚安顿好了，就听附近的山上人声鼎沸，裴寂忙叫家僮去打听，家僮转了一圈，回来报道："山羌作乱，州府正在组织人抵抗。"

裴寂心说：我好歹也是开国元勋，也曾做过三军统帅、带兵杀敌。如今山羌作乱，也算报国有时，哪能坐视不管啊！想到这里，裴寂抻了抻袖子，于厅堂中昂然而立，命令家人："取太上皇赐我的金盔金甲，所有家僮立即披挂集合，随老夫前去剿灭山贼！"

裴寂披挂上全套的金制铠甲，虽然觉得沉重，人有些喘，但却格外显眼。他跨上骏马，率几十名家僮拎刀持枪，来到州府，要求参战。小小静州刺史不敢怠慢，即和老尚书商议一番，决定兵分三路，一路迎敌，一路拦腰伏击，一路埋伏在羌兵撤退的路上。

裴寂一路担负着诱敌深入的任务，他领着家僮与山羌接触以后，即且战且退，山羌见一帮杂牌军和一个身穿黄金锁子甲的老头儿，乃穷追不舍。到了一个山沟，裴寂等人闪入树林中，此时埋伏的官兵呐喊着杀出，山羌措手不及，被杀个大败，往山里回窜，路上又被伏击一次，死伤惨重，余者逃入山里去了。

且说暑天过去，秋风飒飒又起，太宗乃命起驾回长安，刚从九成宫动身，就有小道消息传来，言山羌作乱，劫去裴寂，拥戴为主。太宗不大相信，摇摇头说："裴寂有功，太上皇顾遇良厚，本当死，朕使之生，必不会有此事。"

车驾上路，没过半个时辰，即有驿传赶来，报告说裴寂率家僮协助官军，大破山羌。太宗听了连连点头，果不出所料，裴寂到底是一个有原则的老臣啊！想当年太上皇不欲起义，裴寂想方设法，劝太上皇举义旗起兵，其佐命之功，什么时候也抹杀不了啊！想到这里，太宗欣然下诏：征裴寂入朝！

车驾回京师，太上皇照例设宴大安宫，为儿子洗尘。大安宫里，菊花盛开，争奇斗艳，廊下乐声奏起。

开宴前，太宗与长孙皇后领着一班王子、公主，恭恭敬敬地献上过冬的十二

章纹玄衣纁裳及一切御用之物，以示孝敬。

酒宴开始后，太宗先献上太上皇喜欢喝的菊花清酒，长孙后则端着牙盘，献上太上皇喜欢吃的贵妃红（加味红酥）、长生绣丸（肉糜制，隐卵花）。

儿子、媳妇、孙子均如此孝顺，按说太上皇也该满足了，却见太上皇饮了半杯酒，夹了点菜送进口中，还是不由自主地轻轻叹了一口气。

太宗以为太上皇整个暑天都在京城有些不高兴，忙凑上前说："儿准备叫工部另选地方，专门建一座避暑宫殿，留太上皇度夏之用。"

太上皇摇摇头说："不用了，朕只是觉得一个人发闷，想找一些老朋友说说话，聊聊天。"

见太上皇念旧，太宗忙说："儿已宣裴寂入朝，等他回来，儿即刻命他来伴驾。"

"你还不知道吧？"太上皇抹了抹眼泪说，"裴寂是朕的老友，朕一直派人打听他的事，昨天有人来告，裴寂已死在静州了。"

"死在外面了？"这事太宗还真不知道，他劝太上皇道："我还没有收到这方面的驿报，也许是误传。"

太上皇抹了抹眼角的老泪说："裴寂年老，流徙颠簸，战败山羌后，心力用尽，猝然昏迷。想当年他数乞骸骨，朕只道朕为太上皇，裴寂为台司，逍遥一带，要相偕老，岂料他已先朕而去了。"

想不到太上皇老是念叨裴寂这不愉快的事，太宗只得好好劝道："贞观二年，儿去南郊祭祀，让裴寂、长孙无忌一起同乘金辂车，把裴寂看作最重要的功臣，岂料后来又发生法雅、信行之事，国家法令，难以赦免，儿作为皇帝只得……"

太上皇好像根本听不到儿子的辩解，兀自念叨着："还有窦抗，也已作古。我们俩既是郎舅，又是少年时代的朋友，称帝后，朕任他为纳言，常常在朝上直呼为兄，退朝之后，即饮酒谈谑，以叙平生……"

是啊，老臣故友的相继去世，让蛰居深宫的李渊更觉孤独。太宗望着陷入回忆中的太上皇，忙招手命那些王子、公主们一一上来给太上皇敬酒。

动辄伤感，常常陷入回忆中的老人，看样子日子也不多了……

【第十一回】

老而弥坚李靖出征，忠不顾身魏徵谏言

灭了东突厥以后，太宗转而考虑解决吐谷浑的问题。吐谷浑位于青海湖西岸，地方数千里。其主慕容伏允曾被隋文帝遣兵击败，后使其长子慕容顺质于隋。唐建之后，高祖应慕容伏允之请，双方互为贸易，并遣慕容顺归国。后吐谷浑不守信义，多次侵扰唐朝疆土，妨碍了唐与西域的政治经济往来。

贞观八年（634年），吐谷浑拘留唐使者鸿胪丞赵德楷，太宗十余次派使者宣谕，均无功而返，慕容伏允反而遣兵大掠鄯州。

鄯州刺史李玄远上疏奏道："近日吐谷浑良马于青海湖边放牧，轻兵掩袭，可获大利。"

太宗览表后，认为是进攻吐谷浑的好时机，于是召开御前军事会议，商讨大举讨之。在决定何人统兵的事上，太宗迟迟拿不定主意，有人推荐老将军李靖，太宗摇摇头说："从指挥能力上来说，李靖固然是最合适的人选。但李靖一直统兵在外，如今年老，正该享几天清福，朕不忍重劳李靖。"

此话传到李靖的耳朵里，李靖浑身披挂，慨然上殿，向太宗请道："臣虽非少年，但报国丹心不减，请与我步骑三万，定擒慕容伏允献于阙下。"

太宗考虑来考虑去，正想使用李靖，见李靖自请，拍案叫好，当即下诏令李靖为西海道行军大总管，节度诸军。同时任命兵部尚书侯君集为积石道总管，刑部尚书任城王李道宗为鄯善道总管，凉州都督李大亮为且末道行军总管，岷州都督李道彦为赤水道行军总管，利州刺史高甑生为盐泽道行军总管，大举征讨吐谷浑。

各路大军在李靖的指挥下，深入到吐谷浑境内，任城王李道宗作为前部先锋，在诸军的策应下，在库山一带击败吐谷浑的精骑，慕容伏允撤退时，为阻追兵，放火烧掉了沿途的野草，轻骑逃入了沙碛。

这当儿，各军也已跟了上来，是纵兵追击还是等待时机？

主帅李靖召集将佐，商讨对策。鉴于吐谷浑恶劣的自然条件，多数将领认

为："伏允逃跑前，悉烧沿途野草。我们的马没有了草料，必然疲劳瘦弱，骑兵不可深入。不如撤军鄯州，等待草长马肥再伺机进攻。"

侯君集一向喜出奇兵，他力排众议，提出自己的观点道："以前段志玄破吐谷浑，追敌八百里，离青海仅三十余里，吐谷浑驱牧马逃走后，志玄撤军回鄯善州，刚刚回到鄯善，虏亦跟着来到城下。如今任城王大败伏允，吐谷浑鼠逃鸟散，君臣二心，父子相失，信息不通，取之如拾草芥，正是进攻的好机会，如果我们不以骑兵攻其不备，以后必然后悔不迭。"

李靖听了侯君集的高论后，一锤定音，决定兵分两路，马不停蹄，分进合击。李靖自率李大亮等部由北道进军，侯君集则与任城王李道宗从南道出击。

吐谷浑之地，自然条件有好有坏。

侯君集和任城王李道宗引兵西行，走了千百里路不见人烟，时已近秋八月，白毛风带着哨声刮得人睁不开眼。更为困难的是，周围没有水，唐军只得派人到附近的雪山上挖一些冰和雪回来。

人吃冰，马咽雪，备尝塞外艰苦，但主将侯君集、李道宗志矢不移，率兵行了两千多里路，终于在河源郡乌海一带遇上了吐谷浑的大队人马。

侯君集命兵士们稍事休整，做好战斗准备，他则和任城王一起登高观察。但见前方傍山临水的坡地上，呈城堡式搭起上千个帐篷，中间的一座帐篷装饰华丽，异常宽大，侯君集点点头，对任城王说："看这架式和规模，慕容伏允一定在中间，我军出击时，必须马不停蹄，猛击猛打！"

任城王摇摇头说："敌军人数不亚于我军，此役很难擒住慕容伏允。"

"不怕！"一向骁勇善战的侯君集马鞭一指说，"敌军乃惊弓之鸟，此役必败无疑。即使慕容伏允跑了，前方还有李大总管从北路堵截他们。"

侯君集挑一些体力好的人马，作为前锋，与任城王兵分两路，在太阳即将落山，吐谷浑正在埋灶做饭的时候，突然呐喊着冲杀了过去。

中原战鼓咚咚响起，无数唐骑在战旗的引导下旋风般地杀来，正在帐篷中喝奶茶的慕容伏允措手不及，一面传令抵抗，一边三十六计走为上，带着亲兵家眷夺路向北逃去。

唐军虽然远道而来，备尝艰辛、疲惫不堪，但仗着一股气势，终于压倒了实力丝毫不亚于唐军的吐谷浑兵，此役虽没捉住慕容伏允，但杀伤活捉吐谷浑兵两万余人，俘其名王十余人，慕容伏允的这支主力部队遭受了毁灭性的打击。

北路的李靖、李大亮军也一路势如破竹，打了两个战役，一败吐谷浑于曼头山，再败其于牛心堆。但当大军继续向前推进时，前部先锋薛万彻、薛万钧在赤水源一带，却遭受吐谷浑的激烈抵抗。

薛氏兄弟艺高人胆大，率数百骑兵轻骑先驰，刚入了赤水源的北山口，不想

济世安民：唐太宗

吐谷浑兵早有准备，见薛氏兄弟孤军深入，数千骑兵立即大喊大叫着从两边山坡上冲了下来。薛氏兄弟来不及退身，便被卷入混战之中。

敌众我寡，几百唐骑拼力死战，薛万钧、薛万彻抖擞精神，老大持双枪，老二持双刀，长枪快出，枪尖如毒蛇吐信，大刀翻飞，刀刃如寒风透骨，吐谷浑兵是沾着死，碰着亡，兄弟俩左右冲杀，如入无人之境。为了把几百唐骑带回去，兄弟俩不敢恋战，激战中，薛万钧回马高叫兄弟薛万彻："我头前开道，你来断后，保护兄弟们冲出去！"

兄弟俩一前一后，奋力拼杀，无奈敌军越来越多，像数不清的蚂蚁一般直往上围，而数百唐骑陷入其中，正像一条越来越爬不动的蠕虫。

好汉难抵四手，激战中，薛万钧、薛万彻身上均中敌枪，胯下战马也因受伤失血过多，仆地不起。兄弟俩只得步行战斗，而跟随的骑兵，也已死伤十之六七。正在兄弟俩浴血奋战，情况万分危急的时候，但见敌军后方一阵大乱，左领军将军契苾何力骑着高头大马，率数百精骑杀入敌阵，前来救援。

薛万钧、薛万彻兄弟见状大喜，抖擞精神，奋力斩杀两名敌将，夺得两匹战马，且战且退，向契苾何力靠拢。

契苾何力原为契苾酋长，东突厥败亡后，何力率部落六千余家至沙州请降，太宗封其为左领军将军。此次亦随大军西征。

契苾何力及其部下也不是善茬，杀法骁勇，马快人狠。经过一番奋力拼斗，终于冲开敌阵，把薛氏兄弟救了出来。

恰在这时，李靖也率主力部队赶到，立即形成对吐谷浑兵反包围之势。经过一番竭力奋战，到底李靖军占了上风，大败吐谷浑军，俘其名王二十余人。

与此同时，李大亮也在蜀浑山战吐谷浑，执失思力在居茹川小胜一场。节节败退的慕容伏允不敢再与唐军接战，率余部沿青海湖畔急急向西逃窜。

李靖麾军追击，经积石山黄河源，直追到且末，来到了吐谷浑的最西边。

前部先锋官薛万钧、薛万彻吸取上次的教训，边行军边放出探兵，小心翼翼地向前运动。这天上午，刚吃过早饭，就有探军前来报告，言慕容伏允正在突伦川扎营，准备在那里收罗残部，准备逃奔于阗。

鉴于上次在赤水源陷于重围、险遭不测的教训，薛氏兄弟决定等李靖大军来时，再行进攻，但随行的契苾何力坚决主张追击，薛万钧摇摇头说："穷寇勿追，慕容伏允既然要逃奔于阗，其亲近的精兵强将必然追随，我若轻骑冒进，恐遭其伏击。"

契苾何力坚持己见，说道："吐谷浑无城郭，随水草迁徙。如不在其聚居时袭取，一旦错过战机，敌人风流云散，哪能再颠覆其巢穴！"

不待薛氏兄弟答应，契苾何力自回本帐，亲自挑选千名骁骑，整装进发。薛万钧、薛万彻怕他一军独进出事,乃引本部兵马紧紧跟上。

越往西走,气候越恶劣,很难见到水草,放眼望去,到处是沙碛,许多战马支持不住,渴死在途中。

士卒渴极,只好刺马血饮用。但开弓没有回头箭,无论付出多大代价,也不能再走回头路了。

经过三天的急行军,部队接近了突伦川,好在慕容伏允还没有西逃,薛万钧、薛万彻、契苾何力经过简单的休整后,即兵分三路,直冲慕容伏允的牙帐。

唐军出其不意,来势凶猛,又是三路夹击,不由得吐谷浑兵心中不慌,及至仓促应战,唐军已冲到了帐前。短兵相接,好一场混战,志在必得的唐军首先在气势上压倒敌军,君臣离心离德的吐谷浑,有的落荒而逃,有的不战而降。

慕容伏允见势不妙,狠心地抛下尚在牙帐里的儿女妻妾,只率领着亲兵千余人,一路向沙碛深处逃去。

此役唐军大获全胜,斩首数千,获得杂畜二十万头,并俘获慕容伏允的妻子。

且说慕容伏允率千余残兵凄凄惨惨,在沙漠中游荡,十几天后,满腹怨气的部下终于按捺不住,合伙杀死了慕容伏允。

慕容伏允一死,有人立其子慕容顺为可汗,慕容顺久住中原,不愿与唐朝为敌,于是顺天从人,斩杀了顽固分子天柱王,向唐军请降。

至此,李靖胜利地结束了对吐谷浑的战争,从而解除了吐谷浑对河西走廊的威胁,算是大功告成了。

李靖平定吐谷浑的奏疏传至长安。太宗从战略的高度出发,决定让归附的吐谷浑仍居故地,立慕容顺为主。命李大亮率精兵五千,助慕容顺声威,以服其众,同时防范日益强大的吐蕃。

此番征战吐谷浑,各路兵马都取得了一定的战绩,唯有盐城道总管高甑生瞻前顾后,误了行军日期,寸功未立。战后总结会上,主帅李靖按军纪处分了高甑生。高甑生怀恨在心,班师回朝后,即捏造罪名,诬告李靖拥兵自重,意欲谋逆。

谋逆不是小事,太宗立即敕令查问,三查两查,纯属诬告。偷鸡不成反蚀把米,高甑生按律反坐,减死罪徙边。依仗是秦府功臣,高甑生上疏请求宽宥,太宗批道:高甑生违反李靖节度,又诬其反,若此可宽宥,法将安施?况国家起自晋阳,功臣甚多,若高甑生得免,以后人人犯法,怎能复禁!

李靖横遭高甑生诬告,虽未被关押,但也被大理寺传唤了好几次。

李靖是明白人。眼看情势不对,惧怕功高震主的李靖当即交出兵权,自此闭门谢客。文坛领袖、著名诗人、秘书监虞世南感李靖丰功伟绩,特地作诗一首,赞扬了李靖虽年过花甲,壮志却不减当年的英雄气概——

出塞

上将三略远，元戎九命尊。

缅怀古人节，思酬明主恩。

山西多勇气，塞北有游魂。

扬桴上陇坂，勒骑下平原。

誓将绝沙漠，悠然去玉门。

轻赍不遑舍，惊策鹜戎轩。

凛凛边风急，萧萧征马烦。

雪暗天山道，冰塞交河源。

雾锋黯无色，霜旗冻不翻。

耿介倚长剑，日落风尘昏。

　　为了庆贺平定吐谷浑，太宗在宫中排开盛宴，款待参战将领。但李靖以身体不适为由，没来赴宴。

　　念他年纪大了，太宗没勉强他，但庆功宴上缺了李靖这个领军人物，太宗还是觉得心里不大得劲。

　　从刀光剑影的战场上胜利归来，又立了大功，诸将无不兴奋异常，开怀畅饮。

　　酒过三巡，菜过五味，右卫将军薛万彻舌头大了起来，竖起大拇指，自夸功劳大于其他人，有人反驳他说："要说突伦川关键一仗，首功还应推契苾何力，是人家力主进军，才歼灭了慕容伏允的主力部队。"

　　薛万彻喝得眼珠通红，手一划拉说："他契苾何力算个鸟！他那点突厥兵还能成大事？还不是老子跃马持刀……杀尽吐谷浑兵的。"

　　旁边的契苾何力一听薛万彻骂他"算个鸟"，气得马上隔着桌子扑过来，要掐死薛万彻，慌得众将急忙拦住。

　　这边一闹，那边本来就郁郁寡欢的太宗皇帝勃然大怒，传令近侍将两人押到御案前，说个明白。

　　薛万彻结结巴巴狡辩完毕，契苾何力又一五一十把事情说了一遍，说自己如何拼死救出薛氏兄弟，又如何决计穷追，薛万钧又怎样劝阻。

　　末了，契苾何力委屈地说："我力战吐谷浑，救出薛氏弟兄，不来谢我，因何又毁我于广众之中？"

　　太宗听明白后，怒气冲冲，指着薛万彻说："你！不识好歹，右卫将军也别干了，把你的印绶立即交给契苾何力！"

　　薛万彻一听，垂头丧气，刚要解下腰上的将军印，契苾何力高姿态，上前劝住了，向太宗力辞道："陛下，臣与万彻之事，非为争功，乃为争理。今理明，臣无憾矣。陛下以臣之故，解万彻官与臣，诸胡无知，以陛下重胡而轻汉，转相告诬，且使胡人谓诸将皆如万彻，将有轻汉之心。"

契苾何力说话行事，不但姿态高，而且合情合理，头头是道。

太宗看在眼里，心中思道：都说胡人不明教化，做事简单粗暴，听这契苾何力之言，不但懂得礼法，而且善于约束自己，可真是难得的忠臣义士。

有了太宗对契苾何力的好印象，不久，契苾何力得以宿卫北门，其后又检校玄武门左右屯营的飞骑兵。

后来，为了进一步奖赏和笼络契苾何力，太宗又把宗室女临洮县主许配给契苾何力。真没想到薛万彻这一闹，使素有忠直之心的契苾何力官职芝麻开花节节高。

贞观八年（634年），大唐朝风调雨顺，五谷丰登，军事上也取得一系列重大胜利，疆域进一步扩大。三月，适逢太上皇六十九岁大寿，太宗专门在长安城西校武场安排一个隆重的阅兵仪式。

方圆四五里的校武场上，旌旗林立，刀枪密布，数万虎贲将士头戴兜鍪，身披铠甲，组成五色方阵。

队列前方，上千余名将军骑着高头大马，雄赳赳直视前方。在太宗的陪同下，太上皇李渊身着玄衣纁裳，头戴珠冕，坐着金辂御车，缓缓从阅兵道上驰过。龙旗、凤旐、黄钺、朱施，也一一在太上皇眼里闪过。甲胄，璀璨辉煌；军器，精芒闪烁。天威赫赫，谁能与之争锋？

面对威武的将士，太上皇不禁想起当年在太原誓师的情景，他不顾年老体弱，兴奋地从车上站起身来，挥手大声地向将士们表示慰劳："将士们好！"

"万岁万岁万万岁！"

应答声惊天动地，气势澎湃，显示了唐军忠于朝廷，所向无敌的一贯品质。太上皇大为高兴，一再挥手向将士们问好。

阅兵后，太上皇回到未央宫，设宴招待三品以上的文臣武将和各国驻京使节。

御宴上，歌声清越，舞姿翩翩，赏心悦目，一派融融气象。太宗首先捧酒祝寿道："今四夷入臣，皆陛下教诲，非臣智力所及。昔汉高祖亦随太上皇于此宫置酒，捧玉卮为太上皇寿，言道，'昔大人常以臣无赖，不能治产业，不如仲力。今臣业所就，与仲孰多？'汉高祖妄自尊大，儿臣不取！"

太上皇听了这话，开心地哈哈大笑，将觞中美酒一饮而尽。与宴公卿一齐拱手贺道："万岁万岁万万岁！"

为了让太上皇高兴，太宗又拿出他昨晚写的一首诗，亲自念给太上皇听：

守岁

暮景斜芳殿，年华丽绮宫。

寒辞去冬雪，暖带入春风。

阶馥舒梅素，盘花卷烛红。

共欢新故岁，迎送一宵中。

　　念完后，众卿一齐叫好，接着太子李承乾奉觞给太上皇祝寿。望着自己的第三代皇位继承人，太上皇更是高兴，不顾年老体衰，又是一气干了觞中的美酒。

　　望着白白胖胖、从未吃过苦受过罪的太子李承乾，太宗对东宫左庶子于志宁、右庶子杜正伦说："朕年十八，犹在民间，民之疾苦，无不知之。及居大位，区处事务，犹有差失。太子承乾，生于承乾殿，贞观初，立为太子，养于深宫，百姓艰难，未曾目睹，能无骄逸乎？卿等应亟谏。"

　　于志宁、杜正伦连连点头应承："臣领旨，臣当谨记！"

　　没等御宴结束，年事已高、过度兴奋的太上皇已自不支，于是传旨起驾回宫。太宗搀着太上皇来到殿外，又决计亲自捧舆送太上皇至寝殿门，太上皇不许，乃命太子承乾代为捧舆。

　　这是太上皇一生中最后一次盛宴。其后不久，太上皇得了风疾，卧床不起。虽经天下名医多方疗治，但病终不见好转。秋风萧瑟，枯叶飘落，病榻上的太上皇下遗诏道："既殡之后，皇帝宜于别所视军国大事。其服轻重，悉从汉制，以日易月。园陵制度，务从俭约。"

　　贞观九年（635年）五月庚子日，太上皇李渊走完了人生最后的旅程，崩于大安宫的垂拱前殿。群臣上谥曰太武皇帝，庙号高祖。

　　钦天监奏请择日安葬太武皇帝于献陵。为了表达孝心，太宗下诏道："山陵依汉长陵故事，务在崇厚。"

　　安葬期在十月，工期紧，任务重，要建成汉高祖那样的陵墓规模根本不可能，秘书监虞世南上疏道：

　　圣人薄葬其亲，非不孝也，深思远虑，以厚葬适足为亲之累，故不为耳。昔张释之有言："使其中有可欲，虽锢南山犹有隙。"刘向言："死者无终极而国家有废兴，释之之言，为无穷计也。"其言深切，诚合至理。伏唯陛下圣德度唐、虞，而厚葬其亲乃以秦汉为法，臣窃为陛下不取。虽复不藏金玉，后世但见丘垄如此其大，安知无金玉邪！且今式已依霸陵，而丘垄之制独依长陵，恐非所宜。伏愿依《白虎通》，为三仞之坟，器物制度，率皆节损，仍刻石立之陵旁，别书一通，藏之宗庙，用为子孙永久之法。

　　疏奏递了上去，太宗不理，虞世南再一次上疏谏道："汉天子即位即营山陵，远者五十余年，今以数月之间为数十年之功，恐于人力有所不逮。"

虞世南再次上疏，太宗只得将他的意见交由有司讨论。汉高祖陵高九丈，有些太高，若给太上皇起"三仞之坟"又未免太低。

最后，经房玄龄提议，按照光武帝原陵高六丈的规模，筑成献陵作为太上皇最后的安息之所。

冬十月庚寅这天，葬太武皇帝于献陵，太穆窦皇后附葬。献陵位于京兆三原县东之十八里，坐北朝南，山林环抱，陵前后各有一对石虎，南门有一对石犀牛和华表。

太上皇病重这年，陇右山崩，大蛇多次出现，江淮、山东等地，洪水为灾。太宗颇为忧虑，又不愿公开讨论此事，于是召来博学多才的虞世南，让他谈谈对这些异常天象的看法。

虞世南奏道："蛇应当在野外，如果进入市镇，便是怪事。如今蛇出现在山泽，深山大泽必有龙蛇，不足为怪。山东足雨，虽然是常事，但若下雨过多，恐怕有冤狱，应当审查在押罪犯，以符合天意。妖不胜德，只有修德才可以消灾。至于山崩，自古就有这种现象，不足为奇。"

太宗听了这话，深以为然，当即也作了一番自我反思："朕年弱冠，举义兵，年二十四平天下，未三十而居帝位。自谓三代以下拨乱之主，莫有逾之者。又自以为骁勇如薛举，骛猛如金刚，皆为朕破灭；窦建德跨河北，王世充据洛阳，足为劲敌，悉为朕所擒。及逢家难，复决意安社稷，遂登大宝，又降服北夷，征服西域。因之颇为自矜，或轻天下士，此为朕之过错。"

虞世南拱手道："臣闻天时不如地利，地利不如人和。谨愿陛下抚民以静，对四夷爱之如一，召天下士，喜纳忠言。勿以功高古人而自矜伐，勿以太平渐久而生骄怠，慎终如始，则天下幸甚！"

太宗正色言道："秦始皇平六国，隋炀帝富有四海，既而骄逸，毁于一旦，朕何得自骄！"

虞世南告辞走后，太宗觉得心里还是不得劲，他寻思来寻思去，当即叫近侍召来房玄龄，对他说："太上皇也入土为安了，朕想下一步该整理整理太上皇的起居注，修一部《高祖实录》，由你来牵头。"

房玄龄拱手道："臣一定尽心去做这件事，给事中许敬宗、著作佐郎敬播都是修史方面的专家，可以让他们加入进来。"

太宗对由谁来修史不太感兴趣，但最想看到的是高祖的起居注，想看看高祖在玄武门事变前前后后都说了些什么。

"玄龄啊，"太宗试试探探地问，"朕想看看太上皇的起居注，不知道行不？"

太宗这一说，房玄龄算明白了皇帝要修国史的主要意图，便迟疑地答道：

"自古帝王不能自观国史，此事非同小可，是否叫群臣议论一下？"

起居注记录君主的言行，善恶必书，若帝王自观，势必引起一些不良的后果，影响历史记录的公正性，这一点太宗明白，只得挥挥手，让房玄龄下去找几个大臣"议"去了。

太宗要看高祖的起居注，此动议一出，当即遭到一片反对。当天，谏议大夫朱子奢就上表，表示反对，其上表曰：

今月十六日，陛下出圣旨，发德音。以起居注书帝王臧否，前代但藏于史官，人主不见。今欲亲自观览，用知得失。臣以为圣躬举无过事，史官所述，义归尽善，陛下独览《起居》，于事无失。若以此法传示子孙，窃有未喻。大唐之祚，天命无改。至于曾元之后，或非上智，但中主庸君，饰非护短。见时史直辞，极陈善恶，必不省躬罪己，唯当致怨史官。但君上尊崇，臣下卑贱，有一于此，何地逃刑？既不能效朱云廷折，董狐无隐，排霜触电，无顾死亡。唯应希风顺旨，全身远害。悠悠千载，何所闻乐！所以前代不观，盖为此也。

朱子奢的上表虽然语气婉转，但却从各个方面指出皇帝自观国史的危害性。太宗怕执意要看影响不好，只得暂且放弃了要看起居注的企图，只是一再私下叮嘱房玄龄，要多从正面反映"玄武门事变"的前后经过。

封禅者，帝王受天命告成功之为也。其意有三：一、位当五行图箓之序，二、时会四海升平之运，三、德具钦明文思之美。战国时，齐国和鲁国的儒士们认为泰山为五岳之首，帝王应当至泰山举行祭祀大典，登泰山筑坛祭天叫做"封"，在泰山以南梁父山上辟基祭地叫做"禅"。

秦始皇统一中国后，封禅于泰山。其后，汉武帝和汉光武帝皆举行过封禅大典。隋文帝开皇十四年（594年），群臣请封禅，文帝虽命牛弘等创定封禅仪注，但最终还是决定不举行封禅大典，说："此事体大，朕何德以堪之！但当东狩，因拜岱山耳。"只是在次年春，经过泰山脚下，用祀南郊的礼仪，祭拜一下就走了。

唐太宗即位后，社会秩序已趋安定，农业生产日益复苏，人民生活也逐渐提高，天下出现少有的"大治"局面，封禅泰山之事重新又被人们想起。

贞观五年（631年）正月，赵郡王李孝恭等人上疏，以为"天下一统，四夷来同，诣阙上表，请封禅"。太宗以"凋残未复"为理由，不准。同年十一月，利州都督武士彟上表请封禅，太宗仍不同意，说："丧乱之后，民物凋残，惮于劳费，这不好。"

贞观六年（632年）正月，在岁首朝会这天文，武百官以"天下太平，四夷宾服，诣阙请封禅者，首尾相属"为由，集体请求封禅。太宗仍不许，对群臣说："卿辈皆以封禅为帝王盛事，朕意不然。若天下大安，家给人足，虽不封禅，也没什么损失！昔秦始皇封禅，而汉文帝不封禅，后世岂以文帝之贤不如始皇？且事天扫地而祭，何必登泰山之巅，封数尺之土，然后才可以展其诚敬？"

群臣不听，七嘴八舌，纷纷说道："人和岁稔，上天之意不可违，就是现在举行封禅大典，臣等还认为已经晚了呢。"

群臣请之不已，弄得太宗也有些心动了，他在御座上正了正身子说："封禅也无不可，但得编定封禅仪注，还得重新整修泰山宫殿，少说也得准备七八个月。"

听太宗口气放松，群臣忙道："准备事项都是应该的，时间也充足，正好到秋后天高气爽的时候去泰山封禅。"

太宗刚要答应封禅，魏徵出班，摇手直说不可。太宗见他又来阻拦，心里不高兴，冷着脸问道："朕希望你能直截了当说出你的意见，不要有所隐讳，那你说说，你不让朕去封禅，是朕的功绩不高吗？"

"高！"魏徵伸出大拇指说。

"是朕的德行不够厚吗？"

"厚！"

"是咱中原还不够安定吗？"

"安定！"

"是四夷还未臣服吗？"

"服！"

"是咱的年头还不够丰稔吗？"

"丰稔！"

"是上天的符瑞还未到吗？"

"到了！"

"好！"太宗拍了一下龙案，"然则为何不可封禅？"

魏徵抻了抻袖子，侃侃言道："陛下虽有此六者，然承隋末大乱之后，户口未复，仓廪尚虚，而车驾东巡，千乘万骑，其供顿劳费，不易安置。且陛下封禅，则万国咸集，远夷君长，皆当扈从。今自伊、洛以东至于海、岱，烟火尚稀，灌莽极目，此乃引戎狄入腹中，这是以虚弱示之。况赏赉不足，不能满足远人之望，给复连年，不偿百姓之劳，崇虚名而受实苦，陛下图什么呢？"

魏徵说得极有道理，太宗不服，仍咕咕哝哝打算封禅。

其后不久，河南、河北的十几个州发大水，亟须赈灾，忙碌之间，没有人再有空闲讨论封禅一事，这事遂搁置不提。

太宗本来是一个喜欢女色的人，当了皇帝之后，权力大无边，安逸之余，更是想三想四，专门派人打听谁家的闺女俊俏。

这天探子来报，言前隋朝通事舍人郑仁基的女儿容貌美丽，风华绝代。太宗听了欢喜非常，忙问："郑氏女多大了？"

"大概十六七岁，"为了邀功请赏，那探子急切地说，"她已到了出嫁的年龄了，得赶快去聘，晚了可就捞不着了。"

太宗点点头，推开其他公事，先签发聘郑氏女为充华的诏书，遣特使速去册封。

特使扎挂一番，吹吹打打，抬一顶花轿刚要出宫，正巧碰见魏徵，魏徵一看阵势就明白了怎么回事，挥手拦住，问去聘谁家的姑娘，特使一五一十地说了。魏徵一听，说："此事缓行，待我去奏明皇上。"

连皇上都怕魏徵三分，特使也不敢拿大，只得在门房歇着等候消息。魏徵来到大殿，拱手奏道："陛下作为百姓之父母，抚爱百姓，应忧百姓之忧而忧，乐百姓之乐而乐。自古以来，有道德的君王，应把百姓的心愿作为自己的心愿，吃着佳肴，就应该想到百姓有没有饥寒交迫的时候，眷顾妃嫔时，要想到百姓有没有娶妻成家。这是一个国君应有的素质。"

魏徵上来就一大套，太宗听得多了，心里有些不耐烦，但还是强忍着听完，耐住性子和蔼地问："卿又想说什么事？"

魏徵向殿外一指，滔滔不绝地说："人家郑仁基的女儿，很久以前已许配给别人，陛下想聘她，也得先问个明白。聘一个有夫家的女子，此事若传播到全国各地，难道百姓会认为夺人之妻是应有的道义吗？"

"真……真有此事？"太宗不相信地问。

"我听说的虽不十分准确，但深恐此等事会损害圣上的名声，所以不敢隐瞒，君王的一举一动，都会有人记录下来，传之后代，希望陛下用心思考我的话。"

太宗被说得一愣一愣，虽然心里不情愿，但还是指示一个近侍去。速速召回册封的使者，而后对魏徵说："此事朕派人调查一下，果真如你所说，朕就不聘了。"

早在太宗得知郑氏女的美貌之前，就有人把太宗即将把郑氏女弄进宫里、册封其为充华一事弄得宫内宫外人人皆知。

左仆射房玄龄、中书令温彦博、礼部尚书王珪还专门备了礼物准备恭贺。

不久，被指定负责调查郑氏女夫家之事的御史大夫韦挺转了个狗尾巴圈子，回来一本正经地报告说："郑氏女许配给陆家，没有确切的证据，隆重的册封典礼还要举行，不可中途停止。也没必要停止。"

说着，韦挺还拿出陆生否认婚姻的证明材料递给太宗，太宗巴不得如此，拿过来仔细观看，并轻轻念道："乃父陆康在世时，确与郑家过从甚密，有时也互相馈赠资财，但并没有什么婚姻交涉。至于外人传为约为亲戚，是盲目的传说。"

太宗一看大喜，正要再发册封的使者，但见魏徵立眉瞪眼，只得再征求他的意见——"群臣或许是顺从旨意，如今陆氏亲笔写出证明，可见郑氏女没有许配给别人。朕还是让册封的使者出发吧！"

魏徵摇了摇手，坚决不同意，说："依臣考虑，陆氏的本意是惧怕官家，他把陛下等同于太上皇。"

"为什么？"太宗弄不明白魏徵又卖的是什么关子。

魏徵向上方拱了一下手，以示对归天不久的太上皇的尊敬，而后说道："太上皇刚平定京城的时候，看上了辛处俭的妻子，曾稍稍加以宠爱。后来太上皇听说辛处俭当时任太子舍人，很不高兴，下令将辛处俭调出东宫任万年县令。辛处俭因此常怀忧惧之心，担心不能保全自己的头颅。如今陆爽认为陛下虽然现在宽容了他，但担心以后会被暗加谴责、贬官，所以再三自我表白，本意就在这里，不值得奇怪。"

魏徵说了一通不算，还把太上皇当年的事扯了出来，太宗听到这里，气得一时语塞，但魏徵句句实话，一时不好反驳，只得悻悻说道："是啊，朕先前发出册封郑氏女的诏书前，就应该详查她是否已接受别人的礼聘。这是朕的不是，也是有关官署的过失，授其为充华的诏册停止执行，就此作废。"

朝散后，太宗心内不平，气鼓鼓地往后殿走。

及至立政殿，长孙皇后急忙迎上来，太宗甩掉朝服，嘴里骂骂咧咧地说："妈的老是惹朕不痛快，找机会非杀了他不可！"

长孙皇后轻易听不见皇上嘴里说脏话，惊讶地问道："是谁触怒陛下？"

"除了魏徵还有谁？"太宗手指着殿外说，"这老小子经常在朝廷上当面污辱朕，使朕很不痛快。"

长孙皇后一听，一言不发地走了。

太宗脱去笨重的朝服，喝上一杯菊花茶，心情放松了许多。

他四下看看，见只有宫女们在跟前伺候，不见了温顺体贴的长孙皇后，奇怪地问："皇后哪去了？"

一个宫女一言不发，只是用手向殿外指了指。

太宗更觉奇怪，忙放下杯子，走到殿门口，但见长孙皇后身着大事之服，钿钗礼衣，加双佩小绶，首饰大小华十二树，好像朝参一样，静静地站立在庭院里。太宗丈二和尚摸不着头脑，吃惊地问："皇后这是在干什么？"

长孙皇后一如朝会一样，有板有眼地在地上磕了一个头，站起来奏道："妾听说主圣臣忠。如今陛下圣明，所以魏徵能够直言相谏。妾有幸在后宫充数，碰到这样的好事，哪敢不祝贺呢？"

太宗一听，才明白怎么回事，忙走下台阶，挽着长孙皇后进殿，笑笑说：

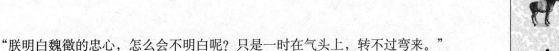

"朕明白魏徵的忠心，怎么会不明白呢？只是一时在气头上，转不过弯来。"

"如果下回皇上还在气头上，是不是真的要把魏徵杀了？"长孙皇后担心地说。

"这倒不可能。朕一向倡导谏诤，并和臣子们约定，即使是直言忤意，也绝不加以怒责。今天上朝，魏徵当着群臣的面，把太上皇当年幸辛处俭妻子的事都抖落出来。朕听了，表面上一点儿也不生气，还耐心地听他讲完。"

长孙皇后又趴地上行了个大礼，然后说："皇上固然大度，但表里如一，虚心纳谏，不急不躁为最好。魏徵他们敢于逆龙鳞，凭的是一颗忠心，说来说去还是为了我们大唐江山社稷的持久永固啊！"

太宗频频点头："皇后说得对，说得好，朕当记之，再也不说'杀乡巴佬'的话了。"

长孙皇后莞尔一笑，和太宗款款走进内殿。

长孙皇后是历史上少有的贤后。传说当年初嫁太宗时，有一次回娘家永兴里，其舅高士廉的小妾张氏去找长孙皇后玩，突见其房外有大马一匹，高二丈，鞍勒俱全。张氏吓得急忙回去，把这事告诉高士廉。高士廉也觉害怕，急忙找一个算卦先生摇了一卦，得了一签曰：遇"坤"之"泰"。

算卦先生掰着指头，一五一十地解释道："'坤'顺承天，载物无疆；马，地类也；之泰，是天地交而万物通也，又以辅天地之宜。繇协'归妹'，妇人事也。女位尊位，履中而居顺，后妃象也。"

高士廉听了此卦言，由惊转喜，自此以后有意处处高看外甥女一眼，也跟定了外甥女婿李世民，最后果如卦言，李世民做了皇上，长孙氏也成为母仪天下的皇后。

贞观八年（634年）夏天，长孙皇后随太宗来到九成宫，谁知一病不起。

有一天晚上，守卫九成宫的柴绍向太宗汇报，言宫外山坳里有异常火光，太宗警觉，披衣而起，要到宫墙上去察看。

长孙皇后不顾体弱，强撑着叫人抬着她跟着太宗，宫司谏止，长孙皇后说："上震惊，妾怎可自安？"

自九成宫回长安后，长孙皇后的病仍不见好转，侍疾的太子李承乾对母后说："医药用尽，尊体不瘳，请奏明父皇，大赦天下，借以积福累德，求得上天的帮助。"

长孙皇后不许，对儿子说："死生有命，非人力所支。若修福可延，我不为恶，使善无效，还要求什么？且大赦之令，乃国家大法，佛、老异方教耳，皆上所不为，岂能以我一人之病而乱天下法度！"

太子李承乾还是想请大赦，但自己不敢跟父皇说，于是找到房玄龄，把皇后的原话一学，房玄龄于是又前去奏明太宗。

太宗正为皇后的病发愁，听房玄龄传皇后的原话后歆歟不已。

为了让病中的长孙皇后高兴，太宗决定将皇后亲生女儿长乐公主下嫁长孙无忌之子长孙冲。长乐公主也是太宗最疼爱的女儿，及将出嫁，乃敕所司定嫁资高于长公主数倍，魏徵闻知后，当即入见，对太宗谏道："昔汉武帝将封皇子，帝曰，'朕子安得同于先帝子乎！'既然叫长公主，就应该尊于公主。情虽有差，义无等别。若令公主礼有过长公主，恐道理上说不过去，愿陛下三思。"

太宗本意是为了让皇后高兴，于是把魏徵的话说给皇后听，病榻上的长孙皇后感叹地说："尝闻陛下重魏徵，弄不明白怎么回事，今闻其谏，实乃魏徵能以义制主之情，可谓正直社稷之臣。妾与陛下结发为夫妇，曲蒙礼待，情义深重，每言必候颜色，尚不敢轻犯威严，况在臣下，情疏礼隔，所以韩非为之说难，东方称其不易，良有以也。忠言逆耳利于行，纳之则天下太平，杜之则政纲紊乱，诚愿陛下详查其中的意思，则天下之幸啊！"

太宗连连点头，表示听从魏徵的谏言，将长乐公主的嫁资降与长公主一般齐。为了表彰和鼓励魏徵，太宗还根据长孙皇后的建议，遣中使拿五百匹帛以赐魏徵。

在病榻上盘桓两年后，贞观十年（636年）六月，长孙皇后病重。时房玄龄因一件小事被停职反省，长孙皇后向太宗谏道："玄龄久事陛下，预奇计密谋，非大故，愿勿置也。"望着长孙皇后的病容，太宗心疼不已，当即传旨让房玄龄官复原职。

长孙皇后自知不久于人世，乃拉着太宗的手嘱咐道："妾家以恩泽进，无德而禄，易以取祸，不要授以权柄，但以外戚奉朝足矣。妾生无益于时，死不可以厚葬，且葬者，是欲人之不见。自古圣贤皆崇俭薄，唯无道之世才大起山陵、劳费天下，为有识者所耻笑。但请因山为垅，无起坟，无用棺椁，器以瓦木，约费送终，这是亡而不见忘。"

有这等高风亮节的皇后，如今病重难医，太宗自是痛惜不已，只得含泪连连答应。长孙皇后最后嘱咐道："再一次请陛下纳忠容谏，勿受谗，省游畋作役，则妾死而无恨！"

十年六月己午这天，长孙皇后崩于立政殿，年仅三十六岁。十一月庚寅，葬于昭陵。谥曰文德。太宗亲自书写墓志。

长孙皇后曾经根据过去女人的故事，著《女则》十篇，其中一篇斥汉之马后不能裁抑外家，使与政事，乃戒其车马之侈，此谓开本源，恤末事。

书成后，长孙皇后常告诫左右："此书是留我自己看的，没有什么条理章法，不要让至尊看见。"

长孙皇后去世后，宫司才将这部书交给太宗，太宗抚着书哀恸不已，拿着书

济世安民：唐太宗

来到朝堂，对群臣说："皇后此书，足可垂于后代。我岂不达天命而不能割情乎！以其每能规谏，补朕之缺，今不复闻善言，是内失一良佐，以此令人哀痛！"

太宗思念皇后不已，于是令人在宫苑中造一座高台，每每登上展望昭陵。一天，太宗引魏徵同登高台，问魏徵："卿见陵墓否？"

魏徵眺望良久，方道："臣昏聩不能见。"

太宗乃指昭陵方向以示魏徵："看不见吗？皇后所葬之处昭陵。"

魏徵抹了抹眼角，说："臣以为陛下望献陵，若昭陵原是早见哩！"

太宗一听，为之泣下，乃令毁去高台。

先后平定东突厥和吐谷浑后，太宗又把视线转向了高昌国。

高昌辖境在今新疆吐鲁番一带，是中西交通的要道，丝绸之路的必由之地。

贞观四年（630年），东突厥颉利战败被俘后，高昌国王曲文泰，曾亲至长安，打开了唐与西域的通道。

及至吐谷浑败亡，曲文泰感到害怕，于是带了许多贡物，与妻子一起来到长安，晋见太宗。太宗以礼相待，并赐曲文泰妻子宇文氏姓李。

后来，高昌王卿翼于强大的西突厥，对途经高昌的使唐的西域贡使任意拘留、抢掠，扰乱西域与唐朝的联系。

不久，高昌又与西突厥联手，进攻唐属国伊吾，伊吾向唐廷乞援，太宗乃颁诏高昌，严词诘责，并召其大臣阿史矩，入朝议事。曲文泰不听，只是派一个长史来长安应付一下。其后，曲文泰又联合西突厥，击破唐的另一属国焉耆。太宗大怒，乃遣虞部郎中李道裕前去问罪，并促令曲文泰入朝。

曲文泰依恃西突厥的军事力量和天远地偏的恶劣地理环境，根本不把唐使放在眼里。高昌王殿里，李道裕费尽口舌，曲文泰是正眼不瞧唐使一眼，既不让座，又不让茶，只是鼻孔朝天地哼哼着："鹰飞于天，雉伏于蒿，猫游于堂，鼠嚼于穴，各得其所，谁离了谁还不能活吗？"

李道裕见状，知其不可理喻，当即离开高昌回长安，向太宗作了汇报。

太宗决定对高昌动武，乃派人去联系薛延陀，薛延陀同意出兵相助，太宗乃遣民部尚书唐俭、右领军大将军执失思力携带缯帛珍玩赠给薛延陀。

外围事务做好后，多数近臣公卿不同意对高昌用兵，认为万里用兵，且所经之处多为沙碛，恐难打败高昌，即使胜了，天远地偏，也不好守卫。

太宗力排众议，坚持用兵，乃任命大将军侯君集为交河道行军大总管，契苾何力为葱山道副大总管，率薛万彻、牛进达等将出兵征讨高昌。

高昌王曲文泰听说唐兵来，起初有些害怕，但等了三个多月，还不见唐兵的影子，便不以为意，他笑着对臣下说："唐距高昌七千余里，其中有两千里全是流沙。冬日风寒似刀，能把人冻死；夏天则炙热如焚，能把人渴死。行贾至此，百不及一，唐朝大军习惯于内地生活，除非飞度，根本来不到我国。即使来到高昌城下，粮草也运不过来，那唐兵就会等着饿死。到时候我们坐着不动就把他们俘虏了，全打发到地里做苦工去。"

高昌国群臣对国王的分析深感叹服，王殿里一片"是呀，是呀"的附和声。高昌王一高兴，传令摆酒相贺。

所吃的肉都是现杀现宰，立即有人抓来几只羊，在王殿前廊下就地剥皮。一刹那手抓羊肉做成，大殿里，君臣几十人就势在地毯上坐了下来。

"喝！"高昌王两手攥着酒囊对大臣们叫道，嘴里还捎带咕哝一句："既为可汗，当与天子匹敌，凭什么让咱听他唐朝的！"

一酒囊黑葡萄酒还没灌完，就听王殿外马蹄声声，一阵慌乱之声。王子曲智盛跟跟跄跄地跑进来，手指着殿外，带着哭腔道："父王，大事不好了！"

高昌王手一哆嗦，酒囊被抖落在地，惊问："怎么不好？"

"唐军十万大军，已……已到了碛口了。"

碛口就是沙漠口，就是说唐军已经兵临高昌国了。高昌王一阵惊惧，"哇"的一声，把刚喝下的酒全吐了出来。接着又不停咳嗽，末了，一口气上不来，"扑通"一下栽倒在地上……

有人说曲文泰是吓死的，也有人说是旧疾复发而死，但不管怎么说，曲文泰在唐兵压境的节骨眼上死了。

曲文泰之子曲智盛在这最困难的时候继位为王，承担起保家卫国的重任。

曲智盛也够忙乎的，又要治丧，又要御敌。他命令军民把护城壕挖得更宽更深一些，把城墙砌得更高更结实一些，全民皆兵，老少齐上阵，加强城防，力图固守。

但唐军也不含糊，既然受尽千辛万苦远涉沙漠，到达了高昌国内，就充分考虑到攻城略地的各种困难。

行军副总管确行本恰是工匠出身，曾做过将作少匠，懂得器械制造，在攻打高昌城前，他在伊州柳谷附近带领军中工匠造了许多攻城的器械，并以山崖为假想城墙，指挥军士们演练，边演练边改进攻城器械，确保器械在战时发挥有效的作用。

一切准备停当后，侯君集命令全军向高昌城挺进，及至柳谷，有探军来报，言曲文泰克日将葬，国人咸集于彼。

侯君集召开战前分析会，诸将摩拳擦掌纷纷说道："曲文泰下葬之日，其国人必聚集于城外，我军突袭而至，必将一战而胜！"

侯君集寻思了一下，摇摇头说："我看不行，天子以高昌无礼，故讨之，今袭人于墟墓之间，非问罪之师也。"

侯君集义字当先，不愿袭人于墟墓之间，乃指挥全军鼓行而进，先拔不远处的田城。田城人口不多，接近一万人，兵临城下，经过两个时辰的战斗，终于拿下全城。

休整两天后，闻曲文泰的丧事已毕，侯君集乃麾军直趋高昌，几场小规模的战斗之后，大军抵达高昌城下，形成对高昌城的合围之势。

这天上午，侯君集、确行本等将领正在一个高岗上瞭望敌城，研究攻城方案，却见城墙上用筐缒下一个人来。

那人越过吊桥，手拿一封信一边喊一边跑过来，显然是敌人的信使。侯君集当即派出侦骑，把虏使押了过来。

"此是我国王给侯尚书的亲笔信。"虏使顾不得擦擦头上的汗，恭恭敬敬把信递了过来。

信写得简单，但意思很明了，侯君集轻轻念道："得罪于天子者先王也，天罚所加，身已物故。智盛袭位未几，惟尚书怜察！"

侯君集"哼"了一声，问那使者："你们大王是不是准备出城投降？"

使者"嗯嗯"着，不敢乱说。侯君集也不愿多说，只是对虏使说："你回去告诉你们大王，若能悔过，当束手来降。否则，我明日就要攻城。"

等了一下午，城中仍无消息，不见曲智盛有一点投降的意思。第二天上午，侯君集一声令下，唐军向高昌城发起全面攻击。

唐军早有所准备，第一梯队上万人，一个背一百斤土，先冲了上去，不到一会儿工夫就把护城壕填平。

第一梯队刚撤下，第二梯队扛着攻城器械就冲了上去。

确行本还真有两下子，所造的巢车高约十余丈，比高昌城头还高五六尺。

弓箭手、投掷手站在上面正好俯瞰城中，居高临下，向城上的守敌发射利箭和飞石。一阵狂射乱掷，竟压制得敌人抬不起头来。与此同时，唐军第三梯队也迅猛冲上，搭上云梯开始爬城，与守城的高昌军展开了拉锯战……

嗣主曲智盛本来就心气不足，对守城没有丝毫的信心，闻听唐军犹如神助，以巢车攻城后，曲智盛长叹一声，决定大开城门投降。

城破之前投降，应该说很及时，双方也没死多少人。接到城中投降的请求后，侯君集命令停止攻城，部队集结在城门口受降。

城门大开，曲智盛手捧王印，率文武百官垂头丧气地出城来降。侯君集二话不说，即于军前拘住曲智盛，而后指挥大军昂首阔步开进高昌城。

高昌王投降，高昌城被占领，其他高昌城更不在话下，唐军犹如赶集上店一般，连下二十二城，共收降八千多户，一万七千多口，得地东西八百多里，南北五百多里。

高昌被平后，太宗召开御前会议，提议把高昌划归唐朝版图，置为州县，号西昌州。

别的大臣听了太宗的提议，有的人赞同，有的人反对。但是，大家都没敢说什么。独有魏徵明确表示反对，魏徵谏道："陛下即位，文泰就来朝谒，近因骄倨不臣，抗阻西域贡献，乃兴师往讨。文泰身死，天罚已申，为陛下计，应抚他人民，存他社稷，立他子嗣，威德互施，方足柔远。今若以高昌土地，视为己利，改作州县，此后须千余人镇守，数千余人往来，每年供办衣资，远离亲戚，不出十年，陇右且空，陛下终不得高昌撮粟尺帛，佐助中国，有损无益，臣窃为陛下不取。"

魏徵的劝谏也不是事事都对，太宗这次是笑而不纳。

这时，褚遂良又来奏道："魏大夫所言极是，臣也以为宜择高昌可立者立之，召其首领悉还本土，长为藩翰。"

太宗默然不纳，他心中早有考虑。这次御前会议后不久，太宗即下诏将高昌行政区域划归唐王朝版图，改为西州，更置安西都护府，岁调千兵，谪罪人以戍。自此大唐领地东至大海，西至焉耆，南尽林邑，北抵大漠。凡东西九千五百一十里，南北一万九百一十八里。

西州府安置妥当，太宗乃召侯君集还朝。

侯君集率领大军押着曲智盛及其弟智湛凯旋。

观德殿献俘完毕，太宗从大局出发，封曲智盛为左武卫将军、金城郡公，曲智湛为右武卫中郎将、天山郡公，许住长安。

侯君集作战有勇有智，为唐初名将之一，但此人常常好夸耀自己，惹得人家嫉妒。灭掉高昌国回长安后，侯君集更是得意非凡。

不久，有人在背后说闲话道："高昌王曲文泰死，侯君集方得克。"更有甚者，京师盛传侯君集未经奏请，随意配没无罪之人，而且私藏宝物无数，将士效法，纷纷抢夺财物，军纪十分败坏。

有司将侯君集犯法一事上奏后，太宗诏将侯君集下狱，按查其罪。

剿灭敌国、奏凯旋师的功臣没过两天舒心日子就被关进监狱，中书侍郎岑文本看不下去了，仗义执言，洋洋洒洒写了十几页纸的疏奏，为侯君集开脱，文本写道：

君集等人，或位居辅佐，或职隶爪牙，并蒙陛下拔擢，受将士之任。侯君集等不能正人奉法以报天恩，举措肆意，负罪盈积，实宜绳以典刑，以肃纲纪。高昌王昏庸，人神共弃，朝中议者以为地属荒远，均以置之度外。唯陛下运独见之明，授决胜之略，君集等奉行圣算，遂得指期平殄。若论事实，并是陛下之功。

君集有道路之劳，未足称其勋力，而陛下天恩弗宰，乃推动于将帅，露布初至，便降大恩，从征之人，皆获恩泽，及其凯旋，特蒙曲宴，又对万国加以重赏。内外文武咸欣陛下赏不逾时，而不旬日并付大理。虽乃君集等自投网罗，而在朝廷之人，尚未知所犯何罪，恐海内又疑陛下唯录其过而忘其功。

臣以下才，谬参近职，既有所见，不敢默然。臣闻古之人君，出师命将，克敌则获重赏，不克则受严刑，是以赏其有功也，虽贪残淫从，必蒙青紫之宠，当其有罪也，虽勤躬洁己，不免斧钺之诛。故《周书》曰：记人之功，忘人之过，其宜为君也。

昔汉贰师将军李广利，捐五万之师，靡亿万之费，经四年之劳，唯获骏马三十匹，虽斩新宛王之首，而贪不爱卒，罪恶甚多，武帝为万里征伐，不录其过。遂封广利为海西侯，食邑八千户。

又校尉陈汤，矫旨兴师。虽斩郅支单于，而汤素贪盗，大收康居财物，事多不法，为司隶所系。汤乃上书曰："与吏士共诛郅支，幸得擒灭。今司隶收系案验，是为郅支报仇也！"元帝赦其罪，封汤为关内侯，又赐黄金百斤。

又晋龙骧将军王浚，有平吴之功，而王浑等论浚违诏，不受节度，军人得知吴王孙皓宝物并烧皓宫及船。浚上表曰："今年平吴，诚乃大庆，于臣之身，更为咎累。"晋武帝赦而不推，拜辅国大将军，封襄阳侯，赐绢万匹。

隋新义郡公韩擒虎，平陈之日，纵士卒暴乱陈后主宫内，文帝亦不问罪，而拜擒虎上柱国，赐绢八千段。

由此观之，将帅之臣，廉慎者寡，贪求者众，是以黄石公军势曰："使智，使勇，使贪，使愚。"故智者乐立其功，勇者好行其志，贪者邀趋其利，愚者不计其死。是知前圣莫不收人之长，弃人之短，良为此也。

臣又闻，天地之道，以覆载为先，帝王之德，以含弘为美。夫以汉武及历代诸帝，犹能宥广利等，况陛下天纵神武，振宏图以定六合，岂独不能行古人之事哉？伏惟圣怀，当自有斟酌，臣今所以陈闻，非敢私君集等，庶以黄燔之末光增辉日月。倘陛下降雨露之泽，收雷电之威，录其微劳，忘其大过，使君集重升朝列，复预驱使，虽非清贞之臣，犹是贪愚之将。斯则陛下圣德，虽屈法而德弥显，君集等愆过，虽蒙宥而弥彰。足使立功之士因兹而皆劝，负罪之将，由此改节。

岑文本的奏书虽然长了些，但论证比较充分，头头是道。太宗当作一篇好范文，欣赏了好几遍。

是啊，正如文本所言，侯君集虽然不够检点，但自古武将鲜有廉慎的，侯君集驰骋疆场，为国立过汗马功劳，玄武门之变，也曾参加预谋。如今刚刚凯旋，就被关进监狱，从道义上确实说不过去。太宗长叹一声，提笔在手，亲自签发一道诏书，敕令大理寺立刻无条件放出侯君集。

侯君集平日好矫饰，平高昌后本来觉得风光无限，不成想却被大理寺关了几天监牢。侯君集心中气闷，除对家人、手下乱发脾气外，有事无事就在家中喝闷酒。

这天，黄昏天雨，侯君集在书房摆开摊子，正准备大灌几觥酒，管家侯七走进来悄悄回道："老爷，太子詹事张亮张大人来拜。"

张亮曾为秦王府车骑将军，与侯君集有点旧交，天阴下雨，有人来访，正好喝上几杯。侯君集忙起身迎出厅来。

张亮也是武人，黄昏时节来拜访侯君集就是为了找酒喝，两人见面，哈哈一笑，而后一起携手步入书房。

酒菜早已摆好，宾主安坐，说了几句寒暄话，开始碰杯喝酒。几杯酒下肚，张亮叹了一口气说："以后就不能经常找侯哥喝酒了。"

"怎么了？"侯君集明知故问。

"上午吏部下了调令，遣我为洺州都督。"

张亮将出为洺州都督一事，侯君集早有耳闻，京官外遣，肯定有原因，说起来还是坏在一个女人之手。

张亮的原配夫人去世后，张亮又娶了一个姓李的女子为妻。李氏女娇惯成性，生性嫉妒，素有淫行，张亮对她既宠且惮。

李氏女过门没多长时间，看中一个卖笔的小子，与之私通。李氏女还对张亮诈称道："此子是婚前与君好合而生，应收其为子。"张亮不辨真伪，把卖笔小子收进府中，认作亲儿子。除此之外，李氏女还搞些旁门左道，动不动就对张亮所要做的政事加以干涉。李氏女的毛病不想被太宗闻知，念张亮是秦府旧人，太宗并未降罪，只是张亮在东宫待不下去了，顺理成章被出为洺州都督。

这些秽事，怎么来怎么去的，侯君集全知道，他心中带着气，对朝廷不满，酒桌上，却故意激张亮道："当年你为秦王府车骑将军时，曾与王保等千余人，阴结山东豪杰，为主上经营洺州大后方，被人诬告，险些丧命，今主上如愿以偿，登上大位，正该事事照顾你，却为何又把你遣到外地？"

张亮无言以对，他知道侯君集蹲了几天监狱心里也不满，于是反问道："你还说我？你为皇上平一国，功高盖世，回来以后还不是照蹲监牢吗？"

说话间，两人已灌了不少酒，张亮话刚说完，酒往上涌的侯君集地一拍桌子，捋起袖子吼道："整日郁郁不可活！要论带兵打仗，谁怕谁呀？我侯君集也不亚于皇上的本事！"

"说什么呀！"张亮斜着眼说。

侯君集一把抓住张亮的袖子，问："公能反乎？当与君同反！"

张亮慢慢拿掉侯君集的手，笑着说："不敢闻命。"

酒桌上说的是酒话，说完后便一笑置之。不想喝完酒回家后，张亮又一五一十向老婆李氏学了一遍。

李氏正不想离开繁华的京都，忙撺掇张亮道："速速进宫，秘奏圣上知道，说不定就不让你去洛州了。"

张亮听了老婆的言语，急忙进宫，以非常事变求见皇上。太宗以为他有什么大事，在偏殿接见了他。

张亮鹦鹉学舌般把侯君集要他一同谋反的事向太宗说了。太宗听完后，不想加罪侯君集，对张亮说："卿与君集，俱是功臣。君集独以此语语卿，无人闻见，若以此将君集查办，君集言无此事，两人对证，事未可知！"

张亮还想指天发誓证明此事，太宗挥挥手对他说："既然领了调令，就早作准备去洛州上任吧，不要东家走西家串说长道短。"

张亮讨个没趣，只得灰溜溜地回家了，从此不敢乱讲。侯君集说谋反一事也不了了之。

几次对外夷用兵都以胜利告终，使太宗更加重视武备的作用。当了皇帝虽不能再亲临战场杀敌，但太宗仍然喜欢跑跑颠颠，骑马射箭，围猎也就成为他必不可少的娱乐和锻炼方式。

这年秋八月，太宗下诏要去京兆附近狩猎，当时正值秋后丰收，农民在地里甚忙，抢收抢种，栎阳县丞刘仁轨上书道："今秋大稔，民收获者才一二，使之供承猎事，修路建桥，实在是妨碍农事。愿少留銮舆旬日，等农民地里忙完了，则公私俱济。"

刘仁轨虽位卑官小，但太宗对他颇有印象。几年前陈仓折卫都卫鲁宁因犯事被关押起来，他自恃品级高，谩骂时为陈仓尉的刘仁轨，刘仁轨气不过，命人杖杀之。

地方上把材料报了上去，太宗大怒，命将刘仁轨开刀问斩。但太宗还有些不大明白，说："何物县尉，敢杀我折卫！"太宗又派人把刘仁轨拿到长安当面诘问。刘仁轨说："鲁宁虽为折卫，但也是陈仓的百姓，辱臣如此，臣实愤而杀之。"刘仁轨辞色自若，时魏徵也在旁边，对太宗说："隋之所以灭亡，就是百姓强而凌辱官吏，就像鲁宁欺凌刘仁轨那样。"太宗听了，觉得蛮有道理，下令将刘仁轨免死并提为栎阳县丞。

刘仁轨敢作敢为，后来做到宰相的位置，此是后话。单说太宗看了刘仁轨的奏表后，点了点头，克制一下自己，下诏将出猎推迟一个月。

九月中旬，早已等得不耐烦的太宗下令外出游猎，但仍有臣下上疏谏阻。太宗生气地对魏徵说："上封事者皆言朕游猎过频。今天下无事，武备不可忘，朕不过与左右一起到京兆附近的山中转转，又不怎么烦扰百姓，有什么大不了的？"

　　长孙皇后去世后，太宗心里一直不大好受，是该出去散散心了。魏徵也理解这一点，对太宗说："作为一个皇帝，应唯恐自己有过错而不知道。陛下既然使人上封事，应该任其陈说，如其言可取，固然有益于国。若无可取之处，也没什么损害。"

　　太宗认可魏徵所说的话，将上书谏阻者嘉勉一番，而后率民部尚书唐俭等一些武将出身的大臣，在上万名羽林军的卫护下，出城而去。

　　深秋的天空蔚蓝而高远，温暖的阳光透着一层淡淡的紫色。放眼嵯峨山中，依然树木葱茏，绿荫匝地，而村落旷野地带，则是一片火焰般的金黄。那阵阵带着花草清香的秋风，更给人以强烈的、渴望奔驰的力量。

　　太宗精选官家子弟善射者百人，作为左右猎手，号曰"百骑"，这些公子哥儿身着五色袍，乘着虎皮为鞯的骏马，拥着太宗撒着欢地奔跑。

　　太宗今天也特别高兴，他跃马挽弓，见兔射兔，见雉射雉，仿佛年轻了许多，仿佛回到了当年夷平群雄的沙场……

　　"皇上，前面林子里有狗熊老虎，且马行不便，咱还是到旷野上去撵鹿兔吧。"见前面道路崎岖，人烟罕至，出于安全上的考虑，陪猎的民部尚书唐俭向太宗进言道。

　　"围猎就是加强武备，"太宗边说边打马前行，"若打起仗来，还管路好路孬，有无危险？往前冲就行了！"

　　太宗一马当先冲在前面，正在这时，前面树林里突然窜出一群野猪，龇牙咧嘴，向太宗马前冲了过来。

　　太宗到底是做过武将的，他牵一下缰绳，催马向左边的平地上一拐，而后连射四箭，射倒四头野猪。这充分显示了他高超的骑术和射术。

　　谁知，领头的大牙猪见状，发了疯似的向太宗扑来。

　　野猪发起怒来，连狼熊虎豹也怕它三分，太宗的御马吓得直往后退。这时，前冲的野猪的獠牙眼看就要顶着太宗的左腿，慌得随后赶到的唐俭顾不得多想，猛然从马背上扑了下来，把野猪扑了个跟斗。随后野猪翻身而起，直扑唐俭，唐俭赤手空拳，与野猪格斗起来。

　　太宗这时也翻身下马，从容拔出宝剑，几步跃了过来，一个突刺，结果了野猪的性命。

　　太宗已经化险为夷，唐俭喘了口气，依旧吓得脸色发白，他指着半尺多长的野猪的獠牙，心有余悸地说："我伤着没多大关系，真要碰着圣上一点皮肉，这事可就大了，臣实在承担不起啊！"

　　太宗拽一把茅草擦拭剑上的猪血，哈哈笑道："天策长史，不见上将击贼耶？这有什么可怕的！"

当年唐俭为天策府长史，曾随时为天策上将的秦王驰骋于战场之上，故太宗有这一说。唐俭擦擦头上的汗，将太宗扶上马背，而后翻身上马，躬身施礼道："汉高祖以马上得天下，不以马上治天下。陛下以神武定四方，岂逞雄心于一兽！"

太宗复又大笑，纵马飞驰，领着众人向一个高坡奔去。

登高望远，秋天的绚烂明媚令人陶醉，眼前这一望无际的属于自己的大好山河，不禁勾起太宗心中的如潮诗情，他敞开衣襟，叉着腰任凉爽的秋风吹拂着自己，朗声诵道——

　　出猎
楚王云梦泽，汉帝长杨宫。
岂若因农暇，阅武出辕嵩。
三驱陈锐卒，七萃列材雄。
寒野霜氛白，平原烧火红。
雕戈夏服箭，羽骑绿沉弓。
怖兽潜幽壑，惊禽散翠空。
长烟晦落景，灌木振严风。
所为除民瘼，非是悦林丛。

晋王李治是太宗的第九子。李治为人比较懦弱，太宗为了锻炼他，此次出猎特别带上他。太宗敞着怀站在高岗上吟完诗，李治才在卫士的搀扶下气喘吁吁爬上山冈。

"雉奴，朕的诗写得怎么样？"太宗叫着李治的小名问道。

十三岁的李治擦着头上的汗，急忙从背后来到太宗跟前，拱手道："父皇诗文兼有南北之风，绮丽而不失沉郁，而且注重辞藻，讲究对仗……"

没等李治说完，太宗就哈哈大笑着打断了他的话说："老师教的那一套你全搬来了。来，射一箭给朕看看，文治武功，光有文不行，看看你的箭射得怎么样了。"

卫士递给李治一张小号的弓箭，李治以吃奶的劲拉开，对准前面的一棵小树，手一松，箭"嗖"的一声，飘到不远处的草丛里。太宗见他如此无用，气得不轻，刚想训他几句，一个跑去拾箭的卫士惊叫着："射中了！射中了！"

众人仔细观瞧，只见那卫士高举着那只箭跑过来，箭上嵌着一只肥大的野鸡，众人眉开眼笑，交口称赞："晋王好箭法，好箭法！"

歪射正着，太宗也不禁笑道："看来我治儿是个福将呢！"

李治是不是福将以后再说。单说天色已晚，玩兴甚浓的太宗为了重新体验一下当年的戎马生涯，令卫士在野地里支起军帐，就地过夜。

随猎的都是一些武将，大家在宫城里憋久了，也想体验一下野外生活，因而没有一个人从安全角度出发去劝太宗回城的。

黄昏的余晖下，兵士们依据山势，在树林旁搭起一个小行宫。算上宫门最外层那一层帷幕，一共围了四层帷幕，把太宗和晋王的大帐围在正中间。

入夜，玩了一天的太宗早早入睡，繁星满天，草虫唧唧，篝火微红，太宗睡得很香甜。四更天时，太宗习惯性地醒来了，他决计要到凌晨的野地里跑马撒欢。他披挂整齐，去旁边的偏帐叫醒儿子李治说：“雉奴，快起来，父皇带你出去跑一圈，体验一下什么叫'风餐露宿'。”

晋王李治生于深宫，长于深宫，养尊处优惯了，哪里愿意早起。但父命皇命难违，只得勉强爬起来，穿戴整齐，随父皇出了帐篷。

深秋罡风正劲，晋王被风一灌，摇晃了一下身子，连连打了几个喷嚏。唐俭一见，劝太宗说：“风大，还是别让晋王去了。这会儿毕竟不是我们过去整日征战的岁月。晋王还小，小心他着凉。”

“朕可是十六岁就开始领兵打仗了。正因为他缺乏锻炼，朕才叫他早起的。”说完，太宗又生气地问晋王：“你自己想不想出去锻炼锻炼？”

“想去，想去。”晋王抹了一把鼻涕，小声地向父皇哀求道：“能不能等风小一点儿再去，这会风呜呜地刮，带着风哨呢。”

风的确大了起来，帷幕也被刮得一鼓一瘪，看着晋王娇生惯养白白嫩嫩的小身材，太宗还真担心风把他刮出什么毛病来，只好说道：“走，跟朕到帐里下一盘棋，等风小了再出去，就着空儿朕给你讲讲当年朕是怎样打仗的。”

回到御帐中坐定，灯光下，太宗边和儿子下棋，边讲起当年他怎么几天几夜不睡觉追击敌军的，饿了吃马肉，渴了饮马血。

晋王听了太宗的教诲，却全当耳旁风。虽然他心里没有当回事，但表面上却不住地点头称是。爷儿俩一盘棋没下完，但听得行宫门口人声大噪，杀声大起，和乒乒乓乓刀枪的碰撞声。太宗把棋盘一推，擎着宝剑就要往外冲，让唐俭死死按住——“情况不明，陛下和晋王待在御帐里千万不要动。”

这时，外面已传来嗖嗖的射箭声，有数只利箭已射透帷幕，嵌在帐篷上乱颤。太宗揽住晋王惊呼：“叛贼射箭力道如此深厚，刚才亏了治儿拦住没有出行，否则，黑暗之中我等必死于乱箭之下。”

唐俭指挥卫士以身体为盾牌围住太宗，而后持刀提弓冲出帐外。

帐外喊杀之声不绝，不时有惨叫声传来。这是一次非常事变。太宗虽然勇猛，但如今已是九五之尊，不敢轻举妄动，只是按剑坐于内帐，并不停地嘱咐儿子李治要沉住气，不要害怕。

半个时辰的工夫，外面喊杀声渐渐停息，想必事情已经被处置了。

不一会儿，唐俭喘着粗气进来奏道："是突利之弟中郎将结社率，拥突利之子贺逻鹘叛乱。现已被折冲孙武开率众击退。结社率等逆贼驰入马厩，盗马二十余匹，现已向北逃窜。"

"我卫士有什么伤亡没有？"太宗急问。

"卫士死伤数十人。"唐俭继续汇报道，"据被俘的人交代，结社率所引的叛贼皆是突厥故部落善射之辈，他们夜里就在宫外埋伏，单等皇上早起时伏击。幸苍天有眼，差晋王绊住皇上没有出行宫，不然后果不堪设想。"

"赶快派人追赶结社率，不能让这个叛贼跑了。"

"孙武开已带人追去了。"

结社率等人向北逃窜，渡过渭水，欲回到原来的部落，却被追兵赶上杀死。所胁持的突利的儿子贺逻鹘也因过失被发配至岭表。

结社率袭击御驾事件发生后，群臣纷纷上疏，言突厥留河南不便，不如遣归故地。魏徵当初的"夷狄非我族类，其心必异"的主张又被提了出来。

贞观十三年（639年）秋七月，太宗下诏，令右武侯大将军、化州都督、怀化郡王李思摩为乙弥泥孰俟利苾可汗，并赐之鼓纛，令其返回突厥地。其他突厥人以及胡人在诸州安置者，并令渡河，还其旧部，俾世作藩屏，长保边塞。

诏令发出后，突厥人害怕薛延陀，不肯出塞，太宗乃遣司农卿郭嗣本出使薛延陀，带去太宗的玺书，书云：

> 颉利既败，其部落咸来归化，朕略其旧过，嘉其后善，待其达官如吾百僚、部落皆如吾百姓。中国贵尚礼义，不灭人国，前破突厥，止为颉利一人为百姓害，实不贪其土地，利其人畜，恒欲立为可汗，故置所降部落于河南，任其畜牧。今户口蕃滋，吾心甚喜。既许立之，不可失信。秋中将遣突厥渡河，复其故国。尔薛延陀受册在前，突厥受册在后，后者为小，前者为大。尔在碛北，突厥在碛南，各守疆土，镇抚部落。其逾分故相抄掠，朕则发兵，各问其罪。

太宗的本意是警告薛延陀不要欺负突厥人。薛延陀满口答应，并致书奉诏。太宗又抚慰了突厥人一番，命李思摩率所部建牙于大碛之南。

李思摩临行前，太宗在齐政殿为之钱别。酒宴上，李思摩有留恋之意。他抹着眼泪，举着酒杯，十分动情地说了一番话："奴等破亡之余，分为灰壤，如今能够得到陛下看顾，实在是感激不尽。愿万世子孙恒事陛下。"

太宗抚其背道："你想来看朕时即来长安，平时要抚民以静，安养生息，不要学颉利他们征战不休。"

李思摩告辞走后，太宗对侍臣说："中国，根干也；四夷，枝叶也。割根干以奉枝叶，木安得滋荣！朕不用魏徵言，几致狼狈。"

其实结社率等人攻击行宫，只是一个偶然事件，却导致太宗对突厥人的不信任，令其迁回原地。

为了进一步笼络突厥人，以免将来出什么乱子，太宗又封左屯卫大将军阿史那忠为左贤王，左武卫大将军阿史那泥熟为右贤王。其中阿史那忠是苏尼失的儿子，太宗待之甚厚，妻以宗女。阿史那忠出塞后，常怀念在长安的生活，见了使者就啼泣，请求入长安侍候皇帝。太宗念其心诚，诏许其返回长安。

贞观中期，唐王朝已成为疆域空前辽阔的国家，太宗皇帝以"天至尊"、"天可汗"的称号在各民族中享有崇高的威望。四夷君主皆以和唐朝公主联姻为荣，争相遣使来长安求婚。

太宗对和亲抱着开明的态度，也想借联姻来稳住四夷，拉近彼此之间的关系，太宗认为："北狄风俗，多由内政，亦既生子，则朕外孙，不侵中国，断可知矣。以此而言，边境足得三十年来无事。"

贞观十年（636年），突厥外罗可汗的次子阿史那社尔率部内附，太宗妻以皇妹南阳长公主，并委以军职。

到了贞观十三年（639年），吐谷浑可汗诺曷钵入朝请婚，太宗又妻以弘化公主。贞观朝还有许多大大小小的和亲，但影响最为深远的当推唐朝与吐蕃的联姻。

吐蕃距长安有八千多里，国多霆、电、风、雹、积雪，山谷常冰，地有寒疹。其国王松赞干布能文能武，十五岁的时候就精通骑马、射箭、击剑，而且爱好民歌，善于写诗。他即位后，打败了叛乱的贵族，统一了吐蕃，并积极改革内政，在雪域高原享有很高的威望，邻国羊同和羌族各部都归顺于他。

早在贞观八年（634年），渴慕唐风的松赞干布即遣使到长安，太宗乃派使者冯德遐前去安抚。松赞干布见到唐使后十分高兴，又听说突厥和吐谷浑都娶大唐公主，于是打定主意要娶个公主，便派使者随冯德遐再度入朝，奉表求婚。

使者给太宗带来了许多礼物，又费尽口舌劝说太宗，但太宗以地僻路远为由，不予允婚。使者没能顺利完成任务，怕不好交差，回吐蕃后，向松赞干布撒谎说："到了长安后，唐朝天子对我很好，我三说两说，天子答应嫁公主于赞普，眼看公主就要到手了，哪知吐谷浑国王也到了长安，天子又不许咱们公主了，我怀疑吐谷浑王在中间挑拨离间。"

松赞干布听了大怒，拔刀在手说："吐谷浑王敢坏我赞普的好事，先灭了他再说！"

松赞干布当即联合羊同等国，组成联军攻打吐谷浑。联军来势凶猛，吐谷浑支撑不住，逃到青海湖北岸，以避其锋。松赞干布抢了吐谷浑许多人畜，意犹未

济世安民：唐太宗

尽，又攻破了党项、白兰羌等部，而后勒兵二十万，入寇松州。

在大兵压境的同时，松赞干布命使者拿着一副纯金铠甲，去长安求婚。松赞干布还放出话说："若公主不来，我还要领兵深入，不娶到公主誓不罢休。"

太宗不吃这一套，当即逐回其使者，且派侯君集为当弥道行军大总管、左领军大将军执失思力为白道行军大总管，率五万精骑击吐蕃。唐军来到松州后，侯君集马不停蹄，安排夜袭吐蕃营。

唐数万骑兵突然一阵猛冲，松赞干布措手不及，被打得大败，死伤数千人。

松赞干布稍稍退却，还不死心，又交战了几次，均被勇猛善战的侯君集打败。眼看没有什么便宜占，吐蕃的大臣们请求回国，甚至以自杀相威胁，没奈何，松赞干布乃引兵回国。

回国后，求婚心切的松赞干布遣使入唐谢罪，并一再请婚。太宗见其心诚，乃应允了下来。

松赞干布见太宗许婚，大喜过望，于是准备黄金五千两，珍宝数百件等丰厚的聘礼，由最得力的宰相禄东赞为特使，前去长安迎婚。

贞观十四年（640年）禄东赞一行人来到长安。入朝拜见后，太宗见吐蕃人脸上涂着赭色，模样不中看，想测其智力如何，于是叫人拿来一个有九曲孔道的明珠和一根极细的丝线，对禄东赞说："若能将丝线穿过九曲明珠，朕会嫁给你主人一个最聪明的公主。"

禄东赞听了很高兴，忙接过丝线、明珠，小心翼翼穿将起来，但左穿右穿穿不过去，一是丝线太细太软，再一个明珠上的孔道太小，九曲回肠，实在难以穿过。这禄东赞不愧为有识之士，灵机一动，叫人到殿外捉了只蚂蚁，将丝线系在蚂蚁的腰上，而孔道的另一出口涂上蜂蜜，蚂蚁闻着蜂蜜的甜香，很快就爬到对过去了，丝线也自然被带了过去。

太宗见宰相尚且如此聪明，那国王也呆笨不到哪里去，决定从宗室中挑一个最漂亮最聪慧的女儿嫁与吐蕃。

太宗又问了禄东赞一些问题，见其礼仪周全，对答如流，心中极为欣赏，说道："禄爱卿啊，朕封你为右卫大将军，并把朕的亲戚琅琊公主的外孙女段氏许配于你，你可满意？"

禄东赞忙伏地叩头，说道："谢陛下封臣为大将军，但将段氏许配于臣的事就算了。臣国内原自有妇，父母所聘，不可弃之。且赞普未得谒公主，陪臣安敢先娶？"

太宗见他如此说话，更加爱重，坚持将段氏许配于他。禄东赞见无法推辞，只好应承下来。

嫁一公主与吐蕃赞普一事已经敲定，但吐蕃地高路远，太宗不会舍得让自己

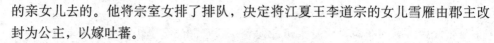

的亲女儿去的。他将宗室女排了排队，决定将江夏王李道宗的女儿雪雁由郡主改封为公主，以嫁吐蕃。

雪雁姑娘聪颖过人，爱好诗书，而且是一名虔诚的佛教徒，在宗室诸女中具有很高的威信，只是婚事一拖再拖，二十四岁了尚未嫁人。

雪雁听说皇上要她以公主的身份与土蕃和亲，善于顾全大局的她二话没说，随即承旨答应下来。

雪雁虽然是宗室女，但封文成公主后，对外宣称是太宗的亲女。

虽然不是亲生女儿，但是雪雁聪明伶俐，太宗也比较心疼她。想她远嫁吐蕃，此一去不知何时回来，太宗特地留她过了新年。

中间这两个多月时间里，太宗亲自过问文成公主的随从人员和陪嫁物品，除了公主必不可少的奶妈侍女外，随行的人员还包括一支乐队、一批文士、农技人员和工匠、厨役。陪嫁物品更是琳琅满目，有常用的金银器皿、珠宝饰物、绢帛绸缎，有历史、文学、历法、医药等书籍，还有各类草木蔬菜种子以及幼苗，此外还有纸、笔、酒、碾磨、茶叶等生活、学习用品。文成公主从小信佛，太宗皇帝又特令专门备一辆香车，装一尊释迦牟尼的佛像，让文成公主带上。

一切准备就绪，禄东赞也等得心焦了，要求尽快起程。太宗答应下来，命三日后起程，同时诏江夏王李道宗持节护送文成公主到吐蕃。

贞观十五年（641年）正月十五一大早，送亲的队伍就在皇宫前排成长长的一列，王公贵族、朝中大臣都赶来相送。

文成公主在后宫遍辞妃嫔后，又来到两仪殿拜辞太宗。身着盛装的文成公主在御阶前叩下头去，泪流不止，哽咽着对太宗说：“女儿今日远离长安，不能常侍膝前，望父皇善自珍摄，则儿臣虽远行万里，亦如长奉尊前。”

太宗亦觉伤感，点了点头说：“吐蕃为化外之地，无文字、历法，国人重鬼右巫，接手饮酒，以毡为盘。我儿去后，要善待赞普，以自己的智慧影响吐蕃，改变吐蕃，巩固我大唐与吐蕃的甥舅之谊。做得好了，你亦是吐蕃之国母，当受万代之景仰。”

文成公主从小涉猎史书，明白其中的道理，再次叩头说道：“此去吐蕃，儿臣定不辜负父皇殷殷期望，定播我大唐之德威，望父皇常遣使臣入吐蕃，释儿乡思。”

“这个自然，我大唐是永远不会忘记嫁出去的女儿的。”太宗走下御座，亲送文成公主至朱雀门外。

鞭炮声响起，紫宸殿的钟声敲响，在悠扬的乐声里，送亲队伍缓缓起行，离开了皇宫，离开了长安城。在长安西镐水桥边，车驾止住步伐，文成公主走下金车玉辇，与送行的皇亲国戚挥手告别。

公主含着眼泪，望了一眼长安城，望了一眼镐水堤旁即将抽芽的垂柳，望了一眼这片让人熟悉的乡土，她擦干眼泪，毅然回头上了车轿。送亲的人员也各自上了车马，车队宛如一条长龙，沿着渭水旁的官道向西进发……

送亲队伍晓行夜宿，沿途经过了凤翔、秦州、鄯州等地，越过无数座崇山峻岭，一路风霜地来到了吐谷浑的日月山。吐谷浑首领河源郡王诺曷钵和妻子大唐弘化公主提前赶到行馆，为文成公主举行了盛大的欢迎仪式，并留送亲队伍在吐谷浑休息了半个月。文成公主没事就和弘化公主在行馆内长叙别情，谈故乡长安的风土人情，谈未来的生活。

青海湖畔旖旎的风光和弘化公主的热情，让文成公主的心情渐渐开朗起来，旅途的劳顿也为之消失。

时序已进入四月，春暖花开，休整后的送亲队伍告别好客的吐谷浑人，继续向高原进发。又经过艰苦的跋涉，送亲队伍来到水草丰盛，风景秀美的黄河源头。前面不远处是柏海，有数队吐蕃轻骑已赶来迎接了。

在前面领路的禄东赞拍马过来，俯身向金车里的文成公主奏道："赞普已率部出唐古拉山口，在前面柏海扎下营寨，迎候公主。"

文成公主颔首表示知道了，车队继续前进，但公主的心却变得不平静起来。此处到底不是中原，放眼看不到一处村庄、一间房屋，蓝天接大漠，远处是白雪皑皑的雪山，风雨雷电，气候不定。

寞落萧条倒也罢了，但不知夫君赞普到底是一个怎么样的人，是否如禄东赞所说的那样文韬武略，仪表堂堂……

文成公主正在思索间，但见前方一队人马打着旗幡，飞奔而来，人报："吐蕃王驾到！"

车驾停住，江夏王李道宗按礼节首先迎了上去。

松赞干布老远就飞身下马，急步走过来，见面后，双方拱手行礼，经禄东赞介绍，松赞干布一听说对面是文成公主的叔父，二话没说，即双膝跪地向江夏王行了大礼。

江夏王见赞普向他行了婿礼，大喜过望，他本来就是文成公主的生父。更可喜的是这赞普眉目爽朗，一表人才，举手投足间透露着一股英气。江夏王心里才一块石头落在地上，这松赞干布虽是化外之人，但毕竟是一国之君，也不辱没我的知书达理的女儿了。江夏王喜上眉梢，如不是因保密起见，江夏王真想亲口叫赞普一声"女婿"。

赞普给江夏王行过礼后，又献上洁白的哈达，又献上一碗酥油茶，江夏王一一接受。

"我的大唐公主呢？"松赞干布急切地问道。

405

入乡随俗，即将成婚的新娘也用不着掖掖藏藏了，江夏王到金车玉辇前把公主请了下来。

　　在二十多名年轻侍女的簇拥下，美丽端庄的文成公主凤冠霞帔，一身盛装，犹如一朵硕大的莲花，盛开在辽阔的雪域高原上。

　　看着唐朝公主及其随从的华美盛装，再看看自己人以毡为衣的模样，一向心高气傲的松赞干布有些愧沮，不觉躬腰要给文成公主行礼——"赞普不必多礼。"公主轻声说道，同时轻轻地施了一礼。

　　松赞干布见公主气度文雅、端庄大方，举止间透露着天朝大国的礼仪之美，不禁为之倾倒，重又躬请公主登上金车玉辇，大队人马合二为一，继续前行。

　　到了吐蕃边境柏海，赞普又亲来迎接，江夏王护送文成公主的任务也算完了。在柏海休息两天后，江夏王要率着护卫队伍返回长安，临别时他又叮嘱了公主一番，父女俩才洒泪而别。文成公主以及送亲副使则随着松赞干布继续向吐蕃国都逻些城进发。

　　早在文成公主到来之前，松赞干布就使人专门修了"入蕃大道"，并在沿途设立驿站，准备好马匹、牦牛、饮水以及食物。但到了唐古拉山口，仍然山路崎岖，不宜车轿通行。

　　文成公主也非花瓶似的娇小姐，她谢绝让人抬着走，自愿骑马过山。松赞干布忙亲自为公主选了一匹行走平稳的逻些良骥。公主的金车玉辇等其他车轿，则由吐蕃兵抬着过山。

　　文成公主换上一身干练的戎装，愈发显得英姿飒爽，光彩照人。她熟练地跨上马背，与松赞干布并辔而行。

　　高原上的空气虽然稀薄，还不时有罡风扑面吹过，但眼前气势雄伟的雪山，眉宇间透着英武之气的赞普，还是让公主心里爽朗许多。作为大唐的友好使者，作为吐蕃一国之母，怎样在吐蕃这块土地上有所成就，是公主心里考虑最多的问题。

　　翻过了雄伟的唐古拉山，跨过了激流翻滚的怒江，又沿着水平如镜的拉萨河，在松赞干布的细心呵护下，文成公主的车驾来到了逻些城。

　　这一天是藏历四月十五日，逻些城好像沸腾了一般，数万人涌上街头狂欢。王宫前的广场上更是载歌载舞，鼓乐齐鸣。

　　吐蕃人民以极其喜悦的心情和隆重的礼仪，迎接大唐文成公主的到来。这令人难忘的一天，后来成为藏族人民传统的节日——沙喝达瓦节。

　　在唐朝送亲副使的主持下，文成公主与松赞干布当天就举行了盛况空前的婚礼。王宫前的一个高台子上，展示着公主的陪嫁物品，有释迦佛像，各类珍宝，金玉书橱，三百六十卷经典，金鞍玉辔，各类金玉饰物、宝器、卜筮经典、识别善恶的明鉴，各种烹饪的食物，各种饮料、树木、种子、狮子、雉，还包括营造与工技著作六十种，治四百零四种病的医方百种，诊断法五种，医疗器械六种，医学论著四种，以及绸帛、衣服等各类日常生活用品。吐蕃人以激动的心情，惊讶地望着这些他们闻所未闻，见所未见的唐朝物品。

一身婚礼盛装的文成公主，在豪华仪仗队的护送下，犹如日出东方，成为万众瞩目的焦点。她乘坐的敞篷的金车来到广场上，下了车又踩着猩红的地毯，来到王宫门前，将大唐皇帝的册书和一副金鞍玉辔亲手交给松赞干布，松赞干布喜不自胜，连连拱手向东方遥拜。

按照吐蕃的规矩，应该是子比母贵，母拜于子。赞普的母亲率众家王亲国戚走过来，刚想给公主下拜，被公主止住了。公主依照汉族的礼节恭敬地拜见了婆母，赞普的母亲顿时喜得泪珠双流，连连向众人夸奖。

此时的广场上也爆发出山呼般的欢呼声，黑压压观礼的人群一齐给公主下拜。公主脱下自己华美的婚服，按吐蕃的风俗，将婚服撕成碎片，抛向人群，赐福给百姓。

这时广场上的气氛达到高潮，欢呼声一浪高过一浪，松赞干布兴奋不已，对母亲和众人说："我父我祖，均未有与上国通婚者，今我得大唐公主，为幸实多，当为公主筑一城，以夸示后代。"

盛大的婚礼过后，送亲副使要返回长安复命，松赞干布亲自为之送行。他命人抬出一对金鹅敬献唐王，此鹅为吐蕃国宝，高七尺，中空，每只可储酒三斛。松赞干布对送亲副使说："大人此番回长安复命，请代为向父皇请安。人言'归国雁飞疾速，鹅犹雁也'，以此知我欲回长安拜见父皇心切。并请代请蚕种及造酒碾硙纸墨之匠。"

送走送亲副使，松赞干布开始为公主修建著名的布达拉宫。此宫在原宫的基础上扩建，主楼共13层，高117米，占地面积36万平方米。外墙涂以红颜料，远远望去，富丽堂皇，红光闪闪，犹如赤霞一片。

为了弘传佛教，为吐蕃人祈福消灾，文成公主决意建寺弘佛。她指挥从长安带来的工匠，修筑了大昭寺，并亲手在寺前栽下柳树。大昭寺飞檐重阁，极具中原建筑风格，收藏了公主带来的佛像、佛塔、经书以及大量的乐器。逻些城周围的山原先没有什么正名，公主乃以妙莲、宝伞、右施、海螺、金刚、胜利幢、宝瓶、金鱼等八宝命名。

雍容华贵的文成公主并没有待在王宫里享清福，她怀抱着羊羔，向牧民款款走来。她以汉医药为人治病，治愈病人无数，又拿出粮食，周济生活艰难的牧民，漂泊无定的牧民泪眼相向，称文成公主为"白度母（活菩萨）"。

公主还到田间地头，拿出从长安带来的谷物和菜籽，与工匠一起向当地人传授种植的方法。其中小麦不断变种，成为藏族人喜爱的青稞。公主还带人传授先进的生产技术，造出先进的农具供人使用，雪域高原也第一次有了犁耕。

吐蕃人原来只用毛皮毡做衣料，公主来后，即使人养蚕缫丝，并和善于织帛的侍女一起，教当地人纺织。松赞干布也干脆脱去他的毡裘，穿上公主亲手做的唐装。

在冶金、造纸、制陶、碾米、酿酒等方面，公主和她带去的工匠也不遗余力地向当地人传授技术。至今日喀则的铜匠仍以文成公主作为他们的祖师。原来藏民接手饮酒，以毡为盘，捻麨为碗，盛上羹酪，和碗一起吃掉。公主带去的制陶制磁技术，改变了这种落后的习俗。

吐蕃人习惯用赭色涂面，借以驱邪避魔，既麻烦又不好看，公主表示厌恶，松赞干布立即下令禁止。

随公主来吐蕃的文士们也按公主的指示，成立学术机构，整理吐蕃的历史文化，记录赞普和大臣的谈话。松赞干布也按公主的要求，派遣皇室贵族子弟入唐国学，学习《诗经》《尚书》等。

文成公主以她慈悲的胸怀和渊博的才学，帮助吐蕃人民，极大地推动了吐蕃在经济、文化方面的发展。吐蕃也开始有了自己的历法、文字，在生活习俗等方方面面都有了很大的改善。作为汉族人民的友好使者，文成公主也受到藏族人民的崇敬和爱戴。

太宗和亲政策所促成的唐、蕃甥舅之谊，不仅在唐朝，更在汉藏人民友好交往的历史上具有深远的影响。

冬去春来，天又要慢慢地变热了，夏天又要到哪里去避暑？住够了九成宫的太宗去年就命将作大匠阎立德建清暑之地。阎立德勘察地形，筹集建筑材料，组织人施工，忙了将近一年，终于在汝州西山建成了襄城宫。

四月，太宗将幸洛阳，命皇太子监国，留右仆射高士廉辅之。

辛巳这天临黑天，车驾来到骊山温泉，住下来后，新丰县令献上数枚温泉特有的反季节香瓜。太宗特召房玄龄、长孙无忌、魏徵一起品尝。

香瓜在温泉边特有的环境中长大，昂首挺肚，里里外外都透着黄澄澄的颜色，剖开后，更是有一股新鲜香甜的瓜味，沁人心脾，让人感到清新舒畅。

太宗吃了几口，又催着房玄龄他们吃。吃着吃着，太宗又想起贞观四年去世的杜如晦，他举举香瓜对臣下说："武德四年夏，决战窦建德时，诸将佐集于帐中，议论破敌之策，时有人进瓜数枚，大伙儿剖瓜食毕，如晦以籽粒为筹，剖析敌情说，'如若将建德诱入虎牢东北之牛口渚，我合围聚歼，令军中传呼歌谣，豆入牛口，势不得久。建德军心涣散，必为我虏。'今朕食瓜，又突然想起如晦来了。"

作为杜如晦生前的好朋友，房玄龄看着手中的香瓜，也感叹地说道："杜公去世时年仅四十六，时至今日，言犹在耳，却物是人非……"

听房玄龄这一说，太宗倍觉伤痛，不知不觉流下泪来，他把剩下的香瓜拢在一块，叫过一个内使命道："将瓜奠于如晦灵前，以寄朕之怀思。"

内使答应一声，怀抱着香瓜出去了。大家见皇帝心情不好，也都拱手告退。

太宗坐在窗下独自思量一番，刚想招呼宫妃侍寝，就听窗外"嗖嗖"几声，马上取得天下的太宗凭着久经沙场的经验，立即断定这是大箭射过来的声音，他当即大声叫道："来人！有刺客！"

皇帝这一呼唤，行宫内的妃嫔内侍们立即慌乱起来，在院外警戒的羽林军士也打着火把赶来察看，闹腾了一番，果见寝殿外窗下有五支大羽箭。温泉行宫周围二三里地都已戒严了，谁有这么大的劲射来几只大羽箭？一定是内部人捣的鬼，太宗命羽林军从速追查，以绝后患。

箭羽有特殊的标记，分明是羽林军所用的箭，一一排查，三推六问之后，卫士崔卿、刁文懿浮出水面。

据崔、刁二人交代，二人并非想谋害皇上，只是觉得此去襄阳宫，警卫任务太辛苦，所以夜射行宫，期望皇上因受惊吓而返回长安。

事情虽不严重，但崔卿、刁文懿皆以大逆论罪，斩首示众。所谓大逆，据《刑统议》上说：干纪犯顺，违首悖德，逆莫大焉，故曰大逆。

虚惊一场后，戊辰日，车驾来到襄城宫。襄城宫依山而建，红墙黄瓦，雕梁画栋。堂、阁、斋、楼、台、轩、观、亭应有尽有，煞是好看，太宗甚觉满意，指殿屋对臣下发一番感慨：

"治天下如建此屋，建成以后，不能动不动就改动它。即使是易一根椽子，换一片瓦，必然对整个屋殿有所损害。如果你渴慕建立盖世奇功，不断改变法度，不能保护自己的德行，必然对天下劳损多多。"

群臣听了，连忙恭贺，皇帝能举一反三，口不忘治国之理，实为国家之福。

在襄城宫住了十几天，天变得热了，此处却毫无清凉之意，太宗渐觉不快。这天西突厥沙钵罗叶护可汗遣使入贡，接见的时候，廊下冒出两条蛇来，引起宫人一阵惊呼，太宗大怒不已，找来阎立德骂道："你身为将作大匠，竟选这种地既潮热，又多毒蛇的地方建造避暑宫殿，是你笨还是你有意为之？"

阎立德费力不讨好，吓得脸蜡黄，一句话也答不上来，太宗一甩袖命道："罢襄城宫，所拆木料砖瓦等分赐百姓！"

"哎！"阎立德抹抹眼泪答应了一声。

"劳民伤财，你是罪魁祸首！"太宗转而把罪责都卸给阎立德，"即日起，罢免你所有的官职。"

费钱千万计的襄城宫，就因为有点儿热和蹿出了两条蛇，让太宗一句话给拆了。

且说薛延陀分为东、西二部，受突厥控制，后薛延陀发生内乱，夷男率部落中的七万多家归附了颉利可汗。东突厥败亡之后，碛北的一些部落如铁勒、契苾、回纥等多归附夷南，薛延陀因之渐渐强大起来。

　　一天薛延陀真珠可汗夷男听说唐皇帝东巡，可能要去泰山封禅，夷男听风是雨，对臣下说："天子封泰山，士马皆从，边境必虚，我以此时取思摩，如拉朽耳。"

　　打好如意算盘后，夷男命儿子大度设，发同罗、仆骨、回纥、靺鞨诸部落兵，合二十万人，杀奔突厥。

　　突厥俟利苾可汗奉太宗命令，率众渡河，刚在定襄城建牙不久，城墙还未来得及修建，检点兵马，也不过几万人。

　　闻薛延陀二十万大军穿过大漠，驻军白道川，其前锋直逼善阳岭。俟利苾可汗自知难与薛延陀抗衡，急忙率部众退避长城以里，坚守朔州，并遣使向皇帝告急。

　　此时太宗已到东都洛阳，闻薛延陀进犯，当即召开御前军事会议，作了战前部署，分工如下：营州都督张俭率所部骑兵及奚、契丹压其东境；以兵部尚书李绩为朔州道行军总管，将兵六万，骑千二百，屯朔方；以右卫大将军李大亮为灵州道行军总管，将兵四万，骑五千，屯灵武；以右屯卫大将军张士贵将兵七千，为庆州道行军总管，出云中；凉州都督李袭誉为凉州道行军总管出其西。东起营州西至凉州，各道发兵十万人出击。

　　此六路兵马，有退有进，有守有攻；进则可战，退则可守，足见太宗用兵之老到。

　　诸将领旨后，前来拜陛辞行，太宗发表讲话说："薛延陀自觉很强盛，越大漠而南侵，走了数千里路，人马肯定都已疲惫。凡用兵之道，见利则速进，不利则速退。薛延陀刚开始进攻思摩时，不能乘其不备急击之。及思摩入长城，又不速退。我已敕思摩沿途烧掉秋草，让敌人粮草日尽，也无所获。刚才侦骑报告，言薛延陀马啮林木树皮略尽。众将要与思摩共为掎角，不须速战，等敌人退了，再一时奋击，破之必矣。"

　　太宗分析得极其透彻，但战场上形势千变万化，也不能套一个模式。诸将听了皇上的一番布置，也只是点头应承而已。

　　时左领军将军契苾何力母亲姑臧夫人及弟贺兰州都督沙门皆在凉州，为防止契苾部在薛延陀大兵压境时投靠薛延陀，太宗特命何力以省亲的名义抚慰其部落。

　　薛延陀军也是有备而来，他们演练了一个新的步战法：五人为一伍，打仗时，四人在前头战，一人在后面牵着马，待前头打胜了，后头的人忙牵上马，大伙儿上马再乘胜追杀敌人。此步战法虽然有些烦琐，可薛延陀当初就用此法击败了西突厥沙钵罗及阿史那社尔。

大度设率三万精骑的先头部队，长驱直入，欲大杀一场，到了长城边才发现思摩已走人。大度设扑了个空，乃和兵士们登上长城，居高望远，指着东南方向大骂。刚骂了一会儿，就见东南方向尘埃大起，大队唐兵枪戟森森，遮道而来。飘展的旌旗上，隐约可见一个斗大的"李"字。

"小可汗，这是唐国兵部尚书李勣的人马！"早有眼尖的人向大度设报告说。

李勣足智多谋，骁勇善战，威名远扬，乃当世名将。

大度设心里打怵，不敢与李勣对阵，忙回身命令部下："撤，撤！从赤柯泺北走，与主力部队会合！"

大度设急急慌慌领兵退走。李勣率军赶到长城脚下，一刻也没歇，即选麾下及突厥精骑六千随后追赶。

出了长城，逾白道川，追了三天三夜，终于在诺真水赶上了薛延陀军。大度设走投无路，勒兵还战，排列了十里长的大阵，要与唐兵决一死战。

李勣先令突厥骑兵出战，突厥兵一向不敢与薛延陀抗衡，甫一交兵，即为大度设所败，死伤了一些人，狼狈退还。李绩指挥唐骑再次发起进攻，大度设心知唐兵厉害，不敢硬拼，命令部下一齐弯弓射箭，唐军中人马多受伤，陆续倒毙，第一拨进攻先被大度设压了下来。

李勣见状，立即命令士卒下马，各执长槊，向前直进，任他箭如飞蝗，冒险冲入了敌阵。正专注射箭的敌众，猝不及防，弯弓难抵长槊，但见长槊乱捅，薛延陀军前登时乱了阵脚。

大度设见唐军玩开了步战，令旗一挥，又摆出了步战队形，即有名的"前四后一"。李勣早把薛延陀这一战术琢磨透了，急令薛万彻率二千精骑冲入敌阵。薛万彻的人什么也不干，专夺敌马。

一个薛延陀兵牵四匹战马，顾左不顾右，顾前不顾后，哪里是唐骑的对手，数千匹战马霎时被唐军夺了过去。

持枪的薛延陀兵见马被夺去，乱了阵脚，回头就跑。李勣令旗一挥，唐军随后掩杀。结果此役大获全胜，斩首三千级，获战马五千匹，另外甲仗辎重，不可胜计。李勣派薛万彻追赶穷寇，大度设拼命逃脱，追之不及，方才罢了。

李勣得胜后，率众军还到定襄，并驰书京都告捷。

话分两头，太宗命何力省亲，抚其部落，何力到了贺兰州，时薛延陀势力强大，契苾部的头头们正商议归附薛延陀，何力闻之大惊，对部众说："主上厚恩如是，为何遽为叛逆？"

部众嚷嚷道："夫人他们已经前去拜望真珠可汗了，我等不去，又能如何？"

"沙门孝于亲，我忠于君，断不降他薛延陀！"何力叫道。

契苾部众二话不说，一拥而上，把何力抓了起来，一路押着他，扭送到真珠可汗的牙帐前。

真珠可汗敬佩何力是条好汉，命人松绑看座，并还其佩刀，排开筵席，叫来何力的母亲、弟弟以及自己的妻妾相陪，想耐心地劝何力归降，哪知一个"降"字还没说出口，何力即一脚踢飞板凳，拔佩刀向着东方大呼道："岂有唐烈士而受屈虏庭，天地日月，愿知我心！"

说完，何力"噌"一刀，割下自己的左耳朵，抛给真珠可汗，叫道："请视此耳，我何力决计不降！"

真珠可汗大怒，命左右立即将何力斩首，座上的真珠妻谏道："此为英雄，杀之恐失契苾部之心。"

何力的母亲和弟弟沙门也急忙跪地为何力求情。真珠可汗这才收住火气，令人把何力关了起来。

契苾部落集体叛变大唐，消息传到长安，太宗还有些不相信，摇摇头说："朕派何力安抚部众，如今契苾叛，必非何力之意。"左右说道："戎狄气类相投，何力入薛延陀，如鱼趋水，哪里还会想到皇上对他的厚恩？"

"不然！"太宗拍拍胸口说，"何力心如铁石，必不叛朕！"

屋漏偏逢连阴雨，大度设败回薛延陀后，没等缓过来元气，这年冬漠北大雪，薛延陀人畜冻死者无数。真珠可汗见国势衰弱，怕唐国乘势来攻，连忙遣使朝唐，表示臣服。

太宗接见薛延陀使者时，首先问了何力的情况。使者指手画脚，竖着大拇指，把何力忠于唐皇的英勇行为，如此这般讲了一遍。太宗听了为之泣下，对左右说："何力果如何？"当即命兵部侍郎崔敦礼持节谕薛延陀，迎回何力。

薛延陀使者返回时，太宗教训道："回去告尔可汗：朕与你国订约，与突厥以大漠为界，有相侵者，朕必发兵讨伐。你国恃强，逾大漠攻突厥，李绩仅将数千骑，你已狼狈如此，今后凡举措，应善择利害为宜。"

不久，何力回国，太宗见其左耳已失，天冷疮痕尚未痊愈，不禁为之泣下，何力拍拍胸口，慨然说道："臣受陛下厚恩，杀身亦所不惜，又怎么在乎一只耳朵呢？"

太宗视其忠贞，乃厚赐金帛，并升授为右骁卫大将军。第二年，薛延陀真珠可汗又遣其叔父沙钵罗泥热俟斤入朝谢罪。沙钵罗泥热俟斤带来大批礼物，计貂皮三千张，牛、橐驼及马三万匹、玛瑙镜一架。除表示愿与突厥和好，不冒犯大唐外，沙钵罗泥热俟斤还郑重其事地代真珠可汗向唐朝和亲，要求娶一个公主。

对和亲一事，太宗考虑了好几天，这天召来房玄龄等几个近臣说道："北狄世代为患，今薛延陀强，应早防之。朕熟思良久，唯有二策：一选十万精兵，击而虏灭，可保百年无事；二是遂其来请，准结婚姻，亦可获三十年安静，哪一办法更好？"

房玄龄奏称："大乱之后，疮痍未复，兵凶战危，圣人所忌。和亲之策，实在是天下黎庶之幸。"

太宗也随之慷慨地说道："朕为苍生父母，若可利黎庶，又岂惜一女！"

拿定和亲的主意后，太宗赐宴殿中，款待薛延陀使者，且许把第十五女新兴公主嫁与真珠可汗。

不久，太宗又后悔起来，不舍得把亲生女儿新兴公主嫁于薛延陀。这悔婚的话一说出来，群臣都以"天子无戏言"表示反对。太宗强词夺理道："朕若把公主嫁与那夷男，他仗着大国子婿的势力，深结党援，一旦不如意，勒兵南下，岂不成了'养兽自噬'？今不许嫁女，诸部落知朕摈弃之，必争击薛延陀。"

何力也不想让公主许配给那夷男，向太宗献计道："臣闻礼重亲迎，最好是令夷男自迎公主，或至京师，或至灵武，臣料夷男必不敢来。夷男不至，何妨绝婚？况夷男性情暴戾，必因婚议不成，激成郁愤，上怒下疑，不出三年，夷男必忧死，他日二子争立，内乱外离，不战自灭了。"

太宗一听，直夸何力"料事颇明"，叫人从驿馆里召来沙钵罗泥热俟斤，对他说："你回去转告真珠，让他务必亲自来迎公主，朕当亲送公主至灵州，与真珠面会。另外，既娶我大国公主，聘礼少了会让四夷笑话，朕以为至少需要马十万匹，牛及橐驼五万头，羊二十万口，这些聘礼秋天时就要送来！"

沙钵罗泥热俟斤见求婚的任务已经完成，于是对太宗所提的条件满口答应，辞别太宗，拿着赏赐，欢天喜地回国去了。

真珠闻知唐朝许婚，大喜过望，表示要亲自去灵州迎娶，臣下谏阻，真珠不从，命人向各部大力搜括马羊，以作聘礼。

薛延陀无库厩，更兼大灾之后，杂畜减少，急切间难以办齐。操持大半年，好不容易才办齐这些聘礼，往唐国送时，又因道涉沙碛，畜口不得水源，耗死过半，因而失期不至。

太宗见薛延陀在规定的时间没有送来聘礼，心中暗喜，当即下诏责真珠愆期，并宣布与其绝婚。旋即把新兴公主嫁与长孙曦。

真珠可汗吃个哑巴亏，只好自悔失期，又因国力衰弱，不敢再向唐朝和亲，只得遣使向唐朝赔礼道歉了事。

太宗成功地涮了薛延陀，心中十分高兴。这天摆宴丹霄楼，喝到二八盅，已带有酒意的太宗颇为自负，不知又想起什么事来，撇着嘴对旁座的长孙无忌说："魏徵、王珪事隐太子、巢刺王时，诚可恶。朕能弃怨用才，无羞古人。可是魏徵每次谏朕，朕若不从，朕发言时，魏徵就不理朕，他这是什么毛病啊？"

长孙无忌不好意思评论魏徵，只是望着魏徵笑。魏徵接过话头，拱手答道：

"臣以为事有不可，故谏，若不从辄应，惟皇上遂行之。"

太宗也是借着酒劲，给魏徵提意见，听魏徵又是常有理，讪讪而道："你当时答应朕，也是给朕个面子，等过后咱再讨论那个事，难道不行？"

魏徵一如既往，作风依旧，侃侃言道："昔舜戒群臣：'尔无面从，退有后言。'若当面答应，过后又反对，非稷、契所以事尧、舜也！"

太宗本来想给魏徵一个绊马腿，不想又被知识渊博的魏徵劝谏一番，太宗转而大笑道："人言征举动疏慢，朕但见其妩媚耳！"

侍宴的臣下听了，也跟着笑起来，魏徵离座，再拜言道："陛下导臣使言，所以敢然；若不受，臣安敢数批逆鳞哉？"

太宗虽然有时不满魏徵不给他面子，但太宗毕竟有容人之量。魏徵关键的时候也能引经据典，以理服人，适当地夸赞太宗是明君。太宗此时又变得高兴起来，命魏徵喝下御酒一杯，当庭赋诗。

酒意阑珊，其乐融融，魏徵略一思索，口占一诗：

> 西汉
> 受降临轵道，争长趣鸿门。
> 驱传渭桥上，观兵细柳屯。
> 夜宴经柏谷，朝游出杜原。
> 终藉叔孙礼，方知皇帝尊。

全诗以抒情的笔调赞扬了太宗经营天下，胜似闲庭信步的英雄气概。太宗得此诗，玩味不已，昂昂然有自诩之态，也挽起袖子，挥起狼毫，当场赋诗一首：

> 尚书
> 日昃玩百篇，临灯披五典。
> 夏康既逸豫，商辛亦流湎。
> 恣情昏主多，克己明君鲜。
> 灭身资累恶，成名由积善。

太宗工王羲之书，尤善飞白，醉意之中，这首《尚书》书写得老练飘逸。写完后，太宗兀自欣赏了一番，然后举起那幅字问："谁要？"

赏宴的都是三品以上的重臣，见皇帝赐字，都趁着酒意上去从皇帝手里抢字。散骑常侍刘洎情急之下，登上御座，一把从皇帝手里把字幅抢了过来。众人扑了个空，一齐上奏道："刘洎登御床，罪当死，请付法！"

刘洎也很害怕，手攥着字幅不放，哀哀地看着太宗，太宗大笑道："昔闻婕妤辞辇，今见常侍登床！"

魏徵个子不高，相貌平平，但他以渊博的学问，丰富的经验，高明的见识，处处规谏和影响太宗。太宗虽然对他有些烦，但毕竟知道魏徵是一个热血忠臣，所言所行都是为了社稷永固。太宗曾经真诚地和长孙无忌说："朕即位之初，上书者或言'人主必须威权独运，不得委任群下'，或欲耀兵振武，慑服四夷。唯有魏徵劝朕'武革兴文，布德施惠，中国既安，远人自服'。朕从其语，天下大安。绝域君长，皆来朝贡，九夷重泽，相望于道，此皆魏徵之力也。"

满招损，谦受益。品德高尚的魏徵却认为自己对国家无功。这天上朝，魏徵以眼睛不好，身体多病为名，请求辞职，话一说出，太宗言道："公独不见金在矿里何足贵邪？善冶锻而为器，人们才把它当成宝贝。朕方自比于金，以卿为良匠而加砺焉。卿虽疾，未及衰，朕哪能让卿走啊！"

魏徵见皇上自比为未加工的金石，而把他比作高明的工匠，忙拜了两拜，口称不敢。魏徵越是请辞，太宗越是挽留，而且又下了一道圣旨，拜魏徵为特进、知门下省事。朝章国典，参议得失。

太宗望着忠心耿耿、日渐年老的魏徵，充满感情地说："贞观以前，从朕定天下，周旋艰难，玄龄功也。贞观之后，纳忠谏，正朕违，为国家长利，徵而已。虽古名臣，又谁能及？"

太宗说着，解下佩刀，赐给魏徵，另叫人再拿佩刀，赐给房玄龄，魏徵和房玄龄登时引来满朝文武羡慕的目光。两人谢恩毕，太宗问群臣："魏徵与诸葛亮谁贤？"

中书侍郎岑文本道："亮才兼将相，非徵可比。"

太宗摇摇头说："魏徵蹈履仁义，以弼朕躬，欲致之尧、舜，虽亮无以抗！"

太宗嘴上虽说得头头是道，但天下承平日久，做皇帝的也不免懈怠起来，魏徵就时刻敲他的警钟，太宗有些不耐烦，魏徵就当着群臣的面，话说在太宗的脸上："陛下贞观之初，号召人上谏。三年以后，见谏者悦而从之。这一二年，也只是勉强受谏，心里却始终不想买账。"

太宗听了这话，惊得从御座上直起身子，问魏徵："你凭什么这样说朕？"

魏徵数着手指头，一一道来："陛下初即位，判元律师死，孙伏伽谏，以为法不当死，陛下赐以兰陵公主园，价值百万。有人说，'赏太厚'，答曰，'朕即位，未有谏者，所以赏之。'此导人使谏也。后有柳雄虚报在隋朝当官的资历。被有司查出，要判死刑，戴胄奏其罪只够得上流放，奏了四五次，皇上才赦其死罪。此悦而从谏也。近来皇甫德参上书言'修洛阳宫，劳人也；收地租，厚

敛也；社会上流行高髻，乃是宫内传出的毛病'，陛下听了愤愤不平道，'这个皇甫想使国家不役一人，不收一租，宫人没有头发，才可他的意。'臣奏，'人臣上书，不激切不能引起皇上的注意，激切就近乎讪谤。'当时，陛下虽从臣言，赏给绵帛，意终不平。我所说的这些，都是皇上难于受谏的表征。"

太宗听了魏徵的一番谏言，意有所悟，手扶着龙案道："非公，无能道此者，人苦不自觉耳！"

那次拆了襄阳宫，数千万钱打了水漂，太宗犹嫌不足，乃下令于洛阳造飞山宫。太宗怕有人反对，还在诏书上说，飞山只是依山构筑，可以节省许多工料。魏徵对这种劳民伤财的行为坚决劝谏，上疏言道：

隋炀帝恃其富强，不虑后患，穷奢极欲，百姓穷困，以致身死人手，社稷为虚。陛下拨乱反正，宜思隋之所以失，我之所以得。撤其峻宇，安于卑宫，若因基而增广，袭旧而加饰，此则以乱易乱，殃咎必至。

太宗富有天下，久思造宫殿，就把这些反对意见撇在一边。一年不到，又一座宏伟的宫殿矗立在陪都洛阳。春暖花开，太宗下诏幸临飞山宫，一路上捎带着体察民间疾苦。

御驾出行，千乘万骑，迤逦不绝。沿途地方官听说皇帝来视察，早把道路修整一新，路边碍眼的破房子也扒的扒，拆的拆。那些衣着破烂的困难户也早已躲得不知去向……

一路上风景不错，道路平坦，屋舍整洁，太宗频频点头，对随驾的魏徵等人说："朕看'贞观之治'这个提法可以成立，怎么也比他隋朝强多了吧？"

魏徵摇摇头说："民间疾苦，皇上哪能知道。地方官员，谁敢把破败房屋、菜色百姓展现给皇上看呀？"

太宗不信魏徵的话，召来沿途州郡官员，问道："今年收成怎么样？老百姓生活怎么样？有没有吃不上饭的啊？"

州郡官员磕头如捣蒜，一齐答道："去岁大稔，请皇上放心！"

这天御车驾临时转道寿安县，歇驾显仁宫时，由于地方官员没料到圣驾要来，急急忙忙备办酒宴，寿安县属于贫困县，民众又少，征粮有限，仓促供应这庞大的临幸队伍，有些力不从心，因而酒食上显得简陋些。太宗见菜肴寡味，认定当地不够恭敬，因而把供膳官员叫来，狠狠地训了一顿。

菜肴虽没有长安的丰盛，但有鸡有鱼，穷人家出身的魏徵吃得有滋有味，见太宗谴责供膳官吏，魏徵当即表示反对，对太宗说："陛下以供奉菲薄，谴责官吏，大为非宜。臣恐此风相煽，异日民不聊生。此非陛下行幸本意。昔隋炀帝视郡县献食丰俭，以为赏罚，后海内叛之。此乃陛下亲见，为何效之？"

魏徵句句实话，太宗一听大惊，忙抚慰了供膳官吏一番，转而对魏徵说："非公不闻此言。"

经魏徵这一说，太宗才按住心劲把这顿饭吃完，吃着吃着，又用筷子敲敲盘子对旁边埋头吃饭的长孙无忌说："当年咱过这个地方的时候，买饭而食，僦屋而居，今供顿如此，鸡鸭鹅鱼俱全，岂得嫌不足！"

长孙无忌把嘴里吃剩的鱼骨头吐出，连连称是。

转天车驾来到飞山宫。飞山宫飞檐斗拱依山而造，远远望去，其势如苍鹰在山腰凌空飞过。及到近前，更是高大雄伟，摄人心魄。太宗领着群臣，登高参观，脸有自得之色。魏徵看在眼里，心知皇上已从虚心纳谏到不喜欢臣下直言，好大喜功，渐渐骄奢满溢，常常言行不一。

晚上，魏徵回到住处，夜不能眠，乃披衣起床，奋笔疾书，写成谏太宗《十思疏》，全文如下：

臣闻求木之长者，必固其根本；欲流之远者，必浚其泉源；思国之安者，必积其德义。源不深而望流之远，根不固而求木之长，德不厚而思国之安，虽在下愚，知其不可，而况于明哲乎？人君当神器之重，居域中之大，将崇极天之峻，永保无疆之休，不念居安思危，戒奢以俭，德不处其厚，情不胜其欲，斯亦伐根以求木茂，塞源而欲流长也。

凡百元首，承天景命，莫不殷忧而道著，功成而德衰。有善始者实繁，能克终者盖寡。岂其取之易而守之难乎？昔取之而有余，今守之而不足，何也？夫在殷忧，必竭诚以待下，既得志，则纵情以傲物。竭诚则吴越为一体，傲物则骨肉为行路。虽董之以严刑，震之以威怒，终苟免而不怀仁，貌恭而心不服。怨不在大，可畏唯人。载舟覆舟，所宜深慎。奔车朽索，其可忽乎？

君人者诚能见可欲，则思知足以自戒，将有所作，则思知止以安人，念高危，则思谦冲而自牧，惧满溢，则思江海下百川，乐盘游，则思三驱以为度，忧懈怠，则思慎始而敬终，虑壅蔽，则思虚心以纳下，惧谗邪，则思正身以黜恶，恩所加，则思无因喜以谬赏，罚所及，则思无因怒而滥刑。总此十思，弘兹九德。简能而任之，择善而从之，则智者尽其谋，勇者竭其力，仁者播其惠，信者效其忠。文武争驰，君臣无事，可以尽豫游之乐，可以养松乔之寿，鸣琴垂拱，不言而化。何必劳神苦思，代下司职，役聪明之耳目，亏无为之大道哉！

《十思疏》写成后，魏徵又修改了几遍，这才郑重其事地呈给皇帝。《十思疏》论述全面，就事论人，实为帝王统治天下之准则。太宗揽表大喜，拍着奏章对群臣说："此乃固国本、保社稷之匡议，储于秘府，传于子孙。"

岁月无情，年老体衰，呕心沥血为国操劳的魏徵回长安后不久，即卧病不起。连日上朝不见魏徵，耳根清净之余，太宗还真有些想念魏徵，这天下午，御驾亲临魏徵府第，前来探视。

有句话叫"宰相巍巍坐高堂"，作为当政十几年的权臣，外人想象魏府一定是高门大户，仆从成群。等太宗来到清水坊魏徵的家门口，下得御车，闪目观瞧，但见一座带石头院墙的小院落展现在面前，乍一看，和周围的普通民居没什么两样，大门前的东西小巷，只能容下一辆车通过，也早被皇帝的车马仆从挤得满满当当。

"微臣恭迎皇上，皇上万岁万万岁！"魏徵的大儿子魏叔玉领着三个年幼的弟弟，伏地叩首，迎接太宗。

"免礼，免礼。"太宗令人搀起这哥四个，手指着小院子问叔玉，"你们一家一直住在这里？"

"回皇上，臣一家一直住在这里。"

在魏叔玉的引导下，太宗穿过院门，迈步往里走，院子倒收拾得干干净净，有三间堂屋、六间厢房，西墙根是柴禾垛，后院还有一个猪圈，隐约可听见猪叫的声音。

这哪里是一个大唐的宰相府邸啊？太宗欷歔不已，迈步来到堂屋，魏徵夫人裴氏正和三个婢女在那摆椅子倒水，抬头见皇上驾到，急忙叩头行礼。

"魏爱卿呢？"太宗眼往四周瞧。

裴夫人忙和一个婢女一起到西厢房内，架出已被疾病拖得颤颤巍巍的魏徵。太宗一见急令重把魏徵扶回床上，太宗移驾西厢房，跟魏徵说话。

"魏爱卿啊，你一个堂堂的宰相，怎么住这么小的地方，家中只有两三个粗使婢女，连个正寝也没有？"太宗嗔怪道。

魏徵一脸病容，咳嗽了两声，施礼答道："臣生于乡里，如今吃的住的，比在老家时好多了，臣很是满足了。"

"朕听说你把朕的赏赐都分发给老家的贫困户了，你怎么也得留些钱给自己盖几间正房啊！"太宗见魏徵又是一阵咳嗽，说不出话来，忙指挥随来的御医给魏徵把脉看病。

和卧在床上的魏徵说了一会子话，太宗返回皇宫，即遣中郎将李安俨住在魏徵家里，随时报告魏徵的病情。

同时，太宗还命令将作少匠，停止修建宫内一座小殿，将那些备好的砖瓦木石运到魏徵家，以最快的速度为魏徵建起几间正屋。

皇帝一声令下，将作少匠不敢怠慢，集中人力物力，能工巧匠们在五天的时

济世安民：唐太宗

间内即为魏徵建起了五间大瓦房。有了正房还得置东西，太宗又遣宫中使者送来桌椅板凳、床、被褥等生活用具。

魏徵卧病期间，太宗常常遣使往来探问，药膳更是赐遗无算，因挂念在心，太宗每每相望于道。但魏徵的病还是一日重过一日。这天下午，李安俨飞马来告，言魏宰相眼看不行了，太宗大吃一惊，立即起驾前去探视。

太宗赶到魏徵家时，魏徵已经穿上了朝服，扎上了玉带，静静地躺在床上。

太宗眼睛看着魏徵，心里十分难过。他抚着魏徵流着泪说："朕已决定把朕的女儿衡山公主许配给你的儿子叔玉了。"

魏徵想起身致谢，但身子已难以撑起，太宗慌忙扶住了他，命随驾前来的衡山公主上前，对魏徵说："你的儿媳妇来看你来了！"

魏徵的身体已衰弱到极点，连抬头的力气都没有了，太宗的眼泪不由自主地流了出来。他亲手将魏徵的头稍稍扶起，指着衡山公主说："公看看新妇吧！"

魏徵连道谢的力气都没有了。太宗抹了抹眼泪，轻轻地给魏徵垫好枕头，问道："爱卿还有什么要求吗？"

魏徵喘了几口气，用尽最后一丝气力说："家……家事无须虑，但忧……忧社稷事。"

当天夜里，太宗梦见魏徵音容笑貌一如往日。天亮时，魏徵静静离开了人世，时年六十四岁，这一天是贞观十七年（643年）正月戊辰日。

魏徵去世，太宗震动不已，早饭也没吃，即赶到魏徵家，亲临痛哭。时诸亲王大臣得到噩耗，也纷纷赶来，太宗即在灵前和房玄龄等人安排魏徵的丧事，决定废朝五日，赠魏徵司空、相州都督，谥文贞。命给羽葆鼓吹、班剑四十人，赐给绢布千端，米粟千石。陪葬昭陵。

对于给予羽葆鼓吹、班剑四十人等亲王级葬礼的待遇，魏徵夫人裴氏辞之不受，说："魏徵生平俭素，今以一品礼葬，此非亡者所愿。"

太宗只得同意了裴氏的请辞，只用布车载了灵柩前去下葬。

下葬这天，太宗命百官将灵柩送出郊外。太宗则登上御苑西楼，望枢车痛哭，并作哀诗一首，以志纪念——

　　　望送魏徵葬
　　阊阖总金鞍，上林移玉辇。
　　野郊怆新别，河桥非旧饯。
　　惨日映峰沉，愁云随盖转。
　　哀笳时断续，悲旌乍舒卷。
　　望望情何极，浪浪泪空滋。

无复昔时人，芳春共谁遣。

过后，太宗又亲为制碑，以刻书石，并命晋王前去致祭，将此御制碑立于魏徵墓前。

朝堂上再也不见了魏徵慷慨直谏的身影，太宗心中思念不已，常常临朝对臣下叹道："以古为镜，可以知兴替；以铜为镜，可以正衣冠；以人为镜，可以明得失。朕常宝此三镜，以防己过。今魏徵逝，朕亡一镜矣！"

太宗又命人到魏徵家中检阅魏徵生前的书函，其中有一奏表仅成草稿，还没来得及修改誊抄，草稿草字难认，只有前几行，可以分辨，上写：

天下之事，有善有恶，任善则国安，用恶则国乱。公卿之内，情有爱憎。憎者唯见其恶，爱者唯见其善。爱憎之间，所宜详慎。若爱而知其恶，爱者唯见其善。爱憎之间，所宜详慎。若爱而知其恶，憎而知其善，任贤勿贰，可以兴矣。

太宗见这纸没有完成的奏表，心中痛惜一代良臣的陨落，因敕公卿侍臣，将表中言语书于笏上。他还对群臣说："朕有过，则必谏，如魏徵仍在。"

第十二回

知天命潜龙归大海，看卜辞有凤要来仪

　　唐太宗一生中有十四个儿子。文德皇后生李承乾，又生第四子李泰，及晋王李治，后宫生李宽，隋炀帝女杨妃生李恪，又生第六子李愔，阴妃生李佑，王氏生李恽，燕妃生李贞，又生第十一子李嚣，韦妃生李慎，后宫生李简，杨妃生李福，原为李元吉妻的杨妃生李明。其中十一子江王李嚣早逝，十二子代王李简也在幼小时死去。

　　玄武门之变太宗夺得皇位后，李承乾因是长子，理所当然被封为太子。李承乾小的时候特别敏慧，惹人喜爱。

　　贞观九年（635年），高祖崩，太宗居丧，李承乾作为太子，裁决庶政，颇识大体，引得世人称颂。但年长以后，其喜近声色、为所欲为的毛病逐渐显现出来。

　　为了培养好接班人，太宗先后任命于志宁、李百药、杜正伦、孔颖达、张玄素等名家大儒为东宫僚属，辅佐太子李承乾。李承乾惧怕太宗，临朝时，满口的仁义道德，进退举止毕恭毕敬。但等朝散后回到东宫，李承乾霎时像变了一个人似的。

　　天又渐渐变热了，太宗也去九成宫避暑去了，留在长安监国的太子李承乾可撒了欢了，彻夜地和那些歌童舞女厮混，吹拉弹唱，弄得白天视朝时无精打采。

　　这两天实在打熬不住，李承乾更放肆了，干脆不去朝堂了，大白天搂着一个歌童在床上呼呼大睡。

　　"太子爷！太子爷！"一个奴仆弹跳着跑进来，推了推正睡觉的李承乾，"右庶子孔颖达领着一大帮朝臣来了！"

　　"什么？"李承乾一听，忙从床上跳起来，伸胳膊伸腿，"快！快给我穿衣服！"

　　"把他们挡在门外得了。"奴仆一向和李承乾随便惯了，嘻嘻哈哈地说。

　　"你懂个屁！"李承乾抬脚踹了那奴仆一脚，"两天不视朝的事让父皇知道了非得治咱们不可。"

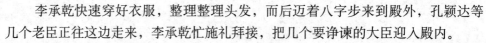

李承乾快速穿好衣服，整理整理头发，而后迈着八字步来到殿外，孔颖达等几个老臣正往这边走来，李承乾忙施礼拜接，把几个要诤谏的大臣迎入殿内。

李承乾命人设座看茶，自己也一脸严肃地坐在几位大臣对面，一副虚心接受批评的样子，但没等孔颖达他们开口，李承乾已先作开了自我检讨："我这两天身体欠安，未能视朝，也未能及时知会各位大臣宫官，在这里，我先给大家道个歉了——"

李承乾站起来，恭恭敬敬给几位臣下行礼，慌得孔颖达他们急忙起身答拜，李承乾紧接着又说道："身体欠安也不是我不视朝的理由，归根结底，是我学得不够，对朝政的重要性认识得不够，思想上还存在一些偏差，诸位大臣和宫官都及时地赶来提醒我，我很感谢，在这里，我首先谢谢各位了——"

李承乾又起身给几位臣下行了一礼，大家又急忙起身答拜。接着李承乾又引咎自责了一番。李承乾天资聪颖，善于揣测人意，并且很有口才，说完再拜，拜完又说，弄得孔颖达几个来谏的臣下答拜不暇，连一句诤谏的话也插不上嘴，眼见得晌午了，宦官来催太子用膳，几位臣下只得告辞而去。

望着孔颖达他们离去的身影，李承乾掸掸衣服，撇着嘴说："玩不了你这几个老家伙！"

用完午膳，李承乾刚想再睡上一觉，只见门外大踏步走进一个人来，嘴里胡乱嚷着："太子侄儿，侄儿太子！"

李承乾回头一看，拍着手哈哈大笑："我混蛋叔又来了！"

来人是汉王李元昌，二十多岁，和李承乾年龄相仿，两人最为要好，彼此见面说话没大没小，没尊没卑。

李元昌十分有勇力，善骑射，膀大腰圆，李承乾上去给他一拳，埋怨道："好长时间不来看我了。"

"皇上在家，我不大敢来呀，再说你那几个大臣成天嘟嘟囔囔的。"

"他们嘟嘟囔囔还耽误咱玩吗？"李承乾说着，招手叫过来一个乐童，有十五六岁的样子，衣着艳丽，娇滴滴的，乍一看好像是个女的，李承乾揽着他亲了一口，对李元昌说："这是我刚找的乐童，我给他起名叫称心，能歌善舞，善解人意，我可喜欢他了。"

李元昌拍手笑道："你啥时候开始改成喜欢男的了？"

"老是喜欢女的没意思。"李承乾揽着称心问李元昌，"咱下午玩点啥好？得玩点刺激的，我成天听他们讲这规矩，讲那礼仪，觉得烦。"

李元昌显然有备而来，从怀里掏出一把牛耳尖刀说："我前一阵子跟他们去北方窜一趟，见突厥人以天为穹庐，以地为席榻，大碗喝酒，大块吃肉，真滋润！比咱们居宫室、坐软榻，小碟子小碗，这礼仪那规矩的快活多了。"

"你的意思是咱自己动手宰杀牲畜，然后咱再大锅煮，用手抓着吃？"

"当然，率性而为，可高兴了！"李元昌摆弄着手里的牛耳尖刀说。

李承乾正愁没啥玩乐项目，当即差人找来两口大锅，又预备下一些劈柴，摆在东宫后园里，又派人去御厩中拉马。

养马宫人一听说是杀了吃，死活不让。太宗一生爱马成癖，一次他喜爱的一匹骏马暴死，太宗差点把养马的宫人杀了。这回有人要吃他的御马，谁敢放啊？

派去牵御马的人空手而来，李元昌也深知皇帝的马是不好吃的，他一拍脑瓜对李承乾说："不吃他的御马。马上叫几个人去郊区庄里头，偷几匹牛马来。"

李承乾当即召集手下的几个亡命之徒，命令立即去乡间盗马。

黄昏降临，东宫后园草地上燃起几堆篝火，几口大锅翻开，肉香扑鼻，李承乾、李元昌以及手下的喽啰们，都穿着突厥人的衣服，打扮成突厥人模样，脸上抹着锅灰，还操着刚刚学来的半生不熟的突厥语，叽里咕噜地说话。李承乾手拿突厥人常用的尖刀，伸刀割下一块肉，扔进嘴里，然后端起牛皮囊，"咕咕"喝下一气酒，大家连声用突厥语叫好，而后一起跟着抢吃起来。

有李元昌搭伙，李承乾是越玩越大，玩得乐不可支。这天下午，正在玄武门值班的左屯卫中郎将李安俨突然听到东宫方向喊杀声大起。李安俨大吃一惊，急忙派遣二十多名羽林军跑向东宫。

"怎么回事？"李安俨跑得气喘吁吁，急问在东宫门房里值班的东宫千牛贺兰楚石。

贺兰楚石是侯君集的女婿，正在门房里和几个部下耍牌玩，手头忙得很，听李安俨问话，只是用手指了指东宫后园，说："你自己去看看吧！"

听贺兰楚石的口气，好像没什么大事，李安俨止住跟随的羽林兵，一路观望向后园走去。

后园里，两支队伍激战正酣，双方都披着毡甲，手持竹槊，一副突厥兵的打扮，在各自酋长的指挥下，列开阵势，大声呼喊，向对方发起勇猛的冲锋。

"刺！扎！"狼头旗下，一个酋长打扮的人跳着脚吆喝着："狠着点，狠着点，不见血不算完事。"

李安俨吃惊不小，定睛一看，那酋长打扮的人竟是太子李承乾。李承乾也望见了李安俨，忙招手叫他——"李安俨，你以前也征战过突厥，你看突厥人是这样打仗不？"

李安俨忙跑过来，赔着笑脸说："像，像，太子可真会玩儿。"

"杀呀！"李元昌领着他的人马，勇猛地杀了过来，气势如虹，压得李承乾的人连连后退。李承乾一见，抄起一支竹槊，冲了上去，不管三七二十一，向对方夹头夹脑地胡乱刺去。李元昌的人没想到太子爷来真的，被刺得血流满地，却又不敢回敬太子一指头，只得捂着伤口，跪地求饶……

游戏结束了，双方鸣金收兵，李承乾和李元昌走到一起，大笑不已，连叫过瘾。

煮肉的锅不够大，李承乾命人作直径八尺的铜炉，六隔大鼎，煮肉分食，偷来的牛羊一时吃不完，都放在后园散养。

李承乾还命人制作数个穹庐，选一些貌似突厥人的手下，梳起发辫，穿上羊裘，在穹庐里住，平时放牧，"有事"时打仗。

李承乾自己打扮成了酋长的模样，住在一个大的穹庐里，庐前后分置五狼头纛以及突厥所用的幡。

又到开饭的时间了，李承乾也不回殿里吃了，命人牵来羊烹煮。李承乾兴之所至，挽起袖子，亲自动手，宰羊剥皮。

炉火熊熊，一会儿羊肉熟了，李承乾揽着歌童称心，两个人以突厥刀割羊肉，你喂我一口，我喂你一口，李承乾还用油乎乎的嘴，频频亲着称心的脸，嚷嚷着说他本人是可汗，称心是可汗妻。

吃饱喝足，李承乾又灵感突至，对左右说："我试作可汗死，你等仿效突厥死之丧仪，前来哭我！"

说着，李承乾即直挺挺地躺在地上，双目紧闭，牙关紧咬，装出一副死人样。

旁边的李元昌立即指挥人号哭，并骑上马带着大家围着装死的李承乾绕圈子。歌童称心作为"可汗妻"，则画上花脸，靠近僵直的李承乾，装腔作势地失声恸哭。

折腾了许久，只见李承乾一跃而起，对众人说："一朝有天下，当率数万精骑，猎于金城西，而后解发为突厥，委身思摩。就是当一个酋长，也不落人后边，你等说是也不是？"

"当然，当然！"左右极力奉承，纷纷竖起大拇指。

"我先睡上一觉。"玩累了的李承乾揽着称心一摇一摆进穹庐去了。左右掩口失笑，皆以为是怪物，大唐两代皇帝志灭突厥，不想，到了他们儿孙李承乾这里，却想委身于思摩！这理让人上哪说去？

太子李承乾久不视朝，东宫里鼓鼙声昼夜不绝。

太子右庶子张玄素职责所在，这天硬是闯进后园，向李承乾递上谏书，指出："昔周武帝平定山东，隋文帝混一江南，勤俭爱民，皆为令主，有子不肖，卒亡宗祀。圣上以殿下亲则父子，事兼家国，所应用物，不为限制，恩旨未逾六旬，物已过七万，骄奢之极，孰有过此？况宫臣正士，未闻在侧，群邪淫巧，日匿深宫，在外瞻仰，已有所失，居中隐秘，宁可胜计，苦药利病，苦言利行。伏惟居安思危，日慎一日，节靡费以成俭德，则不胜幸甚！"

李承乾接过谏书，装模作样翻了一下，说声"知道了"，就要送张玄素走，张玄素指着不远处打扮的不男不女的称心和道士秦英、韦灵符，向太子谏道："这些旁门左道，只能让殿下走上邪路，望殿下斥退他们！"

李承乾频频点头，不停地施礼，张玄素只得不停地还礼。李承乾挽着张玄素的胳膊，边往外送人边说："我也只是闲来无事找他们开开心，放松放松，公既然不喜欢他们，我把他们撵走就是了。"

李承乾嘴上抹蜜，张老先生听了很舒服，高高兴兴回家了。

一天，张玄素早朝，走过东宫墙外时，突然有一个短衣便帽打扮的人，从一棵柳树后闪出，拎一条大马锤，"呜"的一下向张玄素脑门砸去，急切间张玄素一闪，马锤仍然擦在头上，顿时头破血流。

"来人！有刺客！"张玄素捂着头大叫。其他朝臣听到呼喊一起来救，行凶的人三跳两跳，已经逃去……

宫城竟有如此刺客，肯定是内部人所为。孔颖达把张玄素扶回家去休息治疗，问明情况，认定是东宫人干的。天已大亮，太子仍不来视朝，孔颖达来到东宫，求见太子。

李承乾也知手下人把张玄素击倒了，听说孔颖达来找，早正襟危坐在客厅等着，没等孔颖达说话，李承乾先心情沉重地检讨开来："我这两天不小心崴着脚了，没能视朝，耽误政事，你不说我心里也难受啊，可是……"

李承乾嘴里一边滔滔不绝，一边叫人给他脱掉鞋袜展示伤脚给孔颖达，孔颖达一听太子脚伤了，大吃一惊，忙凑近瞧看，果见太子的左脚面肿得老高，红中透亮，伤得不轻，孔颖达着急地问："殿下您这是怎么弄的？"

"没事，没事。"李承乾一脸轻松的样子，重新穿上鞋袜说，"那天我练习骑射时，不小心掉下马背摔的。"

伤筋动骨对于常人来说，有时也在所难免，孔颖达平静了一下心情，刚说出张玄素的事，李承乾已在那里拍案骂了起来："谁吃了熊心豹子胆了，敢动我东宫宫臣？查！彻底地调查！"

李承乾骂了一通。孔颖达不好意思再问这事了，瞅机会说道："外界传言，一些东宫下人，盗取民间牛马，影响极坏，望殿下过问此事。"

李承乾一听，一副生气的样子，说："这话可不能乱说，我东宫想吃什么肉没有？民间自盗取，怎能诬赖宫中之人？"

这时，宫人来催太子用药酒泡脚，李承乾指指病足，对孔颖达说声抱歉，让人把他扶进内殿。

逗留了半天，孔颖达才发现自己什么也没说，谏诤的目的一点儿也没达到，不禁唉声叹气。太子的乳母遂安夫人已在旁边撺撺打打，意思是撵孔颖达走人，嘴里还说道："太子已经长大成人，哪里还好当面批评他？"

孔颖达一听，正色道："臣受国家厚恩，自当谏诤，虽死无憾！"

夏去秋来，避暑外地的太宗还驾长安，到达皇宫的第一件事就是召东宫的几个重要宫臣，询问太子李承乾这个夏天的监国情况。孔颖达他们不敢怠慢，也不敢隐瞒，先夸太子如何礼贤下士，而后几个宫官又纷纷说道："太子颇识大体，只是好和一些谄媚小人扎成堆，每每声色漫游，弄得常常不来视朝。"

太宗一听大怒，问："他喜欢和哪几个小人在一块，马上给我扭来！"

几个宫官也恨群小带坏太子，掰着指头数道："歌童称心，道士秦英、韦灵符还有……"

指头还未数完，太宗身边的几个卫士早窜了出去。奉旨行事，无人敢阻，当即把称心等人从东宫卧房内扭了过来。

只见称心这个妖童身着女人的衣服，面施朱粉，半男不女，那几个道士也是外穿道袍，里面露出绫罗衣服，也都不成个样子。

太宗看了看这些古怪的人，忍不住拍案大怒，叫道："什么玩意儿？都与我拉到殿下乱棍打死！"

卫士们如风似的把称心几人提到殿下，几声惨叫，称心几人立毙殿下。

"传李承乾！"太宗又叫道。

李承乾得知父皇发怒，早吓得赶了过来。

他一瘸一拐地走上大殿，伏地叩头，还没等太宗责备，已先自哭开了。只见他鼻涕一把泪一把，痛心疾首检讨了自己的"罪行"，表示要痛改前非，绝不再游乐废学，一定要关心黎庶朝政……

到底是当爹的疼自己的儿子，见儿子哭得这么伤心，太宗的心已先自软了，只是简单地说了李承乾几句，又迫不及待地问："皇儿，你左脚是怎么回事？怎么走路一瘸一拐的？"

李承乾抹抹眼泪，一副乖巧的模样，汇报道："父皇命我视朝、学习之余，也练习些骑射，孩子谨记父皇教诲，不敢怠慢，每日习练弓马不辍，有一天不小心把脚给崴了。"

太宗杀了几个人，生了半天气，觉得疲倦了，才挥手放李承乾回东宫去了。其后，太宗还作了一番调查，也明白了李承乾的一些行径，有旨予以申斥，并把汉王李元昌召来训斥一顿，撵回其封地任梁州都督。为加强李承乾的教育，太宗又责成于志宁等人，平日不离东宫，以劝谏太子。

李承乾被太宗申斥了一番，又加上丑事传出，登时在朝臣中威信大跌。李承乾觉得好没面子，又加上失去心爱的称心，于是心怀怨恨，常托足疾不朝。

秋风瑟瑟，枯叶一片接着一片飘落。

东宫的后园里，不知什么时候起了一个坟堆，坟前还竖起一块石碑，碑前面刻着"爱妃善玉郡公益州大都督称心之墓"，碑后还刻着铭文，盛赞称心聪明盖世，歌喉婉转，才能容貌举世无双。

"殿下，你小心点走。"太子千牛贺兰楚石挽着李承乾深一脚浅一脚走了过来。

李承乾一到称心墓跟前，眼泪不由自主流了出来，拍着手指着墓哭道："称心啊……你怎么走得那么早啊？是谁害了你呀……叫我李承乾再上哪找你这么可心的人啊……"

贺兰楚石见太子哭得如此伤心，劝道："殿下已算对得起称心了，又给他起衣冠冢，又赐给他官爵，还时不时来看看，想称心有知，也会含笑于九泉。"

"我还做得不够！"李承乾抹着眼泪说，"你马上在我的寝殿里设一间密室，把称心生前的一张面像挂在里面，我好朝夕祭奠。"

贺兰楚石连声答应，又劝道："太阳落山了，天有些凉了，殿下还是回宫吧。"

李承乾点点头，在贺兰楚石的挽扶下，一瘸一拐地离去，走了老远，犹回头观望称心墓，心中不忍离去。

李承乾自从崴了脚以后，怎么也不见好，已成痼疾，成了个跛子了。再加上李承乾屡犯错误失宠于父皇，太宗的另一个嫡子魏王李泰觉得有机可乘，于是决定好好表现自己，处处压着东宫，以便将来有机会击败李承乾，夺得皇储宝位。

李泰第一步准备赢得招贤纳士、善属文的好名声，于是向父皇打报告，要求学古贤王，延宾客著书。

太宗见儿子能知道学好，大为高兴，下诏允其置文学馆，自引学士。

有了编制，李泰开始忙碌起来，决定搞大动作，奏撰《括地志》。聘请著作郎萧德言、秘书郎顾胤、记室参军蒋亚卿、功曹参军谢偃等文学名家组成一个庞大的编撰队伍。卫尉供账，光禄给食，管住管吃，力求早日完成。

《括地志》的选题太大了，李泰干了一段时间就觉得没劲了，只是叫司马苏勖催着他们干，自己则和一帮贵族子弟吃喝玩乐。

好歹有人有钱就能办大事，经过萧德言等学士的艰苦劳动，《括地志》终于成书，凡五百五十卷，历四年而成。

书成以后，李泰张罗了一个隆重的献书仪式，宝马香车拉着一部部散发着墨香的《括地志》向皇宫进发，沿途锣鼓齐鸣，鞭炮炸响，煞是热闹。

太宗也很开心，在弘文馆接见了全体编撰人员，诏将《括地志》藏秘阁，赐锦帛万段。

李泰因此名声大起，势头压过东宫，每月开销也远大于东宫。谏议大夫褚遂良因此上疏道：

圣人制礼，尊嫡卑庶，世子用物不会，与王者共之。庶子虽爱，不得逾嫡，

所以塞嫌疑之渐，除祸乱之源也。若当亲者疏，当尊者卑，则佞巧之奸，乘机而动矣。昔汉窦太后宠梁孝王，卒以忧死。宣帝宠淮阳宪王，亦几至于败。今魏王新出阁，宜示以礼则，训以廉俭，乃为良器，此所谓"圣人之教不肃而成"者也。

　　太宗心里虽爱李泰，但褚遂良说得也有道理，于是下令减少李泰的月给。

　　魏王李泰处处想盖过东宫，其不寻常的举动引起东宫的警觉。李承乾的亲密战友——高祖的女儿长广公主之子赵节、阳城公主的驸马都尉杜荷（杜如晦之子）等太子党的人齐聚东宫，商讨对策。

　　事情是在酒桌上讨论的，刚开场李承乾就发开了火，一拳砸在桌子上，盘子碗乱晃，李承乾骂道："他妈的称心就是他害死的，从一开始我就怀疑是他李泰捣的鬼！"

　　"慢慢来，慢慢来。"杜荷递上一杯水劝太子说。

　　杜荷的聪明也不亚于他爹，他摇头晃脑想了一番说："先下手为强，后下手遭殃。李泰的事不能等闲视之，依我看——"

　　李承乾忙伸上耳朵，倾听小杜妙计安出。听完以后，李承乾眉开眼笑，竖起大拇指说："高，高，实在是高！"

　　杜荷的主意就是使人假称为魏王府典签上封事，其中多说李泰的罪状。此"百姓来信"递到太宗案头后，太宗见有人说他爱子的坏话，马上下令捕捉上封事之人，弄得鸡飞狗跳，自然是捕获不到。

　　李泰弄出了一套《括地志》后，要求搬到武德殿居住，以便朝夕聆听父皇的教诲，太宗点头应允，一些有远见的大臣见状表示反对，认为："陛下爱魏王，常欲使之安全，宜每抑其骄奢，不处嫌疑之地。今移居武德殿，乃在东宫之西，海陵王昔尝居之，时人不以为可；虽时移事异，然亦恐魏王之心不敢安息也。"

　　太宗听了大臣的异议，说了句"几致此误"，又让李泰回魏王府去了。

　　为了维护李承乾的太子地位，避免使他人生出非分之想，这年正月朝会时，太宗当面对群臣说："闻外间人士以太子有足疾，魏王颖悟，多人游幸，遂生异议，徼幸之徒，已有附会者。太子虽病足，不废步履。且礼，嫡子死，立嫡孙。太子男已五岁，朕终不以孽代宗，启窥窬之源也。"

　　有魏王李泰在那顶着，按说太子李承乾应该意识到自己的严重不足，洗心革面，勤政爱民，多做善事，以争取更多的支持，巩固自己的皇储地位。但李承乾本性难移，依然故我，借口足疾，累月不上朝，沉湎于声乐。还在农忙时节大兴土木，在东宫模拟突厥的地形修筑假山、穹庐、草场，弄得一些宫殿修了拆，拆了修，折腾不止，东宫的一些僚属们连休息的空也没有。太子詹事于志宁上疏切谏，道：

今东宫乃隋所营，当时号为侈丽，岂容复事磨砻彩饰于其间？丁匠官怒皆犯法亡命之辈，钳凿椎杵，往来出入，监门、宿卫、直长、千牛不得苛问。爪牙在外，厮役在内，其可无乎？又，宫中数闻鼓声，大乐伎儿辄留不出，往年口敕叮咛，殿下可不思之？

谏表便到李承乾手中，李承乾装模作样看了一番，于志宁一走，李承乾就扬手把谏表扔了，口里骂道："之乎者也，什么玩意！"

于志宁见李承乾不亲近宫官，只是一天到晚和那些宦官混在一起，心存忧虑，又奋笔谏道：

阉官者，体非全气，专柔使佞，托亲近为威权，假出纳为祸福。故易牙乱齐，赵高亡泰，张让倾汉。近高齐任邓长颙为侍中，陈德信为开府，内预宴私，外干朝政，齐卒颠覆。今殿下左右前后皆用寺人，品命失序，法纪不立，行路之人咸以为怪。

于志宁拿着这奏表，在后园工地上找到太子，亲自念给他听，李承乾打着哈欠，勉强听完，还不忘向于志宁拜谢。

于志宁走后，李承乾脸色一变，一把把奏书撕了，冲于志宁的背影骂道："聒噪不休，真他妈的烦人！"

旁边的几个宦官见于志宁在表上骂他们，也怀恨在心，纷纷撺掇太子："派人教训教训这老小子，一块黑砖头就能砸得他再也不敢吭声了！"

于志宁感太宗之皇恩浩荡，不知危险已来临，见太子有失德的地方，就切谏不已。最近又发现太子私引一些突厥人入东宫，与相狎比。于志宁又忙不迭上疏道：

窃见仆寺司驭，爱及兽医，自春迄夏，不得番息。或字有慈养，以缺温情，或室有幼弱，以亏抚养，殆非恕爱之意。又突厥达哥支等，人状野心，不可以礼教期，不可以仁信待。狎而近之，无益令望，有损盛德。况引内阁中，使常亲近，人皆震骇，而殿下独安此乎？

于志宁把谏表写完后，准备当面好好地劝谏太子一番，不料家中传来音讯，言母亲病逝。于志宁只得去见皇帝，请以母丧告免，并顺便把辅佐东宫的情况说了一下。太宗嘱于志宁母丧后尽快起复本官，并下手诏把太子又狠狠训了一顿。

李承乾气急败坏，把东宫私自豢养的武士张师政、纥干承基叫来，命他俩前去刺杀于志宁。

于志宁是个大孝子，母亲去世后，哀痛不已。

张师政、纥干承基潜入于志宁家中，见于志宁坐在草席上，神情憔悴，哀哀地面对着母亲的牌位。也是娘生娘养的张师政、纥干承基看在眼里不禁为之感动，杀这样一个大孝子，咱还算人吗？两人交换了一下眼神，又原路遁去。

在李承乾做恶的时候，魏王李泰那边更加坚定了夺嫡之志。杜如晦的弟弟杜楚客代韦挺摄魏王府事，不但不教魏王学好，反而助长魏王的非分之想，杜楚客头头是道地给魏王分析道："魏王您身材魁梧，多才多艺，而那李承乾走路一瘸一拐，又不良于行；魏王您礼贤下士，深孚众望，而那李承乾与群小狎乐，甚至刺杀大臣；同为皇帝嫡子，魏王您最得皇帝喜爱，从国家大局出发，将来定谁为皇嗣，还真说不定呢！"

李泰腰腹很大，体重三百多斤，听了杜楚客的分析，笑得脸上的肉乱颤，频频点头，指示杜楚客："你平时没有事，就怀揣金银，贿赂当朝权贵，多说说我怎么贤能，多么聪睿，理当为上嗣。等我做了皇帝，你就是佐命的功臣杜如晦！"

杜楚客本事不如去世的哥哥，但做梦都想像哥哥那样做个开国的功臣，当一个一人之下万人之上的宰相，听了魏王的吩咐后，当即上库房里支了金银，四处活动去了。

杜楚客的金钱外交自然有所奏效，一些得了好处的大臣有事没事就在太宗跟前吹风，夸赞魏王为一代贤王，聪明睿智，实为国之栋梁。

太宗赞美魏王的话听得多了，意有所属，多次驾临魏王府，赏赐无数。又以李泰大腰腹，行动不便，允其乘小舆入朝。

形势对太子李承乾极为不利，李承乾故伎重演，密令左卫率封师进和张师政、纥干承基前去刺杀李泰。

几个人这回真想干掉李泰，无奈李泰也不是等闲之辈，出入行止，戒备森严，封师进等刺客急切间不能得手。

李承乾这天正在东宫殿中徘徊无计，好友汉王李元昌大踏步闯进门来。李承乾像有了主心骨似的，抓住李元昌的手："俺叔，你怎么进京了？"

李元昌气哼哼地把帽子一甩，指内廷方向说："皇上说我在梁州干得不好，什么屡犯轨宪，召我入朝批评我呢！"

李承乾急忙叫人准备酒菜，并急把赵节、杜荷等人召进东宫，给汉王接风，同时商议大事。

席上，李承乾把魏王得宠的事一说，李元昌上午被太宗训了一顿，正一肚子怨气，此时猛一拍桌子道："不行反他娘的！不反不成大器，当今圣上还不是喋血玄武门，才坐上皇位的。"

众人一向依附李承乾，若李承乾一倒，李泰做了皇上，大家肯定没有好日子过。掂量自己的利益，众人一齐撸胳膊蹬腿，纷纷嚷着："不下狠心，难成大事！先下手为强，后下手遭殃，太子您就领俺们干吧，您指哪俺们就打哪！"

见大伙儿如此齐心，李承乾也觉感动，他作个罗圈揖，也不论辈了，说道："有弟兄们这句话，李承乾就有主心骨了。贺兰楚石？"

"末将在！"贺兰楚石从角落里站起来应道。

"我让你联系侯君集的事怎么样了？"

"我岳父外出视察，刚刚回京，今天入朝晋见，说明日即可来拜见殿下。"

"嗯！"李承乾自信地点了点头，表示知道了。众人一听吏部尚书侯君集也让太子争取过来了，信心大增。

事不宜迟，赵节提议道："既然干的是改天换日的大事，不能嘴上说说，理应歃血为盟！"

"好！好！"众人当即表示赞同。

大家都卷起袖子，各持一把尖刀，从李承乾开始，依次是李元昌、赵节、杜荷，以及其他几个死党，咬牙切齿，刺臂出血，然后用一段新帛，拭去各人臂上鲜血，放在一个洁白的大瓷盘子里。

李承乾一瘸一拐走过来，亲自往盘里加上白酒，灯火点燃，绿火幽幽，转眼间将帛烧为灰烬。又将灰倒进一个大酒杯里烧灰和酒，这可是大家的精血啊，喝了就是永不分离、誓同生死的亲兄弟了！李承乾率先干了一大口，其余人等，一人一大口，喝完之后，大家热血沸腾，头对头秘密商议起来。

第二天上午，吏部尚书侯君集来拜，李承乾摆开盛宴，让李元昌、杜荷相陪，热情招待，席上，李承乾撤身离座，诚心诚意给侯尚书施一礼说："公乃世之名将，能统三军。如今李泰阴有夺嫡之心，步步进逼，望公设法救我。"

侯君集忙起身还礼，搀太子还坐席上，说："殿下的事我女婿都告诉我了。魏王确为主上所爱，恐殿下确有庶人杨勇之祸，若有敕诏，宜密为之备！"

侯君集也有如意算盘：自己多次随主上出征，平定天下，参与了诛李建成、李元吉，又有灭两国的功劳，却时常遭到朝臣的排挤，甚至下过大理寺狱。如果我辅助太子登上九五之尊，我就是旧勋新贵，一身兼有，以太子和他身边几个人的能耐，加在一块也没我侯君集多，到时候这偌大的大唐帝国还不是我一个人说了算？

李承乾见侯君集开口就应承自己，非常高兴，亲自给侯君集斟上一杯酒，热切的目光看着侯君集说："正为此事召公，愿公为我设法。"

"君集愿为殿下效死！"酒一进肚，侯君集的舌头也大了起来，举起一只手说："此好手，亦为殿下所用。"

李承乾投桃报李，当即向侯君集许诺，事成以后，当封为太尉，食邑万户。侯君集听了十分高兴，叮嘱李承乾道："此非常时期，陛下若有诏召，毋得轻人，要先通报给我，方可定夺。"

李承乾听了，连连点头，旁边的杜荷自认为足智多谋，怕侯君集抢了他的风头，把酒杯往桌上一顿说："昨晚我仰观天文，见荧星犯于斗冲，天文有变，当速发以应天变，不能等待观望。以我之见，殿下但称暴疾危笃，主上必亲临，以此时机，可以得志。"

杜荷的点子挺绝，意思是直接把皇帝干掉，直接登上大宝。但皇上身边警卫甚多，更兼皇上一身好武功，急切之间恐难得手，反遭其祸。

大家商议来商议去，决定先把负责内廷警卫的屯卫中郎将李安俨争取过来，然后再看情况，相机行事。

李承乾厚贿侯君集，给了他许多珍宝。打发他回府后，李承乾不觉意气风发，不顾足疾，叫上李元昌，两个人各率一支"突厥兵"，在后园乒乒乓乓地杀了起来。竹槊乱刺，不逼真李承乾不满意，又有两人被刺中了肚子，血流满地，李承乾觉得很刺激，也很惬意，对左右说："若我今日为天子，明日当于苑中置万人营，与汉王分兵率领，观其战斗，岂不乐甚？"

汉王李元昌笑着说："太子做了皇帝，恐一经失道，谏书纷至，不能似今日快活了。"

李承乾嘿嘿笑道："我为天子，当极情尽欲，有谏者辄杀之，杀他个三百五百，众必自定！"

战斗间隙，两军主帅坐在草地上休息，汉王李元昌仰望着天上白云悠悠，对李承乾说："我跟着你干，扶你登大位，但事成以后，我要向殿下索赐一物，殿下定要允我！"

"哈？"

"我前入谒，见御座旁有一美人儿，齐整得很，后来我又彻底调查，发现这美人还善弹琵琶，有声有色，真正好极了，我做梦都想得到她。"

"咳！这算什么？"李承乾欠起身子，手一划拉，"事成以后，你我同享富贵，何惜一个美人儿？别说你要一个，你要一百、一千，我当皇帝的都能满足你。"

太子党的一帮人蠢蠢欲动，还未发作，太宗的第五个儿子李佑已先在齐州扯起了造反的大旗。

齐王李佑，字赞，阴妃所生。李佑和他哥哥李承乾一样，也是个好事不学的人，专门溺情群小，游猎无度，还自认为身怀武功，具有雄才大略，不把其他兄弟放在眼里。李佑的舅舅阴弘智，官为尚乘直长，也是个阴谋家，私下里劝外甥说："殿下兄弟十数人，主人万岁后，将何以自全？不如现在就作打算，多引些武士相助。"

李佑觉得舅父说得很对，便给他很多金钱，让他物色壮士。阴弘智头一个就把他妻兄燕弘信引来了。

燕弘信生得背阔腰圆，模样勇武，自称在江湖闯荡多年，一个飞鸽传书，即可召来数百剑客。李佑一听，欢喜不尽，对其备加礼遇，赐他许多金帛，命他暗中招揽四方英雄。

李佑身为齐王，多行不法，太宗屡次以手诏训诫，并以辅导无方为名，将齐府长史薛大鼎免职，另遣吴王李恪的长史权万纪调任齐府长史。

吴王文武双全，奉公守法，无须权万纪匡正，权万纪净落个好名，太宗也以为他有能耐，因遣其辅助李佑。权万纪到任后，不敢怠慢，检索齐王身边的人，先来个"清王侧"。此时李佑已得到两名武士，一个叫昝君谟，一个叫梁猛彪，两人像狗一样，成天围着李佑转，在王府里使枪弄棒，时不时还吼上两嗓子。权万纪见这二人行为粗野，就以长史的身份斥逐了二人。因权万纪初来乍到，李佑心中虽然恼恨，但不好当面发作，只好将昝、梁二人私下召入王府，倚为左膀右臂。

李佑不思悔改，权万纪头痛不已，怕自己辅佐吴王的好名声在这齐地毁了，正值太宗来信问李佑最近表现，权万纪心生一计，拿着书信，去见李佑说："王乃陛下爱子，主上欲殿下改悔，故加教训，若能饬身引过，万纪请入朝为殿下言之。"

权万纪的本意是，面见皇上说说李佑虽然不好辅佐，但自从他权长史来后，齐王的精神面貌已大为改观；再一个权万纪想面见皇上，带回面谕，借以弹压李佑。

李佑一听权万纪要入朝去为他说好话，自然高兴，这老权一走了，他李佑也可以尽情地玩乐了，于是满口答应，同意权万纪进京，并按权万纪的意思，写了一份悔过的表章，让权万纪带给皇帝老爹。

权万纪陛见太宗，自然是夸大李佑的顽劣，自己又如何辛辛苦苦地匡正。并拍着胸脯保证齐王必能改过，无烦圣虑。太宗稍稍放心，乃厚赐万纪，同时修书一封，对李佑以往的过错严加训诫。

权万纪重任在肩，牢记太宗"严加匡正"的面谕，回到齐州，即大刀阔斧，把王府里喂养的鹰犬全部放了，规定李佑不得出城门一步，又把昝君谟、梁猛彪拘来，大加呵斥，逐出齐州城，永不许和齐王见面。

父皇厚赐权万纪，却责斥自己，李佑觉得权万纪进京出卖了他，心中恨恨不平。如今见权万纪又对自己严加约束，气得李佑在王府里指着长史府方向，跳着脚大骂，一直骂到天黑，才弄两盅小酒，和燕弘信对饮，聊以解乏。

"他妈的，这日子没法过了！"李佑猛一拍桌子吼道。

话音未落，门"吱呀"一声开了，昝君谟、梁猛彪二人潜了进来，李佑惊喜交加，忙让二人入座，问道："你俩怎么来的？"

"走小路翻墙头来的。"昝君谟脸上让树枝刮了个大口子，血呼呼直淌，梁猛彪抓一把烟灰给他摁住了。

"王爷，您还要不要俺俩？"昝君谟气哼哼地问。

"要，要！"

"要就有俺们没有权万纪，有权万纪没有俺们！"

李佑猛喝了一杯酒，瞪着血红的眼珠子，嘴里喷着酒气，手做一个砍头的动作说："不行就把他杀了。"

几个人于是头对头商议怎样杀死权万纪。不想隔墙有耳，在外间侍候的一个侍婢把这事听去了，这侍婢又转告给同在王府当差的表兄卜仁，这卜仁正是权万纪宠妾卜花的哥哥。卜仁一听说李佑要暗害妹夫，不敢怠慢，瞅了个空子，一溜烟奔向长史府，一五一十地给妹妹、妹夫说了。

权万纪一听，吓得面如土色，一时不知所措，亏得小妾卜花有主见，对权万纪说："先下手为强，后下手遭殃，立即把燕弘信等人收系入狱，同时拜表驿传要求入京，离开这是非之地。"

权万纪没想到事闹得这么大，李佑这么毒，忙按照小妾的意思，发甲士把燕弘信、昝君谟、梁猛彪抓了起来，同时拜表驿传说明齐州事务的复杂性、严重性。

贞观十七年（643年）三月，太宗命刑部尚书刘德威前往齐州按问此事，同时追权万纪、李佑入京。刘德威还未动身，驿传先到，权万纪忙不迭地打点行囊，奔赴长安。

李佑见让他入京，心里害怕，情知父皇待人严厉，不容子弟犯法。于是找来燕弘信的哥哥燕弘亮商议，决定先在半路上把权万纪杀了，灭了这个活口，然后入京。

李佑马上把燕弘信三人从狱里放出来，三人连同燕弘亮扮作强盗，在历城的一个山脚下截住权万纪，不由分说上去将权万纪杀死，劫了财物，呼啸而去。

权万纪的家人和随从早认出燕弘信等人，急忙跌跌撞撞跑到历城府告官，事涉齐王，历城王忙又行文上奏。

燕弘亮等人杀死朝廷命官，心知犯下死罪，便极力撺掇李佑起兵。李佑半个脑子，晕晕乎乎听从几人的劝说。于是坐镇齐州，伪称上柱国，拜燕弘亮为拓东王，昝君谟为拓西王，以燕弘信、梁猛彪为左右骁卫大将军，统领各军。

李佑又发表动员令，征召年满十五岁以上的男子入伍，同时命令郊区百姓向城里集中，以巩固城防。

太宗皇帝闻听五儿李佑反叛后，十分痛心，一面敕令刘德威等发兵征讨，一面含泪给不孝的儿子写信——

朕常诫汝勿近小人，正为此也！汝素乖诚德，重惑邪言，自贻伊祸，以取覆灭。痛哉！何愚之甚也！遂乃为枭为獍，忘孝忘忠，扰乱齐郊，诛夷无罪，去维城之固，就积薪之危，坏磐石之亲，为寻戈之衅。且夫背礼违义，天地所不容，弃父逃君，人神所共怒。往是朕子，今为国贼！万纪存为忠烈，死不妨义；汝生为贼臣，死为逆鬼。彼则佳声不匮，尔则恶迹无穷。朕闻郑叔、汉戾，并为狂獗，岂期生子，乃自为之。朕所以上惭皇天，下愧后土，叹惋之甚，知复何云！

据说太宗写完这封信后，心中悲痛，泣下数行。想想也是，儿子反老子，不自量力的儿子将临死境，当爹的能不伤心吗？

却说李佑缮甲兵，署官职，布置完以后，心中十分得意，每当日暮，即召燕氏兄弟、昝君谟等人与王妃一同宴乐。

席间，齐王妃噘着嘴，担忧地说："刑部尚书刘德威等前来征讨，咱一个齐州城能抵得住他们吗？"

燕弘亮有意在漂亮的王妃跟前卖弄自己，夸口道："王妃不要担心，我燕弘亮右手持酒杯，左手为王挥刀拂之！任谁前来都当被诛杀！"

李佑深信不疑，乐得合不拢嘴，连连饮酒尽欢。

太宗派来的大军未到，李佑先乱了阵脚。青州、淄州等地按兵不动，根本不听李佑的招呼，李佑忙又传檄各县，各县也不听令，无奈之下，李佑亲自领兵下乡，到处驱赶少壮男子入伍进城。

这天李佑来到西边五十里远的周村，集合起村民，花言巧语哄大家跟他到齐州城里享福。周村人心里跟明镜似的，拒绝入城入伍，嘴里嘟囔道："不随叛逆谋杀君父。"

李佑闻听大怒，催马扬刀，率领骑兵想袭击周村人。村中有一人，名唤高衍波，个子不高，甚有主见，挺身站立村头，迎着李佑高声斥道："主上提三尺剑取天下，亿兆蒙德，仰之如天，王忽驱城中数百人，犯君父，为逆乱，无异于一手摇泰山，何不自量之甚！"

李佑听了，甚觉羞愧，又见许多周村人站在高衍波身后，怒目而视，手里暗暗地拿着石头、铁器。李佑心知周村人厉害，只好气哼哼拨马领人回齐州了。

募兵不成，号令也没有人听，李佑着了慌，忙和几个死党在一块计议以后怎么办。"右骁卫大将军"梁猛彪系盗贼出身，还想干自己的老本行，劝李佑道："王爷不如劫掠城中子女，上山为盗，也还能落个大碗喝酒，大块吃肉，逍遥自在，这才符合王爷您的脾性。"

"我一个王爷入山为盗，岂不让世人笑话。"李佑愁眉苦脸地说。

"咳！"梁猛彪又好气又好笑，"都什么时候了，早干啥来？"

几个人正在计议间，就听院子里人声鼎沸，紧接着一个喽啰"咣"一声撞开厅门，结结巴巴地向李佑报告："王府兵曹杜……杜行敏，把咱……咱王府的院墙打个大洞，领人杀过来了！"

李佑和燕弘亮几个人一听，急忙披挂，急切之间，别无退路，只得胡乱抓上弓箭，避入内室，紧闭门窗，以图固守。

杜行敏领着一帮兵士，迅速把这座房屋团团围住。杜行敏迈步上前，手弯成喇叭状，向屋里喊话："李佑！你给我听着——"

一语未了，"嗖"的一声，一支箭从窗棂内飞出，擦着杜行敏的耳边飞过。杜行敏吓出一身冷汗，忙撤到士兵盾牌的背后。

"烧！烧他个小舅子！"士卒一阵慌乱，又接着谩骂道。

这倒是个好主意。杜行敏命人抱来柴草，堆满房屋四面，预备架火焚烧，准备妥当，杜行敏又扯嗓子喊："李佑！你昔为帝子，今为国贼！行敏为国讨贼，无所顾忌，不速降，当焚为灰烬！"

喊完后，杜行敏又侧耳细听，只听里面一会儿有人声，一会儿没有人声。杜行敏等得不耐烦，刚想命令兵士点火，就听里面李佑叫道："我可启扉出，独虑燕氏兄弟不得免死。"

"行，必相全，不令死。"杜行敏心说，先把你几个骗出来再说。

屋门慢吞吞地打开了，李佑领人垂头丧气地走出来。

杜行敏一挥手，兵士们手拿绳索扑了上去，把几个人掀翻在地，结结实实捆了起来，押到衙前示众。

杜行敏为了保稳，一声令下，除李佑外，余党经审讯后一概斩首，独把李佑用槛车押往京师。自此，李佑的叛逆未成什么气候，就让一个兵曹给灭了。

且说李佑在齐州扯旗造反时，太子李承乾也手心直痒痒，跃跃欲试，对亲信纥干承基说："我东宫西墙，距大内才二十步远，咱们要行大事，还不比他齐王利索。"

纥干承基也是"侠客"出身，与李佑手下的燕氏兄弟互有往来，经常飞鸽传书，以通音讯。齐州兵起，纥干承基也忐忑不安，生怕燕氏兄弟有什么闪失，把自己牵连进去。

"承基，"李承乾叫道，"我跟你说话呢，你发什么愣？"

"啊，啊太子。"纥干承基回过神来，拱手道："有什么事，请殿下吩咐。"

"你把侯君集给我叫来，我问问他李佑在齐州的作战前景，可别让李佑先把天下得了。"

"是，殿下，我马上就去。"

侯君集的日子也不好过，自从贸然举起一只手答应帮助太子起事后，侯君集就开始犯了神经衰弱症，整夜整夜地睡不好觉。

有时候，他掰着手指头算计：皇上英武，料事如神，自己跟着他一二十年，什么事都没瞒得过他。更兼那魏王李泰阴有夺嫡之心，贿赂权贵，耳目众多。再看看自己相帮的太子爷，纯粹是个只知吃喝玩乐的不成器的东西，手下的几个公子哥儿也都是眼高手低。这一帮太子党不像是能成气候的人，万一一事不隐秘，被主上发觉，自己一个开国功臣岂不成了十恶不赦的罪人！出生入死，辛辛苦苦挣下的偌大的家业和娇儿妻妾岂不得跟着自己烟消云散？

侯君集越想越害怕，心怀鬼胎之人成日噩梦不断，有时半夜三更，从床上一跃而起，满头大汗，扬手疾呼："圣上宥我！"

醒了后再也睡不着，披上衣服坐着，面对着黑黑的窗外不言不语……

侯夫人见丈夫连日来精神恍惚，人也瘦了许多，夜间又睡不安稳，心知丈夫心中有事，通过仔细观察，似乎也发现了一些苗头，于是对侯君集说："公乃国家大臣，曾建殊勋，何为乃尔！必当有因。若有不善，辜负国家，速往归罪，可保首领。"

侯君集摸了摸头，归罪也许能保住首级，但一归罪，自己官啊爵啊可就通通完了，事连一大片，也只能领一大家子人回老家耕田种地去了。

这天中午，侯君集用过午饭，刚想补个觉，纥干承基就来找他，说太子要见他，有要事相商，侯君集应承了一下，答应傍晚前去东宫。

午觉也没睡好，下午侯君集骑马去衙门，正好与李靖同路，两人并马而行，李靖说："功臣楼你去看了吗？"

"什么功臣楼？"

"凌烟阁啊！"李靖奇怪地看着侯君集，"怎么，这么重大的事你不知道？"

"知道知道。"侯君集醒悟过来，"皇上建凌烟阁，绘二十四功臣像，我们俩都在其中呢。听说这楼马上就要竣工了。"

二十四功臣？侯君集骑在马上默着头想，我老侯好歹是二十四人之一啊，开国的元勋，一旦与太子密谋的事情败露，那可真是声誉扫地，从天上一下跌到地狱里啊……

侯君集心事重重，到了吏部门前还不知停下，走过了十几步才猛然觉醒，忙勒住马缰，抱歉地对李靖笑了一下，拨马进吏部去了，李靖望着侯君集的背影，自言自语道："君集其有异虑乎？"

晚上，侯君集如约来到东宫，李承乾和杜荷、赵节几个人正热烈地讨论李佑起义的事，见侯君集来，几个人忙迎上去抓住他的胳膊问："公是世间名将，你预测一下齐州战事发展如何？"

侯君集找一个板凳先坐下来，苦笑道："你们几个公子哥儿就会在宫里吃喝玩乐，耍耍刀棒胡闹两下，根本不了解外面的情况。刚才我接到一个加密邸报，齐王李佑为部下所擒，押来京师，李勣的平叛大军走了半道，又折回来了。"

"什么？"几个人有点不相信自己的耳朵。

"你们几个，这几天小心些，"侯君集警告道，"皇上正差人按查齐王反叛事件的前因后果，小心别被牵连进去。"

不久，李佑被押至京师，关在内侍省，审查完毕，依律判其死刑，李佑心不甘，求见父皇，太宗不见。李佑又上疏一封，言道：

> 臣，帝子也，为万纪谮构，上天降灵，罪人斯得，臣狂失心，左右无兵，即欲颠走，所以颇仗械以自卫护。

太宗不听他的狡辩，将其贬为庶人，赐死内侍省。葬以国公礼，国除。

凌烟阁屹立在太液池畔，是太宗尊敬功臣的见证。太宗从儿子李佑反叛的阴影里坚强地走了出来，率领群臣参观刚刚竣工的凌烟阁。

凌烟阁重檐歇山顶，灰筒瓦绿剪边，上有精雕细镂的浮雕，表现功臣们奋力杀敌，为国战斗的场面。

浮雕在阳光的照耀下，在斑驳阴影的映衬下，更加突出，更显辉煌。阁内的素壁上，是大画家阎立本所画的二十四功臣像，这些功臣是：赵公长孙无忌，赵郡元王李孝恭，莱成公杜如晦，郑文贞公魏徵，梁公房玄龄，申文献公高士廉，鄂公尉迟敬德，卫公李靖，宋公萧瑀，褒忠壮公段志玄，夔公刘弘基，蒋忠公屈突通，郧节公殷开山，谯襄公柴绍，邳襄公长孙顺德，郧公张亮，陈公侯君集，郯襄公张公谨，卢公程知节（程咬金），永兴文懿公虞世南，渝襄公刘政会，莒公唐俭，英公李绩，胡壮公秦琼。

贤相们的头顶上都戴着进贤冠，猛将们的腰间皆佩着大羽箭，栩栩如生。太宗看了非常高兴，指指这，点点那，时而给后辈臣子们解说一番。

参观完毕，众人来到休息室喝茶，太宗即席发表讲话说："朕端坐拱手无为而治天下，四境外族全部归服，这不是朕一己之力所能办到的，实赖诸位的大力扶持！孔子曰'君使臣以礼，臣事君以忠'，朕绝不学汉高祖亏待功臣，但也期望各位臣子能时时检点自己，奉公守法，与朕荣辱与共，方能君臣永保富贵，长如今日。"

听了皇帝的讲话，大臣们一起躬身给太宗施礼致贺。侯君集心怀鬼胎，心事重重，竟失手打坏了一只茶杯，施礼时动作也比别人慢了半拍。

李佑败火，李承乾老实了许多，不在后园操练胡闹了，每日里只和几个亲信密谋不已，喝酒解闷。

这天是李承乾的生日，一大早，李承乾就召赵节、杜荷几个来东宫喝酒。几杯酒下肚，话题扯到被迫令自杀的李佑身上，李承乾撸袖子蹬腿地说："我五弟怎么这么笨呢？刚一扯反旗就先让自己的手下给绑了。要是我（李承乾指指自己的鼻子），这个把月工夫，还不得领兵占领了东都洛阳。"

众人一听，纷纷竖起大拇指说：

"太子是这个！他齐王哪能跟太子相比，在后园与汉王两军对垒时，次次还不是太子这边赢？"

"是啊，"李承乾摸摸后脑勺说，"汉王回梁州好一阵子了，我很想他哩。"

几个人正谈得起劲，就听殿外一阵杂沓的脚步声，紧接着，就见十几个皇家锦衣缇骑，提刀持枪涌进门来，直吓得李承乾等人脸色煞白，扶着酒桌，连椅子也坐不住。

缇骑大踏步来到太子面前，见纥干承基在侧，便将他一把抓住，摁倒在地，三下两下用绳捆上，反剪了提去。

李承乾被惊得一愣一愣的，忙问何事，已走出门的一个缇骑头目回头答道："奉诏捕纥干承基。"

缇骑押着纥干承基走后，李承乾吓得面如死灰，瘫坐在椅子上，连连说道："密谋已泄，完了完了……"

杜荷还算有点脑子，一边安慰太子，一边差人进宫找李安俨，打探情况。时候不大，去的人带来李安俨的口信，言因齐王李佑事，牵连纥干承基，与太子无涉。

一听说纥干承基的案子不干东宫的事，几个人吓得煞白的脸色慢慢还原过来，李承乾拍着胸脯又吹开了牛皮："我说呢，我做事一向缜密，怎能让他们抓住把柄？敞明给你们说吧，别看我脚不好，走路瘸巴瘸巴的，我是不鸣则已，一鸣惊人，不飞则已，一飞冲天……"

杜荷到底是杜如晦的儿子，考虑问题比较周全，他叹了口气，摇摇头说："承基被捕，我等前景不妙，焉知承基不供出我们？"

"承基是我的死党，没事！"李承乾拍着胸脯说。

"人心隔肚皮，咱得做两手打算，万一承基供出咱们的密谋，咱们的好日子可就到头了。"

李承乾一听，也觉出问题的严重性，咬咬牙说："明天把侯君集叫来，商量一下，不行就提前发难！"

李承乾办事急不可待，第二天天刚放亮，即打发在东宫值班的千牛贺兰楚石去召侯君集。十一月里天已经很冷了，贺兰楚石裹着大衣打马出了东宫，没走多远，就见一队羽林军提枪跑了过来，隔不远放一个哨位，东宫前的一条街上一直到玄武门，已是五步一岗十步一哨，贺兰楚石打了个寒战，忙问一个正在布置哨位的人："出什么事了吗？"

"皇上发布京师全面戒严令了，你还不知道？"那羽林军的队正给贺兰打了个军礼，"大人这是上哪？"

"我，我去我岳父家一趟。"

"你赶紧回东宫待着，"那队员一挥手说，"皇上命令，所有没有戒严任务的官民人等，一律原地待命，不准乱走乱动！"

贺兰楚石吓得心里急慌慌的，忙拨马回东宫，一溜小跑来到太子的寝殿，太子李承乾还在睡回笼觉呢。

"殿下，殿下。"贺兰楚石失声地叫着。

李承乾翻了个身，从陪睡的宫女身上滚下来，睁眼见是贺兰在床前叫他，生气地问："什么事？你不是叫你岳父去了吗？"

"殿下，京师戒严了，大事不好了！"

没有非常事变，京师不可能戒严。原来那纥干承基被捕后，自知事连李佑反叛大案，自家一介草民难逃一死，为了活命，纥干承基当即通过刑部上告太子等人谋反。

此事非同小可，刑部尚书不敢怠慢，通过非常渠道深夜入宫，向皇帝汇报，太宗一听，也吓出一身冷汗，当即差人召长孙无忌、房玄龄、萧瑀、李勣等人入宫，紧急商讨对策，发出了京师全面戒严令。

天阴沉沉的，不知什么时候开始飘起雪来，除了戒严的官兵外，往日人来人往的皇宫前的大街上，如今一个闲杂人都没有。这时，从玄武门不远处的军营里，飞出数队人马，分别朝城中不同的目标扑去……

羽林军如瓮中捉鳖，一大早被堵在家里的侯君集、赵节、杜荷，连同太子李承乾等人，全被捉到大理寺关押起来。太宗对此案极为重视，命长孙无忌、房玄龄、萧瑀、李勣几个大臣与大理、中书、门下共同审理此案。

案子本身并不复杂，长孙无忌等盘问多日，结论是：谋反是实。别人都录了口供，唯有侯君集硬着脖子，坚决不承认。太宗命人将侯君集提到朝堂，亲自审问。

十几天的牢狱生活，侯君集显得瘦多了，脸也小了一圈，往日英武的脸庞也变得胡子拉碴，不像个人样，望着老部下成了这等模样，太宗也觉辛酸，挥手令人给他除了刑具，而后问道："朕不欲刀笔吏辱公，故亲来鞠验。公是否曾教承乾造反？"

侯君集望了望太宗，脸色苍白，低头不语，半晌才应道："臣追随陛下数十年，风霜刀箭都过来了，如今刚享受了几年富贵，臣哪里会想到谋反之事？"

太宗见侯君集嘴硬，招手道："提贺兰楚石。"

贺兰楚石早已被押在殿外等着，为急于立功，贺兰不待太宗发问，即一五一十，把太子如何交代自己引侯君集，侯君集数至东宫，时间地点，谁谁见证，说了什么话，当着太宗和大臣的面交代得一清二楚。

太宗听着爱将和爱子一块反对自己，心酸不已，扶着御案，颤声问阶下的侯君集："女婿作证，公还有什么话可说？"

侯君集无言可对，面如死灰，自投于地，一动不动。太宗眼泪"哗"的一下就下来了，他用龙袖擦拭眼角，对群臣道："谋反之人，死罪一条。但往昔国家未安，君集实展其力，不忍置之于法，朕将为其乞性命，诸位能答应朕吗？"

侯君集生性好矫饰，喜自夸，依仗是秦府旧人，国家功臣，常傲视同僚，因而人缘也不怎么好，如今又犯了十恶不赦的谋反大罪，群臣谁也无心与他求情。大家你望望我，我望望你，一齐拱手奏道："君集之罪，天地不容，请诛之，以明大法。"

太宗听了，更加伤心，走下御座，来到伏地不起的侯君集身旁，抚着他的背流着泪说："数十年相处，今与君永诀了！"

听太宗说了这句话，侯君集知道已无活路，就地叩了两个头，而后站起来与太宗诀别道："君集不才，徒惹陛下伤心，愿来生再为陛下效力！"

说完，侯君集在行刑手的押送下，大踏步走下殿去，太宗犹招手道："尔今后但见君遗像念君！"

侯君集常常挂在嘴上一句话：男儿不当老死卧内，而应为国战死沙场。刀枪血雨中冲过来的侯君集一点儿也不怕死，临刑前容色不变，对监刑将军说："君集岂反叛之人！蹉跌至此，复有何言！但君集曾为将，破吐谷浑、高昌二国，颇有微功，请代言陛下，乞令一子守祭祀！"

有侯君集的名头压着，监刑将军不敢怠慢，火速派人将侯君集遗言奏明皇上，太宗当即恩准，宥其妻及一子，流徙岭南。

侯君集死后，籍没其家，搜查时，在他家找到两个美人，容貌娇嫩，人世罕见，言自幼饮人乳不食。

在查清全部案情后，赵节、杜荷、李安俨等人皆伏诛，谈到如何处理汉王李元昌时，太宗不忍加诛，意欲免死，朝上征求群臣的意见时，高士廉等抗疏道：

王者以四海为家，以万姓为子，公行天下，情无独亲。李元昌包藏凶恶，图谋逆乱，观其指趣。天地之所不容，人臣之所切齿，五刑不足申其罚，九死无以当其愆。而陛下情屈至公，恩加枭獍，欲开疏网，漏此鲸鲵，臣等有司，不敢奉敕，伏愿敦师宪典，诛此凶慝。顺群臣之愿，夺鹰鹯之心，则吴、楚七君，不幽叹于往汉，管、蔡二叔，不沉恨于有周。

群臣也跟着纷纷附和，言李元昌之罪实难免死。太宗只得下诏道："赐李元昌自尽，宽宥其母亲、妻子、子女，国除。"

下面轮到如何处理太子李承乾的问题。太宗语速放缓，探问诸大臣："东宫事，按问已完，将何以处置李承乾？"

这还用问吗？反叛之罪，依律当死！有人张口张嘴，却不敢应声，这李承乾可是皇帝的嫡子啊，一旦谁一句话送了他的性命，日后皇帝想他的儿子，还不得拿谁开刀？文武百官，面面相觑，都未说话。

太宗见无人答话，皱了皱眉头。圣心有忧，做臣子的哪能不帮忙啊，只见班中闪出一人，乃通事舍人来济，来先生乃隋左翊大将军来护之子，年龄虽然不大，但是胸有文采，口善言谈，尤其通晓时务，他深知太宗此时此刻的心情，于是便拱手奏道："陛下不失为慈父，太子得尽天年，则善矣。"

太宗听了来济所奏，正中下怀，遂长叹一声，颁旨道：

废太子李承乾为庶人，幽囚于右领军府。其官官左庶子张玄素、右庶子赵弘智、令狐德棻，因不能谏诤，亦免为庶人。纥干承基上变，赐为佑川府折冲都尉。

太子李承乾不战自灭，魏王李泰欣喜若狂，和几个死党聚在密室里摆酒庆贺。李泰肚大腰圆，肥头大耳，坐在主位上一人占了一大片，格外威风，柴绍之子柴令武一脸崇拜地看着李泰，嘴上恭维着："我当初就看中魏王爷非同一般，他们都往太子跟前偎，我就不去。你看太子那个熊样，人瘦得跟猴似的，还成天胡折腾，这不，倒了吧？太子一位顺理成章落到咱魏王身上了。"

李泰听了这话，十分高兴，还谦虚地摆了摆手说："话不能说得这么早，皇上不是还没下立我为太子的诏书吗？"

"咳！那太子一位非殿下莫属！"房玄龄之子房遗爱掰着手指头分析道，"皇上有三个嫡子：李承乾、殿下，还有晋王李治。李承乾反叛，已废为庶人，是永无出头之日了。晋王也不用提了，整天和女孩似的，胆小如鼠，为人懦弱，根本难入皇上的法眼。只有殿下您，条件最为优越，聪明，能干，手下还有一批干将。入主东宫，是顺理成章的事。"

"是啊，是啊，"杜如晦的弟弟杜楚客也跟着贺道，"李承乾没废时，皇上就看中殿下，曾驾幸王府，大赦殿下所领的雍州牧内及长安以下的罪犯、免去延康里百姓一年赋税。每月月给，有时还超过太子，这些都能证明殿下是皇上心中的太子的最好人选。"

李泰晃了晃肥胖的身子，眼笑成一条缝，说："是啊，父皇就是处处高看我一眼，见我胖，行走不便，还特许我乘小舆人朝。那年要不是魏徵几个老家伙拦着，皇上还命我入住武德殿呢！"

看中魏王的前景，加以奉承，就是期待有所回报，杜楚客夹了一块肉扔进嘴里，又喝了一口酒冲冲，才说出自己的心事："一朝天子一朝臣，殿下如嗣位，一定要多重用自己的人。当年玄武门之变后，秦王府的几个重要僚属几乎全部当了宰相。"

柴令武、房遗爱一听，忙往李泰跟前凑，热切的目光看着这未来的皇上。谁不想在未来的皇朝中，占据重要的位置啊！

"你！你！你！"李泰手指点着眼前的这几人说，"都是从开始就跟着我的，将来我面南称君后，必然会重用你们，至于现在朝中的几个当权的，从一开始我就对他们不开胃。这些老家伙当年还奏请三品以上公卿途遇亲王时不下马礼拜，为这事我跟他们争了一番，没争过他们，弄得我好没面子。"

几个人恭维了李泰一会，又商议下一步的行动，决定外围由杜楚客等人打理，向外界放出风去，言魏王必然会被立为太子，同时促使一些朝臣主动向皇上提名魏王为太子的人选。

至于魏王本身需要做的，杜楚客几人一起建议道："这一阵子殿下什么事都不要干，每日天一亮就入皇宫，侍奉圣上，小心翼翼，曲意奉承，直到皇上立你为太子为止！"

李泰频频点头。他望望天色还早，对几个死党笑笑说："本王让你几个说动心了，一刻也沉不住气，你几个先喝着，再议议别的事。我马上去宫内侍奉皇上去。"

李泰办事也不论套路，想哪到哪，当即撇下众人，坐着小舆奔皇宫去了。

李泰说到做到，不顾身躯肥胖，不辞劳苦，每天都入宫侍奉父皇，殷勤备至，不断以肉麻的言辞博取父皇的好感。太宗见儿子这么恭谨孝敬，颇感欣慰。

这天晚上，太宗见李泰围着自己忙乎了一天，十分辛苦，催他早回王府休息，李泰不依，吭哧吭哧亲手打来一盆热水，说要亲手给父皇洗脚，太宗不让，李泰伏地叩首，充满感情地对太宗说："父皇生我养我，没有父皇，儿臣也不可能生下来就是王子，皇宫侍婢甚多，有些事儿臣想插手也插不上，请让儿臣为父皇洗一次脚，以表达儿臣对父皇的感激之情！"

李泰肥胖，蹲下身子很困难，只得撅着腚给父皇洗脚，没洗几下，已累得呼呼直喘，太宗看在眼里，大为感动，对李泰说："青雀（李泰小名）啊，你大哥承乾不争气，以后就看你的啦，好好和几个大臣搞好关系，出了这四月，朕就颁诏，立你为太子。"

侍奉了父皇十来天，好歹见父皇开了金口，面许自己为太子，李泰心里一阵狂喜，但还是装作不动声色的样子，给父皇洗完脚，帮父皇擦干脚，又亲自把洗脚水倒掉，才算完事。

这天上朝，太宗问群臣："当今国家何事最急？"

谏议大夫褚遂良拱手应道："今四方无虞，唯太子宜有定分最急。"

"此言是也。"太宗点了点头，环视群臣，"众卿觉得诸王子谁堪为皇嗣？"

中书侍郎岑文本、黄门侍郎刘洎显然看透了皇帝的心思，上前拱手对道："魏王李泰乃陛下嫡子，有才华，爱文学，日游于朝士之林，且能撰著书籍，可为治世之主。"

见有人答到点子上，太宗倍感欣慰，但岑文本、刘洎之语不足定江山，太宗把目光转到了四位重臣长孙无忌、房玄龄、褚遂良、世勣身上，这四人分别掌管着政治、经济、政策制定、军事等大权，有了他们的支持，李泰晋封为太子的事才能算浮出水面。

长孙无忌为第一宰相，又是国戚，房玄龄等人不愿多嘴，便一起观望长孙无忌。

对于立谁为太子，长孙早在心里打开了小九九，李承乾一倒，无疑会在皇帝另外两个嫡子中选太子，不是魏王李泰，就是晋王李治。李泰年长，遇事都自拿主意，平日不把他这个舅舅放在眼里，他手下还有一大批功臣子弟，万一他当权了，恐怕会把这些元老重臣赶下台去，而重用他自己的人马。而晋王李治，年仅十六岁，仁弱听话，便于辅佐，日后面南称君，还脱不了听他这个老舅的。

考虑再三，长孙无忌心中最满意晋王李治，遂出班拱手奏道："在诸王子中，晋王最为仁孝，天下共知，臣以为是最合适的太子人选。"

太宗听了，哑然不语，长孙无忌继续奏道："前些天太原出了个石像，上有'治万吉'字样，臣以为应该顺天应人，立晋王为太子。"

长孙无忌固请立李治为太子，太宗心里不愿，但也不好当场反对。至于太原出石文一事，太宗也听说过，宫廷内外也为此议论了一阵。

"自古嫡庶无良佐，何尝不倾败家国"，如今连朝廷重臣也倾向于立李治，让太宗大费踌躇，只得挥挥手说："立太子一事，容后再议。"

这天在弘文殿，太宗在批改公文之余，对侍坐的褚遂良说："昨日青雀投朕怀道，'儿臣今日始得为陛下子，乃更生之日。臣有一子，臣死之日，当为陛下杀之，传位晋王。'人谁不爱其子？朕见其状，大为可怜。"

太宗意思是想夸他泰儿也是个侠义大度的人，不想褚遂良身为谏议大夫，马上嗅出李泰的话有悖于常理，纯属矫揉造作，于是郑重其事地奏道："陛下之言差矣。愿陛下谨慎，不要再错。陛下万岁后，魏王据有天下，肯杀其爱子，传位晋王，这合乎常理吗？"

太宗琢磨了一下，也觉李泰的话大不可信，但还是对褚遂良说："青雀有能力有主见，雉奴（李治小名）虽仁孝，但为人软弱，权衡再三，朕还是想立青雀为太子。"

褚遂良拱手道："陛下往昔既立李承乾为太子，复宠魏王，礼序过于李承乾，已成今日之祸，前事不远，足以为鉴。陛下今立魏王，愿先措置晋王，方得安全。"

褚遂良话里的意思是，要立青雀，就要先处置雉奴，或软禁起来，或流放，或干脆先杀雉奴，这样才能保证以后不出乱子。但雉奴柔弱胆小，十五六岁了，还常常依偎在太宗怀里，一到天黑，就不敢出门，太宗哪里舍得处置这个从不惹事的孩子啊！想到这里，太宗的眼泪不由涌出，摇摇头说道："朕不能！"

李泰本以为太子之位手到擒来，不想节外生枝，以长孙无忌为首的几位重臣固请立李治为太子，这急得他坐立不安，没想到那个像女孩似的雉奴竟然成为竞争对手。李泰忙找几位亲信商议对策。

房遗爱做事向来大大咧咧，手做一个抓鸡脖子的动作，恶狠狠地说："等哪天找个理由，把雉奴约出来，掐死他得了，反正他也没有自己的势力，一个晋王府，也是个空壳。"

柴令武虑事比较周全，说："动不动就杀人恐怕不行，李承乾就是在这上面败的。晋王要死了，不是咱杀的，也是咱杀的，普天下人都得怀疑咱魏王府。这个办法不行。得想想别的办法解决晋王。"

魏王李泰的小心眼子多，他想了一下，眉开眼笑地说："我有一个好办法，必可置雉奴于死地。"

"什么办法？"众人急忙探问。

"雉奴胆小，一受点惊吓就常常卧病，待我吓唬吓唬他，吓死了最好，吓不死也得让他成个病秧子，立不成太子。"

李泰自以为得计，第二天就找到李治，假言带他出去玩，把他哄到魏王府，引入一个密室内。密室内灯火暗淡，李泰一脸假笑地对李治说："我听说你的事不妙啊！"

"哥，什么事？"李治一时摸不着头脑。

"你是不是和李元昌关系好？"

"是啊，"李治没有多少心眼，老老实实答道，"元昌叔每从封地来，老给我带吃的。"

李泰恐吓道："你与李元昌友善，现在李元昌反叛，赐死于家，我听说下一步也要追究你，你难道不觉得忧愁吗？"

李泰一边问话，一边观察，果见李治小脸慢慢变得煞白。李泰心里得意地笑了一下，派人把李治送回家。

李治心里虽然害怕，但并未如李泰预料的那样，吓得卧病不起。自长孙皇后去世后，太宗因雉奴胆小，常常让他住在后宫，这几年因他大了，才另给他开府居住。

这几天有些奇怪，这雉奴有事无事就跟在父皇身边，天黑了还不回府，在父皇身边徘徊再三，依依不舍，人也显得愁眉苦脸，似有无限的心事。太宗觉察出雉奴有什么事，问了几句，李治吞吞吐吐不敢明言。太宗越觉奇怪，于是屏退左右，把雉奴引进卧室，揽在怀中，柔声问："乖儿子，你怎么啦，整天忧形于色的？"

"儿臣，儿臣……"李治抱着父皇，眼泪都快流出来了。

"什么事？说！别怕，有父皇给你做主。"

李治这才一五一十，把兄长李泰的话，低声告诉了父皇，末了抽抽噎噎地说："孩儿怕从此获罪，再也见不到父皇了，因而每日都想多看父皇一眼。"

太宗听了，禁不住眼泪涌出，心中十分难过，紧紧地揽住雉奴说："乖孩子别怕，有父皇在，天下谁也不敢动你一根指头。"

太宗又安慰了雉奴几句，命他暂且住在后宫。

太宗一个人坐在卧内，若有所失，青雀这个孩子虽然有些能力，但不大仁义，对待自己弱弟尚且如此，若他日做了皇帝，天下还不知让他折腾成什么样呢，太宗有些后悔，不该那天面许青雀为太子。

太宗有些伤感，三个嫡子，好像没有一个让他满意的。尤其是李承乾当爹的费尽心血，抚育他成人，培养他忠君爱民、礼贤好学的品德，但没想到他无视储君的尊贵地位，染上了狎近群小、散漫好游的纨绔邪气，以至发展到意欲谋反的地步。自己的儿子反他这样的老子，太宗怎么也想不透，不由地起身带着左右，来到了关押李承乾的右领军府。

从八面威风的太子一下子变成人所不齿的罪人，关在高墙内的李承乾，衣服肮脏，形容枯瘦，一副可怜巴巴的模样。

在守兵的押送下，他一瘸一拐地来到父皇跟前，由于足疾，一时又难以站稳，打一个趔趄，方跪倒在地。

此时，悲从心来的李承乾伏地痛哭道："父皇啊，您来看不孝的儿了……"

太宗也觉伤心，他拭了拭眼角，命人扶着李承乾席地坐下，沉默了好一阵子才对李承乾说道："想你幼年时敏慧好学，讨人喜欢，朕对你寄望甚高，选择天下名师教你。朕就记得你十来岁时，每谈论发言，皆辞色慷慨，大有不可夺之志，怎么到了后来，人也长大了，竟越来越颓废了！"

李承乾擦擦眼泪，低着头，无言以对，太宗继续责备道："朕每劝你爱贤好善，你置若罔闻，私所引接，多是小人，最后竟潜谋引兵入西宫，你……你这样做对得起谁？对得起你死去的娘吗？"

"我，我……"李承乾梗着脖子说，"我根本没有谋害父皇的打算！"

"那你密谋反叛意欲何为？"

李承乾咬着牙，恨恨地说："臣为太子，复有何求？但为魏王所图，时与朝臣谋自安之计，不逞之人教臣为不轨事。今若以泰为太子，正所谓落其度内！"

李承乾身陷囹圄，还不忘反咬李泰一口，太宗听了，长叹一声，嘱右领军府稍加改善一下李承乾的生活，而后起驾还宫。

到底立谁为太子，太宗几乎一夜没合眼，到天蒙蒙亮，总算拿定了主意。

第二天早朝时，太宗先御两仪殿，命晋王李治相随，而后令人召集长孙无忌、房玄龄、李勣、褚遂良四位重臣。

太宗先讲了李泰的行径，说出他威吓晋王的行径，以及李承乾对他的指责，太宗蹙眉说道："朕一向认为泰儿恭敬孝谨，他却有如此深心，朕还不知道呢！"

长孙无忌几个人不便答话，只是紧张地琢磨着太宗的用意。这时太宗伤心地说道："李承乾、李佑、李泰、李元昌，朕三子一弟，所为如是，朕心诚无聊赖！"

说着，太宗扑倒在御床上，放声痛哭，长孙无忌等上前扶抱，不停地劝慰，希望他能够保重龙体，以国事为重……

"朕还活什么劲哦！"太宗说着，拂开众人，抽出佩刀，欲自刺，长孙无忌急忙趋前扶住，夺刀递给李治。太宗作此非常举动，长孙无忌也觉激动，大声说道："立储事大，陛下属意何人，不妨径立，免得滋疑！"

"朕欲立晋王。"

太宗这一说，正合长孙无忌的心愿，因此一听太宗说出这话，立刻拱手说道："谨奉诏！有异议者，臣请斩之！"

太宗立起身来，招手叫过众人背后的李治，推他到长孙无忌跟前说："你舅舅答应扶保你了！赶快拜谢！"

李治立即下拜，长孙无忌忙趋避一旁，不敢受拜，和房玄龄、李、褚遂良一齐拱手道："臣等自当忠心辅佐太子殿下！"

太宗见大事已定，重回御床上坐下，对长孙无忌等说："公等已同朕意，未知外议如何？"

"晋王仁孝，天下属心已久，乞陛下召问百官，有不同者，臣等负陛下，万死！"

太宗乃起身，转御太极殿，召驻京城六品以上文武臣，说道："李承乾悖逆，李泰凶险，皆不可立。朕欲选诸子中可为嗣君者，谁可？卿辈可明言之。"

当朝的几位权臣皆推晋王为太子，朝中早已传遍，如今皇帝既然否定了最有竞争力的魏王，太子理所当然归属晋王了，群臣不愿有异议，齐声欢呼："晋王仁孝，天下共知，当为储君！"

李泰虽然招呼一些学士，弄出了一套《括地志》，但李泰恃宠逞尊，骄奢傲物，在诸大臣中，显得人缘不好，再加上立李治为太子事，长孙无忌等人安排得十分周密，凡与魏王可通信息者皆不令所闻。

这天上朝已确定李治为太子了，李泰仍一无所知。下午的时候，李泰养足精神，一如既往，前来皇宫侍奉老爹。

百余骑簇拥着李泰，刚到永安门，就被门司挥手拦住了，门司挺着肚子宣布："奉皇帝敕令，所有骑从回魏王府待命，只准魏王一人入内！"

门司按照敕令，挥去从骑后，引李泰入肃章门。这回也不给小舆坐了，李泰走得气喘吁吁，心知有变，走到肃章门赖着不走了，对奉敕人说："本王有些不舒服，要回王府，改天再来看望皇上。"

李泰说完，转身想溜，奉敕人一挥手，上来几个彪悍的羽林兵，挟持李泰就走，一直过了太极宫，进入北苑，来到一所别院，奉敕人说道："王爷暂且先在这别院住着。"

"这么小的地方怎么能住下人？"李泰急眼道。小小的别院，一亩见方，五六间房子，李泰怎么也想不到是他一个大贤王所能住的地方。

"李泰接旨！"奉敕人公事公办，也不愿跟他多啰唆一些。

李泰一时弄不清到底因为何事，忙跪倒在地，先听听圣旨怎么说。奉敕人沉声宣道：

> 朕闻生育品物，莫大乎天地，钟爱罔极，莫重乎君亲。故为臣贵于尽忠，亏之者有罚，为子在于行孝，违之者必诛。大则肆诸朝市，小则终贻黜辱。雍州牧、相州都督、左武侯大将军魏王泰，朕之爱子，实所钟心，幼而聪颖，颇好文学。恩遇极于崇重，爵位逾于宠章。不思圣哲之诚，自构骄僭之咎，惑谗谀之言，信离间之说。以李承乾虽居长嫡，久缠痾恙，潜有代宗之望，靡思孝义之则。李承乾惧其凌夺，泰亦日增猜阻，争结朝士，竞引凶人，遂使文武之官各有托付，亲戚之内，分为朋党。朕志存公道，义在无偏，彰厥巨衅，两从废黜。非惟作则四海，亦乃遗范百代。可解泰雍州牧、相州都督、左武侯大将军，降封东莱郡王。

听完圣旨，李泰怒不可遏，从地上爬起来，摇晃着手，冲太极宫方向悲愤地叫道："想立晋王立就行了，干吗要别置我青雀啊？我青雀诚心诚意，哪点对不起您啦……"

贞观十七年（643年）四月丙戌日，太宗亲临承天门，颁诏立晋王李治为皇太子，大赦天下，赐酺三日。太宗经过几番波折，几经斟酌，终于确立了接班人，心中的一块巨石也落了地。

太宗立志要把新太子培养好，他亲自指定一批元老重臣，组成了一个阵营强大的东宫辅佐班子，以长孙无忌为太子太师，房玄龄为太子太傅，萧瑀为太子太保，李勣为太子詹事，左卫大将军李大亮领右卫率，前詹事于志宁、中书侍郎马周为左庶子，吏部侍郎苏勖、中书舍人高季辅为右庶子，刑部侍郎张行成为少詹事，谏议大夫褚遂良为宾舍。

不依规矩不能成方圆，太宗又命礼部为太子定了见三师的礼仪：三师来，太子迎三师于殿外，太子先拜，三师答拜。太子进门时，让三师先行。三师坐，太子乃坐。太子与三师书，前后皆称"治惶恐"。

定好编制及礼仪后，太宗驾至东宫，排开盛宴，招待东宫的僚属们。

东宫里红毡铺地，两廊奏乐，美酒佳肴，其乐融融。

新太子李治亲手为太宗调酒，为三师把酒，动静举止，甚有礼貌，太宗心里甚是高兴，对侍臣们说："朕若立李泰，那便是太子之位可以经营而得。从今以后太子失道，藩王窥伺的，二人皆不用，这个规矩要传给子孙，永为后法。"

侍臣们听了，纷纷点头赞成。席间又谈到功臣子弟的朋党之争，太宗因问大家："自古草创之主，至于子孙多乱，怎么回事呢？"

房玄龄道："此为幼主生长深宫，少居富贵，不曾体会人间情伪，所以不谙治国之道，为政多乱。"

太宗见房玄龄一意说"幼主"不好，心里烦气。而且，房玄龄之子房遗爱参与李泰党羽活动，太宗心里早就不满。

于是，太宗忍不住就反驳房玄龄道："公意推过于主，朕则归咎于臣。昔隋炀帝录宇文述在藩之功，擢化及于高位，不思报效，反行弑逆，这难道不是臣下之过？"

房玄龄谓后世君主不肖，也是随着太宗的话茬而答的，没想到太宗话题一转，把责任归咎于臣下。

房玄龄也不笨，他马上意识到太宗所为何因，忙离座叩首道："陛下教训极是，臣想得不周到。"

太宗又道："朕发此言，是想让公等戒勖子弟，使无愆过，就是国家之幸了。从今之后，诸公不但要辅佐好太子，使之成为治世之良主，而且要教育好自家的子弟，使他们成为治世之良臣。"

侍臣们听了，急忙一边拱手应承，一边口中诺诺称是。

太宗环视左右，把目光停在李勣身上，其他人如长孙无忌等不用再嘱咐也会尽心辅佐太子，独有这个李勣，太宗常常摸不着他的心思，于是从容对李勣说："朕求群臣可托幼孤者，无以逾公，公过去不负李密，想现在也不会负朕！"

李勣听出太宗话里有话，忙伏地叩头，啮指出血，流涕辞谢道："臣尝得暴疾，陛下自剪龙须，和之为药，以救臣命。臣累受陛下之洪恩，敢不肝脑涂地，以报万一！"

太宗见李勣说着说着哭了，忙令人把他扶回座位上，赐以御酒，李勣连饮数杯，不觉沉醉，伏在坐榻上不能起来。太宗心里暗暗点了点头，脱下身上的龙袍，对李治说："给李爱卿盖上，别着凉了。"

李治忙过去接过御服，轻轻盖在李勣身上。太宗此举，引来侍臣们一片歃歔之声，侍臣们交头接耳地称赞了一番。

太宗对新选的宝贝太子，可不敢再松懈了。让他常侍宫闱，以便随时教诲。在教育方法上，太宗一改过去只传授抽象经义教学法，采取"遇物必有教谕"的生动教学法。吃饭的时候，太宗常常停下来，手拿着筷子，指着满桌子热气腾腾的美味佳肴，考问太子："怎样才能经常吃到这么好的御膳？"

太子李治嘴里边嚼着好吃的东西，边老老实实地答道："不知道。"

太宗随即教育道："你要知稼穑之艰难，抚民以静，爱民如子，使农不劝而耕者众，但得人民富足，国库充盈，则常有这样的饭！"

李治听了，自然频频点头称是。饭后，太宗怕太子积食，又带他到太液池逛逛。肚子撑得饱饱的李治，费力地爬上马背，刚要打马走，太宗又止住他问："如何才能常有马骑？"

李治摇了摇头："不知道。"

"你要知其劳逸，不竭其力，才能常有马骑！"

李治听得似懂非懂，心说马累了，再换一匹马不就得了。太宗见他不晓事的样子，继续阐述道："骑马有如驭民，只有少用民力，给民以休养生息的机会，才能保持长治久安。"

这下李治听懂了，急忙点头表示明白。来到太液池，父子俩弃马上船，龙船荡荡，碧水悠悠，太宗又不失时机地教导李治道："水可载舟，亦可覆舟。君犹舟也，民犹水也。"

船到对岸，父子俩来到一棵银杏树下歇息，太宗问李治："你知道为什么四夷都称朕为'天可汗'，百姓群臣都称朕为'明主'吗？"

"那是因为他们都怕父皇。"李治说完又觉不妥，忙又改口道："那是因为父皇本事大！"

太宗呵呵一笑，站起身来，用手拍拍那棵笔直的银杏树说："木从绳则直，人从谏则圣。一个人的能力毕竟有限，只有虚心纳谏，才能谨慎施政，方至功业兴隆。"

太子李治常侍宫闱，经常与父王同起同坐，固然学了不少东西，但无疑又疏远了东宫僚属，黄门侍郎刘洎及时上疏道：

太子年幼，应宜勤学问，亲师友，今入侍宫闱，动逾旬朔，师保以下，接对甚希。伏惟少抑下流之爱，弘远大之规，则海内幸甚！

太宗这才发现自己揽得太多了，忙命刘洎、褚遂良、马周等人每日更番诣诸东宫与太子谈论游处。

李治字为善，人如其名，跟着刘洎等人也学了不少孝义的道理，不几天就上表为幽禁中的李承乾、李泰求情，称两个哥哥"衣服不过随身，饮食不能适口，幽忧可悯，乞敕有司，优加供给。"

太宗览表既觉欣慰，又觉凄恻，拿着表对长孙无忌等几个亲近大臣说："人道雉奴仁厚，果如其然。承乾、泰儿有一半像雉奴，又何至有今日？现在看来，立雉奴为太子还是对的，可保承乾与泰儿两无恙矣，若立泰儿，则承乾与雉奴两不全。"

太宗把储君之事安排好，心下渐觉安逸，想长孙皇后去世已久，后宫妃嫔们也已老不堪用，乃下令在全国范围内选美。

选美又忙了几个月，搜罗到上千名美少女，这些女子大多默默无名，只有徐惠、武媚娘在青史上留下了鼎鼎大名。

徐惠，湖州人，生下来五个月就能说话，四岁开始学《论语》《毛诗》，八岁就能写文章。其父徐孝德，曾经让女儿仿《离骚》写一首诗，徐惠立笔而成，其文曰：

> 小山篇
> 仰幽岩而流盼，抚桂枝以凝想。
> 将千龄兮此遇，荃何为兮独往？

徐孝德看了大惊，知道女儿的才学盖也盖不住，于是将其诗作结集刊印。由此徐惠才名大振，传到太宗那里，一道诏书，召为才人，并擢其父为水部员外郎。

徐惠才学出众，为人也非常贤淑。雅好读书，手未尝释卷。太宗非常喜欢她。有一次南方飞马送来新鲜荔枝，太宗不舍得吃，召徐惠来尝，打发人叫了两三遍，徐惠还迟迟不到，直到太宗发怒，才姗姗来迟。徐惠见太宗满面怒容，于是抿嘴一笑，抓住太宗的龙袖吟道：

> 进陛下
> 朝来临镜台，妆罢暂徘徊。
> 千金始一笑，一召讵能来？

徐惠才思敏捷，大抵如此，太宗见徐惠如此可爱，转怒为笑，揽徐惠于腿上，亲手喂她荔枝。此后不久，徐惠即由才人升为充容。

相比徐惠，武媚娘就显得刚性多了。媚娘乃并州文水人，父亲是前兵部尚书武士彠。武士彠去世后，其家道中落，媚娘与母亲住在乡下，郁郁不得志，闻皇上选美，十四岁的媚娘千方百计使其芳名上达于圣听，选中后，母杨氏泣别，媚娘脸色自苦，说："见天子焉知非福，何必做儿女悲态？"

媚娘入宫后，即被封为才人。但媚娘的目标不止于此，千方百计想讨太宗的喜欢，无奈后宫美女太多，竞争太厉害，媚娘总是难以如愿。

这天闲来无事，太宗领着一帮年轻的妃嫔到后苑玩，太宗有意想在这些女子面前显显自己的能耐，命人牵来心爱的宝马"狮子骢"，准备骑上去跑上两圈。

太宗不骑，这狮子骢也没人敢骑，好久没人骑了，狮子骢有些怕生。太宗刚一靠近，狮子骢忽然唊唊直叫，腾地一下跃起，直尥蹶子，吓得左右急忙把太宗拉回。

马倌吓得脸色煞白，举鞭呵斥狮子骢，狮子骢也发起了脾气，暴跳如雷，打圈子磨弯子，连踢带咬，想挣脱辔头，一走了之。

太宗见自己的爱骑不给面子，连连搓手，嘴里咕哝着："这可如何是好？这可如何是好？"

时武媚娘随侍，以为是表现自己的好机会，于是款步上前，拱手奏道："妾能制之！"

太宗不相信地望了望眼前的媚娘，说："你一个小小的女流之辈，有何办法？"

武媚娘得意地说出自己的办法："妾有三宝可以制它，一开始用铁鞭猛抽，如果不见效，就用铁锤猛砸，再不服气，干脆用匕首割了它的喉咙！"

太宗一听，白了她一眼，转身离去。

武媚娘本想以过人的胆识博得皇帝的青睐，但她没想到太宗本身就是一个刚强的人，所喜欢的大都是长孙皇后、徐惠这类柔顺的女性，如武媚娘这类的刚性之人，根本难入太宗的眼睛，所以胸怀大志、心术万端的武媚娘反不如一同入宫的徐惠走得顺。

太宗毕竟是太宗，一向爱护臣下，善于用人，他自己纳了妃嫔，也没忘记自己的老部下，这天召来尉迟敬德，问他："闻卿在家炼丹药，服云母，听道士讲《黄庭经》，效果如何？"

尉迟敬德也有五十多岁了，却显得面目丰腴，双目炯炯有神。听太宗问话，尉迟敬德笑道："陛下看我的脸色就知道了。"

"嗯，"太宗点点头，"比当年咱们风餐露宿、四处征战的时候显得白皙多了。"

尉迟敬德能安分守己，善自奉养，不惹是生非，这让太宗非常高兴，于是笑眯眯地对尉迟敬德说："朕想以一个公主许你为妻，怎么样啊？"

尉迟敬德心里说：娶妻娶公主，无事扰官府，我尉迟敬德现在活得挺滋润，要你一个公主添什么累赘？想到此，尉迟敬德叩头谢道："陛下爱臣，臣心里知道。臣妻虽鄙陋，然共贫贱久矣，臣虽不学，闻古人富不易妻，此非臣所愿呀！"

见尉迟敬德不愿娶公主，太宗颇觉意外，但此等事又不便勉强，便打着哈哈说："卿学养生，还真学出门道来了。这样吧，朕赐你一班女乐，你领回家去自娱。"

"谢主隆恩！"

一个公主没送出去，太宗又转开了脑子，想了一番，叫人召来了左卫大将军薛万彻，开门见山对他说："万彻啊，朕欲使一个公主与你为妻，你可不要推辞啊！"

薛万彻简直不敢相信自己的耳朵，激动得满脸通红，伏地叩头，嗫嚅着说："陛下别拿臣开玩笑了！"

"君无戏言，朕怎么会拿你开玩笑！"太宗哈哈大笑。当年玄武门之变后，太宗之所以召用薛万彻，就是看中薛万彻的心肠耿直，这样的人和你在一起，一辈子都不会对你要心眼。

当明白眼前的事是真的后，薛万彻直抹眼泪，接近五十岁的人了，还能当上驸马，娶个美貌娇嫩的公主，叫谁谁不高兴啊？

"万彻，你家里的那个老婆怎么办啊？"太宗问道。

"好办，好办！"万彻急忙应道，"我把她打发回老家就得了。"

"用不着，"太宗大度地说，"把老妻降为偏房就行了。"

"敢问陛下许我以哪位公主啊？"万彻心里惴惴，担心让他娶死杜荷留下的阳城公主。

"说了半天，正事忘了。"太宗拍拍脑袋说，"朕许你的是朕的御妹丹阳公主。"

丹阳公主是高祖第十五女，待字闺中，美貌如花，薛万彻喜得浑身直痒痒，心说，从此以后我就和皇上平辈分，我是皇上的亲妹夫了。

计议已定，择日结婚。结婚那天，皇亲国戚、文武百官都来祝贺，长安城为之喧闹了好几天。薛万彻也觉艳福不浅，高兴得多少天都合不拢嘴。

一连几天酒场不断，这天薛万彻好容易腾出空来，清醒清醒，心说该好好伺候伺候公主了，自从新婚之夜稀里糊涂之后，还没有好好疼疼公主呢。薛万彻信步来到后堂，公主正在对镜梳妆，薛万彻放慢脚步走过去，叫一声："公主。"

公主回头一看是他，闭一下眼，抿一下嘴，拂袖入室。公主好像有些不高兴，薛万彻拔腿想跟进去，让公主的奶娘给拦住了。

"怎么啦？"薛万彻指着里面焦急地问。

"不怎么。"奶娘摔摔打打地说，"往后吃饭你在前厅吃，公主在后堂吃。另外，公主身体不好，非召不得擅入。"

"到底怎么啦？"薛万彻追着奶娘，摊着手说："我薛万彻哪点对不起公主了？"

"走，走。"奶娘也是宫里的人，从小把公主奶大，口气大得很，边把薛万彻往门外推边说："皇帝也是，把好好的一个如花似玉的妹妹，嫁给一个半大老头子！"

薛万彻被推到门外，门"哐"的一声关上了。

在门外愣了半晌，薛万彻摸摸自己暗起皱纹的脸，心说，我这样年纪的人，忽然被召为驸马，必然是有得又有失啊！

不咸不淡地过了几个月，这天在玄武门，太宗碰见薛万彻，叫住他问道："听说公主不与你同席者数月，是怎么一回事啊？"

薛万彻摸了摸自己胡子拉碴的脸，苦笑道："我比公主大二十多岁，人长得又老相，不比别的公主的驸马年轻漂亮，公主因此不喜。"

"年轻漂亮也不能当饭吃啊！"太宗哈哈笑道，"爱卿不用担心，这事朕帮你解决。"

不几天，太宗在后宫大摆筵席，召在京的十多位驸马携同公主前来赴宴。

接到通知，公主驸马们都梳妆打扮一番，新装整齐地赶来，唯有丹阳公主拖拖拉拉，和驸马薛万彻，一个坐车，一个骑马，最后一个来到宴上。

一见面，那些嘴快的公主就打趣道："丹阳两口子怎么这么慢啊，按理说新婚夫妻动作理应比我们快啊！"

一些嘴损的就说："老夫少妻，事没个准哦！"

丹阳公主听了，脸憋得通红，忙找个偏僻的角落坐下，大家都是成双成对，薛万彻也只得硬着头皮挨着丹阳公主坐下。

公主们聚在一块话就是多，大家唧唧喳喳，家长里短，再看那些年轻的驸马们，一个个风度翩翩，意气风发。看着别的公主心满意足的样子，坐在角落里的丹阳公主面如冰霜，难过得差点哭出来。

酒宴开始了，太宗频频举杯，公主驸马也都是一家人，大家推杯换盏，无拘无束地喝起来。席间，太宗谈到现在的幸福生活，谈到创立国家的艰难，谈到唐初平边战史，感叹地说："那真是九死一生啊，你们一些年轻的不知道，万彻可亲身经历过。就说当年窦建德率二十万骑寇范阳，当时敌兵有的已爬上城垛口，眼见城破，万彻率百十余人的敢死队，出地道来到城外，掩击敌人，吓得敌人惊溃而去……"

说到这里，太宗好像才发现驸马薛万彻坐在后排，忙站起身来，叫道："丹阳、万彻到这边坐，到朕的跟前来！那旮旯里不是你俩坐的地方。"

薛万彻脸上放光，气宇轩昂地走过来，丹阳公主也陪着夫君坐在太宗身边，太宗继续发着感慨："与李勣击薛延陀时，与虏战碛南，万彻率数百骑为先锋，绕击阵后，虏顾见，遂溃，是役斩敌首三千级，获马一万五千匹。万彻，你怎么浑身都是胆呀？"

薛万彻憨厚地笑笑，拱手道："人生在世，理应忠君报国，男子汉自当效命于沙场！"

太宗频频点头，亲手端起一杯御酒，赐给薛万彻道："当今名将，也就是李勣、江夏王道宗和你了，三人之中，数你的官最低，朕将封你为右武卫大将军。"

众人一听，都以羡慕的目光看着薛万彻，太宗又笑着对丹阳公主说："众驸马中，就数你的夫君功劳最大，官职最高啊！"

丹阳公主忧郁的脸早已舒展开来，听皇兄这一说，低下头羞涩地一笑。

接下来开怀畅饮，丹阳公主两口子无疑被推到了最前面的台面上，大家争相向他俩敬酒。太宗意犹未尽，好戏唱到底，招手叫人拿来一个大槊，对众驸马说："朕想试试你们谁的力气最大，身体最好，大家来玩拔槊的游戏，谁最后赢了，朕的佩刀就赐给他。"

皇帝的佩刀是御制宝刀，做工精细，削铁如泥，刀鞘和把手上镶着金龙和数枚宝石，价值连城，谁不想要啊！年轻的驸马们都会点花拳绣腿，都往手心里吐着唾沫，伸胳膊捋腿，跃跃欲试。

殿中的空地上，大家轮流上场，一对对开始握槊拔河，几轮淘汰赛下来，那些徒有其表的年轻驸马们纷纷败下阵来，场上只剩下太宗和薛万彻。

薛万彻耿直，根本不给皇帝留面子，太宗本无心赢薛万彻，君臣两个吭哧吭哧较了一番劲，太宗即佯装失败，摆手休战，感叹地对薛万彻说："哎呀，朕还不如你有劲呢！来呀！把朕的佩刀解去，归你了。"

众目睽睽之下，薛万彻走过去，低头解下皇帝腰间的御制宝刀，挂在自己的腰上，得意洋洋地在场上亮个相，才回到自己的座位上，全场爆发出一阵热烈的掌声。

丹阳公主看着自己的夫君，也不觉得他老了，只觉得他脸上的皱纹写满了骄傲，写满了一个男子汉的无穷魅力，丹阳公主不知不觉靠近了夫君，手搭在了夫君的腰际。

御宴结束了，丹阳公主大方地挽着夫君的胳膊走出大殿。

来到外面，薛万彻把公主送上马车，又习惯地朝自己的坐骑走去，公主忙娇声叫了一句："回来！"

"公主不是不愿和我坐一辆车吗？"薛万彻还装憨。

"你坏。"公主给薛万彻抛了个媚眼，拎着裙子跳下车，跑过去把薛万彻拉回车上。

在太宗的周旋下，老夫少妻功臣娇主终于欢欢喜喜走在了一起。

为了锻炼太子李治在军事方面的指挥能力，太宗命太子掌管左、右屯营兵马事，大将军以下人员并受其处分。

李治也够忙的，够累的，十六岁的文弱少年又要上朝视事，又要听父皇教诲，又要听师父讲课，傍晚时好容易有点空，还得去左、右屯卫营主持军务。往常散漫惯了的李治，脑子里一下塞进这么多东西，颇感吃不消，往往心不在焉，抽空就溜出去玩。

这天李治照例来到玄武门外羽林军总部。

太子右卫率、左卫大将军李大亮立即排开仪仗，接受太子殿下的检视，校场上喊声震天，诸队仗按槊、捻箭、张弓、彀弩，一招一式，训练有素，李治看了频频点头。一阵锣响，李大亮又集合起队伍，挺胸凸肚，请太子殿下作指示。李治指点着道："鍪、甲、兵器、姿势都不错。嗯，很好，很好！"

李大亮知太子外行，遂不厌其烦地把诸兵种依次介绍了一番，李治听了直打哈欠，转而说道："人言李将军恭俭忠谨，每宿直，必坐寐达旦。房玄龄常说将军有王陵、周勃之节，可当大位……"

"殿下过誉，过誉。"李大亮忙拱手谦道。

"有你在这宿值，我没有什么不放心的，军务上的事我就不多问了，费用不足随时来找我。"说完，李治依次和在场的军官、兵卒挥手致礼，告辞走了。

李大亮恭送太子到大门口，望着太子的背影，心说：殿下虽然在武功、计谋上不行，但为人温良可亲，只要好好干，跟着他一辈子都不用担心掉脑袋。

李治有个妹妹，大名叫李明达，幼字兕子，被封为晋阳公主。母文德皇后去世时，公主还不到五岁，经过母后生前所游历过的地方，睹物思情，哀不自胜。公主早熟聪慧，临摹父皇的飞白体书法，苍劲老练，惟妙惟肖，人莫能辨。宫中谁要犯了错受太宗惩罚时，公主总是看着父皇的脸色替人辩解，故宫中人多受其惠。

公主脸上未尝见喜愠色，小小的年纪即显得心事重重，平日不言不语，唯和哥哥李治最为要好，李治每有事出宫，公主总是把哥哥送至虔化门，流着泪告别。

这天李治从羽林军部出来，觉得老长时间没见妹妹了，便径直来到后宫，宫人说晋阳公主在皇帝那里，李治便径直来到翠微殿。

翠微殿里，太宗正耐心指导公主写字，年仅十一岁的公主正凝神静气，一撇一捺地练着，听见脚步声，回头一见哥哥来了，抛下笔，跑过来拉住哥哥的手，哭道："哥哥这几天到哪里去了？"

"哥哥做太子了，忙啊！"李治替妹妹拭着泪说。

晋阳公主抱住哥哥大哭起来，一边哭一边回头对父皇说："哥哥现在与群臣一同上朝，再也不能在内宫陪伴我了！"

李治一听，也觉伤感。当上太子，整天处理一些杂七杂八的事，再也不能在后宫无忧无虑地玩了，于是抱着妹妹也大哭起来，边哭边说："身为太子，身不由己，哥哥也时时想陪着妹妹在后宫玩啊！"

两个没娘的孩子抱在一起痛哭，太宗看在眼里，也觉伤感，只是觉得李治年已十六岁了，仍然脱不了孩子气，别的儿子费尽心思要当太子，而听这雉奴的话音，当了太子却耽误他玩了。

等兄妹俩哭完了，太宗才叫过李治问道："这几日你去左、右屯卫营，觉得怎么样啊？"

"好，好，"李治点头道，"营房看起来都很整齐，军士也铠明甲亮的，李将军他们做得很好。"

"光好不行啊，"太宗指导儿子道，"朕让你知左、右屯营兵马事，主要是想让你学习带兵的本事，锻炼指挥能力。"

李治对领兵打仗之类的事不感兴趣，听父皇这一说，唯有点头而已。待了半晌，又小声向父皇请求道："妹妹一个人在后宫很孤单，没有人和她说说话，明天散朝后，我能不能不去左、右屯卫营，回后宫陪陪妹妹？"

"这怎么行？"太宗怒道，"你身为太子，要一天当做两天用，哪能再像一个孩子似的玩？明天下朝后，你和别的王子都到后苑演武场，朕亲自教你们骑射的功夫。"

第二天下午，太阳刚偏西，天稍稍凉快一些，后苑演武场上就陡然热闹起来，十几位王子高矮胖瘦不一，正在伸胳膊拧腿，做着准备动作。

"好了！"坐在黄罗伞下的太宗站起身来，指挥王子们："排成一路纵队，立正！向左看齐！"

王子们你看着我，我看着你，好容易才站成一个队，太宗命令道："目标正前方——红心箭靶！依次射箭！"

王子们一听，忙乱起来，各自从自己的侍从手上接过弓箭，拿腔作势，你方射罢我登场，嗖嗖乱射，歪歪扭扭，没有一个正经射箭的。唯有吴王李恪姿势优美，箭无虚发，次次命中靶心，赢来一片喝彩声，太宗见了大为高兴，当即把自己所持的宝雕弓赐给李恪。

李恪文武全才，为人却很谦虚，叩头谢恩后，不声不响地站在众人背后，太宗见了，心里暗暗称奇。

"太子呢？"太宗拿眼在射箭的人群中找，一转脸，才发现李治站在身后，就有些不高兴地问："你怎么不去射箭？"

"此非儿臣所好。"李治摇摇头说。

"那你爱好什么？"

"得以侍奉至尊，长在左右，儿臣愿足矣。"

太子的一番孝道之语，让太宗在欣慰之余，颇觉有些失落，担心太子仁弱，在自己身后会受制于人，难守社稷。倒是三儿子吴王李恪，文武全才，性格、相貌都很像自己，若立他为储君，则必天下无忧。

一念及此，这天趁长孙无忌一个人侍立，太宗对他说："公劝朕立雉奴，恐不能守社稷，奈何？吴王恪英果类朕，其母杨妃也是炀帝的女儿，也属贵胄一族，朕欲改立恪为储君，公觉得怎么样？"

长孙无忌一听，心里着急，忙伏地叩头道："太子自立以来，有口皆碑，并无过失，哪能轻易更废，臣坚决不同意！"

"公以恪非己之甥么？"太宗盯着长孙无忌问道。

长孙无忌这才觉出自己刚才有些急眼，让皇帝看出来点什么，忙又屏声静气，徐徐说道："太子仁厚，真守成良主；储君至重，岂可数易！且举棋不定则败，愿陛下熟思之。"

太宗就怕"败亡"两字，听了长孙无忌一番话，只得连连点头，打消了更立储君的念头。

贞观十八年（644年）夏四月，太宗驾临两仪殿，皇太子侍立，太宗问群臣道："太子性行，外人也有所闻吗？"

司徒长孙无忌首先出班奏称："太子虽不出宫门，天下无不钦仰圣德。"

第一重臣长孙无忌发了话，别的大臣也纷纷跟着唱贺道："太子仁厚，天下共知，实乃守成之良主！"

太宗颇不以为然，说："朕如治年时，颇不能循常度。治自幼宽厚，谚云，'生子如狼，犹恐如羊；生女如鼠，犹恐如虎。'冀治稍壮，自不相同。"

长孙无忌端了端袖子，又上前一步奏对道："陛下神武，乃拨乱之才；太子仁恕，实守成之德；趣尚虽异，务当其分，此乃皇天所以祚大唐而福苍生者也。"

听了长孙无忌一番话，太宗方始欢喜，眉开眼笑，频频点头，他满意地望着一旁温文尔雅的李治，心说，这太子一位就给定他了，说什么也不再换了。

为了进一步巩固李治的太子之位，保证太子将来顺利接班，太宗下诏将李承乾送于黔州安置，顺阳王李泰于均州安置。并召来吴王李恪，当面予以训诫："父子虽至亲，及其有罪，天下之法不可私。汉已立昭帝，燕王旦不服，霍光诛之。为人臣子，不可不戒。"

李恪也是个聪明的王子，心下明白父皇的意思，再说自己也没有多少谋储嗣之位的意思，因此唯唯诺诺，叩首对父皇说："父王圣明，儿臣自当谨慎。"

该徙迁的徙迁，该训诫的训诫，做完这些，太宗也觉少许伤感，对臣下说："父子之情，出于自然。朕今与子生离，亦何心自处！然朕为天下主，但使百姓安宁，私情亦可割舍。"

太宗又抹着眼泪，拿出李泰的上表，摇摇给近臣看，而后说道："泰诚为俊才，朕心念之，众卿听知，但以社稷之故，不得不断之以义，使之居外亦得两全。"

天又热了，太宗来到京兆鄠县东南三十里的太平宫，太平宫亦是隋朝留下来的旧宫，太宗观其沧桑兴衰，有感而发，对侍臣说："人臣顺旨者多，犯颜者少，今朕欲自闻其失，诸公大可以直言无隐。"

长孙无忌等人忙说："陛下无失！"

散骑常侍刘洎一向性格坚贞，当即指出："往昔陛下临朝，曾道，'朕为人主，常兼将相之事。'给事中张成行尝上书道，'禹不矜伐而天下莫与之争。陛下拨乱反正，群臣诚不足望清光，然不必临朝言之。以万乘之尊，乃与群臣校功争能，臣窃为陛下不取。'陛下嘉纳，顷有上书不称旨者，陛下皆面加穷诘，无不惭惧而退，所以广开言路之策受到影响。"

中书侍郎马周也跟着奏道："比来陛下赏罚，微以喜怒有所高下。"

太宗听了，默默无语，半晌才点了一下头说："朕性格倔强，又喜爱文学，喜欢才辩，君臣凡有奏对，朕总是引古证今驳他。这是朕的一个小毛病。"

散朝后，刘洎又奋笔疾书，就太宗的这个"小毛病"上疏谏道：

帝王之与凡庶，圣哲之与庸愚，上下悬殊，不可伦比。是知以至愚而对至圣，以极卑而对至尊，徒思自勉，不可得也。陛下降恩旨，假以慈颜，凝旒而听其言，虚怀以纳其说，犹恐臣下未敢尽对，况动神机，纵天辩，以折其理，引古以非其议，令凡庶何阶应答？且多记损心，多语伤气，内损心气，外劳神形，初虽不觉，后必为累，须为社稷自爱，岂宜为性好自伤！至如秦政强辩，失人心于自矜，魏文宏才，亏众望于虚说。此辩才之累也。

刘洎话说到了太宗的脸上，但句句是真，太宗览表，自我检讨了一番，乃提笔以飞白书答刘洎：

非虑无以临下，非言无以述虑，比有谈论，遂致烦多，轻物骄人，恐由兹道，神形心气，非此为劳。今闻谠言，虚怀以改。

刘洎得了太宗飞白书，喜不自胜，珍宝一样地珍藏起来，常在夜深人静时拿在灯下观看。太宗飞白书笔走龙蛇，见神见气，非同寻常，岑文本曾赋诗一首赞曰：

奉述飞白书势

六文开玉篆，八体曜银书。

飞毫列锦绣，拂索起龙鱼。

凤举崩云绝，鸾惊游雾疏。

别有临池草，思沾垂露余。

随着年龄的增长，太宗的身体也一天不如一天。从前箭伤处隐隐作痛，时时泻肚子。为了好好保养身体，太宗传旨，一切军国机务并委皇太子处决。太医进了多次药，太宗吃了总觉不大管事。

太宗思想之下，起了吃丹药的心，乃遣人把国内一些有名的炼丹之人召进皇宫，在御苑中安下丹炉，点火炼丹。

丹药大多是辰砂、砒素、乳石一类的东西，再加上少量金铜炼制而成，毒性很大，往往对治病也有一些效果。一炉丹炼成后，太宗小心翼翼服了一些，觉得身上发热，原先该疼的地方也不大疼了，精神疲顿的状况也改善了许多，因之对服食丹药可致长生的说法渐渐信服。

贞观二十一年（647年）正月，开府仪同三司申国公高士廉因病去世，卒年七十。当年高士廉识太宗非常人，因将长孙氏许之。

高士廉病逝，太宗极为伤痛，传旨要亲去高府临吊。房玄龄以主上卧病新愈，极力阻谏。太宗说道："高公非徒君臣，兼以故旧、姻亲，岂能闻其丧而不往哭？公勿复言！"长孙无忌正在舅父家中守丧并襄办丧事，闻听主上要来临哭，忙飞马赶来，在午门外遇到了太宗领数百骑正要出来，长孙无忌站在马前拱手谏道："陛下饵药后，方中切嘱，'不得临丧'，奈何不以宗庙、社稷为重？"太宗不听，令人拽开长孙无忌，麾驾起行，长孙无忌见劝谏不住，只得投身伏卧道中，流着泪水，阻挡圣驾。太宗见状，长叹一声，拨马回宫，径入东苑，面向南边高士廉家的方向痛哭，诏赠高士廉司徒、并州都督，谥曰文献，陪葬昭陵。

休养了一段时间，太宗的疾患渐渐转好。

转眼到了十二月二十二日，为太宗的诞辰，长孙无忌奏道："今日乃陛下诞辰，当召臣等宴乐。"太宗听了，好半天才长叹一声说："今日为朕生之日，世俗之人以生日为乐，在朕反成感伤。今朕君临天下，富有四海，而承欢膝下，永不可得，此子路所以有负米之恨。诗曰：哀哀父母，生朕劬劳，奈何以劬劳之日更为宴乐乎？”说完泣下数行，长孙无忌等侍臣见皇帝以九五之尊，仍追念父母不已，功成名就，子欲养而亲不待。侍臣们想到这里，也跟着悲泣起来。

太宗居病中时，心中不快，因一件小事遣房玄龄归第，不令朝见。今值太宗生日，褚遂良想趁此为房玄龄说上几句话，拱手奏道："玄龄因微谴在家，今圣上诞辰，可召来朝会。"见太宗沉吟不语，褚遂良上前一步，侃侃言道："玄龄以义旗之始，赞翼圣功，武德之季，冒死决策；贞观之初，选贤立政，人臣之勤于国事者，以玄龄为最。陛下若以其衰老，当讽谕使其致仕，退之以礼；不宜以浅鲜之过，弃数十年之勋旧。"褚遂良一番话说得入情入理，由不得太宗不动情，当即下诏："即刻宣玄龄入朝！"

房玄龄任事一段时间后，怕再惹皇帝不高兴，于是以老病为由，避位在家。

这天，房玄龄正在后园给花草剪枝浇水，闻听不远处的芙蓉园隐隐有鼓乐声，家人报说皇帝幸芙蓉园，房玄龄忙走到前厅，换上衣服，命子弟赶快洒扫门庭。子弟见不年不节，老爷却一身郑重装束，有些奇怪，问："洒扫门庭？今天有什么事吗？"房玄龄掸了掸衣服说："銮舆且至。"果然是君臣同心，数十年的相处，房玄龄最知皇帝的心情。庭院刚刚洒扫完毕，大门外即车马喧腾，圣驾来到。房玄龄恭恭敬敬把太宗迎进家里，太宗略坐片刻，载房玄龄一同回到宫中。

中书门下三品宋公萧瑀是后梁明帝之子，九岁时即封新安王，隋炀帝时，其姊萧氏又贵为皇后，事唐后萧瑀官居宰相，常摆老资格，看不惯其他寒门出身的宰相，常常在太宗跟前说："房玄龄与中书门下众臣，结伙拉帮，抱成一团，陛下若不详查，恐以后会出大问题。"太宗听了这话有些反感，说："卿言有些过分，人君选贤才以为股肱心膂，当推诚任之。不能求全责备，而当舍其所短，求其所长。朕虽不聪明，也不至于连忠奸善恶也看不见。"萧瑀认为皇上偏信原秦王府的人，心里不高兴，常常借口足疾不上朝，数次忤旨。太宗以其忠直居多，一直忍着没有处分他。太宗一直对把尊佛崇佛挂在嘴上的人表示反感，一次上朝一位大臣又说个不停，太宗反问他："卿既事佛，何不出家？"那大臣一听，默默无语，萧瑀不知上了什么劲，上来请道："佛使人为善，臣崇之至深，臣年已老，时刻渴望出家。"太宗当着众臣的面笑着对萧瑀说，"这是好事。亦知公雅好桑门，今不违公意，允你马上出家！"萧瑀一听，拱了拱手，真个转身出了朝堂，大步走了。

群臣以为萧宰相真的出家了，欷歔不已，没想到一会儿萧瑀又转了回来，对太宗说："还有许多事需要臣做呢，现在还不能出家。"太宗以萧瑀对群臣发言反复，十分生气，手诏数其罪道："朕于佛教，非意所遵。求其道者未验福于

将来，修其教者反受辜于既往。至若梁武穷心于释氏，简文锐意于法门，倾币藏以给僧祇，殚人力以供塔庙。及乎三淮沸浪，五岭腾烟，假余息于熊蹯，引残魂于雀觳，子孙覆亡而不暇，社稷俄顷而为墟，报施之征，何其谬也！瑀践覆车之余轨，袭亡国之遗风；弃公就私，未明隐显之际；身俗口道，莫辨邪正之心。修累叶之殃源，祈一躬之福本，上以违忤君主，下则扇习浮华。自请出家，寻复违异。朕隐忍至今，瑀全无悛改。可赴商州刺史，仍除其封。"

诏夺爵位，下除商州刺史，萧瑀反无怨言了。太宗了解其情况后，不久，又恢复其封号，加特进。后萧瑀年七十四而卒，遗命敛以单衣，无卜日。诏赠司空、荆州都督，陪葬昭陵。

太宗渐渐感觉身体大不如前，病病恹恹的，常觉提不起精神，平时只是在新建的玉华宫休养流连。

这日，太宗正在徐妃的搀扶下在后苑看山望水，长孙无忌赶来奏道："司空房玄龄大人病笃。"太宗一听，身子摇晃了一下，泪流了下来，指示长孙无忌："玄龄乃朕心腹，速召来玉华宫，朕亲自看着御医给他治病。"

太宗幸玉华宫，房玄龄为京师留守，是太宗的一个老看家的，此次病得不轻，自知不久于人世，见诏后，即携家人连夜赶来。

房玄龄病得连走路的力气也没有，太宗特命肩舆入殿，至御座侧乃下。望着房玄龄的一脸病容，想想自己也垂垂老矣，太宗不由执住房玄龄的手，流着泪说："玄龄啊，你我君臣共处三十多年，你从来没有顶撞过朕，朕可数次微遣你归第啊！"房玄龄挣扎着与太宗行礼，只是口称万岁而已。回到住处，一向办事小心的房玄龄对儿子们说道："我受主上厚恩，今天下无事，唯东征未已，群臣莫敢谏，我知而不言，死有余责。"

太宗命凿开内苑的宫墙，以便及时探问房玄龄。贞观二十二年（652年）六月癸卯，玄龄薨，终年七十一岁。赠太尉、并州都督，谥曰文昭，给班剑、羽葆、鼓吹、绢布二千段、粟二千斛，陪葬昭陵。

且说右卫长史王玄策，出使天竺，遭到天竺阿罗那顺部的袭击。玄策脱身走吐蕃，带着吐蕃等邻部兵马，讨伐天竺，所向披靡，下天竺城邑五百八十余所，抓住阿罗那顺王，并获得牛马数万头。

王玄策凯旋后，向太宗献俘，众俘虏中，有一个方士，长得庞眉皓首，鹤发童颜。太宗见他长相不俗，和蔼地问他："你叫什么名字？多大年纪了？"此方士走南闯北，竟然通一些汉语，叩首答道："奴叫那罗迩娑婆寐，年已二百岁矣！"太宗一听，甚觉惊异，问："尔有何等法术，得长寿如此？""奴素奉道教，得教祖老子真传，炼丹服饵，所以长生。"太宗一听是祖宗老子的门生，马上恭敬起来，深信不疑，当即下令将此人与其他俘虏分开，搬进宾馆居住，给予

济世安民：唐太宗

贵宾的待遇。垂暮之年的太宗留恋人世和大好江山，一世聪明的他，老了竟相信天竺方士的鬼话，学起那秦始皇来，妄想长生不老，对这方士礼遇有加，令他在后宫炼丹，要钱给钱，要物给物，不加限制。炼丹炉高高矮矮，有纯铜的，也有纯金的，摆在后宫里，拉开了架式。在天竺方士的指挥下，每日里有数不清的人忙乎着，直弄得后宫里烟雾缭绕，丹铅味刺鼻。吃了"仙丹"的太宗，只觉得身体时好时坏，好时，那方士即说有效果了；坏时，方士说这是服丹的自然反应，日久就自动消失。

群臣对此不敢直谏，天下老百姓心里跟明镜似的，齐州的一个叫段志冲的人千里迢迢奔京师上书，直言不讳要求太宗让位，致政于皇太子。太子李治闻听此事，忧形于色。这天上朝，太宗问太子对此事有何看法，太子话还没说，已先自弯腰哭了起来，长孙无忌忙上前扶住太子，气愤地对太宗说："此段志冲挑拨君臣父子关系，乱我朝纲，臣请斩之！"

太宗摇摇头，当庭拟旨，手诏写道：

五岳凌霄，四海匝地，纳汗藏疾，无损高深。志冲欲以匹夫解位天子，朕若有罪，是其直也；若其无罪，是其狂也。譬如尺雾障天，无亏于大；寸云点日，何损于明！

太宗老了还保持着他那博大的胸怀，竟将"妄言上疏"的一介草民段志冲轻轻放过。

六月，太白星屡屡在白昼出现，太宗沉不住气，召来太史令询问缘由，太史令李淳风算了一番，又当着皇帝的面测了一卦，奏道："卦云：女主昌。"

太宗听了纳闷，环顾左右，都是大老爷们，再说文德皇后崩后，朕再也没立皇后，哪来的"女主昌"？

李淳风也难以解释。过了几天，有宫人从长安地摊上搜得秘籍一本，上写："唐三世之后，女主武王代有天下！"

宫人一见此等字眼，不敢自专，急忙拿给太宗观看。太宗见和李淳风的卦词不谋而合，心里十分害怕，密令追查此秘籍的来源，严惩贩卖购买此等秘籍的人。

三代以后，就有人夺了李唐江山，这预言弄得太宗心神不定，整日琢磨这武王是谁。这天太宗在宫中设宴招待众武将，并设酒令，使各言小名。轮到左武卫将军武安李君羡时，李君羡道出自己的小名："臣小名叫'五娘'。"

太宗心里一惊，"五娘"是女名，这李君羡的官称、封邑皆带一个"武"字，莫非此人就是反叛我李唐王朝的人？太宗心里波涛翻滚，脸上却不动声色，

笑道："何物女子，乃尔勇健！"

与会的武将们一听太宗的这句玩笑话，也跟着开心地笑了起来，但笑归笑，李君羡从此以后可就倒了霉。太宗再也不让他在玄武门值宿了，一下子把他贬为华州刺史。不久，又指使人诬陷李君羡与妖人交通，将其斩首，籍没全家。

杀了小名叫"五娘"的李君羡，太宗仍不放心，召来李淳风密问道："秘籍所说的那个人，现在还在吗？"

李淳风心知皇帝杀错了人，但不敢直说，为防止皇帝再乱杀无辜，李淳风答道："臣仰稽天象，俯察历数，其人已在陛下宫中，为亲属，自今不过三十年，当王天下，杀唐子孙殆尽，其兆已成。"

太宗对此人恨得直咬牙，但也弄不清是谁，说："疑似者尽杀之，如何？"

李淳风摇摇头说："天之所命，人不能违也。王者不死，徒多杀无辜。且自今以往三十年，其人已老，庶几颇有慈心，为祸或浅。今即使得而杀之，天或生壮者肆其怨毒，恐陛下子孙受害更大！"

听了李淳风这一番入情入理的分析，太宗叹了一口气，"疑似者尽杀之"的念头只好放下。

时间已进入贞观二十三年（649年），吃了几年丹药的太宗觉得心腹沉重，百无聊赖，竟厌烦起京师的喧嚣，命行幸翠微宫。英明一世的太宗也觉大限逼近，命太子随行。太宗手撰《帝范》，将自己做皇帝的心得体会传于太子，命其好好阅读领会。《帝范》将太宗一生重要的行、能、思全部写入，共分十二章：一君体，二建亲，三求贤，四纳谏，五审官，六去谗，七戒盈，八崇俭，九赏罚，十务农，十一阅武，十二崇文。

翠微宫在终南山上，依山势而建，此时正是莺飞草长的季节，到处野花盛开，太子李治手捧《帝范》，沿着林间小道，边走边摇头晃脑地念着："……驭臣下，抚四夷，恩威并济。一生中不尚声色，务求简约，不因一己安乐而劳人……"

"哎哟！"一名娇艳的女子迎头和太子撞个满怀。李治是个怜香惜玉的主儿，见撞了人家，忙作揖道歉。

"念什么呢，这么入迷？"那女子扑哧一笑，弯腰拾起掉在地上的《帝范》，翻看了一下，又笑眯眯地递给李治，一脸崇拜地说："学怎样做皇帝呢？殿下真是好学，大唐有您这样的太子，真是何其有幸呀！"

李治见是平日和自己"心有灵犀"的才人武媚娘，心里也自欢喜，脸上红了一下，说："姐姐又取笑我了。"

武媚娘前后看看，见侍卫宫人没有跟上来，飞快地用兰花指戳了一下李治的额头，嗔道："叫我姐姐？我可比你大一辈哦！"

"那天在后苑，你不是要我叫你姐姐吗？"李治认真地说道。

"傻样！"武媚娘伸手在李治腮上轻捻了一下，见太子侍从已跟了上来，忙娇声说道："我走了，殿下想着媚娘哦！"

"嗯。"李治答应一声，看着武媚娘惊鸿似的逃入树林深处去了。

这个武媚娘，宽宽的额头，脸如满月，浑身散发着成熟的魅力。她举止大方，爱心满溢，让早早失去母爱、高高在上的太子李治感到难得的温暖，每当看到她，李治心里就掠过一种异样的感觉。

李治望着树林深处，笑着摇摇头，继续向前走去。而树林里那双隐蔽的秀目，也在注视着这未来的大唐皇帝，那颗极富心机的少女的心，也在悄悄地盘算着：跟着老皇帝是没有戏了，只有抓住这仁弱的皇储，才能抓住大唐的未来……

丹毒已开始发作，太宗除原有的胃病、风疾外，三月又患上了痢疾，每每腹痛如绞。痛苦异常，人已被折磨得满脸病容，瘦弱不堪。御医们想尽各种办法，仍徒劳无功。

太子李治真是孝顺，看见父皇受疾病折磨，他心里比谁都难受，昼夜在床前侍候着，有时累日不食，头上也急出了白发，太宗拉着儿子的手，悲泣道："你能孝爱如此，朕死何恨！"

太宗自知大限已近，开始考虑后事，这天挥去众人，对太子说："李勣才智有余，然你与之无恩，恐不能怀服。朕今黜之，若其即行，俟朕死，你于后用为仆射，亲自任用他；若徘徊顾望，当杀之。"

太宗以权诈待人，当即下诏贬李勣为叠州刺史。李勣也是富有心机的人，十分明白皇帝的做法，正在外地考察的他接到诏书后，连家也不回，即带着几个亲信赴叠州上任去了。

四月己巳日，太宗病笃，召长孙无忌入含风殿，卧在床上的太宗挣扎着用手抚长孙无忌额，长孙无忌见状，悲痛地失声痛哭，太宗也难过得说不出话来，只好挥手令长孙无忌退出。

太宗歇了一会，复召长孙无忌，并召褚遂良入内，太宗嘱道："朕今悉以后事付公辈。太子仁孝，公辈所知，善辅导之！"

又对太子李治说："无忌、遂良在，勿忧天下。"

太宗又挣扎着握着太子的手，指着太子妃王氏，对无忌说："朕的佳儿佳妇，悉以付卿。"

太宗使褚遂良近前半步，嘱道："无忌尽忠于朕，朕有天下，多其力也。朕死，勿令谗人间之！"

太宗乃令褚遂良草拟遗诏，诏命太子即位于枢前，遗诏写完后，太宗只看了一眼，即瞑目长逝，走完了他极不平凡的五十二年的人生历程。

济世安民

唐太宗

刘乐土◎著　　上册　　中国铁道出版社有限公司
CHINA RAILWAY PUBLISHING HOUSE CO., LTD.

图书在版编目（CIP）数据

济世安民：唐太宗：全2册 / 刘乐土著. —北京：
中国铁道出版社，2017.3（2021.9重印）
（中国历代风云人物）
ISBN 978-7-113-22818-7

Ⅰ.①济… Ⅱ.①刘… Ⅲ.①李世民(599-649) –
传记 Ⅳ.①K827 = 421

中国版本图书馆CIP数据核字（2017）第020347号

书　　名：	济世安民：唐太宗		
作　　者：	刘乐土		
责任编辑：	殷　睿	电　　话：	（010）51873012
编辑助理：	奚　源	电子邮箱：	tiedaolt@163.com
封面设计：	MXK DESIGN STUDIO		
责任印制：	赵星辰		

出版发行：中国铁道出版社有限公司（北京市西城区右安门西街 8 号，100054）
印　　刷：三河市燕春印务有限公司
版　　次：2017年3月第1版　2021年9月第2次印刷
开　　本：787mm×1092mm　1/16　印张：29.5　字数：562千字
书　　号：ISBN 978-7-113-22818-7
定　　价：74.00元（全二册）

目 录

【第一回】

摆龙舟杨广逞奢欲，眠鸾榻李渊入罗帏

"哇、哇、哇……"

一个婴儿降临了人世，他的哭声是那么洪亮，那么有力，仿佛是在用啼哭向这个崭新的世界宣告——我来了。接生婆倒提着湿漉漉、黏糊糊的婴儿，照着他乌紫泛青的小屁股蛋，狠命地掴了几巴掌，六巴掌才把他打出哭声来。而后将他摁在铜盆内热水里洗起来，边洗边对床上有气无力的产妇窦氏说："不下狠手，他不哭，不哭嗓子里的黏痰出不来，黏痰出不来，他就喘不上气……"

"大娘，小心点！"一个侍女忙把婴儿的头托出水面，接生婆光顾转脸说话了，弄得小家伙在水面上一浮一沉的。

"没事，起小受罪，长大攒福。"接生婆又转脸对着窦氏絮絮叨叨，"这孩子命硬，会老驴大憋气，掴了他好几巴掌他都没有感觉，长大了一定不是个善茬儿。"

床上的窦氏笑了笑，头无力地靠在枕头上。她仰望屋椽，泪水从眼角滚了下来，她想念着不知现在何处的孩儿他爹李渊。

隋朝开皇十八年（599年）十二月二十二日，李世民降生在渭水之北、武功县南十八里俗称"武功别馆"的李氏老宅子里。千里之外，由东向西的黄土官道上，李渊带着几个随从正打马奔驰。马蹄翻飞，身后扬起阵阵尘烟……

李渊出身于关陇望族，少好习武，为人机智，当今圣上隋文帝杨坚又是他的亲姨父。十六岁时，李渊就入宫任千牛备身，此职虽品级不高，但因是皇帝的侍从武官，却也十分威风。二十八岁时，深得皇帝信任的李渊，在姨母独孤皇后的帮助下，又被破格任命为谯州（今安徽亳州）刺史。在谯州任上，李渊整顿户籍，推行均田制，安抚百姓，深得人心。五年不到，一纸调令下来，朝廷又命他转任正在遭受旱灾的陇州（今陕西陇县）刺史。

陇州在武功县以西，此次赴任正好路过武功县。李渊掐指一算，妻子窦氏怀胎期满，也该生了。他心上牵挂，星夜兼程，向西进发。

前面就是蓝田驿站，是通往京城长安和武功县的岔路口。卫士李铁一夹马肚子，赶上李渊，道："大人，前面是蓝田，歇歇脚吧？已经跑了两个时辰了，人能撑得住，马不一定撑得住，再跑怕跑掉了马腰子。"

李渊左右望望，寒风凛冽，各人的马身上却汗津津的，马鼻急促地喷着丝丝白气，确实有些跑过劲了。李渊勒住马缰，让骏马放慢了速度。穿过一片小树林，蓝田驿站赫然在望，宽大的院落，青砖黑瓦，二十几间房子，大棚门上斜悬着一个黄布幌子，红漆写着一个斗大的"驿"字。这是一个二级驿站，门口有兵士站岗。李渊等人下了马，牵着缰绳，缓步前行。

刚到驿站门口，就见三个身穿黄袍的朝廷特使骑着快马，旋风般地出了驿站，向东跑去。没跑多远，又勒住马头，打头的一个人在马上直起身子，向李渊一行人叫道："喂！路上可曾遇见新任陇州刺史李渊？"

李渊忙应道："某家正是李渊，有何见教？"

特使一听，二话不说，掉转马头，跑了过来，高头大马立在李渊的面前，从怀中掏出黄绢纸，撇着嘴说："李渊听旨！"

李渊弄不清怎么回事，然不容多想，忙就地跪倒，竖起耳朵去听——

"朕即日前往陇、岐之地察看灾情，新任陇州刺史李渊速来长安随驾前往。钦此！"

"臣遵旨！"李渊答应一声，起身走过去，双手接过圣旨，问特使："圣上何时动身？"

"三两天的工夫，"特使催促道，"你马上进驿站换快马，马歇人不歇，立即赶到京都中书省报到！"

"是！"

李渊拱一下手，目送朝廷特使拨马而去，回头对卫士李铁说："武功我是去不成了，你先回去告诉夫人，就说我陪皇上视察完陇、岐二地，立即回去看她，请她不要牵挂，务必保重身体。"

"是！"精明干练的李铁拱手答应道。

自古得天下易者，莫如隋文帝。北周大象二年（580年）周宣帝病死，留下柔弱的皇后和八岁的周静帝宇文阐，孤儿寡母，无力控制政局。皇后的父亲杨坚以大丞相身份入宫辅政，总揽军政大权。素有野心的杨坚，第二年即废去周静帝，自立为天下之主，改国号为隋，堂而皇之地登上皇帝宝座。

杨坚虽是外戚入主，却是个励精图治、勤勉有为的皇帝。他生活俭朴，劝课农桑；呕心沥血，创立各种典章制度，出兵灭陈，结束了中国近四百年南北分裂的混乱局面。隋文帝主政的开皇年间，社会稳定，政治清明，经济发展，文化繁荣。全国储备的粮食布帛，可以供应五六十年，国家的富庶程度，空前绝后，成就了历史上有名的"开皇盛世"。

李渊领着从人，进驿站换了快马后，一刻也不敢歇息，快马加鞭，星夜进发，于第二天下午赶到首都长安。到中书省报到后，即被安排觐见皇帝。

隋文帝是个勤于政事的君主，拂晓五更天临朝，如今日头西斜了仍不休息。宽大的朝堂里，五品以上的官员都可以坐着议论朝政。李渊进来时，隋文帝正让人拿什么东西出来，一个近侍提着两三个布袋，一字摆开放在御案上。

"臣李渊叩见陛下，吾皇万岁万岁万万岁！"李渊驱前几步，跪倒在御阶前，高呼万岁。

"叔德，你来得正好。"隋文帝说着，指着御案上的布袋，招呼其他大臣："都过来看看，看看这里是什么？"

众朝臣起身离座，围拢过来，伸手从布袋内捏些黑糊糊的东西出来，打眼一看，又用鼻子嗅嗅，说："陛下，这不是豆屑和杂糠吗？一些不好的牲口饲料。"

隋文帝流着眼泪，对众朝臣说："关陇大旱，百姓闹饥荒，平日都吃这些豆屑、杂糠。这是使者刚刚从那里带回来的。"

众臣听了，默然无语，隋文帝泪如泉涌，深深地自责道："朕昨日还和众爱卿一起喝酒宴乐。作为一国之君，朕对不起贫苦受难的百姓啊！老百姓顶烈日，冒风雨，种些粮食养活了我们，如今他们遭受了天灾，吃不上饭，我们却无动于衷……"

众朝臣见皇上又动了感情，一齐拱手道："陛下慈爱如海，心中常有百姓，古今帝王不多见也。"

隋文帝摆摆手，低头擦擦眼泪，说："别说废话了，一月之内，五品官以上，包括朕，不准吃肉，不准喝酒，府库速备赈灾粮，随朕连夜向关陇进发。"

太子杨勇进谏道："现在天太晚了，路上不多警卫，且圣驾出行，当卜以吉日，请陛下择日巡幸关陇。"

"请陛下择日出行。"众朝臣一齐请道。

隋文帝摇摇头："关陇百姓嗷嗷待哺，晚一天去，说不定就有许多百姓饿死。现在一刻也不能耽搁，立即摆驾出发。"

皇帝要出巡，这可不是小事，各部门紧急行动起来。门下省立即调集禁卫军，组织仪仗护卫，派遣左卫军头前压道，先行开拔，布置沿途警跸。

暮色四合时，隋文帝留下太子杨勇镇守京都，以晋王杨广为护卫使，带着李渊等朝中大臣，出了长安城，迤逦向关陇进发。

没走多远，劳累了一天的隋文帝，倚在他那辆破旧的御车上，沉沉睡去。

长安至陇州不到三百里路，看看时间，路程已走了一半。由于御驾通过，路上逃荒的老百姓被挤出官道，站在远远的田陇上，拖儿带女，拄着要饭棍，漠然地看着这支巡幸大军。

隋文帝一觉醒来，太阳已直射进车窗里，他忙命侍从官拉开窗帘。但见前后仪仗，左右护卫，甲胄鲜明，高头大马，咴咴直叫，凤旌龙旗，遮天蔽日。禁卫军挥舞着长鞭，止人清道。灾民扶老携幼，忙不迭地逃向路两旁的沟田里。隋文帝一见，气得直哆嗦，一拍车辕叫道："传杨广！"

护卫使晋王杨广，挺着大肚子，骑在骏马上，正想着心事，听父皇叫他，忙滚鞍下马，跑过来，手扶车辕，边走边问："父皇，传孩儿何事？"

"杨广，你好气派！"文帝劈头问道。

杨广被问得一愣一愣的，嗫嚅道："父皇……"

"你在百姓面前耍什么威风？摆什么臭架子？"隋文帝不悦地训道。

"父皇……"杨广装出一副可怜相。

文帝手向前一指，命令道："把你那些破旌烂旗收起来，不准随便驱逐百姓，灾民可以掺杂在仪仗和卫队中行走。"

"是，是。"杨广抹着额上的汗，兔子似的蹿向前去。一声令下，禁卫军立即偃旗息鼓，刀入鞘，枪上肩，大气不敢出，溜着路边向前走。

灾民们一听皇帝不让驱逐行人，也大了胆子，渐渐地敢在官道上走了。文帝见了他们，亦颔首致意。前面过来了一辆破驴车，文帝即命车驾靠边让路，让驴车先过。到了跟前时，文帝凭栏招手问道："老乡，这拖家带口的，要到哪里去？"

车把式一听，忙勒住大叫驴，叫驴偏偏十分不安地叫起来，引得御车的大辕马左右顾盼骚动不安。驴车的车把式急得手忙脚乱，拿手直捂驴嘴，忘了回答皇帝的问话了。这边的户部尚书苏威提醒他一句，车把式这才躬腰说道："到洛阳投亲戚，俺小孩姨姥在洛东八里沟子。"

文帝点点头："投亲靠友也可以，但三月里你还得回来，你的地还要耕种，不能荒了。朕这次来，带了救济口粮，也带来了种粮。"

见眼前皇帝衣着朴素，说话热情，车把式也放松多了，说："遭灾了，没有粮食吃，多数牲口都被杀了吃了，俺一庄只有我的这头老叫驴没舍得杀。现在陇州乡下，想找一头耕种的牲口都挺难了。"

文帝点点头，回头对苏威说："京城还有五千头官牛，你去把它们都赶来，无偿地分给贫苦农民。另外，沿途要设置粥棚，接济逃荒的灾民。"

"遵旨！"苏威答应一声，当即上马领人办去了。

文帝到了陇州，上山下乡，实地察看了旱情，昼夜和李渊等人一起研究救灾方案。老天连续六七个月不下雨，赤地千里，颗粒无收，贫瘠的土地裸露着沙石。从长安运来的几百车粮食，远远不够用，文帝决定带走五千人口，到京都就食。

陇州十里亭外，灾民拖儿带女，紧随圣驾两侧，场面感人肺腑。文帝临上车

济世安民：唐太宗

前，流着泪握着李渊的手说："叔德，陇州就交给你了，当自强不息，躬节俭，平徭赋，在最短的时间内让百姓的日子得到改善。适当的时候兴修水利。这五千灾民，过罢年，二三月里，朕就派人给你送回来。"

李渊免冠拜服："陛下爱民如子，虽尧舜不过如此。叔德忝为刺史，敢不尽心尽职！"

李渊感文帝之德，深知肩上担子的分量，孜孜于政事，不敢有丝毫怠惰。他采取了一系列减轻农民负担、帮助农业生产的政策，均分田地，开渠引水，不准放高利贷盘剥农民，使灾后的陇州很快恢复了生产秩序，社会面貌也得到了根本的改善。

文帝对李渊的政绩大加赞赏。不久，又把他调往岐州（今陕西凤翔）任刺史。这时，李渊才得以回家看望阔别两年的妻子，看看从未见面的二儿子。

李渊带着随从快马加鞭赶到武功县，别馆里也知道老爷今天回家，打扫一新，全家老老少少喜气洋洋。

李渊跳下马背，刚走进大门，十岁的大儿子李建成蹦蹦跳跳地跑过来，嘴里嚷嚷着："爹爹，你不在家妈妈给我生了个小弟弟，妈妈可想死你啦！"

随后而来的窦氏，脸一红，把手里牵着的一个虎头虎脑的小男孩推上前去："二郎，快拜见爹爹，你不是整天嚷着要见爹爹吗？"

李渊顾不上一身的征尘，一把把两岁的儿子抱起来，举过头顶，摇来摇去，摇拨浪鼓似的左看右看，啧啧赞道："像我，像我，长大了也是一条虎背熊腰的好汉！"

李渊把儿子的小脸蛋儿在自己胡子拉碴的脸上蹭来蹭去。小二郎护痒痒，缩着身子咯咯直笑。第二天一大早，天蒙蒙亮，在武功别馆的后场上，立着一个人形箭靶。插满刀枪剑戟的兵器架子旁边，大郎、二郎和闺女昭儿，这三个小人儿排成一队，倒背着手，仰脸听父亲李渊训话："我李氏祖祖辈辈为武将，你们的曾祖父曾官至左仆射，因伐魏有功，成为著名的八柱国之一，位极荣贵，死后被追封为唐国公。你们的祖父李昞，封唐国公，任安州总管、柱国大将军，他为政清简，很受世人赞扬。先祖们的成绩都是靠他们的能力取得的。所以，为了我李氏家族的利益，孔孟之书不能不读，古今成败之事不可不知。我李氏儿郎要始终保持闻鸡起舞的习惯，苦练骑射。你们三个听明白了没有？"

"听明白了！"大郎李建成和昭儿大声喊道。刚满两周岁的二郎不甘示弱，也奶声奶气、挺胸凸肚地叫着："听——明——白——了！"

李渊先来一些示范动作，但见他拈弓搭箭，虎目圆睁，架势拿足，瞅准箭靶，一箭射去，正中鲜红的靶心。大郎、小昭齐声叫好。二郎摇摇晃晃地赶过来，抢李渊手中的宝雕弓，二十多斤重，他哪里搬得动，直累得呼哧呼哧地喘气。李渊哈哈大笑，变戏法似的从后背上的箭盒里抽出一副小小的弓箭，交给二郎："我儿志气非凡，可先用这个。"

李渊刚想手把手教教二郎，却见小二郎早已拈弓在手，他小小的年纪仿佛天生与弓矢有缘，无师自通，一脸严肃，箭在弦上，"嗖"的一声发射出去。箭镞不走正道，紧贴着大郎李建成的耳朵，飞了过去。李建成吓得一缩脖子，身子一歪，坐在地上，摸摸浑身上下没有血，才咧着嘴向李渊哭道："爹，二郎拿箭射我！"

李渊蹲下身子，教育二郎说："刀再利，箭再准，不准对着自家人，知道了没有？"

小二郎手提着弓箭，望着坐在地上的哥哥，似懂非懂，似笑非笑。

李渊父子射了一会儿箭，又耍了一阵大刀，末了又上马练习骑术。李渊抱着年幼的二郎在场子上往来驰骋，颠得怀中的二郎咯咯直笑。

"吃饭了。"贤惠的窦氏亲自来到后场上，喊父子四人回家吃饭，李渊跳下马，看着三个茁壮成长的儿女，满心喜悦，对妻子说："这次一家随我到任上，公事之余，我教孩子们武功骑射，你教他们文史书法。"

窦氏含笑点了点头，揽着儿女们往回走。大郎李建成犹不忘那一箭之惊，郑重其事地对二郎说："二弟，你这会儿人小没有劲，射不死我。长大了，你有大劲了，可千万别真的拿箭射我。"

小二郎大眼睛扑闪扑闪地望着大哥，两只小手拍打着肚皮，口中叫着："射，射……"

转眼间，小二郎长到桌子一般高了，更兼少好弓矢，聪明伶俐，惹得李渊特别喜爱。二郎四岁生日这天，特地为他举办一个小型的生日宴会。中午时摆了两桌席，家人一桌，仆人一桌，外人一律不通知，关起门来自己喝。

全家人倒也热热闹闹，其乐融融。酒过三巡，菜过五味，老成持重的卫士李铁端着酒杯，走上厅堂，代表仆人向老爷李渊敬酒说："一般世族子弟赖祖上荫德，不愁吃不愁穿，骄奢淫逸，不学无术，平日里只是熏衣剃面，敷朱施粉，望若神仙，其实却是废物一个。而老爷您却对子女教育甚严，大公子、二公子以及大小姐每日里学习诗书，操练武功，学有所成。下人们十分佩服老爷的远见卓识，特委托我来向老爷敬酒，并祝小寿星二公子健康成长，长大以后，骁勇出众，干大事业，出人头地，光宗耀祖，做国之栋梁。"

李渊听了李铁的一番祝词，十分顺耳，哈哈大笑，端起大觥一饮而尽，他咂咂酒味，哈着酒气，正想发表一番感慨，只听得大门上的铁环被敲得哐哐直响……

"这会儿谁来？"李铁放下酒杯，转身下堂。早有看门的人飞奔前去察看，一会儿工夫，回来禀报说："老爷，门口来一陌生的白面书生，口口声声要见二公子，说看一眼就走。”

“有这等怪事？”李渊抖抖袖子，“且放他进来。”

厅门大开，李铁带进一个人来，众人举目望去，但见一青年秀士，头戴一顶百柱鬃帽，身穿一件鱼肚白的湖纱道袍，丰神俊朗，隐隐有林下之风，飘然有出世之态。李渊一见来人不同凡俗，忙起身相迎，拱手道：“敢问先生高名雅姓，到鄙府有何贵干？”

那秀士一笑，还礼道：“在下嵩山人氏，贱名不足挂齿，闻听府上二公子生日，特来相贺。”

李渊见他不肯说出姓名，却不以为怪，笑道：“犬子诞日，敢劳高人。”

李渊招手把二郎叫到跟前，青年秀士闪目观看，又围着二郎转了一圈，用手摸摸二郎的后脑骨，频频点头，对李渊说：“令郎相貌非常，有龙凤之姿，天日之表，年将二十，必能济世安民。”

李渊听人夸儿子这么好，也非常高兴，忙请客人上坐，并命厨下另整一桌酒席。青年秀士不愿就座，长揖告辞道：“非不欲相从，此来仅想见贵公子一面，就此别过。”

青年秀士说完，又看了二郎一眼，转身飘然而去。李渊送之不迭，忙命人捧百两纹银相赠，哪知家人捧着银两追出门外，大门外已空空荡荡，杳无人影。李渊叹息了一会，只得招呼家人重新入座。大家的话题围绕着那青年秀士，对他那突然而来又飘然而去的举动议论纷纷，有的说是世外高人，有的说是过路的相士。李渊手捋胡须，看着膝下青头白脸、虎头虎脑的二儿子，对夫人窦氏说：“借那位秀士吉言，二郎起名叫‘李世民’吧。”

窦氏点点头，摸着二郎的头说：“济世安民。希望二郎长大了如高人所言，做个对国家对民众有用的人才。”

二郎李世民扑闪着聪慧的大眼睛，懂事地点了点头。

李世民过了四岁生日不久，隋朝的政治格局发生了重大变故，阴险暴虐的晋王杨广篡夺了皇位，国家由强盛走向了衰弱。话题还得从隋文帝的皇后独孤氏说起。

独孤皇后是一个很有个性的女子，她性格柔顺恭孝，同时也刚毅有为，在杨坚谋取政权、争取大统的过程中，起到重要的推动作用，备受隋文帝的器重。但独孤氏也特别忌妒，她活着的时候，身为皇帝的杨坚不得染指其他宫女。独孤氏对于他人纳妾也极为厌恶。她听说有位大臣妻死以后，妾又生男，便要求文帝降黜该大臣，诸王中有妾怀孕的，她更是亲自对其加以斥责。

不久前，太子妃元氏有病，两日而薨。太子杨勇不喜欢元氏，专宠云定兴之女阿云。独孤皇后怀疑元氏死得蹊跷。这天，她正坐在永寿殿，独自生闷气，忽报晋王杨广晋见，独孤后忙命人传入。

杨广穿着一身洗得发白的蓝布衫，一进大殿就匍匐在地，膝行几步，口唤皇娘，一迭声问安。独孤后见二子衣着朴素、卑躬屈膝，大为高兴，脸上绽开了笑纹，命宫女看座上茶，而后问道："阿麽，诏定你由扬州转任并州总管，以后你可以常住京城了，你高兴不高兴啊？"

杨广屁股刚沾上锦凳，一听母后问话，忙又站起来，还未开口，已是泪水涟涟，跪倒在母后的脚前哭诉道："儿臣生性愚鲁，但对兄长十分敬爱。昨日去东宫谒见，因见云氏未及礼拜，兄长竟对我大加谴责，那云氏也横眉冷对，儿臣心中十分惶恐。皇娘在世之日，有皇娘做主，皇娘千秋万岁后，儿怕遭太子屠戮，死无葬身之地……"

独孤后本来对太子杨勇的小妾阿云不大喜欢，又见爱子杨广因她受了委屈，大为震怒，揽着杨广，指着殿外发狠道："我儿龙子凤孙，可在你下贱的小妾面前顶礼膜拜，真真令人气煞！"

阴险狡诈的杨广，早就想谋取太子的地位，他趁着元氏妃去世，母后难过的时候，结结实实告了东宫一状，效果十分明显。回到晋王府，杨广立即甩掉旧衣服，换上锦衣华服，摆上酒，招来歌伎佳丽，左拥右抱，饮酒狂乐，极为淫荡奢靡。狗头军师张衡在一旁谄笑："王爷如此高兴，此番入宫，一定大有收获吧？"

杨广在一个佳丽的香腮上亲了一口，把她推到张衡的怀里，以示褒奖，然后说："还是你小子鬼点子多，见了皇后，我一告一个准，把母后气得了不得，不住声地大骂东宫。"

"皇后见王爷穿着一身旧衣衫，是不是很感动啊？"张衡不无得意地问道。

"那是！皇后还直夸我比那东宫强多了，还说只有注意节俭，才能顺民心，承帝业，国祚永久。"

"嗯，嗯。"张衡频频点头，"这是一个好兆头，皇上、皇后，天下并称'二圣'，能取得皇后的信赖，王爷的好日子不远了。"

主仆二人狼狈为奸，口尝美酒，耳听淫乐，怀拥佳丽，正自得意忘形间，王妃萧氏一头闯入厅堂，大叫"停、停"，乐声戛然而止，众佳丽闪到一边，杨广恼怒，正待发火，萧氏妃近前禀道："皇上、皇后来晋王府邸察看。"

杨广一听，惊得跳起来，抓住萧氏妃的胳膊问："圣驾在哪？"

"下人说已过通衢坊了。"

杨广急了眼，发疯似的扯下身上绫纹衣，连声命令道："快，快，府内佳丽赶快躲避，帐幔换为缣素，奴婢都要穿上僧衣，把诗书纸笔给我摆上……"

王府中一阵忙乱，鸡飞狗跳，厅堂上，张衡二话不说，掏出佩刀把胡琴上的五根弦砍断三根，又抓把灰土撒在琴上，伪装成久已不用的样子。忙乎了一阵子，也差不多了，大街上传来了辚辚的车马声。杨广和萧氏妃身穿洗过的旧衣服，来到大门口，恭恭敬敬地跪接銮驾。

文帝和独孤后来到晋王府，左看右看，走上厅堂，见一切朴素节俭，来往支应的都是些老丑婢女，大为高兴，文帝还特意走到书案旁，翻了翻书籍文稿，独孤后在一旁说："我儿阿麼好学，善属文，孝悌恭俭，有类至尊。"

隋文帝点点头，对杨广说："腐化奢侈最终坑人害己，励精图治才能长治久安。"

"父皇教训的是。"杨广夫妇低眉顺眼，连连称是。

送走了銮驾，杨广甚为得意，手拍坐榻哈哈大笑，对张衡说："将来得了江山，我一定阅尽天下美色，尝尽人间美味，随心所欲地游玩享乐。"

"那是，那是，"张衡扳着手指头附和道，"眼下粮库爆满，帑藏充实，皇上却不舍得吃，不舍得穿，殊为不明。眼下王爷虽取得帝后的欢心，但只是第一步，最终取得太子之位，还须得到外界的支持。"说着，张衡把尖嘴伸到杨广的耳边："小人观察，河清公杨素最堪利用，此人利欲熏心，只要许以高官厚禄，肯定服从王爷的驱使。"

杨广闻言大喜，忙命张衡前去联络杨素。杨素本是个奸臣，奸臣和奸臣，一拍即合。杨素也认定杨广将来即位，自己便是第一功臣，于是死心塌地跟着杨广，处心积虑地陷害太子杨勇。

这年冬至，杨素指使同党戚威暗地里鼓动百官一齐到东宫致贺，同时鼓动太子杨勇戴冠冕，服洁衣，奏乐受贺。太子杨勇为了提高自己的威望，欣然答应，让有司征召百官并隆重地接受贺仪。此事很快传到文帝那里，文帝很不高兴，对侍驾的几个臣下说："太子是不是欺朕年老了，想急于夺权啊？"

太常少卿辛凛躬身奏道："百官对太子只是致贺，并非朝参。"

听了这话，文帝气顺了一些，杨素却在一旁添油加醋说："太子位为嗣君，理应懂得典制礼节，冬至受贺，具法驾，奏礼乐，本是至尊所为，太子……"

杨素边说边观察文帝的神情，文帝的脸色果然越来越难看，手一挥说："你们去吧！"

杨素转身要走，文帝又叫住他，密令道："以后多察看一下太子的举动，有什么出格之处，速来报朕。"

回到后宫，文帝仍气哼哼的。独孤后问明缘由，默默无言，良久才说："东宫多内宠，好排场，不识大礼，实失我望，倒不若阿麼仁孝，体谅父母。前者有善相者，遍相诸子，曾对我说'晋王眉上隆起，贵不可言'……"

文帝长叹一声，指着东宫的方向说："若再失朕望，只有废了你了。"

且说老实不善矫饰的太子杨勇，发现自己不为父母所喜后，急忙令人在东宫内盖了几间茅草舍，搬进去住，每日里卧草席，着旧衣，粗茶淡饭，希望能挽回天心，以避灾厄。但俗话说：不怕贼偷，就怕贼算计。煞费苦心的杨勇又怎能逃过杨广、杨素等人的算计？没过多久，一场大祸又凭空降下。

一天，文帝正在偏殿看书习字，一仆匆匆而来，手捧着木人纸鬼，神色诡秘，向文帝跪奏道："启奏陛下，有宫婢于后宫墙根，捡到一个木人纸鬼，上书陛下名讳。"

文帝一听，眉头蹙起，急接过小木人观看，但见一个瘦溜溜的五寸木头人，身穿一件纸剪黄袍，双手反剪，一根粗针直钉在胸上，针旁边有杨坚字样。文帝不看则已，看了觉得脑门上突突直跳。杨素不知什么时候也来到文帝身旁，叨叨着："此乃厌胜之物，无聊愚蠢之极，圣上息怒。"

文帝压了压心头的火，看着杨素道："近日让你察看太子动静，有何异常？"

"回陛下！"相貌堂堂的杨素一脸谄媚相，"太子在东宫虽结庐而居，却私自在城外筑宫室，养战马千匹，不知何意。有人听太子说'我战马千匹，守住宫城门，里面的人自然饿死'。臣还探得太子曾找人占卜，说皇上的大限不远了……"

听到这里，文帝勃勃的怒气再也压不住了，一把掀翻面前的书案，气哼哼地回后宫去了，嘴里还不停地咕哝着："不肖儿怎可承大位，不肖儿怎可承大位……"

后宫里，独孤后也得知太子以厌胜之术诅咒皇上的消息，见了文帝，亲自服侍，又是端茶，又是倒水，说："晋王仁厚，天下共知，陛下何不改立二子为嗣君？"

文帝叹了一口气，说："为了我大隋的皇祚永久，也只好这样了。"

隋开皇二十年（600年）十月，文帝不顾大臣李纲等人的反对，颁布诏令："皇太子勇及诸子并废为庶人，移住内史省，立晋王杨广为皇太子。"

杨广以卑鄙手段窃得太子之位。一开始还装出一副勤勉的样子，及至独孤后驾崩，文帝病重，杨广无所顾忌的本性就逐渐暴露出来了，先后设计害死了蜀王杨秀等多位大臣，并展开了紧张的夺权活动。

仁寿四年（604年），隋文帝不适，在仁寿宫向臣僚交代事情，握手欷歔。正在这时，一个内侍拿着一封信，匆匆赶来，说是太子的急信，文帝无力地摆摆手，说："念。"

"越国公见字如晤，趁皇上病重，速调我东宫的卫队代替仁寿宫的卫队，用我们的亲信替换皇上的左右。另外，要找个借口把杨勇干掉，切切。"内侍读着读着，才发现这是一封被送错的信，但也只得硬着头皮读完。

左右侍病的臣僚也马上明白了怎么一回事，一齐把眼光投向文帝，备受疾病折磨的文帝无力地靠在枕上，老泪纵横。旁边侍病的大臣梁毗走上前说："圣上尚在人世，杨广和杨素就急不可待地夺取皇位，其司马昭之心，昭然若揭。臣曾

济世安民：唐太宗

数次上书，指出杨广、杨素陷害太子杨勇的阴谋，望陛下……"

隋文帝却摆摆手，止住了梁毗，令他退出。事到如今，文帝只想忍下这事，不愿声张。一天，文帝正躺在病床上出神，思考着更换太子一事是不是错了。正在这时，爱妃宣华夫人陈氏披头散发地从外面跑进来。文帝诧异，忙问怎么啦。宣华夫人拢了拢散乱的头发，又羞愧又伤心，半晌说："太子无礼！"

文帝一听杨广猥亵自己的庶母，当即气昏了过去。宣华夫人过去好一阵拍打，文帝才醒了过来，捶床大呼："独孤氏误朕，畜生何足付大事！召柳述、郎元岩速来见朕。"

柳、郎二人此时分别任兵部尚书、黄门侍郎，急来见驾。

"召我儿来！"躺在床上的文帝叫道。

"召太子杨广？"柳述小心翼翼地追问一句。

"召我儿太子杨勇！"

柳、郎二人写好诏书，急忙前去宣召。刚出宫门，就让杨广带人给截住了，搜出了诏书。旁边的杨素阴险地对杨广说："事到如今，一不做，二不休，先下手为强，后下手遭殃……"

杨广点点头，招来东宫左庶子张衡，附耳吩咐了几句，而后一行人径直入宫，来到文帝的寝宫，矫诏尽遣后宫人员出就别室，独遣杨素和张衡二人入内。文帝入睡不久，迷糊中觉得有人走近龙榻，睁眼一看，杨素、张衡颤抖的黑手已到自己的脖颈前，文帝大叫一声，倏然起身。箭在弦上，不得不发。杨、张二人恶胆包天，纵身向前，一人抓一条胳膊，将文帝拖至地上，连打带摔，活活拉杀文帝，血溅御屏，文帝怨痛之声传至殿外。

殿外，杨广带领卫兵，持刀逼住后宫之人。诸人闻变，不敢有所动作。杨广就这样顺利夺取了皇位。杨广是个不折不扣的暴君。其荒淫无耻、穷奢极欲，罄南山之竹，书罪无穷；决东海之水，流恶难尽。短短九年时间，隋文帝经营数年的巨大财富，就被杨广挥霍殆尽。

仁寿四年（604年）十一月，杨广觉得在长安犯下的血债太大，夜里时有噩梦缠绕，决定迁都洛阳。宰相杨素和大将军宇文恺受命营建东都。一声令下，征集全国民工达二百万人之众。其中十万人挖掘卫护洛阳的弧形长壕，长壕既深且宽，西起山西的龙门，东经长平、汲郡直达临清关，向南至浚仪，经襄城，最后止于上洛。新规划的洛阳新城城周五十余里，洛河贯穿城中，城西北部建有皇城和宫城。城中宫殿林立，极其华丽。主体建筑显庆宫，南接皇涧，北临洛水，绵延十余里。与其相邻的皇家西苑，周围二百余里。苑内挖掘上万亩的人工湖，名曰积翠池。湖内再筑高出水面十余丈的三座山岛，台观殿阁，罗列山上，名曰蓬莱、方丈、瀛洲。杨广迁都心切，工程严急，因劳役过度，民工跌倒而亡的人不

计其数，有司运尸日夜不断。

杨广是历史上有名的旅游天子，在位十四年，几乎年年都出去巡游。他即位没几天就想去江南游玩，又嫌路途遥远，坐车颠簸，于是诏令江南大量造船，同时发河南诸郡男女百余万人开凿运河。运河分四段：通济渠、邗沟、永济渠和江南渠，全长数里，水宽十几丈不等，两岸开筑御道，种植柳树，设置百余座离宫、驿宫。

大业元年（605年），杨广带着后妃、近臣、侍卫、军人等约二十万人，分乘上万只船，首次巡幸江南。杨广坐的龙舟高四十五尺，长二百尺，共四层，设正殿内殿、东西朝堂，有房二百余间，皆雕刻绮丽，金玉为饰。龙舟由一千零八十个纤夫用青丝大绦绳牵引而行，纤夫皆着锦彩衣袍。妃嫔乘坐的彩舟多达一百四十艘，名为翔螭舟、浮景舟、漾彩舟、朱鸟舫、苍螭舫，等等。加上载有其他随行人员和供奉之物的船只，舳舻相接，绵延二百余里，共用纤夫八万余名。陆上有骑兵十万沿两岸护送。所过州县，五百里内供奉最好的海陆珍馐。百姓忍饥挨饿，疲于奔命，宫人却饫甘餍肥，吃不完就倒于水中。尤其令人发指的是，杨广发觉通济渠有些地方深度不够，影响行船，一怒之下，竟下令一次坑杀五万民夫。

杨广好大喜功，为了炫耀武力，疯狂地发动了三次进攻高丽的战争。大业五年（609年），大军未发，已搞得天怒人怨。先在涿郡修了临朔宫，作为其亲自指挥战争的行辕。限令幽州总管元弘嗣，在东莱（今山东掖县）督造大船三百艘。官吏催逼，工匠昼夜劳作，腰以下皆腐烂生蛆，死的人有十分之三四。为了运送战争物资，数十万民工往返不绝，昼夜不息。民工二人推一辆车，载米三石。由于路途遥远险阻，等到目的地，米已吃完。车夫无法交差，只好逃亡。加上官兵追杀，饥寒交迫，弄得死者相枕，臭秽盈路，天下骚动。第一次进攻高丽出兵一百万，浩浩荡荡，连绵千余里。由于杨广过分注重排场，瞎指挥，不给前线统帅临机处置的指挥权，高丽军实行战略退却，诱敌深入，致使隋军全线溃败，逃回残兵仅三千人，无数物资器械散失殆尽。

杨广又是个杀人魔王，他认为杀得越多，政权越稳固，他说："天下人多了，就会相聚为盗。"他害死了生身父亲、胞兄杨勇、侄子杨俨和数名开国功臣。全国有四百多万人直接或间接死在他的屠刀下，约占当时总人口的十分之一。杨广穷奢极欲，穷兵黩武，极大地破坏了社会生产力，百姓家破人亡，流离失所，许多地方赤地千里，出现了人食人的可怕局面。

哪里有压迫，哪里就有反抗。与其等死，还不如揭竿而起，或许能拼得一条生路。"知世郎"王薄在长白山（今山东邹平南）登高一呼，受苦受难的百姓纷纷响应。大业九年（613年），隋朝贵族杨玄感乘机起兵，声称"为天下解倒悬之急，救黎元之命"。一时间，从山东到京畿，从东南到岭南，群雄蜂起，汇成了瓦岗军、江淮义军和河北义军这三股巨大的力量。隋炀帝政权如一艘破败的船只，行在风雨飘摇的大海之上。

天下已经大乱，杨广却浑然不觉。后苑金磬亭里，酒足饭饱的杨广哈着酒气，对左右侍臣说："月轮初满，长空万里清光，朕来个夜游西苑，以不辜负人生的大好时光。"

随侍的左翊卫大将军宇文述等人一听，立即叫好，当即调来肩舆，扶杨广上去，其他侍从宫女各骑骏马，簇拥着杨广，向后苑深处走去。后苑是隋炀帝耗费大量的民脂民膏建造的宫苑。苑内珍禽异兽、嘉木名花，数不胜数。月光下，放眼望去，树影婆娑，四围空阔。远处积翠，池光浮影，轩槛隐映，红叶桥边停着画舫。

"奏乐——"躺在肩舆上的杨广手一挥命令道。

别看杨广是个杀人不眨眼的刽子手，却对音乐有一定的偏好。侍从乐官闻听，心领神会，从腰间摘下号角，鼓起腮帮，望空一吹，一个长音，一个短音，这是信号，顿时，骑在马上的数千名宫女，从袋中掏出各式各样的乐器，在马上一齐奏之。月光下，旷野里，琴瑟合乐，清亮悠远，别有一番神仙滋味。再一看隋炀帝杨广，早已歪坐在肩舆上，胖脸泛着油光，打起了呼噜，人已经睡着了。宇文述笑着对旁边的纳言苏威说："醺醉之人，合奏清乐，送入梦乡。郎君真是古今第一神仙天子啊。"

当年杨素自恃功高，百官大臣从不放在眼里，背后称隋炀帝为"郎君"。杨素死后，宇文述渐渐觉得了不起，处处效法之。这惹得苏威心中不快，他白了宇文述一眼，端了袖子走上前说："如今朝纲不振，吏治败坏，天下盗贼蜂起。先帝打下的大好江山已变得支离破碎，正直之士莫不叹惜。公为国家重臣，手握兵权，理应直言劝帝抑制奢靡逸乐，励精图治，重整山河……"

"够了，够了！"没等苏威说完，宇文述就不耐烦起来，手点着苏威，反教训起对方来："龙生九种，各各不一。这江山治理得好坏，岂是我辈说了算？奉劝你苏威一句，好好当你的老官，拿你的俸禄，少说闲话！"

苏威身为两朝老臣，听了这话，气得吹胡子瞪眼，刚想再反驳，宇文述上来把他推到了一边。这时，肩舆上的隋炀帝打个哈欠，眯着眼问："什么盗贼，什么屁话，你俩说什么呢？"

憋了一肚子气的苏威再也顾不得许多，抢上前一步，"扑通"一下跪倒在隋炀帝跟前说："他日贼据长白山，今近在汜水，四方盗贼蜂起，且突厥陈兵数十万，于塞北蠢蠢欲动，祈请陛下立即还宫，召开御前会议，商讨军国大事！"

隋炀帝耽于享乐，最不愿听"盗贼"之事，宇文述和内史侍郎虞世基等人投其所好，把郡县来的告急求救的公文压下来不报。隋炀帝觉得天下还太平着呢。听了苏威一番劝谏，隋炀帝却不以为然，睁大眼睛伸着头左右找了找，问左右："盗贼？哪有盗贼？"

话音刚落，忽见不远处都馨亭火光升起，浓烟滚滚，紧接着人声喧嚷，铁器碰得叮当叮当响。马匹不安起来，仰鬃喷鼻，骑在马上演奏的众美女停止动作，发出一片惊呼声，不知谁喊了一句："不好，盗贼来了！"

一听这话，隋炀帝当即得了惊悸症，一下从肩舆上蹿了下来，两手哆嗦着，声音也变腔了："快，快护驾！"

不远处满长着没腰深的蒿草，隋炀帝不管三七二十一，一头扎了进去。这时，夜风刮起来，周围的树木刷刷拉拉地响，响声特别大。草丛中的隋炀帝三魂已丢了二魂，但觉头皮发麻，裤子已湿。宇文述到底是见过场面的武将，他惊慌了一下，很快就镇定下来，不相信戒备森严的后苑会有盗贼。很快，有人来报告说："都馨亭是不小心失火，根本没有什么盗贼。"

宇文述拨开蒿草，向隋炀帝讲明原因，隋炀帝这才哆哆嗦嗦地让人搀了出来。此时他玩兴也没有了，悻悻地回到大业殿。萧皇后见隋炀帝脸上有几道血印，心疼地直往上吹气，关切地问怎么啦，炀帝恨恨地说："都是苏威那老东西拿贼来吓唬我，害得我看见火起，就走匿草间，我真想抽他几个耳光！"

萧皇后听明白前因后果，叹了一口气，伺候隋炀帝躺下，然后坐在他身边，幽幽地劝道："苏威所言非虚，只有天下安宁，皇上才能高枕无忧啊，请皇上明日升殿，商议一下讨贼问题。"

萧皇后是个柔顺的女子，轻易不谈政事，从不说出让隋炀帝不高兴的话，如今说出这番话来，隋炀帝不得不掂量掂量。他往被窝里缩了缩，摸了摸脸上的伤痕，当即传旨明日召开重臣御前会议。好些日子不上朝了，到了听政殿，隋炀帝都有些陌生了，他坐在龙椅上，欠了几次屁股才觉得舒服些，而后问："天下盗贼情况如何？"

大将军宇文述上前答道："越来越少了。"

"少到什么程度？"

"仅剩原来的十分之一。"

隋炀帝满意地点了点头，又问："突厥那边的情况如何？"

苏威怕宇文述再不说实话，忙抢先答道："据可靠情报，突厥始毕可汗在雁门关外屯兵数万，时刻准备谋袭雁门郡，请陛下对突厥采取分化政策，册封始毕可汗的弟弟叱吉设为南面可汗，以减轻来自突厥方面的压力。"

御史大夫裴蕴主管军事情报工作，但这人也是报喜不报忧的主，见苏威抢他分内的话说，不高兴了，摇头晃脑地走上来，对隋炀帝说："苏威也太夸大其词了，突厥的事他能有我明白？事实是始毕可汗对陛下非常尊敬，有个三万两万人的军队逗留在雁门关外，也是正常现象。"

隋炀帝听了这话，脸上露出笑意，苏威刚想发言，让他用手止住了，他歪着

14

头想了一会儿，说："突厥乃塞外蛮夷之辈，反复无常，不可不防。这样吧，朕好几年没到塞北了，不如现在去巡视一下，一来看看塞外风光，二来镇镇始毕可汗，小突厥见我大隋天子，肯定乖乖臣服，至少五十年不敢觊觎中原。"

没等苏威反对，其他重臣都一齐叫好，然后挤开苏威，七嘴八舌地讨论起来。有的说，突厥见了皇帝天威，不战自降，十里外就得跪地叩头，有的说皇帝出巡要搞得声势浩大一些，以显我大隋的富强。宇文述则开动脑筋，想怎么样讨皇帝的喜欢，炀帝见他歪着头不吱声一副思考状，笑问道："宇文爱卿有什么好点子？"

宇文述磕了一个响头说："臣真的想了几个好点子，可以壮大我大隋皇帝的赫赫声威。"

"说来朕听听。"

"第一，"宇文述掰着手指头说，"造一个观风行殿，结构同于宫殿，分三间，可容纳皇帝和妃嫔百余人，房间可开可合，殿脚设轮轴，平地时以人力推行，路不好时，选禁中卫士肩扛而行。第二，造一顶巨形大帐，到草原时支立起来，帐下能坐数千人，远远望去，像小山包一样，镇镇始毕可汗那些没见过世面的东西。"

没等宇文述讲完，隋炀帝就连连叫好，指着宇文述叫唤："马上造、马上造，你现在啥事也别干，三天之内把这些东西给朕造出来。"

"没问题。"宇文述晃了晃膀子，这人巴结皇上有一套，他所说的观风行殿等物，其实私下里他早就叫人造开了。为了保证路途畅通，隋炀帝下令征调河北壮丁十余万，凿开太行山，逢山开路，遇水架桥，开辟通往并州的大道。大业十一年（615年）八月，一切准备就绪，炀帝率领二十万大军，浩浩荡荡地前往塞北。

巡幸大军结成方阵，炀帝和后妃躲在方阵中间观风行殿里，隋炀帝左搂右抱，和百十名美女一起恣意淫乐，车轮滚滚，某个美女捂着耳朵，嫌轴声难听，炀帝当即下令，行殿改推行为肩扛。当即，观风行殿四周围上了上千名虎背熊腰的禁军卫士，一声喝号，观风行殿上肩，小伙子们遵命奋力奔跑。但见庞大的观风行殿有如神助，风行一般向前移动。观风行殿左右颠簸，隋炀帝杨广坐在里面乐不可支。

巡幸大军到了雁门郡，不住城里，反住城外，目的就是为了大摆场面，炫耀隋朝大国的"富强"。但见辽阔的大草原上，仿佛天外来客，耸立着一座描金画红的白色行城大帐，大帐宽约二里，好几千人进进出出。那庞大的稀奇古怪的观风行殿，在千余名兵丁的簇拥下，上坡下坡，过沟越渠，如履平地，往来穿行。老百姓看了，果然非常奇怪，以为神明，十里外就跪伏叩头，行路也不敢骑马。

摆谱装门面收到了预期的效果，隋炀帝大为高兴，立即遣使者前往突厥，召始毕可汗前来见驾。使者一行四人，背着圣旨，快马加鞭出了雁门关。走了几十里路，但见前方人喊马嘶，一个山坡旁，无数的突厥兵吵吵嚷嚷，正在安营扎寨。使者正在惊异间，早冲过来一队巡逻兵，不由分说，把使者拎过来，横放在

马背上，押往大营。大帐里，突厥始毕可汗听使者抖抖地说明来意，哈哈大笑，抚慰道："咱正准备去朝拜皇帝，可巧你们来了。可回去告诉你们皇帝，明日午时，于雁门关内相会。"

使者一听，正中下怀，有惊无险，还胜利完成了任务。遂到偏帐饱餐了一顿，拿着始毕可汗赠送的礼物，欢欢喜喜地回去了。第二天上午，隋炀帝的行营处，锣鼓齐鸣，彩旗飘展，洋溢着欢乐和喜庆的气氛。隋炀帝杨广坐在大帐里，喝着人参元宝茶，和几位近臣谈笑风生。左卫大将军宇文述恭维道："陛下英明神武，始毕可汗畏我天威，从此以后再也不敢犯我边疆了。"

隋炀帝笑着点点头，放下茶碗问："快巳时了，怎么还不见突厥人的影子。"

"陛下别着急，说好的午时会面。"宇文述安慰道。纳言苏威则在旁边低着头，一副忧心忡忡的样子，隋炀帝不高兴地问："苏爱卿你又怎么啦？"

"陛下，"苏威趋前一步，担心地说，"据使者说，始毕可汗此次见驾，带的兵马很多，军帐绵延数里，臣担心突厥有诈，臣请皇上在雁门城内接见始毕可汗。"

话音未落，就听隋炀帝靠在御座上哧哧直笑。看来隋炀帝今天心情不错，没有像往常一样，因逆耳之言而大发雷霆。隋炀帝指点着苏威说："你呀你，书生习气，小肚鸡肠。你根本就不懂得如何处理国家大事，枉为纳言。"

苏威被抢白一顿，默默无语，退到一边。这时，有官佐前来报告说："突厥前哨人马已抵雁门关下，请旨放行。"

"开关迎接！"隋炀帝手一挥，镇定自若地说。皇帝一声令下，行帐外鼓乐大作。隋炀帝整整衣冠，做好接见的准备。为了教育下一代，隋炀帝最钟爱的小儿子赵王杲也特地被安排在御座旁，目睹这泱泱大国和番邦的会盟盛事。

"陛下——"一个殿外值日踉踉跄跄地跑进来，一脸惊慌之色。

宇文述挺身截住他，厉声喝道："大典之日，张皇失措，成何体统？"

"陛下，大将军。"值日官扑倒在地，喘着粗气说，"义成公主派使者来说有非常事变，说突厥——"

"哪个义成公主？"隋炀帝坐在龙椅上懒洋洋地问。

"乃下嫁突厥和亲的义成公主。"旁边的苏威答道。之后，他又急问值日官："所为何事？"

"公主的使者说，始毕可汗会盟是假，袭击銮驾是真，请皇上立即下旨封锁雁门关，不放突厥一兵一骑进关。"

"啊？"隋炀帝一听这话吓呆了，急得连话也说不成句了，两手乱抓，求救的目光看着周围的大臣。大臣们也被这突如其来的险况弄得不知所措，唯有苏威还算清醒，他上去搀住隋炀帝，向堂下叫道："突厥兵已经进关，宇文将军立即组织人马抵御，其余百官人等，速护皇上撤进雁门郡。"

众人跌跌撞撞，扶着隋炀帝来到殿外，这时，正北方隐隐约约传来喊杀声，情况紧急，观风行殿是坐不成了。隋炀帝钻进一辆轻便马车里。百官骑马的骑马，坐车的坐车，簇拥着隋炀帝一窝蜂而去。突厥数十万骑兵有备而来，来势凶猛，从三个方面向隋军发起猛攻。雁门郡共有四十一座城池，仓促之间被突厥攻占了三十九座，只剩下崞县和雁门二城，犹如汪洋中的两座小岛。

隋炀帝驰入雁门，惊魂未定，城池已被随后赶来的突厥兵团团围住。城外喊杀之声不绝，飞箭掠过城墙，直射到御座前，隋炀帝抱着赵王杲，直哭得两眼红肿："朕的命怎么这么不济呀，好好的会盟怎么又变成动刀动枪呢？"

左卫大将军宇文述急得直搓手，上来劝道："皇上，城中百姓加士卒共有十五万口，粮食只够吃二十几天，军民上下，人心惶惶，城破在旦夕之间，与其坐以待毙，不如率精兵突围。"

宇文述乃马上将军，他自有他的考虑，其他的文官可不愿意了，民部侍郎樊子盖、内史侍郎萧均表示反对，苏威也觉不妥，奏道："陛下乃万乘之尊，岂可轻动，不如固守雁门，下诏书停征辽东，重赏将士，征召四方勤王之兵。"

"雁门城被围成铁桶似的，募兵勤王诏书如何送出？"宇文述两手一拍，摊着手掌说。

苏威胸有成竹，说出一个好点子："汾河流水湍急，可将诏书书写数份，系在大木头上，顺汾河流出，命令各地守令，募兵前来救驾。"

"好！好！快办！快办！"隋炀帝急不可待地说。

"皇上，您也不能老坐在这儿哭，且请移驾殿外，巡视城防，勉慰将士。"

"听你的，听你的。"隋炀帝觉得苏威还真算一个中用的人，忙推开赵王杲，在左右护卫下，巡视城防，勉慰将士们："努力击贼，若能保全，勿忧富贵！"又下旨："守城有功，无官的按六品行赏，有官的依次迁升。"

武功城外，太白山麓，远浦遥村，秋色正浓。一个头戴英雄巾，身穿白绸箭袖袍的青年公子，领着几个家将纵马向山林中奔驰。跑了一会，四下里观望，只见群山耸向天空，现出山岩和陡坡。那青年公子勒住马道："春华秋实，那些豺、狼、鹿、兔这时正肥着呢，咱下马狩猎。"

一行人找大树拴住了马匹，各擎刀弓，沿着丛林中的山道向前摸去。正走间，突然，前面树后"哗"一声跃出一头黑墩墩的大黑熊，拦住去路，黑熊呼呼直喘，小眼睛闪着恼怒，欲扑向来人。那青年公子拦住家将，挺身向前，飞鱼袋中取弓，走兽壶内拔箭，箭搭弓上，狠命一拽，急切之间，只听"嘣"的一声，铁背弓让他生生拉断了。见对方先动了手，黑熊大怒，紧跑几步直立人形，扇面大的熊掌"呼"一声拍过去。那青年公子蹲身闪过，一个弓字马步，运掌向黑熊的腰部打去，一掌还一掌，黑熊措手不及，骨碌碌滚下草坡，落荒而去。

几个人定了定神，望望地上的破弓，吁出一口气。这时，身后又传来马的"咴咴"叫声。只见一个浑身短打扮的人，正急急慌慌解马的缰绳，好一个偷马贼，火上浇油！青年公子一挥手，几个人以树木为掩护，悄悄地包抄过去。偷马贼被当场抓住。此人一双蛇眼，二目有神，青须须的脸，身穿紫布箭袖袍。青年公子打量了他一番，说："看你面目不俗，怎么干起偷马的下三流勾当？"

偷马贼挑眉竖眼，毫不在乎，反问道："你是谁？凭什么教训老子？"

青年公子微微一笑："我，姓李名世民，你呢？"

"我刘弘基，曾当过右勋侍，因逃避高句丽兵役，四处躲避，穷得只好偷马换衣食。"

李世民见对方说话爽快，爱才之心油然而生，笑道："大丈夫当建功报国，如何贪生怕死，逃避兵役？"

那刘弘基笑道："公子不也一样钻进深山和黑熊斗气吗？"

一个篱笆三个桩，一个好汉三个帮。一心想干大事业的李世民，早就有心结交天下英雄。他眼前一亮，上前抓住刘弘基的手："愿意交我这个朋友吗？"

"公子不嫌我是个下三流的偷马贼？"

英雄惜英雄，四只大手紧紧握在一起，四目相视，两人哈哈大笑。中午，李世民陪刘弘基在酒馆喝了一顿酒，又为他安排了住处。等回到家时，已日落西山了。新婚不久的妻子正在家里焦急地等待着。听说丈夫遭遇了黑熊，拉断了铁背弓，她十分后怕，上上下下察看了李世民好几遍，李世民哈着酒气，大大咧咧地说："没事，我李世民福大命大造化大，这不，出去一趟，又交结了一个江湖上的好朋友。"

长孙氏，河南洛阳人，其父是隋朝右骁卫将军长孙晟。长孙晟身怀绝技，射法绝伦，是历隋文帝和隋炀帝二朝的名将，可惜过早病逝。长孙氏的舅父，时为治礼郎的高士廉，把孀居的妹妹及外甥女接回家中。高氏是渤海著名的衣冠右姓，士廉素有才望。在他的教育下，长孙氏从小好读诗书，言行必循礼教，其兄长孙无忌聪明好学，颇通文史。一个偶然的机会，高士廉见到了李世民，认为他才智过人，绝非寻常之辈，于是托人说合，将甥女长孙氏许配给李世民。这场婚姻，从客观上说，也把渤海士族高氏、长孙军事贵族以及李氏关陇贵族，紧密地连接在一起。

李世民夫妻自成婚后，互敬互爱。李世民高大魁梧，不爱习文，只好练武，特别擅长骑马和射箭。他志向高远，胆识过人，不拘小节，这让长孙氏又是欢喜又是忧，她高兴的是自己终身有了依靠，担心的是乱世之中，丈夫的侠义脾气，或许不期然地惹来祸端。她侍候丈夫喝了一杯茶，从里屋拿出一封信递给丈夫说："爹爹从山西派快马送来一封信，说是急件，一上午都找不着你。"

李世民忙放下手中杯子，展开信急匆匆看起来，看着看着，他一撸桌子说：

"昏君活该！这杨家江山是兔子尾巴长不了了。"

长孙氏一听，吓得急忙掩上门，问丈夫是怎么一回事。李世民说："皇帝被围困在雁门，父亲命我从军勤王。"

"那你去不去？"

"去！怎么不去？乱世出英雄。乱世像怒涛汹涌的大海，只有投身入海，去遨游，去搏击，才能寻找机会，把握机会，实现自己的抱负。"

长孙氏默默无言，转身进屋，从箱底把所藏的父亲长孙晟的弓拿出来，交给丈夫说："这是赤虎销金铜胎弓，我父亲射法神奇，凭着它威震边关十多年。你拿着它，好自为之，它一定能给你带来好运。"

李世民接过赤虎弓，这真是一张好弓，虎头镏金，铜胎黑背，闪着青光。他搭手拉了拉，拉了几拉才完全拉开，比以前用的那些弓好多了，他兴奋地对妻子说："这张奇弓，必助我扫平天下！"

看着丈夫的高兴劲，贤淑明达的长孙氏又适时地劝道："要成就一番事业，光结交江湖侠客还不行，还要有精通文史的文士相助。家兄长孙无忌在这方面可助你一臂之力。"

"好！"李世民攥紧拳头，"这次北上勤王，我们几个一起去。"

九月的大漠空旷、干燥，渐渐失去了蓬勃的生机。在岐州通往雁北白漫漫的官道上，大小辎重车吱吱呀呀地前进着，临时征调的勤王兵，高矮胖瘦，参差不一，都拖着沉重的步子，缓慢地走着。前面快接近雁门战区了，面对强大的突厥骑兵，每个人心里都沉甸甸的。这支杂牌军的主帅、屯卫将军云定兴正立马站在一个土坡上，望着远处的狼烟，愁眉不展。勤王救驾是好事，但两军交战，失败了就有性命之忧，不是被皇帝砍头，就是死于敌军刀箭之下。

云将军叹了一口气，问身边探兵校尉："距离突厥大营还有多远？"

"回将军，最多还有一天的路程，我前哨已遭遇突厥的小股骑兵。"

云定兴沉思了一下，命令道："大军暂缓前进，召各军统领过来议事。"

小山坡上，前军后军等诸军校围坐在一起，就下一步行动展开热烈的讨论，有的说安营扎寨，等其他援军来了再说，有的主张派小股部队骚扰敌军，戳戳马蜂窝再说，大伙儿莫衷一是，始终想不出一个好办法。正在这时，一阵马挂銮铃响，一位银盔银甲的少年将领，骑着一匹银青追风马，直冲上山坡，把众统领吓了一跳，警卫们横枪拦住了他。少年将军跳下战马，大叫道："云将军，小将李世民有妙计禀告。"

云定兴知道世民是山西、河东抚慰大使唐国公李渊的儿子，忙叫人放他过来，问："世侄有何妙计，快说！"

李世民向各位统领施了个礼，对云定兴说："始毕敢举兵围天子，必谓我仓促不能赴援也，宜昼则旌旗数十里不绝，夜则钲鼓相应，虏必谓救兵大至，望风遁去。不然，彼众我寡，若悉军来战，必不能支。"

云定兴一听，一拍巴掌叫道："真是英雄出少年，多建旗鼓为疑兵，此计甚妙，马上照办！"

云定兴的杂牌军素质不高打仗不行，虚张声势却很在行。全军分为三十营，每营五百人，杀气腾腾地布满数十里的扇形战线上。白日旗幡招展，杀声震天，夜间则流星探马，钲鼓相应，火光连片，遮满了半边天。

且说突厥军马，本是善于突袭的主儿，行军打仗，没有多少章法，今见南面数十里内，旌旗不绝，鸣钲振鼓，前后呼应，以为隋军救兵大至，心下惶恐。又加上义成公主遣使诈告始毕可汗："北边有急。"当时铁勒诸部，时常于碛北骚扰突厥城池。始毕见后方告急，隋军赴援大军声势浩大，暗叫不好，于是一声令下，突厥兵全线回撤，解了雁门之围。

这当儿，李渊也率勤王大军赶到了雁门，护送隋炀帝和群臣回到太原。经过这场雁门之围，隋炀帝几乎惊破了胆，又加上洛阳和长安附近出现了数股农民起义军，隋炀帝再也不敢在北方待了。他对苏威说："这北方流年不利，兵灾连绵，朕还是移驾江都去吧，那儿是江南水乡，人物温顺，朕待着安心。太原为北方军事重镇，北拒突厥，南护洛阳长安二京，你推荐一个能人，镇守太原。"

苏威沉思了一下，说："山西、河东抚慰大使李渊沉稳有谋，先前曾在龙门大败贼人毋端儿，杀死数千人，后又领兵打败绛州柴保昌，俘敌数万。李渊任太原留守，最为合适不过。"

苏威话音刚落，民部侍郎樊子盖凑近隋炀帝神秘地说："民间流传童谣说：'桃李子，鸿鹄绕阳山，宛转花林里。莫浪语，谁道许。'天下都传闻姓李的以后要代隋当皇帝，陛下怎可任李渊为太原留守？"

隋炀帝一听，踌躇起来。苏威说："民间方士谣传怎可轻信，先前陛下听信方士安迦陀之言，杀死右骁卫大将军李浑及其宗族三十二人。这事应该有个结尾了。如今盗贼蜂起，朝廷正是用人之际，太原非李渊不能镇守。"

隋炀帝经雁门之围，脾气收敛多了，他抓了抓头皮，说道："李渊的姨母是独孤皇后，算起来他与朕也是姨表亲，我大隋对他李家向来不薄，想来他也不会没有贼心反叛。这样吧，朕安排亲信虎贲郎将王威、虎牙郎将高君雅为副留守，牵制李渊，没有他俩同意，李渊也调动不了多少军队。"

大业十二年（616年），农民起义进入了高潮，各地起义军在尖锐的斗争中，逐渐由分散走向了联合。其中以李密为首的瓦岗军最为强大。这年秋天，瓦岗军在河南荥阳与荥阳通守张须陀率领的隋军决战。瓦岗军诱敌深入，大败隋军，主将张须陀被杀。瓦岗军由此发展到几十万，占据中原，直接威胁东都洛阳。

同年，窦建德领精兵七千人，反戈一击，杀死隋涿郡通守郭绚，又收集溃败的起义军张金标、高士达的余部，力量更加壮大，人数发展到十几万人，成为河北地区起义军的主力。

在江淮地区，杜伏威领导的几万江淮义军，活跃在江河湖泊间，直接威胁着隋炀帝所在的江都。三大农民起义集团军，已经把隋军的主力分割。东都洛阳和西京长安已成为两座孤岛，隋炀帝又龟缩江都。隋朝江山摇摇欲坠。而此时的太原，兵源充足，粮堆如山，其战略地位举足轻重，已成为北方名副其实的军事重镇。早有起兵反隋、取而代之之心的李渊，决心把太原经营为争霸天下、逐鹿中原的根据地。

二儿子李世民虽然只有十七岁，但他精通武艺，兼通兵法，胆识过人。在解雁门之围的战役中，他善于分析敌我双方的力量对比，提出疑兵之计，显露出勇敢机智的军事才能。李渊大为高兴，特地把他带到太原，留在身边协助自己。而把大儿子李建成和四子李元吉留在河东城，托付河东县曹任瑰照顾。

然而，太平也并不是那么好经营的，雁门解围之后，始毕可汗并不善罢甘休，经常派精锐骑兵骚扰边关。远在江都的隋炀帝，更是恨突厥恨得直咬牙，诏命李渊率太原兵马与马邑郡守王仁恭，回击突厥。当时突厥兵势强大，有骑兵数十万，而李渊和王仁恭两军兵马加在一起也不过五千人。王仁恭不敢单独行动，率东部兵马两千多人，前往太原，欲与李渊合兵一处。

十月的塞北，风呼啸着，朔县至太原的官道上，不时扬起阵阵黄沙。在突厥骑兵时常出没的地方，王仁恭格外小心，派侦察兵先行搜索前进。当走到一个叫千层岭的山坡下时，黑压压的突厥兵突然从山顶上冒出来。侦察兵还没来得及发出警告，突厥骑兵就旋风一般，嗷嗷叫着冲了下来。王仁恭大吃一惊，跑是跑不掉了，拼死力战吧！王仁恭命令部队排开阵势，弓箭手压住阵脚，骑兵在后伺机出击。但突厥兵比想象的还要厉害，根本不在乎飞蝗般的箭矢，只是一个劲地往下冲，几下就把隋军的阵脚冲乱了。两军混战起来，如切瓜砍菜。战马的咴咴叫声、人的怒吼声、刀枪的撞击声，响成一片，分不清彼此。突厥兵势大，渐渐占了上风，形成了对隋军的合围之势。王仁恭心下害怕，想夺路逃跑，怎奈冲了几次，都被敌军杀了回来。正在这危急关头，东边山脚斜刺里冲过来几十名精骑。这小队人马并不杀入大阵，而是在几十步开外勒住战马，拈弓搭箭，瞄准突厥兵，嗖嗖射出，立时就有几十个突厥兵应弦栽下马来。其中一位白盔白甲的少年将军，连射三十多箭，箭箭命中。突厥兵哪见过这种玩法，发几声长啸，一窝蜂沿原路退去。

脸上被砍了一刀的王仁恭，一见来人，眼泪就下来了，他跳下战马，单膝跪地，向为首的将军施礼道："谢留守大人的救兵之恩，若非大人来得及时，王仁恭只怕要死在此地了。"

说着王仁恭又转向那射箭的小将军："小将军箭法神奇，请问尊姓大名？"

留守李渊忙过去把王仁恭搀起来，指着那少年将军说："犬子世民，王大人不必多礼。突厥射猎驰骋，居无定所，很难对付。我这次带着几十名精骑前来侦察突厥兵动向，欲想出一个对付突厥的万全之策。"

回到太原城，李渊召开军事会议，商讨打击突厥的行动办法。会议一开始，王仁恭就唉声叹气，嘴里不住地咕哝着："羊入虎口，无异于送死，无异于送死。"

这时，隋炀帝的亲信，副留守高君雅狐假虎威，指着王仁恭厉声道："君命如山，战事未开，你就缩头缩脑，动摇军心，该当何罪？"

王仁恭一听，吓得摸摸脸上的刀伤，再也不吱声了。李渊白了高君雅一眼，对大家说："敌众我寡，这是事实，不过，突厥虽拥兵数十万，但也并不可怕。突厥的长处是善骑射，风驰电掣惯于突袭。但他们见利则前进，遇难便退走。其宿营无定所，队伍不成行，打仗也只是掠夺财物和人口。不知道构筑工事、警戒巡防，也没有专门的后勤粮草供应。基于突厥的这个特点，如果我军与其硬拼，势必吃大亏。我军不如随其所好，选善于骑射的将士，饮食居住同突厥一样，逐水草而居，以羊马为军粮，远设侦察兵，遇到大队的突厥兵，就布置疑兵，打骚扰战。若遇小股突厥兵，则毫不犹豫地发起进攻，就地歼灭之。"

李渊提出的作战方案，符合敌我双方的态势，切实可行，与会人员一致表示赞成，决定成立一支两千人的精锐骑兵团，专门与突厥兵周旋。但在讨论谁当骑兵团主将的问题时，大家又没了言语，王仁恭低着头不吱声，先前慷慨激昂训斥人的高君雅也借口喝茶，直往人背后躲。李渊看了看大家说："这作战计划说起来简单，行动起来却十分复杂，没有过硬的功夫是镇不住突厥人的，本留守决定亲自担当骑兵团主将。各位大人要忠于职守，确保太原的城防安全。"

"是！"太原留守府议事厅里，一片响亮的答应声。

时序正近残秋，但金色和黄色在起伏的草原上，却越远越美丽。兀鹰鼓着长长的翅膀在天上飞翔，时而安逸地盘旋，时而疾速地俯冲。小腿深的荒草里，不经意间就飞蹿出野狼、羚羊、火狐等野兽。自南向北，一队百余人的骑兵，在一位少年将军的率领下，纵马而来。一行人登上一个小山坡，四下里瞭望。这正是太原留守李渊派出来的侦察兵，领头的是二公子李世民，他年轻气盛，眺望辽阔的草原，胸中涌动着战斗的豪情。

"少将军，你看那边——"刘弘基指着远方叫道。

正西方，数股轻烟袅袅升起。一条清亮的小河边，散布着上百顶帐篷，数千名突厥兵闹闹嚷嚷，正埋锅造饭。一只只肥羊架在火堆上，翻来覆去地烤，几里之外，仿佛能听见烤羊滋滋冒油的声音。

李世民咬了咬嘴唇，回头命令部下："紧紧马肚带，拿出精神来，跟我往下冲——"

侦察兵们面面相觑，不知少将军葫芦里卖的什么药，刘弘基不相信地问："咱区区百十个人，敢冲突厥数千人的大营？"

李世民翻身上马，拿出赤虎销金铜胎弓，笑着说："冲营大可不必，且教突厥兵看看我李二郎的手段。"

李世民一马当先，率百余名侦骑，呈扇形，呐喊着从小山坡上直冲而下。草丛里的野兽们惊得四散奔逃。这时突厥营地也发现了这彪人马，主将千骑长急忙率领几百骑迎了上来。而李世民他们却旁若无人，跃飞驰骋，左右射猎。侦骑们都是百里挑一的好射手，遇见飞禽走兽，百发百中，前方草丛里惊出一匹狼，几十丈开外，但见李世民拉弓射箭，一发命中，狼哀叫一声，打两个滚，一命呜呼。蓝天下，一只苍鹰高傲地飞翔，李世民瞄了一眼，拉满铜胎弓，回身射去，苍鹰中箭，直愣愣地掉了下来，正掉在突厥兵中间，千骑长把死鹰捡起来，见大羽箭正中鹰的脖子，惊得直伸舌头。既叹服对方的箭法，又不知对方意欲何为，惊疑不定，不敢有所作为。

刘弘基也不甘示弱，施出拿手绝活，但见他从腰间解下飞爪，飞马驰过突厥兵跟前时，撒出飞爪，一下把千骑长的羽毛令旗给卷了过来。千骑长见自家发号施令的旗帜没有了，气得头上冒火，立在马上高叫："咴，来者何人，报名受死！"

李世民并不搭话，一箭射去，把千骑长毡帽上的绿色顶球给射了下来。顶球是军衔标志。千骑长吓得一缩头，急忙拾起顶球，让兵后退，吓得不敢交战。李世民领百余侦骑在突厥营前，往来驰骋，耀武扬威。折腾得差不多了，才打一声口哨，飞驰而去。被李世民他们一闹腾，突厥人疑心大起，以为对方在耍什么诡计。又因为李世民他们穿的是便装，突厥人以为是别的部落在捣鬼，心生害怕，做好的饭也没敢吃，便拔营而去。

李世民和百名侦骑出其不意的行为，大大地增强了将士们的斗志，戳穿了突厥难以战胜的传言。根据刘弘基飞爪套来的令旗，李渊断定这支突厥兵为始毕可汗进犯太原的先头部队。他觉得决战的条件已经成熟，应该主动出击，歼灭这支突厥军，解除突厥对太原的威胁。

北风卷地，百草枯折。位于马邑西北的草原上，风越来越粗野、寒冷。根据侦察兵的侦察，李渊指挥两千多名精锐骑兵，兵分两路悄悄地向突厥营地包抄过去。

乌云如锅盖一样把草原罩住，空气郁闷、紧张，好像预示着一场风暴的到来。这种天气，突厥一向认为不宜用兵打仗，因而放松了警惕。突厥兵有的在帐篷里睡觉，有的三三两两在草地上玩耍，全然不知即将来临的危险。李渊和李世民率领的两支人马，沿河谷低洼处向前挺进，等被突厥哨兵发现时，距突厥营地约有一里多路，突厥的战斗号角立即呜呜响起，苍凉悠远。兵士们衣衫不整，提着刀枪从帐篷里冲出来，急急慌慌去牵马厩边的战马。

趁敌军混乱，尚未整好队形，李渊立即下令全线出击。两千多余精锐骑兵，个个如离弦的箭矢，奋勇争先，长刀高举，呐喊着向敌军冲去。旌旗在奔驰中飘展，冲锋的号角激荡着人心，两军相接，彼此冲撞，人人都变成狂怒的火焰，眼睛冒着火，牙齿闪着光。白刀、铁盔、马头，团团翻滚。怒吼声、惨叫声在喧闹声中响起，回荡在茫茫的草原……

在兵力上，突厥兵似乎更胜一筹，但李渊和他的两千精骑有备而来，士气高涨，声势猛烈，直杀得突厥兵焦头烂额，只有招架之功，无还手之力。李世民更是一马当先，四处冲杀，连杀突厥兵十余人，突厥千骑长特勒见势不妙，打一声唿哨，拨马退走。李世民早已瞅准了他，一箭射去，正中特勒的臀部，疼得特勒一头从马上栽下，幸被亲兵救起，落荒而逃。

此役大败突厥兵，斩首千余级，缴获包括特勒所骑的骏马八百多匹。特勒逃回漠北，极力渲染太原留守李渊的威武。始毕可汗对李渊不禁刮目相看。本来突厥人以游牧为生，见利则前进，遇难则后退，打仗只是为了求财，而且战败也不觉惭愧。经此一役，不敢轻易南下侵扰了。

李渊率领得胜将士班师回太原。在这场战役中，二子李世民起了十分重要的作用，初步显露了领兵打仗的军事才能。李渊十分高兴。父子俩并辔而行。世民望着远处连绵起伏的吕梁山脉，踌躇满志地说："解除突厥对太原的威胁，从此在太原可以大有作为了。"

深谋远虑的李渊并没有马上说什么，放马走了半晌，他才说："魏刀儿在上谷自称'历山飞'，拥众十余万，北连突厥，南冠燕赵，气势直逼我太原府。此贼不破，无以立威，无以经邦济世也。"

"父帅打算下一步对付历山飞，只可惜我们所能调动的兵太少了。"

李渊看了精明强干的儿子一眼，意味深长地说："为父把你留在身边，还有一个重要目的，就是让你去交结侠士，网罗人才。一个人纵有三头六臂，若没有贤人辅佐，也是干不成大事业的。"

"孩儿明白！孩儿也早有这方面的准备。"

转过一座小山，前面出现了一个村庄，斜斜的夕阳照着参天的杨柳、白蜡树，更显出沧桑的意味。李渊马鞭一指，说："前面文水武家庄，去年我征讨毋端儿时，行军路过，结交了一位朋友，咱们过去看看他。"

李渊命令部队在小山脚下就地宿营，埋锅造饭。而后和李世民一起，带着十几名卫士，骑马向庄中走去。打着留守旗号的数千兵马宿营在庄西头，村中岂有不知道的。李渊他们走了没多远，就见一个身着黑面貂皮袄、圆脸富态的中年财主，领着两个家丁匆匆跑过来，离老远就叫："来者可是唐国公留守大人？"

李渊笑了笑，跳下战马，迎了上去。那财主欲跪地行礼，让李渊紧走两步给扶住了，笑呵呵地问："士彟老弟一向可好？这一年不见，又发大财了吧！"

"什么财不财的，千万别提它。"武士彟抓住李渊的手热情地摇几摇，又看了看旁边一身戎装的李世民，"这位是——"

"这是次子世民，此次随我征讨突厥。"李渊介绍道。

武士彟忙过去抓住李世民的手，上下打量一番，频频点头说："听说了，听说了。国公和少将军大破突厥，消息早就传开了。尤其是少将军，骁勇超众，所向披靡，在乡村草野间，几乎传成了神话。"

"咦？将士们呢，快叫他们进庄休息，保边关平安，都是有功之人啊。"

武士彟为人特别热情，嘴里不住地说着，李渊笑了笑，说："让他们在庄外宿营吧，尽量不给老百姓添麻烦为好。"

"国公治军严明，远近皆知。我也不破您的规矩。这样吧——"武士彟回头命令家丁，"快去安排人采购猪羊酒菜，越多越好，犒劳三军。"

"这次我带来的兵马太多，就不劳士彟弟了。"

"说什么客气话。"武士彟豪爽地一挥手说，"我的钱花在戍边英雄的身上，值！"

一行人进了庄子，来到武家宽大的宅院里。武士彟亲自动手，伺候李渊洗涮一番，而后排开盛宴，招待李渊父子俩。

席间，三人说古论今，相谈甚洽。不一会儿，三人就有了酒意。武士彟抓着李世民的手说："少将军可能还不了解我，我武士彟原本是卖豆腐出身。后来当今皇上大兴土木，建筑宫室楼船，我就做了木材商人，发点小财。我虽出身寒门，读书不多，但总想做一番事业。也算老天开眼，让我结识了国公。我也掂量过不少当世的英雄，在我看来，只有国公勇健多谋，志向远大，能成就惊天动地的……"

李渊摆摆手，止住了武士彟，武士彟也觉有些说漏了嘴，急忙打住。李世民端起杯子与武士彟碰了一下，说："既然你志不在求财，何不出去谋个一官半职？"

武士彟眼望着李渊，真诚地说："我一直在等着国公这句话。"

李渊心下明白，况且武士彟确实聪慧机敏，眼下自己也正是用人之际，于是说道："士彟弟若不嫌弃，可到我留守府任司铠参军。"

司铠参军主管兵器的保管修造工作，官虽不大，但武士彟已感激不尽，因为这实现了他多年从政的愿望，忙离座施礼道："士彟感国公知遇之恩，愿竭尽赤诚。"

李渊大破突厥，声名大振，令太原各界人士对他刮目相看，副留守王威、高君雅私下里却十分忌恨，依仗他俩是皇帝的亲信，处处想钳制李渊一把。在论功行赏的议事会上，大家纷纷推荐李世民任鹰扬府行军司马。王威、高君雅怕李渊父子势力由此扩大，阴沉着脸不表态。李渊心里明白，对大家说："世民虽立了一些军功，但年龄尚轻，还需要锻炼锻炼。这样吧，让他到晋阳县令刘文静那里做一名参军吧。"

李渊表面上不徇私情，降李世民使用，实际上他是有所考虑的。晋阳县令刘文静祖父刘懿是北周的石州刺史，父亲刘韶，隋时死于王事，赠上仪同三司，文静以父勋当上晋阳令。其人身材高大，风流倜傥，谋略过人，交结甚广，若通过李世民把他笼络在自己的旗下，无疑是增加了一份可贵的力量。

王威见李世民功高而位低，于是点头表示同意。但当李渊提议任命勇夺突厥千骑令旗的刘弘基为鹰扬府护卫郎将时，高君雅却大叫起来："刘弘基逃避兵役，本是国家罪人，不抓他下大狱就是好的了。如今却升他为护卫郎将，纯粹是胡闹！拿国家法典开玩笑，我高君雅作为主管人事的副留守，坚决不同意！"

没等李渊说话，列席会议的晋阳宫监裴寂厉声道："如今国家多难，盗贼蜂起，正是求才用人之际。弘基勇夺突厥令旗，勇略过人，为大破突厥起了关键作用。这样的人不用，谁还愿意为国出力？一旦边关有难，难道让你我这样的文弱书生前去抵挡？"

旁边的刘文静笑着说："高大人可不是文弱书生，乃是皇帝钦封的虎牙郎将，正牌的武将军。下次突厥来犯，可遣高大人前去征讨。"

高君雅是嘴皮子功夫，最怕安排他打仗，一听刘文静说出这等话，恨得直咬牙，嘴上却不吱声，默默同意了对刘弘基的任命。

晋阳县是太原的地方政府，县府与太原留守府一个城西，一个城东。不在王威、高君雅的眼皮底下，李世民更能有所作为。他虽为刘文静的部下，但两人很快成为了好朋友，经常博弈宴饮，好的跟一个人似的，到了无话不谈的地步。李世民也以晋阳县令府为据点，广泛结交朋友，只要有一技之长，不管是要把式卖艺的江湖客，还是到处化缘的穷和尚，他都热情结交，倾心相待。很快，在他的旗下，聚集了上百人的精英分子。李世民的妻兄、得力助手长孙无忌，饱读诗书，沉稳有谋，成为这帮人的幕后军师。

大业十二年（616年）四月，上谷"历山飞"魏刀儿窥探到太原这块风水宝地，派得力干将甄翟儿率两万人马进攻太原。隋朝将领潘长文在西河郡一带布兵抵挡，兵败被杀。军情似火，李渊迅速率领六千步骑，前去征讨。

甄翟儿兵势强大，不可硬拼，李渊决定采取对付突厥的办法，寻找战机，各个击破，以优势兵力歼灭敌军有生力量。

西河郡一带，地形复杂，山岭盆地，连绵不绝。李渊把人马分成两队，自领骑兵在前，王威率步兵在后，相隔十余里，沿山谷两边搜索前进，至永安县雀鼠谷时，但见四周山谷全是凹凸不平的大青石，又短又硬的荆棘杂树分布其间。李渊见视野一览无余，没有多大危险，下令人马就地休息。正在这时，只听山上一连串的梆子响，喊杀声暴风雨一般地刮了过来，甄翟儿的义军满山遍谷，铺天盖地而来，足有数万人马。敌众我寡，李渊不愧为久经沙场的将军，立即传令部队不要慌张。全部人马分成两阵，弱兵放在中间，高举军旗，擂鼓助威，以为疑兵。阵后设以辎重，弓箭手踞此射击。李渊亲率数百精锐骑兵，在阵前往来冲杀。

但甄翟儿也并非贩夫走卒，挥兵将李渊里三层外三层团团围住，首尾相继达十余里。马嘶鼓鸣，喊杀之声不绝。五十多岁的李渊毫不畏惧，刀砍枪挑，拉弓劲射，奋力争战。但甄翟儿的兵马毕竟太多，情势渐渐对李渊不利，阵地被敌军撕开了好几个口子。甄翟儿瞅准了李渊，指挥精骑全力围攻。李渊的护身软甲也被敌将砍开了一个口子，多年的卫士李铁以身护主，中箭落马，英勇战死。在敌将的围攻下，李渊的体力耗损了大半，处境十分危急。正在这时，从左边数丈高的山崖上奋身跳下一名黑大汉，一身樵夫打扮，手持一根镔铁棍，乱石荒草间，如履平地，三跳两跳，跃入大阵，镔铁棍上下翻飞，横扫一片，来到李渊的跟前，高叫："主公莫怕，九陇前来护您。"

这位叫九陇的大汉，镔铁棍分量不轻，人沾着哀叫，马沾着惊逃。他脚长灵活，快如流星，鞍前马后护卫着李渊，使敌将不敢欺身。李渊趁机摘下大弓，以当年射孔雀眼的神功，大羽箭左右劲射，箭无虚发，一连射倒四五个敌将。站在高岗上的甄翟儿见状，号旗一挥，调来一队弓箭手，和李渊对射，一箭哪能抵挡数箭？尽管九陇的镔铁棍挥舞如风，李渊的盔甲上也中了好几箭。正在这危险关头，只见正东方敌阵一片大乱，杀过来一彪人马。领头的少年将军正是李世民，但见他拉开硬弓，左右开射，其中一箭射掉了甄翟儿的令旗，使得敌军阵势大乱。

李渊见儿子世民来了，眼泪差点下来了。父子俩来不及说宽慰的话，立即合兵一处，奋力冲杀。这里，王威统领的步兵也赶到了，两军相接，又是一阵冲杀。王威虽为虎贲郎将，却从来没有真刀实枪地在战场上较量过。血淋淋的场面，许多性命顷刻之间就灰飞烟灭，直吓得王威腿肚子转筋，一支利箭射来，即吓得惊慌落马，幸由士兵搀扶才得以脱险。

李渊重新部署部队，由李世民和刘弘基率两队轻骑，左右冲杀，把敌军分割成几段。敌军由此失去指挥，仓皇四顾，乱作一团。李渊则率大队人马，以排山倒海之势发起猛攻，直杀得敌军七零八落。甄翟儿见大势已去，率轻骑翻山遁去。

此役俘敌数千人，辎重资财无数。在瞬息万变的战场形势下，敢打敢拼，抓住时机，决策准确，显示了李渊杰出的军事领导才能。

但这场战役也惊险万端。看见父亲背上带伤，李世民也后怕不已，埋怨父亲没有安排自己随军打仗。李渊望着李世民身后百余名高矮胖瘦、不穿军服的勇士，问道："这些都是何方勇士，若非你们及时驰援，情势危矣。"

李世民介绍道："这些都是孩儿在晋阳县结交的朋友，听说父亲领兵征讨甄翟儿，他们耐不住性子，都随我来了。"

"天下不太平，乱世出英雄，若不嫌弃，可全部编入鹰扬府卫队，量才擢用。"李渊说着，从身后拉出那个手持镔铁棍的黑大汉，对李世民说："这也是一位英雄好汉，武功十分了得，乱兵之中，幸亏他左右护卫我。"

那黑大汉冲世民一抱拳："在下钱九陇。先父是南陈时皇家隶人。南陈败落后，我即流落山中以打猎砍柴为生。今遇留守大人，愿效犬马之劳。"

李渊拍了拍钱九陇的肩膀："你以后就做我的贴身护卫吧。"

李渊大破甄翟儿，消息传到江都，隋炀帝十分高兴，下诏提升李渊为从三品的右骁卫将军。在军职上，李渊比王威、高君雅高了半级，从此在留守府里，李渊进一步摆脱王、高二人的制约，获得了更多的军权。于不显山不露水中，李渊也完成了经营太原的第二步计划，把人口众多、物产丰富、战略地位十分重要的太原，牢牢地控制在自己的手中，为以后的起兵反隋，争夺皇位奠定了坚实的基础。

进入大业十三年（617年），全国形势发生了重大的变化，农民起义军遍地开花，在各个战场上，都占据了绝对的优势，纷纷称王称霸。

正月，隋炀帝派大将陈棱镇压杜伏威领导的江淮起义军。鉴于起义军兵强马壮，两军对阵，陈棱不敢出战。杜伏威特地做一套妇人衣服，派人送给陈棱，并"尊称"他为"陈姥"。陈棱气愤不过，领兵出战，结果一败涂地，损兵折将，连丢高邮和历阳。杜伏威的先头部队直逼隋炀帝的巢穴——江都。同月，活动于河北、山东一带的窦建德，见自己人马多了，地盘也大了，便在河间乐寿设立治所，自称长乐王，建元丁丑。

二月，瓦岗起义军攻下隋朝的重要粮仓兴洛仓，开仓放粮同时发表讨隋檄文，列举隋炀帝"弑父杀兄，巡游不息，穷凶极欲，残害百姓"等十大罪状，指出隋朝必然灭亡的命运。义军的行动，深得百姓的拥护，瓦岗军趁机招兵买马，队伍发展到数十万人，占据了河南境内的大部分郡县。李渊暗地里积蓄力量的同时，也密切注意着时局的发展，加紧了和太原府郡等头面人物的交往，同时写信让长子李建成在河东潜结英杰，让女婿柴绍暗作准备。

银白的月光洒在地上，留守官邸的后园，草丛中虫声繁密如落雨。在这个寂静的小小自然界里，李渊的心里却澎湃不已，澎湃的是群雄四起，隋朝行将覆灭。一个真正的英雄，躯体虽和常人没有什么两样，胸中却装着万里江山。记得许多年前，在自己任岐州刺史的时候，有一个叫史世良的人登门造访，自称精于相术，见了面却二话不说从头到脚把自己观察一番，大惊道："公骨法非常，必为人主，愿自爱，勿鄙吾言。"自己听了这话，先是心花怒放，心里却久久不能平静，隋文帝是个贤明的君主，自己若果真有做天子的福气，也不忍心反叛大隋的江山。但史世良的话，却在他心里打下深深的烙印，他时常不由自主地期待那一天早日到来。

后来，隋炀帝篡位，奢侈腐朽，暴虐百姓，各地农民反抗此起彼伏，民间开始流传一些"杨氏将灭，李氏将兴"之类的童谣和谶语。隋炀帝因此对李氏有了戒心。上柱国、蒲国公李宽之子李密，以父荫任左亲侍，隋炀帝认为他眼睛长得特殊，便下令将其罢官，逐出皇宫。右骁卫大将军李浑就因为姓李，隋炀帝听信方士之言，将其满门抄斩。

大业九年，杨玄感起兵。隋炀帝又想起"李氏当为天子"的谶语。李渊家为关陇望族，自己又掌握十三郡的兵马。隋炀帝又对他猜忌，数次遣使察看。幸亏李渊已舍钱买通专使，又向隋炀帝进献鹰犬宝马。而自己或称病在家，或沉溺于酒色，以显示自己的平庸，迷惑隋炀帝，使自己躲过了一次又一次的杀身之祸。

如今天下大乱，群雄并起，隋炀帝龟缩在江都，对李渊已没有多少威胁，在这样的时局下，李渊认为自己应该瞅准时机，施展抱负的时候了……

脚步声从背后响起，一个家仆走过来低声说："老爷，司铠参军武士彟大人来访。"

武士彟是自己一手提拔上来的，作为自己的心腹，两人时常在家中密谈政事，但天色已晚，武士彟这种时候来访，一定有什么要事，李渊吩咐书房见客。

武士彟手提着一个小木盒，走路蹑手蹑脚，显得神神秘秘。李渊把他让进书房，宾主落座后，献上香茶。李渊命仆人退下，关切地问："武参军深夜来访，不知有何事？"

武士彟也不说话，把小木盒放在书案上，小心地打开，从中拿出一摞书册和一只虎头符瑞。双手捧起，郑重地递给李渊。李渊接过书册，翻了一下，见是兵书，大吃一惊——在当时，兵书和符瑞都是违禁之物。李渊严肃地问："这是何意？"

武士彟凑近李渊，诡秘地说："兵书是我研读兵法的心得，共三十卷，名为《古今典要》。虎头符瑞是我收藏多年的秦代古物，今献给唐公，以为举事之用。"

李渊手拿兵书和符瑞，犹如捧着烫手的烤白薯，故作惊慌地说："武参军不要乱讲，隔墙有耳，传将出去，你我性命难保！"

武士彟坐回椅子上，端起茶碗，啜了一口茶，说："今皇上无道，天下英雄蜂起，已占据隋朝的大部分江山。任谁都能看出，隋朝的末日快要到了。有识之士莫不审时度势，寻找明主。市巷流传《桃李章》曰：'桃李子，皇后绕扬州，宛转花园里。勿浪语，谁道许！'李氏当有天下，已早有谶语。明公若迟疑不决，岂不令我等部下寒心！"

李渊看着坐在桌对面的心腹密友，郑重地点点头说："谢谢你的雅意，将来若得天下，当同享富贵！"

接着，李渊把兵书和虎头符瑞拿到里屋藏好。而后和武士彟密谈起来。李渊让武士彟多和副留守王威、高君雅接触，密切注意这二人的动向。

武士彟点点头，又献上一计说："晋阳乡长刘世龙经常出入王威、高君雅家，深得王、高二人的信任。而刘世龙和晋阳宫监裴寂最为要好，唐公可以通过裴寂把刘世龙争取过来，让其探得情报。"

在太原的高级官员中，李渊和裴寂交往最早，友情甚笃。裴寂是蒲州桑泉人，少年丧父，随兄嫂过活。开皇时，当上右亲卫的小官，因家贫，常徒步到京师。大业中迁升晋阳宫监。晋阳宫中养着许多宫妃，隋炀帝长期不来，裴寂日常也无甚大事，经常到李渊家饮宴玩乐，宴后博弈通宵达旦。裴寂也常找刘文静叙谈。一日两人闲谈至深夜，便同榻而眠。刚刚睡下，就见远处的城楼上举示警的烽火。黑暗中裴寂叹息道："贫贱如此，又逢乱世，如何是好！"

睡在床那边的刘文静笑道："你是宫监，清闲自在，又不需要出征打仗，每日游乐宴饮，如何不好？"

"京都长安、洛阳都快要完蛋了，何况我这个小小的晋阳宫，真不知到时候如何是好啊！"

刘文静话里有话地说："裴兄但可放心，你我交好，不忧贫贱。天下大事可预知。"

裴寂也明白一些刘文静的意思，于是问："你和李二郎交往甚深，听说此人虽然年纪不大，却常怀青云之志，连轻易不夸奖人的唐公，提起二儿子，也常掩不住内心的喜悦。"

说起李世民，刘文静更是没有了睡意，索性披衣坐起来说："二郎胸怀大志，为人豁达大度，在我晋阳县上，不出几月，就结交百余名英雄豪杰。连一向看不起人的龙岭令高斌廉也向他靠拢。他聪睿机智，且武艺高强，颇类汉高祖和魏武帝。"

"你是说此人有帝王之相？"裴寂忙坐起来问。

刘文静并没有正面回答，而是说道："唐公拥五郡之兵，当四战之地。如今隋朝江山已不可收拾，图谶又预示李氏当有天下。你我兄弟应当审时度势，乱世之中，认清明主，以建立不世之功，将来也不失封妻荫子，出将入相。"

黑暗中，裴寂半晌不说话，他知刘文静脑子比他好使，于是拉过刘文静的手，拍拍说："今后遇到什么事，老弟可要多多提醒我。"

"裴兄是有福之人。"刘文静说，"唐公对你最为信任，你只要靠住他，保你一生无忧也。"

又是一年三月，大地重新披上了新绿。赤条条的桃树枝，皮色由浅而深，满缀着含苞欲放的蓓蕾。对于充满血泪史的人类历史，永恒的春天总是以她的温柔抚慰着一个个受伤的生灵。

在群雄纷扰的北方各地，太原晋阳城仿佛是一块净土，各处避难的百姓纷纷涌入。为维持治安，李世民领着晋阳县的几十名捕快沿途巡查。说是捕快，其实是李世民结交的一些侠客好汉，这些人个个有勇有谋，非同一般，骑着快马，拥着李世民，来到城郊悬瓮山下的晋祠。晋祠依山傍水，柳绿桃红，雕梁画壁。晋祠外是一个集市，车马纷纷，游人如蚁。有王孙公子，也有买卖客人，行走的江湖汉要把式卖艺，有钱的坐在酒楼上看景吃酒。到处是一派和平的景象。

同行的长孙无忌见周围并无大碍，对李世民说："前面有个金香园酒楼，和弟兄们进去吃杯酒去。"李世民正有此意，点头答应。一行人走过去，找一个僻静的地方，把马拴在树下。忽见南边的集市上一阵大乱。一个贵公子模样的人骑着高头大马，在一伙家奴的簇拥下，直冲而来。路边行人和摆摊的，都被冲得七零八落。骑在马上的贵公子见状哈哈大笑，越发上劲，打马飞奔。混乱之中，一个小孩从斜刺里跑出来，眼看就要被马踏在蹄下。伸手施救已来不及了，几十丈外的李世民他们一片惊呼！

千钧一发之际，只见路边冲出一条汉子，飞身冲向马头。他身手矫健，单臂一夹马脖子，就势狠劲一拧，奔跑的马顿时"扑通"一声摔倒在地。马上的公子哥儿也一个狗啃泥栽下马来，漂亮的脸蛋生生在沙地上蹭去一层皮，血淋淋的。后面紧随的狗腿子们拔出腰刀，向那摔马的汉子围了上去。公子哥儿捂着血脸，躺在地上哭叫着："砍！给我砍！砍死这野种！"

"住手！"李世民领人走过来，他认出了地上的贵公子，正是太原副留守、虎牙郎将高君雅的宝贝儿子高龙。狗腿子们把高龙扶起来。本来就和李世民不对脾气的高龙，见李世民管他的事，抖抖袖子，哼着鼻子说："你一个晋阳县的破参军，敢来管小爷我的事？"

李世民微微一笑："我负责晋阳的治安巡查。你在闹市上纵马狂奔，扰乱百姓，摔下马来是咎由自取。我不治你的罪，就算高看你一眼了。"

高龙对着家奴狂叫道："别理他这一套。我爹是虎牙郎将，乃皇上的亲信。在太原，虽为副，实为正。谁也不敢把小爷我怎么样。小的们，先把拦我马头的那小子砍了再说！"

家奴们又呼啦一下把那汉子围住了。汉子手无寸铁，面对十几把雪亮的腰刀，却毫无惧色。李世民一挥手，早就憋不住的弟兄们，冲了上去，拳打脚踢，三下五除二，把高龙的家奴打得鼻青脸肿，鬼哭狼嚎。高龙见不是对手，大叫："二郎你小子等着，我让你在晋阳干不长。"

说着，高龙一挥手，家奴们过来搀着他，牵着那匹瘸腿的马，像打垮的兵似的，一拐一拐地走了。眼前的汉子身高八尺，二十来岁，身着蓝绸大褂，白袜云

履，五官甚是不俗。见他刚才飞身扑马的利索劲儿，世民知其必是一条武艺高强的好汉，有心交结，遂上去一抱拳："敢问英雄尊姓大名？"

那汉子也施一礼："在下唐俭，乃晋阳本地人。阁下是否人称李二郎的李世民？"

李世民见对方爽快，哈哈大笑，上前拉住他的手，指着身后的一帮兄弟们说："我李世民最喜结交行侠仗义的英雄好汉。这都是一帮铁打的弟兄们。走，到前面的馆子里吃一杯酒去……"

李世民在太原郡中，交际颇广，声名远播，早就引起高君雅的注意。这天，儿子高龙捂着血鳖似的脸，哭闹着来找他，指名道姓要爹给他报仇。望着儿子的熊样，高君雅心疼得不得了，不由得对李世民恨得咬牙。他思量半天，觉得自己暂且还没有缘由、没有能力对李世民下手。于是去找王威商量此事，王威对李世民在晋阳县的所作所为也早有看法，他恨恨地说："晋阳是太原留守府所在地，李渊安排儿子到晋阳县任参军是别有用心。还有那个县令刘文静，也早已成了李渊的亲信，有时连我的话也不大听了。"

高君雅头伸到王威的跟前，立起手掌作了一个砍刀的姿态，小声说："想办法弄倒刘文静，断他李渊一条胳膊。"

"刘文静交往甚广，脑子好使，一时半时不好弄啊！"王威托着下巴在屋子里来回踱步，突然想起什么，问高君雅："听说刘文静和瓦岗军的贼首李密是亲戚？"

"嗯……有那么一回事，两人的爷爷辈，好像沾那么一点儿亲戚。"

"一点儿就好！"王威阴阴地笑着，"马上修密书一封，派专使送往江都，请皇上把刘文静撤职法办！"

事就那么办了，亲信的话，隋炀帝岂有不听的，不久，下了一道诏书，将刘文静逮捕入狱。

刘文静的入狱，引起李世民的警觉。四方豪杰入城避乱，为数众多，刘文静身为晋阳令，最为熟识这些人。要交结这些英雄，少了文静不可。且高君雅陷刘文静入狱，是有意向他李世民示威。在这种情况下，若不早作打算，恐会受人更多的钳制。刘文静素有大略奇谋，李世民决定到狱中找刘文静商量。

太原郡的牢狱像地窖，进了监房区便拾级而下。光线幽暗，四壁潮湿，地上满是耗子屎，蟑螂、蜈蚣在墙根处爬来爬去。李世民想这高君雅可够黑的，一个堂堂的晋阳令，犯了多大的错，把人关在这种地方。狱卒打开关押刘文静的牢门。李世民拿出一锭银子，把狱卒打发到外面去，而后关上牢门，上去握住刘文静的手，激动地说："文静兄，让你受苦了。"

在牢房中关了几天的刘文静却并没有受苦受难憔悴的迹象，反而显得气定神闲。李世民心中暗暗佩服。两人并排坐在板床上，寒暄几句，李世民便单刀直入地说："如今天下大事千变万化，昨日的堂堂县令顷刻间成了阶下囚。若不早作筹划，抓住主动，悔之晚矣！"

刘文静站起来，在牢房里走了两圈，看着世民，坚定地说："是时候了！天下大乱，代有明主。适时出击，才能平定天下，出黎庶于水火。"

"此等大事，非家父出头不成，而家父态度暧昧，怎生是好？"

"唐公为隋朝宗亲旧臣，虽谋略非凡，但行大事时不免瞻前顾后，可善为策划，促其早举大事。"

李世民听文静一番话，内心非常激动，他多么渴望那一天的到来，渴望投身到轰轰烈烈的事业中去。但表面上世民却显得非常平静，他端坐凝神，说："大事一举，义无反顾，文静兄认为多长时间可成帝业？"

刘文静胸中早有谋划，当即侃侃而谈："今主上避乱江都，已不敢返回京都，北方大部已为义军所占领。李密步步紧逼，东都已成孤岛。所谓'大贼'连州郡，'小贼'阻山泽。天下大乱，期盼有命世主，应天顺人，举旗大呼，驱策群英，则定天下易如反掌。文静为晋阳令数载，收留许多百姓避乱入城，其中英雄豪杰甚多。一朝招募，可得十万人众。加上唐公英勇神武，善于网罗人才，所将精兵不下万人。若一声号令，谁人不遵！从太原南下，可直逼两京，控制关中。文静以为，少则一岁，多则三载，帝业可成也。"

"副留守王威和高君雅是今上的亲信，此二人不除，终是大害。此次陷你入狱，实则别有用心。"李世民说。

刘文静说："此二人乃庸碌之辈，等时候到了，略一计策，即可除掉他们。如今关键是想方设法做好令尊的工作，使其早下决心。"

"好！"李世民见时候不早了，起身说："咱就这样说定了，我马上去找家父，先设法把你救出来。"

刘文静虽是李密的亲戚，但起义军的亲戚在朝为官的很多，李渊据理力争，又遣使禀告于隋炀帝，这才征得王威、高君雅的同意，把刘文静放了出来，留在留守府做了一名典书。

这日，李渊正躲在书房翻看武士彟献来的兵书《古今典要》。李世民敲敲门，进了书房，站在父亲面前，却半天不说话，显得面有难色。李渊合上书本，问："你又捅什么娄子了吧？"

"不，不是。"李世民吞吞吐吐地说，"儿妻子的族叔长孙顺德，因逃避高句丽之役，是官府行文追捕的对象，现在他来到了太原，想躲避几日。"

李渊半晌没说话，许久才叹一口气说："前次收留刘弘基，又把刘文静保了出来，已引起王威、高君雅的不满。今又收留长孙顺德这样的犯人，恐再授人口

33

实，于我们不利啊。"

李世民进前一步，对父亲说："长孙顺德生于官宦之家，祖父长孙澄为北周的秦州刺史，父亲长孙恺为隋开府。顺德武艺高强，骁勇善战，不到二十岁，就任右勋卫，是个不可多得的人才。其逃避高句丽兵役，只是不愿无谓地去送死罢了。父亲不是常教导孩儿要讲义气，多结交有用之才吗，如今……"

李渊摆摆手，止住了李世民的话，说："既然别人有难，我们也不能推出去不管，况且又是亲戚。可先把顺德藏于府中，过一段时间，再安排他官职。"

"谢谢父亲大人。"李世民非常高兴，又说道："儿最近又结交了一位朋友，名叫唐俭，此人不但孔武有力，而且颇有谋略，常与儿纵论天下时局。唐俭也是名人之后，其祖父为北齐尚书左仆射唐邕，父亲唐鉴为戎州刺史。"

李渊见儿子招揽这么多人才，自是欢喜，表面上却沉稳地说："交友当交有大志谋略的人。唐鉴与为父曾在宫中同领禁卫，俭当为我的世侄，有空领他来见我。"

"唐俭和我一块来的，正在门房等着，父亲大人现在要见他吗？"

李渊看了看案上的兵书，觉得这时正好也没事，于是说："叫他进来吧。"

唐俭虎背熊腰，一副练武人的身架，但见了李渊却丝毫也不慌，气定神闲，有板有眼地施了礼，站在一边。

"世侄请坐。"

"谢国公赐座。"唐俭又施了一礼，才坐了下来。

见唐俭一介武夫，却如此懂事，李渊非常高兴。命人上茶后，又打量了唐俭一番，才说："如今世事纷纭，四方之士莫衷一是，不知世侄对时事有何看法？"

唐俭端起茶碗喝了一口，看着李渊说："这屋子没有别人，只有你我和世民三人，俭想说说心里话。如今隋室无道，天下可图。明公日角龙庭，李氏又在图牒。天下所望，已非一日。若能开府库，南号召豪杰，北招抚突厥，东收燕赵之地，南据秦雍之地，海内之权，指日可取。愿公一顺众望，则汤、武之业不远矣。"

李渊看着唐俭，问："这都是你的想法？"

"明公，"唐俭拱拱手，"这非但是我唐俭的想法，也是天下有识之士的想法。平日我和世民也论及此事。"

李渊点点头，说："汤、武之事，非所望也，今天下已乱，言私则图存，语公则拯弱。卿宜自爱，吾将思之。"

唐俭站起来，抱拳当胸道："俭甘愿受明公驱使，虽死而不辞。"

李渊走过来拍拍他的肩，说："你以后就跟着世民吧，有什么事，他会及时安排的。"

一谈到起兵，李渊既不表示同意，也不表示反对，一副等等再说的样子。而

济世安民：唐太宗

时局发展又如此之快，各地起义军势如破竹，力量迅速壮大，李世民看在眼里，急在心里，日夜和刘文静、长孙无忌等人计议。同时暗地里指派手下，到晋阳各地，做好招兵买马的准备。

这当儿，一股突厥骑兵南下骚扰边境城镇马邑。由于突厥兵人数不多，李渊派副留守高君雅率兵前去围剿。哪知高君雅和马邑太守王仁恭是一对笨蛋，双双战败，几乎送了命。高君雅逃回太原，暗恨李渊派他这个差事，修密书一封送往江都，告李渊身为留守，作战不力，造成边患。隋炀帝见信，不问青红皂白，派使臣至太原，将李渊和王仁恭抓了起来，关进监狱，准备过两天押往江都。

晚上，李世民和裴寂以及刘文静来到监狱，探望李渊。支开狱卒，刘文静恳切地对李渊说："如今主昏国乱，尽忠无益。偏将犯法，罪连明公。事已紧迫，须早为计。晋阳之地，兵精马强，宫监之中，府库充盈。二郎折节下士，推财养客，群雄盗侠莫不为之用，以之举事，何愁不成！代王年幼，关中豪杰并起，未有归处。公若举义兵西进入关，安抚他们，拥有二都，则大业可图，犹如探囊取物。如今，只要明公一令，我们就救您出来。"

刘文静说得明白，李渊却默然不语。李世民在一边眼泪都快急出来了，他"扑通"一声，跪在父亲膝下，带着哭腔劝道："如今主上无道，百姓贫困，晋阳城外皆是战场。父亲若死守小节，则上有严刑，下有盗贼。如今事急，若不起兵，祸在目前。万望父亲从儿主意，举义旗，夺天下，转祸为福。"

裴寂又凑过来劝说："事已急矣，宜早定计。天道辅德，人事与能，遇到时机而不发动，将要后悔。唐公领四郡之兵，当四战之地，命在图谶，帝业唾手可得，为何却在这里坐受杀戮？"

李渊拉着李世民，小声说："隋朝的气数是要尽了，我家继承天命，不尽早起兵，是因为考虑你的兄弟和妹妹还在外边。如今为父遭牢狱之难，你们兄弟可先逃出去，以观时变，等待机会出兵，不要同受杀戮，家破身亡，为英雄耻笑。"

"父亲大人！"李世民哭着说，"芒砀（今安徽宿县西北）山泽，可以容人，请与汉祖一样，以观时变。"

李渊仍不同意救他出狱，他仍认为起义时机还不成熟。他怕自己像当年的杨玄感一样，以隋大臣起兵，而成众矢之的。李世民等人见他不松口，只得告辞而去，准备另想办法。恰在这时，隋鹰扬郎将梁师都，起兵占领朔方，自称大丞相。又勾结突厥，占领雕阴等郡，被突厥封为"解事天子"。突厥势力南扩，朝廷正是用人之际，隋炀帝又派使者，赦免李渊，让其官复原职。但李世民欲举兵起事的决心却一刻也没有停止。这天与刘文静计议说："诸事就绪，父亲却迟迟不下决心，拖延时日，如何是好？"刘文静眨眨眼睛，忽然笑了，召李世民附耳上来，嘀咕了一阵，李世民一听大喜："此计甚妙，咱们马上去办！"

当即，李世民派唐俭骑快马去龙山，把龙山令高斌廉请到家中。高斌廉素与李世民交好，听说有急事相召，便马不停蹄地跟唐俭赶了过来。进了客厅，只见桌上摆放着许多金银，黄灿灿，亮晶晶，高斌廉闹不清怎么回事，笑着问李世民："二郎搞这么多黄白之物干啥，显阔还是咋的？"

"听说你和裴寂裴宫监是一对好赌友，经常在一起博弈拼杀。"

"二郎问这干啥？"高斌廉有些不明白。

李世民指着桌上堆得老高的金银说："我想让你和裴寂赌一把，只许输不许赢，把这些金银全部输给他。"

高斌廉一听更纳闷，摸着后脑勺说："裴宫监这人贪财，这些黄白之物输给他，正中他下怀，咱犯的是哪门子傻？"

"这你不用管了，"李世民说，"你只给他说是替我出战就行了。"

一听博戏，平日无所事事的裴寂就来了瘾，二话不说，赶到了李世民家中。高斌廉代表李世民和裴寂对阵，两人玩的是六博，即每人六粒棋子，先掷采，后行棋。平日，二人的棋艺半斤八两。今天不知怎么了，高斌廉老是手臭，下了十局仅赢了一局。半天下来，小桌子上山似的黄金白银，已经让裴寂赢了一大半，乐得裴寂哈哈大笑。又下了几局，高斌廉还是输，裴寂心里犯了嘀咕，老拿眼望高斌廉，心说，你今天有点不得劲，是不是拿二郎的钱作践？

高斌廉又下了一着臭棋，钱也输得差不多了，数千两黄金，渐渐入了裴寂的腰包。高斌廉长吁了一口气，看着李世民，那意思是任务我完成了。裴寂见状，心下也明白过来了，头伸过去问李世民："二郎可有用我之处？"

李世民当即把裴寂请入密室，如此这般地密语一番，说了请他帮助的事。裴寂一拍胸脯："这有何难！这也是咱自家的事，我裴寂如何不办？"

裴寂提着赢来的金银兴冲冲地回到家。第二天下午，他来到留守官邸，见到李渊，一揖到底说："感天之功，唐公入狱出狱，有惊无险，且官复原职。裴寂在晋阳宫略备薄酒，请唐公晚上务必去。一来给唐公您压压惊，二来咱俩老长时间没聚聚了，晚上喝完酒，咱玩几把六博，乐呵乐呵。"

李渊和裴寂是老友，平时最能玩在一块。这些日子，自己是有些压抑了，该放松放松了，于是点头答应裴寂。李渊处理了一下手头的事务，带上钱九陇等卫士，和裴寂一起，乘车赶往一河之隔的晋阳宫。

隋炀帝是个骄奢天子，在全国各地修筑了数座宫殿，晋阳宫就是其中之一。自打晋阳宫建好，隋炀帝也没来过几次，但晋阳宫毕竟是皇家宫殿，其配备设置，如同长安、洛阳的皇宫。宫女、妃子、太监、宝马、御车一应俱全。每年有大量的赋税花在上面。裴寂作为宫监，全面负责晋阳宫的日常管理。晋阳宫也分外宫内宫，内宫除了宫殿，还设有库房、御花园等，也是宫妃、太监们住的地方。外宫则是宫监府及羽林军驻扎的地方。

进了晋阳宫正门，车却没往左边的宫监府拐，而按裴寂的吩咐直奔后宫，李渊大惊，扯住裴寂的袖子问："咱是来喝酒玩耍的，进内宫干什么？"

裴寂一副无所谓的样子，继续催马夫赶车前进，又对李渊说："春暖花开，内宫御花园景色正美，我让御厨做了几个菜，咱在那喝酒赏春。"

望着内宫高大的宫殿和闪闪发光的金黄的琉璃瓦，李渊心中一凛，伸头喝令马夫停车，然后对裴寂道："擅入皇宫，乃杀头之罪，你裴寂莫非陷我于不义？"

见李渊如此认真，裴寂没奈何，说："好，好。咱到宫监府喝酒去。其实进了内宫也没什么大不了的。这辈子今上怕也来不了晋阳宫了。"

裴寂近水楼台先得月，利用职务之便，让御厨做出最拿手的饭菜，足足有上百道，什么"五生盘"、"过门香"、"缠花云梦肉"、"汤浴绣丸"、"遍地锦装鳖"，应有尽有，都是平常尝不到的罕物。酒更不要提了，乃是专供君主的御酒，已窖藏上百年了，乃是汉宫名酒——紫红华英和九丹金液。开坛扑鼻，沁人心脾。

到这个时候，李渊也顾不得客气了，入了席，便开口大嚼，开怀畅饮。不一会儿，便头上冒汗，满面红光。裴寂凑近李渊，嬉笑着说："我前几天在晋祠庙会上买了两名歌伎，歌声曼妙，美丽迷人，叫出来伺候一下唐公如何？"

李渊含笑不语，裴寂一招手，从屏风后闪出两个如花美人来，一个艳如秋水湛芙蓉，一个丽若海棠笼晓日。一个启开两行皓齿，手打拍子，歌喉婉转，唱了一首软绵绵的情歌，另一个来到李渊的跟前，梅花似的一股幽香。李渊抽了抽鼻子，眼前一阵蒙眬。那美女端起一大觥美酒，兰花指跷着，双手递给李渊，娇滴滴地说道："唐公，请饮下奴家敬的这觥酒。"

英雄遇美人，有理说不清。已有七八成醉意的李渊毫不推辞，英雄般地接过酒觥一饮而尽。那小美人一屁股坐在李渊的腿上，又斟上一大觥酒端到李渊的嘴边。

"本、本大人，已、已不能喝了。"李渊摇着手说。

"喝吧，"美人用手摸了摸李渊的脸，嗲声嗲气地说，"人都说唐公是当世第一大英雄，难道还在乎这小小的一觥酒？"

在娇艳欲滴的美人面前，确实不能在乎这点酒，李渊端起那觥酒又一饮而尽……

睡了一宿，李渊才缓过劲来，酒也醒了。这真是一个幸福的晚上，眼还没睁开，李渊就笑了。还是御酒好啊，怪不得大家都舍命拼打，想当皇帝，天下最好的玉食美酒莫不入其口啊！

正品味着，肚皮上有软体东西动了一下，吓得李渊一激灵，伸手猛地抓去，却只听"哎哟"——一个娇嫩的女声。李渊抬头一看，抓中的是一条洁白的玉臂。两个光溜溜的裸体美女正依偎在自己身边。

"这——"李渊一摸自家，也是赤条条一丝不挂。再一看四周是一顶金黄色的四合宝帐。帐的四角安装着纯金的盘龙装饰物，帐顶是一朵灿烂的黄金制成的莲花。帐的四周嵌着玳瑁，珍珠连缀，流苏为饰……

"这是哪儿？"李渊坐起来。

一个美女偎过来，手抚摸着李渊的胸脯，娇滴滴地说："唐公，这可是皇帝的寝帐，你睡了一晚上还不知道？"

"那你俩是谁？"李渊惊得头皮发炸。

"我俩是宫女啊，伺候唐公可是俺上辈子修来的福气。"

居龙床睡宫女，李渊吓得不轻，摸摸头还在，急忙一边满处找衣服，一边大叫："九陇！九陇！"

贴身卫士钱九陇从外殿疾步而入，说："大人起来了？"

"谁把我弄这里来的，谁？裴寂呢？"

"裴宫监正在外面候着。"九陇不慌不忙地说，听话音他并不觉得怎么样。

"快！快叫他。不，快给我找衣服穿。"

慌乱穿上衣服，赶到殿外，裴寂正消消停停地在暖阁中等他。李渊蹿过去，揪住裴寂的领子："你我如此交好，为何陷我于不义？"

裴寂抓着李渊的手，低声说："二郎近日密聚人马，欲举义旗。"

"此事可当面计议，让我酒醉入宫，岂不是惹来杀身之祸？"

"唐公，"裴寂悄声说，"正是裴寂以宫女侍公，才断绝您的后路，若不急急起事，恐此事败露，遇到不测。"

"竖子，何想出如此馊主意？"李渊整整衣服，恨恨地说。

"唐公，别再迟疑了。"裴寂又说，"亲朋、故旧皆愿协力以助。如今事急矣，若守小节，死亡即在旦夕，若举义旗，必得大位。"

"二郎何在？"李渊叫道。裴寂一招手，李世民从屏风后走出来。李渊看着他直喘粗气，好半天才定下心来，长叹一口气，指着李世民说："这些天来，我不是不想起事，只是觉得还没到时候。如今出了这档子事，只有扯起大旗，一条路走到底了。如今，破家亡身也由你，化家为国也由你。速派人招回建成、元吉，通知你妹夫柴绍，便可定夺。"

见父亲主意已定，李世民异常高兴，趴在地上磕了个头："孩儿谨遵父命！"

"这宫女侍寝的主意到底是谁出的？"定了大计以后，李渊还念念不忘这档子事。

李世民一招手，刘文静从屏风后走了出来。李渊看着他，鼻子里"哼"了一下，说："你的馊主意还真不少哩！"

【第二回】

唐国公妙计除忧患，李世民奇兵断草粮

大业十二年（616年）四月，远在河东的李建成、李元吉接到父亲的手谕，即飞马赶往晋阳，同时柴绍也自长安奔来晋阳。

这当儿，马邑富豪隋鹰扬府校尉刘武周，杀死马邑太守王仁恭，集兵万余人，自称太守。又领兵攻占汾阳宫，依附突厥，被始毕可汗封为"定杨天子"。其势直逼晋阳，成了李渊的心腹之患。

在议定起兵的秘密军事会议上，刘文静提出，起兵前，为防备刘武周来扰，必须北连突厥，曲意附之，换些马匹，以壮声威。

众人表示同意，李渊当即修书一封，云："现欲举义兵，远迎皇上，复与突厥和亲，如同开皇之时。若能允我南下，请约束部从，勿扰百姓。若仅仅和亲，可得到大量珍宝，请可汗谨慎定夺。"

书信送到始毕可汗手里，可汗掂量再三，对部属说："杨广是个不守信用、杀心极重的人。如果南去将他迎来，他一旦攒得兵力，必然杀唐公而乘机攻我，以报前仇。唐公深明大义，数次欲与我交好，不若尊其为天子，为我所用。我也不避寒暑，以兵马助之。"

始毕可汗派专使持书信，把这意思传送给李渊。见始毕可汗愿借兵马相助，部将们都很高兴，纷纷说道："可从始毕之言，一来解其威胁，二来也借得兵马使用。"

李渊却迟迟不语，思想斗争很激烈。

他沉思良久，方说："若从突厥之言，向其称臣，兵马未动，先得不臣之罪。师出无名，难以集结各地义兵。万一起兵失败，更无退路，岂不落个国破家亡，留千古骂名？"

刘文静在旁劝解道："今举义兵，缺的是战马。唐公可复信，只要其马，而不要其兵，如此也可保持名节。"

李渊仍觉不妥。李世民和刘文静等人商量了一会儿，又提出一个办法说："若师出有名，不为天下人骂，可先尊今上为太上皇，北取长安，立代王侑为帝，以安隋室。然后传檄郡县，改换赤色隋帜，易以类似突厥的绛白二色，虚应突厥。"

李渊见实在没有别的好主意，只好答应说："此乃掩耳盗铃，明眼人一下就看破，然时势所迫，只好如此了。"

在修书向突厥要马匹的同时，起事的各项准备工作也在紧张地进行着。全国虽然乱得一团糟，但晋阳却多年无战事，要起兵，必须先把民心搞乱，使老百姓更加心离隋炀帝。

暗地里，李渊让刘文静伪造了许多敕书，张贴晋阳各地，言隋炀帝要征发太原、西河、雁门、马邑等四郡二十岁到五十岁的百姓全部当兵，再次进攻高句丽，年底之前，所征兵丁必须赴涿郡集中。隋炀帝穷兵黩武，三征高丽，均大败而归，死者百万，"勿向辽东浪死歌"唱遍天下，谁还愿再去征高丽？一时间，太原各郡的老百姓人心惶惶，痛恨隋炀帝，想起事造反的更多了。

当时李渊手中只掌握着七八万士兵，要举大义，这些兵力是远远不够的，起兵前，首要的任务就是募兵。太原副留守王威、高君雅作为隋炀帝的亲信，还拥有相当一部分权力，手中也控制一部分军队。招兵如果不通过他们，势必要出乱子。

这天，李渊在留守府召开军事会议，专门讨论对付刘武周的问题。会上，李渊两手一摊，一脸愁容地对大家说："马邑贼帅刘武周杀死王太守，又据汾阳宫，又被突厥封为'定杨天子'。我们太原兵少，仓促之间不能捕灭。罪当灭族，如何是好？"

前次王仁恭、高君雅对付突厥时，吃了败仗，留守李渊差点被解江都治罪，众人尚心有余悸，见李渊又如此说，都害怕起来。李渊的眼睛单往王威、高君雅的脸上瞅，王、高二人最怕被派出去打仗，遂满脸恭敬，一起拱手向李渊说："唐公英明神武，善于以少胜多，诸事还请唐公多拿主意。"

李渊摇摇头说："以少胜多，在特殊条件下方能行得通，岂能屡试不爽？如今朝廷用兵，动止皆禀告节度。如今贼在几百里以内，江都却远在三千里外，且郡县多为他贼据守，道路险阻，急切之间难以回应。如今，若以守城之弱兵，去战巨贼，必难保全，说不定连晋阳也一块搭上。我思考了好几个晚上，都没有好办法。进也是死，退也是亡，到底该怎么办？"

听李渊说得有理，王威入了圈套，说："唐公地兼亲贤，与国共休戚。如果等待上报的结果，势必贻误战机。如今是为国讨贼，乃正事大事，唐公可以自定主张。"

李渊却皱起眉头，看着王、高二人说："由我专权，这样不大好吧？"

与会的将官纷纷赞同说："唐公拿主意，目的在于平乱，有什么不好的。"

李渊装作不得已的样子，说："那好吧。大家既然把责任都压在我身上，我也就不客气了。当前的情况，没有别的妙策，只有募兵一条了。"

军事会议上定下了调子，李渊立即命令李世民、刘弘基、长孙顺德在各处设立招兵站，大力宣扬保护太原的意义。

十几天的时间，竟募兵万余人。

兵多了，人也就有了底气，望着一个个新兵，李渊非常高兴，仿佛看见自己率领千军万马扫平群雄，挺进长安，建立帝业。这时李世民走过来，问父亲："父亲，新兵何处安营为好？"

李渊看着越来越出息的二儿子，心中喜悦，想起宫女侍寝那档事，觉得儿子还真不是一个平凡的儿子。他看了看李世民，大手一指远处的兴国寺说："勤王之师，不谋而至。此其兴国之地焉。吾李家新兵可于此寺安处。"

新兵募来，在曾经当过军官的长孙顺德、刘弘基的带领下，日夜操练。

为了削弱王、高二人的力量，李渊以工作需要为名，派王威兼任太原郡丞，与裴寂一块掌管军粮，负责军队的供应。又命高君雅去守高阳县，巡守城池。而所募新军的一切事务，均由李世民、刘文静来掌握。

四月底，突厥始毕可汗果然没有失约，派遣柱国康鞘利赶着战马千匹来到晋阳。康鞘利见到李渊，呈上始毕可汗的书信说："只要唐公依附可汗，要人要马，可以随意。"

李渊读完可汗的信，对康鞘利说："我李渊愿做可汗永远的朋友。人情我领了，代我谢谢可汗。兵我就不借了，一千匹马，我买下一半吧。"

李渊除掉付了五百匹马的钱，又厚赠康鞘利许多金玉珠宝，以期他能在可汗面前多多美言。众将士见唐公只选五百匹好马买下，以为唐公没有钱了，纷纷拥到留守府，要求用自己的私囊钱买下选剩的五百匹马。

李渊对大家说："不是我不想要那五百匹马，也不是没有钱买。我是怕始毕以马多而贪利，将源源不断送马来让我买。此次只买其半数，是让其知我资财无多，打消其觊觎之心。以后在战场上，只要我等奋力杀敌，何愁没有马匹可用。"

王威见李渊大张旗鼓地招兵，又买来突厥的许多战马，心下疑虑，怕李渊父子心怀异志，于是派人把高君雅从高阳请来，两人密谋一阵，决定一起去见主管兵器盔甲的武士彟探探情况。

见了面，王威就问："武参军，最近置办旗帜军服的情况如何，是不是按隋制统一的规制定做？"

武士彠奉李渊的密令，向来不显山露水，平时做出依附王、高二人的样子，见二人问这事，故作诧异地说："募兵是为朝廷使用，兵乃国家之兵，服色、旗帜当然按国朝样式定制，不信我打开库房，让二位大人看看。"

王、高二人见武士彠说得肯定，言之凿凿，盘桓了一会儿，但仍愤愤地说："长孙顺德、刘弘基等皆为征辽亲侍，临阵脱逃，犯法当死，如今亡命到此，却让他们统兵，分明另有目的，瞅机会非把他俩抓起来不可，审问个明白。"

武士彠听了这话，心里很着急，表面却假装好意婉言劝道："二位大人忠心为公，可敬可佩。然长孙顺德和刘弘基乃唐公的贵客，若贸然逮捕他们，必然会引起纠纷，恐于大事不利。"

"这事不能就此拉倒！"王威恨恨地说道，而后与高君雅一起走了。

两人前脚刚走，武士彠就出了门，直奔李府，把王、高二人的怀疑禀报给李渊，并关切地说："王、高二人虽没有多少兵权，但手中仍有兵马和亲信，唐公要多提防他俩。实在不行，先下手为强啊！"

留守司兵田德平见李渊大规模地募兵，并向突厥买马，也怀疑其有谋反意图，想劝王威过问募兵之事，但举棋不定，怕事情不利连累自身，于是找好友武士彠商量。

武士彠推心置腹地跟田德平说："公为朝廷着想，这本是好事。但讨捕的兵马，均属唐公掌握。王威、高君雅虽是副留守，但却徒有虚名，没有多大的作为。你纵使向他们告发，也于事无补。你何必又去得罪唐公，自寻烦恼呢？"

田德平觉得武士彠分析得有道理，于是将这事压了下来，对李渊欲起兵一事，睁一只眼闭一只眼，佯装不知。

太原的局势却越来越紧张，募来的万余新兵均归李渊的亲信领导，每日操练也不讲对付刘武周的事，宣扬的多是隋室无道、天下兵争的事。晋阳街面上也到处传言李渊将要发动兵变。

在这种形势下，王威、高君雅渐渐觉出事情的可怕，若李渊起兵，首先将斩他俩的头。密报朝廷已来不及了，远水解不了近渴，现如今只能自己救自己。先下手为强，后下手遭殃。王威、高君雅决定采取非常措施，除掉李渊。

进入五月，晋阳有两个月没下雨了，庄稼被灼热的阳光烤得蔫头耷脑的。照陈年老例，将在晋祠设祭祈雨。为了突出祈雨的隆重性，晋阳乡长刘世龙专程赶往王威的府上，请他祈雨那天光临助兴。

刘世龙经常出入王威的家，王威将他视为亲信，去晋祠出出场，本属小事一桩，但王威今天情绪不好，不耐烦地对刘世龙说："你们祈你们的雨，非拉上我干啥，我自己的事还忙不过来呢。"

刘世龙劝道："晋祠祈雨乃上古传下来的盛典，晋阳乡村里老、各界名士皆来

济世安民：唐太宗

参加。大人乃虎贲郎将，今上的亲信，若能光临，定能使祈雨仪式锦上添花。"

"这事和高大人说了没有？"王威问。

"还没说，我等等就去。高大人现在高阳巡防，离晋祠不远，想高大人定会到场。"

听到这里，一个点子猛然从王威的脑海里冒了出来。李渊募兵买马，磨刀霍霍，反相已露。高君雅统兵高阳，离晋祠又近，何不乘这次祈雨的机会将李渊除掉？想到这里，王威一攥拳头，问刘世龙："此事招呼唐公了没有？"

"已跟唐公说了，唐公答应祈雨那天一定到场。"

"好！"王威猛一击掌，得意忘形之色溢于言表，他痛快地对刘世龙说："晋祠祈雨我一定到场。高大人去的事由我来说，你做好接待的准备就是了。为了保证祈雨仪式的安全进行，各项准备工作要随时向我报告。"

刘世龙见王威的态度一瞬间来了个一百八十度的大转弯，由起初的漠不关心到亲自过问，觉得里面有文章，又不便当面问，只得答应一声，拱手告辞，带着满腹狐疑走了。

粉刷龙王庙，给龙王重塑金身，搭高台子，选定行止路线，为祈雨仪式顺利进行，晋阳乡长刘世龙忙得不亦乐乎。

平日高高在上的副留守王威却一反常态，关心起一个小乡的事务。他和高君雅二人领着亲兵，来晋祠巡察了好几次。刘世龙更觉得奇怪，热心接待的同时，也格外留心两个人的活动。王、高却不愿刘世龙陪同着，两人在晋祠的前后左右看了好几遍，又爬到晋祠的门楼上，时而指指点点，时而嘀嘀咕咕。临走时，才哼哼哈哈地对祈雨仪式的准备工作做了一些指点。

王、高的反常行动，引起刘世龙的警觉。

这天晚上他悄悄来到李世民家中，把王、高二人的反常情况向李世民作了汇报。李世民也感觉问题严重，急忙叫来刘文静、长孙无忌，几个人一合计，觉得王、高二人很可能是想借晋祠祈雨的机会，对唐公下手。

当即，李世民领刘世龙来见父亲。李渊听了禀报，沉思半晌，觉得除掉王威、高君雅，公开起事的机会到了。他对刘世龙说："这两人自以为聪明，实则愚蠢，不明时务，必然是死路一条。你能及时通报，诚心可嘉。这事你回去后跟谁也不要说，仍然如往常一样，到时我自有安排。"

送走刘世龙，李渊立即命李世民找来刘文静、裴寂、刘弘基紧急商讨，决定由刘文静率精兵伏于晋祠外，晋祠外街衢要道由李世民率人马控制。刘弘基、长孙顺德率卫士跟随李渊，见信号行事。

为给抓捕王威、高君雅找个借口，李渊密令亲信开阳府司马刘政会为"急变之书"，告王、高二人谋反。

　　已到了暮春，杂花生树。虽然老天爷不下雨，但悬瓮山下，晋祠内外，却满眼葱绿。通往晋祠的路上，人马逶迤不断，有空着手来看热闹的，有背着瓜果梨枣、想要趁着人多来做点小生意的。

　　王威、高君雅则率数百名亲兵，一路喝道，提前赶到晋祠，躲在暗处的李世民见王、高的人马过去，一挥手，传出号令，藏在沟渠里、民房里的士兵立即拥到路上，把各个路口全部封住，只许进不许出。

　　王威、高君雅来到晋祠大门口，刘世龙早站在那里恭恭敬敬地等候。

　　王威下了马，一指背后挎刀提枪的数百名亲兵，对刘世龙说："今天参加祈雨的人不少，我和高大人怕出乱子，特带他们来帮你维持一下治安。"

　　"好，好，太好了！"刘世龙点头哈腰地说，"王大人、高大人想得太周到了，就让他们到祠外的柳树林里休息一下吧，我已预备好茶水了。"

　　"休息还行？让他们来是干活而不是玩的。"高君雅说着，对身边的一个亲信校尉说："把兵散在晋祠周围，要确保几位留守大人的安全。"

　　"是！"那校尉心领神会，答应一声，按事先安排好的计划，四处安排兵丁去了。

　　刘世龙见王、高二人派兵把晋祠围了起来，也不去管他们。他躬腰伸手，做一个请的动作，说："请王大人、高大人进祠。唐公已在里面等候二位大人了。"

　　"什么，唐公早来了？"王威诧异地问道。他以为自己是早的，没想到李渊来得更早。

　　进了晋祠贵宾厅，正坐在太师椅上饮茶的李渊热情地站起来，向王、高二人施礼问好。王、高心怀鬼胎，急忙还礼。

　　两人坐下，接过仆人奉上的香茶喝了几口，刚歇了口气，抬眼却见李渊背后，站着两个彪形大汉，一个是刘弘基，一个是钱九陇。二人按剑而立，目光灼灼，直逼王威、高君雅。

　　王、高二人暗里哆嗦了一下，忙看李渊，李渊却神色泰然，笑意盈盈，和王、高谈了一些官面上的话，又问刘世龙："祈雨仪式准备得差不多了吧？可去看看。"

　　刘世龙答应一声，跑出贵宾厅，又跑出晋祠外。但见长孙顺德所领的上千人马，已把王、高二人的几百名亲兵缴了器械，牢牢控制住，正集中在百米处的柳林里喝茶呢。

　　刘世龙知事已经办妥，颠颠地跑了回来，向李渊报告说："祈雨仪式已基本准备停当，黑猪白羊已上了祭台。单等辰时三刻，吉时到来。"

　　李渊点点头，跟王威、高君雅继续闲谈。正在这时，刘文静引刘政会在庭院中站立。刘文静来到门口禀报说："开阳府司马刘政会称有紧急事变要见留守大人。"

李渊手一扬，说："叫他进来。"

刘政会快步走上堂来，李渊一副不高兴的样子，对刘政会说："刘司马有什么事不到留守府，追到这里干什么？"

刘政会一脸严肃，从怀中掏出一个大信封，举着说："下官密状呈上！"

"什么密状？"李渊一副无所谓的样子，端起茶碗喝了一口，对旁边的王威说："王副留守处理处理这事。"

王威探身去接信，却让刘政会闪过，刘政会对李渊喊道："所告之人乃是副留守，密状只呈唐公观看。"

李渊诧异地欠起身子，看了王威、高君雅一眼，厉声问刘政会："竟有这等事？"

刘政会一言不发，单膝跪地，将信呈给李渊。李渊拆开，细细观看，又不相信似的，把"密状"翻来倒去地又看了两遍，方虎起脸，厉声责问王威、高君雅："你二人身为朝廷命官，竟引突厥入关，是何居心？！"

王威、高君雅一头雾水，直到这时才发觉中了圈套，遂站起身子，指着刘政会道："这是栽赃！这是诬陷！是反叛之人要杀我等！"

听王威、高君雅两人大呼小叫，没等李渊示意，刘弘基和钱九陇就蹿上前，把二人掀翻在地。王、高二人的几个贴身卫士还没闹清怎么回事，早就让刘文静指挥人把他们摁倒了。

王威、高君雅被五花大绑，头套面罩，被塞进停在门口的马车里，押回城中。

吉时已到，李渊在刘世龙等人的陪同下，来到前院的祭台，与老老少少一起，向台上的龙王爷献香祷祝，顶礼膜拜，祈望龙王爷能给久旱的大地普降甘霖……

事有凑巧，刘政会告王威、高君雅勾结突厥入关，第三天，即五月十七日，突厥发数万骑兵袭击太原，其轻骑兵在太原城外，往来驰骋，极为骄横。李渊决定利用智谋使突厥退兵，一来不伤与突厥的和气，二来让突厥看看李渊的实力，让其从此不敢小觑。

突厥来犯，正应了刘政会的"密报"。在对付突厥的军事会议上，分派完各路兵以后，李渊命令道："人告发王威、高君雅勾结突厥，今果然如此，立即将此二人处斩，祭旗出兵！"

将王、高二人处斩后，单说李渊沉着冷静，命裴寂、刘文静等分别守备太原诸城门。且令城门大开，城墙上不竖旗幡，守城将士皆蹲在城垛后面，不许出声。唱上一出空城计，以迷惑突厥。

空城计毕竟是空城计，为防不测，李渊命李世民率精锐骑兵，乘黑夜悄悄出城，占据险要的地方，一旦太原城有何不测，即从背后突袭突厥。

为进一步迷惑突厥人，李渊又命部将王康达率所部千余人，黑夜出城，白天入城，大张旗鼓装作援军的样子。

李渊的疑兵计收到了预期的效果。在城外，虽然发生了一些小规模的战斗，但基本上没有大的战斗。突厥此次来太原，本来是示其威武，并不准备强攻太原，今见李渊有所准备，怕夜长梦多，于是乘夜退兵。

月光下，但见城外尘土飞扬，人喧马嘶。城墙上的将士们见突厥兵从夜里一直到第二天上午才全部撤完。亲眼见到突厥兵强马壮，人多势众，将士们既高兴，又后怕。后怕的是突厥兵终于没来攻城，高兴的是唐公李渊智谋过人。乱世之中追随这样的人，岂不是我辈的大幸？

上午，李渊正在留守府和文武官员议事，城外埋伏的侦骑飞马来报，言突厥兵已全部撤出太原。

李渊微微一笑，手捋胡须说："我知之矣。"

文武官员一齐上来祝贺，齐赞唐公之德。去年马邑大败突厥，现在又智退突厥，使太原避免了劫难，成为乱世之中最安全的地方。

李渊的形象在文武官员和百姓中越来越高大，联想到"杨氏灭，李氏兴"的童谣、图谶，人们更是对李渊心怀敬畏。

在讨论下一步行动的会议上，李世民认为，若兵行天下，必须确保后方根据地太原的安全，而太原最大的威胁来自突厥。突厥控弦百万，十分强大，若一味与其对抗，以后仍然会麻烦不断，只有实行表面妥协的办法，才能确保太原的安全，确保起兵的顺利实施。

大家听了李世民的发言，一致表示赞同。李渊虽觉臣服突厥会招来天下骂名，但眼下却不得不如此。于是修书一封，再遣刘文静出使突厥。

信中李渊表达了自己欲取天下，向突厥屈节求和之意。并投其所好，言取天下后，除土地之外，货财宝物，任其所取。始毕可汗接信后非常高兴，对臣下说："我知唐公是非常之人，果做异常之事。今上书恭维于我，我当从之，以求宝物。"

为了表示向突厥的臣服，裴寂等人主张起兵用白旗，以和突厥的旗色保持一致。李渊认为太露骨，不同意，最后采用李世民的意见，一半是红，一半是白，"杂用绛白"，以表示既不纯属于隋朝，也不纯属于突厥。

北连突厥，解除了后顾之忧，这时李建成、李元吉和柴绍也赶到了太原。李渊觉得正式起兵的机会到了，立即召开太原郡各级官员大会。

会上，李渊言隋炀帝无道，致天下大乱，决定依伊尹放逐太甲、霍光废昌邑的故事，废隋炀帝而立代王，并传檄各县，克日起兵。

文武官员都知道李渊葫芦里卖的是什么药，尊隋是假，欲取天下是真。虽说如此，绝大多数人还都愿跟着李渊。

听完李渊的号令，与会的官员爆出一阵欢呼声。

李渊为人行事好，众人把他捧作一朵花，但也有人不吃他那一套。檄文传到了西河郡（今山西汾阳），郡丞高德儒甘愿为隋炀帝尽忠，不听从李渊之命，且坚壁清野，与太原断绝交通。

在乱世之中，要夺取天下，就不能怕打仗。李渊决定首先拿西河郡开刀。李世民自告奋勇，愿去打这起兵的第一仗。但李世民毕竟年仅二十岁，又是单独领兵攻城，李渊怕有什么闪失，派大儿子李建成与李世民一起去，并任命诚实稳重的新任太原令温大有为行军参谋。

行军之前，李渊拉着温大有的手说："我军兵马尚少，又多是新兵，无实战经验。此次又要攻城略地，非比平日打仗。我儿年少，派卿参谋军事，希望你用心为之。这一仗关系重大，若赢了，帝业可成也。"

李渊又勉励二子一番。李建成、李世民跪地明誓，表示"家国之子、忠孝在焉"，坚决完成任务，若有闪失，愿受军法惩处。

李建成这些年在河东也没有白混日子，平日也研习了不少兵法。今见军队多为新招募的兵士，训练还不到位，行军都没有章法，于是边行军，边教以军法。

你别说，还真管事，经过这么一训练，部队行军的步伐整齐多了。官兵有事就举手行礼，禀告声喊成一串。

行军时，李世民总是一马当先，走在队伍的前列，遇到危险，就挺身而上。每顿饭也与士兵一起吃，不搞特殊化，颇得人心。

温大有又与李建成、李世民商议，约定军队对百姓要秋毫无犯。行军中，见果蔬，非买不食。遇到乡绅里老送牛酒，则婉言谢绝。这支军队虽然年轻，但却得到老百姓的一致好评。得人心者得天下，年轻的李世民已深深地明白了这个道理。

兵马顺利开到西河城下。李建成、李世民卸去铠甲，放下刀枪，空身至城下喊话，言明来意，做守城部队的思想工作，瓦解其战斗力。

隋炀帝无道，偏居江都，天下几乎到了无主的地步，守城的官兵也想寻条生路。西河郡司法书佐朱知瑾心眼早活动了，暗地里组织一些亲信朋友，准备投降。

高德儒执迷不悟，执意要当忠臣，对着城下的李建成、李世民破口大骂，并令人放箭。兵无战心，箭矢也没有劲，纷纷射落在李建成、李世民的马头前。两人拍马回归本阵，李世民穿上铠甲，提着砍刀，对李建成和温大有说："少跟他啰唆，立即攻城！"一声令下，兵士们嗷嗷叫着扑了上去。

云梯刚搭上城墙，李世民第一个往上爬，兵士见状，备受鼓舞，人人奋勇争先，守城之兵见状，没等攻城的人爬上来，便弃械逃跑。高德儒见大势已去，急忙和几个亲兵护卫一块，换上百姓衣服，窜向城中。

李世民等攻城战士，跟爬自家墙头似的，未受任何抵抗，便拥入城中。城门大开，李建成、李世民、温大有率一队兵士，直奔郡丞府，开府办公。

坐在郡丞府的大堂上，李建成自然高兴，摸摸这，看看那，又万分遗憾地说："没抓住高德儒，真是遗憾。"

话音刚落，只见郡司法书佐朱知瑾领几个人拖进一个人来，众人定睛一看，抓来的正是高德儒。

温大有比较熟悉这高郡丞，对李建成、李元吉说："当年他路遇野鸟，硬说见到的是鸾鸟，佞惑隋主，以为祥瑞，才混得现在的一官半职。"

李建成拍手兴奋地说："把这老家伙押往晋阳，让父亲大人也高兴高兴。"

一旁的李世民却鼻子里哼一声，说："这样的茅坑石头俯拾皆是，有何看头？来人哪——"

堂下站立的卫士应声上前，李世民也不和李建成商量，径自命令道："把这高德儒推出斩首示众！其他人等，一概免罪。"

李建成见李世民如此，心下不悦，却也没说什么。第二天，平定西河的军队即高奏凯歌，回到晋阳，来回才不过九天。

李渊亲自到城外迎接，高兴地对左右说："如此行兵，虽横行天下可也！"

这年六月，李密率瓦岗军围攻洛阳，大败隋军于平乐园。隋炀帝急命江都通守王世充、河南大使虎牙郎将王辩、河北大使太常少卿韦霁，率部增援洛阳。

一时间，长江以北的隋军主力皆集中在洛阳战场上，长安城守备薄弱。李渊决定发兵进攻关中，夺取长安。

为争取人心，多募兵马，李渊命令开仓放粮，救济难民。此举大受百姓欢迎，来参军的人一天天增多。太原的总兵力已达五万余人。

大业十三年（617年）六月十四日，正式建立大将军府。

裴寂等属下尊称李渊为大将军。李渊以李建成为陇西公、左领军大都督，管辖左三统军。李世民为敦煌公、右领军大都督，辖领右三统军，李建成、李世民各设官属，柴绍为右领军长史。

李渊首封裴寂为大将军府长史，刘文静为司马，唐俭和前长安尉温大雅为记室，温大雅与其弟温大有共掌机密。

武士彟还干老本行，为铠曹，全面主管军供工作。刘政会、崔善为、张道源为户曹。原晋阳长姜谟为司功参军。原太谷长殷开山为府掾。长孙顺德、刘弘

济世安民：唐太宗

基、窦琛及原鹰扬郎将王长谐、姜宝谊、阳屯等为左、右统军。

总之，原太原留守府的各级官吏大部分留用，随才授职。

七月四日李渊任命四子李元吉为镇北将军，领太原太守，全权处理后方太原的一切事宜。

五日，李渊率三万甲士誓师出征。

此次是起事之后的首次远征，场面搞得十分隆重。正阳门外宽阔的大校场上，三万甲士按分布排列，其中步兵营居前，骑兵营在后。兵士们皆铠甲雪亮，枪刀闪光，甚是齐整、威武。校场周围，白绛杂色的旌旗猎猎作响。再远些，隔离栏之外，围满了百姓，大人小孩都伸着脖子看。

校场北边，面南背北，临时搭建了一个高台子。台子上，李渊身着大将军服，坐于虎皮帅椅上。左右一字排开四十八名偏将，一个个挺胸昂首，威风凛凛。再往前，置两排座椅，坐着裴寂等大将军府的十几个主要官员。

滴水表前，值日官眼瞪得老大，见预定的吉时已到，忙举起手中的小黄旗，骤然一挥。誓师大会总指挥裴寂见状，挺身上前，手举铁皮喇叭，高声宣布此次进军关中的重大意义，而后请敦煌公李世民代表三军将士，宣读誓词。

李世民一身戎装，阔步上前。他威严地扫视台下黑压压的甲士们一遍，才拿出誓词，高声宣读：

夫天地定位，否泰送其盛衰。日月著明，亏昃贬其贞满，惟神莫测，尚乃盈虚……时属艰危。则其股肱宰衡，藩屏亲戚，戮力同心，推心翼戴，颠或可扶，纠合而奔。官守恶而不可赦，废放而安宗社……今上之行己也，独智自贤，安忍忌刻……巡幸无度，穷兵黩武。喜怒不恒，亲离众叛……征税尽于重敛，民力殚于劳止……今便兴甲晋阳，奉尊代邸，扫定咸雒，集宁寓县。放后主于江都，复先帝之鸿绩……家怨国耻，雪乎今日。从我同盟，无为贰志。有渝此盟，神其殛之。

李世民刚宣读完誓词，但听一声炮响，惊天动地。台下的将士们发出暴风雨般的欢呼声。李渊站起身来，高声命令："三军出发！"

李世民令旗一挥，五千骑兵，马蹄声声，在旗幡的引导下，率先出场。接着是步兵营。烟尘飞起，逶迤不断。最后压阵的又是一营骑兵。李渊等出征的将士也跨上战马，离开北校场，挥军向长安出发。

晋阳起兵，打的是"立代王为帝"这种"尊隋"的名义。此种掩耳盗铃的做法，帮了李渊的不少大忙，避免了大臣犯上谋反的恶名，檄文所到之处，还真迷惑了许多人。

出师途中，李渊不敢有丝毫大意，让李建成和李世民领亲兵不断巡视兵营。凡器杖、粮草、战马无不让其心腹掌握。

大军分前军、后军、中军，李世民在前，李建成在后，李渊居中，互为呼应。但李渊怕遭埋伏，仍不放心。除派刘弘基率侦骑前行外，又派通议大夫张纶领军至离石、龙泉、文城三郡，作为主力军右翼掩护。

由于屈节交好突厥，西突厥大将阿史那大奈亦率军从征。

七月八日，大军到达西河郡。稍稍休整，李渊即亲自慰劳吏民，赈济贫困。百姓中七十岁以上，皆授为散官，虽无实权，却有俸禄。其他豪杰，也一律量才录用。由于建制不全，没有官印，无法印制告身（委任状）。李渊就手写官名，一天竟任命一千多人。官员们手持李渊手写的官名，兴高采烈，皆愿为李大将军拼死报效。

守长安的隋代王杨侑闻听李渊叛乱，欲来抢夺长安，遂令虎牙郎将宋老生率精兵数万屯于霍邑，左武侯大将军屈突通屯军于河东，以阻击李渊。

也许是晋祠祈雨感动了上天，大军过了雀鼠谷，到达贾胡堡，天就下起瓢泼大雨来，正午的天好像变成了黑夜，雷鸣夹着电闪，狂风带着疾雨，摇撼着世界。半天的工夫，便沟满河平。

大雨哗哗地下个不停，可苦了李渊。道路泥泞，军士衣甲尽湿。天雨路滑，太原的粮草运输又跟不上来，直急得李渊在大帐里愁眉不展，来回踱步。

正在这时，李建成一步跨进大帐，一脸焦急之色。李渊虎着脸看他一眼，问："何事如此惊慌？"

"父帅，事急矣！"李建成抹了一把脸上的雨水，说："据可靠探报，突厥和刘武周欲乘晋阳空虚，袭击晋阳。"

"这消息从哪得到的？"李渊上前一步，一把抓住李建成问。

"一些北来的行脚客商都那么说，将士们中间也议论此事。"

"坏了！"李渊焦急地走两步，"晋阳如果有失，我等连退路也没有了。"

"父帅，退兵吧！"李建成上前劝道，"如今军中粮草也用不了几天了。秋雨绵绵，太原军供也接济不上。急切之间，又不能进军攻打宋老生。在这贾胡堡，进退维谷，实在是不利啊！"

"只好如此了。"李渊命令身边的校尉，"召集各部将佐开会，商议回师之事！"

会议上，裴寂积极赞成回师，他说："宋老生、屈突通连兵据险，不易攻下。突厥贪而无信，唯利是图。刘武周又投靠胡人。太原为一方都会，军供基地，义兵家属，皆在是处，一旦有失，后果不堪设想。如今天雨路滑，粮草接济不上，与其在这耗着，不如还兵，再作道理。"

济世安民：唐太宗

众将佐担心太原的家属，怕有闪失，纷纷赞成裴寂的话，李渊也频频点头。

独有李世民表示强烈反对，他挥舞手臂，高声说道："今禾菽遍野，何忧军粮不继？宋老生虽与屈突通连兵，远水难救近火。老生虽据险要，然为人轻躁，略施小计，可一战而擒。至于刘武周，虽与突厥交好，却相互猜忌，刘武周虽贪太原之利，岂能近忘马邑老巢？我义兵原为救苍生于水火，当先入长安，号令天下，岂可一遇小敌，遽尔班师！今若退却，诸军不明原因，可能会惊恐、猜疑。一旦发生事变，还守太原一地，何以自全？"

李世民一番话说得慷慨激昂，入情入理。李渊却不为所动，拿定主意要退兵，当即下令道："李建成后军改前军，于今日午后开始撤退。我中军和李世民所部于明日上午和下午，按着顺序撤退。"

命令一下，众将士一哄而散，各自作准备去了。李世民留了下来，又苦劝父亲一番，李渊不听。

夜深沉，难入眠。李世民站在军帐门口，思虑万端。雨声沙沙，在风中斜斜地落着，远雷在不知名的地方轰鸣，不断有耀眼的蓝光划破沉沉的夜空。

李世民想起在晋阳宫促使父亲起兵的那一天，想起自己无数次憧憬过的宏基伟业。此次出兵长安，不过是漫漫征途要走的第一步，要把这万里江山变成李氏的天下，还不知要经过多少恶战，多少磨难。但眼下小小的几场雨，三五句传言，竟促使父亲退兵。这绝不是干大事的人所为！

想到这里，李世民再也沉不住气了，他一头冲进黑夜的雨幕，向父亲所住的大帐跑去，几里远的路，好像一瞬间就跑到了，汗水、雨水和在一起，他气喘吁吁，浑身透湿地来到父帅的帐前，却让放哨的卫兵拦住了。

帐内漆黑，没有灯光，父帅已经就寝。

李世民心急如焚，却不得入内，急得他蹲在地上，放声号哭起来。哭声悲切，哭声含着殷殷的期待，哭声和着雨水，在夜色下的土地上恣意奔流。

帅帐里亮起灯来，钱九陇走出帐来，召李世民说："大将军传您进帐。"

烛光下，但见李渊披着被子坐在床上，见李世民垂手站立，浑身湿透，还不停地抹眼泪，当父亲的有些心疼，问："夜已深，我儿不去歇息，大雨之中，因何在帐外啼哭？"

李世民正色说："今兵以义动，进战则克，退还则散。众散于前，敌乘于后，死亡在于目前，儿焉能不哭！"

李渊似有醒悟，说："你哥哥已领左军先退，如之奈何？"

李世民拱手道："我右军未发，正严装待命。左军虽发，但行犹未远，请令孩儿派人去追回！"

"你真有把握打败宋老生？"

"宋老生轻躁，破之无疑，定业取威，在此一举。儿愿亲率精兵，捐躯力战！"

"但破了宋老生，进军长安，谁能担保李密不心怀忌恨，从后袭我？"李渊担忧地说。

"李密恋于仓米，没有远略，父亲当致书于李密，许结为盟友。可卑词推其为盟主，其必妄自尊大，不复威胁我也。"

见儿子说得头头是道，李渊禁不住心动起来，披衣下床，他在地上走了两圈，毅然命令道："立即派快马将左军追还！"

李世民一听，精神抖擞，向李渊一施礼："谢父帅听孩儿进言。"

李渊笑道："成败皆在你，连我这个当父亲的也要听你的。"

过了几天，天遂人愿，雨过天晴。李渊命令部队晾晒铠甲，整理行装，准备进军。恰在这时，太原兵也运粮草来了。

三军略事休整，李渊即率大军由山中小道抄近路直奔霍邑。

大军至霍邑城外十里地扎下营盘。李渊亲率李世民等百余骑靠近侦察。站在一个小山丘上，远远望去，但见城墙上幡旗招展，枪刀密布，寒光闪闪。巡逻的轻骑在城头上往来驰骋。城门紧闭，吊桥扯起，壕沟深深，一派杀气。

看到这些，李渊担心地对李世民说："看此架势，宋老生若不出战，据城固守，我军架云梯而上，发起强攻，恐也难以取胜。"

李世民献计道："宋老生有勇无谋，可以轻骑挑之，他一定耐不住出战。若还不出战，则诬说他已与我约定，将献城与我。老生怕左右上奏，焉敢不出城迎战？"

李渊听李世民讲得有理，也得意地说："宋老生不敢至贾胡堡迎头击我，我已知其懦弱无为也。"

回到大营，召开战前参谋会议，经过讨论，集思广益，制订了一个精密的作战方案。

第二天上午，李建成、李世民带领骑兵数十名，至霍邑城卜，一边命士兵高声辱骂，一边指指点点，好似巡视战地，准备攻城的样子。远处，李渊指挥数百骑兵，分成两队，一路奔东门，一路奔南门，松松垮垮，作出要围城的样子。

宋老生站在城头上，见一些敌兵赤着身子，跳着脚高声辱骂他，怒火中烧，早已按捺不住。又见李渊后续步军正以急行军速度赶来，大有安营攻城之势。

宋老生心中一亮，何不趁敌军行军疲惫，立脚未稳之时，发起猛攻，把对方消灭在安营布阵之前！

想到这儿，宋老生一刻也不愿迟疑，立即点起三万大军，亲自率领，从东门、南门杀将出来。但听战鼓雷鸣，喊杀声震天，气势甚是惊人。

李渊怕宋老生不肯远斗，乃稍稍约兵后退。宋老生却以为对方怯阵，挥兵猛冲，直冲出离城约一里多路。

乘此空隙，李建成、李世民各领左、右精骑，冲向东门、南门，欲断敌兵后路。

宋老生见状，忙挥兵疾进，先攻城东。两军相接，老生以优势兵力直冲李建成的骑兵队，激战中，李建成落马，亲兵慌忙将其救起，边战边退。

宋老生见首战得利，高兴异常，继续领兵向前冲。正在这时，李渊指挥殷开山的步军从南原上急驰而下，冲击宋老生的侧翼。李世民则领精骑从背后杀来。

两军尚未接触，义军便齐声呐喊，声势盖过隋军。这时，前军冲下，南原上又次第冲下后军、中军。宋老生心中不免惊慌，只得硬着头皮挥军迎战。

霍邑城南，一片广阔的田野上，尘土滚滚，杀声震天，枪刺刀砍，响如山崩。李世民一马当先，抢刀猛冲敌阵。他左砍右杀，纵横驰骋，亲手斩杀数十人。两把战刀都砍得卷刃了，血流满袖，甩甩袖子再战。见李世民如此英勇，紧随其后的阿史那大奈备受鼓舞，领麾下精骑发力猛冲。

两军混战，杀声遍野，战事一时呈胶着状态，站在高处观战的李渊见状，心生一计，立即命令士兵传呼说："宋老生已被抓住了！"

此传呼一出，义军士气大振，斗志更旺。隋军听说主帅被擒，心慌意乱，阵脚大乱。义军越战越勇，势不可当，直杀得隋军血流成河，死尸相枕。

宋老生见势不妙，自领亲兵回蹿南门。到了城下，却见城门紧闭，吊桥扯起。后边追兵也旋风般地赶来。老生无奈，只得弃了战马，跳入壕沟。沟内水深丈余，老生浑身带甲，艰难地向对岸游。

"哪里逃！"一个汉子飞马赶来，马到壕沟边，汉子就势跃进壕沟。他身手矫健，水性极好，三游两游，赶上了宋老生。宋老生大惊，回头一看，但见寒光一闪，被对方削去了脑袋。

那汉子正是李世民的属下，右统军刘弘基。他爬上岸来，跳上战马，枪挑宋老生的头颅，绕场示众，义军欢呼声四起。隋军非死即降。

这场恶战持续了整整半天，直杀得天昏地暗，血流成河，几里之内都是尸体。李渊率亲兵巡视战场，怆然有感，对身边浑身是血的李世民说："老生不识时务，使生灵横遭涂炭，乱兵之下，善恶不分，火烧昆山，谁论玉石。无妨死人之内，大有赤心于我李氏者，取来不得。及此战亡，恐以后没人再记起也。九泉之下，余恨绵绵。吾静而思之，良深痛惜。以后取得天下，当以文德治之，不用兵戈！"

李世民耐心听完了父亲的感言，拱手请求道："将士此刻斗志正旺，天快黑了，机不可失，请下令攻城！"

李渊点点头，毅然命令道："即刻攻城！"

由于没料到今天的战斗如此大获全胜，为攻城准备的云梯尚留在十里外的大营里。回去取也来不及了，李世民命令部队搭人梯而上。

杀红了眼的将士们，恶劲憋得正足，争先恐后，飞速窜到城下，搭起人梯，赤臂而上。

守城的兵士见主将已死，主要兵力全部战死，在城外，义军英勇，势不可当。于是兵无斗志，把手头的滚木、礌石往城下一掀，而后一哄而散。义军遂以极少的伤亡，顺利攻占了霍邑。

大破宋老生，攻克了霍邑城，兵进长安，首战告捷，李渊异常高兴，召开了隆重的庆功大会，对有功将士予以嘉奖。在拟定授勋的名单上，有人提出，按古来例法，地位低微的奴仆、部曲，虽然立了战功，但只能奖些金银，不应授以勋位。李世民对此陈规陋习，坚决表示反对，他说："义士应募，冒矢石，攻坚城，何分奴主？今论功行赏，岂可有等差！"

李渊认为李世民说得有理，下令道："诸部曲及徒隶征战有功勋者，并从本色勋授，不得以贵贱论功。"

义军按功颁发赏赐，使得昨日的刑徒、仆隶，胸脯上也戴上了大红花，摇身一变，也成了有官阶的上等人。于是人人高兴、个个欢喜，手拿勋授，奔走相告。

对霍邑城的官民，李渊也不亏待，开仓放粮，赈济贫穷，安抚人心，把原属宋老生部的士兵，编入义军，不加怀疑。原官员有愿继续留任者，重新授官。

李渊这一折腾，新增品级官员五千多人，光五品以上就有上千人。有人上谏书，认为授官太滥，不利于义军的作战和发展。李渊却十分得意地说："天下之利，人不能独吞。将士皆归于我，我岂能不尊敬。隋政的败坏，亦与此有关。隋炀帝有难时，便许授人以大夫。祸去之后，则撇之脑后。所以，士无斗志，将有叛心，板荡分崩，以致有今日之难。覆车的明鉴，不敢效仿。况且加官抚慰，正是鼓励将上效命于疆场。吾好生任赏，其优甚多，当以不日而定天下。"

李氏义军骁勇善战，论功行赏，赈济贫穷，美名远播。流窜于三辅山中的大大小小的武装纷纷来投靠，多时一天数以千计，义军的队伍迅速壮大起来。

灭了宋老生，接下来就是屈突通。李渊父子安顿好霍邑，率兵向河东挺进。八月十二日，兵至鼓山。绛郡通守陈叔达领兵坚守。

陈叔达字子聪，乃陈宣帝的第十六子，南陈时封为义阳王。此人颇有才学，即兴赋诗，援笔立就。历任侍中、丹阳尹、尚书等高官。入隋朝后，地位大跌，仅在偏僻的绛郡任个小小的通守。

李渊以陈叔达非隋朝同类，且爱其才学，决定先礼后兵。李建成自认为读过多年书，腹有才学，口有辩才，自告奋勇，匹马到城下去说降陈叔达。

不料刚一开口，李建成就被陈叔达大骂一通，又令军士放箭。李建成只好抱头窜回，气得咬牙，力劝父亲赶快攻城。

绛郡是个小城，城墙低矮，守卒弱少。攻其有何难哉？李渊旋即下令攻城。

令旗一挥，战鼓一擂，义军跟玩儿似的，飞步赶上城头，隋军一触即溃。李建成一马当先，冲到通守府，把在大堂下正襟危坐的陈叔达抓了起来，五花大绑，解到李渊中军大帐，请求下令立即将陈叔达斩首，以解先前诟骂之恨。

面对死亡，陈叔达神色恬然，立而不跪。李建成刚想上去踹他两脚，让李世民止住了。李世民来到父亲身边，附耳说道："叔达为官清明，为人正直又有才学。目下我军正是用人之际，请父帅以礼感化之。"

李渊点点头，喝退刀斧手，走过去，亲手为陈叔达解去绑绳，并命人看座，以礼相待。陈叔达本是义人，感李渊真诚，表示愿意归顺。李渊马上安排他和温大雅一块同掌军中机要。

安抚好绛郡，十五日，李渊兵至龙门，恰逢出使突厥的刘文静又从突厥带来五百突厥兵，两千匹战马。

李渊见突厥兵少而马多，心中窃喜，褒奖刘文静说："我大军已至龙门，即将渡河，突厥来援，且兵少马多，卿之功也。"

刘文静拱手说："全赖唐公威名远播，事情才如此顺利。"

李渊高兴地拍着刘文静的肩说："走，叫上建成、世民，我们到黄河岸边观察地形去。"

黄河从丛山叠嶂中走来，在荒原上流去，浩浩荡荡，一泻万里。龙门段上，嶙峋壁立，河水贯穿在两山之间，地势骤然下陷，河水从绝壁上摔下来，汹涌澎湃，狂涛乱卷，发出惊雷般的轰鸣。

浑黄的河水闪着晶亮的泡沫，激射半空，形成茫茫银雾，笼罩在龙门上空。

天近残秋，河水喷出的雾气，冷冷透人骨缝。李建成打了个寒噤，缩了缩脖子，说一声："这里还怪冷哩！"

骑在马上的李渊望着奔腾咆哮、云雾迷茫的龙门，爽朗地笑了，他马鞭一指，问李建成和李世民："你们俩谁知道鱼跃龙门的故事？"

李建成抢着回答说："这事我知道。每年开春，江河湖海中的黄鲤鱼，都逆流而上来到这里，来的再多，但一年之中，能跃登龙门者只有七十二条。登上龙门，即有云雨相随，天上神火自后烧其尾，乃化为蛟龙，从此一飞冲天。"

李渊含笑点了点头，他见李世民眼望滚滚河水沉默不语，问："二郎在想什么？"

李世民从浮想联翩中回过神来，他远望苍茫的关中大地，一字一顿地说："鱼跃龙门，雄踞关中，号令天下，我李氏就将成为代代相传、黄袍加身的真龙

天子了！"

李渊哈哈大笑道："有此佳儿，何愁天下不定！"

回去后，李渊即召开军事会议，讨论强渡黄河的问题。汾阳人薛大鼎认为从龙门渡河最为合算。过河后，占领永济仓，传檄各处，关中可定。李渊认为他说得有道理，但也有人表示反对，原冯翊韩城尉、河东县户曹任瑰拜见李渊说："我在冯翊为官多年，郡中豪杰多有结识，大将军给我一纸诏令，我就可以召他们归顺。义军若从梁山渡河，我必领人响应。大军兵指韩城，一直逼邰阳，冯翊太守萧造，乃一介文吏，必望风臣服。然后据永丰仓，虽未得长安，关中已定。"

李渊见任瑰说得有道理，当即任命他为从二品银青光禄大夫，让他去冯翊、韩城一带去便宜行事。

八月二十一日，李渊军至壶口，预备建立水师南渡黄河。百姓闻听义军征船，积极配合，几天之内，竟征得木船数百只。二十四日，关中最强的小股义军孙华，在李渊的感召下，率兵自邰阳前来归顺。李渊大为高兴，令李世民率轻骑前去迎接。

孙华被李渊任命为左光禄大夫、武乡县公、领冯翊太守。其部下也依次授官，又各赏以金银。孙华感恩戴德，自告奋勇，率军先渡黄河。

此时，河南、山东一带发生水灾，饥民饿死者无数。瓦岗军主将徐世绩率精兵五千人，东下攻占了黎阳仓，开仓赈济灾民，数十万饥民得救。瓦岗军趁机扩军，得强兵二十万。先后攻占了武安、永安、义阳、弋阳、齐郡等山东大部地区。

山东形势的变化，切断了屈突通南下的路线，使河东隋军处于孤立无援的境地。李渊兵渡黄河时，屈突通未敢有所动作。

在分析敌情会议上，李渊认为：屈突通精兵不少，相距五十里，而不敢前来与我军交战，足证明其畏惧怯阵。决定派左统军王长谐，率步兵六千，从梁山渡河，从韩城围攻屈突通。

李世民认为此举有些冒险，但李渊不听，李世民遂遣部下刘弘基、史大奈率骑兵同行，以防不测。

王长谐率兵至韩城，驻扎在饮马泉。屈突通不甘坐以待毙，于是派虎牙郎将桑显和率精兵五千人，乘夜色偷袭王长谐军。义军丝毫没有准备，仓促应战，损失上千人，幸亏刘弘基、史大奈的骑兵从背后向敌军发起猛攻，桑显和支持不住，自断桥梁，退回城中坚守。

九月八日，冯翊太守萧造降，蒲津、中滩二城皆降。李渊大军一时间扩充到近二十万人，将屈突通团团围困在河东。

河东非比霍邑，城高壕深，且地势险要，凭河拦阻。李渊指挥将士攻了几次，都失败而归。李渊心中忧闷，又欲放弃河东，径直西取长安，但拿不定主意，于是召集将佐讨论对策。

会议开始时，李渊说："我军几次试攻河东，均无功而返。昨日我登上城东的塬上，见城墙高峻，滚木礌石堆积如山，守备甚严。屈突通以前为宫廷宿卫，善于守城，我军若实施强攻，急切之间恐难于取胜，诸卿有何高见？"

裴寂胸中虽无多少谋略，但交好李渊，官高位尊，于是第一个站起来发言道："屈突通拥大军，凭坚城，若舍之而去，西取长安而不得，河东趁机袭我后，则腹背受敌，如何是好？不如先攻克河东，然后挥师西进。长安依恃屈突通为援，若灭了屈突通，长安不攻自破。"

李建成认为裴寂言之有理，说："城再坚也有攻破的时候，如若调集优势兵力，四面围攻，谅破城也不难。"

李世民却深谋远虑，反驳道："与其在这与屈突通耗着，不如挥兵西进。兵贵神速，我军恃累胜之威，安抚归顺之众。二十万大军，浩浩荡荡，径直入关。长安隋军，必望风惊骇，智不及谋，勇不及取，且代王侑乃无能之人。如果留在这坚城之下，久攻不克，坐废时日，一旦情势有变，众心离散，则大势去矣。况且关中义兵蜂起，未有归属，不可不及早去招安。"

"我军西进，若屈突通从背后袭来，如何是好？"李建成问道。

李世民轻蔑地说："河东四面楚歌，屈突通龟缩城内，仅能自保，何足为虑，早晚会被我擒获。"

李渊权衡双方意见，决定采纳李世民的建议，西进长安，同时为防不测，留下一部分人马，由李建成统率，监视屈突通。

九月十六日，李渊率主力部队进入朝邑，统帅部驻扎在长春宫。关中士民前来投奔的人，络绎不绝。

李渊的妻侄窦轨，也率兵千余人，迎谒于长春宫。何潘仁、李仲文、向善志等关中起义军，皆向李渊请降，李渊一一接见，亲自抚慰，任命官职，让他们各居其所，统归李世民指挥。

在军事安排上，除李建成、刘文静率王长谐等各军数万人屯驻永丰仓，守潼关，防备屈突通等东方隋军外，又派李世民率刘弘基等数万人进攻渭北地区，彻底扫清长安外围隋兵。李渊则自率大军，形成对长安的初步包围。

李世民已拥兵十万，他年纪虽轻，但为人豪爽，赏罚分明，作战时身先士卒，吏民和义军归附如流。

进攻渭北隋军，势如破竹，很快便攻到了司竹。

李世民率军进阿房宫城稍事休整。军帐内，李世民排开盛宴，招待新归附的一班关中游侠。这些人俱为勇悍死士，一见面，就被李世民拜为亲军校尉。

交趾太守丘和之子丘行恭，身长九尺，虎背熊腰，擅长近战肉搏，李世民委之为步军先锋。侯君集使一把快刀，身轻如猿，最喜偷袭侦察，为探军头领。其他如公孙武达、郑仁泰、李孟尝，皆身怀绝技，手段不同一般。

李世民平生最喜和豪侠们交往，如今一班意气相投的朋友围坐一桌，看众人大碗喝酒、大块吃肉、慷慨激昂、拔刀击柱，李世民也相陪着喝了几碗酒。

酒喝得差不多了，丘行恭欺侯君集身材矮小，面皮焦黄，一副病恹恹的样子，走到他跟前嘲笑道："常听人说你人虽瘦小，但却如夜鼠一般，穿门入户，将钢刀置于人枕上，讹人钱财，可有其事？"

侯君集在座位上欠了一下身子，眯着眼不理他。丘行恭更为得意，嘲笑道："鸡鸣狗盗之徒，欲随李公平定天下，赚得封将入相之位吗？"

侯君集抬起头，冷冷地说："我知道你出身于太守之家，也算一个贵门。今幸同为李公门下，不然，凭你刚才几句话，我早叫你脑袋搬家了。"

"你窟窿不大，口气不小！"丘行恭伸出铁爪般的大手，探过身子欲来抓侯君集。

侯君集人影一闪，已藏于李世民身后，他冲着丘行恭笑道："丘八将军，摸摸你的后脖颈吧！"

众人一听这话，方注意到丘行恭的后衣领上不知什么时候已被插上一把雪亮的匕首。众人哈哈大笑。丘行恭急忙伸手向脖子后一摸，从衣领上拔下一把匕首来。匕首一道血槽，两排锯齿，闪着蓝光，上镶"侯记"两个小字。丘行恭顿觉脑后发凉，嘴也结巴了："侯……侯校尉，你啥时候把它插在我衣领上的？"

侯君集大笑道："你已经死过一回了，还问这事干啥？以后记住，尊敬我侯君集就行了。"

一个小插曲，大大活跃了酒场的气氛，李世民提议大伙连干了几觥，带着酒意，踌躇满志地说："天下是武功换来的，众兄弟绝技在身，只要团结一心勇猛向前，何愁天下不平！"

"平了天下，我等都跟着李公当王爷做将军！"众武夫叫嚷起来，又吆五喝六地开始猜拳行令。不长时间，七八瓮美酒，已喝得底朝天，李世民也醉醺醺地舌头僵直，说话咬不清字眼。

这时，军帐外阔步走进一个人，见满目杯盘狼藉，人员东倒西歪，皱了皱眉头。李世民见状，忙走过来，拉住来人的胳膊："舅兄，你如何现在才来？"

"借一个清静的地方说话。"来人是长孙无忌，晋阳起兵之初，他自告奋勇，四处云游，为李世民招纳关内才俊。

两个人手拉手到了偏帐，长孙无忌兴奋地说："这下好了，关内两个最有才学的文士让我给请来了。"

"是谁？赶快领我去见！"李世民摇晃着灌满了酒的身子说。

"乃临淄房玄龄，杜陵杜如晦。此二人有经天纬地之才。玄龄善于谋略，如晦能当机立断，得此二人，天下就得了一半了。"

李世民大喜，扯着长孙无忌向帐外跑："快领我去见！"

帐外不远的大树下，但见有二人立在那儿。

其中一人年约三十以外，身着蓝丝绸大褂，白袜云履，策杖而立。

另一个年约四十，身体微胖，面如紫蟹，手拿团扇，正站在那里左顾右盼，军营之中，好似山中看景，显得优哉游哉。

李世民带着酒意，满面笑容迎过来。军帐里饮酒的丘行恭等人听说来了两个高士，都跑来看新鲜。

李世民老远就伸出手来，嘴里叫着："久仰，久仰，久闻二位大名，今日方有缘得以相见。"

策杖而立的房玄龄见李世民醉意醺醺，脚步不稳，和旁边的杜如晦对了一下眼，并不理李世民，却对李世民身后的长孙无忌说："乱世之中，身为主帅，酒醉不堪，若有急变，将如何应付？请无忌兄不要见怪，就此别过！"

说着，房玄龄、杜如晦转身就走。丘行恭、郑仁泰等人见状大怒，趁着酒劲，"呛啷"一声拔出腰刀，对李世民叫道："且让我等先斩杀这两个无礼之辈！"

"退下！"李世民怒吼一声。他喝退丘、郑二人，拿眼色催长孙无忌赶快留住二位名士。而后李世民又冲着房、杜二人的背影一抱拳，叫道："二位贤士暂在别馆安歇，李世民多有得罪，酒去后当亲自登门赔罪！"

长孙无忌撵着房、杜二人渐渐远去。李世民伫立不动，呆呆地望着他们的背影，他思量着刚才房玄龄的那句为帅不能醉酒的话，心中后悔不迭。

丘行恭、郑仁泰等人站在李世民身后，不服气地说："两个酸秀才，肩不能扛，手不能提，到处卖卖嘴，有什么了不得的！"

李世民不说话，回头看了几人一眼，一字一顿地说："以后但凡领兵在外打仗，谁也不准过量饮酒，违者斩首，也包括我李世民！"

酒醒后，李世民亲往别馆拜会房玄龄和杜如晦。在长孙无忌的周旋下，三人谈今论古，相聚甚洽。李世民当即拜房玄龄为行军记室，杜如晦为兵曹参军，长孙无忌为行军典签，让三人时刻随侍左右，以备顾问。

话说当初柴绍居于长安，任隋太子千牛备身。接到岳父李渊将要起兵的信后，柴绍准备去太原。

临行前，夫妻话别，柴绍担忧地对妻子李昭儿说："尊公将要起兵，让我前去，我本想与你同行，但又怕路上多有不便，若留你一个人在家里，又怕遇到灾

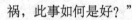

祸，此事如何是好？"

李昭儿从容道："长安是不能待了，我马上回县老宅子去。我一个妇人，容易避祸。夫君但请放心，速去太原！"

李昭儿从小随父亲兄弟一起习练武功，从小胆识过人，颇有主见。丈夫柴绍去太原后，她也秘密离开长安，到了老家县。昭儿知父亲兄弟起兵，势不可当，不久将会兵进长安。与其在山中躲避等待，不如先拉起一支人马，以为响应。

主意定下，李昭儿广散家中财物，招聚逃亡在山中的百姓，一时间，竟得上千人。

当时有胡商何潘仁，也聚兵上万，自称总管，盘踞于司竹园一带，并劫来前尚书右丞李纲，使为长史。李昭儿闻讯后，当即修书一封，派家将马三宝前去说降。马三宝凭着三寸不烂之舌，说明利害，晓以大义，最终说服了何潘仁，归于李昭儿名下。李昭儿兵马迅速扩大，势力范围覆盖了鄠县南部的大部地区。

当是时，李渊从弟李神通，本居住于长安，闻哥哥在太原起兵后，为逃避朝廷的追捕，跑到了鄠县北部山中，他联络京师大侠史万宝等，聚义起兵。

时李渊兵渡黄河，李昭儿觉得时机已到，即联合叔叔李神通，两下夹攻，拿下了鄠县。

占据鄠县后，李神通拥兵万人，即自称中道行军总管，以史万宝为副总管，柳崇礼为司马，令狐德棻为记室，在鄠县成立了一整套军事机构。

李昭儿则率领大军，继续向盩厔方向进军，行军途中又联络了李仲文、向善志、丘师利等义军，一路势如破竹，攻克盩厔、武功、始平等地。

昭儿指挥有方，赏罚分明，军纪严整，一时间威震关中，军队发展至七万多人。关中人呼之为"娘子军"。

李世民率几路兵马屯军阿营，连同原右三统军，总控制兵力达十三万人。李世民即派专使去见父亲，言渭北一带隋军已扫清，请选定时日，进军长安，定期会战。

李渊回信说：屈突通已在潼关被阻，不能西去，余不足虑。已命李建成率永丰仓上精兵，自新丰趋长乐宫待命。命你部回兵至长安故城待命。等全部兵马到达指定位置，即可攻取长安。

渭水之阳，在通往长安的官道上，李世民骑着名骏飒露紫，在众将佐的簇拥下，带领十万人马，迤逦向长安故城进发。

秋日中午，远处的群山都披上了金甲，阳光在奔腾不息的渭水上跳跃。李世民举目眺望，心中充满了必胜的信心。攻占长安，即可号令天下，黄袍加身，我李氏终于有这么一天可以坐江山了。

正想之间，但见一个侦骑飞马跑来，滚鞍下马，向李世民报道："前面山口发现大队人马，打的是咱李氏的旗号，请令定夺！"

"这是哪支队伍？"李世民想了一下，对身后的众将佐道："随我前去查看！"

说着，李世民便催马前行，百余骑将佐亲兵紧随其后，越过正在行军的步兵，赶往前面的山口。

走不多远，但见前面的山脚下有大队人马。旗分五色，兵拨八方，盔甲鲜明，甚是齐整。幡旗上都写着斗大的金黄色的"李"字。李世民心里疑惑，催马向前，想看个究竟。

这时，对方也跑来一队骑兵，到了跟前，绣旗开处，一员女将英姿飒爽，赫然而出。但见女将头戴雉尾，身披胄甲，腰佩七星宝剑，脚穿战靴，骑在马上，甚是威风。李世民目瞪口呆，那女将立在马上笑道："二郎不认识姐姐了？"

李世民定睛一看，才认出是姐姐李昭儿，惊喜交加，忙滚鞍下马，向姐姐拱手道："阿姊巾帼英姿，令人钦佩！"

李昭儿笑道："特来帮助阿弟。"

姐弟俩谈了一会儿别后的话，李世民从阿姊口中又得知妹夫右亲卫段纶，也在蓝田起义，有军万人，皆奉李渊将令，向长安附近靠拢。李世民高兴地说："我李氏亲属，皆在各地起兵。一呼百应，甘为人先，此天兴我李氏也。"

李昭儿指着身后的兵马说："我军队已近七万余人，可归阿弟节制。"

李世民拱手推辞道："阿姊巾帼英雄，胆识不在我等兄弟之下。弟当奏明父帅，为阿姊别设军府。"

李昭儿也不多言，即与李世民合兵一处，率军向长安外围进发。

诸军到达指定位置后，李渊分头接见新归顺的将佐，一一抚慰。任命李神通为光禄大夫，段纶为金紫光禄大夫。以下各授官职，所部编归李世民调遣。

柴绍和其妻李昭儿各设幕府。时李昭儿年仅二十岁，即统率近十万人马。时称为李氏营娘子军。

大业十三年（617年）十月四日，李军至长安，屯于春阳门。诸路军马，足有二十万，将长安团团围住。

因为李渊起兵打的是"尊隋"的名义，所谓"请尊天子为太上皇，立代王为帝，以安隋室"。这时长安的最高统帅正是代王杨侑。李渊不便立即命令攻城，便三番五次派使者前去申明尊隋之意。

代王杨侑年仅十三岁，长安的主要事务还需留守卫文升、阴世师等人承担。卫、阴二人见义军兵多马壮，其势逼人，不敢大意，封住所有城门，信使不通。李渊的使者也只能站在城下，冒着被箭矢射中的危险，一遍遍喊话，弄得口干舌燥，不见一点效果。

见劝告十余日无效，李世民率诸将来到中军大帐，请求出战。李世民对父亲说："京城不启，此是隋运其亡。既灭亡之，非人能复。违天弃日，劳师费粮，坐守愚夫，恐非长策，请进围之，以观其意。"

李渊却摇摇头说："文皇帝英明仁慈，功德行世，是为父一生所钦佩之人，今贸然起兵，心已不安。岂可再以刀兵加于皇都？"

不以刀兵加于皇都，弄二十万兵马来干什么？李世民见父亲说得冠冕堂皇，知其仍在做表面文章，于是率诸将进一步劝道："无成王之主，不得行周公之事。又恐巨猾之徒来争形胜，请更思之。"

李渊不听，喝退众将，仍派使者到城下苦口婆心地劝说。李世民见父亲仍不肯撕下假面皮，心下忧虑，回到自己的大营，前思后想，觉得不能再拖延攻城了，一者懈怠诸将求战之心；二者几十万大军停滞不前，枉费粮草不说，还贻误战机；三者李密瓦岗军兵强马壮，正发动第三次攻洛阳之战，屡败隋大将王世充。且李密一心想做义军盟主，今见李氏军围住皇都，恐心生嫉妒，别生歧义。

想到这些，李世民再也坐不住了，找来长孙无忌、房玄龄、杜如晦一齐商讨此事。房玄龄点头认可李世民的担忧，他大冬天摇了几下羽毛扇，心生一计道："可联络左军大都督陇西公李建成，暗使几路军马作势欲攻城，然后飞报大将军，言将领争欲攻城，不能制止，以此胁迫大将军早下攻城命令。"

听房玄龄这样一说，李世民觉得此计可行，于是看了看杜如晦，杜如晦坚定地说："时不我待，请马上依计而行。"

房谋杜断，李世民马上修书一封，派长孙无忌前往长安城东南面李建成的防区。

下午，在李世民、李建成的授意下，李世民的部将丘行恭，李建成的部将雷永吉等人，不等将令，擅自带领本部兵马，提着云梯，气势汹汹，在左右两个大营门口吵吵嚷嚷，欲强行冲卡，前去攻城。

李世民、李建成飞马赶到各自的营门口，自然是劝说不下，于是使人报与李渊，言诸军请求攻城，不能制止。

李渊闻之，从春明门外，急忙赶到安兴坊右军大营，厉声呵斥，不准攻城。将佐们见主帅动了气，只好收兵回帐。

房玄龄之计，虽未立即奏效，但也起了很大的作用，此事在李渊的心中也有了震动。当晚，李世民约上李建成，率文武官员来到李渊的大帐，齐刷刷地跪在地上，再次请求出战。李世民慷慨激昂地对父亲说："太原以来，所过未尝经宿，长驱四塞，罕有不克之城。今至京师，不时早定，玩敌致寇，以挫兵锋。又虑初附之人，私轻太原之兵无能为也！"

李渊也有李渊的考虑，他向诸将解释说："我不是不让你们攻城，而是想让

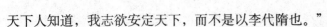

天下人知道，我志欲安定天下，而不是以李代隋也。"

此乃"掩耳盗铃"之事，李渊未免看得过于认真。诸将不依，继续请战。正在这时，在城下苦口婆心一再申明尊隋之意的使者，带着箭伤回来了。这乃一老先生，自谓饱读诗书，伶牙俐口，此时却捂着大腿上的箭伤，一瘸一拐走进大帐，边走边招手向李渊叫着："朽木不可雕也，粪土之墙不可圬也！"

面对将士们求战若渴的表情，面对年迈的使者带伤的大腿，此情此景，再容不得李渊犹豫了。但他还装出一副下不了决心的样子，一会儿摇头，一会儿点头，一脸的凝重，好半天才痛下决心道："明早开始攻城。晓谕三军，破城后，不得侵扰隋皇七庙及代王宗室，有敢违令者，罪及三族！"

总攻这一天，选的也不是时候，大早晨，天幕低垂，长安城外显得格外寒冷，远处巍峨挺拔的秦岭模糊在铅灰色的云雾里。

长安是隋朝的皇都，城墙坚厚，军用物资储存丰厚，并不是那么容易攻占的。按照战斗部署，身着护身铠甲的工兵部队，肩扛长木等搭桥工具，首先往上冲，他们冒着箭雨，迅速地在壕沟上搭桥。

而后，锣鼓声震天响，攻城部队提着云梯，举着钢刀，潮水般奋力往前冲。许多人还没冲到城墙根，就倒在飞箭下。但将士们不怕流血牺牲，仍呐喊着向前冲。

到了城墙，迅速搭上云梯，争先恐后向上爬，城上的滚木、礌石如雨般地往下倾倒。多少次爬到半截，就被砸了下来，或摔得腿断胳膊折，或粉身碎骨，当场殒命。个别矫健者，侥幸登到城头，也被枪挑刀砍，抛下城来。

激战一上午，攻城部队无任何突破。在长安城西、城北，李世民下令暂停攻城。把部队撤了下来，清点人数，死伤近两千人。

在战场上，李世民召开攻城商讨会，面对高大的城墙、矢石充足的敌军，将士们认为别无他法，只有前赴后继，奋勇强攻。冯翊太守、军头孙华乃草莽出身，望着红旗招展的长安城头，气得直咬牙，他主动请战，对李世民说："下午由我的部队担任主攻，不攻占城墙我誓不回来！"

午后，攻城部队再次发起强攻，孙华指挥麾下三万人马在十几里长的城墙根同时发起冲锋。矢石如雨，喊杀声震天，冲锋的路上，士兵如割麦子一样倒下来。高高的云梯上，攻城部队如风吹蚂蚁，直往下落，战斗进行得极为惨烈。

这时，天开始变脸，寒流夹着鹅毛般的大雪，似雷霆滚过，把战场的上空搅得灰蒙蒙的。白雪、鲜血，一阵风就可以吹走人的生命，使战场显得令人寒悚。

李世民领着一班将佐，站在一处高岗上，神色凝重地望着激烈的战斗。城头上，似乎有少量士兵登了上去，但很快地就被围歼。敌将阴世师、骨仪等人站在城楼上，正挥舞着刀剑督战。

63

孙华看在眼里，再也沉不住气了，对李世民说："我亲自上，不信拿不下！"

李世民一把没拉住，孙华早跃上战马，一阵风似的跑远了。但见他高举着自己的"孙"字将旗，指挥部队呐喊着往上冲。他飞马越过壕沟没跑多远，就一头栽下马来。

高岗上观战的李世民大吃一惊，急令旁边的亲兵校尉飞马去将孙华抢回，然孙华已被流矢射中殒命。

未占敌一墙一垛，先折一员大将，望着越来越狂暴的雪天，李世民再次下令停止攻城。

退兵的锣声响起，士兵们扯下云梯，抬着死难者的尸体，退了下来。

又死伤了上千兵士。李世民默默地观望战场，整个战场这时如死寂一般，一群乌鸦在风雪中飞过，似乎也被血腥所惊动，呼啦一声展翅飞往高空……

要争霸天下，夺取江山，岂有不死人的。年轻的李世民，心硬如钢，安葬了死去的将士之后，冒着夜雪，到左军叫着兄长李建成，一起赶往春明门，去见父帅李渊。

全线经过一天的激战，死伤近万，却毫无战绩，李渊心情郁闷，正在中军大帐一个人独自沉思徘徊，见李建成、李世民赶来，忙问军队的士气如何。李世民一拍胸脯说："只要主将信心百倍，兵士们没有退缩不前的。"

"你的右军第一天便折了一员战将，不可轻敌啊。"李渊忧心忡忡地对李世民说。

"父帅，"李世民提出自己的想法说，"我找兄长商议了，攻打长安不能像攻一般的城池一样，要打破常规。"

"你意如何？"李渊问。

"我想各个攻城部队，都分为若干部分，不分昼夜，不管天气如何，白天黑夜轮番攻城。"

李渊考虑了一下说："不分昼夜攻城，若短时间不能成功，对将士们的心情影响很大。像李密围攻洛阳二年，毫无突破。若放在我们这里，岂不将士离心，人走一空！"

"守城隋军痛恨隋炀帝暴政，畏我义军善战，其士气必然低落。我军不舍昼夜，轮番进攻，受折磨的首先是他们。"

"若短时间不能取胜又当如何？"

李世民十分有把握地说："我料多则半月，少则十大，必破长安。绝不会如李密那样，在洛阳外围耗了两年。"

李渊拿不定主意，又招来左右谋士商议一下。大家也认为二公子说得有理，长安军备充足，利于快攻，慢了只会对我方不利。

济世安民：唐太宗

最后，李渊拍板，决定采纳李世民的计策。

当夜，部队在漫天大雪中继续攻城，一副不达目的誓不罢休的气概。守城的隋军没有料到这一招，仓促之间，没做部队轮换，城西险些被攻破。

攻城继续激烈地进行，李军战死者，皆有厚恤，有亲属者皆赠散官，将士们争相效命，不怕流血牺牲，奋力攻城。

激战持续到第十二天，情况极为惨烈，双方都付出了极大的牺牲，将士的承受力仿佛都到了极点。

下午，军头雷永吉率领敢死队在城南率先登城。刀砍枪刺，全力杀散守城隋军，占领了城头一隅，后续登城部队没有了威胁，蜂拥而上，把隋军赶下了城墙。

南城门首先被打开，吊桥放下，期待已久的精锐骑兵，飞马冲进城中。

阴世师、骨仪等人率隋军与李军展开巷战，但很快被打垮。隋军见城池一破，兵无战心，纷纷化装躲避或投降，李氏军蜂拥而入。

雷永吉抢一匹战马，带领部下向代王杨侑所在的东宫冲去。代王的左右侍从及护卫亲兵，听说李氏军攻进城，谁也不愿卖命去保卫一个十三岁的毛孩子，纷纷丢弃铠甲，换上便服，逃得无影无踪。

雷永吉率兵踏着满地丢弃的枪刀铠甲，径直冲上大殿。御阶上代王杨侑吓得小脸煞白，坐在龙椅上，抖成一团，旁边唯有一个人挺身站在他旁边。

杀红了眼的李军举着滴血的钢刀，在这金碧辉煌的大殿里迟迟疑疑，试试探探往前拥，好像稍有点响动，就会把代王杨侑剁成肉泥。站在杨侑旁边的那个人神色不变，丝毫没有畏惧，他厉声喝道："唐公举义兵到此，本为匡扶帝室，谁敢无礼，必将灭其九族！"

众将士闻言，皆愕然停下脚步，不敢向前。雷永吉晃着刀问："你是谁？"

"我乃太子侍读姚思廉，你速速约兵退出殿外！"

"什么破侍读，给我绑起来！"雷永吉叫道。

手下人闻令，就要往上冲。但大殿门口却传来一声断喝："不得无礼！"

随即冲进来上百个亲兵侍卫，把雷永吉的兵士赶出殿外。雷永吉见是大将军李渊到了，忙上前施礼，欲介绍情况。李渊忙推开他，冲宝座上的杨侑施礼道："臣李渊参见代王！"

杨侑吓得连眼也不敢看李渊，只是缩在那里簌簌发抖。姚思廉拱手向李渊道："请唐公负责代王的安全。"

李渊点点头，说："乱兵之中，尚无秩序，请代王到大兴殿后厅暂居，我派我的卫队来保护您。"

代王哭哭啼啼，早没了主意，姚思廉也别无办法，只得搀扶起代王，在李渊卫兵的簇拥下，去往大兴殿后厅。李渊毕恭毕敬，亲自把代王送至顺阳阁下，又叮嘱亲兵好好看护代王，方跪地叩拜，洒泪而去。

李世民的主力部队迅速控制了宫城一带，负隅顽抗的阴世师、骨仪等人被生擒活捉。

安排好城防巡逻、宫殿警卫等工作后，李世民领亲随护卫飞马赶到长乐宫中军驻地，向父帅汇报战绩，并确定下一步行动。

攻下长安，立代王侑为皇帝，挟天子而令诸侯，为最终李渊夺取帝位，打下了厚实的基础。从五月太原起兵，到十一月攻下皇都长安，从起兵时的万余人发展到现在的二十万大军，短短的半年时间，形势的发展竟如此顺利，仿佛离皇帝宝座只有一步之遥。这些让李渊既高兴又惶恐。见李世民来到，忙招呼他坐下，问："现在长安军民的情绪怎么样？"

"战斗刚刚结束，正在收拾残局。由于事先晓谕三军，不准扰乱隋室、侵犯百姓。长安城内，百姓人等对义军的到来表现平静。"

"你觉得下一步首先要做的是什么？马上扶代王登基？"李渊又问儿子，二郎年纪虽轻，但精明强干，在许多重大的战略部署上，很有主见，给李渊留下了很深的印象。

"第一步首先出安民告示，与民约法三章，尽除隋朝苛政。新军入城，首先要出新气象，让百姓认定我军是仁义之师，然后再具法驾迎代王即位。"

"好！"李渊看着儿子，高兴地说，"京城的防务、治安等问题都交给你，再说你手下的能人也多，办事都是行家里手。"

"父帅！"李世民拱手道，"阴世师、骨仪等十余名隋将死心塌地，抵拒义师，请下令立即斩首，其余人等可用安抚的政策，既往不咎。"

李渊点点头，说："京师刚刚攻下，事务头绪纷杂，你先忙你的吧，这事由我来处理。"

李世民走后，李渊命人把阴世师等人提来。当面问过，遂以"贪婪苛酷，阻拒义师"之罪，命人把阴世师等十余人推出辕门外，斩首示众，其余俘虏之众，悉令释放。

裴寂却想起一个人来，对李渊说："有一个人不能释放，其罪等同阴世师，当判以斩刑。"

"谁？"李渊问。

"就是李靖。"裴寂说，"放了谁都不能放了这小子，此人自诩有才，放了以后，说不定以后会做出不利于我们的事来。"

提起李靖，可是大大有名。他本乃雍州三原人。其祖父李崇义为北魏殷州刺史，其父李诠为隋赵郡太守。少年时代的李靖就颇有大志，常对亲朋说："大丈

济世安民：唐太宗

夫若遇明主，必当立功创业，以取富贵功名！"李靖从小好学文史，兼习兵法，每与舅父暨名将韩擒虎一起研讨兵法，颇有心得，韩擒虎每每向人夸奖其外甥的才华。

及长后，李靖初任长安县功曹。左仆射杨素很欣赏他的才华，有一次拍着自己的宰相宝座对李靖说："卿终当坐此。"

大业末，李靖任马邑郡丞。此时他敏锐地发现李渊坐镇太原，必有异谋，因戴上枷锁令长官押自己前往江都，以便向隋炀帝告密。后因道路不通，李靖又转向长安城、来找代王杨侑时，城破被擒。

李渊痛恨李靖的告密行为，当即派了亲兵，前去狱中把李靖提来。

亲兵知道大将军憎恨李靖，特地用绳子在他身上捆了二三十道。被押进军帐的李靖不改他才子的傲劲，颔下长髯飘拂，气度不凡。

李渊眼中亮了亮，但一想到"告密"二字，心中不忿，喝道："我举义兵，匡扶天下，志在尊隋。你起小人之心，欲去江都告密，该当何罪？！"

李靖闻听此言大笑道："司马昭之心，路人皆知，何必遮遮掩掩。汝身为隋朝命官，起兵反隋，我李靖又不是你的人，为何不能密告皇上？"

李渊见他当场说穿自己起兵的真相，怒上加怒，喝令堂下的刀斧手："速速推出辕门，斩讫报来！"

刀斧手上来抓住李靖，往外就推。到了门口，李靖愤愤不平地回头大呼道："公起义兵，本为天下除暴乱，何以私怨斩壮士？！"

李渊一听，心下佩服其言，正自踌躇，帐外"噔噔噔"地跑进一个人来，老远就大喊："刀下留人！"

李渊定睛一看，是二子李世民，见他急得满头是汗，刚要问话，李世民一把推开刀斧手，扶着李靖的肩，激动地对父亲说："听说李靖被抓，我一路追来，好歹人还在这。李靖才勇双全，若收为我用，必能建立奇功。请父帅不念旧罪，赦免授官！"

李渊见李世民如此爱才，心下高兴，却故意沉思了一会儿，才准许其所请。李世民忙亲自动手，为李靖解去缚绳，好言抚慰一番。李靖谢过李渊不杀之恩，欣然随李世民而去。

大业十三年（617年）十一月十五日，李渊所部士卒摇身一变成了羽林军，从午门外一直摆列到大兴殿。今天是代王杨侑即皇位的日子，虽然名不正言不顺，但一样也不能少，卤簿全副齐备，用的也是传胪的仪制。

辰时三刻，钟鼓齐鸣，午门大开，皇宫内响起一片天乐之声。李渊率文武官员，备法驾迎代王来到大兴殿。

净鞭响了三下，内官一队队捧出金炉，焚了龙涎香。年仅十三岁、瘦瘦的杨侑被人给套上了一身宽大的龙袍，在原是李渊侍女的宫女们的推拥下，战战兢兢斜着腚坐上了龙椅，是为隋恭帝。

"吾皇万岁万岁万万岁！"堂下发出一片震耳欲聋的呼喊声，吓得杨侑不由得哆嗦了一下。

随之，裴寂代皇帝宣读诏书：改元义宁，遥尊隋炀帝为太上皇，以李渊为假黄钺、使持节、大都督内外诸军事、尚书令、大丞相，晋封为唐王；以武德殿为丞相府，改"教"称"令"，白天在大兴殿东侧的虔化门处理政事；军国大小事务，各级文武官员的任命，赏功罚过，皆归丞相府处理。皇帝只管郊祀天地、四时禘祫；设置丞相府属官，以裴寂为长史、刘文静为司马、李纲为司录、窦威为司录参军。

读完诏书，又是一片"吾皇万岁万万岁"，屁股还没坐热的隋恭帝即被人搀下宝座，引回大兴殿去了。文武百官则随着李渊，呼啦啦赶到所谓"丞相府"的武德殿。

李渊坐在武德殿宽大的宝座上，俨然是不穿龙袍的皇帝，各官重新参拜完毕，讨论下一步计划。

李渊望着一个个精神抖擞的部下想，没有他们的努力，也没有今天的自己，为收买人心，他首先开口道："自起事至今，短短半年时间，就占据了长安，众卿功不可没。我想倾朝廷府库以赏赐官员，不知各位意下如何？"

一听说厚赐大家，没有一个表示反对的，全都喜笑颜开地表示赞成。右光禄大夫刘世龙为讨好李渊，献策说："今义师数万在京师，烧柴贵而布帛贱，请砍伐长安六街和苑城中的树木以换布帛，以我的计算，可得布帛十万匹。岂不是一笔意外之财？"

把长安参天的古树一砍而光，如此馊点子，竟得到李渊的拍案赞同，说："好，好！这是个生财的好主意，马上办理！"

时为京兆尹，全面负责京城政治、军事的李世民，对砍树一事表示反对，认为有损古都景观，李渊心里说砍掉隋木，乃砍掉隋朝根基。待我唐王称帝，再种唐木不迟。李渊没把心里想的意思说出来，只用手一划拉，对李世民说："这事已决定了，你就不要管了。"

百官之首的裴寂一拍脑门，想起一件事，走上前来对李渊说："为让天下人看到希望，再请皇帝下诏，封李建成为唐世子，李世民为秦公，元吉为齐公。"

李渊点点头："这好办，你拟好诏书，到大兴殿盖上玉玺就行了。"

李世民上前拱手道："长安初定，关中一隅，人少地狭，不足以傲视群雄、统一中国。请派遣宣抚使，以高官厚禄向巴蜀各郡县招降，巴蜀人力物资丰富，以其为后盾，则霸业可成也。"

济世安民：唐太宗

李渊听了二儿子的话，非常高兴，下令派姜谟、窦轨出大散关安抚陇右地区，左光禄大夫李孝恭招抚山南，府户曹张道源招慰山东。

也许人家李氏天生该当皇帝的命，也许巴蜀无主，各郡县随遇而安，檄书所至，降附李渊者竟达三十多郡。十二月，平凉留守萧瑀、扶风太守窦琎以识时务者为俊杰自标，相继来降。李渊大官帽子一扣，即以萧瑀为礼部尚书，封宋国公，窦琎为工部尚书，封燕国公。受其感召，榆林、灵武、平凉、安定等郡县，亦遣使者表示归降。

一时间，李渊的势力范围急剧膨胀，大有俯身可拾天下之态势。李渊的部下为光明的前途所吸引，天天有上书劝李渊自立为帝的。李渊也常常做起了当皇帝的美梦，只是觉得还不到时候。隋大将王世充领有精兵十万，坚守着洛阳，瓦岗军数十万大军围攻洛阳，虎视眈眈地看着李渊。再有，西边薛举拥兵二十万，窥伺长安这块风水宝地，北边的刘武周常欲南下分一杯羹。如果在这种形势下称帝，必然引火烧身，被隋朝官吏视为叛逆，成为众矢之的。

拥李渊称帝不成，裴寂等人又逼迫隋恭帝杨侑下了一道诏书，追封李渊的祖父李虎为景王，其父李昞为元王，其夫人窦氏为穆妃。

没有唾手可得的天下。薛举见李渊占了长安，果然十分嫉妒，派儿子薛仁杲率兵二十万前来抢夺，第一站先围攻扶风。李渊闻之，急派能征善战的二子李世民率军前去迎战。

薛举，河东汾阴人，身材高大，骁武善射，家财无数，大业十三年（617年）四月，以金城府校尉的身份起兵反隋，自称西秦霸王，建元秦兴，封儿子薛仁杲为齐公。七月，薛举称帝，军队号称三十万大军。

薛仁杲后被封为齐王。此人力大无穷，号称"万人敌"，为人极其残暴。攻下秦水时，为索取财物令军士将富人抓来，往鼻子里灌醋。曾有庾立者不肯投降，薛仁杲便发怒割其肢体，放火上燎烤，就白酒吞吃。

李世民麾兵至扶风二十里远的盘龙山扎下营寨，探马来报，薛仁杲大军日夜强攻扶风，扶风城岌岌可危。

在战前会议上，长孙无忌等人认为薛仁杲有勇无谋，可于扶风东南山谷中布阵，诱其深入，一战可擒。李世民却否定了这个意见，他说："薛贼徒有虚名，遇事慌乱，可先率一支军队突袭其大营，毁其粮草，而后我分兵掩杀回救部队，然后扶风城中兵杀出，两下围攻。狭路相逢，勇得者胜，先灭灭他所谓西秦国的威风！"

"听说薛仁杲号称二十万大军，而我军只有其一半，急切之间，不知能否啃得下？"长孙无忌担忧地说。

李世民笑道："薛举所据之地，仅陇西、固原、东都数州而已，其地广人

稀，倾其所有，也不过几十万人口，何来二十万大军？不过是吹牛而已。其兵擅长骑射，不擅强攻，且久攻扶风不下，已自懈怠。我与其正面交锋，正是要伤其锐气。"

当即，李世民指派侯君集率东部兵马袭击薛军后营，并焚其粮草。然后与丘行恭各带两支人马，埋伏于城西两侧，专等薛仁杲回兵救老营。

薛仁杲指挥数万大军，把扶风这个小城围得铁桶一般。三军发力攻打，本以为一举拿下，不料激战了两天却没占得一点儿便宜，直气得薛仁杲在阵前哇哇大叫，挥起狼牙大棒，连杀了两名领军小校。

"报，报告大元帅！"一个小校飞奔而来，单膝跪地，手指身后惊慌地对薛仁杲说："李世民率领大军杀奔我后营，焚我粮草。"

薛仁杲回头一望，只见正西扎营的鹤伴山那边，升起数股浓烟。薛仁杲大吃一惊，顾头不顾腚，让人抄老窝了。

"你是什么狗探兵？让人破了营才来报告。"薛仁杲一棒把腿下的小校打得脑浆迸裂，而后传令大军停止攻城，速回救老营。

正攻城攻得有劲的将士们眼看就要把扶风城攻下，忽传令回军老营，只得从云梯上撤下来。骑兵骑马，步兵跑步，踉踉跄跄地向西奔去。

薛仁杲性子急，有勇无谋，遇事不加考虑。他也不管大军多么疲惫，只是督军猛往前冲。刚出去二里地，就听两边山坡上鼓响锣鸣，无数唐军口里叫道："活捉薛仁杲！"冲将下来。

薛仁杲心下着慌，再看身后士兵，更慌得往一块挤。身为主将，大老薛只得打起精神，拿出一股恶劲来。他鼻眼朝天，手举着狼牙大棒，骑着名驹白蹄乌，回身喝令道："兵来将挡，水来土掩，慌什么？给我上！"

薛仁杲身长九尺，白蹄乌比一般战马又高出一截，骑在马上的薛仁杲铁塔一般，西秦军见主帅如此。不由不增加一股豪气，打起精神，端刀持枪，纷纷迎战。

李世民远远望去，倒没有看中薛仁杲这个人，而是爱上了他座下的战马。那马头高身大，乌黑发亮，四蹄皆白，端的是马中名驹。李世民对身旁的刘弘基说："若得此驹，不虚此战也！"

"这有何难！"曾为盗马贼的刘弘基和李世民交换了几句意见，即刻组起一队硬弓射手，射人不射马，由李世民、刘弘基带队，向薛仁杲处冲击。

几百匹战马驮着神射手，呈扇面形向中军大旗下进攻。边冲边射，箭如飞蝗，打得措手不及的薛仁杲的卫兵纷纷落马。

这时，已踏平敌军老营的侯君集引军迎面杀来。扶风城守军也得到消息，从城中涌出，杀奔敌后，西秦军四面被围，阵脚大乱。

济世安民：唐太宗

乱军呐喊声中，薛仁杲还没来得及摆阵迎敌，一阵飞箭射来，肩窝先中了一箭，险些栽倒。

"撤！撤！"不知敌军到底有多少的薛仁杲怕中埋伏，传令撤军，而后忍着伤痛挥起狼牙大棒开路。

李世民考虑双方兵力差不多，急切间，吃不掉对方，传令侯君集闪一条口子，让敌军后退，只在后面挥兵掩杀。

"射那个骑白蹄乌驹的！"刘弘基指挥众军一起大叫，箭如飞蝗，直奔薛仁杲前后左右，已中了一箭的薛仁杲吓坏了，慌忙与卫士调换马匹。西秦军倒拖旌旗，扛着刀斧，随主帅没命地往西逃窜。

刘弘基一身短打扮，骑一匹快马，冲入敌阵，直奔骑白蹄马的而去。快接近时，他飞身跳起，落到白蹄马身上，抓起那卫兵一把扔到了马下，而后催动白蹄马回归本队。

李世民大喜，催动部队全力追赶，大杀大砍，一直追击到垅坻，方才罢手，共杀敌万余人。

刘弘基奋不顾身，勇夺敌主帅坐骑白蹄驹。战后论功会上，嗜好良马的李世民将刘弘基评为第一功。

再说薛仁杲一路上丢盔弃甲，败退回秦州。西秦皇帝薛举惊恐万分，惧唐军势大，欲行归顺，在大殿上问百官："自古天子有投降的事吗？"

黄门侍郎褚亮上来拱手道："赵佗归顺于汉高祖，刘禅仕于西晋，近世萧琮至今犹贵。转祸为福，自古有之。投降也不是多么了不起的事。"

卫尉卿郝瑗大怒，上前指着褚亮对薛举说："劝君投降，此可斩也！昔汉高祖屡战屡败，蜀先主刘备战败妻亡，然终成帝业。陛下怎可因一战不利，而匆忙作亡国之计，岂不令西秦士庶大失所望？！"

薛举自感失言，忙摆出一副笑脸说："我是故意问这话试你们，看来郝瑗才是忠臣。来呀！赏郝爱卿锦帛百匹，黄金五斤。"

厚赏归厚赏，西秦国地位的不安定早已被人看破，一些郡县长吏，纷纷秘密派遣子弟入长安请降。

且说驻守在河东的隋大将屈突通，几次与阻挡其西救长安的刘文静军激战，均无突破。十二月的一天夜里，屈突通派部将桑显和夜袭敌营，连破两座壁垒。

刘文静和左光禄大夫殷志玄仓促之间，率兵苦战，双方在夜幕里短兵相接。刘文静被流矢击射，不得不约兵后退。

战至三更天，桑显和以军士疲劳，传令休战就餐。

刘文静看出敌军小胜而骄傲，在河边埋锅造饭，乃组织军队，分三路向隋军反击，双方混战一场，桑显和损兵折将，大败而归。

此时长安已被唐兵所占，屈突通只好改变主意，留桑显和坚守潼关，自率大军东进，欲解洛阳之急。谁知大军刚走，已对隋朝失去希望的桑显和即率众向刘文静投降。

刘文静兵踞潼关，即派窦琮、殷志玄率精骑追击屈突通。追至稠桑，两军布阵相持，窦琮派屈突通之子屈突寿和桑显和上去劝降。两军阵前，未等屈突寿开口，屈突通便大声斥骂道："从前与你是父子，今日则为仇敌！"

说完，即令弓箭手放箭射之。桑显和见状，立于马上对隋军大呼道："京师已陷，众弟兄家乡皆在关西，东去救洛阳，又为谁去救洛阳？"

隋军将士一听此言，皆感前途无望，无心再战，在桑显和的招呼下，纷纷丢下兵器，跑到唐军阵前投降。

屈突通见众叛亲离，大势已去，再无回天之力。于是滚下马背，跪于地上，面向东南，向江都的隋炀帝长拜，放声恸哭，而后拔出宝剑，仰天叹曰："我屈突通蒙受国恩，历事二主，食人之禄，当无负于人，今日以死相报！"说罢，横剑欲自刎，儿子屈突寿飞身赶来，打掉宝剑，父子俩抱头痛哭。

屈突通直接被押至长安，在虔化门见到李渊，他昂首而立，面无惧色。

李渊以昔日同朝为臣，又敬佩其为人，乃走下台阶迎上去，安慰再三，屈突通见大殿之上，唯有李渊，感慨系之，满脸是泪道："通不能尽人臣之节，故至此，为本朝羞！"

李渊也引出两滴眼泪，抚着屈突通的背，赞道："公真忠臣也！"

事已至此，李渊当即授屈突通为兵部尚书，册封为蒋国公，为秦王府行军元帅长史。

过了几天，李渊派屈突通至河东城，招降守将尧君素。

站在城头上的尧君素，见自己一向敬仰的老上级屈突通身着唐军的军服，忍不住哭出声来。屈突通也哽咽不止，举起手向城头颤抖地招呼道："吁！君素，我军已败，义旗所指，莫不响应，大势所趋，卿宜早归降。"

城头上的尧君素擦了擦泪水，手指城下厉声喝道："公身为国家重臣，主上委以守关中，代王付公以社稷。为何负国投降，为他人做说客？！公所乘之马乃代王所亲赐，又有何面目乘骑？"

"君素！我是力屈而来！"屈突通说。

"今力犹未屈，何用多言！"尧君素轻蔑地说。

屈突通知事不可为，满面愧色，当即拨马而退。

时间进入义宁二年（618年），李密的瓦岗军与著名隋军守将王世充，在攻守洛阳的战斗中，战事已呈胶着状态。

正月，屡次战败的王世充得到七万援军，遂在洛水之北摆开阵势，一举击退

李密军。十一日，隋军跟踪追击，以巩县为据点，沿河岸列阵，与瓦岗军隔水对峙，李密亦指挥军士修建壁垒，挖堑达七十里。

十五日夜，王世充命令各部同时在几十里的洛河上造浮桥，偷渡洛水，规定先造好浮桥者先进攻。虎贲郎将王辩率军在石窟寺一带渡河，一举攻破瓦岗军外围防线，挺进仓城，仓城守军措手不及，一片混乱，开始大规模溃败。

而随后渡河的王世充因联络失灵，误以为王辩军陷入敌军兵包围，急令鸣金收兵。正在奋勇追敌的王辩军只好退下来，白白失去了战机。

具有丰富实战经验的李密当即抓住时机，命令瓦岗军分三路，向王世充的中军发起猛攻。退下来的隋军遭此意外袭击，仓促败退。而洛水上王世充正指挥兵士继续渡河。

前军败退，为逃命争抢浮桥，后军不明情况，也乱了起来，自相践踏，被挤到河中溺死者达万余人。

瓦岗军猛将王伯当、孟让等率精骑猛攻。隋将王辩、杨威、刘长恭、霍世举、梁德重皆战死。王世充领残兵败将逃奔河阳。是夜，风雪大作，冻死、逃亡者达数万人，到达河阳时，仅有数千人与王世充同行。

李密率军乘胜占领了金墉城，逼近了洛阳外围，其锣鼓号角声，闻于洛阳。越王杨侗一边遣使安慰王世充，赦其丧师之罪，促其回守含嘉仓，一边派金紫光禄大夫段达、民部尚书韦津、判左丞郭大懿领兵出战。

李密的军队已达三十万人，在北邙山上列阵，俯视上春门。段达等人率兵出城，远远望去，但见李密军漫山遍野，旌旗招展，刀枪耀目。其阵分左、中、右三军，呈扇形分布，甚是整肃。

久经沙场的王世充都不是李密的对手，段达等人想也不敢想，没有布阵就率军后退。李密乘势挥军掩杀。

几十万大军泼风似的从北邙山上冲下来，喊杀声惊天动地。

隋军兵无战心，金盔倒纳，衣甲飘零，只恨爹娘少生了两条腿，溃败中，隋军被杀万余人，韦津也死于乱军之中。

此次胜利，瓦岗军声名大振，河阳都尉独孤武都、检校河内郡丞柳燮、职方郎柳续率所部来降。

窦建德、孟海公、朱粲及李密部将裴仁基皆上表请李密称帝。

李密认为没有攻下洛阳，缺乏根基，没有应允，说平了东都后，再议此事。

李密势力的迅速膨胀引起李渊的不安。他深知李密是个有才能、有野心的人，若不设法钳制，必将成为自己称帝道路上最强大的对手。

正月十九，李渊命李建成为左元帅，李世民为右元帅，率军十万，去救洛阳。

大军一路浩浩荡荡，并无阻碍，一直开到洛阳城下，驻军于芳华苑。

越王杨侗知道李渊没安好心，名为救洛阳，实则来与李密抢洛阳。乃紧闭城门，拒绝李家军入城。

李建成几次亲临城下，向城内宣讲援救东都之意，但却枉费口舌。

大军在洛阳城郊与李密军有几次小规模冲突，李密亦遣使持书信，责备李渊父子不守信用，违反当初联盟之约定。并表示必要时，将与其决一死战。

在这种情况下，李世民认为，十万大军滞留在洛阳城下毫无意义，除枉费粮草外，一不能入洛阳，二弄不好会受李密与洛阳军的夹击。且李密势大，急切间不能图之。不如暂且撤兵，坐山观虎斗，坐收渔人之利，更为巧妙。于是遣使告李渊想法，要求撤军。

李渊与部下分析了洛阳的形势，认为李世民说得有理，乃下令撤军。

退兵时，李世民让李建成左军先走，自为断后，他对诸将说："城中兵见我军退走，必然乘机追击。我军可在三王陵一带设下伏兵，打击追兵，一者保卫大军的安全，二来叫洛阳隋军看我李氏军的手段。"

李世民分兵一半，伏于三王陵两边的山野里。

果不出所料，大军刚刚拔营，洛阳城中涌出万余人马，在金紫光禄大夫段达的率领下，试试探探地往前追赶，欲瞅空捡个小便宜，回去好向越王杨侗交差。

段达领兵追至三王陵，突然间锣鼓齐鸣，伏兵四起，千余名精骑在旗幡的指引下，旋风般地向隋军冲杀过来。

本来如惊弓之鸟的段达军一下被冲成几段，连招架之功也没有，便仓皇向洛阳城逃奔。李世民率军追击，一直杀到洛阳城下，方才打住。此役即让段达军损失大半。

越王杨侗初次领教了李世民的手段，再也不敢轻敌。李世民才率大军徐徐退去，并设置新安、宜阳二郡，派行军副总管吕绍宗与任瑰镇守新安，史万宝、盛彦师镇守宜阳。以此二郡来监视洛阳方面，保卫关中门户。

李密在洛阳与隋军纠缠的当儿，李渊四下遣使招抚诸郡。三月，窦抗率灵武、临川等数郡归降。

至此，李渊控制了东至商洛，南到巴蜀以及关中的大部分地区，成为隋末乱世之中一股极其重要的力量。

第三回

大隋亡李渊建唐统，太原陷世民破敌军

话说隋炀帝自雁门之围解，为了图个清静，欲远避江都，近臣宇文化及投其所好，连忙表示赞成。右侯卫大将军赵才忧心忡忡地劝阻道："今百姓疲劳，库藏空虚，盗贼蜂起，禁令不行，陛下当还京师，以安天下！"

隋炀帝心情不好，最烦别人违他的性子，当即下旨将赵才撤职下狱。

"谁人愿随朕南下江都？"隋炀帝两眼扫视着群臣问。

天下大乱，当皇上的不主政首都，却远避他乡，怎么说也不是个道理。群臣低着头，默默无语，心下都不愿意去。

老臣苏威自己不敢劝，却抖抖地从怀里掏出一封谏书来，对隋炀帝说："中书省内侍官文书任宗上表，恳请皇上以国家社稷为重，长驻京师，以安社稷。谏表送到我这儿，臣不敢不闻。"

说着，苏威双手捧着谏书，恭恭敬敬递上去。一个小小的官儿也敢来管朕，隋炀帝一股无名火起，当即喝令堂下的金瓜武士："抓住那个任什么宗，就地杖杀！"

奉信郎崔民象也以国家不稳，在建国门外冒死上表劝谏勿幸江都。隋炀帝即传令将崔民象就地处死。

连杀二人，京城中再也没有敢劝谏的。隋炀帝舒舒服服地坐上龙舟，沿运河南下，且留诗一首作别洛阳宫人，说什么"我梦江南好，征辽亦偶然"。

御驾至氾水，奉信郎王爱仁以烈士之心奉表劝帝还京师，隋炀帝将其斩首，继续南下。

至梁郡，又有仁人志士上表明确指出："陛下若幸江都，则天下将不为陛下所有。"隋炀帝二话不说，又命人杀死上表人。忠臣烈士性命如草芥，天下人莫不伤情，隋炀帝还未到江都，已失去大半人心。

到了江都，王世充拍马屁献铜镜屏风，又私为隋炀帝挑选江淮美女奉上。

隋炀帝仿佛已知道来日无多，更加荒淫无度。每日与各房美人轮流作乐，杯不离口，从姬上千人皆跟着酩酊大醉。

隋炀帝好吴侬软语，好占卜，一日夜宴，坐观天象，对萧皇后说："外间大有人图侬，然侬不失为和城公（陈后主降隋后受封的官爵），卿不失为沈后。且不管三七二十一，但乐饮可也，今朝有酒今朝醉！"

隋炀帝又揽镜自照，以掌加颈，对萧皇后说："好头颅，谁当斫之？！"

萧后惊惧，掩面伤心，隋炀帝倒也想得开，抓起一觥酒一饮而尽，说："贵贱苦乐，互相更替，有什么值得忧伤的。"

大业十四年（618年），江都粮尽。隋炀帝意欲迁都丹阳，臣下大部分表示反对，认为江东潮湿，田地又少，内奉万乘，外给三军，民不堪命，日久恐会发生动乱。隋炀帝不听，命建丹阳宫，准备迁都。

隋炀帝南下的禁卫将士，皆是关中人，见隋炀帝已无西归之意，思乡心切，许多人私下里逃走关中。郎将窦贤领着手下一些骁勇，集体逃走，隋炀帝派人追杀。但逃者仍逃，难以阻止。

虎贲郎将司马德戡，乃隋炀帝近卫亲信，见骁勇一拨一拨地逃跑，找好友虎贲郎将元礼、直阁裴虔通商量怎么办。他以试探的口气说："手下的骁勇们，皆欲逃跑，我们若上奏，恐怕暗中会被杀掉，若隐瞒不报，日后只怕免不了灭族。咋办？我又听说关内沦没，李孝长向敌献出华阴，主上困禁其二弟，将斩首。我们的家属老小皆在关中，若不提早考虑，恐怕也免不掉被杀的命运。"

元礼、裴虔通一听这些话，急得不得了，忙问司马德戡怎么办。

司马德戡见左右无外人，小声道："骁勇逃亡，不如与之俱去。强似在这替一个快死的人看家守院。"

二人皆表示赞成，于是分头准备，相互招到同伴。一时间，内史舍人元敏、虎牙郎将赵行枢、郎将孟秉符、玺郎牛方裕、直长许弘仁、城门郎唐寿义、医正张恺、勋侍杨上鉴等人皆参与其事。开始还偷偷摸摸，窃窃私语，后来见想叛逃的人多了，便没有了顾忌，在公开场合也谈论此事。

有个小宫女，向萧皇后禀报道："外面人人想造反，大庭广众，也敢宣扬此事。"

萧皇后自知回天无术，随口说道："你可自去与皇上说。"

小宫女闻言，一阵风跑到隋炀帝那儿，把事一说，隋炀帝神经过敏，已到听好不听坏的地步，恼怒宫女多事，当即命卫士将她斩杀。

此后，仍有人向萧皇后汇报外间谋反之事，萧后长叹一声道："天下事已至此，已无办法可救，说也是白说，徒增帝忧。"

众将官密谋叛逃的事，传到宇文智及的耳朵里，宇文智及以为有机可乘，

乃找到众人道："主上无道，但其威令还在，诸位若逃跑，肯定会被皇上派人追杀，如窦贤一般，自取死亡。如今天将亡隋，英雄并起，咱们想叛逃的人，已达数万人，皆精兵侍卫，如果起大事，可成帝王之业！"

众人一听有理，暂时打消了回关中的念头，并一致推举宇文智及的哥哥宇文化及为盟主，准备起事。

众人又一齐拥到许公府，将计划告诉了许公宇文化及。宇文化及平日最好出头露面，但一听这事，吓得面色苍白，脸上流汗，瞠目不知所答。大家又是一番劝说，言已人多势众，一定成功，宇文化及才点头应允。

司马德戡等人回到军府，一脸严肃地对部下们说："陛下勾兑了上百瓮毒酒，欲待享会之时，鸩杀我们，独与南人留此。"

部下们一听，都吓得不得了，四处奔告，意欲叛乱。

司马德戡又把起事的计划告诉手下，感到走投无路的禁卫军皆举臂高呼："唯听将军号令！"

三月的这天夜里，风雨交加，司马德戡盗出御马，于城东聚兵万人，举起火把，与城外的宇文明朗遥相呼应。隋炀帝望见火起，且闻宫外喧闹，问值宿的裴虔通："何事如此？"

裴虔通答道："草坊失火，众人往救。"

隋炀帝信以为真，回内殿去了。外间燕王杨倓发觉情况有异，自芳林门水洞入内，欲面见隋炀帝，被裴虔通横刀拦住。燕王谎称说："臣猝然中风，命悬俄顷，请让我面辞。"

裴虔通不予通报，并叫人把燕王扣了起来。这时马司德戡统兵入皇城，以代诸门卫士。裴虔通率百余骑至成象殿，屯卫将军独孤盛迎上来问："哪里来的兵？其势怪异。"

裴虔通一脸杀气，按剑说道："事势已经这样了，不干将军事，将军且勿动！"

独孤盛明白过来，大骂裴虔通作乱，率左右十余人与之搏斗，为乱兵所杀。

裴虔通与元礼领兵涌入，在内官魏氏的指点下，来到永巷，高声喝问："陛下安在？"

有一美人走出屋子，朝西阁轻轻一指。校尉令狐行达拔刀直进。

隋炀帝隔着窗子问疾步赶来的令狐行达："尔欲杀朕？"

令狐行达刀一扬，道："臣不敢，但欲奉陛下西还。"

隋炀帝战战兢兢，在令狐行达搀扶下，走出西阁，看见裴虔通，伤感地说："朕为晋王时，你就跟着朕，何故而反？"

虔通提着宝剑，施礼道："臣不敢反，但将士思归，欲奉陛下还京师罢了。"

隋炀帝抹抹眼角的泪说："好吧，朕与你一同回去！"

天明，孟秉领甲骑去迎宇文化及，宇文化及见如此隆重，战栗不能言，有人来谒，就低头扶着马鞍，连称罪过罪过。

宇文化及入朝堂，号为大丞相。后殿里，裴虔通对隋炀帝说："百官悉在朝堂，陛下必须亲自抚慰！"

说着，令人牵来一匹马，逼帝乘骑。隋炀帝这时候还嫌马鞍粗鄙，直到换过了，方肯乘骑。

裴虔通执辔挟刀出宫门，乱兵见状，鼓噪动地。昔日奴颜婢膝的宇文化及，此时却最恨隋炀帝，大呼道："这时候何用持此物出！快拉回去处理掉！"

裴虔通、司马德戡随即把隋炀帝带回寝殿，拔出白刃。隋炀帝长叹一声，说："朕何罪至此！"

旁边的马文举喝道："陛下弃宗庙，巡游不息，外勤征讨，内极奢淫，使丁壮尽于矢刃，女弱填于沟壑，四民丧业，盗贼蜂起；专任佞谀，饰非拒谏，何谓无罪？！"

隋炀帝道："朕实负天下百姓，但尔等之辈，皆因朕荣禄兼极，为何反朕？今日之事，何人为首？"

司马德戡晃晃手中的刀，说："普天同怨，何止一人！"

这时，宇文化及派人来催着下手，隋炀帝的爱子越王杲，吓得扯着隋炀帝的衣裳号哭。裴虔通咬咬牙，手起刀落，砍死越王杲，血溅帝衣。马文举也举刀欲杀隋炀帝。血淋淋的场面，也让隋炀帝明白什么叫死了，他抬了抬胳膊，抖了抖袖子，叫道："天子自有死法，安得加以锋刃？来人！取鸩酒来！"

这会儿上哪找鸩酒去？马文举不许。隋炀帝解下练巾，缠在脖子上，一头交给令狐行达，一头交给马文举，令两人使劲拉。

这一拉，结束了隋炀帝残暴的生命，也标志着隋文帝辛辛苦苦挣下的江山，彻底葬送在这个著名的败家子手上。宇文化及又命人杀了蜀王秀、齐王暕以及内史侍郎虞世基、御史大夫裴蕴等多人，自称大丞相，总百揆，以皇后令立秦王浩为帝，另居别室。以弟宇文智及为左仆射，宇文士及为内史令，裴矩为右仆射，自组了一套领导班子，拟筹集车船粮草，返回关中。

隋炀帝的凶信传至东都洛阳，留守官越王杨侗即皇帝位，改元皇泰，以段达为纳言、陈国公，王世充为纳言、郑国公，元文都为内史令、鲁国公，皇甫元逸为内史侍郎、杞国公。又卢楚为内史令，郭文达为内史侍郎，越长文为黄门侍郎，共掌朝政，时人谓之"七贵"。

即皇帝位的杨侗眉目如画，温厚仁爱，风格俨然。连同李渊、宇文化及挟持的两个傀儡皇帝，天下一时出现三个杨家人同为隋皇帝的罕有局面。

宇文化及拥兵十余万，平日居住六宫，饮食奉养一如隋炀帝。排场有了，却没有多少主见，每于帐中南面而坐，人有言事，默然以对，下了帐以后才找几个狗头军师商议。未几日，在部下的催促下，宇文化及统军北上。洛阳的新朝廷一下子面临来自李密和宇文化及的双重压力。一个叫盖琮的人上疏，说服李密与洛阳合力抗击宇文化及。

元文都和卢楚为此事计议道："今君仇未报，国耻未雪，兵力不足。若赦免李密罪，使其拒宇文化及，两虎相斗，洛阳可坐收渔人之利。此计大妙！"

当即，让盖琮带了皇帝杨侗的敕书去见李密。

李密久攻洛阳不下，今见宇文化及西来，恐受两面夹击，正自烦恼，忽报洛阳有敕诏来，大喜，即上表称臣，且请讨灭宇文化及。

皇帝杨侗立即下诏，册封李密为太尉、尚书令、东南道大行台行军元帅、魏国公，并以徐世勣为右武侯大将军。

解除了洛阳的后顾之忧，李密率精兵全力对付宇文化及。两军在黎阳仓城对垒，隔着淇水，李密手持马鞭斥责对岸的宇文化及说："卿本匈奴皂隶破野头耳，父兄子弟，并受隋恩，富贵累世，举朝莫二。主上失德，不能死谏，反行逆杀，欲行篡夺。不追诸葛瞻之忠诚，乃为霍禹之恶逆，天地所不容，将欲何之！若速来降我，尚可保全后嗣。"

宇文化及被呛了一顿，无言以对，俯视良久，方恼怒地吼道："与尔论相杀事，何须作书语！"

李密笑对左右说："宇文化及庸愚如此，还想称王称帝，我当折杖驱之！"

李密知道宇文化及军中缺粮，利在急战，乃让徐世勣在城外挖深沟以固守，并掘地道，四下里出兵奇袭，宇文化及招架不住，几次败下阵来。

七月，宇文化及军粮将尽，乃率军渡永济渠，在童山与李密做最后一搏。

两军混战，李密身中流矢，从马上掉下来摔晕，幸秦琼单骑冲入敌阵救出李密。几员大将统兵合力奋战，终于击退宇文化及。

宇文化及率残兵败走魏县，一蹶不振，其部将陈智略、樊文超、张章儿等皆率领部下投降了李密。

李密挟胜军之势，率军西还，准备入朝。途中闻王世充杀死元文都，掌握了大权。王世充乃李密的老对手，李密自忖入朝不得，乃引军驻于金墉，伺机与王世充决战。

再说隋炀帝的凶信传到长安，正在大兴殿东侧虔化门视事的李渊当即哭倒在地，老泪横流，抬手对众人说："身为人臣，失道而不能救，怎么不让我伤心痛哭！"

众文武连忙上去劝告，言道路遥远，事发突然，施救哪里来得及。李渊这才爬起来，坐回宝座上，以手加额，一副痛苦状，心里却想：隋炀帝已死，隋朝的国运也算到头了，该踢开傀儡皇帝杨侑，开我李氏帝王基业的时候了。

晚上，李世民急匆匆地来到相国府，对李渊说："天已亡隋，世无正主，萧铣在江陵拥兵四十万，也已称帝。时不我待，请父亲大人立即考虑称帝事宜！"

李渊点点头，父子俩关起门来，在密室里密谋一番，确定了下一步的行动方案。

第三天，仿佛心有灵犀似的，裴寂等上千名将佐一齐涌至虔化门，纷纷递表上书，说什么"臣闻天下至公，非一姓之独有。故王运递兴，百王更生，春兰秋菊，无绝终古"。有的人磕头出血，言李渊"有非常之功，乃非常之人，正大位，为人神所盼望"。疏表撂得有一尺多高，末尾不外乎这几句话："天命不常，唯德是与。臣等取录旧典，奉上尊号。愿王上顺天心，下从人愿。"

李渊望着疏表，内心十分欢喜，表面上却是一副冷淡的样子，对领头的裴寂说："这事我知道了。"说完这没头没脑的半截话，李渊一甩袖子走了。

裴寂最了解李渊的心，跟踪追击，又来到相国府对李渊说："先前已有龟镜，大王当为天下主。大王若再疑臣，不称唐帝，我裴寂第一个辞官而去。"

李渊抚着裴寂的背，含笑不语，半晌才说："容我再考虑考虑。"

裴寂弄不清李渊下一步还需要什么，又连夜去找李世民。陈述情况时刘文静在场，一言点破："大王想让你再造造禅位的舆论。"

裴寂拍一下脑袋瓜，回去后指挥手下人三弄两弄，炮制出所谓太原慧化尼、蜀郡卫士嵩等歌谣诗谶来，制成许多小传单，贴得长安大街小巷都是。其中慧化尼诗曰：

东海十八子，八井唤三军。
手持双白雀，头上戴紫云。

歌谣为：

丁丑语，甲子深藏入堂里。
何意坐堂里，中央有天子。

传播完流言之后，裴寂又领一帮积极分子，闯入大兴殿，径直把禅位的事说给隋恭帝听。隋恭帝知道自己是一块想摘就摘的招牌，无可奈何地对裴寂说："随便你们怎么办，只希望给我一处房屋，让我安度余生。"

"这个自然，"裴寂又催促道，"你赶快主动下个禅位诏书，越早越好，越早对你以后的处境越有利。"

"写，写，朕这就写！"

"我已拟了个草稿，你看看。"裴寂从袖中拿出一张黄帛纸来，竟然是皇帝下诏的专用纸。

隋恭帝苦笑一下，瞄了两眼草诏，指着御案上的玺宝说："你看着盖吧，盖好了连印一块拿走！"

裴寂也不客气，摸过玺宝，饱蘸红泥，"叭"的一声，端端正正盖了大印。随后连招呼也不打，带着一帮人呼啸而去。武德殿里，李渊闻听皇帝有诏书，乃有板有眼跪倒接旨，但见上面写道：

天祸隋国，大行太上皇遇盗江都，酷甚望夷，衅深骊北，悯予小子，奄造不愍，哀号永感，心情靡溃。抑维荼毒，仇复靡申，形影相吊，罔知启处。相国唐王，膺期命世，扶危拯溺，自北徂南，东征西怨，致九合于诸侯，决百胜于千里。纠率夷复，大庇氓黎，保乂朕躬，繄王是赖。德侔造化，功报苍旻，士庶归心，历数斯在。屈为人臣，载违天命。在昔虞夏，揖让相推，苟非重华，谁堪命禹。今九服崩离，三灵改卜，大运去矣，请避贤路。予本代王，及予而代，天之所废，岂其如是？庶凭稽古之圣，以诛四凶，幸值维新之恩，预充三恪。雪冤耻于皇祖，守禋祀为孝孙，朝闻夕陨，及泉无恨。今遵故事，逊于旧邸，庶官群辟，改事唐朝，宜依前典，趣上尊号。若释重负，感泰兼怀。假手真人，俾除丑逆。济济多士，明知朕意！

李渊看了一遍，又看了一遍，一时间痴痴愣愣，如在梦中。旁边的李世民一挥手，大家"呼啦"一声跪倒一大片，充满感情地齐声呼道："大王应以天下苍生为念，顺天应人，早即大位！"

李渊愣了一愣，明白过来。他不愧在官场上历练了几十年的老官员，知道戏尚未演完，还得再走两个过场，于是他作出一副生气的样子，斥责众人道："我立少帝，本为社稷，上报高祖，不失人臣。你等为何要陷我于不仁不义之地？！"

裴寂刚想支吾两句，李渊喝道："速把禅位诏书还给少帝！"

裴寂无奈，只得不情愿地接过诏书，倒提着出去了。来到殿外，李世民追了出来，附耳嘀咕了几句，裴寂点点头，到宫外盘桓了一会，估计时间差不多了，又回到武德殿，叩头对李渊说："少帝死活不收，又把我斥骂了一顿，令我等立即奉大王即位，否则定斩不饶。"

谁人一听，都知道这是大瞎话。李渊摇摇头，跺跺脚，狠狠心，对裴寂叫道："是你的性命大，还是本王的节义事大！去！把诏书再奉还给少帝！"

裴寂拿眼瞅了瞅李世民，李世民点点头。裴寂又提着禅位诏书转身下殿，不知又上哪转了一圈，又转回来了，一叩首，再叩首，三叩首，弄出眼泪了，才对李渊说："少帝紧闭殿门不让进，并隔窗放出话来，若唐王不接受诏书即大位，少帝将自裁！"

李渊一听少帝要死，大吃一惊，看看众文武，泪流满面接过诏书，对众人道："恭敬不如从命，我只好接下这副担子了！"

众文武一听，顿时拜倒在地，高呼声声震屋瓦："万岁！万岁！万万岁！"

等众人山呼叩拜毕，李渊又进一步解释道："人说'拘文牵旨，违天不祥'，我之所以有顾虑而徘徊，非徒推让，亦怕群公面谀，以为口实。然而汉高祖说'诸侯王推高于寡人，以为皇帝位，甚便宜于天下之民，则可矣'。我又能有什么异议？"

众文武听完这番高论，顾不得深究里面的意义，便急急忙忙地商议起来，谁准备什么礼仪，谁负责什么用品，责成太史令立即选择即位的良辰吉日。

义宁二年（618年）五月二十日，李渊头戴十二旒冕，身穿十二章纹大衮服，在太极殿即位，国号唐，改元武德，定都长安。因推五运为土德，旗色尚黄。遣刑部尚书萧造祭告天于南郊，大赦天下，罢郡置州，改太守为刺史。任李世民为尚书令，李瑗为刑部侍郎，相国府长史裴寂为右仆射、知政事，司马刘文静为纳言，司录窦威为内史令，李纲为礼部尚书，殷开山为吏部侍郎，赵慈景为兵部侍郎，韦义节为礼部侍郎，陈叔通、崔民干并为黄门侍郎，唐俭内为史侍郎，裴晞为尚书左丞、萧瑀为内史令，窦琎为户部尚书，屈突通为兵部尚书，独孤怀恩为工部尚书，其余所有官吏各赐爵一级。凡义师所过之处，免征三年租赋。

于都城中立四亲庙，追尊高祖熙为宣简公，曾祖天锡为懿王。祖虎为景皇帝，庙号太祖。父昞为元皇帝，庙号世祖。祖妣及母皆称后。追谥夫人窦氏为太穆皇后。

立世子李建成为皇太子，入居东宫，兼理朝政，非军国大务，可自行决断。

晋封次子李世民为秦王，授右翊卫大将军。

晋封四子李元吉为齐王，授并州总管，仍镇守太原，都督十五州军事。

追封皇三子李玄霸为卫王，谥号"怀"。追封皇五子智云为楚王，谥号"哀"。

推恩宗室，封从弟李孝基为永定王，从弟李神通为淮安王，从弟李叔良为长平王，侄李琛为襄武王，侄李孝恭为河间王，侄李道玄为淮阳王，侄李道宗为江夏王，侄李瑗为庐江王。

晋封裴寂为魏国公，赐良田千顷，赏宅第一处。封刘文静为鲁国公。

降封杨侑为酅国公，迁出宫外，赏宅第一处。追谥隋炀帝杨广为"炀皇帝"。

该封的封了，该祭告的也祭告了，皇帝算是当上了，唯一的憾事是手上没有传国玉玺。

传国玉玺是天下至宝，乃秦始皇命李斯磨制和氏璧而成。玺方四寸，玉螭虎钮，一作龙文，曰："受天之命，皇帝寿昌。"一作鸟文，曰："受命于天，即寿永昌。"传国玺乃君权神授的象征，代代相传。隋炀帝被杀后，传国玉玺可能在宇文化及所立的皇帝杨浩之手。

　　急切间觅"传国玺"不得，李渊只好命能工巧匠另刻玉玺，暂且用之。其刻文曰：皇帝景命，有德者昌。

　　唐朝建立后，西秦薛举不甘心偏安一隅，准备再次东进，争霸中原。亲信谋士郝瑗出个点子说："欲出陇山，占据关中，仅凭我西秦国还办不到，必须用重金贿赂梁师都和突厥，造成声势。我军正面进攻，梁师都与突厥出兵攻李渊侧翼，则可轻取长安！"

　　郝瑗是薛举最为信赖的谋士，君臣交好，薛举当即派人依计而行。遣使者带重金去贿赂突厥启民可汗之子莫贺咄设。突厥见有利可图，欣然应允。消息传到长安，李渊感到事态严重，一边命李世民积极备战，一边派都水监宇文歆带着重礼前往突厥，开展外交活动。能说会道的宇文歆，用尽手段，游说突厥诸大臣，又向莫贺咄设反复陈说利害，终于说服其放弃了援助薛举的企图。

　　武德元年（618年）六月，薛举在梁师都的策应下，亲率大军越过泾州，向长安进发。

　　李渊派惯于征战的秦王李世民为元帅，率领长史刘文静、司马殷开山，以及总管刘弘基、柴绍、丘行恭、慕容罗睺、李安远、张长逊等八总管之兵，从正面迎击薛举。

　　这是仲夏里最艰难的日子，火辣辣的太阳蒸晒着，热魔压得人喘不过气来，也没有一丝风。炙热的土路把人的脚烤得快要干裂了，士兵和战马都汗流浃浃。马蹄声声，骑在战马上的李世民，默默无语。跟在后面的刘文静，催动马匹，紧走几步，赶了上来，与李世民并辔而行，刘文静抹了一把汗说："这样热的天打仗，可不是一件舒服的事。"

　　"打仗拼的是血与肉，这些热天又算什么？"李世民的嘴角闪过一丝好笑的表情。

　　"咱们冒酷暑在外流血打仗，有人坐在家里美女环侍，优哉游哉，功劳却比咱高啊！"

　　"你想说什么？"李世民望了刘文静一眼。

　　"太原首义，乃您之倡导，东讨西战，出计定乾坤，哪一点不比别人强？如今官比别人低，待遇比别人差，王爷您豁达类汉高祖，神武同魏祖，年虽少，而有命世之才，却因为排行老二，不能被封为太子！"

　　李世民眼望远方，一句话也不说，走了一会儿，见前方有一大水塘，才对刘文静说："我头有些发昏，想歇息歇息，命令部队也就地休息半个时辰。还有，刚才那种牢骚话你少说为好！"

七月底，唐军进至高塘城，已与薛举主力部队隔山相望。但不幸的是，李世民染上了疟疾，病倒在床上。战前的军事会议也在他病榻前召开。首先由刘弘基汇报敌军分布情况——"据侦察，薛举领兵亲征，来势汹汹。又有号称西秦'小诸葛'的郝瑗出谋划策，其势不可小觑。其游兵已经出现在豳、岐一带。"

"薛举本土财主出身，其子薛仁杲有勇无谋，先前已被我杀败一次，谅这次也没有什么好下场。"刘文静轻蔑地说。对待薛举，刘文静觉得自家的能耐已绰绰有余。

李世民靠在枕头上想了一下，说："不可轻敌。贼兵远道而来，从天水至高，中有高山深谷，运输补给困难，不耐久战。我军要抓住贼兵的这一弱点，挖深沟筑高垒，坚守不战，待敌军粮尽疲惫，则一战可定也。"

众将纷纷赞同元帅的话，李世民在床上欠了欠身子，说："我染病在床，不能临阵，诸将要听从长史刘文静、司马殷开山的调度，团结一心，一定要打赢这一战。"

会议结束后，李世民又把刘文静、殷开山叫到病榻前叮嘱道："薛贼孤军深入，食少兵疲，若来挑战，一定不要去回应。等我疾愈，为君等破之。"

刘、殷二人答应着，对李世民说："元帅尽可放心养病，与小小的薛举对阵，谅无大碍。"

李世民见他俩一副轻敌的样子，刚想再说几句，一阵头晕，乃无力地挥了挥手，令二人退下了。

走出帅帐，殷开山对刘文静说："王虑公不能办，故有此言。且贼闻王有疾，心轻我，宜耀武而震慑之！"

刘文静点点头，微笑着看着西方莽莽山峦，说："让世人看我刘文静的手段。"

刘文静站在高塘城楼上，凭高远望，指指点点。和殷开山商议一下，决定把总兵营扎在城西南的山城上，与薛举隔着一片小平原相望，两军对阵，伺机厮杀。

经过两天的运动，一座庞大的山寨拔地而立。但见寨内红旗飘飘，四下里排叉密布。寨门外的平地上，上万兵士正在排阵操练，三股叉，五股叉，灿灿秋霜，点钢枪，芦叶枪，纷纷瑞雪。蛮牌弓箭当先，大战长戈拥后，端的是兵强马壮，枪刀如林。

唐军炫耀了几日，薛举并没有出战的意思，似乎害怕了。刘文静决定八总管率兵齐出，列阵向西秦兵讨战。大将军李安远见主力齐出，后方未设防，心有顾虑，对刘文静说："此次出战，可曾向元帅请示？"

刘文静眼一瞪说："元帅已命我指挥部队。你废话少说，服从命令就是！"

刘文静让殷开山留守营寨，保护病卧在床的元帅李世民。而后率八总管麾兵五万，直冲到薛举大寨前，摆开一字长蛇阵，阵门开处，刘文静立马于门旗下，其余八总管，雁翅般摆开在两边。先令刘弘基率三千铁骑上前挑敌撩阵。唐军在薛举营前耀武扬威叫骂了将近一个时辰，西秦兵就是不出。唐军有些焦躁，也大意起来，伏天三夏，早已支撑不住，纷纷解开衣甲乘凉，刀枪倒拖着。

"退兵吧！"李安远过来向刘文静劝道。

刘文静是聪明之人，见兵士松懈，怕西秦兵这时趁机倾营而出，决定还是退兵为妙。于是点点头说："薛举乃缩头乌龟，明日再来找他厮杀。"

刘文静刚要传令退兵，正在这时，只听薛举营内一声炮响，寨门大开，四下里栅栏被推倒，呐喊声震天响，三军齐出——五千铁骑兵，高举战刀，骑着西凉骏马，疾风般地杀来。

刘文静一见，急令弓箭手放箭，军士迎敌，但两军相隔太近，哪容得有多少准备，西秦精骑已杀到眼前。刘弘基、李文远、慕容罗睺打起精神，率兵苦战，柴绍则急护刘文静中军退后。

双方短兵相接，西秦军以逸待劳，轻骑出击，气势上先胜一筹。由于西秦兵太多，数万之众，漫山遍野，横冲直撞，刘文静的一字长蛇阵也乱了套。恰在这里，唐军大寨里一阵骚乱，有浓烟升起，显系遭敌军奇袭。刘文静大惊，恐元帅李世民有什么闪失，急令刘弘基、李文远、慕容罗睺率部挡住敌军，其余各军从速援救老营。

刘文静、柴绍率军急急往回赶，刚过山口，就见殷开山率万余兵士，且战且退，保护着伏在马上的元帅李世民，向这边赶来。众将快马加鞭，上前接住，合兵一处，沿山谷退走。西秦军包抄掩杀，大败唐军。

兵败如山倒，为保护主帅李世民，连高墌城也没敢固守，一败涂地，连退百余里，到了宁州附近，有宁州刺史胡演接应，才扎住阵脚。

检点人马，病中的李世民不禁泪水涟涟。大将军李安远、慕容罗战死，爱将刘弘基领兵断后，力尽被俘。士兵死亡者达十分之五六。刘文静满面羞愧，跪地请死。李世民抚慰道："胜败乃兵家常事，以后路还很长，吸取教训就行了。"

退回长安，李渊并没有一丝一毫责备李世民，又亲自至各营抚慰一番，只是把刘文静、殷开山除名了事。

高墌之败后，李世民的病也慢慢好了。于是整顿军队，准备再战，同时建议父皇李渊，继续开展外交攻势，交好凉州李轨，进一步孤立薛举。

八月，薛举的儿子薛仁杲率军攻打宁州，被胡演击退。谋士郝瑗向薛举献计道："今唐兵新败，关中骚动，宜乘胜直取长安。"

高墌大破唐军，皆郝瑗之计，薛举无比信任他，加封其为右仆射，今又听直取长安之计，连连首肯，决定第二天进军。

也许是打败了唐军兴奋的，也许是年事已高，当夜薛举突然中风，口不能言，手不能指。进军计划自然就搁置下来。八月九日，薛举不治身亡。薛仁杲于灵前即位。

薛仁杲为人酷暴，恩怨不明，与诸将多有矛盾。

郝瑷知他不能长久，不是干大事的主。想想死去的皇帝薛举，如此看重自己，想想西秦的霸业要断送在薛仁杲之手，郝瑷不禁大放悲声，终日抚棺以泪洗面，终以伤痛过甚，一病不起。

薛仁杲没有父亲的支持，失去郝瑷的计谋，将佐离心，兵势日衰。

情报传至长安，八月十五日，李渊再次命令李世民为元帅，率兵进攻西秦。

李世民因向父皇建议，重新起用刘文静、殷开山，使其官复原职。

九月初，唐军进至高墌，薛仁杲派宗罗睺率精兵十余万迎战。两军在原先的战场扎下营寨，摆开了阵势。

薛仁杲自恃兵锋甚利，瞧不起败兵之将，屡令宗罗睺出战。宗罗睺几乎每天都派精骑挑敌撩阵。

唐军坚不出战，西秦兵脱衣赤膊坐在地上，无所忌惮，大骂唐军是缩头乌龟。

众将佐被骂得火起，嚷着要出战。李世民对大家说："我军新败，士气沮丧，贼恃胜而骄，有轻我之心，彼骄我奋，可一战而克也。"

唐军坚壁不出，西秦兵越发骄狂，竟每天在阵前扎起凉棚，饮酒作乐，喝多了就手指唐营，大骂唐军，并竖起李世民的头像，射箭作乐。

丘行恭等大将纷纷请战，李世民不允，并在军中下令："敢言战者斩！"

薛仁杲见唐军拒不交战，决定亲率一军，进攻长安的门户泾州。

九月中旬，西秦兵将泾州团团围住，拼命攻打。镇守泾州的刘感率军苦战。因孤城久悬敌后，城中粮尽，刘感杀掉自己所乘的战马，分给守城的将士吃，而自己则煮马骨杂木屑食之。将士感奋，全力死守泾州。不久，长安派长平王李叔良率兵增援，并携来粮草，泾州才稍稍喘了口气。

薛仁杲见泾州一时难以啃下，决定以计取之。于是扬言军粮已尽，率军解围而去。

泾州城上的李叔良见敌军退去，甚为高兴，觉得自己首次出战，即立了大功。乃回到州衙，与诸将饮酒庆贺。恰在这时，探军押来一个西秦兵。此人称自己是高墌守将派来的，并呈上书信，言高墌守军倾慕唐兵，欲以城降唐。

李叔良见状大喜，以为这次若拿下高墌，等于为秦王拔去了一根眼中钉、肉中刺，岂不是又立了奇功一件！于是不顾众人的反对，派骠骑将军刘感率兵前去高墌城下受降。

十月七日，刘感率三千军士，来到高墌城下，令那个西秦兵前去叩门，嚷了半天，城中拒不开门。刘感知道其中有诈，命人杀掉那个西秦兵，于城门下堆柴，火烧城门。大火熊熊，但城中守军于城上倒水灭火。刘感预感不妙，令步兵先退，自己则率骑兵断后。

没走多远，高墌城门突然大开，上万人马冲将出来。刘感领兵奋力杀敌，且战且退，至百里细川，突然伏兵四起，薛仁杲亲率主力部队杀来。唐军的数千人马不及反应，即被歼灭，将军刘感力尽被敌生擒。

薛仁杲押着刘感，指挥大军重又把泾州围住，并勒令刘感前去喊话劝降。

刘感应允，至泾州城下，向城中大呼道："逆贼饥馁，亡在旦夕，秦王率数十万众，城中勿忧，勉之！"

薛仁杲见状大怒，叫人在城边挖坑，将刘感活埋至膝，而后亲自骑马射杀，刘感大声斥责，英勇就义。

九月十八日，策应李世民的陇州刺史常达，在宜禄川一带，袭击西秦军，斩首千余级。薛仁杲故伎重演，派部将仵士政率领数百精兵诈降。蒙在鼓里的常达欣然接纳，加以抚慰。二十三日，仵士政乘常达不备，率降兵乘机劫持常达，迫使两千多唐军投降。常达见到薛仁杲，威武不屈，拒不投降。薛仁杲为了表现自己的皇帝风度，将常达赞扬一番，当场释放。

为了支持李世民作战，李渊派侄子襄武公李琛、太常卿郑元璹再一次出使突厥，带去大量的金银财宝和美丽的中原歌妓，以巩固与突厥的外交关系。

双方再一次达成协议，突厥绝不支持西秦。

十一月初，西秦军粮草将尽，后勤供应又屡遭唐军的袭击，士兵每日两餐还吃不饱，士气开始低落。部将梁胡郎见前途渺茫，率部投降唐军。

李世民知道决战的时机已经成熟，亲自率领刘文静等人出营勘察地形，拟订战斗方案。

如今已是初冬，山坡上老树光秃秃的，忧郁地站着，一阵风吹过，经霜的树叶纷纷脱离树枝，一片跟一片向山沟下翻滚。望着远处的敌营，李世民笑着问丘行恭他们："两个月蛰伏不出，你们憋坏了吧？"

"可不！"丘行恭撸了撸衣袖，"随王爷大小仗也打了不少次了，从来没有这么窝囊过。"

"西秦兵马的确凶悍善战，我们不得不如此啊，即便现在出击，也将是一场恶战。"李世民说着，望望旁边默不作声的刘文静，"长史谈谈看法。"

刘文静说声"惭愧"，扬鞭指着浅水原说："这是一片好战场。七月兵败这里，现在仍要扎营于此，引敌出战，然后伏兵从山坡上冲下，就如上次薛举攻我时一样。"

李世民点点头，说："攻防之计，莫过于此。为大将者，关键是要选择好战机。明日派梁实总管扎营浅水原，诱敌出战。我亲领精骑攻敌于后。"

几位总管急忙请战道："王爷乃万金之躯，不宜亲自冲锋陷阵。您在后营指挥就行了，我们先上！"

"不。"骑在马上的李世民沉静地望着远方，"我二十岁出头，正是争命沙场的时候。主帅不身先士卒，又何以服众？胜败在此一举，歼灭薛仁杲，杀出咱大唐的威风！痛痛快快回长安过个好年。"

众将见秦王如此，莫不感奋，纷纷摩拳擦掌，表示要死战到底，效命大唐天子。

第二天一大早，行军总管梁实领所部兵马，运动到浅水原上，依照先前军营地址，扎下营盘，四周深挖壕沟，布下竹刺鹿角，又以强弓硬弩隐藏在栅栏后面。

宗罗睺多日求战不得，今见唐军出了寨，扎营于浅水原，大喜过望，急领三万精锐人马来战。

已时，西秦兵涌至唐军营前，但听营内摇旗播鼓、呐喊筛锣，就是不见一个唐兵出来。

"即使你藏有诡计，又岂能奈何得我！"宗罗睺命令部队向敌营发起进攻。

西秦兵呐喊着冲了上去，刚近壕沟，一阵梆子响，箭如飞蝗，嗖嗖射来，西秦兵当即倒下一大片，退了下来。宗罗睺见状，直气得哇哇大叫，骑在马上，指着唐营大骂："唐兵小儿，战又不战，退又不退，是何道理！"

西秦兵奉命又发起新一轮进攻，涌至壕沟旁，又被一阵飞箭射了下来，死伤数百人。宗罗睺见对方凭险不出击，只得命令部队停止进攻，扎下营盘，与敌对垒，伺机再战。

浅水原一带，仅有一条山溪，唐军扎营于溪边，控制了水源。而西秦军仅靠运水车从老营运水，又常常遭到唐军袭击。一连几日，军中缺水，人马渴得嗓子眼冒烟，十分焦躁。

李世民估计西秦军的士气已损耗得差不多了，决定适时出击。十一月七日，天还没亮，李世民派右武侯大将军庞玉率兵在梁实军东南方列开阵势。

缺水缺粮，急于求战的宗罗睺见唐军出战，立即集中兵力倾巢出动。

西秦军求战心切，不及列阵，便向唐军发起猛烈攻击，宗罗睺率三千精骑头前开道。两军相接，军器并举，宁静多日的浅水原上顿时杀声震天。西秦军虽人马焦躁，但早憋了一肚子气，冲力甚猛。唐军以强弓硬弩射住阵脚，但耐不住西秦军铁骑的轮番冲击，有些支持不住。宗罗睺深知敌军阵容一乱，必败无疑，乃挥动令旗大喊道："杀败唐兵，有水有粮，上啊！"

焦渴多日的西秦军在主将的督促下，"嗷嗷"叫着扑了上来。眼看庞玉的部队就要全线崩溃，在这千钧一发之际，西秦军后军大乱，数万名唐军从东南山坡上冲了下来。

当头一面飞龙飞虎旗，上书斗大的杏黄色的"李"字。銮铃响处，一员少年将军金盔金甲，座下一匹好马，乌铁般黑，四蹄洁白。骏马载英雄，如飞般冲了下来。主帅当先，三军震动，争先恐后，呐喊着杀向西秦军。

李世民马快，率数十骁骑当先冲入敌阵，左冲右突，如入无人之境。李世民手抡两把砍刀，一连斩杀了数十名西秦兵将。自己浑身溅满了鲜血，他用手抹抹脸，继续奋勇拼杀，短兵格斗。

宗罗睺急忙领兵转过头来迎战。但气势上已输了一着，这时行军总管梁实也领兵冲出营盘，杀奔而来，西南刘文静也领兵杀了过来，唐军里外奋击，喊声动地，西秦军渐渐支持不住。

"射人先射马，擒贼先擒王。"李世民挂好双刀，取出宝胎弓，搭上大羽箭，"嗖"的一声就射出——远在百步开外的宗罗睺一声惨叫，一头栽下马来，被亲兵救起。

"宗罗睺已死，冲啊！"唐军趁势高喊起来。

西秦本是人马焦躁，没有多少斗志，夹击了半天，气势已卸去一半，如今听说主将被杀，更是失去了斗志，倒拖刀枪，回身就跑。

宗罗睺军是西秦的主力部队。五六万人兵败如山倒，全线大溃退，唐军随后掩杀，斩首数千级，另有上千西秦兵马，掉入涧谷而死。另有两万多西秦兵丢盔弃甲，抛旗撇鼓，随着受伤的主将宗罗睺逃向高墌城。

李世民令步兵断后，自率两千骑兵追去。诸将见大获胜利，士卒疲惫，怕主帅轻骑冒进，有什么闪失，纷纷请求停止追击。大将窦轨拦于马前苦谏道："薛仁杲犹据坚城，虽破宗罗，未可轻进，且按兵以观之！"

按用兵之道，确实不宜追击，怕只怕敌军从城中涌出，以逸待劳，再行反扑。此刻的李世民已杀红了眼，精神振奋，大喝道："破竹之势，不可失也，追击！"

两千精骑在李世民的率领下，于下午追至高墌城东。薛仁杲列阵于城下，按兵不动。隔着泾水望去，但见飞龙飞虎"李"字帅旗下，血染战袍的李世民，手握两把滴血的砍刀，骑着名驹白蹄乌，往来盘旋，杀气腾腾，真是凛凛英雄。

"这，这就是李世民？"薛仁杲回头问捂着半边脸的宗罗睺。

"就是他！"宗罗睺又恨又怕，往后缩了缩身子，"这小子年龄不大，竟单骑冲阵，且箭法奇准。等会儿陛下小心点，别让他大羽箭射着。"

薛仁杲见宗罗睺一副狼狈相，还一味夸赞敌帅，气恼不堪，举起狼牙棍，骂道："损兵折将，还灭我西秦威风，去死吧你！"

狼牙棍"呜"的一声砸下来，正中宗罗睺天灵盖，老宗一个倒栽葱，摔下马来，一命呜呼。

"皇上，大敌当前，怎可擅杀主将？"骁将浑干在旁惊惶地说。

一天不到，已损失一半人马的薛皇帝正在火头上，听浑干这一说，狼牙棍又"呜"的一下扫过来，骂道："你浑干想反叛不成？"

浑干低头躲过，拨马闪到一边，再也不敢吱声。这时，唐军步卒渐渐赶了过来，据泾水列开阵势，并有几支唐兵，慢慢向高墌城南北方向运动，欲成围城之势。

薛仁杲战又不敢战，退又不甘心，正在相持间，突然，左军大将浑干率数百人跑出大阵，倒拖刀枪，边高喊"投降"，边涉水向敌阵跑去。及薛仁杲反应过来，高喊"放箭"时，浑干等人已归于唐军。大敌当前，骁将投降，薛仁杲心中畏惧，传令大军退入城中，关上城门，拉上吊桥坚守。黄昏时分，唐军已运动至城下，完成了对高墌城的合围，降将浑干率亲兵数人沿城墙往来喊话："西秦军弟兄们，薛仁杲是个不成器的人，如今大势已去。为了家乡的父母妻小，弟兄们不要替他卖命了，赶快投降唐军吧，天下终归是大唐的天下！"

薛仁杲为人酷暴，与诸将多有矛盾，而浑干在军中又颇有人缘，听他这一喊，兵将纷纷动心，纷纷缘绳沿城墙而下，投降唐军。

第二天天还没亮，睡在梦中的薛仁杲就被侍从叫醒，言西城门已经大开，守军已经逃逸，唐军正从西城门杀入。

环视左右，只有一些文官守着，大将皆不在眼前，下落不明。薛仁杲长叹一声，把侍从递过来的皇冠扔掉，身着青衣小帽，对百官说："如今大势已去，为保命计，只有投降一条路了。"

百官默默无语，既不表示反对，也不表示赞同，一天之内的急速惨败，已让他们麻木得如木偶一般。

这天是十一月八日。不可一世的"孤家寡人"薛仁杲率领百官出城投降。

受降仪式上，李世民问薛仁杲："西秦号称有三十万大军，到底有多少人？"

"加上后方留守，有二十万之众。"薛仁杲老老实实地答道。

"二十万大军，也不算少了。今战而亡，可见你薛仁杲不是当皇帝的料。"李世民笑着说。

"是，我不是当皇帝的料，大元帅您才英明神武，乃天生真龙，仁杲甘愿归附。"

听到"真龙"二字，似乎触动李世民的心事，他望着漫山遍野欢庆胜利的唐军默默无语，再也不愿多说什么，挥手令人把薛仁杲押了下去。

此役唐军共得到精兵万余人，男女百姓五万人。歼灭了薛仁杲，解除了大唐

济世安民：唐太宗

的心腹之患。用兵神武的李世民，威名远播。关中、关东豪强不禁对大唐刮目相看，不敢贸然进犯长安。

在庆功会上，诸将相互贺喜，并问李世民："大王一战而胜，然又立刻舍弃步兵，又不准备攻城器械，轻骑直追城下，我们都认为难以取胜，但却出人意料地胜利了，这是为何？"

李世民这才讲明自己的作战意图。他说："宗罗睺军皆为陇西人，虽为精兵悍卒，然久屯不战，缺粮缺水，心生归意。我军出其不意，才打败了他们。然斩俘不多。如果不乘胜追击，让他们入城，薛仁杲必然要安抚他们，重新使用，这时候城就很难攻克。只有我军紧紧跟上，不给敌军以喘息的机会，才能使其惊慌，或远逃陇外，或出城投降。那薛仁杲有勇无谋，遭此变故，必然没有主意，只好出城投降了事。"

众将听了，仍觉胜之太险，但毕竟胜利了，而且大获全胜，犹如天助一般。众将崇拜地看着李世民，举杯贺道："大王英明神武，实乃天纵，凡人不可及也！"

话说瓦岗军兵强马壮，猛将如云，威震全国，其气势本来远胜于太原的李渊，即使夺取天下也不是多么难办的事。但因领导层发生内讧，使瓦岗军遭受重大损失，势力日益衰弱，直至灭亡。

原来李密以贵族出身，被生性豁达的翟让推举为魏公后，渐生骄横之心。翟让的部下不服，司马王儒信暗暗劝翟让自为大冢宰，总领政务，但未被翟让接受。翟让的哥哥柱国荥阳公翟弘更是气愤难当，常常当面向翟让嚷道："皇上本该你来当，为何让与外姓人？你豁达飘逸，不在乎皇上的宝座，也应该由哥哥我来当！"

翟让听了，一笑置之，不以为然。但此事让李密知道了，心中不快，常常有意无意钳制翟让部卒。

翟让好博弈，一日召李密元帅府的记室邢义期来玩。邢义期不愿赌，迟迟不去。翟让三等两等等不来，火冒三丈，令人将邢义期抓来，当面杖打一顿。此事又让李密心里结了一个疙瘩。

一次因分配不公，翟让招来元帅府左长史房彦藻，痛骂一顿，愤愤地说："前破汝南，你大得宝货，独与魏公，却全不与我，魏公乃我所立，今后如何，尚未可知！"

房彦藻被骂得狗血喷头，出了翟府后，直接来到元帅府，把翟让的言行添油加醋地学了一遍，并与左司马郑颋一起劝李密道："翟让贪心不足，出言不逊，无上之心昭然若揭。魏公宜早为计。"

李密攥了攥拳头，却又松开了，说："今大局未定，若自相残杀，有碍远图。"

郑颋进一步指出"利害"："毒蛇螫手，壮士解腕，所以全大也。今若不动手，他日翟让得志，我等后悔莫及。"

李密本来心胸狭窄，听二人这样一怂恿，决定对翟让下手。

李密在府中摆下酒筵，宴请翟让。翟让的哥哥翟弘及其子司徒府长史翟摩侯同来赴宴。翟让当中坐定，其部将单雄信和徐世勣按剑立于背后。李密见状，探身说道："今日与达官饮酒，亲兵部将可退下。"

李密的左右卫兵听命，转身离去，而翟让的侍卫仍然不走，房彦藻上前向李密请示道："天气寒冷，请给司徒左右酒食。"

李密点点头，看着翟让说："请司徒安置。"

翟让心胸宽广，没想那么多，挥手让左右退了下去。

饮了几杯酒，李密命人取出一把宝胎弓，递给翟让，笑着说："请司徒试试臂力如何？"

翟让欣然离座，拉开硬弓。正在这时，李密的手下壮士蔡建德突然从屏风后闪出，上前猛地一刀，将翟让砍倒在筵席前。

"翟让造反！"李密大叫道。随着喊声，又跳出几名壮士，挥刀向翟弘、翟摩侯猛砍，当场杀死二人。

外间的徐世勣、单雄信听见声音，冲进内厅。只见满地鲜血，翟让扑倒在地上喘息怒吼。未及二人有什么反应，蔡健德又补上一刀，杀死翟让。

徐世见势不妙，夺路而走，被守门人砍伤，蔡建德冲上去欲补上一刀，被闻讯赶来的王伯当喝住。王伯当和徐世勣、单雄信是好友，忙按下二人，让二人向李密叩头请命，李密方饶过他俩。

瓦岗军本由翟让起家，李密杀死翟让，内外震动。李密忙用官位、金银，安抚众人道："司徒专行横暴，凌上辱下，今仅讨其一家，诸君勿忧也。"

众将虽然嘴上不说什么，但自此已有离心。徐世勣深感李密反复无常，不成大气，乃请命出镇黎阳，远避祸灾。

李密战败宇文化及后，自以为能力非常，无人可比，兵居金墉城后，不设营垒，寻机与王世充决战。此时，被围困已久的洛阳闹饥馑，每斛米价达八九万钱。而李密打开洛口仓后，大量放粮。洛阳城中，每天都有大量的军士和百姓逃出，投奔李密。老奸巨猾的王世充见久拖下去，不是办法，决定主动出战。

出师前，王世充诈称左军卫士张永通三次梦见周公，周公严命王世充率军消灭李密。王世充乃为周公立庙，祈祷会上，巫师描咒面符，言周公令王世充急讨李密，必有大功，若守城不出战，兵将皆疫死。兵将们受其蛊惑，皆请战。王世充于是挑选精锐兵将两万余人，良马两千余匹，饭餐一顿，誓师出征。

李密闻讯，留王伯当镇守金墉，亲自领兵至北邙山。李密曾在此地屡次战败王世充，颇有轻敌之心，安营扎寨后，连营垒也不设。

黄昏，王世充集合全部人马，勉励将士说："我东都缺粮，利于速战，今夜奇袭敌营，生死之分，在此一举，各自勉力杀敌！"

兵马又饱餐一顿，入夜，月光如昼。人披软甲，马摘銮铃，军卒衔枚疾走，潜入北邙山。

黎明时分，王世充指挥军士发起猛攻。刚刚发现敌情的李密仓促出战。这时，王世充命数十骑兵押一个貌似李密的人，在阵前往来行走，高喊："已活捉李密！"

刚刚从睡梦中醒来的李密兵卒见此大惊，而王世充军则士气大振，直扑李密军中帐，半明半暗之中，直杀得鬼哭狼嚎，天愁地惨，又纵火烧着了李密的帅帐。李密军见此，胆落魂消，无心恋战，回身便跑，一口气败退到洛口。检点人马，只剩万余人，其将张童儿、陈智略降敌，裴仁基、郑颋、祖君彦被俘。此时，洛口守将邴元真已秘密投降王世充。李密故作不知，准备等王世充引军渡河一半时，再突然出击。但形势发展比李密想象的要快，李密布置阵势时，王世充已渡过洛水，直扑而来。单雄信勒兵自守，不作配合，李密孤军难敌，只得率轻骑逃奔虎牢关。单雄信、邴元真亦投降王世充。

李密彷徨无计，将奔黎阳，有人说："当初杀翟让之时，徐世勣亦伤，今兵败往就，岂能自保，不如到河阳找王伯当。"

李密兵败之时，王伯当被迫放弃金墉，退到了河阳。李密来到河阳，召集手下人计议。欲南阻黄河，北守太行山，东连黎阳，以图进取。但众将表示反对，认为："兵败失利，众心畏惧，若再停留，人心必不情愿。"

李密见人心离散，难以成大事，乃拔出佩剑，哭着对众人说："今日兵败，久苦诸军，我当自刎以谢众人！"

往日强大的瓦岗军弄到这种落魄的地步，众将不禁悲从中来，放声大哭。王伯当挽着李密，更是痛不欲生。

大伙儿抱头痛哭了一场，李密说："诸君幸不相弃，当同归关中。密虽然无功，但可与诸君共保富贵。"

府掾柳燮点点头说："明公与唐公为同族，兼有结盟之好。虽未陪同起兵，然阻东都，断隋归路，使唐公不战而据长安，此亦明公之功也！"

李密长叹一声，也觉得只有去投奔李渊了。他看着王伯当，难过地说："将军家室重大，岂能再与孤同行！"

王伯当慨然道："昔日萧何尽率子弟跟随汉王，伯当恨不能让众兄弟俱从魏公。岂可因一朝失利而轻去！纵使身分于原野，伯当也心甘情愿。"

周围将佐受其感动，皆表示愿随去长安。于是李密收拾起两万余人，投奔关中。

李密临近长安，唐帝李渊遣使迎接，相望于道。李密大喜，对手下人说："我拥众百万，一朝解甲归唐。山东连城数百，知我在此，遣使招之，亦当尽至，比起窦融以河西归光武之功，我也算不小了。"

武德元年（618年）十月，李密到了长安，受到李渊的盛情接待，被任命为光禄卿、上柱国，赐爵邢国公。但李渊始终对他心有疑虑，表面上亲热地称他为弟，并以舅女独孤氏嫁与他为妻，但却不给实权，只让他掌管宫中宴席的等级。

李密想起昔日的自己，颇以为耻，常常闷闷不乐，手下人因得不到很好的安置，也几欲离去。

微末小事，李密当然不干，他自视才高，对李渊也常常有傲色，李渊见他闲来无事，派他去豳州迎接打败薛仁杲凯旋的李世民。

李密只得收拾起国公的仪仗，带领上千号人前往豳州。到了豳州，李密驻马不前，每日里纵酒玩乐，以消胸中块垒。喝多了酒就对亲兵随从说："想我李密为瓦岗寨主，曾统百万之众，威震中原。只因时运不济，虎落平原。而李世民小辈，不过尔尔。派我屈尊到此小州来迎接他，岂不是辱没我！"

手下劝道："明公武略非凡，天下闻名。但人在屋檐下，不得不低头，权当一件差事应付吧。"

李密手一挥道："且让我快活几日，等那李世民到了州境再说。"

一日上午，李密还没起床，有人来报："秦王先头部队已到达州境，请邢国公准备迎接。"

李密懒洋洋地起了床，洗漱完毕，又慢腾腾地用了早餐，吩咐手下人准备迎接。

等列队完毕，打起仪仗旗号，来到北门城外，已见正北方的官道上，轻尘飞扬，鞍上人披着铠甲，坐下马带铜铃，旌旗红展一天霞，刀剑白铺千里雪。大队人马浩浩荡荡而来，那真是兵强马壮，阵容严整。

站在李密身边的王伯当禁不住赞道："观其队列齐整，可知其主帅的能耐！"

"这秦王到底年龄有多大？"李密问。

"听说刚刚二十岁。"王伯当答道，"虽然年轻，但已独立指挥过多次战役，此番大败西秦军，可见其英才天纵，胆略不凡。"

李密冷笑道："小小的毛孩子有什么了不起，打了胜仗还不都是将佐的能耐。"

"百闻不如一见。"王伯当手一指说，"秦王到了！"

李密闪目观望，但见四面旗牌开处，杏黄色的帅字旗下，一员少年将军狼腰猿背，身穿凤翅金甲，骑一匹四蹄如雪的高头黑色大马，威猛风流，豪气逼人。李密倒吸一口气，未及多想，那马已奔到近前。李密急忙跳下马来，当胸抱拳施礼："李密奉旨前来迎接，秦王辛苦了！"

李世民一跃，跳下马来，亦抱拳施礼："久仰国公大名，今日相见，足慰平生！"

李密见秦王神采奕奕，一点儿也不拿架子，更加佩服。又想想几十万瓦岗军，被自己带得支离破碎，禁不住冷汗流下，拱手道："惭愧，惭愧。"

李世民大笑道："英雄时势，运也命也。国公曾统百万之众，今日归我大唐，仍不失高官厚爵，何来'惭愧'二字？"

此话话外有音，谈笑之间又有震慑之意。李密默默无语，心下有些畏惧李世民。二人并辔入城，到了州府，又摆开盛宴，欢庆凯旋。席间李世民剖析古今，纵论天下大事，显示了他少年英雄过人的才华。李密大为叹服，对旁边的殷开山道："秦王文韬武略，乃天降真主也。"

殷开山笑道："不如此，又何以定天下！"

十二月二十二日，李世民率大军回到了长安，太子李建成至渭水桥亲自迎归。

次日，李渊下旨斩薛仁杲于市，扑杀仵士政于殿廷。李世民以功加授为太尉、使持节、陕东道大行台，河北、蒲州等诸府兵马均受其节制。

李渊又追封刘感为平原郡公。刘文静为户部尚书、陕东道行台左仆射，其余各官均有赏赐。

平定西秦薛仁杲，李密来降，显示了新生唐朝的勃勃生机，天下无不震动，一些大大小小的割据军阀，在李渊的恩威并用下，纷纷赶来归降。

武德元年（618年）十一月，易、定等州皆降。十二月，西突厥曷娑那可汗，自宇文化及所来降。隋襄平太守邓暠以柳城、北平二郡来降，即以徐世勣为营州总管。辛巳，罗艺奏表，以渔阳、上谷等郡来降。癸未，诏以罗艺为幽州总管。

帝业蒸蒸日上，万里江山渐渐归唐，李渊十分高兴，下诏嘉奖太原起兵的功臣。其中秦王李世民、尚书左仆射裴寂及户部尚书刘文静，有免二死之权，左骁卫大将军长孙顺德等十四人，有免一死之权。丹书铁券的颁赐仪式上，君臣欢畅。李渊又排开盛宴招待文武百官，并宣太子李建成、秦王李世民以及自己的老交情裴寂同登御榻之侧相陪。几杯酒下肚，高祖李渊因谓众臣道："诸公共相拥戴以成帝业，若天下承平，可共保富贵。使王世充得志，公等岂有种乎！如薛仁杲君臣，不可不以为前鉴。"

郡臣纷纷称："诺！"只有刘文静看着御榻之侧的裴寂，嫉妒得两眼冒火，另有往来张罗进食的光禄卿李密，心中滴血，深以进食为耻。

这一切都没逃过李世民的眼睛，朝散后，同归秦王府，李世民问刘文静："皇上特命有免你二死之权，此亦莫大之荣誉，难道你不高兴吗？"

刘文静掂掂手中的丹书铁券说："这固然是嘉奖我太原首义之功，然那裴寂本领没有多少，专会一意谄上，却居百官之首，如今又与太子、秦王你同侍御榻，怎不令我刘文静愤愤不平！"

"他是皇上宠臣，你以后不要对他当面加以颜色，还是尽心本职，小心为妙。"李世民真诚地劝道。

一听这话，刘文静火又上来了："太原首义，实则由我与王爷您开始谋算，又数次出兵征战，本应赏罚分明。前次我提议给王府中长孙无忌、房玄龄、杜如晦以各部官爵，却被裴寂老儿压了下来。"

李世民默默无语，半晌又问："你看李密这人怎样？"

刘文静想了一下，说："李密骄贵日久，今掌管朝会宴席的等级，必生怨心，我谓其必不能长久。"

李世民点点头，再一次告诫刘文静说："我观今日朝会，只有你和李密心生不快。可见人才略再高，也要知道韬光养晦。裴寂与皇上亲近，你若不改变态度，日后必对你不利。"

刘文静不服气地哼了一声，嘴里不说什么，心里却想，凭我刘文静的能耐，还胜不了你一个愚笨的裴老鬼？当初，李密与王世充在北邙山对阵时，诸将骄傲轻敌，纷纷主动出战。谋士魏徵以为不可，提出建议说："魏公虽胜宇文化及，又数败王世充，然骁将锐卒多有战死，且王世充乏食，志在死战，难与争锋，未若深沟高垒以拒之，不过旬月，王世充粮尽，必自退，退而击之，战无不胜。"

如此建议，却得不到重视，反被长史郑颋斥之为老生常谈。魏徵气愤地说："此乃奇策，何谓常谈！"乃拂袖而走，自此认为李密不能成大器。

李密来到长安后，魏徵一心一意为大唐做事，被任命为秘书丞，他自请安抚山东。到了黎阳，致书徐世勣，劝其早降。

徐世勣踞李密旧境，未有所属，决计归降，他对长史郭孝恪说："此间民众土地，皆为魏公所有。我若上表献于唐皇帝，是利主之败，自为功以邀富贵也，我以此为耻辱。今宜籍郡县户口士马之数，上启魏公，让他自己献去。"

整理好土地户口档案，徐世勣遣郭孝恪到长安。李渊闻听徐世勣派使者来京，却不见奏表，甚以为怪，召郭孝恪至殿询问。郭孝恪乃把徐世勣的原话说了一遍，言奏表已送到李密手中，由李密转呈。李渊称叹道："徐世勣不背德，不邀功，真忠臣也！"

乃下诏赐徐世勣姓李。以郭孝恪为宋州刺史，使与徐世勣一起经略虎牢关以东。所得州县，皆委之选补。

果不出李世民所料，李密自视才高，自负归国之功，见朝廷待之不如本望，甚为不悦。找到左武卫大将军王伯当，说其胸中郁闷。王伯当也愤愤不平，对李密说："天下大事，皆在明公胸臆。今东海公据黎阳，襄阳公张善相在罗口，河南兵马甚众，岂能久居人下？"

李密听了，正合心意，心中暗喜，改天求见李渊说："臣虚蒙荣宠，安坐京师，未能报效。山东之众，皆臣故时麾下，请让臣前去收而抚之。凭借国威，取王世充如拾草芥耳。"

李渊以为李密故将士多不附王世充，欲遣李密前往收之，群臣纷纷谏道："李密狡猾好反，今遣之，如投鱼于泉，放虎归山，必不返矣。"

李渊又询问李世民的意见，李世民以为李密英雄末路，放他走了，也成不了大气候；留在身边，反成一个扎脚的钉子。

李渊于是拿定主意，对群臣说："帝王自有天命，非小子所能取。放此子东去，即使叛我，也如箭射蒿中耳。若其与王世充交斗，我正可得渔人之利。"

辛未，乃遣李密至山东，收其昔日之旧部。李密请准与贾闰甫同行，李渊准之，并设御宴为其壮行，李渊命两人同升御榻，传饮御酒道："我三人同饮此酒以明同心，此番东出，望善建功名，以不负朕意。大丈夫一言许人，千金不易。有人劝朕不让弟行，但朕推赤心于弟，非他人所能问也。"

李密、贾闰甫再拜受命。李渊为了表明自己坦荡的心迹，又命王伯当为李密副手。长史张宝德也在李密一行人中。途中，他发现李密有异志，乃遣密使上书李渊。李渊即派使者赶去，下令李密分一半人马留在华州。李密行不多远，又一使者持诏至，命李密所部徐徐前行，李密单骑入朝，更受节度。

此时李密已到了稠桑，得到敕令，决意与唐朝撕破脸皮，对随行的贾闰甫说："敕遣我去，又无故复召我还。天子曾云'有人执意不让去'。今若返长安，我李密定无生理。不如攻破桃林县，收其兵粮，北走渡河。乃信达熊州，我已走远了。等到了黎阳，此大事可成。不知公以为如何？"

贾闰甫坚决反对说："主上待明公甚厚，况国家姓名，已在图谶，天下终归姓李，终归一统。明公既已委身于唐，怎可复生异图。任瑰、史万宝据熊穀二州，此事朝举，彼可夕至。虽克桃林，兵岂暇集？一称叛逆，谁还敢跟你？为明公着想，不如应诏回长安，以明无反叛之心。等主上耳边的谗言渐渐消退，再想办法出山东。"

一番良言竟惹得李密火起，他拔剑在手，指着贾闰甫说："唐王置我如周勃、灌婴，尚不得如韩信、彭越，我李密何以忍之？况且谶文'李氏当有天下'，我也有份。今不杀我，听任我东行，足证王者不死。纵使唐定关中，山东也终为我所有。天与不取，乃欲束手投人，公原是我心腹，怎可背我！如不同心，当斩你而后行！"

贾闰甫泣下，再拜曰："明公虽云应谶，然近察天人，已经相违。今海内分崩，人思自擅，强者为雄。公乃逃亡之人，谁肯听命？且自杀翟让以来，人皆谓明公弃恩忘本，今日谁又肯以所有之兵而束手委之于明公？所至之地，彼必虑公见夺，逆相抗拒，一旦失势，又岂有容足之地？闰甫荷恩甚厚，感公之德，所以深言不讳。伏望明公三思，以免大福不再。若明公有栖身之处，闰甫亦何辞屠戮？"

一番话剖析得明明白白，亦说到李密的弱点和痛处，李密恼羞成怒，挥刀欲砍，被王伯当拦住，苦苦相求，方放过贾闰甫，闰甫含泪再拜，自奔熊州而去。

王伯当也如贾闰甫之言劝李密，李密不从，斥伯当远走。伯当不肯去，说："义士之志，不以存亡易心。公必不听，伯当与公同死，然恐终无益也。"

李密于是派长安使者，进入桃林县，对县官说："奉诏暂还京师，以家口寄住县舍。"

乃暗选精悍骁勇数十人，着妇人衣冠，诈称妻妾，以车载入县舍。须臾，变服突出，占据了县城。而后驱赶徒众，直驱南山，预备沿小路去山东。并遣人驰告故将伊州刺史张善相，令从后接应。

右翊卫将军史万宝镇守熊州，闻李密叛变后，找行军总管盛彦师商量说："李密，骁贼也，又有王伯当辅助，今决策而叛，恐不可当也！"

盛彦师笑道："请与我数千兵马，必枭其首。"

"公以何策能尔？"

"兵法尚诈，不可为公言之。"

盛彦师率数千人马，翻越熊耳山，在南边的要道上伏设弓弩手，并以刀盾伏于溪谷，命令道："俟贼半渡，立即出击。"

有人不解地问："听说李密欲向洛州，而我军却入山伏击，能等到他吗？"

盛彦师掏出一纸密令亮了亮说："此乃秦王之密令。李密声言向洛，实欲出人不意，走襄城，就张善相。"

李密过了陕州，见无兵阻挡，以为剩下的路更无顾虑了，乃放心率领部下行走，突然一阵梆子响，伏兵齐出，把李密军断成几段，首尾不能相应。砍杀之际，盛彦师亲自指挥军卒，挠钩齐出，把李密、王伯当拖下雕鞍，夺了刀弓，卸去衣甲，捆绑起来。李密余众见主将被擒，逃生的逃生，投降的投降。

李密觉得自己姓李，还是大唐的国公，对盛彦师说："小子不得无礼，赶快松绑，送我去长安面见皇上。"

盛彦师抖出一张纸，叫道："奉秦王将令，专门在此拿你。大王早料到你背恩弃义，反复无常，留在世上也是个祸害，命我将你就地斩首！"

李密仰天长叹一声，闭目受戮，说一句："我终死在能人之手！"

盛彦师二话不说，当即喝令刀斧手将李密斩首。

王伯当引颈受戮，迟迟不见对方动手，盛彦师说："秦王念你忠心事主，命我留你一命，是降是走，悉听尊便。"

王伯当看着地上身首分家的李密，死意已决，对盛彦师说："替我谢谢秦王，然王伯当终不事二主！"

说完，王伯当跃起，一头撞向旁边的山石，气绝身亡。

盛彦师派人护送王伯当尸首回家乡，将李密传首京师。李渊命人将首级又传到黎阳，将李密反状，告知李世勣。李世勣面北拜伏，哀恸号哭，上表请求收葬。李渊感之，诏归其尸。李世勣身穿丧服，备君臣之礼，命全军缟素，大具仪卫，葬李密于黎阳山南。

就在李渊派李世民东征西讨，又频繁开展外交，拓展领地之际，太原西北的刘武周也没闲着，被始毕可汗封为定杨天子，赐给狼头大纛后，蠢蠢欲动，欲南图太原。

刘武周本是河南景城人，少时骁勇有力，善拉硬弓，好结交江湖豪侠，其兄刘山伯为人质朴，经常教训弟弟说："尔不择友而交，终当灭我族！"

家里渐渐装不下刘武周，适值征辽东招兵。刘武周报名入伍。由于英勇善战，以军功升为校尉。回到马邑后，太守王仁恭见其武艺不凡，引为州府卫士长，率虞侯屯于太守府。刘武周乘机与王仁恭侍妾私通。后恐事败露，乃扬言："王府尹不恤百姓，仓粟霉烂，不如开仓赈贫乏，以免众死沟壑！"

刘武周率手下豪强及饥民乘机起哄，趁乱杀了王仁恭，并驰檄境内，得兵上万，自命为太守。

后刘武周依附突厥，占据雁门，势力范围渐渐扩大，乃自称为帝。武德元年（618年）十一月，宋金刚率数千人来投刘武周。

刘武周素知宋金刚是一员猛将，于是封他为"宋王"，委以重任。宋金刚为表诚心，休掉发妻，娶了刘武周的妹妹为妻。

见李渊远在长安，只有其子李元吉镇守太原，宋金刚乃劝刘武周"入图晋阳，南争天下"，刘武周从之。

武德二年（619年）三月，刘武周以宋金刚为西南道大行台，率兵两万，并引突厥之众，南攻并州。

四月，进逼太原城。太原东骑将军张达认为兵少，主张固守待援，但齐王李元吉强令其领兵出战。结果到了城外，寡不敌众，全军覆没，张达愤而投奔刘武周。二日，张达引军攻陷榆次。

五月，刘武周配合刘季真攻陷石州。六月十日，刘武周攻陷介州。

李渊见太原形势紧急，乃命太常少卿李仲文、左武卫大将军姜宝谊率军增援。军至雀鼠谷，遭遇刘武周部将黄子英伏击，全军覆没，姜宝谊、李仲文被俘后，侥幸逃回。

时王世充在洛阳称帝，国号为郑，并派兵向长安方向运动，李渊面临东西双重的压力，乃召开御前会议，商讨对策。

左仆射裴寂为百官之首，率先发言说："秦王多次领兵讨敌，富有实战经验，此番保卫太原，破刘武周，非秦王不可。"

户部尚书刘文静素来讨厌裴寂，每当朝廷议事，裴寂说是，刘文静必说非。今番见讨论由谁领兵援太原，刘文静有心让裴寂出丑，乃上前奏道："王世充称帝，时欲攻我大唐，非秦王领兵与其对阵不可。刘武周依仗突厥，其本身没有多大实力，派左仆射裴大人领兵前去，即可一战定乾坤。"

裴寂素无武略，见刘文静当众点自己的将，有些慌张，但身为左仆射，又不好意思说自己不去，又不敢说自己去，正焦急间，刘文静又进一步指出："裴大人乃晋阳元老功臣，又曾为晋阳宫监多年，了解晋阳的人情地貌，更兼裴大人多谋善断，此番兵至太原，定可大获全胜。"

李渊一向宠爱裴寂，裴寂在他眼里就像一朵花。他也觉得裴寂智谋不小，从晋阳起兵起，大大小小也经过多次战斗，此番出征宋金刚，应当没有问题。于是在御座上欠了欠身子说："如今国家正在用人之际，就请裴爱卿辛苦一趟吧。"

事已如此，裴寂只好应承下来，心里却暗骂刘文静不得好死。

李世民深知裴寂不是领兵打仗的料，此番去太原增援，必败无疑。但不知出于什么心理，李世民未加阻拦，听任李渊当殿颁下了任命状。

裴寂首次单独率兵出征，李渊率百官至城外十里长亭相送，面和心不和的刘文静握着裴寂的手说："为将之道，在于跑，若打不过敌人，莫忘'逃跑'二字。"

裴寂当即气得说不出话来。大军行不到二十里，裴寂即于马上修书一封，言刘文静"……兵马未发之时，恶言相讥，扰乱军心"，派部下持书密奏李渊。

八月，裴寂率五万大军浩浩荡荡来到介休。宋金刚见来军势大，乃踞城坚守。裴寂也不打算攻城，多一事不如少一事，于是屯军在介休东南的度索原，人马饮用山上流下来的涧水，倒也不缺吃不缺喝。

宋金刚见唐军远远地躲在二十里开外，既不攻城，也不列阵，决定先发制人，主动出击。九月，宋金刚亲率一支部队，悄悄运动到度索原后山上，堵塞上流，切断涧水。

涧水渐渐地断流了，裴寂却不派探兵去察看上游，自我判断已到了枯水季节，须移兵营另就水源。十二日，裴寂拔营而起，欲退往南边的小明河。移营时，却并不按兵家常规，派出探兵，作出战斗准备。当兵士们抬着帐篷、背着铺盖等物资预备转移时，突然从背后的小山上冲下大队人马，摇旗呐喊，直扑唐军而来。

一见这阵势，裴寂吓坏了，哆哆嗦嗦，未能组织有效的抵抗。两军相接，唐军一触即溃。裴寂率领亲随，夺命奔逃，一昼夜跑了二百多里路，窜至晋州以东。所部人马，伤亡惨重。晋州以北城镇皆失，唯有浩州独存。

裴寂上表谢罪，李渊不但不加斥责，还让他镇抚河东。

裴寂贪生怕死，派兵强迫虞、秦百姓入城堡，并烧掉老百姓的房舍，毁其待收的庄稼，搞所谓的"坚壁清野"。夏县人吕崇茂不堪其苦，率百姓杀掉县令，引宋金刚军为援，击败裴寂的清乡队。裴寂身在险处，惶惶不可终日。就在这时，长安一纸旨令，将他召回长安。

回到长安，李渊仅将裴寂数落一顿，却并不加以处罚，仍日日留在身边，恩宠无比。

裴寂战败后，刘文静对其大加嘲讽，裴寂亦恨文静当初荐自己出征。两人矛盾越来越深，经常在朝堂上相互顶撞。

一天，刘文静与弟弟通直散骑常侍刘文起一起喝酒，刘文起诉说裴寂以公报私，欺压自己。刘文静大怒，拔刀击柱说："我必斩裴寂首！"

刘文静的房屋闹鬼，乃召巫师在星夜里披头散发、口衔钢刀，作法驱邪。刘文静有一个小妾，一向得不到宠爱，暗地里让其兄弟将此事上奏给李渊。

奏书里说刘文静深夜作法，有反叛之心，李渊弄不清怎么回事，乃交裴寂、萧前去审问。

裴寂大喜，当即把刘文静捉来，拷打一顿，又搜罗一些材料，定刘文静有反叛之心，依律当死。

朝堂上，李渊提着材料，问刘文静如何口出怨言，欲杀大臣，刘文静争辩说："晋阳起兵之初，我为司马，地位与长史略同。裴寂无能之辈，如今却位为仆射，踞有甲第。我东征西战，官赏却不异于众人。老母留京师，风雨无所庇护，实有不满之心，因醉发怨言而不能自保。"

李渊耳朵里早灌满了裴寂说刘文静的坏话，于是对群臣说："观刘文静此言，反状已露！"

李世民叩头为刘文静辩护说："昔在晋阳，是文静先定非常之策，才告裴寂知道。及攻克京城，二人地位待遇却悬殊，所以文静有一些怨言，但绝对不敢谋反。"

李纲、萧瑀也极力为文静辩护，言起兵元勋，绝无反叛之心。李渊被说不过，只得命人将刘文静释放了。

退朝后，裴寂意欲置刘文静于死地，乃来到后宫，反复劝说李渊："刘文静才略实冠时人，日久必不愿居人之下，且其性反复粗险。今天下未定，留之必贻后患！"

架不住裴寂三说两说，李渊被说动了心，觉得刘文静还真是个危险分子，却又顾虑地说："朕已特免文静有免死之权，且文静为秦王府人，杀之将招致不满。"

裴寂一听就叫起来，又侃侃而谈："欲争天下，怎可有妇人之心，对反叛之人应毫不留情地加以消灭，还管什么一死、二死。正因为刘文静为秦王府人，杀之才可震慑群臣，让百官老老实实，主上才能无后顾之忧，轻取天下！"

李渊一向亲近裴寂，低头沉思良久，想想裴寂之言也有道理，裴寂又怂恿了几句，李渊乃下令禁卫军前去拿下刘文静兄弟，就地斩首。

刘文静临刑前长叹道："悔不听秦王爷韬晦之言，才有今日，所谓'飞鸟逝，良弓藏'，所言不虚。"

李世民正在王府中歇息，突然刘文静亲随刘德叩门紧急求见。客厅里，没等刘德说完，李世民飞奔出门就要去救人。刘德拦住李世民哭诉道："已经晚了，我来之时，刘大人已被斩首。"

闻听自己朝夕相处的密友的噩耗，李世民一下子呆住了，眼泪也禁不住地涌出。刘德跪在地上，手拿一封密信，呈上来说："大人临死前密书一封，令我无论如何交给王爷。"

李世民接过密信，展开来看，但见上面写道：一山难容二虎，一国难容二主。大王天才英俊，必遭人忌恨，日后太子即位，大王恐蹈文静之辙，望早作大计，切记切记。臣刘文静临死再拜！

密信的内容和加黑点的"臣"字，让李世民惊骇不已。他低头又看了两遍，将信内容默记在心，而后，打起火镰，将密信烧掉。

李世民拉起地上的刘德说："文静及文起已死，其后人就由你来照顾吧，所需钱粮由我王府拨付。密信一事，也不要再与人提起。"

刘德答应一声，含泪而去。李世民回到书房，仰卧在坐榻上，怅想良久，整个下午也没有出房门一步。

且说四公子齐王李元吉，从小就是个坏坯子，貌不惊人，却生性凶猛，好惹是生非。窦夫人在世时，对他管教极严，常加挞伐。

窦夫人去世后，李渊忙于军务，李元吉更加像脱缰的野马，整日带着家奴东游西荡，牵狗架鹰，出外游猎。别人不敢管，只有长孙嫂嫂常常劝他，劝得急了，李元吉便发急说："嫂嫂休要拦我！宁可三日不食，我也不能一日不玩！"

武德元年（618年）三月，李元吉一步登天，被封为齐王、镇北将军、太原道行军元帅，都督十五郡诸军事。

担当如此重任，本应痛改前非，加强修养，整顿军务，以防止突厥、刘武周南侵，保护老根据地安全，策应父兄在长安的东征西讨，做一个事业有成的好王爷。但事实却恰恰相反。

天高皇帝远，在太原，李元吉就是老大，更加骄横奢侈，府上奴客婢妾多达数百人。每日不理政务，吃饱喝足，即要开游戏，让家奴、门客、姬妾，披甲执仗，在元帅府内相互追击，有时弄得死伤多人，连他自己也受伤。更有甚者，他经常与宫内监窦诞一起带领军士游猎，放鹰纵犬，践踏田禾，放纵部下抢夺民财。堂堂王爷，有时好为小偷小摸，换上便服，夜入民宅，淫乱良家妇女。又常常骑马在闹市上奔驰，以箭射人，观看百姓避箭为乐。百姓怨恨，将其视为太原一害。其乳母陈善意看不过，说他："白日不习文练武，身为王爷，糟蹋百姓，实乃可恨，可叹！"

李元吉恰逢酒醉，闻言大怒，命军士处死乳母。为掩盖丑行，又私谥陈善意为"慈训夫人"，修墓立碑宣扬了一番。

李渊知李元吉办事不牢靠，派右卫将军宇文歆前往晋阳，以协理防务。

武德二年（619）九月，裴寂驰援太原失败后，宋金刚占据了晋州以北府郡，并逐渐向太原周围运动。齐王李元吉吓得心惊肉跳，龟缩在城中不敢出战。九月十六日，离裴寂之败仅仅四天，李元吉找来司马刘德威，强作镇静地对他说："太原眼看被围，不主动出击是不行了。今夜，我以强兵出战，夜袭敌军，卿以老弱守城，一定要小心！"

刘德威弄不清李元吉的作战意图，又不敢多问，只得应承下来。

入夜，李元吉让妻妾换上军服，带上金银细软，混杂在队伍中，悄悄出城，一口气跑到了长安。

李元吉刚走，宋金刚的前哨人马即兵临城下，城中老弱兵不堪防守，晋阳土豪薛深向刘武周献城投降。

李元吉盔歪甲斜地回到长安，李渊惊骇不已，说道："晋阳强兵数万，食粮可支十年，兴王之基，竟一旦弃之！"

李元吉低头垂手不吱声。望着连续奔跑二天三夜，瘦了整整一圈的小儿子，李渊心疼不已，转而大怒道："元吉幼弱，不精熟时事，故遣窦诞、宇文歆辅佐。今弃城逃回，肯定是宇文歆的主意，朕定斩不饶！"

礼部尚书李纲见李渊说话不讲理，上前奏道："齐王年少骄纵，窦诞不谏，反为掩覆。宇文歆谏王不纳，曾多次上表奏闻，歆实忠臣，岂可杀？今日之败，窦诞实有一份。"

窦诞是皇亲，李渊护短，不说什么。次日，召李纲说："自得公，无滥刑。元吉自为不善，非窦诞、宇文歆所能禁束！"

乃赦免窦诞、宇文歆弃城之罪。

十月十七日，宋金刚攻陷晋州，右骁卫大将军刘弘基兵败被俘，又侥幸逃归。宋金刚乘胜进逼绛州，攻陷龙门。

龙门在汾水和黄河的交汇处，战略地位十分重要，南渡黄河即可直趋长安。

于是，关中震骇，形势十分严峻。

二十日，李渊为鼓舞士气，亲送诸军扎营于蒲州。并派永安王李孝基、陕州总管于筠、内史侍郎唐俭等率兵组成防御线，以阻挡宋金刚攻势。

为了安抚惊慌的长安士民，李渊又颁发手敕云："贼势如此，难与争锋，宜弃大河以东，谨守关西而已。"

此时，身兼太尉、尚书令、雍州牧、陕东道行台、左武侯大将军、使持九州诸军事、凉州总管等数职的秦王李世民，正坐镇长春宫。闻听太原失守及父皇下此手敕的消息后，心忧如焚。立即安排好军中事宜，骑马赶至长安，向父皇进言道："太原乃王业所基，国之根本，河东殷实，京邑所资，若举而弃之，臣窃愤恨，愿假精兵三万，必能平殄武周，克复汾晋。"

李渊见关键时刻，二子又挺身而出，十分欣慰，却又担忧地说："刘武周接连胜利，兵锋甚利，又得到太原大量粮帛。其长期盘踞代北边防，兵强马壮，善于骑射。又有突厥及隋将王行本策应，急切之间，恐怕难以战胜，反而动摇我长安根本。"

李世民再拜说道："刘武周意欲夺取天下，若不及时击败之，恐其北连突厥，结盟梁师都，若领兵深入，京师岂不危殆？且刘武周虽占河东之地，然未能及时巩固，民心尚未依附，河东乃我李家长期经营之地，基础甚好，我军大起反击，必然会得到各方面的支持。时不我待，请父皇立即派世民领兵出征！"

李渊听李世民一说，恍然大悟，抚着李世民的肩背，眼泪下来了，说："我儿年纪虽轻，却长年在外，东征西讨，为我大唐江山立下累累战功，前次刘文静事，未能提前跟你说，朕心中愧疚，还望我儿不要放在心上。"

李世民叩头感泣道："拼打江山，靠的是人心人才。将士们流血牺牲，也为的是日后能封妻荫子，父皇要多理解臣下的心才是。"

李渊听了不住地点头，道："朕当悉发关中之兵归你指挥。"

十月乙卯日，李渊率百官亲至华阴，在长春宫为李世民送行。

长春宫前的宽阔的广场上，李世民主力部队呈方阵排列。周围旌旗招展，锣鼓喧天。将士们昂首挺胸，铠甲鲜明，精神抖擞。百名战将手擎大旗，骑着高头大马，于本部前巍然挺立。观其军容，确实不同于一般军队。高台上的李渊和百官不禁暗暗赞叹，秦王真是天生的帅才，勇武有力，统兵有道。

中军帐鼓响，但见李世民头顶飞凤金盔，身穿大鹏贴背锦征袍，腰系狮蛮带，健步登上点将台，目光似闪电，威严地扫视将士们一遍，而后抓起令箭，点兵派将。刷刷刷，分派完毕——

第一队（前部先锋）：大将秦琼，总管殷开山；

第二队：大将丘行恭；

第三队：大将侯君集；

第四队：大将公孙武达；

第五队（断后）：大将浑干。

李世民则自率两位堂弟，江夏王李道宗、淮阳王李道玄为中军。加上前期已发的永安王李孝基、陕州总管于筠、内史侍郎唐俭，计约八万大军。

李渊见李世民调度有方，更加高兴，将自己的坐骑、御马特勒骠牵来，赐予李世民。这特勒骠乃西突厥所献，乃万里挑一的良驹，头至尾长约一丈，蹄至脊高约八尺，且没一根杂毛，色如赤炭。

李世民乃爱马之人，见了特勒骠大喜，辞别父皇及百官，翻身上马，执鞭指点军兵进发。

李世民酝酿出征之时，天下形势也发生了巨大的变化。自王世充在洛阳称帝后，河北的窦建德不甘落后，自立为王，建天子旌旗，并依靠突厥，对唐领地大举进攻。

窦建德也是隋末起义军的一个名角。他原为贝州漳南人。少年时代就孔武有力，很讲义气。大业元年，郡守选拔勇武者为统领，窦建德当选，当一名小队正。适值其友孙安祖也被县令强召服役，安祖不从，被县令鞭打，乃杀死县令，投靠窦建德。

窦建德有心为自己留一条后路，于是招些逃兵、无业之人，交给孙安祖，对他说：今饿殍遍野，百姓流离失所，皇上不恤民情，虽亲自督战辽东，又焉能取胜！大丈夫当立盖世之功，死得其所。高鸡泊广大百里，芦苇稠密，你带这些人或打鱼，或出泊掳掠豪富行商，足以自活。等天时到来，我再来找你，以立大功于天下！"

孙安祖家被水淹，妻子饿死，已无后顾之忧，遂满口答应，领人进了高鸡泊。

窦建德为人侠义，名声在外，当时常有小股义军在漳南一带打家劫舍，却从来无人扰害窦建德家。郡守以为窦建德交结贼徒，派兵将其全家老小一并抓去杀掉。窦建德闻讯，即率手下人脱离隋军，投奔清河界起兵的高士达。后来窦建德又收编了孙安祖的部下，军力逐渐扩大，多达数万人。大业十二年（616年），窦建德领兵打败了隋涿郡通守郭绚、太仆卿杨义臣，军威大振，于次年自立为长乐王，盘踞于河北一带。

武德二年（619年）六月，窦建德攻陷沧州。八月，攻陷洺州、相州。九月，攻陷赵州。

十月，窦建德亲率数万大军，直扑黎阳，斩杀李世勣骁将丘孝刚，继而攻破城池，生擒淮安王李神通、李世绩父亲李盖、秘书丞魏徵、以及外嫁寓居黎阳的帝妹同安公主。

正在行军的李世民得此消息，寝食不安，立即召集长孙无忌、房玄龄、杜如晦等人商量。大家一致认为，大军已发，回救淮安王、同安公主等人已来不及，必须尽快击败当前的大敌宋金刚、刘武周，否则，待窦建德生成大势，情况更为不妙。

李世民思前想后，决定大军直趋龙门，与宋金刚主力对阵，尽快歼灭之。

农历十一月，正值隆冬，滴水成冰。大军至黄河边时，冬云低垂，天气突变，蒙古高原的寒流正卷着鹅毛大雪呼啸而至，狂暴地扫荡着黄河两岸，陡峭土坡的短树上，挂满冰凌，天地被搅得灰蒙蒙、昏沉沉的。将士们几乎睁不开眼，纷纷要求找避风的地方，安营扎寨，等天晴后再过河。

李世民未作答复，带着几名卫士，亲自下黄河勘探道路。

李世民向河中心走了一段路，河面上布满冰雪，昔日咆哮的黄河仿佛被冻僵了，静静地躺着，与苍茫的雪原连成一片，仿佛直达天边。

有恶劣的天气作掩护，有坚硬的冰层作依托，真乃天赐我也！李世民毅然下令："全军人不歇息，马不卸鞍，于黄昏时渡河，兵贵神速，天明时全部过完！"

天近黄昏，雪花变得更加冷森森的，八万大军踏着冰面，悄悄地向对岸运动。大车辗过坚硬的冰层，发出铿铿的声音，李世民牵着特勒骠，亲自在前方探路。将士们备受鼓舞，争先恐后地奔向河对岸。

第二天上午，风雪停息，云开日出，在大龙门东北，汾水下游，太原至长安的咽喉要道——一个叫柏壁的地方，突然出现一大片兵营。周围密布枪刀，四下深藏鹿角，三面掘下陷坑，壁垒森严。

屯兵柏壁后，李世民几次亲率轻骑侦察，感觉敌军势大，若直接对阵，恐难以取胜。于是坚壁不出，分兵固守绛州和浩州，与大本营呈掎角之势，迫使宋金刚屯兵城上，不敢前进。同时李世民又派出小股部队，袭击敌军的后方运输线。

当时黄河以东郡县，钱粮皆被刘武周、宋金刚抢掠一空。百姓惊惶，或藏于深山，或聚入城堡。长驱直入的唐军也面临后勤补给困难，征不到粮食。李世民乃发布命令，使轻骑遍处张贴，公告百姓，号召复业。

老百姓一向对秦王印象极佳，当年他曾率兵下西河，破霍邑，并且开仓放粮，对百姓秋毫无犯。秦王回师河东，让百姓看到了希望，纷纷奔走相告，前来归附，耕田种谷，积极接济大军。

河东形势逐渐有所转机。这天，李世民带领年仅十七岁的堂弟江夏王李道宗，登上城楼察看敌情。远望龙门，但见云生四野，隐隐约约中，宋金刚军正列队操练，旌旗招展，刀枪闪亮，喊杀声不绝于耳，李世民笑问李道宗："贼军势众，初次临战，你害怕不？"

李道宗挺了挺胸，说："王兄用兵如神，天下闻名。跟着王兄，李道宗浑身是胆，没有什么可以害怕的。”

“贼恃其众，来邀我战，我当如何？”李世民又问道。

李道宗想了一下，说：“群贼锋不可当，宜以计屈，难与力争，今设深壁高垒以挫其锐，乌合之众，不能持久，粮运竭尽，自当离散，可不战而擒。”

李世民见道宗小小年纪，甚有主见，非常高兴，问：“这些都是你自己总结出来的？”

李道宗老老实实回答道：“在王兄左右，常听无忌、玄龄、如晦他们谈论军事，因而有此想法。”

李世民点点头，抚着道宗的背说：“长孙无忌他们谋略非常，都是一些聪明之士，你要多多向他们讨教，不要摆自己王爷的架子。”

李道宗行一个军礼答道：“道宗谨遵王兄教诲！”

“好好干！”李世民又拍拍李道宗的肩说，“无论是谁，是什么身份，只要有实力，有军功，将来就会大有作为！”

“我觉得诸王之中，王兄能力最强，连太子也不及王兄一半。”江夏王崇敬地看着秦王说。

秦王李世民并没有回答他这句话，而是把目光重新投向远方，像要穿透那层层迷雾，看到他想看到的未来。

因唐军袭扰，宋金刚军粮常常接济不上，军中有些不稳。宋金刚渐渐看出了苗头，自忖自己后方太远，不便久耗，利于速战，于是几次出城列阵，但唐军深壁高垒，拒不出战。

十一月底，永安王李孝基、陕西总管于筠、工部尚书独孤怀恩、内史侍郎唐俭率军攻打夏县的吕崇茂，急切不能攻下，宋金刚决定派兵增援吕崇茂，以期从那里打开一个缺口。

十二月初，骁将尉迟敬德率兵赶到夏县，与吕崇茂里应外合，夹击唐军。由于独孤怀恩通敌，屯兵不出战，唐军大败，主将李孝基、于筠、唐俭及行军总管刘世让皆被尉迟敬德生擒。独孤怀恩逃回后，被李渊设计捕杀。

面对这突如其来的危机，李世民仍按兵不动，而是遣前部先锋兵部尚书殷开山及总管秦琼率本部兵马，秘密开到夏县美良川，设下埋伏。

尉迟敬德得手后，押着被俘的“四将”，大摇大摆地返回龙门，刚至美良川，就听一阵梆子响，伏兵四起。殷开山抄劫后路，大将秦琼横锏立马，拦住尉迟敬德，喝道：“我乃左统卫大将军，总管秦琼，敌将报名受死！”

“秦琼？这可是天下名将。”尉迟敬德闪目观瞧，但见来将目炯双瞳，眉分八字，身长九尺，身穿连环锁子甲，骑一匹火炭赤马，手持两把粗长的铜锏，威风凛凛，似一尊天神。

"你再厉害，我尉迟敬德又岂能怕你！"尉迟敬德晃了晃手中的长槊，毫不示弱。

"本将军知道你是一员虎将，但大丈夫择主而事，宋金刚勾结突厥，残害百姓，不日将被消灭，我劝你还是悬崖勒马，早早归我大唐。"秦琼爱惜尉迟敬德是一条汉子，竟临阵做起策反工作来。

"先赢了我这支长槊再说！"尉迟敬德说着，拍马冲上。秦琼舞锏接招，两人你来我往，混战起来，约斗了二十回合，仍不分胜负。

这时殷开山已杀退后军，突遭伏击的尉迟敬德人马，抵挡不住，乱蹿起来。尉迟敬德见势不妙，不敢恋战，虚晃一槊，回马就走。

殷开山、秦琼趁机麾军掩杀，直追二十余里，大获全胜，斩首两千余级，救出被俘的"四将"。

在柏壁战场，李世民以主力和宋金刚对峙的同时，多次寻找机会，在辅助战场打击敌人。这天，李世民又率轻骑至前沿观察敌情。

阴寒的冬天已近尾声，数里外的汾水跳跃着光亮，断断续续地流着。和暖的阳光照在光秃秃等待发芽的树木上，照在平缓的山冈上。飞鸟箭一般掠过长空，迎面吹来一阵习习的南风。

李世民站在山冈上，望着不远处的龙门城，有好些天了，往日喧闹不止的龙门渐渐寂静下来，宋金刚军也不出城示威操练了，龟缩在城中一动不动。李世民推测，孤悬于龙门的宋金刚，粮道时常被截断，军中缺粮，士气低落，也撑不了多长时间了。决战的时机，随着春天的到来，也即将来到了。

山冈上有一块小小的平地，黄中泛起了点点青翠，似乎露出了针尖大的草芽。李世民信步走过去坐了下来。多少天来紧张的军旅生活，让他感觉有些累，他想在这暖暖的土丘上躺一会，于是找了块石头，当作枕头，对环侍的卫士说："你们也四处走走，看看地形，顺便猎一些野味，留一个人在我身边就行了。"

因柏壁久无战斗，大家也就放松了警惕，四处散去，只留卫士李亮陪着秦王。

天空是深远的蔚蓝色，平贴着几片薄纱似的轻云。戎马生涯的李世民似乎从来都没有这样轻松过。他躺在土丘上，头枕着胳膊，轻轻叹了口气，又和旁边的李亮扯了几句家常话，就不知不觉地睡着了。

守着李世民的李亮起先还坐在地上，周围鸟声啁啾、阳光和煦，他也不由得躺在地上，迷迷糊糊地进入了梦乡。

不知什么时候，山那边宋金刚的左营里涌出来一支人马，沿着山沟向山冈方向搜索前进，似乎是大军将发，而派出探路的先头部队。领兵的将官乃是宋金刚的骁将、右统领寻相。

寻相眼尖，发现远处的土丘上有两匹战马低头在地上寻草吃，一挥手，命众军士抛下马匹，拖枪持刀，呈散兵队形，从四面悄悄向山冈包抄过去。

透过树丛，可以看见有一匹火炭赤的高头大马，马鞍上挂着一只镂金荷叶金盔。马的不远处，躺着两个人，以手当枕，仰天大睡，其中一人身穿锁子梅花金甲，虎背熊腰，气度不凡。

寻相大喜，断定这躺着的至少是唐军的一员主将，于是悄悄传下号令："尽量抓活的！"

刀枪闪亮，周围只有人擦动树枝的沙沙声。数百名身强力壮的宋金刚军，向土丘围拢过来，越来越近，睡梦中的李世民和卫士李亮却丝毫不知。

这时，石缝下蹿出一条眼镜蛇，高昂着扁三角蛇头，暗红分叉的舌头，"突突"地闪着，疾速地游动过来。一只被追赶的小鼠，张皇失措，飞奔而来，东躲西藏，见缝就钻，一下子钻进了卫士李亮的腋下甲叶里。

李亮被"吱吱"的鼠叫声倏然惊醒，抬头一看，大批敌军已挺枪持刀围了上来。

"王爷！有贼军！"

随着李亮一声惊呼，李世民条件反射似的猛然跳起，这当儿，正在低头吃草的战马特勒骠也明白了险情，咴咴叫着跑过来。李世民一个飞身跃上马背，戴上头盔，摘下宝胎弓，抽出大羽箭，整个动作一气呵成。李亮也忙不迭奔向自己的坐骑，刚要爬上马背，一个敌将持刀向他砍来，李世民拈弓搭箭，敌将应弦而倒。

"快撤！"李世民冲李亮大喊一声。

李亮挥动钢刀，头前开道，李世民断后，杀开一条血路，向山下奔去。

敌将寻相也知道了眼前那人是唐军主帅秦王李世民，哪肯放过，亲率数百名精锐骑兵追了上来。

山冈坡陡，树丛密布，无法纵马狂奔，约跑了百余步，敌人便追赶上来，一个人纵有天大本事，怎能抵挡数百人？形势十分危急，卫士李亮急出一身冷汗，对李世民说："王爷先走，属下拼力截住贼兵！"

李世民并没回答，而是抽出一支大羽箭，勒住战马，搭弓在手，向领头的敌将射去，正中寻相的左肩，正纵马俯冲的寻相，猝不及防，一头从马背上栽了下来，敌骑慌忙下马来救，吓得不敢再往前追赶。

李世民持弓在手，和李亮缓缓后退。到了山下，接应的将士们也赶来了，说起此事，大家惊出一身冷汗，请秦王速回营寨。

李世民摆摆手，又纵马奔上一个高岗，瞭望敌军。他知道这支敌军定有来头。

果然，刚才围追李世民的敌军拢在了一块，重新整理队形，向蒲坂方向开拔，李世民忙命手下甲士换成便装，尾随侦察，务必弄清敌军意图。

回到大营，已是下午，午饭还没吃的李世民正在帅帐内用餐，探兵飞马赶来，向李世民禀报说："上午那支敌军乃寻相率领的先头部队，奉宋金刚的将令去增援王行本的蒲坂，后续部队也已出城奔赴蒲坂，由敌大将尉迟敬德率领。"

"他们走的是哪条道？"李世民搁下饭碗问。

"龙门至安邑的官道。"探兵答道。

李世民沉思了一下，命人招来总管侯君集，吩咐道："你马上挑选三千名精壮步兵，提前吃饭，饱餐一顿，半个时辰以后随本帅出发！"

侯君集见时间紧迫，没敢多说，忙出去安排了。时长孙无忌在侧，不解地问李世民："王爷亲率三千步兵，意欲何为？"

李世民扒了几口饭，抹抹嘴才说："听说那尉迟敬德甚是了得，今驰援蒲坂，我要打他一个漂亮的伏击。若那尉迟敬德连败两阵，定使宋金刚军震动不小。"

"贼兵已经出发，我步兵如何赶上，且在他们前边设伏？"长孙无忌又问。

李世民笑道："贼兵走的是大道，路途遥远。我前次探察地形，发现二龙山中有一条捷径，可以直达安邑。我计算着，我军连夜急行军，可以于黎明前到达那里，设伏待敌。"

长孙无忌担忧地说："山高路陡，马不能骑，徒步而行，又是深夜，王爷还是另派大将去吧，您身为主帅就不必亲自去了。"

李世民摇摇头说："我身为主帅，更应该身先士卒，不避锋镝，才能赢得将士们的心。那尉迟敬德乃一员虎将，跟了宋金刚甚为可惜，我与他直接对阵，可以想办法收服他，为我所用。"

长孙无忌听李世民之言，句句中肯，显示了他身为主帅的成熟和勇敢，长孙无忌叹息了一番，又建议把大将公孙武达也带着，以便危急时也有个护卫，李世民答应了下来。

申时三刻，饱餐一顿的三千步兵，穿上软甲，手持苦竹枪，各带蓼叶刀，以及挠钩、绊马索等伏击兵器，在秦王李世民和大将侯君集、公孙武达的率领下，乘着黄昏的掩护，从后营悄悄出发。

二龙山虽不高，却迤逦西延，满山的乱石、深谷。有悬空的穴洞，突出的绝壁，夹杂着野生杂木，到处枝丫弯曲，道路十分难走。

又值黑夜，天上只有闪闪的星星发出的微光。远望山岭深处，点点鬼火跳动，更显出深山的阴沉。

在一个采药人的引导下，李世民带着数名卫士，攀藤附葛，亲自探路前行。

侯君集居中，公孙武达断后，三千步兵借着绳索，翻越一个又一个峰脊，涉过一个又一个深涧。经过六个时辰的艰苦急行军，以摔伤一百多人、五人跌入深涧死亡的代价，终于在黎明到来之前赶到了设伏地点——安邑城北黄家洼。

济世安民：唐太宗

来不及休息，李世民即刻作战斗部署，公孙武达带领一千人马，藏于左边的堰坝后，侯君集带一千人马隐于北边的树丛里，待敌军过后，堵其后路，扎住袋口。李世民则自率剩下的人马于北面官道边正面伏击，单留下右边的水泊，网开一面，以防敌军感到无路可逃，狗急跳墙，拼力攻打。其实那水泊也是敌军的半个坟墓。

星光微明，寒露寂静，刚刚布置停当，歇上一口气，就听正北方马蹄声声，人声喧哗，似有大队人马迤逦而来。李世民悄悄传下将令，待他与敌将交战，以鸣锣为号，伏兵出击。

再说那寻相被李世民一箭伤了左臂，虽然无什么大碍，但已不敢领军先行，在前面等了半个时辰，待尉迟敬德后军赶到，乃合兵一处，赶往蒲坂。由于宋金刚求战心切，来时严令人马不得歇息，连夜赶路。军士们除了晚饭的时间，基本上都在行军，快到安邑一带时，已经人困马乏。

尉迟敬德催军前行，兵至黄家洼，见地形复杂，左有山岭，右有水泊，传令军士小心。尉迟敬德则拍马上前，手持长槊，眼睛圆睁，头前开道。

眼看就要走出黄家洼，尉迟敬德松了一口气，刚把长槊挂在马身上，就见前面猛然出现一大队人马，刀枪闪亮，衣甲乱响，尉迟敬德倒吸了一口气，厉声喝道："什么人敢挡我去路？"

对方并不搭话。半明半暗中但听一声弓弦响，一支粗大的羽箭，透着劲道，带着风声，流星般地射来，尉迟敬德未及反应，胯下马已中箭，嘶叫一声，扑地摔倒。亏尉迟敬德身手快，以长槊拄地，跳到了地上。

"我乃秦王李世民，来者可是尉迟将军，是否敢与我单打独斗，决一胜负？"说话间，李世民已跳将过来，手持一根粗长点钢枪，虎视眈眈。

尉迟敬德来不及另换马匹，忙抓槊在手，扎一个弓步，拉开架式，借着黎明的微光，闪目观瞧，但见对方头戴金盔，身穿软甲，龙眉虎目，气象不凡。

"你，你真是李世民？"尉迟敬德有点不相信自己的耳朵。

李世民笑道："闻听尉迟将军乃河西名将，李世民特翻山越岭，赶来相会。将军乃聪明之人，何不弃那害民的宋金刚，归我大唐，与本王同打江山，同享富贵？"

"赢了俺这只大槊再说！"尉迟敬德挺身上前，一槊刺去。

李世民舞枪来迎，你来我往，杀将起来，两人交锋，只见枪来处，寒光灼灼；槊到处，冷雪飘飘。一个是惯战的蛟龙，一个是能征的猛虎。一来一往，步战了十几个回合，不分胜负，两个人闪展腾挪，手中用力，心里却暗暗佩服对方，观战的双方士兵忘了身在何处，几乎看呆了。

恰在这时，只见四下里一阵锣响，伏兵四出，左有公孙武达，右有侯君集，两将率领所部精兵，各使军器，杀奔敌军。

尉迟敬德军突遭三面攻击，军马乱走，且有冷箭嗖嗖射来，绊马索齐起，更是阵脚大乱。

尉迟敬德见后军骚动，喊杀声四起，知道不妙，又加上对阵的是唐军主帅李世民，正不知伏兵有多少人马，乃虚晃一槊，回归本队，跳上一匹战马，指挥军士后撤。

李世民等精兵骁将一齐围裹上去，挠钩齐下，套索飞来，夺了敌人不少马匹。尔后，步骑齐上，卷杀过去。

骁将寻相因有臂伤，无力拼杀，独有尉迟敬德一人挥舞大槊支撑。公孙武达、侯君集以及秦王李世民夺得了马匹，如虎添翼，冲入敌阵，往来冲杀，将尉迟敬德军切成几段。尉迟敬德军大败，寻路奔逃，慌战之间，许多兵马被赶入水泊，淹死者无数。

尉迟敬德无力再战，乃护住寻相，撞开一条血路，率领残兵，落荒而逃。

众将士正要追赶，让李世民止住了，他笑指着尉迟敬德逃跑的方向，说："跑得再快，也早晚让你归我！"

此役大获全胜，尉迟敬德所部的七千兵马几乎全军覆没。清点完战场后，太阳已经出来了，李世民率领将士骑着缴获的马匹，沿着官道凯旋。

加上前次美良川一战，两次共歼灭敌军达万余人。回到大营后，李世民命杀羊宰牛，大摆筵宴，庆贺胜利。

军营里支起一口口大锅，灶火熊熊，肉香扑鼻。将士们喝着牛羊汤，就着辣子，少量喝酒，大块吃肉。正月天里，直吃得头上冒汗，身心通泰。

李世民端着水酒，亲自下营帐与将士们碰杯祝贺。所到之处，将士们群情激奋，纷纷请战，要求择日与宋金刚决一死战。李世民充分肯定了将士们高涨的士气，只是含笑不语。公孙武达心直口快，带着一帮将校，直追到中军帅帐，向李世民请求道："我军两次大破敌军，士气大振，何不趁此出营列阵，与宋金刚决战，尽快地收复河东失地？"

李世民摆手让大家少安毋躁，赐座给众将校后，才耐心地解释道："大军决战，不打无把握之仗，否则一有闪失，必然国中震动。今宋金刚孤军深入，集中了刘武周手下的精兵猛将，其势不可小觑。我军屡次袭击宋军粮草要道，宋军无蓄积，以掠夺为资，利在速战。今我军闭垒不出，养精蓄锐，再寻机击其侧翼。宋金刚粮尽计穷，屡遭挫折，最终必要撤退。到时我军再以精锐之师，乘势追击，必将大破敌军。"

将校们明白元帅按兵不战的意图后，无不佩服元帅的卓越军事才能。年仅二十三岁的秦王李世民在将士们眼里，越发显得威武高大，笼罩着天生英主的神秘光环。

【第四回 】

唐秦王星夜遭剪径，李世民白日落樊笼

　　武德三年（620年）正月，大将秦武通率军万余兵临蒲坂城下。敌将王行本出城列队迎战。双方一场厮杀，王行本大败，逃归城中，闭门不出。此时城中粮尽，而驰援的尉迟敬德又被李世民击败。孤城难守，王行本决定突围，向太原刘武周方向靠拢。但将士们对前途失去信心，不愿跟从，并纷纷密谋，欲投降大唐。

　　十四日，将士裹胁王行本，出城投降。秦武通人马开进城中。十八日，李渊亲临蒲州，抚慰将士，立斩王行本。

　　十九日，秦王李世民轻骑来到蒲州，谒见父皇，并汇报了在柏壁的作战意图，李渊首肯之。李世民因挂念军营中事，要连夜返回柏壁。

　　墨色的天空布满了棋子似的星星，北斗星闪烁着耀眼的寒光。李世民率二十多名精骑，沿着山间偏道，向柏壁赶路……

　　天色渐明，只见前边是一片狭沟，两边杂树丛生，怪石嶙峋，地形十分复杂，卫士李亮拍马过来，对李世民说："前边是黑虎沟，向有剪径贼人出没。大王慢行，待属下先去查看一番。"

　　李世民挥手止住了他，说："赶路要紧，岂怕些许毛贼。"

　　一行人刚至沟底平坦的地方，待要打马上坡，山石后一声马嘶，转过来一匹高头大黑马，马上大汉，面如红玉，须似皂绒，身穿团花点翠红锦袍，手持两把夹钢大板斧，凶神恶煞地暴喝道："此山是我开，此树是我栽，若从此路过，留下买路财！"

　　李世民等人听了好笑，勒住马匹，却也暗暗佩服，这一个人竟敢拦住二十多名精骑。

　　李亮拍马上前，叫道："大胆剪径贼，你知道拦的是谁吗？"

　　那大汉晃动双斧，哈哈大笑："来的可是什么秦王李世民？"

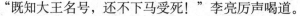

　　"既知大王名号，还不下马受死！"李亮厉声喝道。

　　"咱家截的就是秦王。"那大汉说着，舞动双斧，催马杀将过来。

　　李亮等几名卫士，抡刀持枪，拍马上前接住。哪知那大汉十分了得，刀枪碰着他双斧，"嗖"的一声便脱手而飞。大汉舞几个斧花，李亮等几名卫士俱被打下马来。

　　其他卫士待要一拥而上，叫李世民喝住，他见大汉不用斧刃，却以斧面拍人下马，并无害人之意，心觉奇怪，拍马上前，施一礼道："敢问好汉姓甚名谁？为何阻世民去路？"

　　那大汉并不答话，嘿嘿直笑，抡斧向前，来战李世民。李世民一提特勒骠，闪过斧风。摘下蛇矛点金枪，一个回刺，那大汉急切之间，挥斧来挡，正在刀口上，"铮"的一声，火花进散。那大汉提马后退两步，李世民也震得虎口发麻，心中寻思，有此劲道者，必不是一般人物。

　　两个人你来我往，在狭沟底的空地上，约斗了二十多个回合，不分胜负。这时，天已大亮，李世民不便与之久缠，乃一枪刺空，身往前闪，卖一个破绽。那大汉窃喜，抡斧朝李世民背上拍来。哪知李世民马快，特勒骠一个纵身，前蹄高仰，凌驾于大汉左上，李世民探身过去轻舒猿臂，抓住大汉的腰带，一使劲拉下马来，甩到地上，而后以钢枪逼住，喝声："绑了！"

　　卫士们一齐围上来，按住大汉，寻根麻绳，七手八脚捆了起来。

　　被捆住双手的大汉却并不在意，嘿嘿直笑。众卫士赶路心切，纷纷建议把这剪径贼杀掉。李世民觉得此人武艺高强，在此专截自己，又不愿伤人性命，定有来头，命将那大汉绑于马上，带回大营。出发时，那大汉叫道："把我的两面夹钢板斧也带上，那可是我吃饭的家伙！"

　　秦王轻骑谒上于蒲州，将士们都很担心沿途的安危，除派小股探兵照应外，大将秦琼、刘弘基等皆在营门口瞭望等候。

　　临近上午，一小队人马自南至北飞驰而来。众将认得秦王回来了，大开营门迎接。

　　众将见秦王马到跟前，一起拱手来迎。李世民忙跳下马来，与众将一一招呼。秦琼上前说："大王两天之内赶个来回，一路安好？"

　　没等李世民回答，身后的战马上"扑通"滚下一个人来，扑到秦琼的脚下，一边哭一边嚷道："秦琼啊，叔宝啊，大哥啊，你在这儿当大将享福，却把小弟我忘了啊！你跟了大唐学得没有良心啦！"

　　众人被这一通乱叫乱嚷弄得丈二和尚——摸不着头脑。秦琼扯起那人，打眼一看，惊喜万分，一把抱住，跟着哭道："兄弟啊，我也到处差人打听你的消息，老天有眼，让我们在此相会！"

"是啊，老天长眼！"那人扯着身上的绳索说，"我被人捆绑至此，一路上骨头快颠碎了。"

李世民见捆的那人是秦琼的弟弟，急令左右快快松绑。左右上前要解绳索，让那人一晃膀子给撞开了，嚷嚷着："这绳索非得秦王解不可！"

秦琼急忙将他喝住，向李世民解释道："王爷，这就是我常给你讲的程知节，又名程咬金，当年我俩曾一块在李密帐下为将，后北邙山一败，从此失散。"

李世民一听对方是程咬金，肃然起敬，急忙上前给他解绳索，谁知刚一近身，那程咬金"嘿"的一声，猛一运气，拇指粗的绳索"咯嘣"一声断开了。程咬金舒展一下手腕，向李世民施一礼，道："我是逗你玩的，知节在伏牛山中落草，探听王爷从蒲州返回，特地至黑虎沟等候。知节愿在大王帐下效力！"

李世民一听大喜，上前抓住程咬金的手，一起入营，并吩咐左右，杀鸡宰羊，酒宴伺候。

程咬金乃济州东阿人氏，臂力沉雄，人莫敢当，曾为李密帐下骠骑大将。当年率内部人马与李密一起扎营北邙山上。单雄信率外部人马扎营于偃师城北。王世充遣数百骑渡通济渠攻打单雄信，李密乃遣裴行俨与程咬金助之。

裴行俨先驰赴敌，中流矢，落马坠地，被敌军围困。程咬金单骑闯入，力杀数人，抱起裴行俨乘骑而还。王世充数百余骑追逐。程咬金毫不畏惧，双斧舞得风车一般，砍杀追兵。敌一骁将持长槊，贴肉刺穿程咬金的护肋软甲，程咬金回身砍折其槊，杀追者。长槊乃纯铁打造，今被砍断，追兵无不震骇。程咬金与裴行俨幸免于难，回归本阵。

营中新添骁将，众人十分高兴，在帅帐里大摆筵席，堂前敲锣击鼓，大吹大擂，语笑喧哗，觥筹交错，好不热闹。李世民于席间当即传下命令，拜程咬金为左三统军大将。

主战场柏壁没有动静，但各个辅助战场却不断发生大大小小的战斗。二月，刘武周为了打通与王世充的联系，遣兵攻打潞州，占领了长子、壶关二县。潞州刺史郭子武遣使赴长安告急。李渊派将军王行敏增援。到了潞州，王行敏在诸事上与郭子武不合，乃言郭子武将叛变投敌，袭杀之。乙巳，刘武周遣兵再犯潞州，王行敏于城外列阵，击退敌军。

三月乙丑日，刘武周遣部将张万发进攻浩州，被李仲文击败。俘斩数千人。甲申，唐行军副总管张纶于浩州外围伏击刘武周军，俘斩千余人。

唐军在辅助战场上的接连胜利，给龙门宋金刚军造成极大的心理压力。三月底，宋金刚军中粮草将尽，乃遣使向刘武周告急。

四月十一日，有探兵来报，刘武周遣将督运粮草向龙门而来。李世民立即升帐，问何人愿率军前去劫敌粮草。话音未落，程咬金第一个跳出来，愿领兵前往，李世民允之。

黄昏，程咬金命一千人马饱餐一顿，尽行披挂，捎带硫黄等引火之物，悄悄出营。

是夜，月色微明，星光满天。程咬金引兵士从沟崖偏僻处走，至四更天，来到绛州西，寻一官道隘口埋伏下来。

约五更天，伏路小校来报："十余里开外，约千余人，百十辆车子，左右有骑兵护卫，头前有数十骑前面探路，约过半个时辰到达这里。"

程咬金命伏路小校再探再报，又传下命令：先放过探路骑兵，待粮草过来时，一齐出击。

东方微明，果然有数十骑探路兵东张西望地走过去。又过了两刻钟，只见一队车子，吱吱呀呀地走过来。

走进伏击圈，突然一阵梆子响，路边树丛里、岩石后，挠钩齐出，专钩马脚，护粮敌骑猝不及防，随着马摔倒在地。

"孩儿们，给我上！"程咬金暴喝一声，手持两把板斧，大踏步赶将过去，斧飞处，沾着必亡，碰着必死。众军士见主将英勇，备受鼓舞，一起奋力冲杀。

护粮敌军突遭伏击，张皇失措。这时，有人打起火镰，以硫黄之物焚烧粮草，浓烟四起，火光映天。护粮军见大势已去，四散奔逃。

程咬金率军尽情砍杀一阵，俘斩数百人，并将其粮草焚烧一空，才沿山路撤军，回营交令。

四月十四日早晨，龙门宋金刚老营突然寨门大开，涌出上万人马，打头正是骁将寻相。众军开到唐军寨前，摆开阵势，摇旗擂鼓，挑战叫阵，聒噪不休。

宋金刚久不出战，今粮秣用尽，又被程咬金烧了粮草，为何又突然出战，其中定有蹊跷。李世民来到寨中的一个高坡上，观敌瞭阵。

但见挑战敌兵，摇旗呐喊，却不上前，左右顾望，似有心事。再望龙门城堡，旌旗飘扬，却不见士兵刀枪。李世民沉吟片刻，似有所悟。这时，刘弘基领着几名伏路小校，飞奔而来，边跑边喊："大王，宋金刚昨夜三更率军弃营北逃了。寻相使的是障眼法，乃殿后之军。"

李世民一听，急忙跑下高坡，连跑边命令刘弘基："立即擂鼓召集众将，按预定作战方案，留下一万人马守营，其余精将锐卒，随本帅出营追击。"

一声令下，唐营中一时间鼓声大作。各营将士，迅速披挂，紧急集合。李世民骑在马上，将追军分为三队，第一队由自己率领，当头追击，第二队随后左右策应，第三队押辎重粮草随后。

说完，李世民一挥手，寨门大开，李世民率秦琼、程咬金、刘弘基等将及三千精骑率先冲出。

唐营中战鼓初起，寻相就闻听不妙，令旗一挥，回军就走。待李世民等军追出后，已跑出十里开外。

约追了一个时辰，望见寻相的后军。李世民拔出战刀，令旗一摆，喊声"杀呀"，纵马率先冲了上去。

寻相有精骑上千，配合步军，回身抵挡，怎耐唐军勇猛，大家都想逃命，并无战心，厮杀一阵，抛下数百尸首，急急向西北大路逃走。

又追了十几里，前面有两座土山，分为左右，当中是一条去路，寻相组织起一队弓箭手，据险死守，欲拖延时间。

唐军追赶至此，一阵梆子响，乱箭射来，当即有十余骑栽倒在地。李世民大怒，摘下宝胎弓，搭上大羽箭，瞅着山包上一个挥令旗指挥的将校一箭射去，该将应弦滚落山下。李世民又连发十几箭，射翻十几个敌箭手。而后倒背宝弓，摘下大枪，舞着枪花，催动特勒骠冲了上去。

众将士见主帅身先士卒，冒矢冲锋，备受鼓舞，呐喊着冲了上去，杀散敌军，夺下了两座土山。

大队敌军，急急如丧家之犬，忙忙如漏网之鱼，望风奔逃。时已近午，将士们早饭也没来得及吃，觉得有些饿，要求吃完饭再追。李世民下令："不杀尽这些贼兵，绝不吃饭！"

将士们见主帅如此，不敢再多说什么，打起精神，催马跟着李世民拼命追击。

至第二天早晨，唐军一昼夜走二百多里，与敌军交战数十回合。三顿没有吃饭，已人困马乏，许多兵卒无法跟上大队，李世民身边只有精骑三千多人。

到了高壁岭，站山头望去，西边尽是乱山，树木森森，杀气隐隐。旌旗展露处，似有无数的敌兵。李世民毫不迟疑，下令继续追击。

经过一昼夜的追击，虽然斩敌万余人，但寻相和宋金刚另一断后大将张万发仍有两万余人，其势不可小觑。将士们都认为我军人少，且人困马乏，不宜再追击下去，行军总管刘弘基以元谋心腹的身份拦住李世民的马头，抓住马辔苦谏道："王爷破贼，追逐二百余里，斩敌万人，功亦足矣。今深入不止，难道不爱惜自己的身体吗？且士卒饥疲，宜停留休整，待后军、粮草俱到，然后再追吧！"

李世民望着神色疲倦的将士们，爱惜之情溢于言表，他深吸一口气，坚决地说："宋金刚计穷而走，众心离散。功难成而易败，机难得而易失。我军一定要乘势追击，战胜他们。若逗留不前，使其有了喘息的机会，做好准备，更难攻破了。虽然一天一夜追击敌军，没有吃饭，但我竭忠殉国，岂能顾惜自己的身体？也望众将士咬咬牙，再拼几战，彻底扫灭刘武周、宋金刚，立功于国，扬名后世！"

众将士见主帅如此，不敢再言饥渴，纷纷打起精神，振臂高呼，愿随大王追击到底！

李世民仍一马当先，跑在队伍前列，一气追到雀鼠谷，敌数万人马，东倒西歪，正在谷中休息。李世民二话没说，纵马杀入敌阵。

尘头起处，"李"字大旗招展。数千唐军呐喊着，从山坡上蜂拥而下。李世民手持点金枪，胯下特勒骠虽满身满脸的风尘，仍绣带飘飘，威风凛凛。

宋金刚军虽然人多，但已无战心，不战自乱。李世民单骑冲入敌阵，直奔中军大旗下的寻相。寻相见对方勇猛，料难抵敌，回马就走。

三军见主将先走，谁敢迎敌，呐喊一声，不依队伍，四散而去。唐军三千精骑往来冲杀，如天崩地裂，海倒江翻。直杀得敌军叫苦连天，哀声遍野，血凝草地。

从早至晚，整整一天，李世民领三千铁骑，与敌军大战八次，八战皆胜，斩敌上万人。雀鼠谷一带，尸满山谷，愁云惨淡，阴风飒飒。

入夜，唐军宿营于雀鼠谷西原。通红的篝火照亮了天空，照映着那些疲惫不堪的面孔，

将士们都像死人一样，奇形怪状地躺在地上，打着鼾，散发着难闻的人马的汗气。

两天一夜的追逐，行军几百里，辎重粮秣全部丢失。秦王李世民和将士们一样，亦二日不食，三日不解铠甲。刘弘基单骑遍寻西原，仅找到一只羊。

兵士把羊宰了，架起大锅，放满了水，寻一些干柴，熬一大锅羊汤。

刘弘基从锅里捞起一块羊肉递给李世民，李世民接过，用刀切碎，又扔进大锅，一口不吃，却令将士们先吃。诸将感泣，一齐跪地劝道："大王杀敌最多，出力最多，三日不食，有碍贵体，望大王食一块羊肉。"

李世民看着同样饥饿的将士们，说："我身为主帅，理当吃苦在前，享乐在后。我虽为秦王，却与诸将同样为国出力、流血流汗，强敌未灭，怎可搞特殊？"

众将苦劝，言秦王不食，诸将士也不食。李世民只得从锅里捞一块羊骨头咀嚼。将士们也寻些野菜，就着羊汤，草草吃些，便躺在地上，沉沉睡去。

李世民又提刀在手，亲率数十名卫士，沿西原巡营，一直到后半夜，由刘弘基等人换下，李世民才倚着山坡闭目休息。

第二天凌晨，先前被敌俘获的陕州总管于筠自宋金刚营中逃出，来到西原，推醒李世民，汇报道："宋金刚营中尚有兵两万。"

李世民问道："贼军粮尽，以何为食？"

"宋金刚放兵卒抄掠百姓，所到之处不管是富户，还是平民，见财抢财，见物掠物，连鸡狗都抢去吃了，还常常凌辱良家妇女。百姓愤恨，在暗中组织壮丁，袭杀宋金刚散兵游勇。"

济世安民：唐太宗

李世民站起来，整整铠甲，命令将士们紧急集合，准备出发，他对将士们说："宋金刚不得人心，其灭亡的时刻也到了，诸将勉力向前，争取一举歼灭之！"

且说宋金刚在龙门放个烟幕弹，连夜逃走，至雀鼠谷被唐军追上，损失上万人马，宋金刚也急急奔逃，来到介休城，饱餐一顿，好好歇了一宿。天还没亮，就有探兵来报："李世民率军追来，眼看要逼近城池！"

宋金刚吃了一惊，连忙从被窝里爬起，急召尉迟敬德、寻相等将前来商议。

寻相被李世民杀怕了，建议立即弃城向北逃走。尉迟敬德表示反对，他说："越过浩州，再向北就是突厥之地，我等军士俱中原人士，兵败而入异族，能有好结果吗？"

宋金刚心下思忖：我军虽喘息未定，但李世民小儿长途奔袭，也已疲惫。眼下尚有兵两万，何不出城列阵，与那李世民决一死战，或可寻条生路。

宋金刚把这意图一说，寻相连连摆手说："李世民小儿勇不可当，以败军之势与之对阵，乃自蹈覆辙，还不如踞城坚守。"

寻相话音未落，尉迟敬德又叫道："介休小城，缺粮乏草，又无外援，怎能坚壁自守？时间一长，唐军后援到来，四面一围，我等岂不成了瓮中之鳖！"

闻听尉迟敬德之言，宋金刚别无他法，只好如此，乃传下将令，留寻相率千余兵守城，其余兵马悉出西门，背城为阵。

已时一刻，宋金刚军列阵完毕。虽旗鼓不全，却也阵排一字。门旗开处，宋金刚率尉迟敬德等十余名大将立于阵前，有中军来报："禀上宋王，阵势布好，南北长约七里。"

宋金刚经过一夜酣睡，此刻已有了精神，他腆着肚子，转脸对众将说："我虽奔逃至此，但也不是没有计谋的，今排开大阵，以逸待劳，定能一战而胜，杀那李世民小儿个片甲不留！"

众将知他吹嘘，没敢顶撞，只是心里直敲小鼓点，默默地望着西南边的大道。

已时三刻，西南天边尘土冲天而起，旌旗招展处，无数军马奔涌而来。宋军一见，心下惊慌，阵列有所骚动。宋金刚急派督军将校到各军宣谕，不要害怕，以弓弩射住阵脚，准备迎战。

李世民率领的数千铁骑冲在前面，另有陆续赶上来的后续部队，共约万人。军至宋军阵前，见其已有准备，李世民令旗一挥，止住人马，将万余人摆开，前后摆成阵势。

三通鼓响，门旗开处，李世民在十余名大将的簇拥下，策马立于阵前。

宋金刚虽与李世民对阵数月，但从未如此近距离地观看李世民。但见那李世民年纪轻轻，眉分八字，碧眼重瞳，目射神光，超凡脱俗，一派天日之表。

宋金刚倒吸一口凉气，强打精神，拍马上前，向对阵喝道："来者可是李世民小儿？"

特勒骠上的李世民哈哈大笑，鞭梢一指，数落那宋金刚——"你本隋朝一百姓，迫于生活，领兵起义，情有可原。然一旦得势，却忘了百姓之苦，所到之处，纵兵掳掠，祸害得百姓有家难归，地荒难种。今天兵至此，识相的快快下马受降，若执迷不悟，定叫你死无葬身之地！"

"你是秦王，我也是宋王，皇帝又岂是你一家做的？"对过的宋金刚不服气地叫道。

李世民背后的程咬金早按捺不住，不等李世民下令，马一提，蹿到阵前，舞动两把点钢大板斧，向对阵喝道："哪个晕头鸡，活腻了的，放马过来！"

宋金刚见有唐将叫阵，回身问道："谁与我力擒此贼？"

见程咬金须发紫红，怪眼圆睁，手提两柄开山巨斧，恰似一尊天神。宋将们都有些打忤，面面相觑，不敢应声。宋金刚眼瞅着大将张万发不放。张万发无奈，只得硬着头皮，拍马上阵，抡起狼牙棍，向程咬金直冲而来。

两马相接，张万发一棍打去，程咬金举斧一磕，震得张万发虎口发麻，双眼生花。又斗了几个回合，张万发见力不能胜，乃虚棍相迎，程咬金一斧砍去，张万发一个镫里藏身，程咬金砍了个空。张万发随即手拿铁弹，喊声"着"，一弹打在程咬金的面疙瘩鼻上，霎时鲜血迸流，程咬金袖子一抹，顿成大花脸。程咬金气得哇哇大叫，勒马回转，凶神恶煞一般，直扑张万发，"刷刷刷"三斧上中下，皆打要害，张万发慌急躲过，第四斧却未能幸免，"咔嚓"一声砍去一条左臂。张万发痛昏过去，战马驮着他，逃归本阵。

宋军阵中尉迟敬德大怒，拍马舞槊，直奔程咬金。李世民见名将尉迟敬德出战，恐程咬金有失，急令秦琼出战，替下程咬金。哪知程咬金杀红了眼，根本不睬将令，抡起夹钢大斧，纵开青骢马，来战尉迟敬德。双方马快，马首相接处，尉迟敬德回手一槊，正刺在程咬金的马臀上，战马护疼，后蹄直踢起来，将程咬金掀于马下。尉迟敬德勒马回转，挺槊来刺，早有秦琼跃马起来，金装铜飞去，磕开长槊，一个海底捞月，抓起程咬金，回归本阵。

宋金刚见尉迟敬德得手，大喜过望，令旗一挥，纵兵掩杀过来。

李世民冷笑一声，说声"撤"，领着数千骠骑回身就走。宋金刚见唐军惧战败退，大喜过望，催军猛追。约追了十里路，转过一个山嘴，到了一块平阔地带。不见了李世民的骑兵，却有数千步兵踞险列阵，或拈弓搭箭，或脚踩硬弩，瞄准宋军，虎视眈眈，蓄势待发。

尉迟敬德环顾四周，见左右两侧俱是陡山乱石，追军到此，如入盆地。又见唐军奔逃之中，陡然打住，列阵与追军对峙，其势蹊跷，遂向宋金刚说道："我军远离城墙，背后失了依托。当撤回原地，以防那李世民有诈。"

宋金刚与李世民对峙数月，寻战不得。撤军之时，又被李世民领军砍杀，烦闷欲死。今天好不容易追杀唐军一场，心下正自得意，哪听得进尉迟敬德谏言，说："李世民小儿乘我粮尽，侥幸得胜。若论实力，此黄口小儿岂是我金刚的对手？以本王推测，那李世民定又故伎重演，想坚壁不出，待我退时，再乘势追击。当今之计，绝不能轻易回军，以免上当受骗，重蹈覆辙。"

宋军见唐军列阵不动，不敢强攻，对峙久了，便松懈下来，偃旗息鼓，倒拖刀枪，东张西望，有的还相互谈天说地呢。

午时，军士们嚷着肚子饿，宋金刚命埋锅造饭。火头军正忙乎间，但听后军喊声四起，一阵大乱。黄尘起处，李世民及十余名大将领数千精骑从宋军背后杀了过来。

后军阻挡不住，回身就跑，与宋金刚前军冲在一起，阵脚顿时大乱，军士往来乱窜。这时，与宋军对峙的侯君集、殷开山指挥军士从前面发起冲锋。一阵飞蝗似的乱箭射过，唐军舞刀弄枪，直冲敌阵。

宋军在山洼平野之中，陡遭两面夹击，措手不及，又加上兵无战心，被杀得尸横遍野，血流成河。

李世民于万军丛中往来冲杀，寻找宋金刚。但见东南面黄旗起处，宋金刚舞刀督战。李世民在马上拈弓搭箭，瞄准宋金刚，"嗖"的一箭，正中宋金刚左胸。宋金刚晃了几晃，险些栽下马来，但已惊破了熊胆，乃手捂左胸，金盔倒挂，衣甲飘零，率数名亲兵，逃出大阵，向西北猛蹿。李世民催动特勒骠，紧追不舍。

尉迟敬德见黄旗已倒，主帅宋金刚弃阵逃命，他也只得收拾本部败残人马，且战且退，退入介休城，与寻相一起，紧闭城门，坚守不出。

且说宋金刚舍去大军，轻骑向西北逃走，李世民率十余骑穷追不舍。李世民马快，宋金刚胯下也是一匹名驹汗血马，他俩一个跑，一个追，风驰电掣，半天之内，蹿出百余里路，二人的亲兵护卫也都被甩到了后面。

追到张难堡，天已很晚，突然狂风四起，黄沙漫卷，不辨道路。一眨眼之间，李世民的视野里已失去了宋金刚的踪影。李世民圈马往来寻找，不见踪迹，只得放弃了追赶。

这时，李亮等左右卫士也策马赶了上来，李世民见天色已晚，人马疲惫，乃领左右前去张难堡休息。

张难堡距浩州不远，长期处于刘武周、宋金刚军的围攻之下。浩州行军总管樊伯通和张德政坚持战斗在敌后，长期踞堡自守，可谓难能可贵。

李世民一行人催马赶来，李亮手围成喇叭，朝堡上喊话："秦王至此，快快打开堡门。"

守堡士兵闻听此言，爬在堡上看了半天，惊疑不定，不敢做主，飞马去报行军总管。樊伯通、张德政听说秦王轻骑至张难堡，哪敢相信，急忙来到城堡边，居高下望。

飞尘扬沙中，只见当先的高头大马上，一青年小将，面目黝黑，征尘满身。

堡上的樊伯通等人不敢相认，手指着城下喊道："你果真是秦王？秦王在柏壁作战，怎可轻骑至此？莫非你等想诈称秦王，骗开我张难堡？"

李世民见堡上人不敢与己相认，于是跳下马来，摘下头盔，理了理头发，露出脸面，冲堡上说："本王乃追击宋金刚至此！"

樊伯通一看脸面，果然是秦王到了，喜极而泣。堡上人皆一片喜噪，声闻堡外。

樊伯通飞奔下堡楼，把堡门打开，将秦王迎进堡内。守堡的将士们争相过来，谒见秦王，又围住问这问那，李世民一一回答了他们，讲了当前的战局，以及全歼宋金刚的情况。将士们奔走相告，欢呼雀跃。

李亮挤开众人，对樊伯通说："王爷连日作战，已二日不食。"

张德政一听，急忙转身跑去，亲自到厨下张罗。张难堡孤堡自守，连月被困，也没有什么好吃的东西。张总管搜罗一番，弄来浊酒一碗，脱粟饭半甂，献给秦王。李世民招呼李亮等亲随，一起过来吃着粗米饭，喝着浊酒，那滋味是无比香甜。

吃完饭后，稍事休息，李世民连夜返回大营。介休城外，秦琼、殷开山等将已安排兵马将介休城团团围住，只等李世民回来下令攻打。

李世民知尉迟敬德勇冠三军，介休城的确难打，且将士疲惫，需要休息，不宜再战。但更重要的一点，自从上次在蒲坂与尉迟敬德交手后，李世民对其武艺大加赞叹，有心收服为己所用。于是传令三军，就地宿营，警戒介休城，攻打之事，明日再说。

入夜，除巡营的士兵外，将士们都沉沉睡去，李世民走出帐外，望着连片的营火和死气沉沉的介休城，思考着降服尉迟敬德的方法。这时，大将宇文士及前来参见，对李世民说："往年征辽东时，我与尉迟敬德相处甚好，愿入城劝降，免动刀枪。"

李世民一听大喜，拉着宇文士及的手回到帐中，询问尉迟敬德的详细情况，宇文士及说："尉迟敬德乃朔州善阳人，擅长骑射，其手中长槊，无人能抵。后投军征辽，以军功官至朝散大夫，乱世之人，不知怎么又投到了宋金刚的帐下。尉迟敬德勇冠三军，为人义气，跟了那现世的刘武周，殊为可惜。"

"你有把握说服尉迟敬德来降吗？"李世民问。

"谁是明主，谁是昏主，而今已见分晓。尉迟敬德素称勇猛，然亦知权变。用不着多费口舌，那尉迟敬德必然归降。"

李世民点点头，命人叫来宗室江夏王李道宗，对宇文士及说："为表达我的诚意，特派道宗与你一同前去劝降。务必陈述利害，加倍上心。"

第二天上午，宇文士及和李道宗单骑来到介休西城门下，向城上喊话，要求见尉迟敬德将军。约一刻钟，城门"吱"的一声开一小缝，放两人挤了进去。

仅仅过了半个时辰，介休城门大开，尉迟敬德和寻相等人在李道宗、宇文士及的陪同下，走出城来。李世民等待不及，催马迎了上去。

尉迟敬德和寻相倒戈卸甲拜倒在地，情愿归降大唐。

李世民亲手过去挽起尉迟敬德，握着他的手说："蒲坂之战时，我初见将军，便有留恋不舍之情。以后当视同一体，为国尽忠，共取富贵。"

尉迟敬德再拜道："大王乃当世英雄，敬德仰慕已久，如今归顺，自当肝脑涂地，誓死相随！"

李世民大喜，与尉迟敬德并辔回营。传下命令，拜尉迟敬德为右统军大将，寻相为郎将。尉迟敬德旧部八千余人，仍归其节制。

随营的兵部尚书屈突通对尉迟敬德的安排有所担心，深夜叩见李世民说："尉迟敬德随宋金刚多年，今兵败来降，其心有诈，不可让其统领旧部。"

李世民对尉迟敬德充满信心，他说："尉迟敬德乃大丈夫，心胸坦荡，既已归顺，必不叛我，请公勿疑。"

那刘武周踞并州，本以宋金刚为倚仗。今见宋金刚兵败，急忙弃晋阳，北走突厥。

宋金刚逃脱李世民追击后，收罗了一些残兵败将，想重新起家，但大家觉得前途无望，不愿再跟他干了。宋金刚无奈，只得单骑奔上谷，被突厥人拿获，处以腰斩。

当初刘武周准备南下时，其内史令苑君璋谏道："唐王李渊举一州之众，直取长安，所向无敌，此乃天授，非人力也。晋阳以南，道路险隘，孤军深入，无继于后，若进战不利，何以自还！不如北连突厥，南结唐朝，南面称孤，方为长策。"

刘武周不听，嫌苑君璋气量太小，不能成大气候。如今失败了，刘武周拉着苑君璋的手哭道："不用君言，以至于此！"

不久，刘武周打算亡归马邑，结果，事情泄露，被突厥袭杀。

刘武周逃离晋阳时，仅留所署仆射杨伏念留守，伏念见大势已去，亲至牢中请出以前被俘的唐将唐俭，表示愿受其节制，以城归降。唐俭于是组织临时官署，收复各州县刘武周残留兵马，并封府库以待李世民。

没过多久，李世民率大军进驻晋阳，并、汾旧地皆告收复。五月，李世民班师回长安。临走前，上奏朝廷，以唐俭为并州道安抚大使，李仲文检校并州总管，镇守并州。

李世民率领唐军，经过长达五个月的对垒，使敌气势日衰，不得不后撤。李世民轻骑穷追，三天两夜，忍饥挨饿，衣不解甲，终于彻底歼灭了刘武周、宋金刚，收复了并、汾失地，扭转了新生唐朝强敌于后的险恶局面，巩固了关中后方，表现了李世民高超的军事指挥才能和连续作战、敢打敢拼的强硬作风。

胜利的消息传到长安，举朝欢腾。辛卯还师之日，李渊打破惯例，没有让太子代劳，亲自率百官出城迎接李世民。

下午，李渊在武德殿前召开盛大的欢迎宴会。宽阔的殿前广场，排开上百张桌子，具以醴醴，罗以甘洁，花簇锦屏，银灯散彩。三声金钟撞过，黄罗伞盖下，高祖李渊居中高坐，左有李建成，右有李世民，其他王公大臣以官爵依序排开，立功将士团团围坐在桌边。

监宴官传下圣谕：胜利之日，所有人等，当开怀痛饮，不必拘束。

须臾，酒菜上齐，众臣将士恭贺皇帝毕，殿前便敲锣击鼓，大吹大擂，分头把盏，觥筹交错，纵酒极娱。不一刻，便酒过数巡，食供两套，所有人已有醉意。打仗不行、说话在行的左仆射裴寂，开始了表演。他端杯在手，到御前磕了一个头，又深鞠一躬，抬起头来，已泪光闪闪，李渊俯身含笑问道："裴爱卿有什么话要说？"

裴寂再拜道："陛下既膺符谶，天命多助，所以大破刘武周，臣赖陛下福荫，以区区宫监，至天朝重臣，每思至此，皆感泣不止！请让裴寂献陛下一杯酒。"

李渊听罢哈哈大笑，指着身旁的李世民说："收复河东，歼灭刘武周，乃我儿李世民及部属将士的功劳。此酒当敬他们。"

裴寂一听，只得走向李世民，施礼请酒，李世民举杯示意，一饮而尽。裴寂又向李渊说："消灭刘武周，解除了后顾之忧，下一步可以出关，逐鹿中原了。"

李渊点点头，看着李世民说："逐鹿中原，剪除群雄，还得仰仗我儿。来人哪，上演歌舞，为我儿助威！"

这场歌舞是专门为今日御宴而编排的大型歌舞剧，用以歌颂秦王李世民的功业的。

当即笳角鼙鼓，一齐奏响，酒桌前的空地上，数百名武夫，手持旌旗剑戟，排开阵势，且歌且舞。李渊见歌舞雄壮，大喜，当即传旨，让内府令差人把内侍省宫府藏缯帛悉数搬来让群臣各称力自取之。

缯帛是宫廷物品，五颜六色，满满地摆于庭下。众人得旨，争先恐后地涌上去，使出吃奶的力气，手提肩扛，尽力自取。一时间，朝会御宴弄得跟集市一样。

李渊在龙椅上拍手大笑，犹不过瘾，乘着酒劲又颁下一道口谕："放出五百宫女，赐给秦王府征讨刘武周有功的将士！"

此言一出，庭下争拿缯帛的将士立即嗷嗷乱叫，笑语喧哗，声闻宫外。

天色向晚，月儿升起，皎皎如同白日。李渊大醉，由宫人扶入后殿。众臣扛着缯帛，摇摇摆摆，也尽兴散去。唯见太子李建成闷闷不乐，寒脸挂霜，太子舍人徐师谟小心翼翼将他扶上车子。

"太子，咱回东宫？"徐师谟问。

"不回东宫，咱还能上哪？"太子李建成凶巴巴地说道。

寂静的宫城里，车轮在砖地上轧过，辚辚作响。徐师谟扶着车辕低头走了一会儿，对车上的李建成说："太子，应该召集太子府的主要官员开个会，大家商议，拿个主意。否则，长此下去……"

李建成手一挥："召李纲、王珪、韦挺他们速来东宫！"

李纲是礼部尚书、领太子詹事，年事已高，御宴时饮了几杯酒，便早早回家了。看了几页书，刚刚躺下要睡，忽闻太子急召，不知何事，只得穿衣爬起，坐车赶到东宫。

太子李建成为人倨傲，平日不大把人放在眼里。今见李纲，却热情异常，亲至东宫门口，迎接李纲，老远就伸出手来，嘴里"呀呀"地叫着："李老尚书，深夜把您叫来，多有冒犯，不好意思。"

李纲施了一礼，说："太子相召，纲理当前来侍奉。"

进了大厅，见其他太子府主要属官，如王珪等人已坐着等候。李纲与众人一一见过，被李建成相让到上座坐了下来。李建成环顾众人，清了清嗓子说："这个，这个，叫大家来是这么回事……这个，这个，还是徐舍人你来说吧。"

徐师谟知道李建成平日骄横，肚子里却并没有多少墨水。于是站起来说："今日在御宴上诸位也已看见了，秦王依仗破了宋金刚，在皇上和百官面前出尽了风头，远远地盖住了我们东宫。今晚召诸位来，就是让大家动动脑筋，为太子立名扬威出主意。"

徐师谟话一落，王珪就愤愤然站起来，挥舞着手说："他秦王有什么本事，不就仗着兵多将猛吗？若太子出战，也一样能打败宋金刚！"

另一个太子舍人韦挺则忧心忡忡地说："秦王利用征战机会，大力培植自己的势力，府中文武僚属，甚是了得。长此以往，非危及我东宫地位不可。"

其他人一听，都七嘴八舌议论开来，纷纷劝太子李建成审时度势，早拿主意，利用太子地位的优势，多与重臣及宗室来往，压制秦王。

李建成听了连连点头，见李纲一直不吭声，便问："老尚书也应拿拿主意。"

李纲站起来，向李建成施了一礼说："我观众人，皆小人之心，误国误民之言矣。如今天下未平，东有王世充，北有窦建德，群雄未灭，若我内部起讧，势必削弱我朝实力，给敌人以可乘之机。太子千万不要听众人之言，做亲者痛仇者快之举也。"

李建成听众人谈得正高兴，李纲此言一出，他顿时把脸拉了下来，袖子一挥说："尚书老矣，现已夜深，回家休息去吧！"

众人见太子讨厌李纲之言，也趁势一起指责李纲，说他身为太子詹事，为秦王说话，居心何在？李纲对这些话充耳不闻，撩衣跪在李建成跟前，苦谏道："古今成败，皆在团结或离心。太子是嗣君，应胸怀天下，辅佐皇上掌握全局。秦王善战，实乃皇上、太子之福，何来猜忌矣。"

李建成一句话也听不进去，传令摆酒，与众人边饮边谈。须臾，酒菜摆上，李建成见李纲还跪在一边，不耐烦地对他说："这是年轻人的天下，尚书老矣，回家休息去吧。"

李纲见太子亲近小人，苦谏不听，只得用衣襟拭拭眼泪，踉跄退下。殿外夜凉如水，繁星满天，李纲长叹一声："有人要自取杀身之祸啊！"

第二天早朝时，李纲出班，呈上奏本，言年老多病，乞请归乡。

李渊一听，颇感意外，心里也很生气，骂道："卿当年既然能做何潘仁的长史，却耻于做朕的尚书吗？而且刚刚让你辅导太子，没过几天，就要辞去，到底为了什么？"

李纲顿首道："潘仁，贼也，每欲妄杀人，臣谏之即止，为其长史，可算无愧。陛下乃创业明主，臣不才，所言却如水投石，不起作用，言于太子亦然，臣怎敢久污天台，空辱东朝？"

李渊沉默良久，抚慰道："知公直士，勉留辅皇儿，朕加卿为太子少保。"

李纲见官没辞成，又升了一级，由东宫詹事成了太子的老师，心下虽不愿意，却不好再辞皇上，只得默默退下。

在其位，谋其政。李纲只得打起精神，去东宫辅导太子。李建成哪里听他这一套，每天和几个亲信一起议谗慝、疏骨肉的事。谈得高兴了，便开怀畅饮，骂骂咧咧，通宵达旦。

李纲所言没有人听，郁郁不得志。这一年，再一次上表，固请老病辞职。李渊让他缠得没办法，只得下诏，解去其礼部尚书之职，但挂个太子少保的头衔。

再说王世充杀了元文都，把持洛阳小朝廷的朝政。后又一举击败了老对手李密，愈加骄横，自领太尉、尚书令、内外诸军事，备置官属，妙选人物。立三牌于府门外，一求文学才子，堪济时务者；二求武勇智略，能摧锋陷敌者；三求身有冤滞，压抑不申者。人见王世充招才纳贤，纷纷上书陈事，日有数百，王世充悉引见，躬自省览，殷勤慰谕。于是人人自喜，以为言听计从。但三等两等，所言之事皆石沉大海，终无施行，口惠而实不至。

当时秦琼、程咬金亦在王世充手下，身为大将，待遇甚厚，然而两人认为王世充太狡诈。

一次，王世充引兵与唐军战于九曲，程咬金对秦琼说："王公器度浅狭而多妄语，好为咒誓，此乃老巫妪耳，终不能成大业，与其跟着受罪，不如弃之而去。"

　　秦琼点点头，二人在阵前率亲随十骑，西驰百余步，下马拜王世充说："仆荷公殊礼，深思报效。公性猜忌，喜信谗言，非仆托身之所，今不能仰事，请就此辞去！"

　　说完，二人上马而去。王世充眼睁睁看二人走了，畏其勇猛，终不敢追。

　　时天下州郡多有降唐者，王世充问属下说："我守洛阳，破李密，扶隋室，功名不可谓不大，为何四方之众不来归我，而多去降唐？"

　　长史韦节答道："隋室数尽，天理昭然。王公若能称帝正位，除旧布新，亟顺天道，则归顺者必众。"

　　王世充大喜，韦节之言正合自己的心思。乃使人献印。又言河水清，欲以耀众，为己符瑞云。

　　武德二年（619年）四月，王世充令长史韦节、杨续以及太常博士孔颖达造禅代仪礼，遣段达、云定兴等十余人入奏皇泰帝杨侗说："天命不常，郑王功德甚盛，愿陛下遵唐、虞之迹！"

　　皇泰帝拍案怒道："天下，是先皇祖之天下，隋祚未亡，此言不应辄发；必天命已改，何烦禅让！公等或祖称旧臣，或台鼎高位，既有斯言，朕复何望！"

　　皇泰帝面色阴沉，在廷者皆流汗。退朝后，皇泰帝面对太后，默默流泪。不一会儿，王世充派人来说："今海内未宁，须立长君。俟四方案集，当复子明辟，必如前誓。"

　　癸卯，王世充称皇泰帝命，禅位于郑。遣其兄世恽把皇泰帝幽禁于含凉殿。

　　王世充又使人弄三表陈让及敕书敦劝的把戏。又遣巫婆、神汉入清宫城，以桃汤苇被除禁省。折腾一番后，乙巳，王世充备法驾入宫，即皇帝位，大赦天下，改元开明。

　　王世充于阙下及玄武门等数处设榻，坐无常所，亲授表章，或轻骑行于衢市，亦不清道，民只有避路而已。王世充颇为自得，按辔徐行，对人说："昔时天子深居九重，民情世故根本不知道。今世充非贪天位，但欲拯时危，正如一州刺史，亲临庶务，当与士庶共评朝政，尚恐门有禁限，今于门外设坐听朝，宜各尽情。"

　　王世充说到做到，令西朝堂纳冤抑，东朝堂纳直谏。于是献策上书者日有数百。开始，王世充还亲自览阅，但没过几天，多了就有些烦了，再也不出来门外坐朝。

　　王世充每临朝，殷勤诲谕，言词重复，千端万绪，侍卫之人不胜倦弊。百司奏事，疲于听受。御史大夫苏良谏道："陛下语太多而无要领，但说

'是''否'即可，何必翻来覆去交代这么多。"王世充听了默然良久，也不怪罪苏良。然性格如此，终不能改。

王世充虽为一时豪杰，但观其行止，终不是当天子坐天下的材料。

消灭了刘武周，重赏了有功将士，不久，李渊又主持召开了御前军事会议，决定把战争的重点转移到关东地区，集中优势兵力，消灭王世充，拿下东都洛阳。

东宫里，太子舍人徐师谟劝太子李建成向皇上请求统领大军，东征王世充，李建成觉得兹事体大，扭扭捏捏，不敢答应。王珪知道在打仗方面，太子比秦王差远了，如果东征王世充失败了，更有损于太子的威望。他左思右想，向李建成提出一个折中的办法："我东宫人才不多，打大仗还不行。不如向皇上请求率兵驻守太原，一者刘武周已灭，在那里比较安全；二者统兵在外，可以趁机招募文人勇士，以培植自己的势力。"

李建成听这主意不错，决定采纳王珪的意见。

第二天上期，讨论由谁挂帅出征王世充。李渊以秦王李世民刚刚征战回来，不好意思再一次让他挂帅。于是眼看太子李建成，想让他表个态。其实也不一定派他去。李建成怕皇上真点了自己的名，低头在一旁默默不语。

大臣们都把热切的目光投向李世民。李世民不负众望，慨然而出，向李渊请兵道："儿臣愿统兵东征王世充，为国立功！"

李渊点点头，说："我儿可督诸军着手准备，择日出征。"

李建成这才拱手请道："既然二弟想领兵击王世充，儿臣愿统兵驻守晋阳，以防备突厥及刘武周残部，保卫大后方。"

李渊大喜，即颁命太子李建成领精兵三万屯驻晋阳。

齐王李元吉知刘武周已灭，晋阳已成为一个安全的大后方。本欲请旨再回晋阳，今见老大李建成抢了先，心中不悦。下朝后，尾随李建成来到东宫，央求道："大哥，晋阳是我的老窝，我在那也过得习惯了，晋阳的百姓也多次联名上书，要求让我回去。大哥还是给父皇说，让我去晋阳屯驻吧。"

李建成笑笑，过来拍拍李元吉的肩说："你把晋阳丢了，人家收复了，你如今又要回去，恐怕晋阳百姓不会给你好脸色吧。即使老百姓无所谓，你返回太原坐享其成，恐怕在百官心中也不太光彩吧？况且，刘武周残部尚在，突厥又虎视眈眈，时刻想骚扰晋阳。我请求驻屯晋阳，也不是个好差事啊，说白了，也有一部分是代你受过啊！"

听大哥李建成这么说，李元吉又泄气了，手一摊说："那我现在怎么办？总不能和那些大臣一样，四更起床，五更上朝吧？循规蹈矩，在父皇眼皮底下，玩也玩不成，我可受不了。"

李建成心生一计，安慰似的嘱李元吉少安毋躁，待他想个好办法。而后，示意下人摆酒上菜。

老大、老四哥俩因战功不如老二李世民，也不是晋阳首义之人，无形中两人靠拢得近了，对李世民心怀嫉妒。现在几杯酒下肚，更是满腹牢骚。李元吉一拍桌子，震得盘碟乱跳，说："他老二有什么了不起？论打仗，我也不比他差多少，小的时候我也好射箭打猎。在晋阳时，我经常领亲兵家人进行实战演练，就连我的几个小妾，说起阵法，也一套一套的。"

"四弟何不向父皇请命，东征王世充？"李建成伸着头问。

"东征王世充也没有什么了不起，"李元吉撸撸衣袖说，"只是我大唐精兵强将多归老二统辖。我李元吉纵有天大的本事，一个人也攻打不了洛阳城啊！"

李元吉也不是个憨儿，说到这里，话锋一转，对李建成说："俗话说，功高盖主。老二东征西讨，网罗了许多贤才勇士，大哥身为太子，乃未来的皇帝，不能不有所顾忌啊！"

这句话说到了李建成的心坎上，他端着酒杯默默无语，想了一想，把头凑近李元吉说："老二功高，不但威胁我，而且也威胁你。我在朝中，常听他说你老四无能的话。当今之计，必须想方设法，分他的权力，培植咱自己的势力。"

"他是兵马大元帅，咱怎么分得他的权力？"李元吉问。

李建成这才把心中的主意和盘托出，小声说："待明日我奏明父皇，让你与老二一起领兵征讨王世充，他为左帅，你为右帅，仗打胜了，你有功劳，打败了，责任全是他老二的。"

李元吉一听大喜，抓耳挠腮一番，又抖了抖袖子，仿佛自己已成了大败敌军的元帅。他高兴地对李建成说："这事明天一定找父皇说成。我为右帅，打胜了，大哥脸上也有光。咱俩抱成一团，不信弄不过老二！"

武德三年（620年）七月，天气转凉，正是征夫容易披挂、战马易得肥满之时，秦王李世民率秦琼、尉迟敬德、屈突通、殷开山、李世勣、宇文士及、程咬金、刘弘基等总管及二十五员战将，率约十余万人，东出潼关，进击洛阳。

李元吉虽未当上右军元帅，但仍被拜为侍中、襄州道行台尚书令、稷州刺史，领兵三万，随秦王李世民东征王世充。

李渊亲率百官给东征将士送行，临别时嘱李世民说："元吉年少顽劣，然也有可塑之才。此次随军东征，可放手多让他习练兵法谋略。"

李世民点点头，答应拨三万兵马受其节制。

当时陕东道行台左仆射屈突通的两个儿子都在洛阳。李渊特意召屈突通问："今使卿东征洛阳，如卿二子怎么办？"

屈突通甲胄在身，拱手答道："臣昔为俘囚，分当就死，陛下释缚，加以恩礼。当时臣心口相誓，期以更生余年为陛下尽节，但恐不死得其所，今得备先驱，二子也顾不得了！"

李渊听了，连连点头，抚其背叹道："徇义之士，让人佩服！"

"郑国皇帝"王世充闻听唐军来击，下诏选诸州镇骁勇之士齐集洛阳，置四镇将军，募兵分守洛阳四城。同时命魏王王弘烈镇守襄阳，荆王王行本镇守虎牢，宋王王泰镇守怀州，齐王王恽检校南城，楚王王世伟领羽林军守宝城（朝堂），太子王玄应守东城（皇宫东），汉王王玄恕守含嘉城（皇城南），鲁王王道徇守曜仪城。

王世充则亲率将士，其中左辅大将军杨公卿帅左龙骧二十八府骑兵，右游击大将军郭善才帅内军二十八府步兵，总计约三万精兵，迎击唐军。

李世民率大军至新安一带，以陕州道行军总管罗士信为先锋，率军进攻洛阳西线的主要据点慈涧。

罗士信原是李密的人，兵败，为王世充所得。王世充对其优礼有加，与同寝食。不久，王世充又得邴元真，待之如罗士信，罗士信心下嫉妒，甚以为耻。罗士信有一匹宝马，王世充兄长的儿子王道徇想要，罗士信不给。王世充硬夺过来赐予王道徇。罗士信因此怒而归唐。

此番李世民以罗士信为先锋，是有考虑的，一是罗士信对慈涧一带地形比较熟悉，统军攻慈涧，可威慑王世充；二是表明对罗士信的充分信任和重用，使其不生异心。

慈涧是洛阳的西大门，一旦有失，唐军将直接开到洛阳城下。王世充闻听军情，亲率三万大军前去援救。

天气越来越凉了，一堆堆深灰色的云朵，低垂在北邙山一带的上空。长林与低草，孤鸟与远山，显得那么的迷蒙和深重。骑在御马上的王世充显得疲惫而苍老，他的身体随着马的步伐轻轻地颠簸着，双眼忧郁地望着远方。

王世充，字行满，原本姓支，西域胡人，后来移居新丰。祖父支颓耨早亡，父亲支收随母改嫁霸城王氏，改姓王。王世充少小家贫，然刻苦好学，颇涉经史，尤好兵法及占卜之术。他以军功拜仪同，后一步步迁升，直至掌握洛阳的全部军政大权，自立为帝。但权力越大越使他力不从心，郑国内部矛盾重重，天下群雄割据，如今唐军又发兵来击。他真不知道这个郑国能存在多久，自己还能当几天皇帝。

听说唐军主帅秦王李世民年纪虽轻，却久经沙场，文韬武略胜人一筹，前破薛仁杲，今又灭刘武周，非李密之辈可比，是个令人头痛的对手。想到这里，一种惆怅的感觉涌上了王世充的心头。

长长的队伍旁边远远地跑来两匹马，到了近前，马上之人滚鞍伏地。原来是左建威将军燕琪，他指着一起来的一个小校，喜形于色地对王世充说："启奏陛下，敌帅李世民率数十轻骑在北邙山上侦察，被我探兵发觉。"

王世充闻言大喜，此天助我也，擒住李世民即等于擒住十万唐兵。马背上的王世充，挥鞭急令道："命令部队立即包围北邙山，差单雄信统精骑，务必擒住李世民！"

燕琪答应一声，飞身上马而去。他为了抢头功，来不及去通知单雄信，径直率军向北邙山上冲去。

北邙山的一个山头上，正在瞭望地形的李世民也发现了敌情。面对汹涌而来的大队敌军，随从们有些惊慌。李世民沉着地观察了一下周围的地形，只见一面是悬崖绝路，一面是丛林，一面是斜坡，一面是上山的路。敌军从三面迂回包围上来，众寡悬殊，只有十几名亲随的李世民，处境十分危急。

李世民果断地命令部下说："你们从山坡上俯冲而下，动作要快，杀开一条血路，我殿后挡住山道上的骑兵。"

左右哪肯先撤，着急地对李世民说："大王先走，我等尽死力挡住敌骑，卫护大王！"

"我的马快，容易走脱，尔等不要争了，服从命令！"李世民边说边掂宝胎弓在手，抽出大羽箭，纵马迎山道上敌骑而去。

左右无奈，不敢违抗将令，只得抽出兵刃，跃马杀下山坡，左右开弓，拼力突围而去。

敌将燕琪见山头上仅李世民一人，大喜过望，催动数千步骑蜂拥而上，李世民胯下马亦长嘶一声，如蛟龙一般，载着李世民杀入敌群。

李世民的大羽箭，左右开弓，嗖嗖直射，敌军沾着死，碰着亡，或被射穿头颅或贯心而过，其箭之利，势不可当。加上骏马踏飞燕、凌空奔腾，敌兵竟被冲得大乱，纷纷后退。

眼看着秦王李世民一阵冲杀，已到了山下，就要冲出重围。燕琪急了眼，率领骑兵紧紧跟上，并命令军士放箭，要死不要活。

弓弩手围住乱射，箭如飞蝗，朝李世民嗖嗖射来，李世民急摘虎头錾金枪，舞动枪花，上护其身，下护其马，无奈敌箭如猬刺，马身中数箭，血流不止。燕琪又率精骑直冲到跟前，李世民左右格杀，奋力拼斗，渐渐有力不从心之感。

正在危急之时，旷野里突然间狂风大作，黄土卷扬，飞沙走石，遮天盖地，对面不辨人影。

敌军抱头伏鞍，人马乱蹿，李世民单骑一个，了无牵挂，奋力砍杀，纵马狂奔。

混乱中，一敌骑误闯到李世民马头前，李世民见对方锦袍银甲，知是一名战骑，于是轻舒猿臂，抓住对方腰上的狮蛮带，一把提了过来，横在马上，以手锁喉。

刚才是一阵旋风，这时却风霁尘散。但听敌群中有人高喊："将军被擒住了，快上去救啊！"

李世民这才知道手中抓的是敌将燕琪。这时敌人虽一拥而上，但已不敢放箭。李世民单手持枪，左右格杀，一路冲出重围。

李世民坐骑腿长脚快，虽然负伤，但转了两个山坡，就把敌军远远地甩掉。李世民翻过鞍前的燕琪，一试口鼻，气息全无。急战之中，竟被李世民铁钳般的大手活活扼死。李世民把死尸抛于马下，寻路回营。

此时的李世民，人马疲惫，血染征衣，灰尘覆面，踉踉跄跄地来到营门前，未能叫门，守营的士兵已兀自喊道："何人闯营？"

"我是秦王，快快开门！"

守营的士兵哪里肯信，拈弓搭箭，催问来历。李世民只得跳下马来，卸去甲胄。门垒上的士兵这才认出是自己的主帅，急忙打开营门，迎接入营。

见爱马身中数箭，血痂累累。李世民心疼不已。亲自牵入马厩，命兽医马夫用心调治，吩咐完了，方返回大帐。

次日，李世民率步骑兵五万，开到慈涧城垒下，列开阵势。

但见门旗开处，秦王李世民金盔金甲，当先而立；宝纛旗下，簇拥着长孙无忌、房玄龄、杜如晦等名人谋士。秦琼、尉迟敬德、程咬金等十余名大将，雁翅排开。

远远望去，唐军黄钺白旌、朱缨皂盖，旌旗招展，遮住了半边天，队伍排开十余里，骑军雄赳赳，皆关中大汉，塞北良驹；步军气昂昂，皆山左健儿。可谓是刀枪林立，杀气腾腾。

王世充没敢出兵布阵，他立在慈涧城垒上望了一阵唐军气色，心下感觉不妙。昨天的一场遭遇战，那李世民匹马单枪，竟冲开层层重围，不但毫发未损，而且杀死自己兵将多人，生擒左建威将军燕琪，其势不可当，甚是惊人。今观其阵，军士严整，衣甲鲜明，证明这李世民不是等闲之辈。

王世充思忖半天，决定放弃区区一慈涧，退回洛阳城中，凭着城坚壕深，与唐军周旋，伺机出击，像当年对付李密一样，最终迫使唐军粮尽自退。

主意已定，王世充传旨退兵，大军分为四队，依次而退。大将单雄信率三千弓弩手，三千精骑断后。

至午时，李世民见王世充久不出战，正要命士兵埋锅造饭，却见慈涧城垒上遍插旌旗，城中有烟升起，李世民笑对左右说："王世充惧怕，已弃慈涧回洛阳了。"

这时，也有探马来报，言王世充大军分为四支，依次缓缓而退，奔洛阳城而去。

诸将一听，摩拳擦掌，纷纷请战，要求乘势追击。李世民摇摇头，传令大军先占领慈涧。

军至慈涧，安营扎寨毕，李世民对众将说："王世充老奸巨猾，在洛阳一带领兵战斗多年。我军若贸然追击，也占不了多少便宜，与王世充对阵，须稳扎稳打。来日，我军再向前推进，与王世充对阵！"

晚上，李世民在帅帐内召开军事会议，具体分析了敌我双方的态势。房玄龄发言说："洛阳城坚壕深，王世充经营多年，善于防守。李密以数十万瓦岗军，大小百余战，久攻洛阳不下，原因是洛阳周围堡垒众多，互为呼应，王世充精兵主力乘机取便。有鉴于此，我军必须对兵力作出新的部署，采取先打外围，后取中间的策略。"

没等房玄龄说完，列席会议的齐王李元吉就站起来不屑地说："王世充老朽无能，今见我军兵锋甚锐，未敢列阵，便拱手让出慈涧。依本王之见，应该乘势追击，一口气拿下洛阳城。若依房参军之见，先打外围，后攻洛阳，行军布阵，迁延时日，只怕年底也拿不下洛阳，春节也没法与妻小团聚了。"

李世民见李元吉身为王爷，信口开河，没一点尊相，便不去理他，对长孙无忌、杜如晦等人说："房参军说得有理，只有采取削弱孤立外围，然后攻取的战术，才能保证最后的胜利。"

长孙无忌点点头，说："对付王世充，非比刘武周之辈，应做好长期作战的准备。"

众人又议论了一番，李世民总结一下，作出部署：命行军总管史万宝率本部军马从宜阳向南运动，占领龙门，以切断洛阳南援的道路；将军刘德威率军从太行向东围攻河内，以隔断王世充与突厥的联系；上谷公王君廓进占洛口仓城，截断郑军粮道；怀州总管黄君汉从河阴进攻回洛城，以切断洛阳北部粮饷。李世民则率大军屯驻战略要地北邙山，连营数十里，居高南逼洛阳城，以压迫郑军。

此等部署，把握形势，切中要害，与会的高级将领一致表示赞同。李元吉见大家都不正眼瞧他，只顾围着秦王李世民说话，心里气愤，没等散会，便借口身体不适，拔腿走了。

经过一系列行之有效的军事部署，唐军在各个大小战场上，以咄咄逼人之势，压迫着郑军。八月己亥，邓州土豪抓住王世充所署的刺史来降。甲辰，黄君汉遣校尉张夜又乘船从怀州渡黄河，攻占回洛城。俘获守将达奚善定，周围二十多个壁堡投降归唐。

同月，王世充派太子王玄应率杨公卿等人向回洛城发起反攻，几次冲击皆告失败。王世充命其筑月城于回洛城西，留兵戍守，以拒唐兵。

唐各路大军发起攻势，展开洛阳的外围战。王世充看出了唐军的作战意图，怕洛阳因此陷入孤立无援的困境，迫不得已，乃率主力部队出城，于青城宫前设阵。

青城宫在洛阳城西北，王世充布下十几座营寨，接连十几里，昼则旌旗蔽日，夜则火光冲天，意欲在气势上压倒唐军。

李世民将计就计，依葫芦画瓢，一夜之间，尽拨主力部队六万多人，在地势空阔处，扎下连营，列成阵势，与郑军隔水相峙。

王世充见唐军兵强马壮，阵容整肃，不亚于自己，心中郁闷，不敢轻易出战，只命各营将士以硬弓强弩射住寨栅，坚守不出。

寨外唐军挑战叫骂声不绝，王世充在御帐里思虑不止。按现今的形势来说，李渊无论从兵力和气势上都比自己稍胜一筹。更兼其子李世民骁勇善战，今缠住自己不放，兵临城下，咄咄逼人，绝不是个好兆头，说不定会把自己刚刚建立起来的大郑国……想到这里，王世充有些害怕，不敢往下想。"王者不死"，他习惯性地轻声安慰自己。若我世充当王，大郑有福，明日当于阵前与那李世民小儿求和，或其兵退，假以时日，自己多选江淮勇士，训练兵马，再与唐军抗衡，或许能像击败李密一样，峰回路转，再现曙光。想到诸多好的一面，王世充心下稍宽，和衣躺在御榻上，蒙面睡去……

郑国皇帝的御花园里，万紫千红，一望无边，西边楼上笙歌，东边亭上鼓乐。王世充朱履绯袍，在三宫六院七十二妃的簇拥下，赏花看草，娱目骋怀，忽见大将单雄信浑身水淋淋的，拦路跪地说道："陛下，大事不好，洛水泛溢破堤，直往宫城冲来！"

王世充大吃一惊，未及细思，低头一看水已没膝，远处玉殿琼楼，被大水冲垮，倒塌之声，轰然不绝。

王世充大叫一声，猛然坐起，头上身上，冷汗淋漓。侍卫慌忙过来，请求示下。王世充愣了半晌，用袖子揩揩额上的汗，传令道："兵马出营布阵，朕要亲与那李世民问话。"

青城宫西北乃孝水支渠谷河，谷河宽不过三十米，深不过一米。王世充军马布阵毕，唐军见对方阵中有黄罗伞盖，知道王世充亲自出马，乃飞报主帅李世民。李世民遂率长孙无忌、秦琼等一班将领出寨，于西北隔河相望，列开阵势。

李世民见郑军强弓硬弩射住阵脚，稳稳当当，并没有出战的意思，正自疑惑，只见郑军阵门开处，一将打马奔到河岸，向这边招手叫道："郑国皇帝请秦王答话！"

李世民见状，对身边的长孙无忌说："王世充老贼不知又在想什么点子，待我上前跟他说上几句。"

长孙无忌忙摆手制止道："王爷乃大国一军主帅，不可轻易应声而出，可差别将上前答话。"

李世民一想有理，自己于门旗下不出，即不给他"大郑皇帝"面子，此蔑视敌军之妙法。李世民看了一下旁边不远处的宇文士及，说："宇文侍郎前去，问他想干啥。"

宇文士及是宇文化及的弟弟，当初李渊为隋殿内少监时，宇文士及为尚辇奉御，两人处得很好。宇文士及尚隋炀帝的女儿南阳公主，隋炀帝被杀时，宇文化及瞒着宇文士及，事后封其为蜀王、内史令。宇文士及随其兄至黎阳，李渊从长安秘密派人投书相召。宇文士及也暗派家僮奉书至长安，献金环，以表忠心。后化及死，宇文士及与内史令封德彝从济北来降，被李渊封为上仪同，不久拜内史舍人，又迁侍郎。李世民遣隋室旧臣宇文士及与王世充答话，也有奉劝王世充识时务的意思。

且说宇文士及奉命来到河岸边，观望河对面郑军大阵，未及说话，对面黄罗伞盖下的王世充左右就喊道："宇文士及退后，请秦王亲来答话！"

话音刚落，唐军阵中就有许多人大喊："世充老巫，有什么资格与秦王说话！"

王世充平生喜欢龟策算卦，因此有个外号"老巫"。郑军一听，不甘示弱，也齐声骂"李世民小儿"之类的话。王世充怕事不谐，忙命左右停止喊话。乃骑御马，率左右甲士，走到阵前，亲自对唐阵门旗下的李世民说道："隋室数尽倾覆，唐称帝于关中，我郑称帝于河南，世充未曾西侵，秦王却引兵东来，这是为何？"

李世民遵长孙无忌之说，并不直接答话，而是召宇文士及说了两句。宇文士及复拍马向前，答复王世充说："四海之内皆仰我大唐皇风，唯有公独阻声教，所以兴兵而来！"

王世充停了半晌，又向对岸喊道："相与息兵讲和，不亦善乎？"

宇文士及又转了一个圈子，传李世民的话说："奉诏取东都，不令讲和！"

王世充一听这话，知道讲和的事说不下去了，乃拨马回阵。这时太阳西沉，已至黄昏时分，北邙山上的天边，残阳如血，王世充暗自叹了一口气，传令收兵。

针对王世充畏战的思想，李世民决定从全军选拔精兵强将，组成千余人的铁骑军，分为左右二队，使猛将秦琼、程咬金、尉迟敬德、长孙无忌分别率领，作为机动部队，专门突击敌军。参军杜如晦为此建言道："为了更好地威慑敌人，给敌人心理上以压力，铁骑军统一服装，皆黑盔黑甲黑衣。冲锋陷阵时，气势上先胜敌一筹。"

李世民闻言大喜，忙命甲仗库从速操办，并挑选尖枪利刀硬弓各一千把，配备黑衣队。所需千余马匹，亦从全军中挑选。

军令下达不到三天，一千黑衣铁骑军选拔已毕。李世民亲自在营中主持操练。

唐军主营中的一片山地上，一千黑衣铁骑军分四路纵队，整齐排开。放眼望去，乌黑一片，军兵皆身材长壮之士，座下皆高头大马，那真是威风凛凛，杀气腾腾。

黑衣军分成两队，各由其主将带领，在李世民小黑旗的指挥下，上山下坡，往来冲杀，刻苦操练。

这天一大早，李世民正组织黑衣队准备操练，一个探兵飞马跑来，紧急报告："启奏大帅，行台仆射屈突通大人与赞皇窦轨大人，正在山左巡视营寨，突遇郑兵，敌众我寡，请速派兵增援！"

"敌军有多少人？"李世民冷静地问道。

"约有上万人，而我巡逻队仅有千余人，情势危急！"探兵上气不接下气地说。

李世民威严地扫视了一遍黑衣队，挥手命令道："上马，随本帅出战！"

李世民亦黑盔黑甲，一马当先，率黑衣队打着黑色旗，像一大片黑色的旋风，向山左面直卷而去。

北邙山左的一个小山谷里，上万郑军围攻屈突通的巡营队。屈突通抡刀率兵奋力苦战，力不能敌，节节后退，千余唐兵已伤亡十之三四，唐将窦轨吓得哇哇大叫，在百余名亲兵的保护下，夺路欲逃，但哪里能撕开郑军的重重围剿？正在这危急之际，李世民率黑衣铁骑旋风般赶到。李世民催动坐骑，当先杀入敌阵。黑衣军兵将勇猛，势不可当。宛如狼入羊群，四处冲突，大力砍杀，所过之处，如风卷残云，郑军一倒一大片。

郑军哪见过这些黑衣人，听也没听说过。吓慌了的郑军哪敢迎敌，见势不妙，呐喊一声，丢盔卸甲，抛旗撤鼓，四散奔走。一万兵丁，死伤过半，兵将中枪者不计其数。

望着狼狈远逃的郑军，李世民将黑旗一挥，命令停止追击。黑衣队以一当十，初战告捷，让李世民倍感欣慰。望着雾霭笼罩下的东都洛阳，他心中充满了必胜的信心。

大败郑军一场后，李世民决定适时推进，移兵于谷水旁边的大堤上，靠近青城宫，直接威慑王世充军。

王世充见唐军步步紧逼，又从城中再调两万兵，凭借故马坊墙壁、壕堑，组成一道防御线，临谷水以拒唐军。

唐军见郑军占据有利地势，常有飞箭隔河射到唐营里，心中有些害怕，一些将领怕营寨有什么闪失，劝主帅李世民另择有利地形扎寨。李世民说："郑军畏战，哪敢出击？我军临谷水与敌对阵，正以兵威示敌。诸将若有顾虑，待我明日破敌，把王世充赶回洛阳城。"

第二天一大早，人马饱食。李世民把精兵安排在谷水上游的一个山坡后，自率左右登上魏武陵，观望敌情。但见郑军营中青烟袅袅，正在埋锅做饭。十里长的连营，有巡营兵数股，往来奔驰。李世民对诸将说："王世充倾巢而出，与我对阵，实则色厉内荏。今日我军给他个下马威，让他再也不敢出洛阳。"

众将不明白主帅的作战意图，丘行恭问："王爷计将安出？"

李世民马鞭一指，望着敌阵说："我亲率黑衣铁骑冲入敌阵，定叫敌军心惊胆寒。"

众将见主帅又欲临阵，纷纷劝道："王爷万金之躯，不宜亲冒矢石。仅在高处指挥便可，看我等冲杀。"

李世民回顾众将，慨然道："我与尔等虽官职有别，但皆为父母所生。生命又岂有贵贱？众将合生为国，李世民身为主帅，年轻力壮，岂能怕死而居后！"

众将闻言，感佩流涕。李世民召屈突通上前命令道："仆射率步军五千，在正面渡河出击，与敌交兵，即纵起烟火。"

屈突通摩拳擦掌，领兵去了。李世民回顾骠骑将军段志玄："但见敌阵中烟起，即领山后精兵从上游杀入敌阵！"

段志玄领命，飞马而去。李世民和众将遥望屈突通领兵越过谷水。不一会，便见浓烟四起，喊杀连天，金鼓震地。

"出击！"李世民大喝一声，飞身上马，身先士卒，领黑衣队向敌阵冲去。

王世充见李世民欺人太甚，冒险打阵，决定与其全力一搏，遂命令诸军，层层围裹上去。

李世民左手持刀，右手持枪，如熊虎飞山，蛟龙出海；身后的黑衣队皆皮铠软甲，如暴风骤雨，卷入敌阵猛打猛冲，势不可当。

王世充兵也层层围来。李世民想知道敌阵厚薄，率数十精骑呐喊一声，冲入敌阵。

李世民奋起神威，头前开道。枪刀并举，好一场恶战：钢刀挥舞，满身滚滚起金光；金枪运动，遍体纷纷如瑞雪。偌大的敌阵，硬被扯开一道口子，枪刺刀砍，杀死敌兵将数十名，奔驰三里路，一口气冲到郑军后阵。

未及喘息，李世民又拨马从敌阵后杀入，往来驰骋，一连几个来回。

站在高处指挥的王世充，见李世民逞强，令旗一挥，命千余名骑兵上前围堵。

李世民冲到谷水大堤旁，随行骑兵被层层围上来的郑兵挡住，只剩大将丘行恭在身后相随。王世充的骑兵趁势呐喊而上，纵马围攻。李世民全然不惧，枪挑刀砍，奋力厮杀。

突然射来一支冷箭，正中马颈，骏马晃了两晃。李世民滚落地下，发大羽箭，连射数敌。

"王爷，快上我马！"丘行恭跳下坐骑，手托秦王上了自己的坐骑，丘行恭则一手持弓，一手持刀，跳跃大呼，奋力向前，为秦王开路。转瞬间砍死二十

第四回　唐秦王星夜遭剪径，李世民白日落樊笼

137

余敌兵，敌骑畏其猛，稍稍后退。丘行恭刀砍缺口不堪用，乃弃刀拈箭，弓弦拉紧，边冲边射。李世民跃马持枪，左冲右突，猛杀猛砍。两人合力，杀出一条血路，方冲出重围，返回唐营。

李世民战枪上血迹斑斑，喝了几口水，歇也不歇一下，喝令再牵一良马，欲重杀入敌阵。长孙无忌、房玄龄等人苦苦相劝，李世民不听，领丘行恭重又向敌阵冲去。长孙无忌怕有闪失，调动五千机动精兵紧随而上。

王世充也豁出了老本，指挥郑兵作殊死厮杀。两支大军在青城宫前的旷野上往来冲突。王世充指挥人马合围唐军，却被其精兵杀散，乃再麾军围上，又被杀散，如此散而复合好几回，双方激战呈胶着状态。

从早晨杀至正午，郑军仍无退却之意。李世民心里有些焦灼。遥望前方土岗上，旌旗飘飘，几十只金漆牛皮战鼓一齐敲响，黄罗伞盖下，王世充居高望远，摇动令旗指挥。李世民手一挥，带领黑衣队拼力厮杀，直奔土岗冲去。

黑衣队一路砍杀，势不可当，王世充见状有些惊慌，急令三千羽林军迎战。双方尚未交锋，李世民令旗一挥，黑衣队拈弓搭箭，排班射去，王世充羽林军登时倒下一大片。李世民催动快骑，突入敌阵，奋起神威，挥刀砍倒敌羽林军的杏黄纛旗。

大旗一倒，郑兵心中慌乱，立脚不住，有些后退。王世充见难削其锋，怕自己有个闪失，遂传令退兵回城。

王世充兵作战经验丰富，退兵时，兵分数队，一队掩护一队，且战且退。李世民指挥精卒万余，呐喊连天，跟踪追杀。一口气追至城下，俘虏斩杀郑兵七千余人。

洛阳城中守御极严，见唐军追来，一阵梆子响，箭如雨下，前沿唐军纷纷栽倒，李世民见兵马已疲，急令停止追击。

骠骑将军段志玄杀得性起，竟没听见收兵锣响，披头散发，追击郑军竟至护城河河岸。郑军见他孤身一人，数骑挺刀持枪，蜂拥而上。段志玄毫无退意，纵马舞刀，力战多人。不想"扑通"一声，激战半天的胯下马累极倒毙，段志玄随之跌倒在地，手中刀也摔出老远。

郑军的两个骁骑轻舒猿臂，一边一个抓住段志玄的发髻，把他提起来，催马将渡护城河。段志玄大喝一声，纵身一跃，生生把两个敌骑拽下马来。

接着段志玄攀住马鞍，飞驰回营。百余名断后的郑军精骑望着这一幕，目瞪口呆，箭也不发，眼睁睁看着段志玄去了。

远处的李世民勒马观战，正在为段志玄担心，见其神勇过人，安全返回，抚着段志玄的背，大声对诸将赞道："我有将若此，安得不胜！"

王世充退兵回城，紧闭四门，吊桥高拽，再不出战。李世民传令大军往前开进，扎下本营，立下大寨，将洛阳城团团围住。

次日，全军摆宴庆功，休息了一天。第三日五鼓，李世民升帐，传令各军备好器械，于巳时一齐攻城。

人马饱食战饭，涌至城下，时刻到了，但听一声令下，三军将士擂鼓摇旗，呐喊着渡过护城河，冲至城下架起云梯，争先恐后，奋力攻打。

但洛阳城岂是好攻打的，其作为陪都，经王世充多年经营，城高壕深，更为其他城市罕有。当年李密攻打洛阳，僵持一年，城中几近绝粮，但瓦岗军仍登不上城头一步。

更兼城中守御极严，其礌石滚木、强弩硬弓、灰瓶金汁等守城设备，无所不有。

唐军攻城第一梯队，没等冲到城墙根，就见城墙上一齐拽动石车，礌石飞空，往下乱打，人无躲处，攻城军兵顿时死伤十分之一。及渡过护城河，城墙垛口处，又有八弓弩箭，一齐发射，箭下如雨，唐军虽有蒙盾护身，却也死伤了不少士兵。

及冲至城墙根，架起云梯，没等爬上，头顶上热汤兜头浇下，滚木礌石更是数不胜数，唐军头破血流，鬼哭狼嚎，哀声震地，霎时又伤亡了十之二三。

第一梯队拼力攻打了一个时辰，伤亡过半，不见成效。令旗一挥，第二攻城梯队冲了上去。

从早至晚，五支攻城梯队，上万军兵轮番攻城，无奈城高壕深，城上矢石俱下，急切难打，空折了千余军兵，无寸功可言，眼见天黑，李世民传令停止攻城，回营歇息。

晚饭后，李世民于帅帐聚众将商议攻城之法。杜如晦进言道："郑军大炮飞石，重五十斤，发射远掷二百步。我军亦可制发石车，如法破之。"

旁边的李元吉撇撇嘴说："五十斤石头从城墙上打下来容易，从平地往上打，天大的能耐你也办不成。"

杜如晦不理李元吉这番话，从怀里掏出一张纸，铺在案上，指点着对秦王说："此为'霹雳飞车'，乃属下研究古今车式所创，车大如床，三人操作，从壕沟边发射十余斤重飞石，打击城墙上郑军，绰绰有余。"

李世民见状大喜，忙令杜如晦督导军中工匠连夜赶制数百乘，明早使用。李元吉拿着军士捡回来的郑军大箭镞，遍示众人说："这箭头跟斧头似的，打在人身上，轻则皮开骨折，重则一命呜呼。各位快想个办法防备，不然，这洛阳城实在没法攻。"

房玄龄接过箭镞，对秦王说："此为八弓弩箭，大如车轮，箭镞如斧，远射五百步。没有什么好的防治之法。攻城部队只有顶着门板、蒙盾伏地而上。"

李世民点点头，布置了一下明天的攻城安排，而后说："攻城比不得平地旷野交兵，死伤一定会有的，但望众将如当年攻长安一样，催兵奋进，一鼓作气，拿下洛阳。"

第二天天还未亮，新的一番攻城又开始了。唐军连夜在壕沟旁筑起土垒，安放数百乘"霹雳飞车"。攻城部队发起冲锋时，城墙上的郑军照旧飞石放箭。杜如晦见状，令旗一挥，土垒后唐兵一齐搜动石车，但见十几斤重的北邙山青蛋石，跟玩儿似的，被石车弹射入空，划一条弧线，直落到城墙上。郑军猝不及防，人无躲处，顿时死伤无数，一阵大乱。

攻城部队扛着云梯，趁势冲上，架起云梯，奋力往上爬。眼看许多兵士就要爬上城头，突然一声炮响，无数的火枪、火箭、纸炮飞将下来，烈焰腾空，打得攻城部队猝不及防，焦头烂额，倒滚下云梯，触地毙命。

又是一天的舍命攻城，攻防双方互有死伤，但唐兵最甚。暮色四合，总管刘弘基请求停止攻城，李世民急得眼中冒血，非但不理睬刘弘基，而且传谕各军："四面一齐围攻，昼夜不息，轮番攻战，直到破城为止。"

午夜，李世民按剑坐于高处，观看众军打城。远远望去，一条环形火光带包围着城墙，飞弹腾空，流星闪电，飞上飞下，照耀城上城下红光透彻，众方擂鼓助威，喊杀之声如闷雷贯耳，声声不绝。

李世民心挂众军，一夜未曾合眼，上半夜观战，下半夜沿城外壕沟巡视各军，但见伤员不断从战场上抬下来，哀痛之声萦绕夜空。李世民命人一一抚慰，抬于后寨中好好养护。

昼夜不息，一连攻打了十余日，唐军伤亡万余人，城不得攻克。天气越来越冷，年关渐近，将士疲惫思家，皆欲回长安，于是，共托晋阳首义之臣刘弘基，向秦王李世民进言道："洛阳城高土硬，急切难打，劳而无功，如今天气渐冷，不如暂且班师回朝，来年开春再战。"

李世民不悦地说："总管乃晋阳首义之臣，如今功业未成，即畏战怕死乎？"

刘弘基拱手道："弘基随大王南征北战，何时怕死过？奈何攻城不克，将士思家，情势如此，不得不言耳。"

李世民闻言，拍案怒道："今大军兵困东都，当一劳永逸，不拿下城池，誓不回头！东方诸州，多已归降，洛阳孤城一个，必不能久，如今鏖战数月，功将垂成，奈何弃之而去！"

众将见主帅发怒，噤若寒蝉，不敢再说话。李世民当即颁下一条命令，晓谕三军——洛阳一日不破，大军一日不返，敢言班师者斩！

此令一出，军中再也无人敢言班师之事。

李元吉在军中苦熬多月，早已按捺不住，但二哥李世民执法森严，自己又不能临阵脱逃。于是修书一封，具言大军攻城不克，徒劳无功，二哥李世民又死要

济世安民：唐太宗

面子活受罪，不肯撤军之状，派亲信星夜送往长安，交与父皇李渊，请父皇下诏撤军。

李渊接信，感觉年节将近，士卒思归，乃人之常情。知道李世民师出无功，不好意思言归。于是下一密诏，派使者送到军中，让李世民班师。

李世民接密诏，秘不示人。又上表言洛阳必可攻克，遣参谋军事封德彝回长安，向父皇李渊面谕形势。封德彝入朝奏道："王世充得地虽多，但不可久恃。其号令所行，唯有洛阳一城而已。待其智尽力穷，则朝夕可克也。今若班师，给王世充留下喘息机会，东连北接，其势复振，到时更是难以攻克。"

李渊听了封德彝的一番形势分析后，点头认可，又下密诏一道，命封德彝带回，敕秦王便宜行事。

时已隆冬，雪花飞飘，李世民端坐于大帐之内，思量着攻打洛阳的计策。突然帐外人声喧哗，行台左仆射屈突通披一身雪花，急步入帐，拱手奏道："禀报大王，某巡哨至右营，发现刘武周降将寻相领手下数百人乘雪叛逃，殷开山将军已领兵追赶。"

"寻相向哪里去了？"李世民问。

"向北逃去，想已投奔突厥。"

"区区寻相，不足挂齿。传我将令，命殷将军不要追赶。"

屈突通答应一声，差一将追殷开山去了，又回头对秦王说："刘武周降将俱不可靠，我和殷将军商议了一下，为防不测，已将尉迟敬德先行囚在营中，请令定夺。"

李世民一听，心里有些气恼，说："寻相是寻相，尉迟敬德是尉迟敬德，岂可相提并论？可速速放出！"

屈突通上前一步，谏道："尉迟敬德毕竟是刘武周旧党，其骁勇绝伦，世所罕有，今被囚，必生怨心，留之恐为后患，不如趁此机会杀掉他。"

"不然，尉迟敬德若叛，又岂在寻相之后！"李世民说完，指示屈突通，"你速把尉迟敬德放出，让他来大帐见我。"

屈突通见秦王面露不悦，不敢再说什么，忙出帐执行命令去了。

约半个时辰，尉迟敬德来到帅帐，报名而入，中军对他说："王爷在里间卧室内，将军自入。"

秦王李世民正在灯下批阅文书，尉迟敬德进去后，立在旁边一言不发。李世民放下手中的活，抬起头，望了望他，说："大丈夫当意气相期，勿以小隙而介意。我终不信谗言以害忠良。尉迟将军且请坐下。"

尉迟敬德一语不发，也不坐下。李世民拍了一下手，一个侍卫端着一盘黄金走上来，送到尉迟敬德的面前。李世民说："此是黄金十斤，你如欲走，当以此

金相资，一表共事之情也。"

尉迟敬德像一座铁塔似的，立在那儿，仍是一语不发。李世民无奈，只得挥手让他回营去了。

天气严寒，转降暴雪，李世民下令停止攻城，只在洛阳周围下寨，别图他法。

这天早起雪晴，李世民升帐问事毕，众将散去。李世民召尉迟敬德，两人领几人从骑，骑马出营，迎面碰上查粮回来的长孙无忌，拦马问道："王爷欲去哪里？"

李世民应道："天色放晴，我出营走走，顺便察看一下敌情。"

长孙无忌抓住李世民的马辔劝道："王爷不记七月之险吗？千金之躯，怎可轻出？"

"我出营静静心，可思想一下破敌之法。"

长孙无忌见拦阻不住，说："王爷既出，不可只领数骑，可选一营甲士相随。"

李世民不好拂其意，即令尉迟敬德召帐下五百骑跟从。

雪霁天晴，山如玉簇，林似玉妆。李世民再登魏宣武陵，遥望古老的洛阳城，像周天二十八宿，崔嵬雄浑，呈伏虎之形。其城墙高厚，延亘而去；洛水逶迤，穿城而过。李世民马鞭一指，问身后的尉迟敬德："尉迟将军谓何日可取洛阳？"

"尉迟敬德只知厮杀，不想此事。"尉迟敬德面无表情地说。

李世民知他还为那天被囚的事生气，遂不再问他，一笑置之，但伫马暗思破敌之法。洛阳乃隋之东都，又为王世充经营多年，其城郭坚固，壕堑险深，急切难以攻破。但洛阳城中少粮无柴，军民饥荒，人心涣散，必不能支持多久。当今之计，唯有围城打援，断其粮道，或打或抚，召其所属郡县来降，使洛阳成一孤岛，少则三月，多则半年，洛阳必不攻自破耳。

想到此，李世民一笑，胸中的郁积也消散许多，远望群山茫茫，雪白耀野，不禁诗兴大发，于马上高声诵道：

塞外悲风切，交河冰已结。
瀚海百重波，阴山千里雪。
迥戍危烽火，层峦引高节。
悠悠卷旆旌，饮马出长城。
塞沙连骑迹，朔风断边声。
胡尘清玉寒，羌笛韵金钲。
绝漠干戈戢，车徒振原隰。
都尉反龙堆，将军旋马邑。
扬麾氛雾静，纪石功名立。
荒裔一戎衣，灵台凯歌入。

听秦王吟诗，尉迟敬德笑道："王爷强悍骁勇，尚能学文弱书生走马吟诗？"

李世民亦笑道："我从小尚武而不好文，然母亲太穆皇后精于书法，工于诗文，曾多方对我教导，因此得以粗通文墨。"

尉迟敬德叹道："临阵破敌，马上赋诗，王爷文韬武略，真正是经天纬地之才！"

李世民大笑一声，打马下山，众皆相随而去。众骑转过魏宣武陵后庙，突然山林中红旗闪动，一彪军马涌出，约有万余，拦住去路。为首一将，身长八尺，虎体狼腰，豹头猿臂，骑一匹猩红大宛马，横槊而立，冲李世民喝道："李世民小儿，我皇早料到你要出来，今日被围，识相的快快下马受死！"

尉迟敬德指点道："此是李密降将单雄信。"

李世民更不搭话，挺枪催马直冲过去，突然，一阵梆子响，伏在树上的郑军弓箭手一起发射，箭如飞蝗。李世民舞枪遮身，只得退了回来。尉迟敬德说："贼兵已有准备，不如回营召咱黑衣队，杀他个人仰马翻。"

李世民点头，拨马领众人欲绕北邙山北坡回营，但听喊声大震，一支军从山后闪出，黄罗销金伞盖下，王世充黄袍金甲，胯下爪黄飞电马，御鞭遥指秦王道："李世民小儿，不知深浅，犯我大郑。今日被围，难逃一死，有何话说？"

李世民笑道："我看你的军队，不过如同洞中鸡犬罢了。今既出来，当识时务，快快下马受降，不然，让你死无葬身之地！"

王世充大怒，御鞭一指，郑军左右合围，在魏宣武陵前平洼之处，将李世民及五百骑包围得风雨不透。单雄信率五千精骑，径直来捉李世民。

李世民毫不畏惧，大喝一声，跃马挺枪，上前迎敌，两军相接，刀枪并举，一场混战。毕竟唐军只有五百骑，寡不敌众，一时间，死伤过半，且战且退。李世民亦被数骑围住，枪挑剑砍，奋力厮杀。单雄信见有机可乘，纵马而来，相距咫尺处，从背后挺槊直刺李世民。

耳听尉迟敬德呼声，李世民不及细想，一个镫里藏身，躲过单雄信的利槊。与此同时，电光石火之间，尉迟敬德横槊刺单雄信于马下。

尉迟敬德挥鞭向地上的单雄信打去。单雄信忍着剧痛，捂住左胁上的伤口，一个滚身，躲开铁鞭。其部下见主将落马，数骑一哄而上，冒死将单雄信抢了回去。

"大王快走！"尉迟敬德提鞭拨马，前面开道，槊刺鞭打，于万军之中，奋力突出一条血路，引秦王突围而去。

刚跑出二里地，但见白雪旷野之中，人喊马嘶，黑衣队如一群乌鸦一般，直扑而来——乃是屈突通闻警，率秦琼、程咬金等千余黑衣铁骑驰援来了。

李世民大喜，招呼尉迟敬德回马冲入敌阵，去救被困从骑。

尉迟敬德在前，李世民在后，行如猛风。钢鞭起处，郑骑纷纷落马。两人左

143

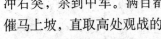

冲右突，杀到中军。满目都是郑军——五百从骑已全部战死。李世民悲愤至极，催马上坡，直取高处观战的王世充。

李世民和尉迟敬德杀得性起，所到之处，人不敢挡。有相拒者，枪刺鞭打，无不被杀。王世充见状，急令身边的虎贲军前去挡之。

这时，唐军的黑衣铁骑，分左右两翼，在秦琼、程咬金率领下，横冲直撞，混杀而来，郑军立脚不住，顿时大乱。

王世充立在高处，直看得心惊胆战，叹道："唐之兵将，何其能也！"

时鲁王道绚侍驾在侧，见势不妙，急劝道："黑衣军勇猛，陛下且请回城，待大队唐军围来就晚了！"

"此时不走，更待何时？"王世充说着，起身推开龙椅，不待人扶持，便翻身上马。令旗一挥，虎贲军围拢过来，簇拥而去。

见王世充逃跑，李世民恨不能胁生双翼，拦住王世充。遂嘬哨一声，领黑衣队奋力追杀。

王世充逃跑之间，急令冠军大将军陈智略断后。陈智略不敢怠慢，领数千排槊兵一字排开，手持长槊，狙击黑衣队。

黑衣队左手持刀，右手持弓，皆全能战士，岂怕排槊兵。秦琼从怀里掏出一面小黑旗，望空一挥，但听一阵梆子响，黑衣队在奔驰之中，拈弓搭箭，一阵乱射，郑军前队排槊兵齐齐倒下。后排兵见状，扔下长槊，四散逃窜。

陈智略见势不妙，策马奔逃。李世民马快，于乱军之中，凭空飞越，直取陈智略。两马相交，李世民轻舒猿臂，探身把陈智略生擒过来，抛于马下。

有排槊兵挡路，一刻钟之后，王世充及王道绚、数百名虎贲军奔入城中。

黑衣队跟脚赶到，城中已拽起吊桥，紧闭城门，城头上乱箭射下。李世民约兵后退，观望一阵，只得悻悻而回。

此役大败王世充，生擒其大将军陈智略，斩首千余级，获排槊五千。更为重要的是，在气势上，进一步压倒王世充，给郑军又一个巨大的心理压力。

收兵回营，在大帐内，李世民说起尉迟敬德横槊刺单雄信相救的事，命人捧出一篚金，赠与尉迟敬德说："众将皆云公将叛离，我意独保，今何报之速啊！"

尉迟敬德痛快地接过金子，望着秦王嘿嘿直笑，只是不言。李世民亦自此把尉迟敬德引为亲信，宠遇日增。

李世民继续采取围城打援的作战方略，同时进一步展开心理攻势，书写劝降信数封，用箭射入洛阳城内，以瓦解王世充军心。

冬十月甲辰，行军总管罗士信率兵袭击王世充硖石堡，拔之。接着又乘胜围困千金堡，劝守军投降，堡中人齐声大骂，乱箭射下。罗士信只得约兵后退。至夜，罗士信偃旗息鼓，遣百余人抱婴儿数十至堡下，使小儿啼呼，诈称："从东都来归罗总管。"继而又有人恍然大悟说："此千金堡也，我等走错了路。"说完百余人怀抱婴儿，咋咋呼呼而去。堡中人以为罗士信兵已退去，刚才来的是一些洛阳逃亡的富户。于是大开堡门，出兵追击。

堡门刚开，罗士信伏兵四出，奋勇突入堡内，尽屠守军。

话说李密失败后，其部将杨庆归降王世充，及后王世充称帝，杨庆复姓郭氏。王世充以其为管州总管，并把兄长的女儿齐阳郡主嫁给他。如今秦王李世民兵逼洛阳，杨庆知王世充不长久，乃暗派人向秦王请降。李世民遂遣总管李世绩统兵前去受降。

杨庆回家后，把降唐的意思向妻子一说，要求妻子与他一齐归唐。齐阳郡主说："主上使妾侍巾栉者，欲结君之心也。今君既然辜负当日之托，徇利求全，妾能拿你怎么样呢？！若至长安，则君家一婢罢了，对你又有什么用处？！若顾念夫妻之情，请派人把妾送回洛阳。"

杨庆认为洛阳日久必破，不答应妻子单独回去。待杨庆出去后，齐阳郡主对侍候的家人说："若唐胜郑，则我家必灭，郑若胜唐，则我夫必死。人生至此，还有什么可活！"

郡主遂遣出侍者，于后堂自杀身亡。时人感叹之。

庚戌，杨庆去投长安，被李渊拜为上柱国、郇国公。

时王世充太子王玄应镇守虎牢，驻军于荥、汴之间。闻杨庆叛降，引兵到管城，被李世民击退。丙辰，迫于唐军兵势，荥州刺史魏陆擒张志等四将，举州来降。阳城令王雄帅诸堡亦来降。

郑太子王玄应见诸州皆叛，大惧，引兵奔还洛阳。

转月，王世充命太子王玄应率兵数千，把虎牢的粮食运回洛阳。秦王李世民得知此事，派大将军李君羡于中途截击，双方混战一场，郑兵大败，弃粮草奔逃。

王世充登高望之，恐太子有闪失，亲自引兵两万出城接应。王世充自居中军，临洛水列阵，以拒唐军。

太子王玄应马快，逃回本阵，王世充以手加额，传令收兵回城。恰在这时，其贴身护卫虎贲将军王怀文忽然横槊直刺王世充。王世充内着软甲，外着黄金锁子甲，长槊冲肩窝刺入，王世充一扭身，槊头折断。

其他虎贲护卫见状目瞪口呆，王怀文趁机弃槊打马逃向唐军。至洛水口，被郑兵追上，乱刀砍死。

王世充回到城中，在朝堂上解去衣甲，其肩上中槊处毫发未损，于是遍示群臣说："王怀文以槊刺我，卒不能伤，岂非天命！"

御史大夫郑颐原为李密之臣，被王世充所获，忌其奸诈，不想当大郑的官，平时多装病在家，于是对王世充说："臣闻佛有金刚不坏之身，陛下是真佛呀！

臣实多幸，得生佛世，愿弃官削发为沙门，以资陛下之神武。"

王世充一听这话，着实气恼，这明明是想临阵脱逃，却假仁假义说入沙门为我祈福。王世充压住心头火，对郑颋说："国之大臣，声望素重，一旦入道，将骇物听。俟兵革休息，当从公志。"

郑颋固请，王世充只是不许。郑颋沮丧地回到家里，左思右想，郑国的这个官当不长，也不能当，于是对妻子说："我束发从官，志慕名节，不幸遭遇乱世，流离至此，侧身猜忌之朝，累足危亡之地，智力浅薄，无以自全，人生总有一死，早晚何殊，姑且从我所好，死亦无憾。"

妻子劝他慎重考虑，免遭杀身之祸。但此时的郑颋已心灰意冷，遂不听妻子之言，削去满头乌发，披上僧人衣服，把自己整日关在后堂，以表示自己已脱离红尘，皈依佛门，再不问政事。

消息很快传到朝堂上，王世充拍案怒道："尔以我为必败，欲苟免邪？不诛之，何以制众！"

王世充即令虎贲军前去提郑颋，于午门外斩之。

临刑前，郑颋视死如归，谈笑自若，拱手与诸人作别，围观的人见状，大声喝彩，为郑颋壮行。

将郑颋斩于午门，本以警告其他人，但结果却恰恰相反。将士们越感前途渺茫，或弃城逃跑，或临阵投降，弄得偌大的洛阳人心惶惶，兵无战心。

王世充见众心叛离，乃实行严酷刑法。一个亡叛，举家无少长皆戮，父子、兄弟、夫妇许相告而免之。又使五家为保，有举家亡者，四邻不觉，皆坐诛。至于樵采之人，出入皆有限制。又以宫城为大狱，意所忌者，并其家属收系宫中，诸将出征，亦质其家属于宫中。

但这些举措却并没有多大实际作用，反而弄得人怨沸腾，将士离心，所谓杀人者越多，逃亡者越多。

形势越来越严峻，王世充万般无奈，再派与突厥有联系的王文素出使突厥，恳请突厥颉利可汗发兵增援洛阳。

颉利可汗因事先收受李渊遣使送来的金银美女，不肯发兵。

王文素首先串通可汗妻隋义成公主，以及在突厥避难的公主从弟杨善径，三人一同来到颉利可汗帐中诱说道："昔日启民可汗为兄弟所逼，逃难至隋，依赖文皇帝的力量，方有此疆域，子子孙孙世代享受。今唐天子并非文皇帝的子孙，可汗宜奉杨政道，出兵伐唐，以报义皇帝之德。"

颉利可汗因此被说服，乃调动兵马大举南侵。但李渊也已做两手准备，突厥的先头部队进犯汾阴，被早有准备的李建成击退。进犯石州，又遭刺史王集的重创。

消息传至洛阳，王世充坐卧不安，召群臣商议说："突厥远水不解近渴，洛阳危如累卵，该怎么办呢？"

王世充兄长的儿子、代王王琬建言道："可遣使至河间，乞夏王窦建德引师救援。"

王世充愁眉苦脸地说："前年冬天，朕派兵侵占夏国黎阳，窦建德以攻占我殷州相报，两国交恶，信使不通。如今李唐兵逼洛阳，窦建德正欲坐山观虎斗，能发兵救我吗？"

王琬揖手道："事急矣，臣愿出使夏国。李唐灭郑以后，必灭夏国，以此说之，由不得窦建德不发兵来救。"

王世充闻言大喜，当即搜肠刮肚，提笔给窦建德写一封信，差代王王琬、长孙王安世，星夜前往河间求救。

窦建德是隋末著名的农民起义军领袖，他出身于农民家庭，力气过人，重信用，喜结交豪侠之士。短短的几年时间，他的队伍就发展到几十万人，占据河北大部分地区。称夏王，改元五凤后，仍不改农民本色，每次攻破郡县，所得财物均赏给将士，自己一无所取。他和妻子曹氏平时皆着布衣，吃脱粟饭，用度简约，因此深得百姓和将士们的拥护。

先是，隋河间郡丞王琮坚守郡城，窦建德急切攻打不下。闻隋炀帝凶信至，王琮率领官兵为其发丧，在城者皆哭。窦建德命停止攻城，并遣使入城吊之。王琮感其义，出城请降。窦建德在家里设酒席以待之。琮言及隋亡，俯伏流涕，窦建德也为之落泪。

诸将听王琮来降，拥至门口，对窦建德说："王琮久拒我军，杀伤甚众，力尽而降，请烹了他！"

窦建德听了挥手阻止说："王琮，忠臣啊，我方赏之以劝事君，怎能杀了呢？往在高鸡泊为盗，容可妄杀人。今欲安百姓，定天下，岂得害忠良！"

窦建德乃下令军中说：与王琮有怨敢妄动者，夷三族！并以王琮为瀛州刺史。由是河北郡县闻之，皆争相归附于窦建德。

时宇文化及被李密击败，退守聊城。窦建德对臣下说："我为隋民，隋为我君。今宇文化及弑逆，就是我的仇人，我不可以不讨。"

于是，窦建德引兵进攻聊城，数番大败宇文化及。宇文化及见敌四面急攻，自身难保，无计可施，但相聚酣宴，奏妓乐，醉生梦死。一次，宇文化及醉，对弟弟宇文智及说："我初不知，由着你胡来。今所向无成，士马日散，负弑君之名，天下所不容；今者灭族，岂不是由你引起的！"

说着，宇文化及揽着两个幼子哭泣，宇文智及怒道："事捷之日你不怨我，及其将败，却来怪罪我，何不杀我以降窦建德！"

兄弟俩当场吵了起来，互相诟骂，言无长幼。宇文化及自知必败，叹道：

"人生固当死，何不一日为帝，以快我心！"

于是，宇文化及鸩杀秦王杨浩，即皇帝位，国号许，改元天寿，署置百官。

窦建德四面围攻甚急，守城将王薄开门纳之，窦建德率兵入城，生擒宇文化及。而后谒拜被宇文化及所掳的萧皇后，语皆称臣，素服哭隋炀帝尽哀，抚存隋之百官，并斩宇文化及及其逆党。由此窦建德声名大振。

武德二年（619年）八月，窦建德率兵十余万，相继攻克唐的洺州、相州等地。同年十月，窦建德引兵攻陷黎阳，生擒淮安王李神通、李世勣父亲李盖、魏徵以及帝妹同安公主。唯李世勣以数百骑逃脱。数日后，李世勣以父亲被执，又返回黎阳投降窦建德，被封为左骁卫大将军。

过了几个月，李世勣因事变逃归长安。群臣请求诛杀李世勣之父李盖。窦建德说："世勣，唐臣，为我所房，不忘本朝，乃忠臣也，其父何罪！"

窦建德下令将李盖释放。李渊派秦王李世民攻打王世充前，怕窦建德捣乱，遣使带厚礼与之通好。窦建德允之，即将同安公主、李神通和使臣一同遣返长安。

且说王世充的侄子代王王琬、长孙王安世星夜赶至洺州，见到窦建德即以头触地，号啕大哭，乞师援救洛阳。

窦建德心中不忍，意欲答应，但左右俱各反对，以为唐军势盛，夏军深入关中，于国不利。窦建德闻言，有些踌躇。中书舍人刘斌进言说："今天下大乱，唐有关中，郑有河北。此鼎足之势也。今唐以强兵攻东都，郑势日蹙，唐若破郑，则夏有唇亡齿寒之忧。不如解仇除怨，发兵救郑。郑拒于内，夏攻其外，必将破唐！唐兵破后，图郑而灭之。合并两国之兵，西入关中，则可建太平基业。"

窦建德闻言大喜，决定派兵援郑。

武德四年（621年）二月，窦建德亲率大军西进。三月，攻陷管州和荥阳、阳翟等县，杀唐刺史郭士安。

王世充之弟徐州行台王世辩派部将郭士衡领兵数千与窦建德会合。计步骑兵十余万，诈称三十万，沿黄河而上，水陆并进，舟船运粮西进，浩浩荡荡，络绎不绝。

洛阳城外，春暖花开，冰土解冻。李世民继续率兵攻打洛阳。掘壕沟，筑堡垒，搭数十人并排而上的连环云梯，所有能想到的攻城的点子都想出来了，军兵好几次险些登上城墙。

重兵围困下的洛阳城中，粮食极为匮乏。三升小米能换一匹绢，一升盐能换十匹布。服饰珍玩，更是贱如草芥。老百姓把树叶和草根都吃光了，只好把泥土过滤，掺上米屑做饼来吃，食后体肿腿软，病死者相枕于道。尚书郎以下官吏，常亲自劳作。虽为公卿，也常常被饿死。许多人越城而出，逃归唐军，或许为内应。

济世安民：唐太宗

眼看洛阳就要不攻自破，不料窦建德又要来插一杠子。消息传来，众军惊慌，李世民传令停止攻城，讨论对策。

会议刚开始，齐王李元吉就抢着说："窦建德骁勇善战，曾多次打败我军，其势不可当，不如趁此班师回长安，来年再想办法。"

诸将也面面相觑，怕遭到王世充和窦建德的两面夹击，请求暂避其锋。李世民冷着脸不言语。参军郭孝恪知秦王不甘，上前献计说："王世充力竭计穷，即将就擒。窦建德悉众远来，粮饷阻绝，此是天将亡两人也。若我军固守虎牢，军临汜水，阻其去路，伺机而动，必能灭之！"

萧瑀、封德彝等人忧虑重重地说："王世充踞坚城死守，我军急切攻打不下，业已疲惫，窦建德乘胜而来，锋锐气盛，不如退保就安，以观时机。"

李世民拔出宝剑，剑气清冷，闪着寒光，复一剑砍去桌角，说："我军围困洛阳，长达十月，已得王世充大片土地。洛阳克日可下，岂可因窦建德轻易舍之而去！我意已决，只讨论迎战之计，不讨论撤退问题。"

众将见主帅如此，不敢再想撤退的事，于是七嘴八舌计议起阻挡窦建德的对策来。记室薛收献计说："王世充据东都，府库丰盈，所将之兵，皆江淮精锐。所患之处，在于缺粮。而窦建德兵强马壮，远来赴援，欲与我军决一胜负，若放夏兵到来，与郑军汇合，再转运河北之粮，以资洛阳，则战事方始，未有尽期，我大唐也不知什么时候能统一天下。当今之计，宜分兵守洛阳，深堑高垒，世充出兵，慎勿与之战，惟困其而已。王爷则亲率精锐，占据成皋，厉兵训士，以待其至，以逸待劳，必当克敌。建德既败，世充自下，不出两旬，二人皆缚矣！"

李世民听了薛收的话，沉思片刻，点点头说："此计甚妙。王世充兵多食少，上下离心，不需力攻，可以坐克。窦建德新破孟海公，将骄士惰。我踞武牢，犹如卡住他的咽喉，建德若冒险争锋，破之甚易，若其狐疑不决，旬日之间，王世充粮尽自破，城破之后，我军拼死一战，气势自倍。若不速进，贼入虎牢，诸城新降，必不能守。两贼合力，其势则强。又有何机可乘？今速进，一举两克，在此行矣！我计已决，发兵虎牢！"

第二天五更鼓过，诸将齐聚中军大帐，分左右排班站齐，秦王李世民戎装整束，于虎皮帅椅上坐定，一拍惊堂木，厉声发令道："屈突通、李元吉及八总管听令！"

"在！"

"差屈突通协助李元吉，统八总管之兵继续围困洛阳，不得后退一步。如敌出城，则以优势兵力，全力将其打回。不得有误！"

"遵令！"屈突通、李元吉等人一齐拱手应道。

"秦琼、李世勣、尉迟敬德、程知节听令！"

"在！"

"差你等率左右黑衣队，并再选精锐骁骑，共三千五百人，随本帅东奔虎牢关！"

"是！"

秦琼等人奉令，大步出帐点兵去了。

散帐后，李世民留下屈突通一块用早餐，嘱其一定要约束好李元吉，用心围城，屈突通拍着胸脯答应说："我也算一名老将了，值此破敌的关键时刻，怎敢马虎大意！"

李世民满意地点点头，嘱房玄龄、杜如晦等人悉心协助，并临时任命长孙无忌为监军，负责巡视各营。该叮嘱的都已叮嘱了，这时程咬金入帐来报："兵马饱食，正列队等候出发！"

李世民与屈突通等人拱手作别，大步走出军帐。营内广场上，五星黑皂旗下，三千余名铁甲骁勇骑士，精神抖擞，整装待发。

侍卫牵来战马，秦王李世民翻身而上，手一挥道："出发！"

但听一声炮响，营门大开，秦王李世民纵辔放马，率数千铁甲兵，东奔虎牢而去。唐军营中的动静，早有人报知王世充。王世充登城瞭望，只见北邙山东麓，尘土飞扬，一长队唐军铁骑下北邙，在飞龙飞虎"帅"字旗的指引下，向东疾走。王世充叹道："李世民用兵神出鬼没，骁勇异常。此自率数千骁骑，将奔虎牢，以待窦建德。"

虎牢南接汜水，北临黄河，地势高峭，是著名的雄关隘口。窦建德大军援郑，必从此处通过。两个月前，郑太子王玄应率兵数千人，自虎牢运粮入洛阳，遭到唐军的截击，狼狈逃窜，虎牢旋为唐军所有，李世民令大将宇文歆领一万军兵驻扎于此。

黄昏，李世民率铁骑军赶至虎牢关。下马之后，歇也没歇，立即登上东门城楼，瞭望敌情。宇文歆汇报说："窦建德先头部队已到板渚，其游兵已散见于城外一带。"

李世民神情严峻，极目远眺，但见暮色中的黄河，沉重、黯淡，缓缓东流。周围疏散着稀稀落落的村子，好像人都已走空了，一点儿炊烟也没有。小片的草原，灰色的山崖，静寂无声，好似在无奈地等待一场大战的开始。

这时，宇文歆在旁边搓着手说："贼势浩大，大王来了，虎牢关守军将士就有主心骨了。"

李世民望着暮霭沉沉的东方天际笑了笑，说："天下势必归我大唐。明日就让那窦建德知道本王的厉害！"

第五回

论异梦曹氏劝停战，起反心黑闼再起兵

在虎牢关歇息一夜后，第二天，李世民率秦琼、程咬金、李世勣、尉迟敬德等五百余骑出关，去侦察夏军兵营。

走了五里地，前方有一片山坡，李世民分一百骑交与李世勣，命他在此埋伏，以待敌兵。

又走了几里，前方出现一片杨树林，李世民留下二百骑交与程咬金，命他在此伏兵。程咬金不愿在后，不甘心地问："我在此埋伏，你几个上哪去？"

李世民笑道："但见敌兵，厮杀一阵，即是你大功一件。"

又走了几里路，到一个苇塘边，李世民将剩下的骑兵交与秦琼说："公领二百骁骑在此接我，看夏军到时，即放火烧苇，纵兵掩杀一阵，然后撤退。"

秦琼见秦王想单独侦探敌情，怕有闪失，劝道："还是让我们一起去吧，万一有什么意外，也好相互照应。"

"本王单骑探营，方让那窦建德知道厉害！"李世民说着，率尉迟敬德及四个侍卫，打马向板渚方向跑去。

路上，李世民看了看一身戎装的自己和虎背熊腰的尉迟敬德说："我执弓矢，公执槊，虽有百万之众，亦怕他什么？"

尉迟敬德亦晃晃手中的长槊笑着说："敌兵见到我俩就跑，这才叫识相。"

约又走了五里路，已望见夏军营寨背靠板渚城垒，连绵六七里地。鹿角寨栅，旌旗招展，枪刀林立，兵士列队成形，来来往往，却也甚为雄壮。尉迟敬德对李世民说："听说窦建德很能打仗，自出道以来，攻无不克，战无不胜，从未失败过。"

李世民笑着说："将在谋而不在勇，兵在精而不在多。随机应变，临机处置，建德不行。且其有一个致命弱点，即义气浓厚，出兵作战没有针对性。"

"难道人讲义气还有错？"尉迟敬德不解地问。

"讲义气当然没有错。但英雄者，应胸怀大志，有包藏宇宙之机，吞吐天

地之志。窦建德占据河北，不思南下，却去攻打已成冢中枯骨的宇文化及，所谓'为隋炀帝报仇'。今又为义气所迫，倾兵来解洛阳之围，实在是目光短浅，我自此认为他不能成大事。"

尉迟敬德听秦王说得头头是道，半懂不懂，又问："王爷若是窦建德，该当如何？"

"江淮之滨，吴越之地，乱而无主，我若为建德，必将挥师南下，大占土地，虽难成帝业，却也拥有半壁山河，这才是英雄所为。"

尉迟敬德钦佩地看着秦王，说："取天下者，必是我大唐也。尉迟敬德选对了明主，实则祖上有灵。"

李世民看着敌营左边雾气茫茫、浩浩东流的黄河，陷入了沉思。他从小就胸怀大志，有帝王之心。但按长幼顺序，大哥李建成是太子，是将来皇位的当然继承人；而自己，连年在外征战，功高盖世，却不过是一个藩王。这一切怎能让他心里平衡？他暗暗下定决心，时机一到，他一定出手，一定要圆他的千古帝王之梦……

"王爷，有人来了！"尉迟敬德在一旁叫道，打断了李世民的遐思。

从汜水方向，沿沟边小道，走过来百余名骑兵，一面褐色的旗上，写一个黄色"巡"字。李世民说："这是夏军的巡逻兵，迎上去！"

李世民、尉迟敬德和几个随从催马下了小山坡，迎着敌骑走去。

夏军巡逻兵见山坡上下来六个骑兵，以为是自己的侦察骑兵，没有在意，还远远地打招呼道："有情况没有？"

李世民暗暗地摸出弓箭，等到距离不远，大喝一声："我秦王也！"

随即开弓放箭，正射中领头敌将的面门，该敌将应弦落马。夏军巡逻兵吃了一惊，急差人回老营禀报，余下百骑，拈刀持枪，催马冲了上来。

李世民岿然不动，"嗖——嗖——嗖——"一口气射出了十余箭，箭箭不落空。十几个夏军巡逻兵哀号着栽下马来，其余的兵卒吓得拨马就跑，一口气跑了很远，见后面不来追，方勒住马匹，远远观望，就是不敢近前。

双方对峙了一刻钟，但见板渚方面尘土大起，夏军出动五六千骑兵追来。李世民的四个侍卫吓得变了脸色，作拨马欲逃状，不住地对李世民说："王爷，敌众我寡，咱们快撤吧！"

李世民按辔不动，待敌近前约一里多路，方对四个侍卫说："你们只管前行，我和尉迟敬德殿后。"

四个侍卫知道留下来也是累赘，于是奉命打马先走了。李世民和尉迟敬德按辔徐行，以待追骑。

马嘶人喊，旌旗招展处，夏军骁将殷秋、石瓒一马当先，引兵追来，眼看着就到了近前，李世民张弓欲射，尉迟敬德止之说："先杀上一阵再说。"

李世民笑笑，挂上宝雕弓，摘下虎头点金枪。两人头也不回，仍旧缓缓前行，故作不知。

"活捉唐家秦王，可立取富贵！"夏兵欣喜若狂，呐喊着冲了上来。

马蹄声如骤雨击地，地上已见敌骑人影，李世民和尉迟敬德抖擞精神，大喝一声，拨马直撞入敌阵。一个是枪挑剑砍，一个是槊刺鞭打，左冲右突，毙敌数十名，敌稍稍后退，李世民和尉迟敬德方出了敌阵，往西而走。

殷秋、石瓒被杀得一愣一愣的。往前看，唐家秦王两骑茕茕独行；往后看，自己数千骑兵前拥后挤，一眼望不到边，气得殷秋举刀大叫道："给我一齐上！踩也把他俩踩死了。"

绣旗招展，夏军又一起鼓噪冲来。眼看着又要赶上，李世民按住点金枪，引满弓弦，弦响处，箭无虚发，十余个夏兵次第栽下马来。

夏军骑兵领教了秦王的大羽箭，追追停停，不敢逼近。追至一片芦苇塘，石瓒对殷秋说："李世民诱敌，恐有埋伏。"

殷秋四处望了望，见苇塘不过二三亩，笑道："此地狭小，能藏几个兵将？"

言未毕，但见烟火升起，二百多骑唐兵从苇塘后闪出，拦住去路。殷秋大笑道："此即伏兵也！我军一人一口唾沫，也能把他们淹死。"

说完，殷秋令旗一挥，催军上前。在此埋伏的秦琼率领二百铁骑，纵马来战。唐军骁勇，厮杀一阵，夏军折了上百人，稍稍后退。秦琼却一声呼哨，领兵一溜烟撤走了。

殷秋见道路狭窄，骑兵施展不开，空折了百余人马，心中大怒，率军猛追。

前面是一片杨树林，夏军刚到跟前，一阵梆子响，乱箭射出，夏军顿时倒下一大片。接着，一员红脸虎将舞动双斧，领二百余骑趁势冲杀过来。夏军猝不及防，又被斩杀百余人，等立住阵脚，欲行反扑，唐军一声呼哨，又一溜烟地向西跑了。

殷秋连吃两次亏，恨得咬牙，遂不顾死活，催军奋力追来。

追不多远，又是一道山坡横前，石瓒心有余悸，把手一挥，令军缓缓探路前行。

正在这时，一声炮响，四五百骑唐兵从山坡后闪出，秦王李世民、秦琼、李世勣、程咬金、尉迟敬德一字排开。程咬金上前大叫："来将快快下马投降，饶尔不死，不然，明年的今天就是你的祭日！"

殷秋、石瓒一向在河北横行，从来没有和程咬金等人交战过，欺对方人少，把旗一挥命令道："众军努力向前，活捉唐贼，向夏帝请功！"

夏军骑兵围拢而来，一声令下，齐向山上冲去。坡上唐军亦抖擞精神，随主将直冲而下。

两军相接，混战一场，程咬金等人，如虎趋羊群，往来厮杀。李世民高声叫道："擒他们首领！"

李世勣闻令，催马直冲殷秋。殷秋见来将势猛，一刀砍去，李世勣一枪磕去，顿时将刀打飞，而后一把抓住殷秋的勒甲丝绦，将其活捉过来。秦琼见状，亦抖擞精神，直取石瓒，两马交错，秦琼轻舒猿臂，将石瓒生擒。

夏军见主将皆没入敌手，气顿懈。唐军乘势猛冲猛打，斩杀无数。夏军发一声喊，回马就走，自相践踏，死伤无数。

李世民领兵追杀出几里远，即收兵回城。此战斩敌上千，俘敌上百，给窦建德一个下马威。损兵折将的夏军回营后，暗暗传说唐家秦王的英勇神武，自此夏军皆有惧战之心。

对俘虏的夏军，李世民命以好言抚慰，酒肉相待，愿意留下的编入军中，不愿留下的付给路费遣返。

李世民又写书信一封，让被俘的夏军带回，信中写道："赵、魏之地，久为我有，为足下所侵夺，但以淮安见礼，公主得归，故相与坦怀释怨。世充顷与足下修好，已尝反覆。今亡在朝夕，更饰辞相诱，足下乃以三军之众，仰哺他人，千金之资，坐供外费，良非上策。今前茅相遇，彼遽崩摧，效劳未通，能无怀愧。故抑止锋锐，冀闻择善，若不获命，恐虽悔难追。"

夏军五六千骑为李世民五百骑所破，窦建德闻之，坐在大帐里直生闷气。俘兵回营，又呈上李世民的劝降信，窦建德看也没看，一把撕掉。当即点起两万精兵，携带器械前去攻打虎牢关。

虎牢关门紧闭，一边山高坡陡，一边沟阔水急，地势险峻，大有一夫当关，万夫莫开之势。窦建德对部众说："占了虎牢关，洛阳之围自解，可与我奋力抢关！"

众将领命，指挥军士扛着云梯就往上冲，没至壕沟处，但听一阵梆子响，关上矢石如雨，第一批抢关的五百名将士，死伤大半，哀号着退了下来。窦建德又令第二梯队往上冲，依旧大败而归。

眼见天黑，无寸功可立，窦建德彷徨无计，只得领败兵退回老营。

以后几天，窦建德又命军中工匠研究出一些攻城器械，什么石炮、火弩之类，搬到虎牢关下一试，却作用不大。关上唐军凭高据险，有敌楼遮盖，毫发未损，倒扔下许多灰瓶硫球。硫球形如气球，内贮纯硫磺，落入夏军中炸裂，声如火炮，烟焰横飞，夏军焦头烂额，死伤一片。

窦建德被虎牢关挡住，滞留了一个多月，前进不得。四月丁巳，唐左卫大将军王君廓出奇兵，抄夏军粮运，俘获大将军张青特。消息传来，夏军将士都想回家。不得已，窦建德召开御前军事会议，研究下一步行动方案。

国子祭酒凌敬向窦建德献言说："当今之计，我军须渡过黄河，攻取怀州（今河南沁阳）、河阳，使重将把守。而后大王逾太行，入上党，先声后实，传檄而定。渐趋壶口，稍骇蒲津，收河东之地，此上策也。行此必有三利：一则入无人之境，师有万全；二则拓土得兵；三则郑围自解。”

凌敬具体分析当前态势，使夏军由被动转为主动。既取得有利的战略地位，又可以给唐造成严重的威胁。群臣听了纷纷表示赞成，窦建德也点点头说："这有点'围魏救赵'的意味，可以采纳。怕只怕王世充撑不了多长时间，未等我军到达壶口，洛阳就陷落了。"

"建功立业当从长远计，不必多顾及洛阳。"凌敬揖手对窦建德说。

窦建德眼一睁，训斥凌敬说："此何言也？大丈夫行于世，当以义字当先，岂可失信于人！"

说归说，窦建德还是觉得凌敬之计可行。于是传令诸军，准备船只，做好北渡黄河的准备。

消息传出，王世充的侄子王琬和长孙王安世慌了神，在窦建德大帐外长跪于地，朝夕哭泣，请求窦皇帝直接救洛阳。王琬又拿出所有的金银珠宝，暗中收买窦建德身边的人，煽动反对凌敬的计划。于是，常有谗言在窦建德耳边说："凌敬乃一书呆子，不懂战事，他的计策哪里能用？"

窦建德渐渐被说动了心，也被王琬、王安世哭软了心，遂决定全力以赴，进攻虎牢。凌敬闻知皇上改变了主意，不等通报，便闯进御帐，以头触地，向窦皇帝苦谏道："陛下千万不要为一'义'字误了大事。以举国之兵，来救区区王世充，原非上策。若不及时醒悟、引军北上，只恐就此陷入此地了！"

窦建德听了凌敬满怀丧气的话，勃然大怒，喝令左右道："凌敬一派胡言，与我扯出帐外！"

凌敬见事已不可谏，遂大哭而去，出营后不知所终。

窦建德回到后帐，犹满面怒气。皇后曹氏迎了上来，问明情由，素有主见的曹氏亦劝道："祭酒之言可从，陛下何不纳也？请自滏口之首，乘唐国之虚，连营渐进，以取山北，又因突厥西抄关中，唐必还师以自救，则郑围解矣。今屯兵虎牢之下，日月淹久，徒为自苦，事恐无功。"

窦建德正在气头上，哪里听得进曹氏的话，反而振振有词地说："朕来救郑，郑今倒悬，亡在朝夕，朕若舍之而去，是畏敌而弃信也，此事朕绝不做。"

"然则虎牢数攻不下，陛下计将安出？"曹氏又问。

窦建德不耐烦地说："此非女子所知，朕自有破敌之法。"

过了两天，有侦察兵来报，说唐军常常牧马于河北，虎牢关内极有可能没有多少喂马的草料了。

窦建德听到这个消息大喜，聚众将商议，决定乘唐军草料喂光，牧马于河北的时机，全线出击，进攻虎牢关。

早有唐军探子把窦建德的这个计划送到虎牢关上。李世民决定将计就计，彻底打垮窦建德。

武德四年（621年）五月的一天，李世民命令洛阳围城部队分出一万骑兵，乘夜色的掩护，悄悄开进虎牢城，养精蓄锐，做好战斗的准备。

这一天清晨，李世民率千余骑兵北渡黄河，南临广武察看形势。

虎牢一带，山水连接，构成一个巨大的天然屏障阻拦夏军。而夏军背后，不是河渚，就是平原。唐军退可守，进可攻。若以重骑猛突敌阵，分割围剿，则一战可定。主意已定，李世民留下两千匹马在黄河中间的小岛上放牧，以引诱窦建德，李世民则于黄昏时悄悄回营。

窦建德称帝以后，一天设两朝，一早一晚，有板有眼。这天下午，正在设朝听事，有侦骑来报："启奏陛下，唐军牧马于河渚。"

窦建德一听，抛下手中奏折，探身急问："有多少匹马？"

"整个河渚的草地上，散落的都是。因距离太远，无法一一细数，估计也有好几千匹。"

窦建德闻听大喜："果然不出我之所料。虎牢关中一共才两三千骑兵，今唐军将马匹悉数牵出，是其军中粮草已尽矣。明日我军列阵出兵，压迫唐军，以显我大夏国的威风。"

收到王琬重金贿赂的个别臣下也上前恭维道："陛下自起兵以来，从未和李世民交过手，明日列阵出兵，可让那李世民小儿知道我大夏皇帝的气概。"

窦建德哈哈大笑，当即调兵遣将，部署明天的进攻计划。

凌晨四更天，不待侍卫叫唤，窦建德就醒了，皇后曹氏劝道："五更天才上朝，陛下可再睡半个时辰。"

"今日就与唐军对阵，朕岂能睡着？"说着，窦建德跳下床来。

曹氏也跟着起来了，如往常一样，亲自侍候建德梳洗。曹氏说："妾几乎一夜未睡，三更天的时候，刚刚合上眼，梦见黄河之处，二龙相斗，一龙忽无故坠于牛口渚，为日光暴晒，群犬所欺。以妾思之，此梦人不祥，陛下何不罢今日之兵？"

窦建德笑道："朕为皇帝，犹可称龙，李世民一藩王，岂能称龙？又何来两龙相斗？今将令已发，岂可罢兵，使我失信于臣下？"

曹氏知窦建德脾气倔，一旦做出决定，很难劝他更改，于是便哀求道："请分出数千精兵，与妾镇守御营，一旦有失，好有个接应。"

窦建德本欲拔营全体出动，初不允，经曹氏一再请求，才答应留下千余老弱残兵及二百骑与曹氏。

第二天一早，人马饱食战饭。窦建德带着文武百官，指挥十余万人马，倾巢而出，排成几路纵队，北临大河，西向汜水，南临鹊山，绵亘二十余里，一齐向虎牢关推进。

李世民率数万步骑兵出城设营。隔汜水望去，但见夏军大阵旌旗蔽日，枪刀林立，数千面战鼓一齐敲响，其声音惊天动地，夏军士兵手持槊戟枪刀，漫山遍野，列队正步而来，气势甚是逼人。

唐兵见此阵势，知敌军几倍于己，都有些胆怯，面面相觑。有的小声嘀咕道："建德英勇，远超王世充。今日一战，于我军不利。"

有的则相互壮胆，安慰道："王爷在阵前而立，当有破敌妙策。王爷不怕，咱还怕什么？"

王爷即秦王。但见李世民不慌不忙，引数十骑登上一个高丘，向敌阵瞭望了一会儿，对将佐说："窦建德自山东起兵，未曾遇见过大敌。今险要之地而喧哗，是无纪律；逼城设阵，有轻我之心。我军按兵不出，彼勇气自衰，摆阵久，将卒饥，势将自退，追而击之，无不克者。我与诸公约定：过了中午，一定能打败他们！"

将士们见主帅这样自信，心下稍安。只是躲在寨栅后面，目不转睛地看着敌军。

夏军至汜水边扎住阵脚，窦建德使人挑战，辱骂百般，唐营中毫无动静。窦建德大笑道："李世民小儿当缩头乌龟还挺在行的！"

部将王小胡上来请道："请陛下给臣数百骑挑战唐军。"

"好！"窦建德大手一拍说，"你可领三百骑以试唐军，但有意外，可速回兵，我自引大军接应。"

"放心吧陛下。"王小胡飞身上马，招呼手下三百骁骑向唐营冲去。

此时雨季尚未到来，汜河一段水仅没及人的膝盖。王小胡领三百骑飞马而过，水花四溅，更添骁勇。至唐营一里路远，王小胡勒住坐骑，高声叫阵："唐营听着，若是血性男儿，可派骁锐之士，做做游戏；若惧战怕死，速速退兵，免惹世人耻笑！"

唐将王君廓曾率轻骑抄袭夏军粮道，生擒窦建德手下大将张青特。此时听王小胡的喊话，早已按捺不住，上前慨然向李世民请道："请给末将百余骁骑以破夏军！"

李世民点点头，说："我正欲挫夏兵锐气，你可领二百名排槊手出战，只许胜不许败。"

王君廓领命，即从排槊兵中选出二百名勇士，大开营门，向夏兵冲去。

两军相接，兵对兵，将对将，厮杀起来。王君廓与王小胡，一个使戟，一个使叉，战约五十回合，不分胜负。而夏军三百骁骑和唐军二百长槊兵，互相交接，一进一退，互有死伤，却也分不出输赢，真像做游戏一样。约斗了半个时辰，双方人马已累，拖着死伤的军兵，收兵回归本队。

夏军见唐兵打了一场又缩了回去，更加看轻唐军。王世充的侄子王琬作为郑军特使，此时也在夏军阵中，闻李世民不敢出战，他得意起来，骑着一匹隋炀帝乘坐过的青骢马，来到阵前。但见那匹马浑身青色，从头至尾，长约一丈，昂头喷鼻，极其雄骏。而王琬金盔金甲，鲜亮无比，骑着青骢马来回转圈，远远地走出阵前，向众人炫耀。

平生爱马的李世民没注意王琬那个人，却看中了那匹马，失口赞道："彼所乘真是一匹良马也！"

尉迟敬德一听这话，慨然请道："王爷既喜欢那匹马，请让我把它夺过来！"

李世民摇摇头说："马是百里挑一的良马，但焉能以一马而丧我猛士！"不知是李世民真心话还是他使的激将法，尉迟敬德二话不说，招呼部将高甑生、梁建方，三骑一齐冲出大营，径奔敌阵。

王琬见唐营中出来三骑，以为有什么事要说。这时，夏阵中也有数十骑迎了上来。王琬有恃无恐，摇着马鞭正待上来攀话，尉迟敬德三骑已涉水冲到。

王琬见来将不善，拨马向后躲。

尉迟敬德、高甑生、梁建方三骑并驱，驰入敌阵，兵刃运转如风，左刺右砍，杀散夏骑。看看赶上了王琬，尉迟敬德探身过去，一把抓住勒甲丝绦，将王琬生擒过来，并随手扯住辔头，牵青骢马回阵。

尉迟敬德三骑生擒王琬，使唐军士气大振，诸将摩拳擦掌，纷纷请求出战。李世民不许，说："待放牧河渚的两千多马匹赶回后再出战。"

夏军列好阵势，自辰时至午，不见唐营出兵，士卒都有些乏了，于是不按队形，席地而坐，或相互争水喝，或嬉笑打闹。

窦建德见唐军不出战，有些心烦，又想退兵，又想进攻，拿不定主意，这时，中军来说："朝谒时间已到，请陛下升殿问事。"

窦建德正想听听朝臣的意见，于是来到阵中。黄罗伞盖下，窦建德居中而坐，朝臣们皆露天而立，依次参拜。

唐军方面，放牧于河边的两千战马已经赶回，李世民命整理好马鞍，做好战斗准备。

这时已至午后，夏军饥疲，已有些不安。李世民觉得出兵的时机快要成熟了，于是叫过宇文士及说："你引轻骑三百，转过夏军阵西，驰向南去。"

"若贼兵阻拦怎么办？"宇文士及问。

"若贼兵动，你则引兵东去，抄其后营，若贼兵不动，你自引兵归营。"

宇文士及一时弄不明白主帅的作战意图，又跟着问一句："贼兵动是什么意思？"

"贼兵动表明其勇气已衰，士卒饥疲，想打一下就此退兵。"李世民说道。

宇文士及一下子明白过来，遂带三百骁骑，飞马出营，掠过窦建德阵前，其兵见状，果然骚动，出动上千骑跟着追去。

这时唐军列队已毕，万余铁甲骑兵在前，三万余步兵在后，摩拳擦掌，憋足

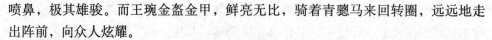

了劲正待厮杀。李世民把令旗一挥，下令："全线出击！"

在毫无预警的情况下，唐营数里长的寨栅突然掀倒，"帅"字纛旗下，李世民率黑衣马队当先冲出，大军断后，以雷霆之势，东涉汜水，一转眼功工夫，即冲入敌阵。

夏军见唐军半天不出，尽皆懈怠，如今见唐军骤然冲来，人不及甲，马不及鞍，仓皇之间，被冲得七零八落，不成队形。

窦建德朝臣正在中军朝谒，闻唐军轻骑猝然赶到，吓得一齐趋就窦建德。窦建德跳上御座，高喊虎贲铁骑抗拒唐兵。千余名虎贲铁骑均列在窦建德身后，闻令急欲上前，却被朝臣们横阻阵中，马嘶人喊，施展不得，窦建德急得挥手大叫："众卿向左走，上马后撤！"

窦建德一边指挥朝臣后撤，一边调整骑兵队形，正忙乱间，唐骑已冲到跟前。东河郡公刘黑闼见势不妙，一把把窦建德托上马，叫道："皇上快走，我来阻挡敌兵！"

刘黑闼为人机警勇敢，在军中负责侦察。值此危急关头，他抡起镔铁棍，率手下百余骑上前迎敌。无奈唐军铁骑滚滚，势如泰山压顶，刘黑闼上前厮杀了一阵，左右兵骑全部战死，自己独木难支，又寻不着窦建德去向，只好落荒而逃。

汜水以东方圆十几里路的战场上，十余万人马分成几片，相互厮杀，难分难解。唐将窦抗领五千步骑冲击南面的敌阵，小战不利，稍稍后退。淮阳王李道玄见状，率百余骑挺身冲入敌阵，一路冲杀，竟直出窦建德军后。窦抗军见状，士气复振，呐喊着向前冲锋。

而李道玄翻身又从敌阵后杀人，夏军见其勇猛，调弓箭手上前，一阵梆子响，箭如飞蝗，李道玄的部骑死伤大半。李道玄舞刀左挡右挡，飞矢还是射入他的铠甲，犹如猬毛。李道玄毫不畏惧，于马上左右开弓，射倒敌军多人。远处的李世民见状，命人牵一匹良骥，作为副马，给淮阳王备用。

此时两军大战，喊声震天。射大将连人带马，追小卒弃甲丢枪，直杀得日月无光，山河失色。

李世民见敌我双方已呈胶着状态，不出奇兵，一时间难以取胜，于是招呼史大奈、程咬金、秦琼、宇文歆等骑兵将领说："卷起旗帜，与我突到敌军后阵！"

众军闻令，即把旗帜卷起。李世民一马当先，率数千骑直趋夏军后营。但见尘土翻飞，势如奔马，夏阵中军哪里阻挡得住。

杀到夏军后阵，李世民命再张旗帜，并命士兵一齐高喊："已擒得窦建德！"

厮杀中的夏军，闻听此喊声，心慌意乱，一齐张望，但见后阵中旗幡招展，号带飘扬，尽是唐军旌旆。夏军将士大惊失色。兵无战心，相互奔告："皇帝被擒，我军败定，赶快逃命吧！"

夏军发一声喊，四处溃败，夺路而走。转眼间，战场上形势大变，李世民帅旗一挥，趁势挥军掩杀，一口气追击三十余里，斩首三千余级。

　　此时的窦建德因战线太长，人马已无法控制，且兵败如山倒，怎么也喝止不住。窦建德知大势已去，混战之中，身上被刺了一槊，已不能战，而朝臣们也在乱中失散。御营也已被唐军踏平，无奈之下，窦建德率左右残骑，飞奔至黄河岸边，欲寻船渡河。

　　好不容易找到一个船夫，却没有渡船。窦建德心觉不妙，伏在鞍上问船夫："此是何地？"

　　船人答道："牛口渚。"

　　窦建德一听，大惊失色，对左右说："常常听小儿唱豆入牛口，势不得久。难道天葬我于此地？"

　　"皇上，事不宜迟，快顺着黄河岸跑吧！"左右急切劝道。

　　窦建德点点头，与左右拨马就跑，想尽快离开这是非之地。刚到村头，数百名唐军赫然出现，呐喊着围过来。侍卫们保卫着窦建德拼力厮杀，然寡不敌众，俱被砍倒冲散。窦建德因臂上负伤，刀法迟慢，力战数敌，躲闪之间，翻身落马。

　　唐骑将军白士让见状，挺槊便刺。摔在地上的窦建德叫道："我乃夏王，俘我可致富贵。"

　　另一车骑将军杨武威大喜，跳下马来，将窦建德擒住，捆在从骑的马上，押回大营。

　　此时战斗已基本结束，一半多夏军将士都已溃散，俘敌近五万人，唐军士兵听说在牛口渚捉住夏王，一齐振臂欢呼，其声音惊天动地，回荡在虎牢关上空。

　　秦王李世民升帐，各军一一报告胜利的情况。这时，白士让、杨武威雄赳赳、气昂昂，押着窦建德走进大帐。众将喝道："还不跪见王爷！"

　　窦建德昂然而立，置若罔闻。左右刚要动手，被李世民大声喝住："建德乃世间英雄，解去绳缚，一旁看座。"

　　左右只得依了。李世民问道："我自讨王世充，干你何事？而来越境，犯我兵锋！"

　　窦建德仰头大笑道："今不自来，恐烦远取！"

　　却在这时，一骑飞奔至帐前，滚鞍下马，急步进帐禀报："王世充率兵出东门，齐王上前拦截，小战不利！"

　　李世民笑道："王世充已是煮熟的鸭子，跑不掉他。叔宝、敬德听令！"

　　"末将在！"秦琼、尉迟敬德虎背熊腰，甲叶作响，仿佛两尊天神，迈步走了上来，拱手听令。

　　"烦二将辛苦一趟，带后营那五百备用铁骑前去与齐王助战。"

"遵令！"

二将说着，好像也不把王世充看在眼里似的，面带微笑走了出去。

窦建德见状，心中暗暗称奇，又不禁暗处叹道：天下名将多半归了秦王，以此纵横天下，安能不胜？

王世充闻知李世民出虎牢关与窦建德会战，于是亲引万余骑杀出东门，以策应窦建德。

因多日无战事，齐王李元吉正在后帐喝酒玩乐，猝闻警报，急忙挥兵临阵。

王世充欲拼死一搏，出城的都是精兵强将。单雄信率精锐冲在最前头，正迎上李元吉和行军总管卢君谔。李元吉见来将势猛，急令卢君谔上前抵住。卢君谔拍马挥刀，战不三合，被单雄信横槊刺于马下。李元吉见状，拨马就走，唐军随之败退，一口气跑到北邙山老营。亏得屈突通率兵驰援，及时赶到，唐军才稳住阵脚。双方混战在一起，一时不可开交。

这时，中军急忙报告王世充："黑衣队来了！"

王世充向东张望，果见在几面黑皂旗的指引下，乌鸦似的唐军黑衣铁骑，飞尘而来。王世充知道难撄其锋，急令全军回撤。

郑军偃旗息鼓，倒拖刀枪，回马就跑。齐王李元吉顿时来了威风。他的马快，但见他手持枣木槊，箭一般地从后阵中蹿出，犹如蛟龙出海，左刺右戳，杀了个痛快淋漓。唐军一口气追到城门口，方才扎住兵马。此一役，又让王世充损失了上千人马。

虎牢关上，李世民命令将被俘的夏军将士抚慰一番，告诉他们，李唐王朝将统一天下，群雄割据的战乱状况不久就要结束。并发给路费，即行遣散，让他们回乡安心务农，与妻儿老小团聚，过安稳日子。

处理完俘虏的事，李世民即押着窦建德、王琬、王安世等人，率军赶回北邙山老营，刚至半路，就见秦琼及从骑飞马迎面而来，不知何事。

李世民正在诧异间，秦琼已至跟前，滚鞍下马，面带喜色地对李世民说："禀报大王，慑于我军声威，王世充手下大将王德仁弃故城洛阳逃走，其副将赵季卿以故洛阳城降我大唐。"

李世民一听大喜，对身边的房玄龄说："失去了洛阳故城，王世充软肋已暴露于我军矛戟之下也。"

秦琼又近前禀道："将士们纷纷请战，想一鼓作气，趁热打铁，拿下洛阳城，彻底消灭王世充。"

李世民笑了笑，望着身旁的房玄龄说："公以为此法如何？"

房玄龄沉吟了一下说："两军交战，攻心为上。明日先押着王琬、王安世、窦建德于城下面见王世充，限定时日，若其拒不投降，再发起攻击也不迟。"

李世民点点头说："此正合我意，明日去劝王世充，即使他不想投降，其手下怕也不愿意为他卖命了。"

回至大帐，以前劝李世民避窦建德锋芒、退保新安的军事参谋封德彝入帐贺道："王爷神勇，一战而擒窦建德，虽汉高祖在世也不及也。"

李世民笑道："不用公言，得有今日，所谓智者千虑，不免一失乎！"

封德彝很惭愧地退到一边。李世民乃命人安排功劳簿，给将士记功。此时众将士气正旺，意气风发，一齐禀道："待拿下洛阳城，一齐记功未迟。且安排下一步的行动。"

李世民颔首应允，与众将佐一起讨论了一番，周密地安排了明日城下劝降的计划。

这天早朝之后，无计可施的王世充正在殿中闷坐，检校曜仪城的王道徇急匆匆地走进来，跪地奏道："启奏陛下，李世民押着王琬、王安世和夏王等人到东门城下，请陛下前去答话。"

王世充愣愣的，一言不发，眼睛死盯着殿角不放，不知在想些什么。王道徇小声叫了一声"陛下"，而后劝道："陛下还是登东城看看吧，毕竟王琬和安世在他手中，见面对对话，或许能想点办法。"

王世充又沉默了一会，才吩咐摆驾至东城门。

在左右的搀扶下，王世充心情沉重地登上城楼。凭着墙垛望去，但见下面剑戟森严，旌旗飘扬，唐军兵马齐整，行伍严肃，杏黄"帅"字旗下，秦琼、尉迟敬德等大将左右排开，簇拥着李世民当先而立。王世充的贤侄王琬、长孙王安世，以及夏王窦建德也垂头丧气地站在前面。

王世充一露面，唐阵中宇文士及马出军前，向城上叫道："请郑王答话！"

王世充手扶垛口沉默不语。门旗影下，李世民纵马而出，向上拱手，王世充亦颔首答礼。李世民说："我提一旅之师，短短一年多，已破薛氏父子、刘武周、窦建德，非真命其能若是。你自立为帝，虽为拗数，却是时势使然，我不怪你。今唐已有长安，设立太庙，天威赫赫，岂可与之抗衡！隋末丧乱，天下久已思定，依我之见，公不如倒戈卸甲，以礼来降，不失封侯之位，国安民乐，岂不美哉！"

见王世充久不答话，李世民命随从把窦建德、王琬等牵到阵前，对城上的王世充说："战还是降，请公自思。夏王在此，可与其答话！"

看着被五花大绑的大夏皇帝窦建德，王世充百感交集，俯着身子，流着泪对窦建德说："夏皇不远千里，举一国之兵，前来助我，今不幸被擒，令世充愧疚至极。时也，命也……世充虽死不能报万一。"

窦建德望着城上苦涩地笑笑，说："建德已经如此，生死置之度外，不必挂牵，还望郑皇善自保生。"

王世充又流着泪和窦建德交谈了一会。李世民命人将窦建德带下，推王安世上前说："今放你孙儿王安世人城，以表我大唐诚意。利害祸福，请务于五月十日以前回答我！同时本王晓谕郑军诸将，顺天者昌，逆天者亡，识时务者为俊杰。期限一过，无论何人，玉石俱焚！"

说完，李世民命留下王安世，军阵前队变后队，旌旗鼓角，各按次序，撤军回营。

见唐军走远，王世充才下令放下吊桥，打开城门，接王安世入城。看见失而复得的爱孙活生生地站在面前，王世充又是一阵热泪横流，命爱孙同辇回归皇宫。

王世充几乎又是一夜未眠，降还是战，难以拿定主意。战，肯定是凶多吉少；降，又有什么好下场？且苦心经营帝业多年，一旦轻废，又岂能甘心？平生爱好算卦的王世充，又于寝床上设卦，再卜传祚修短之数。默默祈告了一番，注云：

> 兵戈忌动，城垒宜安。
> 木鬼脚疼，葬防后人。

从字面上看，此为中下签。王世充心下黯然，披衣起床，绕殿角行走，苦苦思索解脱的方法。

徘徊了一会儿，已到五更天，在近侍的服侍下，王世充再一次穿戴上皇冠龙袍，乘坐御辇到朝堂视事。

三下静鞭鸣御阙，两班文武列金殿。王世充深情地望着眼前的一切，对群臣说："李唐重兵围困，洛阳孤城难守，朕欲弃之，南走襄阳。其地富足，可以自守，待时局有了变化，再来克复洛阳，不知众卿意下如何？"

诸文武低头垂手，不答一言，王世充急了，说："势穷力竭，祸败将及，众卿难道一计也没有？"

众文武面面相觑，却又一起拱手奏道："我们之所恃者唯夏王，夏王今已兵败被擒，别说我们突不出洛阳，即使突围成功，到了襄阳，最终也不能长久。"

听了这些话，王世充的眼泪下来了，他抬起龙袍袖子沾了沾眼角，说："创业艰难，一旦弃之，朕岂能甘心！"

王安世上前，伏地叩头后对爷爷说："夏王十万强兵，一战而溃。诚所谓'数之所在，理不得而夺之；命之所定，人不得而强之'。陛下若是降唐，唐必裂土以封陛下，上可以自守宗庙，下可以庇护宗族，也免得流血满城，望陛下思之。"

王安世年龄不大，一向稳重老成，是王世充心中未来的希望，今见爱孙也说降唐的好处，王世充长叹一声，摆了摆手，殿前官随即喝道："退朝！"

众文武陆陆续续走了出去，庞大的朝堂内只剩下王世充和几个近侍。王世充走下龙椅，独自在殿内转了一会，他摸摸玉龙柱，拍拍黄金做成的壁带，穿堂风袭来，壁带上的玉石发出玲珑的声响。王世充万分留恋地看着这金碧辉煌的朝堂，心中泛起一阵又一阵酸楚。

五月九日，黎明前一阵疾雨过后，洛阳城外显出少有的清爽。李世民指挥大军将洛阳城团团围住，准备好攻城器械，随时准备发起总攻。李世民又亲率数百骑，趋近东城门，密切注意郑军的动向。

已时三刻，城头上突然立起了降旗，接着城门大开，王世充的长孙王安世及纳言杨续并马而出。见了李世民的旗号，远远下马，手捧降款玉玺，恭恭敬敬走过来，跪地献上。

李世民拆降书看了，面露喜色，收下玉玺，仰天祝曰："世充应天顺人，以城来降，使洛阳生灵免遭兵革，不失为一德也！"

王安世见状，再拜请道："万望王爷下令，免我王氏宗族死罪！"

"这个自然。"李世民说着，于马上作回书，付二人赍回城中。

午时许，王世充素服率其太子诸王及群臣两千余人，面缚舆榇出东门十里，来到唐军营门口归降。

秦王李世民以礼接之，命人扶起王世充，解去绳缚，焚烧舆榇，接入大帐。李世民赐座，王世充唯唯诺诺，俯伏流汗，不敢就座。李世民笑道："卿常以童子来看待我，今见童子，为何如此恭敬？"

王世充顿首谢罪，说："与王师对抗，罪恶滔天，万望大王信守诺言，免世充一死。世充亦别无他望，做一田舍翁足矣！"

秦王允诺，令人将王世充后营安排，而后命屈突通、殷开山率万余兵马当先开进洛阳城，出榜安民，查封府库仓廪，维持城内治安秩序。

次日一早，李世民整军入城，自率一班文武将佐直趋洛阳皇宫。

洛阳宫城规模宏大，装饰极为华丽，丝毫不亚于长安宫城。在左右的簇拥下，李世民阔步来到位于中轴线上的朝堂——乾阳殿。他环视了一下这高大雄浑、富丽堂皇的殿堂，发出他入宫的第一道指令：命记室房玄龄入中书、门下省，收隋图籍制诏；命萧、窦轨封府库，收其金帛；命淮阳王李道玄查核降将罪恶，收捕早已拟定的名单上的段达、王隆、崔洪丹、薛德音、朱粲、单雄信等十余人，择日斩首；命封德彝分发军粮，赈济洛阳城中百姓；命秦琼、尉迟敬德监军，镇守皇宫。

诸将佐领命一一去了，时齐王李元吉在侧，见没有他的事，有些急眼，上来问："二哥，那我干什么？"

"噢，四弟。"李世民仿佛刚刚想起来似的，对李元吉说，"城内事多，城外也须人防守，烦四弟协助王君廓守北邙山大营。"

李元吉见城内的好处一点儿也捞不着，气得寒脸挂霜，却又不敢违命，只得气哼哼地走了。

将佐们各干各的事去了。乾阳殿里，只有李世民和长孙无忌在徜徉观赏。

金銮殿富丽堂皇，玉璧金饰，折射出五色十光。李世民抚摸着纯金打造的龙椅扶手，想想死于非命的隋炀帝，感慨地说："逞侈心，穷人欲，怎能不亡啊！"

旁边的长孙无忌接上话头说："骄侈固然亡国，然汉朝初建时，高祖刘邦见丞相萧何指挥建未央宫，工程浩大，不禁怒火中烧，质问萧何：'天下苦战数岁，成败未可知，是何治宫室过度也？！'萧何答道：'天下方未定，故可因遂就宫室。且夫天子以四海为家，非壮丽无以重威，且无令后世有以也。'高祖听后，默然称是。足见宫室之壮丽对于皇帝的意义。"

李世民仰脸望着穹顶，叹了一口气，说："这些事都属于父皇和太子，我辈只是打天下而已。"

长孙无忌左右看看，见卫士们都在殿门口远远地站着，于是指着龙椅低声对李世民说："皇帝以国为家，奄有四海，大王英才天纵，志向高远，难道不想坐坐这龙椅？"

李世民笑笑，拍拍龙椅，而后问长孙无忌："这龙椅好坐吗？"

"好坐！"长孙无忌进一步说道，"英雄景附，是取胜之道。大王善于经纶，麾下虎臣如云，坐上龙椅也是天命使然。"

长孙无忌是李世民的妻兄，也是他最贴近的心腹之人。李世民并不讳言，沉吟了半响，问："班师回到长安，又当如何？"

"韬光养晦，积极培植自己的势力，为接管天下做好准备。"

李世民以信任的目光看着妻兄说："你找房玄龄商议一下，专门设一机构，收罗四方文士。但'坐龙椅'之类的话，千万不能说。"

"这个我心里有数。"长孙无忌答应道。

进城的另一件大事，是派出几十路特使，前往大河南北及襄阳各州县，谕令王世充旧部迅速归降。大唐将录其归顺之功，量才录用，各加赏赐。制造大炮飞石等守城器械，致使唐军伤亡惨重的崔弘丹，为王世充草拟檄文的薛德音，背唐投郑的朱粲，战场上挺槊刺向秦王的单雄信等数十降将，以罪大恶极为名，被判处斩刑。

李世勣和单雄信当年同在瓦岗军李密帐下为将，是拜把子兄弟，誓同生死。闻听单雄信被判斩刑，李世勣急忙来到帅帐，伏地叩头向秦王请道："雄信骁勇，乃世之名将，以前走错了路，没有把握好自己，今既已归降，伏请大王免其死罪，量才录用。"

没等李世民说话，旁边的长孙无忌说："单雄信欲刺杀王爷，罪恶弥天，岂能赦免！"

李世勣再拜说道："两军交战，各为其主，冒犯王爷，乃情势使然，望王爷明鉴！"

李世民除了愤恨单雄信挺槊刺杀自己外，惧其勇猛，怕以后难以制约，决计将其除掉，于是对李世勣说："处斩令已下，不可更改！"

李世勣以头磕地，嘣嘣直响，含泪说道："世勣与雄信结交最早，深知其为人，归降后必能效忠于国家，世勣请尽输官爵以赎雄信死罪。"

"我意已决，将军不必多言！"说完，李世民拂袖走入后帐。

李世勣见固请不能得，涕泣而退。回到营中，安排一些精致酒食，让随从挑着，来到监牢里。

被监禁了一天一夜的单雄信，见李世勣来到，满心欢喜，以为自己有救了。及摆上酒食，一脸悲哀的李世勣端起酒杯，第一句话就说："弟再三再四为兄求情，秦王不许。兄走后，兄之家小，弟按月给予钱粮，悉心照顾，望兄不必挂心。"

单雄信一听这话，黯然神伤，抛下手中的酒杯，望着李世勣说："我就知道你不是办事的人。"

李世勣热泪盈眶，以头触地说："我不惜余生，愿与兄俱死。但既以此身许国，事无两遂。且我死之后，谁来看顾兄之妻子儿女？"

说完，李世勣拔出佩刀，捋起裤子，从大腿上割下一块肉，送到单雄信嘴里，说："使此肉随兄为土，庶几不负昔日之誓也！"

单雄信大口地把李世勣的股肉咽下，两个人抱在一起，失声痛哭，相互诀别。

丁卯日，单雄信及段达等十余人被斩于洛水之滨。

经过几天的工作，洛阳各方面秩序已定。这天，掐算一个吉日，秦王李世民在阊阖门举行盛大的庆功会。

远远望去，阊阖门朱门黄瓦，气象宏丽。门前广阔的场地上，金银玉帛堆积如山，琳琅满目，熠熠生辉。三军将佐，不论远近，都回来领赏。但见他们欢天喜地，依据功劳大小，排队领赏。整个阊阖门外，犹如集市一般热闹。

分赏完毕，随后，又在广场上安排上百桌大筵席，酒海肉山，香气扑鼻。秦王李世民当先而坐，齐王李元吉等众将分列两旁，各依次坐，分头把盏。秦王端杯刚饮了一盅酒，有从人来报："隋室宰相苏威宫外请见。"

秦王笑了一下，说："他现在来干什么？"

旁边的李元吉叫道："还不是想来讨个一官半职！"

秦王沉吟了一下，对从人说："与我传语苏威：公隋室宰相，危不能扶，使君弑国亡。见李密、王世充皆拜伏舞蹈。今既老病，无劳相见。"

从人答应一声，出去了。

阊阖门外，筛锣击鼓，笑语喧哗，纵酒极娱，享受着胜利的喜悦。酒过数巡，秦王命赐酒于尉迟敬德，当着众人的面夸奖地说："将军擅长使槊，在与王世充军作战中，出入重围，如入无人之境。以本王看来，天下使槊的武将，没有哪个能超过你。"

济世安民：唐太宗

此话一出，众人纷纷附和，言尉迟敬德一槊在手，无人能敌。但齐王李元吉听这话却不高兴了，他也是使马槊的。此时，他仗着酒劲，拍案而起，捋胳膊卷腿嚷嚷道："吹牛不上税。他的槊厉害，本王的马槊也不是吃素的。上次你们去打窦建德，本王匹马单槊，独抵王世充，也照样把他数万大军杀得落花流水，败回城内。"

看李元吉一副狂妄的样子，秦王李世民有意要压压他的傲气，说："今日饮酒正酣，何不当场比试比试？"

众将佐一听，大声叫好，纷纷撺掇，有急性子人早已拉开了场子，寻了两匹战马和两杆槊跑了过来。

李元吉一看，还真要比试，心里有些打怵，但话已说出去了，难以收回，于是在众人的起哄中，硬着头皮走到场子上，他怕真刀实枪弄不好伤着自己，于是对尉迟敬德说："本王手快，一不小心伤着你也说不定，这样吧，咱都把槊刃去掉，用杆来相刺。"

尉迟敬德拍着胸脯说："即使加刃，也伤不着敬德，大王请勿去刃，尉迟敬德去刃。"

李元吉一听，心说这样更好，老子先刺死你再说，也除去老二身边的一条恶狗。

李元吉手拿马槊，翻身上马，没等尉迟敬德准备好，挺槊就刺。慌得尉迟敬德一个斜身闪过槊刃，同时一磕马肚，闪开距离。

数丈方圆的空地上，一个使带刃的马槊，一个使光秃秃的槊杆，一来一往，厮杀起来。李元吉使出吃奶的力气，持槊奔对方要害，恨不得一下子把对方刺个透心凉。而尉迟敬德艺高人胆大，不慌不忙，一一化解。李元吉的马槊始终刺不到尉迟敬德的半根毫毛，却累得李元吉气喘吁吁，东倒西歪，不成套路。

趁双方停下的空隙，秦王李世民问尉迟敬德："夺槊和避槊，哪一样难？"

尉迟敬德横槊在手，于马上回答道："当然是夺槊难。"

"好！"秦王好像故意要出李元吉的丑，命令尉迟敬德："夺他的槊与本王看看。"

尉迟敬德闻令，弃槊杆在地，赤手空拳拍马上前。李元吉一见，心中窃喜，抖擞精神，持槊跃马，意欲一举刺死手无寸铁的尉迟敬德。

两马交接，李元吉槊尖闪闪，奔尉迟敬德的心坎上直戳而来，尉迟敬德只一闪，那杆槊从肋里穿过。尉迟敬德抓住槊杆，一蹬李元吉的马肚，那杆槊就轻轻地夺了过来。尉迟敬德道声得罪，把槊重又抛给李元吉。李元吉接槊在手，无名火腾腾升起。兜回战马，冷不防照尉迟敬德的后心一槊刺去，尉迟敬德脑后仿佛有眼，一个错身，反手把槊夺了过来，李元吉猝不及防，差点从马上掉了下来。第二次，于顷刻之间，又被尉迟敬德夺去槊。

李元吉年轻气盛，一向自高自大，认为自己武艺高强，今在大庭广众之

167

中，被尉迟敬德两次夺去槊，真乃奇耻大辱。李元吉恨恨地回到座位上，端起酒杯，自斟自饮，一口气干了三杯酒。从这时起，他对李世民的怨恨，更是深深地扎下了根。

话说高祖李渊建立大唐后，军事上节节胜利，统一天下指日可待。李渊骄侈之心油然而生。在武功旧宅大兴土木，建造了规模壮丽的庆善宫。

一日，高祖在庆善宫披香殿宴乐，酒酣之时，谏议大夫苏世长望着装饰华丽的殿堂，故意问高祖："此殿为隋炀帝之所为么？"

高祖一听，重重地放下酒杯，不高兴地说："卿谏似直而实多诈，难道不知此殿乃朕所为，为什么说炀帝所建？"

苏世长叩头道："臣实不知，但见其华侈如倾宫、鹿台，非兴王之所为故也。若陛下为之，诚非所宜。臣昔侍陛下于武功，见所居宅仅庇风雨，当时亦以为足。今因隋之宫室，已极侈矣，而又增之，将何以矫其失？"

这样一番真诚劝谏，高祖听了，深以为然，当场夸奖了苏世长的忠心。然闻王世充以洛阳投降后，高祖好色的心却又痒痒起来，当即派出内宫张艳雪等几位宠妃，随特使李安达，赶往洛阳宫中，挑选美貌宫女，迁往长安。

进占洛阳后，秦王李世民采取一系列的措施，普查人口，稳定形势，免征赋税，劝民复业，并设置社仓，由官府调节粮价。由于措施得力，洛阳这个著名的陪都，渐渐显出了昔日的繁荣气象，集市店肆逐渐恢复，因战乱长年不闻的叫卖声也多了起来。

秦王把中军帅帐搬到了宫城里，巍峨雄壮的宫廷，使他第一次清晰地感觉到君临天下的神圣和豪迈。面南称帝，做天下之主，这个隐藏在心底的愿望越来越强烈。几年来所累积的赫赫战功，悉心收罗的谋臣猛将，成了他向最高位置进取的坚强后盾。

炎热的夏天渐渐消退，但洛阳宫苑的景色还是那样奇异和美丽。秦王与长孙无忌、房玄龄、杜如晦等徜徉在弯弯曲曲的西苑之中，眼前的嘉木异草、珍禽奇兽，掩映在浓郁绿色中的华丽的堂、殿、楼、观，都给予他们非同一般的稀奇感受。每个人似乎都不愿多说话，似乎都在不由自主地想着将来的位置。秦王若还是秦王，功劳再高，长孙无忌、房玄龄他们一辈子也不过做个幕僚，但秦王一旦为帝，他们将随之升迁，出将人相，在历史上写下浓重的一笔。谁都会算这个账，谁不想做一个名垂青史的人物？

"王爷，我们何时班师回长安？"好久，长孙无忌才向秦王小声问道。

秦王看了他一眼，指着远处著名的蓬莱、方丈、瀛洲三景，笑着说："此处乐，不思归！"

"此处是宫城，久不思归，恐有人在圣上面前说咱们闲话。"长孙无忌在秦王

身后，又继续低声说道，"据长安传来的消息，圣上可能要宣令我们班师回朝。"

秦王沉默不语，他站住脚，长出一口气，掐腰远眺远处的景色。这时，身后有人急步跑来，是帅帐值日中军，他来到近前，单膝跪地，向秦王禀报说："朝使李安达及后宫张婕妤等人来到洛阳，请见大王。"

"来得好快。"秦王自言自语了一句，问值日官："所来何事？"

"朝使前来宣诏。张婕妤可能是……可能是来挑选一些美貌宫女，迁往长安。"值日官吞吞吐吐地说。

秦王挥一下手，值日官退下去了。秦王看着长孙无忌他们说："李安达来宣班师诏令，张婕妤不干正事，先传我的话，就说我身体不适，外人一律不见！"

"王爷意欲何为？"房玄龄小心地探问道。

秦王并没有正面回答他的话，而继续说道："传我的命令：将宫中有关山川形胜、人物品第、军士簿录等图籍制诏秘密封存，藏于大营之内，将洛阳宫女一部分赏给有功将士，余者全部遣散！"

"王爷？"房玄龄怕秦王冲动，刚要劝说两句，秦王却拂袖快步而去。

朝使李安达怀揣诏书，到宫城帅帐门口几次都被挡了回来，门卫言秦王染病，不能见客。婕妤张艳雪为完成选美使命，闯进后宫，但触目所见，一片荒凉，稀稀拉拉的几个宫女，皆年老无用之辈。找秦王问原因又找不到，气得张艳雪无计可施，忙去找齐王李元吉问个究竟。

到了齐王营中，正好李安达也在那儿。两个人在李元吉面前大倒苦水。李元吉暗暗高兴，摆酒设宴，隆重地接待他们。席间，李元吉屏退左右，对李安达和张艳雪神秘地说："秦王看轻你俩，就是看轻圣上，有诏不接，私放宫女，坐镇宫中，其中大有蹊跷。"

"秦王想干什么？"一向好生事的张婕妤伸着头问。

李元吉压低声音说："此地不可久留，你两人可速回长安，向圣上奏明，秦王无视诏敕，初平东都之日，偃蹇顾望，不急还京，分散钱帛，以树私惠。违戾如此，其反逆之心，昭然若揭。"

张艳雪听了连连点头，李安达不敢表态，只是挂念宣诏的事，着急地问李元吉："这诏书不能宣怎么办？"

李元吉出主意说："明日你再去帅帐，把诏书摔于门卫，你走你的道，谅下人不敢不把诏书传达于他。"

"也只有这样了。"李安达垂头丧气地说。

洛阳城南龙门东山，古松参天，翠竹成片。林中小道上，身着葛布衣衫的一行十余人，边走边看，望着一边是悬崖峭壁，一边峻岭平畴，打头一个相貌英武的人显得难得的悠闲，他一边指指点点，一边和几个随从说说笑笑。又向山中走了四五里，

只见山上半云半雾之中赫然显出一座道观。一行人走近，道观两扇黑门徐徐打开，在两个青衣螺髻童子的随从下，一个身穿百衲道服，足蹬麻鞋，手摇拂尘的老道飘然而至，迎着拾级而来的一行人呵呵大笑，说道："这里面有圣人，莫不是秦王？"

打头的那个主人模样的人急走两步，深施一礼，问："敢问师父莫不是茅山十代宗师王远知王仙人？"

"不敢，不敢。"老道颔首答礼，伸手请道："请秦王到观中说话。"

一行人嘴上不说，心中暗暗称奇，这王远知王老道果然厉害，深山老林之中，他怎么算出来者是秦王？

小小道观清洁雅静，有几头白鹿在悠闲地吃草。秦王李世民边走边看，心中却轰然作响，王道士见面那一句"圣人"的话让他难以平静，这是预言，还是入道脱俗的人在诏示天命？

其他从人在外，秦王和长孙无忌、房玄龄随老道进了一处净室，分宾主坐下，童子献茶毕，秦王开门见山地问道："仙人从未见过李世民，怎知李世民来到？"

王道人手捋胡须，笑着说："道家的鼻祖是老子，乃秦王祖先。远知身为道家弟子，习练元气，交感阴阳，焉能不知！"

秦王呷了一口山茶，说："如今李唐已立，敢问仙人天下大势？"

王远知笑了一下，却是答非所问："老君子孙治世，此后吾教大兴。"

秦王也笑了一下，直接问道："想请仙人为世民指一条路。"

"观外见面时，老道已打过招呼，此等话题，又何必多说？"王远知甩了一下拂尘，双目微闭，说道。

秦王顿了顿，拱手一拜说："甫一见面，仙人呼世民为圣人，世民甚觉惊骇。"

王远知转而大笑道："天地开辟，元气分为阴阳，阳气上升为天，阴气下凝为地，阴阳运生，万物盛衰，一切俱为上天所定，天命已归，惊骇所为何来？"

说完，王远知又如老僧入定一般，半闭双目，秦王知道他该说的都已说了，自己该知道的也已知道了，于是示意一下身后，身后的房玄龄走上前来，把手里的一个布褡放在八仙桌上，说："今日上门，多有打扰，一些黄白之物，不成敬意，望仙人笑纳。"

王远知向布褡甩下拂尘，仿佛拂去世间的俗气，说："此无益之费，贫道已久出尘埃，安得复寻俗事？世间纷争，用到该用它的地方去吧！"

秦王知一代宗师，志不可夺，示意房玄龄收起布褡，而后起身施礼告辞："李世民有扰清静，他日得志，必当再来聆听教诲。"

王远知策杖送秦王一行人于道观外。观外黛色晴岚，松涛阵阵，秦王和长孙无忌、房玄龄等人如饮醍醐甘露，从迷离中清醒过来，浑身感觉到一种巨大而神异的力量，仿佛看到可触可摸的未来。

龙门东山之行后，秦王仿佛有了主心骨，下令整顿军马，班师回朝。

武德四年（621年）七月甲子这天，天还未亮，长安城中已沸腾起来。大街小巷，彩旗飘展，鼓乐阵阵，百官士民，焚香顶礼，涌出东城门，前去迎接凯旋的秦王大军。

巳时一刻，三声炮响，数百名黄门鼓乐手，手提肩挎，吹吹打打，阔步入城，什么金钲、大鼓、长笛、鸣笛、歌箫等十二种乐器一齐奏响。随后，五营开道兵骑着高头大马挺胸凸肚而来，前营缥红旗，以绛帛镶之；中营赤旗，以金黄镶之；左营绛红旗，以石青镶之；右营朱红旗，以素绫镶之；后营绯红旗，以玄缥镶之。

五营兵骑一对一对地排过去了。这时，街两边围观的百姓发出雷鸣般的欢呼声，自东至西宽阔的朱雀大街上，百战百胜的大唐秦王李世民，头戴紫金冠，身披黄金甲，骑着掣电追风的赤骝马，当先而行。齐王李元吉、李世勣、屈突通、宇文士及、秦琼、尉迟敬德、程知节等二十五员上将，威风凛凛，紧随其后，接着是八百名关中壮士组成的护卫方队，黄旌白钺、金瓜银锤，前呼后拥。

紧接着在紫金红旗的导引下，一万余名最精锐的铁甲骑兵开过来了。但见刀枪剑戟如森林般无边无际，旌旗蔽日，飘摇着龟蛇龙凤之形。马蹄声如雨击鼓点，轰鸣在人们的耳际，那真是兵强马壮，天下无敌。

骑卒方阵过后，在刀斧手的押送下的几十辆辚辚作响的囚车里，王世充、窦建德等俘虏塌着眼皮，垂头丧气地蹲在里面。还有十几辆大车，专门载着隋朝乘御之物。

万余铁骑穿过朱雀大街，经太极宫城南门，耀武扬威一番，出西门，回到西郊军营。秦王等人则押着王世充、窦建德来到北城太庙，所谓"献俘于太庙"。

太庙大殿前，设香案，铺祭物，列灯四十九盏。香烟缭绕中，秦王亲读祭文，告捷于列祖列宗。而后，将王世充、窦建德押了过来，按于地下，命令他们向李氏的祖宗三叩头，以示臣服。

献俘仪式结束后，秦王和李世勣等人乘戎辂，押着王、窦二人来到承天门。

承天门前，高祖李渊戴十二旒冠冕，率太子百官，接受秦王的献俘仪式。

高祖坐于金交椅上，指着跪在地上的王世充数落道："你本一江都宫监，媚上欺下，以成气候，然身为隋臣，不思报效，却废皇泰帝，自立为帝，其罪大也。我大唐兵至洛阳，你本应箪食壶浆以迎，然却顽冥不化，伤我天兵，今既已被擒，复有何言？"

王世充心里说，你李渊当初也不就是一个宫监，却也篡隋称帝，有何面目来数落我？王世充心里这么想，脸上却装出一副可怜相，叩头三呼万岁毕，说道："计臣之罪，诚不容诛，然陛下爱子秦王许臣不死。"

高祖看了李世民一眼，李世民拱手说："王世充全城以降，避免了宫城损坏和许多人员伤亡，望父皇酌情免其死罪。"

　　高祖沉吟了半天，方才说道："赦王世充为庶人，与兄弟子侄一起徙迁巴蜀，没有诏令，不得返京。"

　　王世充见捡了一条老命，千恩万谢，叩头有声，退了下去。

　　这时，窦建德被押了上来，见了高祖，窦建德昂首不言。高祖数落了他几句，他也是一句不应。气得高祖一挥手道："押入大牢！"

　　望着窦建德被押出承天门，高祖召刑部侍郎李瑗道："择日将窦建德斩于市！"

　　秦王李世民上前请道："建德刚正，斩之恐其旧属不服，望圣上赦其死罪，令其招故属归降。"

　　高祖说道："王世充不知廉耻，朕故赦之，是因其再不能成气候。窦建德凛然难犯，留之终是祸害，故诛之。"

　　高祖的一番高论，连一向英明的秦王李世民也不得不点头称是。三天以后，窦建德被斩于市，而王世充一家几十口，则坐着大车，向巴蜀进发。后人多为之不平，讥笑李渊应赦而不赦，当诛而不诛，又有谁知道李渊的那一番高论？

　　王世充躲过了初一，也没躲过十五。在徙往巴蜀，居雍州廨舍之时，王世充正和其兄王世恽闲聊，庆幸其全家不死，忽然门外马蹄声声，闯进来十几个大汉。其中一人手持敕书，高声大气地令王世充跪接敕书。王世充不敢怠慢，急令其兄一起跪下。来人却一言不发，拔出腰刀，将王世充、王世恽杀死。

　　来者是定州刺史独孤修德。其父独孤机曾事越王杨侗，越王被杀后，独孤机欲杀王世充归唐，事败被杀。独孤修德兄弟为父报仇，特地伪称敕书，杀死了王世充。

　　报了杀父之仇，独孤修德遂上书自首，情愿受罚，李渊也只得免去他刺史一职了事。

　　李渊称帝时，仅占据关中一隅，自武德元年起，秦王李世民亲自指挥了三场大战役，第一个战役消灭了西秦薛举、薛仁杲，铲除了唐王朝来自西北方面的威胁；第二个战役平定刘武周，收复并、汾失地，巩固唐王朝的大后方；第三个战役，历时一年，彻底打败了唐王朝的最有力的竞争对手——王世充、窦建德两个军事集团，取得了唐初统一战争决定性的胜利。秦王李世民杰出的军事才能，由此达到了辉煌的顶点，其功名威望与日俱增。高祖李渊以李世民功高盖世，自古旧官号不足以显其殊勋，及别表徽号，用旌勋。武德四年（621年）冬十月，下诏加号秦王为天策上将、领司徒、陕东道大行台尚书令，位在诸王公之上，食邑增至二万户，并赐衮冕大礼服金辂轿一乘、玉璧一双、黄金六千斤、前后鼓吹九部之乐、班剑四十人。

　　在李世民的要求下，高祖又下诏特许天策府自置官属，计有长史、司马各一人；从事中郎二人；军咨祭酒二人；典签四人；主簿二人；录事二人；记室参军事二人；功、仓、兵、骑、铠、士六曹参军各二人，参军事六人。天策府成了一个麻雀虽小、五脏俱全的独立的小朝廷。

秦王李世民红极一时，高祖李渊恐其有异心，为了平衡权力，又下一道诏书，以齐王李元吉从征洛阳，立有大功，特拜为大司空，也赐一套衮冕、金辂轿、双璧、黄金两千斤，前后鼓吹二部、班剑二十人。

朱雀门外的天策府里，堂上悬灯结彩，地下铺猩红地毯，周遭放置十二架锦围屏。秦王李世民大摆筵席，与属下将佐欢聚一堂。

秦王堂中南坐，堂前东首一席，坐着天策中府长孙无忌、房玄龄、杜如晦、虞世南等文官僚属，堂前西首一席，坐着大将秦琼、尉迟敬德等武官僚属。大家开怀痛饮，心满意足。乐队在檐前奏起九部曲乐。又有几名男女艺人在堂下玩江湖杂耍。整个天策府内外上下，一片歌舞欢乐之声。

军咨祭酒苏世长将一巨大金爵斟满，走上前来，跪地捧上道："王爷功震寰宇，将佐军卿公推属下敬大王一爵酒。"诸将一齐离座顿首。秦王急忙站起，接过金爵，令众人坐下，方道："本王素不能饮，然这爵酒本王当一饮而尽，还望众卿在欢乐之时，不忘使命，努力向前，为我天策府继续建功立业！"

"我等自当从命！"

秦王听了，满意地点点头，端起金爵，将酒一饮而尽，众人随之发出一片欢呼声。

诸人痛饮，至晚方散，秦王留下长孙无忌、房玄龄、杜如晦。三人来到后堂密室中，秦王说道："向日领兵在外，诸事可以便宜处分。如今留居京城，三位有什么新的打算？"

小小的密室里，连个窗户都没有，乃秦王为议密事所特建。长孙无忌、房玄龄、杜如晦是秦王最亲近的心腹之人。在这种环境下，自是无话不谈，长孙无忌说："圣上之下，除群臣以外，将逐渐形成壁垒分明的太子和我天策府一派。如今齐王位居司空，他为人自高自大，其势也不可小觑，论军功威望，我天策府远胜于东宫和齐王府。从此以后，必将遭其倾轧。未雨绸缪，当今之计，要设立近期、中期、远期谋划，以免被动。"

房玄龄沉吟一下说："原先我们设想的'文学馆'要马上设立起来，一来收罗四方文士，以备将来；二是文学馆可以是我天策府的顾问、决策机构。"

秦王点点头，说："事不宜迟，明天我就奏明圣上，设立文学馆。"

房玄龄看着秦王说："大王以后不可意气用事，在长安要注意结交权贵，尤其是内廷，圣上身边的贵妃们不可小觑。近来她们屡次来天策府求官，大王要尽快答应她们。"

秦王又点点头："与嫔妃们搞好关系是很重要，也可以私下里送一些宝货给她们。"

这时，一直不说话的杜如晦说："地方上的势力也不容忽视，大王挂名陕东道行台尚书令，东都洛阳一带的州郡一定要牢牢抓住。王爷可寻机奏明圣上，派屈突通大人镇守洛阳。"

见三位谋士所提皆中要害，秦王十分高兴，暗暗庆幸手下有如此足智多谋之士。他接着杜如晦的话说："东都洛阳形势险要，丢了哪里都不能丢了它，它是我们对付东宫势力的重要根基。"

四个人又密谋了一阵，方才走出密室。时候已近隆冬，冰冷的月光照着寂静的秦王府后苑。一阵刺骨的寒风吹来，四个人不约而同打了一个寒战，但四颗隐藏着重大秘密的心却热乎乎的。四个人互相拱了一下手，先后消失在沉沉的暗夜里。

计议已定后，这天早朝，秦王李世民出班奏道："东都洛阳，事繁任巨，臣请陛下派得力能干之人，镇守洛阳。"

高祖一听有理，眼看裴寂等人问道："何人堪任？"

没等裴寂等人反应过来，秦王接着奏道："兵部尚书屈突通老成持重，可以委任。"

秦王此话一出，别人也不好当场反对，高祖见堂下没有不同意的，遂发诏道："诏令屈突通为陕东道大行台右仆射，领洛阳令，即日赴任。"

屈突通几次随秦王出征，明显是秦王府一派的人，太子李建成见势不妙，急向裴寂使眼色，裴寂久居京城，和太子打得火热，心领神会，出班奏道："洛州初平，远近尚未完全归附，臣以为齐王遥领洛州总管最为合适。"

此言一出，秦王大觉意外，齐王李元吉一向与自己面和心不和，若其领洛州总管，必然会钳制屈突通，打乱自己完全控制洛阳的如意算盘。他脑筋一转，接着奏道："齐王位为司空，朝中事繁，不如另委一亲王领洛州总管。"

高祖一听也对，俯身问道："秦王认为谁去合适？"

秦王当即回道："淮阳王道玄随臣征战洛阳，战功卓著，威名远扬，对洛州一带人文地貌也比较熟悉，洛州总管一职，非淮阳王不可。"

淮阳王李道玄久随秦王，无疑又是他的人，但秦王奏请李道玄为洛州总管，桌面上说又无甚不当，高祖当即答应下来，任淮阳王为洛州总管。淮阳王李道玄，乃高祖从父兄的儿子。

诏令已出，无可更改，太子李建成和裴寂十分紧张，正想思考对策，却见秦王又上前一步，叩首奏道："武以安邦，文以治国。如今海内浸平，请陛下准臣设立文学馆，以讲论诸经文义，弘宣礼教。"

高祖当即准其所请。

今日早朝，秦王连发炮珠，迭出奇招，大出太子李建成一派人的意料。下朝之后，李建成召裴寂等人来到东宫，紧急商讨对策。几个人左思右想，决定设立修文馆，排挤秦王府的文学馆，把弘扬教义、修史等文化工作集中起来，在裴寂所领导的秘书省全面实施。

经过一番紧张操作，待各方面有了眉目之后，裴寂指示起居舍人令狐德棻向高祖当面奏道："近代以来，多无正史，梁、陈及齐，犹有文籍，至周、隋遭大业离乱，多有遗阙。当下今古犹接，尚有可凭，如更十数年后，恐事迹湮没。陛下既受禅于隋，复承周天历数，国家二祖功业，并在周时，如文史不存，何以贻鉴今古？如臣愚见，并请修之。"

修史提供借鉴，有利于大唐的功业。国家设立修文馆，理所应当，高祖当即批准下来，诏命中书令萧瑀、给事中王敬业、著作郎殷闻礼修《魏史》；侍中陈叔达、起居舍人令狐德棻、太史令庾俭修《周史》；兼中书令封德彝、中书舍人颜师古修《隋史》；大理卿崔善为、中书舍人孔绍安、太子洗马萧德言修《梁史》；太子詹事裴矩、兼吏部郎中祖孝孙、前秘书丞魏徵修《齐史》；秘书监裴琏、给事中欧阳询、秦王文学姚思廉修《陈史》。高祖还在诏书中定下修史的原则，什么"务加详核，博采旧闻，义在不刊，书法无隐"之类。

修史是好事，秦王举双手赞成，他的"文学馆"也志不在此。天策府里，府属杜如晦，记室房玄龄、虞世南，文学褚亮、姚思廉，主簿李元道，参军蔡允恭、颜相时，著作佐郎、摄天策记室许敬宗、薛元敬，太学助教盖文达、苏勖，从事中郎于志宁，军咨祭酒苏世长，记室薛收，仓曹李守素以及国子助教陆德明、孔颖达，并称为文学馆"十八学士"。

秦王把这十八学士，分为三班轮流值宿馆中，供应膳食，待遇甚厚。在这十八学士的影响下，四方文才之士，逐渐靠拢来。

秦王在朝谒公事之余，便来到文学馆，与诸文士谈古论今。秦王见库直阎立本的画境界极高，命其作十八学士的画像，并让褚亮作赞，挂于墙壁上。一时间，文学馆的影响越来越大，时人谓入选文学馆为"登瀛洲"，意思是入了仙境，成了不愁衣食的活神仙。

文学馆成了秦王的人才储备库。东都洛阳也在秦王的势力范围之内。太子李建成感到巨大的压力，当先之计，他最需要的就是招揽能谋善断的僚属。太子中允王珪、左卫率韦挺像猎狗一样，为东宫四处搜罗人才。

长安东城一个普通的院落里，几支竹竿撑起的葡萄架下，一个身材矮胖、面黄微须的四十多岁男子，正手拿剪刀，咔嚓咔嚓地为葡萄剪枝，他心不在焉，剪着剪着，把剪刀一撂，长叹一声，又背着手在小小的院落里徘徊。此公不是别人，正是当初向李密连上十大计策，却被李密讥笑为书生之见的魏徵。

魏徵本为山东曲阜人，父母早亡，少小孤苦，衣不遮身，食不充口，寄人篱下，饱受族人欺凌。但魏徵人穷志不穷，胸怀大志，讨饭之余，就凑在私塾外跟着先生念书认字。及长后，他四处搜罗兵书战策经史，日夜苦读，常常在别人跟前自谓"不飞则已，一飞冲天，一定会做到宰相的位置"。但年至三十，仍旧无所作为，常常惹得乡邻耻笑。

隋末群雄并起后，魏徵看准瓦岗军的势力，投奔到李密的帐下，当一名小小的书记官，人微言轻，得不到重用。李密兵败降唐后，魏徵随行到长安。他数次上书朝廷，自请出使山东，招降李密旧部。朝廷虽未把他看在眼里，却也让他去了。魏徵凭三寸不烂之舌，果然招降了徐世勣等李密旧部，但捷报刚传到长安，窦建德却掩兵山东，将魏徵辛辛苦苦招降的州县全部占了过去，连魏徵本人也做了窦建德的俘虏。别人不欣赏魏徵，出身草莽的窦建德却独具慧眼，拜其为起居舍人，参与机密。但未等魏徵施展才能，窦建德兵败被擒，魏徵又成了一个不光彩的大夏俘虏。

魏徵再一次回到长安，四处钻营，朝廷念其招降山东一事，授给他一个秘书丞的小官。小小的秘书丞，整日做一些抄抄写写的工作，与魏徵出将入相的志愿相去甚远，他怎能甘心！办完公事回到小小的家里，怎不令他仰天长叹！

天已近晚，魏徵回到屋里，吹旺炭火，把一壶浊酒坐在炉上，预备自斟自饮，排遣苦闷。

一碟花生米，一碟豆腐干，魏徵盘腿坐在火炕上，刚端起小酒壶，只听屋外的破院门被敲得嘣嘣山响。

"这会儿谁来？"魏徵自言自语，下炕趿拉着鞋，走出屋外，吱呀呀打开院门，眼前一亮，但见一个头戴锦帽，身穿鲜亮狐裘皮袍的人站在门口，身后两个仆人赶一辆有麟龙云雾图案的华丽的轿车。魏徵一眼不敢相认，正在愣神间，面前的那人作揖施礼道："太子中允王珪特来拜见魏大人！"

王珪官阶整整比魏徵高了三阶，慌得魏徵慌忙答礼："岂敢岂敢，中允大人有事，遣一从人相召即可，亲自登门，岂不折杀下官。"

魏徵引王珪来到屋里，王珪左右看看，笑道："魏大人准备吃晚饭？"

"天寒地冻，闲来无事，下官烫壶浊酒暖暖身。"魏徵答道。

"好！"王珪拍手道，"太子殿下也想饮酒，特遣本官来召魏大人前去相陪。"

魏徵听了，已完全明白了王珪的来意，他按住心头的狂喜，拱手道："下官职微人轻，怎敢去东宫为殿下侍酒？"

王不由分说，拉住魏徵就往外走："魏大人就别再客气了，太子殿下红炉暖酒，正在东宫嘉德殿等你呢。"

过了午门，麟龙轿车行进在大理石铺就的甬道上，辚辚作响，从车窗望出去，沉沉暮霭中，太极殿背倚苍天，高大雄浑，摄人心魄。魏徵的心也随之升腾起来，他深切地感受到了自己名扬天下的希望所在。

济世安民：唐太宗

轿车经过几道哨卡，进入内朝，在玄武门前转入东路，入了东宫。东宫正殿嘉德殿里，灯火辉煌，暖意融融。刚入外殿，一个身穿绛色衮服的瘦高个男子从屏风后走出来，魏徵眼前一亮，急忙跪倒叩头："下官魏徵见过太子殿下。"

太子李建成急走两步，亲手搀起魏徵："魏先生免礼。"

李建成退后一步，仔细打量着身穿葛布衣衫的魏徵，见其虽身材矮胖，但额头轩朗，目露神光，心中大喜，执着魏徵的手说："请魏先生内殿说话。"

内殿里，早设下一桌热气腾腾的丰盛酒席。太子李建成推魏徵坐于客位，自己居中而坐，王珪、韦挺左右相陪。点茶酌酒罢，太子李建成屏退左右侍从，举酒对魏徵说："借酒攀话，先生休嫌简褻。"

魏徵急忙起身答谢，心中想到，观太子言行，乃礼贤下士之人，若能得以辅佐太子，待其登基，我必能立取功名，立身于廊庙，名垂于青史。

礼让间饮酒三盅罢，太子李建成和蔼地问道："魏先生身为秘书丞，干得还不错吧？"

"蒙圣上赦免，下官职位虽微，却不敢有一丝一毫的懈怠。"

李建成听了，赞许地点点头，王珪在旁插言道："魏先生为官清正，两袖清风，所居府第极其简陋。因薪水极低，家眷仍居山东老家。"

"是吗？"太子李建成仿佛刚知道似的，埋怨王珪说："此事你怎么不早说，魏先生如此大才之人，待遇怎可如此之差？"

王珪急忙起身作揖，承认工作上失误。魏徵见他们一来一往，可着劲表演，遂不再客气，拂着一缕乌须只是微笑。

"魏先生想不想在官场上有更大作为啊？"李建成欠身问道。

"下官才疏学浅，怎敢有其他奢望！"

"哎，"李建成说道，"你还是很有能力的嘛，仅凭三寸之舌，竟招降了山东全境。"

魏徵刚想摆手表示惭愧，王珪在太子李建成的暗示下，把今日宴请魏徵的目的说了出来："魏先生，太子想把你招进东宫，授以洗马之职，你意下如何？"

"下官当然想为太子效劳，只怕如此重任，担当不了。"

谦逊的官面话还是要说，但立地官升三级，在座的每个人都知道，表面不动声色的魏徵，心里其实是多么兴奋。

又是一轮酒加一番客套话，魏徵算正式加入了太子党，宴席上的气氛也悄然转变了，大家的话也切入了正题。太子李建成独自饮了一杯酒，忧心忡忡地说："我虽位忝太子，但声望、实力却不及天策府。长此下去，不知我这太子之位是否能保住？"

太子李建成说话时，大家一齐把目光投向魏徵，魏徵沉吟了一下，说："魏徵既已为太子洗马，自当知无不言，言无不尽，以属下看来，太子之位非但难保，而且有性命之忧。"

魏徵慢声慢语，话一出口，举座皆惊。李建成更是心慌意乱，急忙问道："此话怎讲？"

魏徵毫不讳言地说："秦王战功赫赫，名震天下。手下战将如云，谋士如雨，怎愿屈居于东宫之下？天下不久将为秦王所得。"

李建成让魏徵这么一说，心中害怕，抓住他的衣袖问道："先生韬略非凡，可有破解之法？"

"事在人为，殿下须稳扎稳打，棋分三步走：一是积极参政，交结好大臣和宗室，稳固太子之位；秦王所恃者，房玄龄、杜如晦、秦琼辈也，这第二步，要把这些人分别调任边远州，拆散秦王的左膀右臂；第三步，寻找机会，当机立断，将秦王诛杀，永无后患。"

"杀了秦王？兄弟之间，怎可下此毒手？！"太子李建成还有些心软。

且说之前秦王李世民一条"牧马河北"之计，迷惑了窦建德，而后两军对阵，唐军数万铁骑突然冲出，如决堤洪水，冲垮了夏军大阵。当时，仓促之间，窦建德退至牛口渚，力屈被擒。留守后营的窦妻曹氏见大势已去，与左仆射齐善行率数百骑兵，一路狂奔，回到了老根据地洺州。

窦建德起义六年来，大小作战数百次，队伍发展到数十万人，建立夏王朝，成为隋末三大割据势力之一。而今，窦建德在虎牢关一战被擒，败退回洺州的将士们很不服气，纷纷要求立窦建德的养子为主，重整旗鼓，起兵拒唐。

齐善行不想再继续下去了，对大家说："隋末丧乱，故我等聚于草野，为求生耳。以夏王之英勇，平定河朔，士马精强，一旦被擒，竟是全军覆没。今丧败至此，守也无成，逃也难免，莫如委身唐王，免使生灵涂炭。"

曹氏在军中素有威望，见齐善行说得在理，遂下令将府库财物分与士卒，让他们各返故乡。而后率齐善行、裴矩、曹旦等夏王百官，以山东之地向唐王朝归降。高祖李渊以齐善行劝降有功，发为秦王府左二统军。

夏军将士解甲归田后，本希望从此安安稳稳过日子，但唐朝官吏却把他们列为重点人口，另眼相看，动辄以"法"约束，加以捶打。窦建德在长安被害后，这些夏军旧将士兔死狐悲，更加惊惶不安。

在洺州，高雅贤、王小胡作为窦建德手下的大将，遣散时分得许多府库财物。两人本待隐居乡下，过富足的寓公生活，但唐官吏又怎能放过他们？三天两头找上门威逼恐吓，索要财物。高、王二人见洺州实在待不下去了，于是在一个月黑风高之夜，一起携带家眷逃到了贝州。官府闻其擅离住地，即发文追捕。恰在

济世安民：唐太宗

这时，唐高祖下诏征窦建德故将范愿、董康买、曹湛和高雅贤等人去长安。高雅贤觉得大祸临头，秘密找到范愿等人，凑到一块议论道："王世充以洛阳降唐，其将相大臣段达、单雄信等皆夷灭。我等至长安，必不能幸免。我们十年以来身经百战，当死久矣，今何惜余生，不以之立事？且夏王得淮安王，遇以客礼，唐得夏王即杀之。我们皆为夏王所厚，今不为之报仇，将无以见天下之士！"

话说得也是，几个人一拍即合，决定拉起一杆子人，重新造反。起兵前须找个领头雁，几个人钻到深山里，找个牛鼻子老道，摇了一卦，卦云：

官鬼独发，为欺为盗；
若临吉神，功名可望。

几个人肚子里没有多少墨水，弄不清卦里的意思，再三再四地请问，又塞给老道二两金子，老道收下金子后，手在空中画了个圈，望东北方向猛一指，说："吉神为流，当以刘姓为主！"

几个人又急问"刘什么"，老道却一脸高深状，端坐在蒲团上闭目再不发一言。几人无奈，只得拱手告辞走出来，边走边议。范愿说："道长所指的东北方向是漳南县，刘雅、刘黑闼二公隐居在那里，吉神必定是他二人。"

"起事岂有挑两个主子的？"高雅贤一锤定音说，"刘雅立身清高，黑闼嗜酒好赌，新主子非刘雅不可。"

高雅贤言之有理，他人皆无异议，事不宜迟，几个人连夜打马驰往漳南。

时值初夏，天不冷不热，行夜路正合适，几个人经过一夜的急行军，于黎明时分赶到了漳南。又七扭八拐，在城南一个山凹的小村里找到刘雅的家。

大清早，刘雅早早地爬起来，深吸一口山野里的新鲜空气，而后打开鸡圈门，抓两把谷子喂鸡。这时，院门"吱呀"一声被推开，闪进四五个大汉，刘雅吃了一惊，定睛一看，是故人高雅贤几个，忙拍拍手中的谷秕，热情地将几个人迎进屋里。

说了一些别后思念的话，高雅贤几个就急不可待地把所谋之事对刘雅说了，哪知刘雅听了以后却迟迟不语，王小胡急了，跪倒在地，扳住刘雅的腿说："刘大哥，天命归你，领着我们干吧！想当初你身为大将，一呼百应，如今却沦落为守茅檐的农夫，你自己也不觉着寒伧吗？"

刘雅把王小胡拉起，端端正正地扶到座位上，而后掏真心话对哥几个说："今天下方定，我力田耕作，得竹庐茅舍足矣，愿终老农桑，不愿复起兵。我也劝你们几个，好好地过下半辈子吧，别再折腾了，别再作无谓的牺牲。"

几个人又慷慨激昂地劝说了一番，无奈刘雅就是不答应，说急了，便兀自闭目养神，如老僧入定，就是不答应。

看看没有指望了，高雅贤拉几个人来到屋外，商议下一步怎么办，王小胡一捋袖子说："少了他胡屠夫，还吃带毛猪不成！夏王的故将又不止一个姓刘的，不行咱就找刘黑闼。黑闼虽有些小毛病，但也被夏王封为东汉郡公，在军中常作候骑，深入敌营，观人虚实，屡立奇功，咱不常称他为'神勇将军'吗，说不定天命就在他身上。"

　　王小胡的一番话使大家豁然开朗，高雅贤挠挠头说："关键咱现在不知黑闼将军藏在漳南哪个地方，刚才听刘雅说他也不知道。"

　　"我知道，"王小胡凑近高雅贤耳边悄悄地说，"黑闼将军隐姓埋名，在城北一个叫杜家庄的地方开园种菜哩。"

　　"走！"高雅贤一挥手，领着哥几个就走，也不和屋里的刘雅打招呼。几个人急急火火走到院门外，刚要上马，高雅贤一只脚踏在马镫上后，却停住了。但见他略一思忖，说："稍等我一下。"他抽出佩刀，一弯腰又进了刘雅家。几个人正在惊诧间，只听屋内一声惨叫，接着高雅贤拎着带血的佩刀窜了出来，飞身上马，阴着脸一挥手，顺着山梁人烟稀少的小路，领着几个人一溜烟跑了。

　　跑了十几里路，跑在前面的高雅贤才放慢了速度。几个人喘着粗气赶了上来，王小胡颤声地问："高哥，你把他给杀了？"

　　"恐其泄密，不得不杀！"高雅贤阴着脸说。

　　刘黑闼在窦建德的部队里负责情报侦察工作。此人貌似猥劣，实则颇有计谋。王小胡领着几个人转悠一整天，对了好几个接头暗号，才在黄昏的时候在一个小河边找到刘黑闼。刘黑闼改名为刘小黑，守着一大片菜园子，优哉游哉地过着地主生活。此刻他正坐在园中的大柳树下，对着一桌子菜肴，端着小酒，紧一口慢一口地啜着。

　　"吱呀"一声，园门半开，在一个汉子的引导下，高雅贤几个人轻手轻脚地走进园里，刘黑闼这才转过身站起来，抱拳当胸，哈哈大笑："黑闼整酒，待各位多时了！"

　　王小胡惊得眼睛大大的："刘公，您怎么知道我几个要来？"

　　"你几个一踏进漳南地界，我就知道了。"刘黑闼说着，招呼几个人洗手净面，赶快入席。

　　高雅贤几个这才觉出刘黑闼手段非同一般，也自觉地恭敬起来，小心翼翼地饮了几杯酒，又拐弯抹角，十分谨慎地把来意说了出来，生怕刘黑闼不答应。

　　刘黑闼咬唇沉思了一番，起身一脚踢开坐凳，"哗啷"一下抽出佩刀，几个人吓一跳，急忙撤身离座。

　　"我刘黑闼早就憋不住了，大丈夫当挺立天地间，无为天下笑，今既结同心，有背义忘恩者，有如此凳！"说话间，刀光一闪，刘黑闼挥臂将坐凳砍为两半。

高雅贤几个人扑过去，紧紧抓住刘黑闼的手，跪成半个圆，泪流满面地说："我等既推明公为主，自当同心协力，若有半点悔意，神人共戮！"

　　刘黑闼大喜，招呼几个人重新入座。几个人推杯换盏，商议下一步行动，决定备下乌牛白马等祭礼，祭告夏王，设誓起兵，而后联络众人，先拿下漳南县，走好反唐复夏的第一步棋。

　　隋末战乱，军阀割据，币制混乱，以至裁皮糊纸为钱，民间不胜其弊。大唐建立后，高祖李渊首先考虑的就是统一币制。初行开元通宝钱，重二铢四参，积十钱重一两。高祖命给事中欧阳询撰其文。这天上朝，民部呈上钱的蜡样。高祖在御座上把玩良久，称赞欧阳询所书严谨匀称，回环可读。欧阳询拱手道："此钱轻重大小最为折中，使用起来肯定很方便。怕只怕造假的人依葫芦画瓢弄出伪币。"

　　高祖笑了一下，在蜡样上掐一甲，指着这枚甲痕对大家说："这是朕的御印，有仿造者，以伪造圣旨论处，一律处斩！"

　　高祖这一掐不要紧，弄得开元通宝上从此有了掐痕。但一国之钱币上弄上一个指甲印子，怎么说也归不雅。民部尚书嘴咧了咧，撩衣跪倒，叩头道："皇帝圣明，皇帝圣明，通宝流通起来，百姓见一甲痕，犹如见了圣上一般，谁还敢斗胆造假呀！"

　　高祖听了恭维的话，自然也很高兴，他把钱的蜡样搁在眼前，反复欣赏自己的甲痕，却在这时，掌管机密军书的黄门侍郎陈叔达匆匆走进朝堂，施礼奏道："窦建德旧将刘黑闼联络部众，攻破漳南县，贝州刺史戴元祥、魏州刺史杜威合兵镇压，被刘黑闼击败，二人皆死于王事。"

　　听到两个州官同时遇害，李渊心里略喀噔一下，差点把手中的钱样抖落出去。他把钱样还给民部尚书，沉吟了一下，换上一副鄙夷的神色说："小小的刘黑闼再能也能不过窦建德，一个泥鳅而已，翻不了大船。"

　　陈叔达动了动手里的军书继续奏道："刘黑闼声势虽不如窦建德，但此人狡猾有奇谋，此次漳南筑坛，自称大将军，不可等闲视之。望陛下早作布置，防止刘贼北与突厥、南与窦建德余党勾结。"

　　"速召太子、秦王上殿，商议对策！"李渊叫道。

　　刘黑闼毕竟是窦建德的一个小部将，大家都没有把他放在眼里，接下来的御前军事会议很快地形成了一个部署，即置山东道行台于洛州，魏、冀、定、沧置总管府，形成一道千里战线，遏制刘黑闼南侵。任命淮安王李神通为山东道行台右仆射，全面负责对刘黑闼的军事行动。

　　对李神通的任命刚刚下达，探报又雪片般地飞来，言刘黑闼频频与突厥接触。在突厥的资助下，其势力迅速扩大，士卒由两千余人扩充至数万人，一举攻占了历亭，活捉了唐屯卫将军王行敏。

　　突厥一直是新唐朝的心腹大患，一听突厥也有所动作，高祖李渊不敢怠慢，紧急召开第二次御前军事会议，商议对刘黑闼的计划。

　　天策上将、司徒、秦王李世民综合各方面的消息，深知事态的严重性，在御前向父皇李渊请道："窦建德宽仁容众，纵横于河北、山东等地数年，却因一战而被擒杀，其散落在各地的部属一定很不服气。如今刘黑闼祭建德起兵，响应者难以计数，其势不可小觑，儿臣愿总领兵马，前去讨伐！"

　　太子李建成见李世民又要出征，怕他的功劳簿上又添一笔，忙出面阻止说："秦王连年在外征战，劳苦功高，宜在都城将养一番。区区刘黑闼，料也闹不出什么大事来，遣一大将征讨可也。"

　　李世民刚要说话，一向依附李建成的中书令封德彝抢先奏道："可诏命幽州总管李艺率兵南下，与淮安王南北呼应，夹击刘黑闼。"

　　高祖一听，非常高兴，连连称许。秦王李世民又奏道："夹击刘黑闼还不够，另外还要防备突厥乘虚入侵。"

　　"此事容易！"封德彝抖袖子侃侃而言，"对付突厥，还要用硬和软两种手段交替使用的办法。在这方面，太子殿下有丰富的经验，殿下去年镇守并州，北伐稽胡，才有了洛阳之战的胜利，此番安抚北边，非太子殿下不可。"

　　高祖把脸转向太子李建成，以询问的眼神看着他，李建成正想建功立业，提高自己声望，遂上前一步，欣然请道："儿臣愿镇守北边，防止突厥南下，以保证对刘黑闼之战的顺利进行。"

　　"好！"看着宝贝皇太子越来越长出息了，高祖心情很愉快，当即颁诏，发关中步骑三千，使大将军秦武通、定州总管李玄通与幽州总管李艺（即罗艺）引兵会击刘黑闼。

　　但刘黑闼却非等闲之辈，起兵伊始便显出卓越的军事指挥才能。他也采取军事与外交两步走的部署，一是利用唐官吏虐待窦建德旧将士的错误做法，派出轻骑四处联络，发动窦建德旧部及其他降唐者反唐；二是遣使者前往突厥，许以好处，诱使突厥南下，威胁关中，给唐朝以军事压力；三是在战场上避免与唐军主力交战，采取机动灵活的战术，寻机歼灭唐军小股军队。

　　武德四年（621年）八月癸卯日，太子李建成尚在安抚北边的路上，突厥在刘黑闼的蛊惑下，突然向代州发起进攻，行军总管王孝基率兵拒之，举军皆没。丁未日，刘黑闼一举攻陷贝州历亭，活捉王行敏。刘黑闼命令王行敏跪拜，王行敏不从，遭到杀害。

　　在策反这方面，刘黑闼也取得重大战果，当初洛阳被李世民攻占后，徐圆朗请降，被李渊拜为兖州总管，封鲁国公。但徐圆朗人降心不降，刘黑闼的使者到了兖州，刚讲明来意，徐圆朗就连连叫好，决定起兵响应。八月辛亥日，徐圆朗扣留了李渊的使臣盛彦师，宣布举兵反唐，刘黑闼任命他为大行台元帅。徐圆朗盘踞鲁郡多年，振臂一呼，兖、郓、陈、杞、伊、洛、曹、戴等八州豪强都跟着响应。徐圆朗率兵轻取楚丘。

高祖李渊为了扭转不利局面，诏令灵州总管杨师道率部向突厥发起进攻，阻止突厥的南侵。在南部战线，诏令淮安王李神通火速与李艺会师，同时征发邢、洛、相、魏、恒、赵等兵合五万余人，围剿刘黑闼。

九月底，饶阳已进入冬季，西北风呜呜地叫着，尘土打着旋向南方飞奔。一队队身着棉袄铁甲的兵士，沿着河谷山间穿梭迂回、排兵布阵。在有着深灰色层云的天幕下，一场大战即将在饶河平原上展开。

淮安王李神通自率主力部队布阵十里，从正面进攻，幽州总管李艺率部从侧翼攻击。唐军三倍于刘黑闼军，李神通踌躇满志，预备通过这次决战，彻底解决掉刘黑闼。

调兵遣将完毕，探军来报，言刘黑闼依饶河长堤列单行阵进行防御。李神通一听哈哈大笑说："自古以来没有列单行阵的，刘黑子这回必败无疑！"

这时天上下起了雪，风带着哨声，预示着一场搅天大雪的来临，行军参军担心地对李神通说："暴风吹雪，天气难测，是否改天再行攻击？"

李神通眼一瞪："下雪怕什么？风雪助军威，正是破敌的好时机。"

一声令下，数万唐军在十里长的战线上，蜂拥着向饶河堤冲去。喊杀声、战鼓声、风暴声，声若山崩。也正是顺风，风雪裹着人流，隆隆而去，声势浩大的唐军，直待把刘黑闼军踏为齑粉。

唐军先头部队已抵达饶河堤，与刘黑闼军开始了接触战，风雪中，刘黑闼军面对攻势异常凶猛的唐军，屹然不动，黑红的战旗在高高的长堤上猎猎作响。

纛旗下的李神通摧动三军急进，但跑了几里路的将士不可能越跑越快。待主力部队接近河堤时，天气作怪，瞬时间风向转变，唐军由顺风变为顶风，已成强弩之末的唐军被风雪迎脖子一灌，几乎呛得喘不过气来，脚步明显地放慢下来。正在这时，一串梆子响，堤上万箭齐发，冲在前面的唐军皆被射倒，紧接着，战鼓轰鸣，堤上的刘黑闼军挺枪舞刀，乘势冲下，刘黑闼更是一马当先，挥兵逞着风威并力杀来。

茫茫风雪中，处在下风口的唐兵眼都迷了，不知敌方有多少人马，阵脚立时大乱，只得抛却枪刀，弃了甲胄，返身逃命，前军冲后军，李神通立斩数人，弹压不住，自己也被冲得连连后退。

如有天助，刘黑闼兵将个个奋勇当先，以一当十，唐军如惊弓之鸟，十不敌一，大败而走。一口气退了几十里。唐军士兵、战马、军资损失十之六七。

担任侧翼攻击的李艺计划赶不上变化，虽然击败了刘黑闼的部将，但闻听主力战败，不敢恋战，乃率部向藁城退却。此时的刘黑闼已腾出手来，反过来追

击，两军在蒿城外一场混战，李艺战败，其部将薛万钧、薛万彻被擒。刘黑闼将二人剃了光头，然后释放。薛氏兄弟狼狈逃回本营。李艺见士气受挫，兵无战心，无奈之下，引兵退回了幽州。

饶阳会战，不但没有消灭刘黑闼，反使其兵势大振。十月刘黑闼攻陷瀛州，杀刺史卢士睿。紧接着，观州百姓执住刺史雷德备，举城归降刘黑闼。同月，毛州州民董灯明不堪刺史赵元恺暴虐，鼓动百姓杀死赵元恺，响应刘黑闼。

十二月，刘黑闼率部逼向冀州。高祖李渊急令右屯卫大将义安王李孝常率兵东进驰援，但援兵未到，冀州即告陷落。刘黑闼马不停蹄，又杀奔宗城，宗城守将李世勣畏其兵锋，弃城退保洺州，刘黑闼旋即逼进，双方大战一场，唐兵被杀五千余人，李世勣轻骑逃走。丙寅日，刘黑闼在城东南筑坛祭告窦建德，而后率军浩浩荡荡开进洺州城。十天后，刘黑闼又引兵攻拔相州，生擒刺史房晃。接着南取黎、卫二州。原窦建德的将士，也在各地争杀唐官吏以响应刘黑闼。突厥颉利可汗也在北边遥相呼应，派骑兵前来助战。唐军处处挨打，陷于两线同时作战的被动局面。起兵不到半年，刘黑闼尽复窦建德旧境，其势力也迅速地壮大。

高祖李渊原以为刘黑闼是癣疥之疾，不足为虑，诏令李神通、李艺合兵征讨后，即游山玩水去了，先是巡幸武功旧墅，又猎于好畤、仲山、清水谷等地。等他转了一圈回到长安，河北的形势已发生了重大的变化，唐朝与刘黑闼的战争形势一下子变得严峻起来。

这天早朝，高祖刚在龙椅上坐定，兵败逃回长安的邢州刺史陈君宾、右武卫将军秦武通、永宁令程名振即争着说刘黑闼的厉害，要求朝廷给予足够的重视，速发重兵围剿刘黑闼。没等高祖发话，黄门侍郎陈叔达又上前奏道："壬寅那天，刘黑闼陷定州，总管李玄通被擒。黑闼爱其才华，想任为大将军，玄通不从。软禁后，有故吏送来酒肉，玄通说，'诸君哀吾幽辱，幸以酒肉来相开慰，当为诸君一醉。'酒酣，谓守者说，'吾能舞剑，请借一用。'守者与之，玄通边舞边叹道，'大丈夫受国厚恩，镇抚方面，不能保全所守，亦何面目视息世间哉！'即引刀自刺，溃腹而死……"

没等陈叔达讲完，高祖已感动得热泪横流，他即说道："传朕旨意，拜玄通之子李伏护为大将，以表彰其忠心。"

一下子失去这么多土地和爱将，高祖再也不敢含糊了，他擦擦眼泪，也不征求萧瑀、封德彝等人的意见了，当即下令，命秦王李世民、齐王李元吉调兵遣将，火速征讨刘黑闼。

大军自长安出发，已经走了半个月了。严寒的冬天即将逝去，淇水也开始解冻，离河老远，就听见涨水的呜呜声。秦王李世民提了提马嚼子，体格高大的拳毛骃心领神会，放慢了步伐。望着一眼望不到头的长长的淇河堤，秦王命令身旁的参军："传令军士依河堤休息，各部将领到中军帐议事。"

临时支起的帅帐里，秦王李世民正中端坐，房玄龄、秦琼等文武分列两旁，秦王先讲了作战计划，提出大军采取稳扎稳打的战术，先攻相州，再进军肥乡，在洺水扎营，迂回包抄刘黑闼的老巢洺州。诸将围绕着秦王的方案热烈地讨论起来，以先锋李世勣为代表的一部分将领认为刘黑闼骁勇善战，若大军长驱直入，有被动挨打的危险。不如从外围开始，逐步推进，消灭敌人。诸将正为两种方案争论得不可开交间，大帐门口一声"报——"，匆匆走进来两个樵夫打扮的探军，向帅座上的秦王施礼报告："禀报大帅，正月初一，刘黑闼在洺州自称汉东王，改元天造，定都洺州。以范愿为左仆射，董康买为兵部尚书，高雅贤为右领军；任王琮为中书令，刘斌为中书侍郎。窦建德时文武悉复本位，其设法行政，悉归建德。刘黑闼聚集五万人马，每日操练，气焰十争嚣张。"

秦王点点头，命探军下去休息。被刘黑闼打败了一次的李世勣这时摇了摇头说："论打仗，刘黑闼比窦建德骁勇善战，今又建立了完善的朝廷制度，其势力更不能低估。"

"李大哥是不是叫刘黑闼打怕了？"旁边的程知节笑着说。

"跟着秦王打仗，有什么好怕的？"李世勣怕别人说他软蛋，忙换上一副轻松的表情。

"不要多说了！"秦王李世民挥手命令道，"马上派人给李艺送信，命他率本部人马再出幽州，进军至彭城。我军在旬日内拿下相州、服乡，在洺水与李艺东西呼应，夹击刘黑闼！"

李世民的作战意图甫一展开，早有探子飞报到洺州。为了在战略上不至于被动，刘黑闼决定放弃相州，撤至肥乡沙河，以河为堑，延缓对唐军的进攻。洺州由范愿率万余兵力固守。刘黑闼亲率主力西上，阻击李艺，预备灭了李艺以后，再回头与李世民当面决战。

武德五年（622年）正月己酉日，刘黑闼率主力西上的第二天晚上，小心翼翼巡查了一天城防的范愿，刚回到衙门吃点饭躺下，就听见一阵阵鼓声在耳畔轰鸣，震得耳朵嗡嗡直响，震得床脚都跟着晃悠。范愿惊得从床上坐起来，急问外面怎么回事。这时，值日参军飞跑入内，报告说："禀报相爷，城西水堤上有战鼓擂响，鼓声震天，城中地皆震动。"

"什么鼓这么响？"范愿竖起耳朵边听边问。

"天黑看不见，估计是李世民打过来了。"值日参军惶惶地说。

"洺州乃我大夏国都城，丢哪也不能丢它！"范愿边穿衣边急步走到前厅，命令值日参军："速派人驰告汉东王，请求大王回师洺州！"

刘黑闼连一半路也没走，正宿营于沙河县，闻洺州告急，不敢怠慢，遣弟刘十善与行台张君立领兵一万继续前往彭城阻击李艺，而自己则带兵连夜拔营，回救洺州。

刘黑闼率领前部马队，一夜急驰，天明时来到洺州城外，却连唐军的影子也没见着。刘黑闼好生奇怪，抓了几个当地人一问，才知道唐将程名振昨晚率几百唐兵载鼓六十具，于城西二里堤上急击之，佯为攻势，意在迷惑洺州守军。赶到城外迎接刘黑闼的范愿也方知原委，吓得跪在地上请罪道："微臣中敌调虎离山计，致大王回军洺州，请大王治臣失察之罪。"

刘黑闼望着晨曦初露的东方地平线，叹了一口气，扶起范愿，好久才说："我也放心不下洺州啊，但愿十善他们此番能击败李艺。"

刘十善到底不是刘黑闼。壬子日，刘十善率兵一万与李艺战于徐河，双方激战一上午，由于十善把兵力全部压上，没留后备部队，后晌时，刘十善军人困马乏，开始溃退。李艺乘机发起反击，一阵疾风骤雨的进攻，大败刘军。兵败如山倒，是役刘军伤亡八千余人，只剩刘十善率两千轻骑狼狈逃离徐河。

这两千败军中有洺水人车骑李去惑、骠骑李潘买、李开弼等人，这几个姓李的见刘十善一战即败，觉得刘黑闼没有前途，他们商议了一下，决定叛离刘黑闼，以洺水城为见面礼，投降李唐。几个人悄悄脱离大部队，从另一条道奔回洺水。对人诈称："刘黑闼已败，我们几个侥幸逃脱。"洺水人信以为真，李去惑等人即以将军的身份派族中子弟二百余人分守四个城门，而后李开弼飞马至肥乡，以告秦王。

闻洺水城反叛，李世民大喜，当即遣彭国公王君廓率兵马一千五百骑前去接管洺水。

洺水是洺州的东大门，唐军可以以此为据点渡河直逼洺州。刘黑闼不甘心洺水城落入敌手，二月九日率骑兵、步兵三万，前去进攻洺水城。

李世民正欲寻刘黑闼决战，当即兵出肥乡，在水河南岸安营扎寨，与水城守军成掎角之势，以待刘黑闼赶到。

十一日，探军来报，刘黑闼大军已至。秦王李世民当即鸣鼓升帐，值日参军讲了一番敌我态势后，秦王望着精神饱满的将领们说："刘黑闼自恃勇猛，半年之间占了整个河北。今日本王想挫挫他的锐气，哪位将军愿领黑衣军从正面突击刘黑闼？"

黑衣军是李世民的王牌精锐骑兵，战无不胜，攻无不克，曾在征讨王世充的战争中立下赫赫战功。率领黑衣军打仗是每个将军的荣耀，秦琼、尉迟敬德、程咬金等人纷纷争着要去。秦王没办法，只得点将："叔宝善战，遇事又沉着，本王命你率五千黑衣骑兵从正面向刘贼发起进攻！"

秦琼得令，满心欢喜，抱着令箭昂首阔步走出帅帐。二月，春光明媚，城外的大堤上一片耀眼的绿。秦琼率领五千黑骑军耀武扬威，一下开到刘黑闼临时宿营地。刘营中似乎没有什么准备，看见唐军，才开始擂鼓，上千名刘军搬开鹿角，一阵小跑，在营前河滩上列开了阵势。

这千余名刘军松松垮垮，不像要打仗的兵，背后的刘营又一点儿动静也没有，秦琼心里犯开了嘀咕，这刘黑闼葫芦里卖的是什么药？

是等待还是直接端营，秦琼拿不定主意。正在这时，南边的河堤后突然冒出数千名五色骑军，方位旗号整齐俨然，左右是纯赤、豆青、焦黑、雪白，当中是鹅黄色的中军。云缎大纛下，黄罗伞盖罩着一位金盔金甲的矮壮骑将。不用说，这正是汉东王刘黑闼。

秦琼心知一场恶战来临，急回头招呼诸军准备迎敌。只见黑马上的刘黑闼把手中的画戟一挥，五色骑军分成五路，如毒龙猛虎般从大堤上呼啸而下，直扑唐军。

五色骑军俯冲而来，扬起的尘埃冲天而起，黑衣军一阵骚动，马喷着鼻扬起了前蹄。躲是躲不过去了，秦琼熟铜锏一挥，喊声"上——"，一马当先冲了上去。

两军冲至百步之内，前排的五色军突然一齐从背后摸出弓箭，二话不说，排空射来，黑衣军哪见过这种打法，没做防备，顿时倒下一大片。还未交手，先输了锐气。秦琼手忙脚乱拨开飞箭，大吼一声，率先杀入敌阵。

黑衣军名震中原，固然厉害，但五色军也不是吃素的，除了常用的兵器外，几乎人人会使暗器，一阵短兵相接，黑衣军渐渐处于下风，不少马着了道儿，带伤负痛奔蹿。

秦琼闯入敌阵中，左冲右突，正杀得性起，猛见黑衣军有溃退的迹象，秦琼心中一凛，黑衣军可是秦王的家底，打不了胜仗不要紧，可别再让刘黑闼给整残废了。秦琼见势头不妙，急抽身传令：掩护撤退！

一个"撤"字刚出口，吃够了暗器苦头的黑衣军拨马就跑。秦琼断后，且战且退。五色军哪里肯舍，在刘黑闼的指挥下，紧紧追击。

跑了六七里地，秦琼的黄骠马已中了几次飞矢，流血披面，脚步也渐渐慢了下来，追兵边撵边发飞箭，渐渐围了上来，情势十分危急。

正在这时，忽听南边河汉后喊声大起，数千唐兵从堤后冒出来，但听一阵梆子响，跑在前面的弓箭手，单膝跪地，拈弓搭箭，向五色军发射。五色军猝不及防，登时倒下数十个。

刘黑闼见唐兵有了接应，忙挥旗约住部队，五色军的弓箭手射住阵脚。双方喘了一阵气，见势均力敌，再打也没有便宜可占，于是各自徐徐退兵，刘黑闼自回列水，李世勣护着秦琼退归本营。

回到大营，秦琼先到大帐去请罪，秦王抚慰道："贼军狡悍，故让将军前去试探。亏世勣有先见之明，才不至于将军有失。"

伤了一些黑衣军，试出了刘黑闼的厉害，李世民决定修改作战计划，对刘黑闼围而不打，先从外围扫清刘军。已巳日，李世民率主力部队攻占邢州，辛未日，迫于大军压境，并州人冯伯让以城来降；与此同时，李艺的军事行动也取得重大战果，丙子日，攻取定、乐、廉、赵四州，抓获刘黑闼的尚书刘希道。

与此同时，刘黑闼乘夜色的掩护，率军潜至洺水城东扎营，在几个城门前挖壕竖栅，预备封死洺水城。守将王君廓力不从心，派人紧急驰告李世民。李世民不敢怠慢，率军回救王君廓。

洺水城四面环水，其中南、西、北三面的环城河水阔达五十步以上。刘黑闼于东北角外，填柴运土，作甬道，日夜以撞车攻城。

李世民以罗士信为前锋，组织一万人马猛冲敌城东大营。但刘黑闼已有准备，唐军冲到第一道防线，即听一阵梆子响，刘军上千名弓箭手从壕沟里冒出，箭如飞蝗，唐军顿时倒下一大片，没等喘口气，刘军又分左右两路拦腰杀来，唐军抵敌不住，立刻乱了阵脚，李世民见状，急命鸣锣收兵。

夜里，唐军饱餐一顿，人衔枚，马摘铃，想暗地里偷营。刚出营不远，就遭到刘军的伏击，白白折了百余人马，只好收兵回营。

洺水城南有一座高丘，站在上面可以俯瞰洺水城的全貌。第二天上午，李世民率一班将佐登上高丘，观察形势。在城头上的王君廓疲倦不堪，正来回走动，指挥军士固防。而城外的许多刘军正在撞车的掩护下，攀云梯攻城。另有一帮刘军正拿着铁锹掘甬道，甬道宽数十步，七拐八拐，蜿蜒通向城门。

李世勣看了看一脸严肃的秦王说："若甬道达城下，城必不守。"

李世民叹了口气说："君廓坚守十余天了，怕体力也支持不下去了。"话音刚落，罗士信上来请道："未将愿代王将军守城！"

李世民不吱声，只是专注地望着洺水城，停了好半晌才下决心说："士信马上挑选二百骑精兵良将，准备从南门入城，用旗语令王君廓突围！"

刘军没想到洺水城会走马换将。南门城高壕深，是刘军围城的薄弱环节，仓促之间，吊桥一放，王君廓率部众力战，溃围而出；罗士信率左右二百人乘机入城，代王君廓固守。

这一出一进，无异于被打倒的人吃饱喝足后又站了起来。可把刘黑闼气坏了，命令部队全力以赴，日夜掘堑，尽早拿下洺水城。

王君廓突围，回到了大部队，罗士信却陷入了危境。早春二月，乍暖还寒，一夜北风吹，竟簌簌落落地飘下漫天的雪。雪花遮住了视线，站在高丘上的秦王已望不见风雪飘摇中的洺水城。风雪阻道，冲又冲不上去，撤又撤不下来。回到军帐中的秦王寝食不安，苦苦思索着破敌的良策。

丁丑日这天晚上，秦王刚在床上躺下，就听帐外一阵喧哗，紧接着卫士急步进帐，禀道："洺水城破，李去惑等十余人逃了回来。"

李去惑回来了，罗士信又怎么样？秦王心中有一种不祥之感，他穿上衣服，来到前帐。见那李去惑脸上带伤，一身泥水，扑在地上哭诉道："洺水城昼夜被

济世安民：唐太宗

攻，木石俱尽。罗将军力尽被擒，我等化装才逃了出来。"

"罗将军呢？"秦王急问。

"在路上听人说，刘黑闼素闻其勇，高官厚禄劝令归降，罗将军宁死不屈，已……已被杀害。"

大功未成，先失一猛将，秦王一阵心疼，他挥了挥手，命李去惑等人下去休息。

月波如水，营帐旁的雪地呈现出一层浅蓝色。灯笼下的卫兵好像一幅画，秦王信步走着，望着远处朦胧的高丘，一个新的作战方案在心中慢慢形成。

月底，幽州总管李艺率部前来会师，李世民与李艺从洺水南门、东门强行反击，以血的代价攻克了洺水城。而后伐木挖壕，起立排栅，扎营于水城南，分兵屯水北，呈犄角之势。刘黑闼又失去了洺水这个桥头堡，心有不甘，数次进兵挑战，百般辱骂，但唐军充耳不闻，坚壁不出。

一连十九日，唐军固守不动。刘黑闼以为李世民怯战，于是渐渐松懈下来。壬辰日这天，刘黑闼委任高雅贤为左仆射，军中设宴庆贺。酒正喝得高兴，忽报李世勣引兵前来挑战。刘黑闼刚要遣将迎战，高雅贤乘醉站起来说："李世勣乃手下败将，待本相手到擒来，以佐今日之兴。"

没等刘黑闼阻拦，高雅贤已跟跟跄跄奔出帐外，提枪跨马而去。

高雅贤一跃升为大夏国第二号人物，又加上酣醉，胆子也壮了，舌头也大了。未等兵将跟上来，先自单骑直向敌阵。

到底是酒喝多了，才一交手，唐将潘毛冷不丁一槊刺去，正中高雅贤肋部。高雅贤遭此重创，从马上一头栽了下来，潘毛抽出利剑，俯身正要取其首级，只听"当啷"一声，一支金箭不偏不倚，正中剑面，宝剑脱手。潘毛回头一看，刘黑闼拈弓搭箭，正要射第二箭，吓得潘毛伏在鞍上，拨马就跑。

刘黑闼亲自把高雅贤救出，抱在怀中，但高雅贤已气息奄奄，及回到营寨，未等军医急救，已瞑目而逝。

一块起兵的老伙计转眼间命赴黄泉，升官的喜事反成了丧事。汉东王刘黑闼无比伤痛，命全军更衣挂孝，扬幡举哀。

这天下午刚把高雅贤发丧完，营寨外一片喧哗，又有唐军前来挑战。刘黑闼气不打一处来，倒提画戟，飞身上马，冲出寨门。

但见唐将潘毛摇头晃脑，立于门旗之下。刘黑闼舞动画戟，杀散唐兵，纵马直取潘毛。刘黑闼马快，潘毛躲是躲不掉了，只好横槊来刺刘黑闼，"当啷"一声，画戟打飞大槊。刘黑闼伸手揪住潘毛勒甲丝绦，拖下鞍鞯，横担于马上回归本营。

接下来潘毛的命运可想而知，他被剥去衣服，跪于高雅贤灵前。夏军兵士以刀剐之，祭告只当了半天左仆射的高雅贤。

两军又相持了一个多月，刘黑闼有些沉不住气了。外围的一些州县已被唐军

189

攻占，要想打破眼前的被动局面，急需突厥南下助战。但勾通突厥的特使一直没有新的消息。

这天刘黑闼有些烦闷，正坐在帐中，思忖下一步的行动，忽报出使突厥的使臣回来了，刘黑闼忙令传见。

使臣一脸憔悴，脚步沉重地来到帐中，一看就不像有好事。未等刘黑闼发问，使臣跪地先大骂突厥："颉利可汗真不是个东西，见利忘义，见色忘友。李渊给他些金帛，又许以和亲，颉利马上就把和咱的盟约撕了。"

"攻雁门的突厥兵呢？"刘黑闼急问。

"早撤了。俘虏的唐将郑元璹、长孙顺德也放了，颉利还遣使到长安表示修好呢，突厥这边我看是别指望。"使臣是刘黑闼从小光腚长大的朋友，也不大讲究"君臣"礼节，说完就从地上爬起来，到旁边找水喝去了。

失去了突厥这个战略伙伴，夏军在军事上明显处于下风。李世民坚守不出，显然在等待战机。两军相持时间越长，对夏军越是不利。思忖再三，刘黑闼决定率军偷袭敌营，在战斗中寻找机会，扭转被动的局面。

刘黑闼挑选军中精锐，计两万余骑，在军中歇息一天。二更时分，人马开始集合，饱餐一顿，在夜幕的掩护下，顺着洺水大堤，悄悄地向唐营摸去。

李世勣的营寨在洺水城正东，拔掉它就等于砍了李世民的一条胳膊，就打通了通往贝、漳二州的道路。四更天多一点，夜气沉沉，寒星闪烁，刘军人衔枚，马摘铃，悄无声息地接近唐营。离唐营不远，刘黑闼命军士少歇，准备偷袭。但唐军伏路暗哨已经察觉，遂以响箭报警。刘黑闼一见，命令全军发起冲锋。

李世勣也是久经沙场的战将，闻警之后，一跃而起。枕戈待旦的将士们也迅速集合。一声炮响，三军上马。李世勣素知刘黑闼的凶猛，不敢正面交战，一边派快马向秦王求援，一边命令军士们依壕沟鹿角抗敌。

刘军有备而来，猛打猛冲；唐军仓促应战，据垒死守。营寨内外，火光耀目，杀声四起。没过多久，在凶猛的攻击下，唐营被撕开了好几个口子，李世勣率领数百精骑，往来驰援，如救火队一般，阻击冲进营寨的敌兵。

杀了半个时辰，唐军渐渐不支，死伤上千人，节节后退，眼看整个大营就要被敌军攻占。李世勣独木难支，无计可施，正要放弃大营，率残部撤退。正在这时，刘黑闼后军方向喊杀声远远传来，无数火把如流萤一般呈扇面形向这里涌来。李世勣勒马大喜道："秦王救我们来了！"

救兵如救火，李世民指挥人马毫不犹豫地从背后向敌军包抄而去。短兵相接，乒乒乓乓，双方很快地打了起来。李世勣也命本部扎住阵脚，跃跃欲试，准备反击。偷袭唐营的刘黑闼反陷入了被包围的境地。

但刘军并不显得慌张，继续以精骑压制李世勣。其后军变为前军，弓箭手在

济世安民：唐太宗

黑暗中一阵乱射，又有五色军一阵反冲锋，唐军的包抄攻势顿时被延缓了下来。处于中军的李世民，闹不清怎么回事，拍马赶到了前沿战场。

对阵中，在数不清的火把的照耀下，门旗开处，刘黑闼黑盔黑甲，配上他那张黑脸面，直似一尊黑金刚，威风凛凛，寒气逼人，李世民对面叫道："刘将军也是人中豪杰，何不倒戈卸甲，降我皇唐，也不失封侯之位。"

刘黑闼画戟一横，骂道："唐家言而无信，害我夏王，我夏军将士与唐家不共戴天。今日之战，不是你死，就是我活。有胆量的，放马过来，与本王单打独斗，决一雌雄！"

现在的李世民已不是过去的李世民，贵为千金之躯，官封天策上将，岂能轻易上阵格斗？刘黑闼跃马持戟，在阵前逞威。李世民按捺不住，几次欲冲上前去，都让部下给拦住了。

"擂鼓！"李世民命令，"两下夹攻，拿下刘贼！"

一时间鼓声大震，与李世勣部的呐喊声遥相呼应，唐军憋足劲，猫着腰正待发起冲锋，但见刘黑闼岿然不动，毫不慌张，把手中画戟一举，立即有五六个冲天雷"嗖嗖"飞上夜空，于夜幕下炸成几朵绚丽的散花。刘黑子有诈！李世民暗叫一声不好，勒马回头望去，背后已是喊声大起，鼓角喧天，两路火把汇成的洪流，直冲唐阵。

李世民的增援部队也就五六千人，加上李世勣的人马也就一万余人，人数不占优势，而今从背后包抄援救不成，反被敌方包围。无奈，唯有激战才能争得生路。秦王李世民大吼一声，挺枪跃马，率先杀入敌阵。

早有准备似的，刘黑闼手中戟一挥，上百名五色骑将径奔李世民而来，意欲活捉。李世民毫无惧色，马响銮铃，枪挑剑砍，杀出一条血路。但敌军似乎越聚越多，杀散一层又围上一层，刀光斧影中，亦有乱箭飞射。秦琼、程咬金不敢大意，舞动兵器，紧紧卫护在秦王左右。

直杀了半个时辰，天已渐渐泛白，几次突围都没有成功，秦王等人血染战袍，体力已经不支，身后兵也越来越少，情况十分危急，正在这时，西南方向一阵大乱，数百名黑衣骑兵如一条黑蟒，拼死向包围圈内冲来，当先一员大将如天神下凡，纵马舞槊，直透重围，夏军是挡者死，沾者亡。李世民一见大喜："尉迟敬德救我们来了！"

原来今晚尉迟敬德巡夜去了，回到大营后，听说秦王驰援李世勣，怕有什么闪失，马不停蹄地赶来接应。说话间，尉迟敬德已跃马突到，踏镫抬身高叫："王随我来！"

刘黑闼岂肯放过李世民，天空中又升起几颗集中攻击的信号弹，五色军呼喊着从四面八方蜂拥而来，密密麻麻，势不可当。激战中，尉迟敬德胯下马被枪刺中，仆地跌倒，刘军枪刀并举，来擒尉迟敬德。尉迟敬德一个虎跃，原地转了一圈，霎时间已连刺数槊，挑翻十余人，抢得一匹战马。在尉迟敬德等黑衣壮士的拼力死战下，硬是杀开一条血路，保秦王冲出重围，向南而走。

最后一颗寒星也从天幕上消失了，霞光辉映着苍茫的洛水河，辉映着浴血归来的将士们。秦王眼含热泪检点各军，唐军竟折损三千余人。

回到大营，李世民立即布置防务，抚恤将士，并召集诸将，商议下一步行动。诸将有的说继续坚守不出，以待时机；有的则主张打游击战，在游击中寻求战机。正议论得不可开交间，忽有探军来报："刘黑闼运粮于冀、贝、沧、瀛诸州，水陆并进。"

李世民听了，心中暗道：我计可行！当即命令大将程名振："差你率两千马军奔东北，在漳水一带袭击刘贼粮道，务必击沉粮船、烧毁粮车，不给敌人留下一粒粮食。"程名振有些为难，说："此次刘黑闼大规模地运粮，肯定有重兵护送，我区区两千人不知能否完成此令？"

李世民微微一笑，叫人拿来一把特制的烟火雷，交给程名振，嘱咐道："人多了行动目标大，你尽管前去，袭击敌人前放烟火雷为号，我自有计助你。"

程名振见秦王说得自信，这才放心地领命去了。

"程知节听令！"

"末将在！"

"差你领五千步军到洛水上游三十里处，筑坝拦河，要行动秘密，严加防卫，以免敌军破坏。"

程咬金（又名程知节）不明白，嚷嚷着："行军打仗，修什么水利？"

李世民拿出一个锦囊，交给程咬金，又附耳说了几句，程咬金一听，眉开眼笑，昂首挺胸，大踏步地走了。

刘黑闼胜了一仗，大灭了唐军的威风，大长了自己的志气，犒赏三军，美美休整了两天。三月二十五日，刘黑闼正在帐中欢饮，帐外一阵嘈杂，押运粮草的王小胡盔歪甲斜地走进帐内。刘黑闼情知不妙，扶住王小胡急问："小胡，粮草呢？"

"粮草……"王小胡喘了口气，说："全让唐军给烧了。"

"护粮的都是精兵猛将，也未见唐军大规模地调动，怎能失却了全部粮草辎重？"

"唐军在漳水东山里预先埋伏了近万人马，与程名振前后夹击，我等虽奋力厮杀，却无济于事。亏我马快，只引得百余弟兄夺路走脱。大哥，小胡失粮，特……特来请死。"

刘黑闼重的是义气，怎肯以此失粮之罪处罚自己的弟兄？他叹了口气，扶起王小胡说："我算计不周，才让李世民钻了空子。如今军中粮草告竭，再去筹办也来不及了，只得明日乘败敌之锐气，起全军与李世民决一胜负。"

三月二十六日，刘黑闼排起左中右三军，计两万余骑，绵延二十余里，旗幡招

192

展，浩浩荡荡杀奔唐营。五色军雄起起、气昂昂，高举"夏军将士，勇冠三军"的雕幡，头前开道。所幸水河这几天水浅，全军涉水而过，并无阻隔，直逼南岸的唐营。

夏军压唐兵营列阵。李世民也早有准备，率秦琼、李道宗等几十名上将和万余精锐骑兵组成首发阵容。

两军对垒，一南一北，俱是杀气腾腾，人马密密麻麻，遮满了半边天。唐军前阵也"哗"的一下打出一面大旗，上写"宁死阵前，不死阵后"。

一通鼓响，一片声喧，夏军上将王小胡一带马，当先出战。在黑七星将旗的映照下，王小胡姜黄面皮，短眉细眼，手使三尖两刃刀，骑一匹大青马，立于阵前。刚待讨敌骂阵，唐阵中，一匹黄骠马冲出，马上大将细眉阔目，相貌堂堂，左手举铜，右手拎铜，马响鸾铃，二话不说，直冲王小胡而来。小胡认出对方是名将秦琼，不敢怠慢，一带马嚼子，闪过秦琼的冲劲。反转马头，两人刀铜相向，乒乒乓乓地交起手来。

王小胡路子野，秦琼武艺精，一个出刀时，夹杂暗器；一个出铜时，舞动铜花。一来一往，约斗了三十回合，王小胡暗器使尽，渐渐不支，刀法慢了下来。秦琼瞅个机会，双铜齐下，泰山压顶当头砸来。王小胡情知不妙，仰身躲闪，同时释放飞爪，飞爪晃眼，铜铜没使上劲，"呜"的一下，削去小胡一块马腔肉，那马"咴——"痛叫一声，一个飞跃，回头就跑，没等跑回本阵，仆地跌倒，王小胡也一头栽倒在地。

打赢头阵就是全面攻击的信号，唐中军令旗一挥，上百面大鼓一齐擂响，惊天动地，催人奋进。秦王李世民大枪一招，上万唐军精锐骑兵呐喊着，潮水一般杀向敌阵……

刘黑闼没想到前天才战败的唐军会主动攻击，有些措手不及，令旗一挥，未等夏军展开攻击队形，唐军前锋已杀到，两军当即混战在一起。

百面鼓响传到了三十里以外的洛水河上游，程咬金急忙从怀里掏锦囊，拿出个纸片，看了一遍，心知肚明，命令军士掘开堤坝，蓄存已久的河水带着涛声，闪着白光，滚滚而下，直冲下游。站在岸上的程咬金拍了拍手，咧了咧嘴，下达第二道命令："全体掘堤军立即甩掉铁锹，拿起刀枪，随本将抄小道杀奔刘黑闼老营！"

洛水下游原野上，愁云惨淡，杀声震天。二十三岁的李世民金盔金甲，左手持枪，右手持刀，催动着身材长大的名驹拳毛骊冲杀在前。身后上百名精骑紧紧追随，乱军之中，势若游龙。那杆素缨金丝点钢枪，神出鬼没，指东杀西，真是碰着就死，沾着就亡；那把销金卧龙宝刀，吹毛利刃，削铜剁铁，招着一下，筋断骨头伤。一圈下来，李世民枪挑刀砍，杀死夏军兵将七十多人。

秦王身先士卒，奋不顾身，上万唐骑备受鼓舞，人人踊跃，个个争先，拼力死战。但五色军的剽悍也是出了名的，并不退缩。双方你来我往，直杀得高处人头滚滚，低处血水横流。

战斗相当激烈地进行了约有半个时辰，刘黑闼后军中出现了慌乱。洛水河已经涨满，挡住了刘军的退路，背水而战的刘军，心理上有些不知所措。李世民趁势猛打猛冲，把敌军往后压了二三里。

激战持续了很长时间，双方兵将都感到有些乏力，李世民令旗一挥，后方土岗上的百面牛皮大鼓又一齐擂响，隐蔽在斜坡下的数千名黑衣军，跃马而出，如一把锋利的尖刀，直插敌军的心脏。

猛将尉迟敬德手持大槊，如天神下凡，一马当先，砍瓜切菜似的，杀出一条血路。黑衣队养精蓄锐，力战多时的刘黑闼军哪能挡住这股冲劲，前军骑兵被冲得七零八落。黑衣队虎入羊群，径直攻杀后阵的步兵。勇猛无敌的黑衣队，也给了与敌苦战的上万唐兵以必胜的信心，在李世民的率领下，将士们抖擞精神，拼力厮杀。

黑衣队的参战，改变了双方相持不下的战斗格局。刘黑闼军渐渐不支。但身后河水暴涨，退路已被截断，无奈，主力五色军只能与唐军进行殊死的搏斗。

从中午至傍晚，来回十几个回合的拉锯战，使作战双方死伤惨重，战场上到处是倒卧的死尸，空气中弥漫着浓浓的血腥味。黑衣队的勇猛出击，把刘黑闼军分割成好多块，刘黑闼的指挥系统也不灵便了，残军陷入了被包围歼灭的境地。天色已晚，再打下去，刘黑闼有可能全军覆没。拼杀中的王小胡看出了事态的严重性，他抹了一下脸上的血水，赶到刘黑闼跟前说："大哥，体力尽了，不如早回！"

刘黑闼也两顿没吃饭了，人困马乏，他观望一下战场，知道不走也不行了，于是挥手命令道："留得青山在，不怕没柴烧，撤！"

中军官摇起了令旗，打出了撤退的旗语。刘黑闼和王小胡在二百名亲兵的护卫下，沿洛水河向西北逃去。但酣战中的许多将士，并没有看见撤退的旗语，仍奋力格斗。

此时的洛河水已与大堤持平，许多地方开始泛溢。随着河水越来越大，堤再也承受不住，一时决开了四五处几十米长的口子。滔滔河水，直冲野地里酣战的人们。唐军早有准备，锣声大起，骑兵拨马就跑，撤至外围的圩堤上，圩堤上几千名唐军弓箭手占据有利地势，箭在弦上，严阵以待。

决堤的河水恣意横流，水很快涨至人的膝盖，又很快涨至齐腰深。残存的刘黑闼军大梦方醒，本能地向南面圩堤奔去。但水涨得太快，跑得慢的，已被漩涡吞没，跑得快的，即使到了圩堤前，也被唐军乱箭射死。

可叹有三四千名刘黑闼的兵将，没有战死在战场，却溺死于滚滚的河水之中。除刘黑闼等少数人先行逃脱外，声势浩大的刘黑闼军近两万人惨死在这方圆十几里的荒野上。

河水渐渐平静下来，在苍茫的暮色中亮亮的一片。一具具尸首漂浮在水面上，头上寒鸦怪叫，远处洛水呜咽，简直是一幅人世间的惨痛图。圩堤上的李世民望着西天那残存的一抹晚霞，脸上丝毫没有胜利的喜悦，他喃喃自语："死的人不少了，该结束了，世事轮转，天下该到太平大治的时候了。"

掘堰放水，大展方略，一战而平刘黑闼。秦王的武功传至鲁郡，"鲁王"徐圆朗顿觉六神无主，不知如何应付眼前的局面。河间人刘复礼劝说徐圆朗："有个叫刘世彻的，才华横溢，名高东夏，且有非常之相，真乃帝王之器。将军若自立，恐终无成，若迎世彻而奉之，则天下指日可定。"

徐圆朗自知不是当帝王的料，于是首肯了刘复礼的建议，派他去迎接刘世彻。没等刘世彻来到，又有人在徐圆朗耳边吹风："将军为人所惑，欲迎刘世彻而奉之。如果刘世彻一旦得志掌权，又岂能容纳将军？远的不说，单说翟让让权给李密这件事，翟让最后死得多惨！"

徐圆朗一听，惊出一身冷汗，当即改变了原来的计划。过了几天，刘世彻来到兖州，追随他的已有数千人，驻扎在城外，静候徐圆朗出迎。等了半天，才有两个特使飞马来到，命令刘世彻进城谒见，刘世彻情知事有变故，想率军逃去，又怕遭到围歼。没奈何，只得进城入谒。徐圆朗立即夺去他的兵权，任他为有名无实的司马。为了借刀杀人，接着又命他去谯、杞二州劝降。当地人一向崇敬刘世彻的威望，没等他费多少口舌，即拱手将二州相送。徐圆朗怕刘世彻威望日增，以后盖过自己，就很快寻个借口把他杀了。

秦王李世民准备引兵攻打徐圆朗，临行前高祖诏令他回长安一趟，汇报河北、山东的形势。李世民把兵权暂交于齐王李元吉，领百余亲兵驰奔长安。

战无不胜、攻无不克的二儿子回来了，高祖十分高兴，亲自到长安东长乐坂迎接。在行宫里接见完毕，随后就排开了酒宴，爷俩边吃边谈。听了洛水苦战刘黑闼的情况，高祖叹息不已。说到下一步攻打徐圆朗的计划时，高祖道："徐圆朗虽注定失败，然居鲁郡之地不可小觑。"

李世民回奏道："我从正面攻击，徐圆朗必往淮、泗一带退却，可另遣一将于后击之。"

高祖首肯了李世民的提议，决定让行台民部尚书史万宝率领一军攻打陈州，以为策应。吃完饭，事也说得差不多了，李世民即奏请返回军中。高祖叹道："戎马倥偬，仗岂又能一天两天可以打完？不若回长安王府住一夜再走，看看妻儿也好。"

李世民顿首道："早一天结束战争，早一天天下太平。儿臣军务在身，不敢有一丝一毫的懈怠。"

高祖又叮嘱了一些关爱的话，把李世民送行到行宫大门外。李世民跪辞后，领从人翻身上马而去。儿子渐渐远去的矫健的身姿，又勾起高祖一件心事来：李建成和李世民，一个是储君，一个是王子，但以战功来论，李建成绝对比不过李世民。李

世民参与了太原起兵的决策,从武德元年六月至五年三月,李世民灭薛仁杲,平刘武周、宋金刚,镇压了窦建德,逼降了王世充,驱逐了刘黑闼,指挥了这些决定唐朝命运的一系列战役。其功勋业绩,威扬海内,非李建成可比。按理李世民当为太子,但按照自古以来的嫡长制,又不得不立李建成为太子。一个功绩平平,忝为皇储;一个武功盖世,却屈为臣下。这一不平衡的状况始终在高祖心里晃来晃去。他在世之日,或许天下太平;可一旦他撒手归天,李建成、李世民还能相容吗?

走一步看一步吧,现在关键是抚慰好李世民,免得他怨愤多了生出别的想法,高祖考虑要在京城为李世民盖一座王宫,以显示他与其他王公截然不同的待遇。

六月底,秦王李世民赶至黎阳,集结大军进攻徐圆朗。失去了刘黑闼这个主心骨,徐圆朗果然不成气候。李世民大军一到,如秋风扫落叶,一天之内就拿下鲁郡的西大门济阴,接着连克十余城,威震淮泗。盘踞江淮地区多年的杜伏威名义上已归顺唐朝,却拒绝到长安朝谒。闻秦王大军压至宿县一带,杜伏威心中畏惧,觉得该有一些表示,于是从寿春赶一些猪马牛羊,前来犒军。

在宿县东北六十里有个叫葛山的小城,北面山峦成阵,南面平原广阔,有奎水绕路流过,葛山呈鸡形,雄视淮泗,地理位置优越,乃春秋诸侯会盟之地。李世民的中军帅府特意驻扎于此。

离葛山还有几里远,杜伏威就见名扬天下的黑衣队往来如梭、喊杀之声不绝——正在河滩上操练武功。及至帅府,甬道两旁虎贲卫士全神贯注,持戈执戟。堂下秦琼、尉迟敬德、程咬金等名将银铠锦衣,昂然而立。杜伏威虽身经百战,但轻身来此,心里不免打怵。没容他多想,秦王已迎了过来,高声寒暄,也不容杜伏威行拜礼,即挽起他的手阔步走进帅堂。

看座上茶毕,杜伏威掏出犒军礼单,刚要张嘴说话,秦王一摆手止住了他,开门见山地说:"杜公久不入朝,圣上常常念叨。上次我回长安奏明军情,圣上还专门说起你的事。"

秦王目光炯炯,直盯着杜伏威,一番话说出,表面上是关心杜伏威,实则含有威胁的意味。杜伏威心中明白,叩头请道:"伏威久欲入朝,因徐圆朗反,故迟迟未行。"

既然来了,就不能让你走了。秦王心想徐圆朗也没有多少打头了,遣一上将即可灭之,决定带杜伏威提前回长安。因此对杜伏威说:"我这两日就要班师回朝,杜公可随本王前去长安。"

"我得先回寿春一趟,准备一些朝拜的礼物,总不能空手去见圣上。"杜伏威还想耍个滑头。

秦王哈哈大笑道:"既来之,则安之,再说圣上念叨的是你这个人,不是你的什么贡品啊!"

济世安民:唐太宗

【第六回】
同室操戈萧墙祸起，兄弟反目肘腋变生

　　武德五年（622年）七月，秦王李世民认为淮、济之间大致平定，安排淮安王李神通、行军总管任瑰、李世勣继续进攻徐圆朗。乙酉这天，携杜伏威一齐班师返回长安。

　　乙亥日，秦王陪杜伏威入朝，高祖李渊见了非常高兴，拍打着御榻，叫杜伏威到自己的身边坐。杜伏威受宠若惊，呆呆地听着下边秦王的宣谕："奉天承运，皇帝诏曰：拜杜伏威为太子太保，兼行台尚书令，留长安伴驾。"

　　留长安伴驾？杜伏威一直担心的事终于发生了。什么尚书令，什么太子太保，失去了江、淮老根据地，失去赖以成名的江淮义军，在长安他什么也不是。杜伏威后悔打错了算盘，后悔跑到葛山去犒什么军。他怎么不好好想想，胸藏机谋的李世民一旦得到他，又岂能再放虎归山？

　　果不其然，杜伏威虽然挂了个一品宰相的名号，但进了宰相府，就再也不让出来了。武德七年（624年）二月，即被软禁了一年零八个月之后，杜伏威郁郁而终。

　　话说刘黑闼逃到突厥后，见到颉利可汗，三说两说，可汗又被他说活了心眼，于是撕毁了与唐朝和亲修好的约定，借骑兵上万协助刘黑闼东山再起。

　　武德五年（622年）四月，刘黑闼引突厥兵围攻驻扎在新城的代州总管定襄王李大恩。李大恩军粮耗尽，乘夜率军弃城而走，新城失守。六月一日，刘黑闼长驱直入，进犯山东，黑闼旧将曹湛、董康买聚兵响应。

　　刘黑闼死灰复燃的消息传到长安，高祖不敢等闲视之，立即召开御前军事会议。会上，大家分析刘黑闼虽卷土重来，但势力大不如前，遣一上将即可平之。淮阳王李道玄年轻气盛，当即请战。淮阳王虽然只有十九岁，却数次随秦王出征，积下赫赫战功，军中口碑甚佳。高祖也想锻炼他的指挥能力，于是答应下来，任命道玄为河北道行军总管，同时任命老成持重的史万宝为副总管，协助淮

197

阳王指挥作战。

冬十月乙丑日，淮阳王李道玄率五万大军在下博拦住刘黑闼。两军分南北列开了阵势。淮阳王遥望着敌阵对史万宝说："我先率一千轻骑冲击敌阵，你随后率大军挺进。"

"雨后泥泞，不宜孤军轻进。"史万宝提出反对意见。

"你不懂！"淮阳王踌躇满志地说，"本王数从秦王征战，秦王每战必以轻骑冲阵。"

史万宝也是个老将了，说者无意，听者有心。"你不懂"三个字深深地伤害了他的自尊心。十几岁的娃娃想逞能就让你逞去吧。史万宝于是点点头，含糊答应淮阳王的部署。

淮阳王不愧为秦王帐下的一员猛将，率一千轻骑如离弦的箭般向敌阵冲去。剩下的兵将见状，拎着兵器正要随后跟进，史万宝却挥手制止了，众将摸不着头脑，史万宝对亲近的部将宣称："我奉手诏，言淮阳小儿虽为名将，但军队的进止皆委于我。今轻易出战，必陷于泥中，不如结阵，以王饵贼，王败，贼必争进，我坚阵以待，必破之。虽不利于王，而有利于国。"

淮阳王李道玄率轻骑兵独进，眼看接近敌阵，却遇上一条河沟，沟里烂泥没了马脚脖子，打滑难走，众将士只得牵马走过泥沟。还没等走出泥沟，突然喊声大起，刘黑闼埋伏的军队从野地里冲杀过来，淮阳王来不及整队列阵便仓促迎战。

淮阳王属于碰到恶战便热血沸腾的那种人。面对层层叠叠杀来的敌人，他毫无惧色，一马当先，奋力拼战。但毕竟孤军深入，寡不敌众，史万宝又迟迟不跟进。激战了小半个时辰，刘军越聚越多，这时一支冷箭射来，正中淮阳王的马首，战马仆地跌倒。淮阳王步行力战。骑将失去了战马，就少了许多用武之地，刘黑闼的排槊手一拥而上，淮阳王身中数矛，仆地而死。部队失去了主帅，顿时失去了战心，拨马向后溃逃。战事初起，就有骑将见势不妙，先跑回大营，催史万宝速发兵救援。史万宝还想拖延时间，那骑将厉声道："淮阳王乃圣上爱侄，若有不测，谁也逃不了干系！"

史万宝这才觉出事态的严重性，急忙率将士出战。没走多远，就见溃军纷纷往回跑，刘黑闼的军队漫山遍野追杀而来。

"淮阳王呢？淮阳王呢？"史万宝拦住一个溃兵急问。

"了不得了！王爷战死了。"溃兵血头血脸，惊慌地答道。

主帅战死了，溃兵没命地奔逃，士兵们一下子失去了斗志，纷纷随着溃兵往后跑。史万宝制止不住，被裹着往后跑。刘黑闼的骑兵跃马抡刀，砍瓜切菜一般砍杀唐军。可叹唐军五万人马，除史万宝单骑逃脱外，竟全军覆没。

噩耗传至长安，高祖老泪纵横，当即追封李道玄为左骁卫大将军，谥曰"壮"。秦王也深为十九岁的道玄痛惜，流着眼泪对人说："道玄常从我征伐，见我深入贼阵，想要仿效，以至于此啊！"

淮阳王战死，山东震骇，洺州总管庐江王李瑗不等刘黑闼逼近即弃城西走。附近州县见势不妙，急忙声明归附于刘黑闼。旬日之间，刘黑闼尽复故地，仍占据洺州，作为都城。

山东形势日益严重，高祖无法，考虑再次起用秦王前去征讨。因命兵部拟订计划，准备明日召开御前军事会议。

黄昏的东宫，月牙挂在檐角上，太子李建成在庭院里来回踱步，长吁短叹，太子中允王珪跟在旁边，察看李建成的表情，又低着头笑了一下，明知故问道："太子贵为皇储，一人之下，万人之上，有什么不痛快的事吗？"

李建成叹了口气，将了将头发说："刘黑子这一闹腾，又该老二大出风头了。"

王珪笑了一下，头也不抬地说："今回该咱东宫风光风光了。"

李建成闹不明白他的意思，问："你想说啥？"

"明日御前会议，殿下当仁不让，请旨挂帅征讨刘黑闼。"

"不行，不行，"李建成愣了一下，"那刘黑闼惯征善战，唐家败在他手下的名将不知有多少。咱若冲锋陷阵，闹不好小命也得搭进去。"

王珪笑了一下，拍了两下巴掌，只见廊柱后转过一个人来，到李建成跟前撩衣跪倒。李建成一看，原来是洗马魏徵，忙拉了起来，魏徵施了一礼说："秦王功盖天下，中外归心。殿下但以年长位居东宫，无大功以镇海内。今刘黑闼散亡之余，众不满万，资粮匮乏，以大军临之，势如拉朽。殿下宜自击之取功名，因结纳山东豪杰，庶可自安。"

李建成听了，觉得有理，又不无担心地说："要是皇上不允咱出征怎么办？"

魏徵左手拿扇子在右手心一拍说："殿下是皇储，秦王怎么说也得排在殿下后边。况皇上早就想树树咱东宫的英武形象，殿下只要一开口，无有不允。"

李建成一听，非常高兴，忙推着王珪和魏徵："走，走。外面太冷，咱弄桌酒在屋里边吃边说。"

第二天的御前军事会议上，太子李建成按照王、魏二人的教导，慷慨激昂地说了一番，极力要求挂帅出征。高祖看在眼里，既高兴又担忧，但还是答应了李建成的请求，当即诏命太子李建成率军东讨。弄得秦王李世民一肚子作战计划没说出口，回去后就把等待在秦王府内跃跃欲试的将士们打发走了。

太子李建成此次征讨，派头极大，陕东道大行台及山东道行军元帅及河南、河北诸州县悉归其统一指挥。

李建成人不怎么样，但王珪、魏徵都是海内贤能。进军伊始，根据魏徵的建

议，李建成一改李世民往日军事强攻的方法，采取宽大政策，对抓住的俘虏，发放安家费，予以释放，并根据农民都愿意恢复生产、过安宁生活的愿望，遍贴安民告示，以瓦解刘黑闼的军心。军事上，李建成继续执行南北夹击的方略，命令幽州总管李艺克服一切困难，全力南下。李建成则和齐王李元吉率大军十余万进至昌乐，以静制动，直逼刘黑闼。

刘黑闼也采取相应措施，一面留兵继续围攻魏州，一面率主力部队进至昌乐，阻击李建成。

双方在昌乐北郊外列开阵势，战旗飘展，黑压压的一片。素闻刘黑闼勇猛善战，李建成有些焦虑，不时地拿眼睛看着王珪、魏徵。王珪命强弩手压住阵脚，左右两翼又各布置了一支骑军，一切布置牢靠，魏徵在马前向李建成说："今天不交战为好。"

"不打当然好了，"李建成张望了一下敌阵说，"不打不如在城里固防，可咱又出来布阵干什么？"

魏徵这才和盘托出自己的妙计："前破黑闼，其将帅皆悬名处死，妻子系房；故齐王之来，虽有诏书赦其党与之罪，皆莫信也。今悉解其俘囚，慰谕遣之，则可坐视敌军离散！"

李建成一听，拍手连叫"妙、妙"。他命令魏徵立即实施这一攻心战术。

魏徵早有准备，一挥手，后阵中押来数百名俘囚，都穿着各色各样的棉袄，人吃得白白胖胖，胳膊上都挎着个包袱。李建成坐在马上向他们训话："今天把你们全部释放，不为别的，因为你们也是大唐的子民，天下都归大唐了嘛！回去后，尔等罪过一律既往不咎，希望你们安心农业生产，早日过上安乐的生活。"

因唐朝政策放宽，俘囚们受了多日的优待，今听太子李建成的话，无有不应，都欢呼着答应。

"放人——"魏徵手一挥，前阵中闪开一个口子，俘囚们在唐军的督促下，争先恐后往前跑。跑完后，唐军前阵复归如旧。跑到阵前的俘囚们一看，对面是一军阵，刘大王的号旗哗啦啦地飘。跑，怕刘大王不答应，一阵乱箭射来，都得玩完，况军阵密集，跑也跑不出去，不如归队吧，俘囚们低着头，不情愿地回归本军。

被唐军俘虏多日的兄弟们回来了，刘黑闼军自然高兴，相熟的纷纷上前叙话，叙述别后之情。刘黑闼一看，两军阵前成了重逢会啦，这仗没法打了。刘黑闼当即下令鸣金收兵，改日再战。

刘黑闼收兵，正中李建成下怀，忙命唐军前队变后队，回归营寨。

魏徵这条阵前放俘囚的攻心战术真起了作用。一向自信的刘黑闼对放回来的俘囚并不在意，便把他们分编到各队。在军中这些俘囚们可成了唐朝瓦解其军心

济世安民：唐太宗

的宣传员，讲一通全国统一的大道理，又讲随刘黑闼折腾不如回家安心过日子的道理。他们三五成群，到处说，父亲找儿子，哥哥找弟弟，刘黑闼的军心渐渐地瓦解了，逃走的兵士每天都有，越来越多。甚至有的士兵绑着自己的头头，集体投降唐军。军粮供给不上，军心又不稳，刘黑闼怕时间久了，受到里外夹击，于是退军至馆陶永济渠的东岸，令工兵搭建浮桥，准备渡河。

唐军亦时刻观察刘军的动静，见其退军，齐王李元吉即率精骑兵尾随而来。

探哨发现了唐军的动作，刘黑闼不敢怠慢，命王小胡率五千兵士背水列阵，阻击唐军，掩护大部队过河。浮桥粗成，没等搭齐跳板，刘黑闼一马当先，自己先奔到桥西。这时的唐军已从河堤上冒出了头，呐喊着冲了下来，厌战多日的刘军见势不妙，立即扔掉手中的兵器举手投降。李元吉没费多大的劲就冲到了河边。

随刘黑闼过河的只有几百个亲兵，李元吉大喜，亲率部队渡河追击，才过去千把人，浮桥就被压断了。后续部队过不来，李元吉不敢追击，眼睁睁地看着刘黑闼率数百骑往北跑了。

武德六年（623年）正月的一天，饶阳郊外，百十个盔歪甲斜的人，牵着马，垂头丧气地走着。大家又饥又渴，领头的刘黑闼不断给大家打气。这时，饶阳城门方向飞奔出一批人马来，大家直起腰，手搭凉棚，高兴地说："饶阳刺史来迎我们了！"

不大一会儿，饶阳刺史诸葛德威领千余人马赶到，那诸葛德威滚鞍下马，在刘黑闼跟前叩头道："接驾来迟，大王受惊了。"

刘黑闼扶起他，问了问城中的情况。诸葛德威拽着刘大王的袖子说："这里不是说话的地方，大王快进城休息吧。"

人困马乏，大伙儿恨不得马上就到城中，吃一顿饭，睡个安稳觉。刘黑闼是侦察兵出身，警惕性比别人高，他怀疑城中有诈，于是对诸葛德威说："你给我们换换马匹，我们还要赶路，就不进城了。"

诸葛德威一听，马上跪倒，头磕得砰砰响，及抬起头来，已是眼含热泪："大王是不是信不过德威？如今到了家门口却不进去，传扬出去，叫德威在天地间如何做人啊！"

诸葛德威哭诉得情真意切，将士们也急着想进城休息，可刘黑闼就是不答应。"哗——"地上跪倒一大片，领头的诸葛德威涕泣固请："大王不愿进城，在城旁的酒店中吃点饭，休息一下也可。"

刘黑闼见将士们确实又饥又渴，只得点点头说："在城旁酒店吃完饭就走。"

"是、是，吃完饭就走，我给大王备上马匹、干粮。"诸葛德威给刘黑闼牵马坠镫，颠颠地在前头带路。

到了城旁的一家酒店，大伙儿盥洗完毕，直催着厨房上菜。诸葛德威借口去准备战马干粮，脱身而去。

酒菜齐备，大伙儿有的围坐在大方桌旁，有的蹲在地上，都敞着怀，放开量大吃大喝。刚吃了个半饱，房门突然被撞开，一队兵士持刀端枪地撞进来，两个人拿一个，刀架在脖子上，把刘黑闼的人全都控制起来了。

"怎么回事？"刘黑闼的弟弟刘十善"叭"一声把手中的碗一摔，圆睁双眼，还想耍二大爷脾气。

诸葛德威干笑着走进来，他先给刘黑闼施一礼，说声"告罪"，而后一挥手，"全都捆起来！"

刘黑闼知道阴沟里翻了船，也没做什么反抗，只是冷着脸一言不发。

诸葛德威拿住了刘黑闼，怕夜长梦多，决定直接押送到唐营。这时的李元吉已随后追来，凭空捡了个宝，李元吉异常高兴，指定诸葛德威仍为饶阳长官，而后押着刘黑闼来见大哥李建成。

李建成见抓住了头号反贼刘黑闼，喜出望外，一连声地说："快，快，立即解往长安请功！"大军把刘黑闼等人所乘的囚车围在正中间，浩浩荡荡地向长安进发。没走多远，就遭到了几股刘黑闼残部的骚扰。李建成望了望囚车中的刘黑闼，既不敢相信自己真的擒住了他，又有些放心不下，怕途中被劫。寻思了一会儿，李建成叫过李元吉，两人一合计，干脆把刘黑闼杀了，提头到长安请功，来个稳妥的。

一声令下，刘黑闼及其弟刘十善等百余人从囚车中被拉了出来，推到一条河沟边，刀光闪闪，凶悍一时的刘黑闼等人，全部被斩首。

望着地上被拢起来的人头，李建成这才相信了自己的眼睛。齐王李元吉大乐，拍着手对李建成道："非仅老二可以克敌。大哥一出马，即擒杀了刘黑子，其功大于老二十倍。"

李建成听了非常高兴，抚着李元吉的背说："四弟有才，在老二那里使不出，好好地跟着大哥我，保你以后位不在秦王之下。"

弟兄俩越说越近乎，遂弃马换车，弄上酒菜，在车上边行边饮。

为了大造胜利声势，李元吉命沿途州县派吹鼓手一路欢送。到了长安，已集起数千人的吹鼓大军，锣鼓声震天动地。

长安东十里驿站，彩旗飘展，人头攒动。高祖李渊为了给太子长脸，亲率文武百官前来迎接。献"俘"仪式毕，李建成一身戎装，满面春风，仰脸看着父皇对黑压压的人群讲话："……山东战火熄灭，我大唐基本完成了统一大业，这是千古不朽的伟业。从今以后，我们就可以君臣相保，享其太平。"

"万岁、万岁、万万岁……"

大臣们也很高兴，万岁声叫得格外响亮。太子为了显示自己的能耐，当着大臣们的面向高祖要求道："如今君臣相庆，千载难逢，当去骊山汤泉行宫，大宴群臣，彻夜歌舞。"

天下迎来了太平，李渊正想高兴高兴，当即传旨，起驾前往骊山行宫。

随后，一些皇家歌女也迅速赶到骊山。初春的行宫温泉旁，李渊和王亲重臣坐在披厦里，边喝酒边伸着头往前看，前面的草地上，几十个赤脚的半裸少女，歌喉婉转，甩着长发翩翩起舞。温泉袅袅腾腾的热气如梦似幻，将她们衬托得宛如梦中的仙女……

"太平皇帝才是天下第一享福人啊！"望着高祖耽于声乐的样子，裴寂在旁边轻轻地拍着马屁。

"那可是——"高祖捋了捋胡子，不置可否地说。

正玩得高兴，一个贴身太监急步走过来，在高祖耳边小声说了几句，高祖一听，惊得嘴咧老大，接着就老泪纵横，拍着坐毯大放悲声，一时慌得裴寂等人不知怎么办才好。

"昭儿啊昭儿……"高祖哭着，又猛然抬起头挥着大袖子，"撤乐，撤乐，赶快撤乐……"

舞女和乐师们急忙退走了。众人一打听，原来是平阳公主病亡。公主乃窦皇后所生，是高祖最疼爱的女儿。太原起兵时，年仅二十出头的她组织了一支七万多人的"娘子军"，响应父亲起兵，立下了赫赫战功。如今太平盛世，尚未好好享受一下就英年早逝，怎不令高祖痛惜神伤？大臣们都含着眼泪，过来解劝，恳请高祖节哀顺变，保重龙体。

劝了一会儿，高祖渐渐止住了哭声，礼部侍郎凑上来，小声探问平阳公主的治丧规格。高祖手一挥说："特诏命按亲王礼安葬，送葬时要加前后部羽葆鼓吹，大辂、麾幢、班剑各四十人，虎贲甲卒。"

太常不长眼色，上来奏道："礼制规定妇人没有鼓吹。"

高祖气得直瞪眼，一拍桌子说："鼓吹，军乐也。公主亲执金鼓，举义兵以辅成大业，岂能与寻常妇人相比！"

大家见高祖发火，急忙把太常推到一边，异口同声赞成高祖的决定。骊山也玩不下去了，王公大臣们收起玩心，跟着高祖浩浩荡荡地返回长安。

平阳公主的葬礼很是风光。送葬之日，哀乐呜咽，幡旗满街。虎贲军持剑夹道护送。百姓们也站在路边啧啧地赞着，含着眼泪，惋惜这位传奇女英雄的早逝。

三月，失去刘黑闼支援的徐圆朗穷途末路，领亲兵弃城逃走。路上正撞上行军总管李世勣，束手就擒。自此，山东的战火全部熄灭。国内是无大仗可打了，

203

但来自西域等国的骚扰却一直没有停止。

四月，吐谷浑进犯芳州、洮州、岷州。岐州刺史驸马柴绍抹去丧妻之痛的泪水，奋然请命，领兵征讨。在岷州西北的山地里，两军遭遇。激战中，柴绍军被围在一个谷地里。吐谷浑兵居高临下，箭如飞蝗，向唐军乱射。柴绍急中生智，在军中清出一块场地，让两个美貌的半裸女子在当中对舞，并命乐师弹琵琶伴奏。打仗的时候还有闲心跳舞，吐谷浑兵甚觉稀奇，都停止射击，伸着脖子往下看。渐渐地，吐谷浑兵被俩裸体女子翩翩起舞的样子吸引住了，弓矢也扔到下边，大伙儿勾肩搭背聚在一块观看，时而指指点点，时而评头论足。

柴绍一见敌兵阵容不整，于是秘密地派一支精骑兵，从背后向敌兵发起猛攻。这一招战地美人计果然奏效，看得正专心、口水流得老长的吐谷浑兵失去了戒备，被唐军突袭个正着，大败而逃，被斩首五百余级。

这一仗打下来，吐谷浑以为唐兵有神女相助，不敢再张狂了。于是，遣使修好于唐朝。

再说北边的突厥，虽然与唐朝通婚修好，却经常言而无信，引兵犯边。武德六年（623年）九月，万余突厥骑兵攻打马邑。被朔州总管高满政击败。颉利可汗加兵五千，再次前来围攻。小小的马邑城外，战马狂奔，突厥兵飞上飞下，如履平地。前来协助马邑防守的右武侯大将军李高迁哪见过这种阵势，吓得看也不敢看，入夜，李高迁竟偷偷摸摸率两千精骑出城逃跑。刚转过一个山包，就遭到突厥兵围攻，伤亡惨重。李高迁侥幸逃脱，回到长安即添油加醋说一番突厥兵怎样厉害，自己怎样死战才得以逃脱云云。高祖无奈，又派行军总管刘世让前去救援。刘总管领兵至松子岭，听说高满政守马邑，一日数战，十分惨烈。吓得刘世让不敢再往前走，引兵又退回了崞城。

马邑城久攻不下，颉利可汗想借此勒索一下唐朝，乃遣使至长安请求和亲。高祖对使者说："解马邑之围，而后方可议和亲之事。"

颉利可汗准备退兵，一直逃亡在突厥的隋义成公主拉住可汗的马裤，苦苦请求继续围攻。可汗打消了退兵的念头，又造一些攻城的器具，猛攻马邑。

马邑被困多日，城中粮尽，援兵又迟迟不到。高满政没法，准备率众突围，右虞侯杜士远觉得突围也难免于难，寻思再三，突然拔刀杀了高满政，携首级投降突厥，马邑遂破。

突厥出尔反尔，背信弃义，弄得高祖李渊很是头疼，召开御前会议商议对策。会上，有人摇头晃脑，提出一个自以为一劳永逸的高明对策，云："今突厥屡犯关中，无非因长安繁荣，欲入境大掠，若把长安一把火烧了，突厥自然就不来了。"

"烧了长安，朕上哪安身？真是胡说八道！"高祖指着那人愤愤骂道。

"迁都啊！"那人鞠了个躬说，"烧了旧的，再盖新的。以华夏之大，到南方再盖个新都费什么事？"

高祖一听，连连点头，又一拍巴掌说："好！好！此计甚妙。朕怎么没想出来！南方温暖，正好治治朕的老寒腿。就这么定了。宇文士及何在？"

中书侍郎宇文士及最善于听话，颠颠地跑过来。

"臣在！"

"你马上去扬州一带，择造都城，以便南迁。"

"遵旨——"

扬州一带不但温暖，而且美女如云。大家一听说迁到那里，都非常高兴。李建成、李元吉、裴寂等人热烈地讨论起来，憧憬新都美好的明天。右仆射萧瑀是个明白人，知此事断不可为，但他怕触霉头，只是在旁边拿眼看人，一声不吭。独有秦王李世民大踏步走上来，谏道："戎狄为患，自古有之。陛下以圣武龙兴，先宅中夏，精兵百万，所向无敌，奈何以胡寇扰边，遽迁都城以避之，贻四海之羞，为百世之笑乎！彼霍去病汉廷一将，犹志灭匈奴；况臣忝备藩维，愿假数年之期，请系颉利之颈，致之阙下，若其不效，迁都未晚。"

旁边的李建成直咂嘴，捅捅李元吉："太能了，好像都不如他能。这事历朝历代都没法解决。"

"他能他怎么不抓住刘黑子！"李元吉嚷嚷着，他不管那一套。

李世民向父皇再鞠一躬说："不出十年，必定漠北，非虚言也！"

高祖倒没在乎二子李世民是否大话狂言，但李世民一番不让迁都的劝谏倒让高祖回过味来。这一迁都，祖坟太庙都得跟着迁，这些富庶的城市，连绵的大地，世代居住这里的关中老百姓，怎一个迁字了得？迁了以后，哪个人又能保证突厥不随后跟进？

"迁都之事暂不要提了，退朝！都是些什么脑子？"高祖没好气地一挥手，起身从边门走了。

高祖前脚走了，李建成随后跟着，跟到后宫，李建成鼓动几个相好的嫔妃，轮番在高祖耳边聒噪说："突厥虽屡为边患，得贿即退。秦王托御寇之名，内欲总兵权，成其篡夺之谋罢了！"

高祖哼哼着，不以为然，但这话里的一个"篡"字，却印在高祖的脑子里去了。

立秋了，天渐渐地凉快了，高祖李渊游猎之心顿起，于是带着李建成、李世民、李元吉到长安城南打猎。当老子的摆老资格，李渊马鞭一指，对三人说："你三个小子不要老跟着朕，赶快去打猎，谁抓的猎物多朕赏谁。"

三人一听，忙放开马往前跑。李建成脑筋一转，想出个坏点子，拨马赶上李

世民说："我有一匹骏马，能跨越数丈的山涧，弟擅长骑术，请骑上试试。"

李世民平生爱马，越难骑的马越想骑，于是跳下马说："牵来我骑骑。"

马很快牵了过来。这是一匹浅棕色、尚未驯化的胡马，身长丈二，野性十足，刚牵来就暴跳如雷，连鞍子都不让上。李元吉在旁嘿嘿冷笑，想看李世民的笑话。李世民毫不迟疑，上前抓住马鬃，一跃而上。见有人骑自己，这胡马不干了，尥蹶子往前蹿，蹿了几十丈远，又一个低头急刹车，惯性让李世民在马上坐不住了，好身手的他借势落地，跑出了数步远。又返回来抓住马，跃了上去，如此三次，毫不受伤。马见有了对手，野性也渐渐平了，李世民骑着它一连射杀好几头鹿。

回去交猎物时，宇文士及讨好地对秦王说："野马欺生，我真担心王爷的安全。"

秦王李世民拍了拍旁边的胡马，自负地说："彼欲害我，死生有命，岂是暗算能致死！"

这话说得露骨，明明白白道出兄弟间的矛盾，善于两边讨好的宇文士及，抽空又把这话告诉给李建成。

回宫后，李建成又怂恿张婕妤、尹德妃向高祖上奏道："秦王自言，我有天命，方为天下主，岂能浪死！"

前番听了"篡"没来得及发火，今天听了"我有天命"，高祖的火腾地就起来了，一迭声地召三个儿子来见。

李建成、李元吉早在官门口等着，被召后急忙进来了。李世民最后一个来到，进门一看，心想不好，但见父皇气哼哼地坐在椅子上，李建成、李元吉一左一右侍立在两旁。

"天子自有天命，非智力可求，你着什么急！"高祖指着李世民气愤地说。

李世民见父皇说出这等严厉的话，忙拜伏在地，脱冠砰砰叩头，嘴里还没忘辩解两句。

"说没说这话，交法司一审就出来了。"李建成在高祖身后咕哝道。

"交法司，马上交法司！"

高祖正发火间，值日太监惊慌地走进来，手里拿着急件，对高祖说："陛下，边关急报，突厥颉利可汗、突利可汗率数十万大军，连营九十里，犯边南侵。"

高祖一听又起战事，很自然地把眼光投向李世民。水来土掩，兵来将挡，强敌来侵，非二子不能挡之。

"行了，行了。"高祖走过来，拍拍跪在地上的李世民，"起来吧，没说就没说，以后言语上注意些就行了。"

高祖又转身命令值日太监："通知兵部，马上召开御前军事会议。"

突厥的两个可汗以举国之兵，同时出动，给与会的将领们以很大的精神压力，包括李建成也不敢揽这个活。大家以热切的目光看着秦王李世民。李世民迈步向前，向高祖慨然请战。

正值连绵的秋雨时节，关中土地泥泞不堪。李世民、李元吉率领二十万大军，连天加夜地急行军。等到了幽州前线时，将士们已疲惫不堪，李世民命令就地安营扎寨，与突厥人对垒。

营寨还未立好，忽报突厥数万铁骑进犯至幽州城西，列阵于五陇坂。李世民当即下令抽调五千铁骑前去迎敌。

剽悍的突厥兵一身短打扮，骑在高大的草原马上，龇牙咧嘴，耀武扬威。唐兵素知突厥兵骁勇，都有些害怕，胯下马迈着小碎步，迟疑不前。

李世民见状，厉声说："打仗就要有打仗的样子，不能有丝毫的畏惧，只有死战，才能消灭敌人，保全自己。元吉——"

"到。"李元吉不情愿地提马过来。

"点起八百精骑，随我一起向敌人攻击！"

李元吉一听，惊得嘴张开老大。这八百骑兵撒出去，还不得让几万突厥兵踏成肉泥。

"不行啊，二哥。形势严峻，咱们远道而来，立足未稳，应该深沟高垒坚守才行。贸然出战，万一失利，哭也没处哭去。况且天雨路滑，粮食也运不上来。"

李世民生气地拔出马刀，大声说："我们乃天朝上国，正欲示威于西夷，岂能固守不出？尉迟敬德——"

"末将在！"

"点齐骑兵随本王出战，齐王留下观阵。"

尉迟敬德很快选出八百精骑，跟着秦王，精神抖擞，冒着绵绵秋雨，向对面的突厥兵冲去。

"好像我李元吉是个胆小鬼。"齐王李元吉咕咕哝哝，望着远去的"秦"字大旗，心说，死于敌手才好呢！

连着几个阴雨天，突利可汗料想唐军初来乍到，衣甲湿沉，定然龟缩在营垒中不肯出战，而突厥兵数万精骑压上，虽不打算交战，但在气势上可以压倒对方。没成想唐主帅李世民竟率几百骑兵前来冲阵。这李世民一向智勇双全，此番不知葫芦里卖的什么药？突利传令全军，没有命令，不准轻举妄动。

唐骑冲到跟前，突厥兵骚动了一下，不来迎战。李世民于是止住部下，单骑向前，指着狼牙旗下的突利，大声斥责道："国家与可汗和亲，为何负约，深入我地？！我乃大唐秦王，可汗能斗，独出与我斗；若以众来，我直以百骑当之！"

突利以为秦王有什么诱敌之计，故笑而不答，心里说，你说破天我也不出兵，就是不上你的当。

秦王见突利麻木不仁，于是拍马冲到突利可汗的骑阵前，手点着突利的鼻子说："当年你与我结成兄弟之盟，缓急相救。今乃引兵相攻，何无香火之情？！"

两个人确实在一起喝过血酒，拜过把兄弟。听了把兄弟的话，突利可汗脸上有些发烧，默默无语。李世民又折回马头，摘下金枪，欲越过水沟，直取突利可汗。

颉利见李世民轻骑出阵，有恃无恐，又和突利说一些"香火"之类的话，怕他两个人之间有什么预谋，联合对付自己。于是扬手对李世民说："王不须渡，我无他意，实欲与王早固盟约耳。"

说着，颉利可汗与突利可汗一起领兵徐徐后退。这时，天也渐渐地暗了，又突然下起了滂沱大雨，别说交战，就是对面看人也睁不开眼。见突厥兵退去，李元吉打马跑了过来，一边抹着脸上的雨水，一边问道："怎么，突厥兵让二哥给说退了？"

"拔营跟进，乘夜进军！"李世民挥手命令道。

"这？黑夜，下雨天……"李元吉哭丧着脸。

"执行命令！"

突厥兵撤离幽州城西，回到原来的营寨。但等早晨天晴放亮，突厥兵大吃一惊，对面赫然竖起一片片营寨，好似凭空冒出一座城池，秦王的帅旗在一个最大的营帐上面迎风飘扬……

战还是不战？突利可汗在帐篷里来回走动，大费脑筋。战吧，有违与李世民的香火之情；不战吧，无疑又撕毁了与突厥可汗的同盟之约。再说，关中之地人物俊俏，市面繁荣，隔一段时间不抄掠抄掠，手心直痒痒。

"报——"一个探兵跑进来，"禀可汗，抓住一个自称是唐军使者的人，要面见可汗。"

话音刚落，几个突厥兵推推搡搡押进一个人来。那人中原人打扮，不慌不忙，向突利行礼道："秦王派某来向可汗致以兄弟之情，希望可汗识时务，顾大局，早日撤兵，以全秦晋之好。"

"不撤兵又怎样？"突利昂着脸说。

那人笑了一下，随即侃侃而谈："可汗所恃者弓矢耳。今积雨弥时，筋胶俱解，弓不可用，恰如飞鸟之折翼。而我大唐军屋居火食，刀槊犀利，以逸待劳，何愁可汗不退兵！"

突利听了这些利害关系，正中下怀，马上眉开眼笑，吩咐给使者看座，上酥油茶。突利拍着胸脯说："与我传语秦王，突利即日退兵。笑话，哪有自家人打自家人的。"

突利欣然从命，准备退兵，同时颉利也退兵。颉利此番入境抄掠，没捞到便宜，本不想退兵，突利不管他，径直派阿史那思摩去拜见李世民，请求和亲。

突利这边一拔营，颉利也沉不住气，怕孤掌难鸣，于是顺水推舟，也派人向李世民表示修好，而后，也拔营撤兵。李世民此番出征，兵不血刃，即退去了突厥的几十万大军，一时震动了整个朝廷。

李世民撤兵前，置十二军加强边关防卫，以李艺驻军于华亭县及弹筝峡，又留水部郎中姜行本断石岭道，以加强东线防守力量。

八月末，秦王李世民携突厥阿史那思摩回到长安。高祖李渊非常高兴，欢迎宴上，命阿史那思摩引升御榻。高祖打量着身边的阿史那思摩，问："看你貌类胡，不类突厥，是不是阿史那种？"

阿史那思摩挠挠头，不好意思地说："这事俺也说不上来，得问俺娘。"

高祖见他言语可爱，为人忠厚，龙颜大悦，拍拍他的肩膀说："你是不是阿史那种朕不管，但你为大唐和突厥的和好做了不少好事，朕封你为和顺王。"

"谢主隆恩！"阿史那思摩挺机灵，急忙叩头感谢。

宴会上，阿史那思摩手舞足蹈，又说了一通突厥人独独敬畏秦王的话，与会的王公大臣们听了直点头，一齐把敬佩的目光投向李世民，几个老亲王还竖起大拇指："国之栋梁啊，国之栋梁，很难想象我大唐皇朝没有秦王是什么样子。"

秦王李世民在御宴上大显风光，太子李建成心里却不是滋味。宴散后，齐王李元吉随着李建成来到东宫，关起门来，李元吉气愤地说："没有我齐王在后面督军压阵，他凭着一张嘴就能退突厥几十万大军？嘁！风光都让他占去了，咱真正立了功的人却在下面生闷气，气死我了！"

弟兄俩沉默了一会，李元吉一拍脑袋瓜，说："有了！"

"什么有了？"李建成忙问道。

"过两天父皇去我齐王府，老二肯定跟着，到时我安排一个武艺高强的人埋伏起来，杀了他就完事了。"

你杀他不干我的事，李建成一阵高兴，杀了他才是解决一切问题的最好办法。李建成兴奋地对李元吉说："三胡（元吉小名），嗣君之位保住后，等哪一天我当了皇上，一定立你为皇太弟，将来传位于你。"

李元吉动了动被酒色淘空的身子，心里说，我他妈若死在你的前头，岂不一辈子都是皇太弟？待除掉老二，再除你李建成，那才是易如反掌，皇帝之位手到擒来。

高祖李渊深知这一母所生的三个孩儿，心存芥蒂，互相之间都不服气，老是想生事。这天果然传旨幸临齐王府，并让李建成、李世民伴驾前往。高祖本意希望他们亲善和睦，加深兄弟手足之情。

这是一家人的大聚会，高祖带着得宠的尹德妃、张婕好等后宫佳丽，太子和秦王则带着太子妃、王妃等家眷，浩浩荡荡几十辆大车，来到了齐王府。

齐王府杀鸡宰羊，忙得鸡飞狗跳。齐王李元吉殷勤地把父皇等人迎进王府。高祖戎马生活习惯了，不喜欢闷在屋内，离吃饭还有好一段时间，高祖传旨到王府后花园游玩。

后花园里，秋草衰萎，寒鸦鸣叫，没有什么好玩的，尹德妃等女眷无精打采地走着；高祖却兴致勃勃，边走边看；李世民望着眼前的一切，一副想作诗填词的样子。李元吉忙里偷闲，把李建成拉到一边，悄声说："都准备好了，护卫宇文宝武当派出身，手能开砖，宴会开始后，让他从卧室突出，一刀劈了李世民，万事大吉。"

事到临头，李建成却心神不定，他望着远处背着手游玩、体魄强健的李世民，担心地说："世民武艺高强，宇文宝一人，怎能制服他？事不谐，则将暴露。依我看，今天就算了吧。"

"我精心准备了多日，怎么就算了？"

"算了吧，三胡，这事等以后再说。"

李元吉望着李建成的样子大为恼怒，说："此为兄谋虑，于我何害？我一个可当万夫，何况就他一个？"

李元吉说归说，但掂量起来，还真有点怵李世民。万一争斗起来，不是他的对手，就坏了。此事李建成不支持，李元吉也就泄了劲，悄悄通知护军宇文宝罢手了事。

一计未成，李元吉又生一计。这天，他到东宫大哥那里喝酒，喝着喝着，哥俩头抵到了一块。李元吉说："秦王府骁将众多，咱俩的手下加一块都不如他强，万一哪天父皇不高兴，秦王府发作起来，可不是好对付的。"

这正说中了李建成的心病，他愁眉苦脸地说："我怵就怵他这个，要是他一个单身人，他再能，也逃不出我的手心。"

到底是三胡鬼心眼子多，他照例拍一下脑袋瓜："有了！"

"又有啥了？"李建成看着老弟。

"你舍不舍得出钱？"李元吉歪着头问。

"钱有什么舍不得的？"李建成挺着肚子说，"干掉李世民，天下都是咱的，还什么钱不钱的？"

李元吉这才说出自己的如意算盘，他的意思是，大量拿出金银财宝，收买秦王府的人，引为己用。

这个主意不错，李建成当即拍板："要买，第一个收买尉迟敬德，少了他，等于砍了李世民一条胳膊。"

李元吉不同意，他摇了半天头才说："先收买李世民身边的重要谋臣，如房玄龄、杜如晦，文人嘛，都好见财起意；像尉迟敬德这个过节头，死心塌地跟着李世民，不如杀掉。"

"不，不，不。"李建成摇着手说，"这个你理解错了，文人固然见财起意，但粗俗人更是见利忘义，有奶就是娘。这个你不用说了，我已决定了，第一个收买的是尉迟敬德。"

李建成说到做到，不惜血本，整整张罗了一车子金银器物，预备停当，第二天一早，对两个去办事的护军说："你两个去了就不要回来了，就说本太子把你俩也赠给尉迟将军了。另外告诉尉迟敬德：'愿遇长者一顾，以敦布衣之交。'务必让他到东宫来见上一面。"

两个护军答应着，驾着马车去了。到了尉迟敬德家里，正好主人在家，把来意一说，也不等主人答应不答应，就把金银器物搬了下来，琳琅满目整整摆了一院子。望着面前的好东西，尉迟敬德不为所动，且命令家人："怎么搬下来的，怎么搬上去，送客！"

两个护军见事不成，急了眼，跪在地上，扯住尉迟敬德的裤子，又是哄骗又是哀求："去吧，将军，太子殿下排开盛宴正等着您呢，连突厥舞女都叫去了。听说，等太子以后继位当了皇帝，还想封您为护国王爷呢！"

"尉迟将军，你今天不去，太子非怪罪我俩不可。你可怜可怜俺两个人吧，去一趟东宫吧，哪怕喝一碗水就回来也行啊！"

尉迟敬德被缠得没法，到屋里写了一封信，交给两个护军："我的意思都写在上面了，你俩快走吧！"

俩护军没法了，只得携了书信，把一车金银器物原封不动拉了回来。

李建成、李元吉正在东宫等着好消息，见俩护军垂头丧气跟着马车回来了，李元吉嘴撇得老大："我说尉迟敬德不吃这一套，你不信。"

"先别忙，先看看他这信再说。"李建成不死心，展开那封信，轻轻读起来："尉迟敬德蓬门瓮牖之人，遭隋末离乱，为求不死，久沦逆地，实罪不容诛。蒙秦王再生之恩，当杀身以报。尉迟敬德于殿下无功，不敢受重赐。若与殿下私交，则为二心！见利忘义之人，于殿下有何用？"

还未看完，李建成脸已气得铁青。此计不成，反被人看破心思，可恼，可恼！李建成一拳砸向旁边的花窗。

"我知其不可。"李元吉抖了抖袖子，"待我来制他。"

太子以一车金银拉拢一事，尉迟敬德立即向秦王作了汇报。秦王找房玄龄、杜如晦、长孙无忌等人计议，大家认为应该加强戒备，防止东宫再搞什么把戏。

秦王对尉迟敬德说："拉拢不成，东宫、齐王府那边定然不肯善罢甘休，你搬来王府住吧，以防有什么意外。"

"我不怕！"尉迟敬德晃了晃膀子说，"千军万马都过来了，还怕一两个贼刺客？"

尉迟敬德艺高胆大，每到晚上入寝前，即重门洞开，安卧不动，实则眍着眼往门口瞅。

气度狭隘的李元吉果然派勇士前来行刺。刺客宇文宝身藏利刃，在夜色下飞檐走壁，潜到尉迟家中庭。灰白的月光下，卧室门大开，犹如随时准备吃人的大口，隐约可见冲门的大床上躺着一个身躯高大的人。

刺客握了握手中的利刃，几次欲拔腿进去，却拿不定主意。大冷的天，尉迟敬德敞门睡觉，莫不是诱敌之计？树影里，徘徊再三，宇文宝终于没敢下手，遂越墙而去。

宇文宝是齐王府武功最高的武士，他尚办不了这事，别人就更不用提了，行刺一事只好作罢。

收买秦王府将佐不成，李建成开始另想别法。东宫后院的一个演武场上，百十个高矮胖瘦的痞子，吃饱喝足后，听一个叫杨文干的人训话："……站要有个站相，坐要有个坐相。原先，你们是没人管的闲汉，如今入了太子府，就要正儿八经的，到点吃饭，到点睡觉……"

"咱这兵叫什么兵？"一个矮胖子拽拽身上皱巴巴的军服问。

"不经允许不准说话！"杨文干瞪了一眼说，"咱们是太子爷的私人卫队，守卫长林门，故曰长林兵。"

后园门"吱呀"一声推开了，太子李建成在几个随从的陪同下，迈着八字步走了过来，杨文干忙跑过来，曲腰打躬地说："恕文干甲胄在身，不能全礼。"

李建成望了望排成两队松松垮垮的新兵们，皱了皱眉头，问："训练情况怎么样？"

"不大理想，这些人素质太差，左右都分不大清楚，也不大听号令。"

"加紧练！"李建成道，"我的兵不是摆摆样子，关键时候要能拉得出来，做到使之能战，战之能胜。"李建成又问："现在有多少人了？"

"将近两千人。"杨文干说，"人数不算少，但战斗力不强，若能到边关调一些武艺高强的健骑……"

杨文干后半句话声音越说越小，显然出于保密的考虑，李建成很明白，一挥手："走，咱们到偏殿去谈谈。"

杨文干是太子李建成的贴身卫士，头脑灵活，常在李建成琢磨事时，在旁边适时点拨一二，很是讨李建成的喜欢。李建成虽贵为太子，但对羽林军没有直接指挥权，一旦有什么变故，手上没有可调用的兵。杨文干于是自告奋勇，到京师（指都城长安）附近募集所谓的"骁勇侠士"，分别屯驻于左、右长林门，号为长林兵。苦心经营了两个月，人数凑够了两千人，但这些人都是恶霸街痞，吃喝玩乐、乍乍呼呼还行，若真打起仗来，却不一定是那块料。

随太子到了偏殿一个密室里，杨文干说："必须有职业军人分置诸坊，一方面管训练，另一方面起带头作用，这样长林兵的战斗素质就会大大提高。"

"上哪调人去？"李建成苦着脸说，"京师的军队管得挺紧，稍微一动，就要层层上报，反弄得人人知道我们私蓄卫队的事。"

杨广干将尖嘴伸过去，悄声说："殿下征刘黑闼时，曾号令过幽州总管李艺，且相处甚洽。何不找李艺发几百武艺高强的健骑来长安效力？"

李建成一听，眉开眼笑："此主意甚妙，李艺私下曾向我表过忠心，找他要一些人来不算难事。文干，你立即去幽州办这事，人不但要武艺高强的，而且要对我东宫忠心不二的。"

杨文干答应着，眼眨巴两下，似有别的想法，李建成眼一瞪："怎么，你不想去办这事？我可把你看作最贴心的人。"

"谢谢殿下的信任，小的万死不辞，不过，为殿下长远计议，小的另有想法。"

"说！"李建成手一挥道。

望着太子殿下信任的目光，杨文干吞吞吐吐把自己的打算说了出来："殿下加强了东宫的宿卫，有了可以直接使用的长林兵，但小的考虑还远远不够。殿下在外没有自己最亲近的人。小的想……想让殿下和吏部说说，放小的到外当一州都督。一旦朝中有什么事，小的可举兵响应。"

李建成一听大为高兴，猛拍杨文干的肩膀说："难得你有如此机谋，本太子没有看错你。我立即提你为七品宿卫，然后叫吏部放你为六品都督。"

"六品都督？"杨文干犹不满足，动了动身子，极不情愿地说："六品只是个小州都督，为太子之计，文干须放为一个五品大州都督。"

"大州都督不可能有空缺。"李建成说。

"据说庆州都督的位子刚刚空出来。"

李建成笑了，手点着杨文干说："你小子什么都打算好了。行，只要庆州有缺，我保证叫你当庆州都督。你是我的心腹之人，去了以后，可得给我好好干，一旦我坐上皇帝的宝座，有的是高官厚禄与你。"

杨文干二话不说，趴在地上用劲磕了三个响头，那眼泪接着就下来了，就势又表了一番忠心。

经过太子的一番活动，八品小侍卫杨文干，一升再升，升到庆州当了五品大都督。与此同时，太子右虞侯率可达志以行商的名义，秘密前往幽州请燕王李艺发铁骑三百名前来长安。

六月天，长安西郊外烈日炎炎，满目葱绿。东西大官道上，十几辆马车拉着毛皮、鹿角等货物，在数百名壮士的护卫下，缓缓向东面进发。前面隐约可见高大的京都城墙，打头的一个货主模样的人，抹了抹额上的汗，对旁边的人说："终于到长安城了，整整走了一个月啊！"

"老板，先找个饭店歇歇脚再进城吧！"

"好！"可达志答应得挺痛快，心里说，在城门外停一停，派人先给太子送个信，这二三百人呼呼隆隆，可不是那么容易进城的。

西城门外回良饭店前，可达志他们把大车一停，一下子把饭店占个满满当当。店老板脸笑成一朵花，大呼小叫，伙计们穿梭往来，给客人们冲茶倒水；厨房里热气熏天，生炉点火。回良饭店少有的热闹景象引起城门官王彪的注意，他在城墙上望了一番，又跑下城楼，指着回良饭店嘱咐守门的士兵："那好几百口子来者不善，面目凶恶，虎背熊腰，待他们过来时，给我挡住，我先到城里找头汇报去。"

可达志等人吃饱喝足，松了松腰带，在夕阳的余晖中，赶着马车来到城门口。

"统统站住！干什么的？"守门兵士手握刀柄，虎视眈眈。

这些来自幽州的健骑们，虽武功在身，心高气傲，但到了天子脚下，不免有些打怵，不由自主往后退了退。可达志手拿通商文书走了上去，满脸堆笑地说："我是太子右虞侯率可达志，奉太子差遣到幽州做一笔生意，这是通商关文。"

可达志东宫堂堂次六品官阶，竟恭恭敬敬双手把关文奉上，守门的兵士更加怀疑，上去把货车翻了个底朝天，虽无可疑之物，却并不放行。一个立正手一挥："路边候着，上边命令来了再说。"

路上经历了多少盘诘，可达志他们都混过来，但到了最后一个坎竟遇上了麻烦。可达志急得头上冒汗，眼不住地往城里头望，正在这时，两个皇宫卫士骑着马飞也似的赶来，到了近前滚鞍下马，亮一张桃色宫廷令牌，对守门兵高叫："奉太子令，所有东宫人和货物立即放行，不得有误！"

守门兵士无奈，只得挥手放行。可达志一行推着车子，紧走慢走，奔东宫而去。

刚转过一条街，迎面一队人马挡住去路，为首一员大将紫黑面皮，马鞍前悬两柄板斧。可达志一看，倒吸一口凉气，早不来，晚不来，偏偏这时候来！

"程将军，您这是有事？"可达志满脸堆笑地问候着，又转脸向后一挥手，"把路闪开，让程将军先过。"

程咬金一磕马肚走了过来，马鞭一指可达志："小子，别油嘴滑舌了，这几百壮汉到底是怎么回事？"

"嘿……嘿，西去幽州路上不大安宁，太子殿下差一些人沿途护卫这些货物。"

"就护卫这些不值俩钱的毛皮？"程咬金跳下马，拨拉着马车上的毛皮货物。

可达志还想狡辩，程咬金黑脸一沉："与我全部拿下！"

近千名甲士手持钢刀，如临大敌，猫着腰冲上来，若论武功，这些幽州铁骑一对仨也不在乎，但进入都城，犹如乡下人进了城，眼都不够使的，处处小心翼翼。如今突遭围捕，更是慌得不知所措，你看我，我看你，挤成一团。甲士们没费多少劲就把这些人捆了起来。程咬金还挺善解人意，安慰这些人说："先委屈一下，等查明原由，各位就可自由了。"

这边安慰幽州健骑，那边程咬金一个侧蹚，把可达志蹚个嘴啃地："识相的赶快招供，免得受皮肉之苦。你小子两月前一出京城，我老程就知道你干什么去了。你一撅腚，我就知道你拉什么屎。"

可达志大惊，如此机密的事，程咬金也知道了，别人更不用说了，结结巴巴地问："将军你……你知道什么？"

"我说出来只是我说的，你说出来才算你立功，一个是死刑，一个是无罪，你掂量着办吧。"

可达志听得又明白又糊涂，踮脚伸头地前后乱看。程咬金笑了笑，从腰里摸出一张皇宫令牌："你找这个吧？"

分明是在城门口亮出的令牌，那俩东宫卫士呢？

"你找这俩人吧？"程咬金手一挥，甲士们推出两个五花大绑的卫士来。

可达志一见程咬金连皇宫令牌都敢没收，东宫卫士都敢绑，情知这程咬金有来头，自己难逃这一关，于是弯腰打躬说："下官食人之禄，受人差遣，不得不去。事情原本是这样的：太子爷他……"

可达志把事情经过如实供述一遍，程咬金听了频频点头，命旁边一个书记员记了下来，又让可达志画了押，这才命令甲士们："与我全部押往南衙。"

南衙是宰相办公之地，三推二审，事实确凿。东宫私发幽州铁骑的事立即暴露出来，南衙上下表示了极大的震惊。左仆射裴寂有心护着太子李建成，亲自拿着可达志等人的审讯材料，直奔后宫。

"皇上啊，太子或是怕皇宫警卫力量不够，才找几个幽州骁勇来帮忙的。"望着一脸不悦的高祖，裴寂打着哈哈说。

"帮忙？"高祖一拍龙床，"皇宫大内，岂能私调外兵进来？"

"也许是一些手下人挑唆的。以太子的厚道，绝不会想起来做这不稳重的事。以老臣看，把太子叫过来说他几句就算了。不管怎么样，太子对皇上不会有

二心的，皇位归根结底还是他的嘛。"裴寂说着，从宫女手中拿过扇子，亲手给高祖打扇。早年在太原晋阳宫时，高祖和裴寂就是好友，同吃同睡。如今高祖贵为皇帝，仍和裴寂同榻而坐，一起吃喝玩乐。裴寂虽没多大本事，但仍位居诸官之首。裴寂一番见解说出，高祖果然不大生气了，对旁边一个侍候的太监说："叫太子来见朕。"

东宫里，李建成一听说私发铁骑的事败露，吓出一身冷汗，正不知道怎么办才好，忽听父皇召见，更是手足无措，但又不能不去，只得硬着头皮前去内宫。

走到后殿门口，裴寂迎面走来，拉李建成到墙角，小声说道："都是秦王府那边捣的鬼，都城有事，自然有五城兵马使来问，与程咬金何干？殿下仁厚，不得不有防人之心啊！"

李建成恨得直咬牙，心里说："李世民啊李世民，不把你除掉，当了皇上我也睡不安生，这是有你无我，有我无你。"

"裴大人，父皇那边怎么样？"李建成又惴惴不安地问。

"放心吧，我已替你圆了不少了。圣上倒没说什么，殿下只是一言不发就是了。"

进了内宫，高祖李渊果然没有生多大气，只是轻轻把李建成说了一顿了事。

武德七年（624年）六月，京城炎热，高祖决定到宜君县仁智宫避暑，命太子李建成留守长安，李世民和李元吉随驾同行。御驾出发前一天晚上，李建成把李元吉叫到东宫，在密室里密谋起来。

"程咬金这小子，纯粹是个大愣头青，不能让他在京城里当将军了，要想法把他弄出去。"李元吉说。

"我打算好了，等你们一走，我立即放他为康州刺史，让他滚得远远的，有力使不上。"李建成说。

"李世民鼻子比狗还灵，咱们稍有动静，他都能嗅得出来，这说明他时刻准备对付咱们，依我三胡看，早晚得有这么一天，不是他死，就是我们亡。"

李建成拍着脑瓜想了一会儿，突然猛砸几案说："不行咱就这次动手，此去仁智宫，你伺机灭了他，我坐镇京城调兵遣将来个里应外合。"

李元吉不大相信李建成有这么大的魄力，嘴里应着，没怎么当一回事，弟兄俩连吃带喝地议论了一个时辰，临别，李建成拉着李元吉的手，好像许多话尽在不言中，只说了这么一句："安危之计，决在今岁……"

高祖在仁智宫至少得过两个月，留守京城的李建成果然有所动作，他先装了一马车金银财宝，亲自押送至中书令封德彝家。封德彝早年随李世民多次出征，大多人以为他是秦王府的人，实则他是一个见风使舵的人。如今太子亲来送礼，封德彝不好拒绝，眉开眼笑地把厚礼收了下来。

封德彝两面讨好，睁一只眼闭一只眼，李建成以加强朝廷对边地的控制为由，顺顺当当地把秦王府大将程咬金打发到偏远的康州当刺史去了。

李建成随后又密令庆州都督杨文干准备起兵，神不知鬼不觉，发兵前去包围仁智宫，将李世民就地处死，并逼老皇帝李渊让位于太子。

于是，李建成以训练新兵的名义，从城西兵器库中调出一千副铠甲和一千人所用的崭新锋利兵器，派郎将尔朱焕、校尉桥公山押往庆州。

几十辆大车排成长队，浩浩荡荡向庆州方向进发，尔朱焕跑前跑后，吆喝手下注意赶好马车，桥公山无精打采地对他说："尔朱（姓），没有什么大事，用不着这么操心。"

"太子爷交办的事敢不用心？翻了车怎么办？"尔朱焕抹抹头上的汗，在马上活动活动腰。

"哎，老桥，"尔朱焕像想起来什么似的，问桥公山："你年纪大几岁，是个老兵了，这押运兵甲的手续也不对呀，太子爷送给杨都督这么多兵甲，到底要干什么？"

桥公山鼻子里哼哼着，又叹了一口气，好半天才说："但愿干的是好事，若有什么不可告人的用途，你我也难逃干系，老婆孩子都得搭进去。"

"怎么？你说这兵甲是……是造反用的？"尔朱焕头上有些冒汗，"若这样，可苦了咱们了。桥哥，我官虽比你大，但不如你经验丰富，你赶快拿个主意吧。"

桥公山眉头紧皱，眼瞅着前方灰白的大道，苦着脸说："临来时，太子爷神神秘秘的样子，我就瞅着没有好事。这一路上我都在琢磨咱该怎么办。现在看来，这一千副兵甲明显地不合常理，连兵部的调拨令都没有。"

夕阳西下，一行人到了豳州郊外。尔朱焕、桥公山他们在一个大马车店住下，吃过晚饭，两个押运官关在一间上房里，又密议起来。这时，有人敲门。

"谁？"尔朱焕紧张地问。

"送开水的。"

"开水刚送了一壶，怎么还送？"尔朱焕不情愿地打开房门。

刚打开门的一刹那，门"呜"的一声被推开了，一个铁塔似的大汉拥了进来，吓得尔朱焕直往后退，结结巴巴地问："你，你是谁？"

桥公山握刀在手，但马上又把腰刀放下了，桥公山眼尖，认出了来人——"您，您不是程咬金……程将军吗？"

来的正是程咬金，他把头上的斗笠往旁边一扔，一屁股坐在椅子上。

"将军不是放康州刺史了吗，怎么到豳州来了？"桥公山倒了一杯水，恭恭敬敬端了上来。

"我怎么会这么听李建成的？"程咬金灌了两杯水，抹了抹嘴说。

"是啊，是啊。"桥公山两人在一旁附和着。

"倒是你俩小子，死到临头，还在梦中！"程咬金一拍桌子说。

桥公山拉着尔朱焕一起跪下，磕了俩响头说："俺俩也知道运这么多兵甲不是好事，这不，正在合计这事，将军快给俺们指一条路吧！"

程咬金讲了讲当前的形势，说了说李建成私运兵甲的企图，最后才对俩押运官说："杨文干起兵造反，东宫为内应，将图秦王，秦王仁厚，功劳盖世，造反的事成了，不利于国，再说这事也不可能成。事不成，别人不说，你二人必致灭族之罪。当今之计，你们速运兵甲到豳州都督府上奏告变。我程咬金去仁智宫找秦王，让他速做准备。"

"听您的，一定听您的，将军真是俺两人的再生父母。"尔朱焕、桥公山抹了抹眼泪说。

宁州宁君县珍珠山里，林木茂密，清泉飞瀑。人在这里，从不觉得夏天有多热，是个理想的避暑所在。高祖的行宫仁智宫就建在这山谷之中。

也不用打扇子，也不用擦汗了。李渊坐在珍珠泉边的凉亭里，和裴寂等宠臣一起吃喝玩乐。周围到处是宫女们衣袂里飘出来的香气和她们银铃般悦耳的笑声。

"皇上建立了大唐王朝，开万世之伟业，说来并没费多大事啊，这岂不是上天的有意安排？"裴寂搜肠刮肚，专拣好听的话逗高祖高兴。

高祖"嗯"了一声，又严肃地说："李密、王世充的势力也很强啊，当时就胜过我，可朕还是打败了他们。"

"这不说天子自有天命嘛，皇上即使在家睡大觉，也会有人来推举皇上。"

"你这个老小孩！"高祖手拿着玉如意指着裴寂笑着，"睡大觉哪能当上皇帝？整天睡大觉连一间屋也盖不起来。"

"皇上的几个龙子也很厉害啊！像太子李建成，仪表堂堂，处事稳重；像秦王李世民，冲锋在前，所向披靡；像齐王元吉，膂力过人，天纵英才……皇子们也对您很孝顺，各自担当着重任，没有一个不识好歹、调皮捣蛋的。"

"这倒也是。"高祖抚摸着后脑勺，感慨地说："当皇帝虽说不能长生不老，但朕有这么几个好儿子，也就知足了。"

正在这时，秦王李世民全身戎装，神色匆匆地走了过来，看了看裴寂，欲说还休。

"什么事？裴寂又不是外人，用不着回避。"高祖有些不高兴地命令道。

"父皇，太子李建成欲行篡逆，已命庆州都督杨文干起兵，围剿仁智宫。现密书、兵甲俱已解来，当事人尔朱焕、桥公山畏惧天威，上奏告变。"

刚才还在谈论儿女孝顺的事，接着就传来太子兵变的消息。高祖脸上有些挂不住，手中的玉如意"叭"的一声掉在地上摔成几段。高祖人一急有些结巴："怎，怎么……他们竟来围剿仁智宫？"

李世民一言不发，两眼望着高祖，心里说，太子造反，看你怎么办？裴寂在一旁接过话头说："事情还不至于这么严重。有什么事，召太子来，当面一问不就清楚了？至于杨文干，遣一将召回来就行了。"

李世民想把事情说得严重，裴寂想把大事化小。高祖定了定神，下旨道："以开御前会议的名义，诏令太子立至行宫；差宇文颖驰往庆州，召杨文干返回京都述职，到京后，立即逮捕。"

旨意一下，立即有人去执行，几匹快马离开仁智宫，朝两个方向流星般地驰去。

李建成正在加紧训练长林兵，一旦杨文干兵围仁智宫得手，长林兵将迅速接管皇宫大内、南衙等要害部门。正在李建成既紧张又兴奋地做准备的时候，忽闻敕令来到，命太子立即到仁智宫议事。

李建成痴痴的，犹如喝醉了酒一般，嘴里喃喃地说："'立至行宫'，刚走了十来天，有这么重要的事吗，父皇一定知道我起兵的事了。"

太子舍人徐师谟在一旁问："殿下到底去不去仁智宫？"

"我不敢去啊，我不敢见父皇的面啊。"李建成脸色惨白地说。

徐师谟一向好高骛远，断然地说："事情已经如此，殿下不如据城起兵，即皇帝位，发兵踏平仁智宫。"

"篡位弑君，可是大不义啊，这个皇帝我也做不稳啊，那些京城将领也不听我的啊！"李建成关键时候还颇有自知之明。

"我们可以宣称秦王挟持君主，欲行篡逆，殿下因而举兵讨伐……"徐师谟苦口婆心地劝着。

詹事府主簿赵弘智见徐师谟一味劝太子起兵，情知不是好事，冲到面前大声说："皇上、秦王亲信密布，贸然起兵无异于自取灭亡。殿下应贬损车服，摒去从人至行宫谢罪。"

"谢罪就能饶了我了？"李建成不安地问。

"皇帝仁慈，绝不会伤害自己的孩子。再说殿下运兵甲与杨文干，纯粹为自保，并不涉及篡位之事，殿下尽可放心地去仁智宫。"

李建成寻思了一番，觉得赵弘智说得有道理。圣上绝不会对我怎么样，私发幽州铁骑的事，父皇不也是轻轻说了我两句就算了吗？我毕竟是一国之皇储，父皇疼爱的就是我。

主意已定，李建成来到封德彝府上，把眼下的形势和老封说了一下，再三拜托说："万望中书令寄一书信与皇上，就说我留守京城，事事以皇上为重，绝没有做什么出格举动。总而言之一句话，大人能为我说多少好话就说多少好话。"

封德彝一口应承下来。拿人的手软，吃人的嘴软，说几番好话，对于封德彝这样的饱学之士来说，并不是什么难事。

安排好京城诸事，李建成乘车浩浩荡荡向宁州驰去，排场丝毫不亚于往日。只是到了距仁智宫尚有六十里的毛鸿宾堡，才把从人留了下来，只带着太子中允王珪、左卫率韦挺、詹事府主簿赵弘智等人，乘一辆旧马车前往仁智宫。

到行宫前，李建成心里像怀揣了一只小兔子，怦怦乱跳。每向前迈一步，都很艰难。行宫的羽林军们，一个个像木桩子一样，纹丝不动，煞是威严。李建成左看右看，惊慌之色溢于言表。赵弘智鼓励他说："殿下别怕，别在这些下人面前丢了威仪。照咱原先商议好的，见了皇上，只管叩头就是，皇上要是太生气，您就头往地上撞。"

"撞烂头怎么办？"

"只管撞就是，不死就行，只有作践自己才能让皇上饶了你。"

李建成频频点头，内宫门口，裴寂早在门口迎接，他无言地看了李建成一眼，拉着李建成的手拍了拍，一切尽在不言中。李建成迈着小步，垂着手，稍稍弯了一下腰，跟在裴寂背后，小心翼翼，一副知错将改的样子。

珠帘挑起，但见高祖背着手，脸涨得通红，正愤怒地看着窗外。李建成就地仆倒，匍匐向前，在高祖脚跟前叩起头来，一下，两下，三下……五寸厚的特制地砖让他磕得"嗡嗡"直响，头上血流不止，犹叩头不止。

"圣上，太子已经知错了，您就原谅他吧，他在您跟前怎么也是个孩子呀。"裴寂柔声劝道。

高祖指着地上的李建成骂道："逆子！大唐开国之初，就行此大逆不道之事，你想让朕像隋朝一样，不到二世就亡国吗？"

高祖气愤难当，连过去学的俚俗粗话都骂了出来，还没骂完，但见李建成纵身跃起，一个倒栽葱，头朝地跌了下来。李建成孬好身上是有些功夫的人，只听"哐当"一声，几致气绝，头上咕咕冒气，人像死了一般，趴在地上一动不动。

"坏了，太子昏过去了。"裴寂大呼小叫地说，又急忙招手叫太监，"快，快传御医紧急施救！"

"我看谁敢救他？！"高祖盛怒不息，指着地上的李建成狠狠地说："如此逆子，死了活该！"

李建成在地上艰难地蠕动了一下，想再爬起来，又几乎不能承受，一个抽搐，又趴在地上，头上的血顺着砖缝，慢慢向高祖脚下流去。

高祖看了又心疼又气恼，跺了一下脚："逆子，你活活地气死朕了！"说

济世安民：唐太宗

220

着，高祖向里间屋走去。裴寂急忙挥手，过来几个太监，手忙脚乱地把李建成抬了出去。

入夜，高祖歪坐在御榻上，脸灰灰的，饭也不想吃，御膳刚端上来，就让高祖挥手给赶了下去。裴寂、萧瑀等大臣轮番劝说，也不管用。这时，殿中监陈福走了进来，请旨道："启奏圣上，太子等人如何安置？"

高祖忽地坐起身来，指着陈福说："弄个帷幕把他围起来就行了，哪个殿都不让他住。"裴寂说："珍珠山里夜里寒冷，得盖被子，别冻着太子。"

一句话提醒了高祖，高祖叫道："不给他被褥，只给他些麦饭充饥，饿不死就成。"

陈福第一次见圣上发这么大火，只得悄悄退了下去，心里说，堂堂太子落到了这步田地，和叫花子差不多，恐怕是没有了日后当皇上的天命喽！

秦王李世民检查了一圈行宫的防卫，来到寝殿，劝父皇用膳，高祖这才勉强吃了几小口。吃过饭，累了一天的高祖躺在龙床上，又突然起来，叫来李世民说："朕右眼皮直跳，为防万一，今晚不在仁智宫住了，你去安排一下，咱们到几十里外找个村庄住去。注意保密，只带咱们的贴身宿卫。"

李世民觉得父皇有些紧张过度，想劝说皇上留在宫中，可嘴动了动，话又咽了下去，自去安排出宫事宜。

月光如水，草虫唧唧，等宫内的人都睡觉了，李世民等百余宿卫拥着高祖向南出山而去。

话说司农卿宇文颖奉高祖之命驰召杨文干，哪想到宇文颖和杨文干是穿一条裤子的，早有反叛之心。到了宁州，宇文颖把事情原原本本露给了杨文干，杨文干一捋胳膊——"一不做，二不休，事已至此，反他娘的！"

杨文干早就有所准备，接着就召集起一万余人，以宇文颖为军师，自为行军大元帅，以匡扶太子李建成的名义，举兵向宁州进发。

高祖领人在山外转了一夜，直到天明才返回仁智宫，也没碰见什么意外，心情为之安定了许多。但刚过半天，急报杨文干在庆州起兵，庆州南至宁州一百二十里，再到宜君县的仁智宫也不过两天的路程。高祖掐指一算，大吃一惊，当即指派左武卫将军钱九陇率两千羽林军前去讨伐，并驰命灵州都督杨师道起兵策应。

钱九陇刚刚派出，第二天一早，快马送来急报，言杨文干已袭破宁州，高祖心急火燎，召来李世民说："叛军前锋离仁智宫不远了，你要亲自去讨伐才行。"

李世民不以为然地说："文干竖子，敢为狂逆，估计府中的僚属也会把他杀了。无名小辈，何足挂齿？派我府中大将程咬金前去讨伐，必定旗开得胜，

221

手到擒来。"

高祖摇了摇头："不然，杨文干事连建成，恐响应者众多。你须领兵前去，剿灭叛贼回来后，朕立你为太子。"

李世民心中一阵窃喜，却又不放心地问："那大哥怎么办？"

"朕不能效隋文帝自诛其子，当封建成为蜀王，蜀兵脆弱，地亦僻远，他日若能事你，你应全之，不能事你，则取之亦易。"

李世民二话不说，即刻领着程咬金等悍将，点起两千人马，精神抖擞地杀奔宁州。

李世民一走，裴寂等大臣就扑了上来，轮番劝说高祖。裴寂抹着眼泪，动情地说："皇上啊，听说你要废立太子，这可万万使不得啊！当年隋文帝废了太子，由此动摇了国家的根本，酿成天下大乱。太子并非想对圣上不利，只是受小人蛊惑，行动有些过火罢了……"

裴寂没说完，从京都快马送来一封密信，为中书令封德彝所写，高祖打开观瞧，上云："臣闻杨文干作乱，乃大吃一惊。又闻太子为背后主谋，臣亦大吃一惊。臣依皇上所嘱，每日协助太子理事，但见太子忠勤事国，每处一事，言必称圣上教诲如何，其恭敬之情溢于言表。臣在太子身边，最不信太子逆乱之传言。太子乃一国之皇储，关系我皇朝传祚之长久，万不可轻加废立，以至亲者怨，仇者快。臣封伦临表再拜于京城。又，如无事，望皇上速发太子还京城居守。"

李渊看得心乱如麻，头重脚轻，摇手遣退裴寂等人，而后在宫女的搀扶下步入后殿，他准备好好静下来想一想。

后殿里，尹德妃、张婕妤等宠妃早得到李建成"予以关照"的口信，见高祖回来，尹德妃一甩长袖，大惊小怪地说："听说皇上要废立太子，这可是万万使不得的事啊！太子仁孝厚诚，见臣妾就一口一个阿娘地叫，哪像那秦王，一脸凶相，杀人无数。妾可听说，马上打天下，孝贤治……"

"去去去，一边去。"高祖一听"孝贤"字眼就有些烦。

尹德妃也不见怪，蹲下身子轻轻地给高祖捶腿，高祖望着她那美丽可爱的脸蛋，气也渐渐消了。

尹德妃走了，张婕妤又偎上来，柔声柔气地说："臣妾听外面传言，文干囚徒，自为主张，非干太子事。太子仁孝，怕圣上气上加气，所以不加辩解。臣妾又听陈福说，太子在帷幕里日夜啜泣，饭也不肯吃，后悔当初看错了杨文干……"

高祖耳朵里塞得满满的，又被枕头风吹得痒痒的，人也迷糊起来，也弄不清李建成到底有没有参与谋逆。他摸着后脑勺还自我安慰，没干那样的事也还是我的好儿子啊，我压根儿就不大信我李渊能生出大逆不道的逆子。

第二天一到外廷，裴寂陪高祖聊了一会天，见高祖心情渐渐舒展了许多，裴寂话锋一转说："京城没有太子居守，臣不自安，昨晚一夜没睡好觉。皇帝外出，都城哪有不留太子的？臣斗胆请皇上敕命太子返回京城，主持京中事务。"

见李渊不吱声，裴寂又说："臣以身家性命保太子殿下。太子若真有逆心，他早就在京城起兵了，又何必来行宫请罪？"

"让朕再考虑考虑。"高祖终于松了口。

杨文干兵起庆州，轻松地拿下毫无准备的宁州，而后胁迫宁州吏民和叛军一起向宜君县仁智宫进发。数万人众，顶着烈日，喝骂声、哭叫声乱成一片，蜗牛一般向前行进，这哪里是打仗，简直是逃难。至马岭县的百家堡，遇上了钱九陇的部队。钱九陇利用兵少灵活的优势，频频袭扰叛军，延缓了杨文干的进军速度。

与此同时，李世民以轻骑直插宁州，切断了杨文干的退路。消息传到叛军之中，本来人心惶惶的军士们，一听名闻天下的秦王亲自讨伐，顿时炸开了锅，有几个明白人一合计，不由分说，上前把杨文干宰了，提着首级向秦王去投诚。军师宇文颖也被官军搜获，秦王即于军中斩之。

三天的工夫，李世民就取得平叛的胜利，及返回仁智宫，才知李建成已无罪释放，仍贵为太子，居守京城。李渊许李世民为太子的诺言，化为乌有。李世民内心失望至极，他又极力抑制住，像没事人一样，平静地向高祖汇报了剿灭杨文干的经过。高祖望着能征善战的二儿子，自觉有愧。过后，下了一道旨，把杨文干祸乱，责为兄弟不和，归罪于太子中允王珪、左卫率韦挺、天策府兵曹杜淹，三人皆流放于巂州。

秋七月甲午日，高祖车驾还京师。

高祖因许李世民为太子的诺言未能兑现，有些抱歉，特赐李世民黄金二百斤。李建成因谋逆而未受任何惩罚，心内不自安，人也变得老实许多，见谁都是和颜悦色，一副平易近人的样子。

这天是八月十六，李建成为实践高祖"兄弟要和睦"的指示，特在东宫摆了一桌丰盛的酒席，邀秦王李世民、齐王李元吉及诸王兄弟们计二十多人前来赴宴。

东宫里，红毡铺地，弦乐齐奏，巳时多一点，人来人往地就开始热闹起来了。高祖闻知后，特赐御膳二百道，以示嘉许。

正殿里，摆了五张桌子。除李建成、李世民、李元吉还有些想法外，其余王子们自知没有当太子的命，命里没有也不去争，相互说一些无关的笑话，间或伸手把玩一下侍宴的宫女，倒也自得其乐。

李建成这边主桌上可就严肃多了。李建成左边坐着李世民，右边坐着李元吉，淮安王李神通作为特邀宾客，叨陪末座。李世民不大说话，偶尔说出来，也都是没话找话。李元吉心里藏不住事，看着李世民的应付相，心里恨得不行，脸上就不由自主地表现出来。淮安王打着圆场，不时讲一些军中趣事。这时，各色美味佳肴陆续摆了上来。李建成摆出大哥的架子，咳嗽一声，清了清嗓子，端起杯子招呼王弟们："这个……各位王弟们前来赴宴，令我东宫蓬荜生辉，这个……父皇知道我要请客，特赐几百盘子菜。这个……我以前这事那事的挺忙，有时照顾不到的地方，请兄弟们原谅……"

汉王李元庆是个火燎毛性子，听大哥"这个这个"的，早已不耐烦了，把杯子一顿说："先喝酒，喝到二八盅什么话不能说，还'这个这个'的，闷死人了。"

李建成态度很和蔼，向汉王含笑点了点头，停止他的开场白，他举了举杯："来，为了大唐的万世兴旺，为了兄弟们的幸福和睦，这个……各位兄弟们干杯！"

众王子们纷纷举杯，许多人一仰脖，又亮了亮杯底，哈着酒气，一副满不在乎的样子。

李世民也端起杯子和李建成、李元吉、淮安王碰了碰。李元吉斜眼看了一下李世民，李建成哈哈笑道："咱弟兄们都是马上王爷，战场上杀过人的，这会也来个豪爽的，干杯！"

然后，他率先一饮而尽。李元吉、淮安王随后满饮了一杯。李世民觉得对方神色不对，心里老觉得好像有什么事，他看了看杯里的酒，不容多想，还是一口把它喝干了。

这酒怎么苦涩难当？宫里从没有这样的酒啊！李世民暗叫不好，也顾不得失态了，手指往嗓子眼狠命一戳，转脸哇哇地把酒吐了出来，淮安王忙过来扶住，问怎么回事。李世民还没说出话来，即觉天旋地转，心口暴痛，嗓子眼发腥，一大口鲜血喷吐而出。

李神通惊呼起来，李建成神色闪过一丝慌乱，李元吉嘴角闪过一丝讥笑，各位王弟们忙围了过来，乱哄哄地问这是怎么回事。

淮安王情知不妙，觉得东宫杀气十足，若不迅速撤离，秦王必遭毒手。李神通迅速背起秦王，冲出人群，冲出大殿，冲出东宫，冲进玄武门。

"秦王暴病，要到内宫看御医——"李神通一路高叫，把守玄武门的羽林军还是一横枪把他俩拦住，事先未经允准，谁也别想进这个门！

这时，李世民已把淮安王背上吐满了血，后面传来李建成"有什么病回东宫救治"的喊声。淮安王急得大叫，正在这时，负责玄武门防卫的将领常何走了过来，挥手命羽林军放行。

淮安王背着秦王一路小跑，冲进了西宫。秦王生母窦皇后虽早早过世，但高祖为了纪念她，特把西宫给她留着，自此以后也不再立皇后，西宫设了窦皇后牌位，犹如窦皇后活着一般，女官、太监等规格一应俱全。

秦王到了西宫也就算到了母亲跟前，太监、宫女忙乱起来，秦王宴会上呕血的消息迅速传了出去。

后宫当班的御医脚步如飞地赶来，紧急抢救。高祖正在接见外国使节，闻听消息后，当即中止了会见，赶来西宫看望儿子。

秦王脸色惨白，躺在卧榻上，吐出的半盆血水触目惊心。高祖心疼不已，连问御医到底是什么病，御医知道了起因是东宫宴上饮酒，根据症状初步判断是鸩毒，但御医哪敢说出这事，只是支支吾吾地说："或许是不胜酒力，胸口暴发疼痛，以至呕血不止。"

"才饮了一觥酒啊，这酒里，这酒里……"李神通也不敢乱说。

高祖已隐隐约约明白怎么回事，但又不好马上下令叫人调查，东宫前档子事刚了结，今又出了这等事，家丑不可外扬，皇帝家也不例外。再说是生病是中毒还说不定呢。

正在高祖想这想那的时候，李世民似乎清醒了一些，他无力地摇了摇手，示意问题不大，要父皇不必担心。御医也小声地和高祖说："服了一些解毒止血剂，病情已基本稳定了，陛下尽可放心。"

北墙上挂着一幅窦皇后大幅画像，画像下的供桌上，有瓜果梨枣，香炉里清香一炷，蓝色的烟雾袅袅上升。李世民望着这一切，想到母亲早逝，兄弟不和，乃至对自己加以杀害，眼中不觉滴下泪来。高祖见状也很伤感，他挥了一下手，其他人等悄悄退了下去。高祖握着李世民的手说："首建宏谋，削平海内，皆汝之功。朕欲立你为嗣，你又固让，且建成年长，为嗣日久，朕不忍废。观你兄弟，似不相容，同居京中，恐有纷争。当遣你去洛阳任行台，自陕州以东皆由你主之，仍使你建天子旌旗，如汉景帝时奉窦太后命使梁孝王建天子旌旗故事。"

李世民一听，这是让他以后当半个天子。听罢，他手抹着眼涕泣道："今日之授，儿臣不愿。儿臣不能远离膝下。"

见二郎如此孝顺，高祖眼泪止不住流下来，拍着二郎的手说："东西两都，天下一家，道路不远。朕若思念你，即可前往。二郎勿悲。"

李建成听说李世民要回洛阳，父皇将分一半天下与他，便急忙找来李元吉商议。两个人密谋后认为，秦王若回洛阳，有土地甲兵，如放虎归山，不可复制，不如将他留在长安，则为一匹夫，取之容易。

于是两人来见父皇，先把那天饮酒中毒的事狡辩一番："一样的酒，一样的杯子，大家都没有事，就是秦王出了事，估计他身上一定有痼疾，遇酒引发了大吐血。"

　　"是啊，"李元吉附和道，"谁知道他安的什么心，旧疾早不发晚不发，到了东宫宴上发作起来，弄得满城风雨，兄弟们也都好没意思。"

　　三个都是自己的儿子，手心手背都是肉，李渊也不希望这兄弟们的事情真那么糟糕，他挥一挥手，仿佛把一切不愉快都赶跑了似的："治好了就行了，就不要说这事了。世民素不能饮酒，自此以后也不得再狂饮。"李渊说。

　　李建成连连点头称是。李元吉接着说："秦王府这几天鞭炮之声不绝，像办喜事似的。"

　　"什么喜事？"高祖纳闷，二郎刚刚大病一场，喜从何来？

　　"听说秦王将回洛阳，其手下无不欢呼雀跃，好像将要挣脱牢笼一般。这些人有些是李密、王世充的旧部，一旦离开长安，恐怕不会再回来了。"

　　"不回来想干什么？"高祖冷着脸问。

　　"谁知道。"李元吉也学精了，话说到一定程度就不再说了。

　　李建成、李元吉一走，裴寂又来求见。高祖正想和这位老臣、老友商议这事，一见面高祖就问："朕让世民回洛阳居住，这事你看怎样？"

　　"此事万万不可！"裴寂用手比划着说，"天下一统，您这一安排成两个国家了。此弱彼强，争权夺利，大唐将永无宁日了。陛下听老臣一言，早早打消这个想法，日后也休要再提。"

　　是的，历史上为争王位，兄弟互相残杀的事还少吗？或非死即伤，或丧家亡国。李世民英勇，手下强将如云，在东都洛阳时间长了，势必构成对长安的威胁，这事还是算了吧。高祖有些后悔，不该许李世民那些话。老皇帝叹了一口气，感到自己确实老了，遇事不果断，感情用事，常常做一些挖肉补疮的无用之举。

　　秦王府将士们一听说要回洛阳，确实很高兴，但还没高兴到大肆放鞭炮的程度，李元吉是故意夸大其词。但秦王府的人也没高兴多久，左等右等，还不见回洛阳的诏令，等得不耐烦了，大家恍然明白过来，让秦王还洛阳不过是高祖的又一次感情冲动罢了。

　　但洛阳毕竟是李世民的管辖之地，为了巩固大后方，加强洛阳的防卫能力，李世民以陕东道行台尚书令的名义，命亲信行台工部尚书温大雅镇守洛阳。同时派秦王府车骑将军张亮率一千余人进入洛阳，以增强守备力量。张亮还有一秘密使命，那就是用金银绢帛笼络山东豪杰，收为己用，以待时变。

　　高祖为了儿子们不手足相残，可谓绞尽脑汁，该想的都想到了。佛教劝人不杀生，弃恶从善，于是高祖各赐王子们佛经一部，并敕命高僧大德们讲解，期望儿子们能明白一些阴阳相报、人心思善的道理。

　　也不知到底效果怎么样，京城贵族一时间倒是形成一种学佛礼佛的热潮，人人皆以能说两句佛语为时髦。太史令傅奕负责观察天象，性情极为谨密。他看不惯学佛礼佛这些表面上的一套，便上书曰：

　　佛在西域，言妖路远，汉译胡书，恣其假托。使不忠不孝削发而揖君亲，游手游食易服以逃租赋。伪启三涂，谬张六道，恐惕愚夫，诈欺庸品，乃追既往之罪，虚规将来之福。布施一钱，希万倍之报；持斋一日，冀百日之粮。遂使愚迷，妄求功德，不惮科禁，轻犯宪章，有造为恶逆，身坠刑纲，方乃狱中礼佛，规免其罪。且生死寿夭，由于自然，刑德威福，关之人生，贫富贵贱，功业所招，而愚僧矫诈，皆云由佛。窃人主之权，擅造化之力，其为害政，良可悲矣！降自羲农，至于有汉，皆无佛法，君明臣忠，祚长年久。汉明帝始立胡佛，西域桑门自传其法。西晋之上，国有严科，不许中国之人辄行髡发之事。泊于符、石、羌、胡乱华，主庸臣佞，政虐祚短，梁武、齐襄，足为明镜。今天下僧尼，数盈十万，翦刻缯彩，装束泥人，竟为厌魅，迷惑万姓。请令匹配，即成十万余户，产男育女，十年长养，一纪教训，可以足兵。四海免蚕食之殃，百姓知威福所在，则妖惑之风自革，淳朴之化还兴。窃见齐朝章仇子佗表言："僧尼徒众，糜损国家，寻塔奢侈，虚费金帛。"为诸僧附会宰相，对朝谗毁，诸尼依托妃、主，潜行谤讟，子佗竟被囚执，刑于都市，周武平齐，制封其墓。臣虽不敏，窃慕其踪。

　　高祖看了傅奕的关于抑佛的上书，诏百官对此事展开大讨论。百官都不赞成傅奕的说法。萧瑀说道："佛，圣人也，而奕非之，非圣人者无法，当治其罪。"傅奕当即反驳道："人之大伦，莫如君父。佛以世嫡而叛其父，以匹夫而抗天子。萧瑀不生于空桑，乃遵无父之教。非孝者无亲，瑀之谓矣！"

　　萧瑀不能对，但合手曰："地狱之设，正为此人！"

　　傅奕之言，虽然不一定全都正确，但确实有些沙门、道士不守戒律，冒犯神灵，混淆视听。高祖于是下诏命有司淘汰天下僧、尼、道士、女冠，其精勤修行者，迁居大寺观，给其衣食，毋令缺乏。庸猥粗秽者，悉令罢道，勒还乡里。

　　高祖诏命王子们学佛向善，想不到却引发了一场僧道整饬运动。

　　话说长安城东的兴隆街上，有一尹姓人家，刚从外乡迁来，但势力很大，一个院子比普通人家十几个院子还大，门牌楼比附近人家门楼高出半丈。六个一米见方的灯笼一亮一夜，一天烧好几十斤油，让穷人家好生羡慕。这户人家一不当官，二不做买卖，但户主尹阿鼠却生了个漂亮女儿，这个女孩儿不是别人，乃是高祖李渊的宠妃尹德妃。

尹阿鼠年纪不大，三十七八岁，长得一表人才，但不知怎起了这么个名字。人年纪虽不大，但怎么说也是皇帝的老丈人。尹阿鼠也因此变得特别神气，人也很讲究。凡是从兴隆街他门口路过的，走路的得点头，骑马的得下马。附近官吏人等都知道他这个毛病，虽然心里瞧不起他，但大家路过此地，都不敢拿大，毕恭毕敬，规规矩矩。虽然有些费事，倒也相安无事。

这天秦王府兵曹参军杜如晦有事骑马从兴隆街过，老先生住在皇城西边，不懂得兴隆街的这个规矩。见一条街上人也不多，也没有多少买卖，静悄悄的，老先生于是信马由缰，边走边思索一些有关社稷的大问题。

"呔，这什么人？坐在马上头歪得跟蒜瓣似的。"

谁说话这么难听？杜如晦抬头一看，见前边一个大门楼下，一个富绅模样的人，一手端着紫砂壶，一手捻着小胡子，撇着嘴往这里看。杜如晦往旁边瞅了瞅，自言自语道："没有人啊，莫不是骂我的？"

"哎，说谁呢？"杜如晦在马上直着腰大声问。

那人不说话，只是愣着眼在看，身后又偎上几个恶棍似的家丁，杜如晦不知怎么回事，以为这些人神经有毛病，遂不去理会，仍放马前行。

等马驮着杜如晦走到大牌楼门口的路上，那富绅一挥手，几个家丁当即窜过来，像几条恶狗般扑近近前，不由分说，把杜如晦拉下马来，劈头盖脸地打起来。杜如晦学的是文，手上没有功夫，只是用手护着头，大叫："为什么打人？"

"你是什么人？胆敢经过我家门前不下马！"一个家丁往杜如晦身上踹，嘴里不干不净地骂着。

"我是秦王府兵曹参军，赶快住手！"杜如晦高叫。

"打，打！"那个端紫砂壶的家伙站在台阶上指挥着，不屑一顾地说，"什么秦王府兵曹，就是他秦王来了也得让我姓尹的三分。"

杜如晦被结结实实地打了一顿，鼻青脸肿，左手小指头也被折断，坐骑也被姓尹的没收了。他一瘸一拐地来到街口上，招手叫人，叫了半天，才有两个巡逻的甲士跑来，杜如晦亮明身份，要甲士立即将打他的凶手拿下，甲士面呈难色，说："那个端着茶壶，外表长得高大端正的人叫尹阿鼠，是皇宫里尹德妃的亲爹，在东城区这一带无人敢惹。知道你是秦王府的人，我们才赶了过来，换个另外的人，只怕要远远地躲开了。"

杜如晦是何等聪明之人，岂能再争这一时一利的得失？他摇了摇手，又让甲士找一辆车来，先回秦王府再说。杜如晦心里早已盘算好下一步的棋该怎么走，比尹德妃更重要的人都在他的算计之中，何况这逞一时之能、狗仗人势的阿猫阿

济世安民：唐太宗

鼠？不就是折断一根指头吗，等日后脖子我都能给你……

尹阿鼠知道了挨打的是秦王府重要人物——文学馆第一学士杜如晦。想想李世民的盖世武功，阿鼠心里不免有些发怵，但一想到宝贝女儿尹德妃，胆子又壮了起来，决定来个恶人先告状。

"佛，道，儒。儒，道，佛……"御书房里，高祖像洗牌一样把这三个教排来排去，怎么排也不太满意，道教虽弱，但道教的老祖宗老子李聃却也是高祖的老祖宗，道教岂能居别教之下？罢罢，高祖御笔一挥，确定了三教的次序，即道教最先，儒教次之，佛教最后。

"皇上！"一个带着悲声的女声从背后轻轻传来。

"什么事？"高祖正在亲自撰写《大唐宗圣观记》，指头弹着脑壳正在想词儿，想得脑壳发疼，听见有人叫他，颇感恼火。

"皇上。"来的是尹德妃，年仅十八岁的她站在旁边抹着眼泪，一双水汪汪的大眼睛里泪水不停地在里面打转，谁看了也觉得心疼，忍不住牵动心中的柔情。

"怎么了爱妃？"高祖抛下笔，揽过这可心的美人儿。

尹德妃靠在高祖身上，看了看桌上的纸笔，身子轻轻地压着高祖，轻启朱唇："俺看俺还是走吧，皇上在写字呢。都怪俺那不知轻重的爹，好好的洛阳老家不住，非搬来京城，弄得叫人臊了一顿，给皇家丢脸。"

"谁欺负你家了？"

"欺负俺家不要紧，可欺负了俺家就等于欺负了皇上，俺有些对不住这德妃的称号呢！"尹德妃拭着眼泪说。

这小女子年龄虽小，说话却有一套，拐弯抹角，把人往那领。没有点绝招，想在成千上万个美少女中脱颖而出，谈何容易？

高祖扳着尹德妃的脸蛋，刨根问底："欺负你家就等于欺负了朕，谁干的好事？"

尹德妃用香巾沾着眼角，娓娓道出："……前天头午，我爹正在大门口坐着喝茶，过来一个人，往门里东张西望，我爹好心好意，招呼道，'来来，喝口茶再走。'那人一脸傲慢，嘴一撇，说，'谁喝你的破茶！'我爹一听这人说话不善，心说我孬好是皇帝的亲戚，人面前不能丢皇帝的脸面，我爹站起身，'我是尹德妃的父亲，请你说话放尊重些。'那人不听这话则罢，听了这话，拿马鞭一指说，'我乃秦王府的人。没有秦王府的人，还能有你这尹德妃的爹？回洛阳街上卖油条吧！'我爹一听就……"

没等尹德妃说完，高祖的火就上来了："什么鼠辈如此大胆？"

尹德妃纤指往窗外一指，说："就是那个号称秦王府第一文人的杜如晦。"

高祖知道杜如晦，那可不是一般的人物，有才能的人都好捣点乱。高祖对着门口的太监叫道："传秦王！"

秦王没来之前，尹德妃又编一些秦王欺压老百姓的瞎话，高祖听了气哼哼的。高祖的气也鼓起来了，秦王也已到了殿外，尹德妃袖子一甩，从后门走了。

秦王身着轻便白色绣边锦衣，英姿飒爽，一表人才，不像个做坏事欺压人的人。高祖的怒气稍微减了减，停了停才说："听说你左右仗势欺人，常在京城等地惹是生非？"

秦王叩首道："孩儿一向约束严谨，部下从不敢胡作非为，此恐是别有用心之人谣传。"

一听李世民话说得如此肯定，高祖气也上来了，愤愤地说道："朕妃嫔家犹为你左右所凌，何况小民？"

秦王又拜了一下，想说出兴隆街那件事的缘由："事情原本是这样的，兵曹参军杜如晦……"

高祖打断了他的话，不耐烦地说："马上把杜如晦外放，京城里不要他这样的人！"

皇帝话已发出，金口玉言，再申辩也是多余。秦王愣了愣，拜了两拜退了出去。

东都洛阳陕东道行台府后门不远处，有一双龙大酒店，楼上雅座上，一帮山东来的武林高手在大碗喝酒，大块吃肉。坐在主位上的名叫张亮的人，热情地招呼着："吃，吃，吃完到府中喝茶。"

侠客们吃饭大都很快，半个多时辰，如风卷残云，酒菜一扫而光，只剩些空酒坛子乱七八糟地躺在地上。一个叫刘黑子的手一抹嘴，抱拳当胸道："吃得差不多了，张将军有用我等之处，尽管吩咐，从洛阳往东走，一直到东海岸边，都有我青阳派的足迹，所到之处，那真是……"

张亮连连点头，表示相信。他招呼一个随从别忘结账，而后和这一帮酒足饭饱的英雄好汉向斜对面的行台府走去。

五六个一身短打扮、长得稀奇古怪的人，跟在一个长官后边，立即引来许多路人的目光，有知道底细的人说："走在前头的长官是行台府负责洛阳内部保卫的张亮，专搞一些秘密事项。"

有人听了不屑地说："这大摇大摆地搞什么秘密事项？"

张亮确实负责一支一千多人的地下组织，这些人在陕东各地活动，暗中结交豪杰，联络众人，等待时变。

一行人来到行台府后院的一个大厅里，张亮指着一个穿长衫先生打扮的人，对这些山东豪杰说："这是行台府新任司勋郎中杜如晦，从长安带来秦王对大家的问候。"

杜如晦含笑点点头，表示谢意，他先把手一拍，立即有三个从人手端托盘从屏风后走了过来，托盘上各有五六块金砖。

山东大侠们一看，都露出不屑的神色。行侠仗义之人，哪能把钱财看在眼里。

"这是秦王的意思，初次见面，还望笑纳。"杜如晦作一个罗圈揖说。

"这，这，怎么好意思？"金砖犹如刚出炉的烤红芋，大侠们想拿又不好意思拿。张亮走过来，拿起金砖就往各人怀里塞："拿着，拿着，秦王送的东西不拿着反而不好。"

刘黑子一脸无奈的样子，叹息着把金砖收下。其他人一见大哥拿了，也就不再客气了。

言归正传，杜如晦简略说了一下当前的形势和任务，要求几位大侠多多联络，时刻做好准备，去执行秦王的命令。

各位大侠手拿金砖，朗声答应，张亮又叫过一个叫王保的副将，对大家说："各位豪杰以后直接找王保联系。"

没有不透风的墙，张亮等人的频繁活动，引起了东宫情报人员的注意。情况迅速反映到太子李建成那里，李建成高度重视，专门找李元吉商议此事，决定由李元吉罗列秦王府罪状，出面告发。

武德九年（626年）三月，高祖游幸昆明池。李元吉带着搜集的证据，直接闯行宫后苑找高祖告御状。

绕过荷花水榭，远远见高祖指手画脚地和张婕好说话，好像有什么事。李元吉悄声问引路的内侍："皇上有事？"

近侍半捂着嘴，小声说："洛阳东下苇口子有五十六顷良田，让张婕好的父亲看上了。张婕好为他父亲奏要了这块地，哪知张婕好的爹拿着皇上的手诏要地时，却让淮安王李神通捷足先登占去了。"

"李神通敢违抗手诏？"李元吉问。

"抗诏倒不敢明说，淮安王耿得很，说这几十顷地是秦王赠予他的，秦王的教令比手诏先下达，因此坚决不给。这不，张婕好正跟皇上哭诉呢。"

李元吉攥了攥袖筒里的密奏，暗笑道："光张婕好这一件事，就够你李世民喝一壶了。"

李元吉在水榭这边故意探头探脑，迟疑不前。正在气头上的高祖看见了他，不高兴地问："你又干什么？"

李元吉这才快步走过去。张婕好看了他一眼，抹抹眼泪，摇摇摆摆地走了。

"父皇。"李元吉叫一声，收回盯着张婕好的目光，从袖中掏出奏折递过去，"父皇，出大事了。"

高祖板着脸不说话，也不去接那奏折。本来天下无大事，高祖年纪也大了，喜欢到近处走走。他来昆明池玩的，没想到这婕妤那贵妃的竟有这么多烦心事。

　　李元吉抖抖奏折，煞有介事地说："秦王委派将领张亮统左右王保等千余人，阴结山东豪杰以俟变，且多出金帛，恣其所用。其反心昭然，这股势力如不及时铲除，恐怕……"

　　高祖一听，眼睁得好大："真有此事？"

　　"千真万确，千真万确。"

　　这不是一件小事，有影没影先把人抓起来再说，高祖一指旁边的近侍："去通知御史台，马上去洛阳把张亮抓起来，严加审讯，如情况属实，严加惩处。"

　　近侍答应着去了。李元吉心中暗喜，往前走半步，适时地再往李世民身上踏一脚，压低声音对高祖说："张亮只是个小卒子，幕后的关键人物是秦王。他的左右多是山东人，多少年来就在山东一带聚集地方势力，以形势险要的东都洛阳作为据点，总有一天会与长安分庭抗礼，到那时候可就天下大乱了。儿臣思考来思考去，为千秋基业之计，不如极早把秦王除掉！"

　　李元吉右手下意识做了一个砍头的姿势，高祖不吭声，好像有点儿反感。李元吉也自觉这个手势做得有些过火，停了一会，见高祖表情仍很严肃，不说话。李元吉弯着腰悄悄地告退了，走出了很远，笑出声来，心说：老爹你自己好好想想吧。等除了李世民，李建成就不在话下，我一个动作就把他放倒了。

　　李元吉走后没多久，裴寂、封德彝又来找高祖叙话，两人是随驾而来的。君臣三人扯了一会家常话，高祖不由自主说了几件秦王不应该的事。高祖有些伤感地说："此儿久典兵在外，为书生所教，非复昔日子也。"

　　"是啊，"裴寂附和着，"人的优点也是人的缺点，秦王作战勇猛，善于排兵布阵，但自高自大，从来没有把谁放在眼里，有时连皇上也……"

　　裴寂末一句没说完就不说了，这是他裴寂一贯的风格，话让人听出意思来，又不全说出来。

　　封德彝也表现出一副忧心忡忡的样子，说道："秦王倚仗有大功，不甘心处在太子之下，如果不立他当太子，希望早点作出安排。"

　　高祖不说话，拿眼看着裴寂，意思要裴寂发表意见。裴寂想了许久，好像是经过一番深思熟虑："太平盛世，也不需要秦王来领兵打仗了。不如封秦王一个逍遥王，削其全部官职和兵权。限定一个地方让其终老一生，这样于国于家都有利。"

　　高祖听了，并不点头认可，但心里有了罢黜秦王的念头。转过一天，高祖召来萧、陈叔达，想听听这两个直性子人的意见。

济世安民：唐太宗

话一开头，高祖刚要把罢黜秦王的话说出来，陈叔达就第一个站出来旗帜鲜明地表示反对："秦王有大功于天下，绝对不可黜，且他性情刚烈，若加挫抑恐不胜忧愤，或有不测之疾，陛下悔之不及！"

说得有些道理，高祖仍不服气，又提起张婕妤父亲要地那件事，气呼呼地说："这小子也太不像话了，朕的手敕不如他的教令了。"

萧接过话头说："此事事出有因，应另作别论。秦王以英名行事，处事端正，从未有什么违规的行为，一些枝节也是一些别有用心的人信口说出。"

高祖心里拿不定主意，罢黜秦王的念头也渐渐地消了下去。

不打仗了，李世民的大半心思要用在怎样对付东宫和齐王府上。除派张亮做陕东工作外，还在秘密策反李建成、李元吉的手下。这天下午，下着毛毛细雨，李世民一身便装，乘着一顶不起眼的小轿，悄悄来到长孙无忌家中。

长孙无忌早早在角门口接着，两人是妹夫舅子关系，用不着多客气，李世民问："人来了吗？"

"来了。"长孙无忌前头带路，引李世民一路曲里拐弯来到后院。后院西北角落柴禾垛旁，有一间杂物房，长孙无忌推门让李世民进去，好家伙，里面豁然开朗，装饰精致，桌椅床凳一应俱全，密室建得不错，李世民满意地点了点头。

密室没有窗户，几支大白烛燃得正旺，照得四壁亮闪闪的，靠墙案几旁边的太师椅上，早有一个人。见有人进来，忙站起身来："秦王殿下。"那人认清了来人，就要跪下行礼，李世民紧走两步，一把扶住。

"这是太子率更寺内率更令丞王晊，"长孙无忌介绍说，"早已是我们的老朋友了。"

"请坐，坐下说。"李世民客气得不得了，亲自拉过椅子让给王晊。

王晊并没有显得受宠若惊，还一个礼，待秦王坐下，自己才从从容容坐下，静听秦王发话。

"前次差长孙先生送去一些薄礼，率更令丞为何又退了回来？"李世民微笑着问。

王晊答道："晊职为太子率更令丞，收受殿下金银于理不合。"

这话表面光滑，却有些痰气。身为太子的人，私谒秦王难道于理应当？李世民笑着问："那率更令丞为何又帮我呢？"

"晊一向佩服殿下，感殿下德威，心向殿下，为义而不为财也。"

这话李世民爱听，他连连点头，向王晊简略谈了谈目前形势，谈了谈他与太子、齐王府的过节，王晊很明白这事，悉心听教。李世民见对方很诚实，又情不自禁许愿道："率更令一心向我，他日必有厚报之时！"

王晊看了一眼长孙无忌，说："此处没有外人，容晊直言，东宫及齐王府私

养骁勇，多达数千人，就在京师的军事实力而言，东宫加上齐王府要比秦王府强大，殿下若想在非常时期掌握主动权，必须在玄武门将领身上下功夫。"

王晊当是聪明人，一语道破关键。玄武门即宫城北门，地位重要，是中央禁卫部队屯守之所，控制玄武门，即把握了宫城的命脉。李世民老谋深算，早有此意，且已着手开展这方面的行动。但他仍显得有些不解地问王晊："玄武门门卫将领常何是东宫旧属，恐难以争取。"

王晊拱手道："殿下记得吗？年上在东宫饮酒呕血时，淮安王抱殿下避往西宫，紧急之时，即是常何放行。若他忠于太子，定不会放过殿下的。常何虽随太子平定过河北，我观此人，私下还是敬慕殿下的。"

拉拢常何的工作，李世民已做得差不多了，今天王晊提起这事，李世民装作不明白，顺便又问了一些常何的事。

又聊了一些别的话，王晊怕离开东宫久了有人怀疑，先告辞走了。李世民和长孙无忌就在密室摆开酒菜，密谈起来。说起李建成的猜忌和李元吉的蛮横，长孙无忌挑明话头说："当今之势，非你即我，非生即死。殿下仁厚，不愿'骨肉相残'，但东宫、齐王府却时刻准备'骨肉相残'。先下手为强，后下手遭殃，反正是下手，还不如早下手！"

长孙无忌直言不讳地阐明了自己的心意，李世民早已在心里想过，要想实现自己君临天下的抱负，只有策动政变；政变的第一步就要杀掉李建成、李元吉。骨肉相残，这是怎样一个局面？李世民在心里千思万想过。干，就要成功，若不成功，徒落个千古骂名，惹四海耻笑，可谓是成者王侯败者寇。

即使在舅子兼心腹面前，李世民也表现得很含蓄，他沉默了一会说："先把准备事项做扎实，时机成熟后再说。"

两人又讨论了一些常何的问题，决定加快收买玄武门的其他将领，通过种种渠道，把秦王府私蓄的勇士安插到羽林军中去。

正讨论得起劲时，密室里的暗铃响起。有人要来，长孙无忌走过去打开门，长孙的舅舅高士廉走了进来。高士廉职任雍州治中，是秦王府的心腹，亲戚连亲戚，他此时来密室，必有要事相告。

"殿下，"高士廉施一礼说，"据御史台的内线说，皇上敕令御史台抓了张亮来京师讯问。"

李世民心里一惊，和长孙无忌交换了一下眼神，果断地对高士廉说，"这一定是东宫、齐王府捣的鬼，马上差人传话给张亮，让他什么话都不要说，我自想法救他。"

高士廉点点头，即刻告辞走了。

御史台高层自然有李世民的人，使上金银以后，又加上张亮终无一言，御史台只得行文上奏，言张亮结交山东豪杰、图谋不轨之事查无实据。高祖阅后，只得批了个"允其返回洛阳"。

李元吉见一个小小的张亮也陷害不成，心中暴躁，跑到后宫，张嘴就对高祖说："李世民当杀！"

高祖知三胡办事毛糙，拍了拍他说："三兄弟中你年龄最小，朕内心偏爱于你，此种杀兄害弟的话若出自别人口，朕定不饶他。再说你二哥有定天下之功，又没有别的大罪，不能诛杀无辜。"

李元吉梗着脖子说："当年东都初平时，老二瞻前顾后，不还长安，又散钱帛以树私恩，又违敕命，夺张婕好父田，不把父皇放在眼里。其反状已露，理当诛杀，何谓无罪？"

高祖叹了一口气，拉三胡坐下，说："你兄弟三个，什么时候能和睦相处，我大唐就没有憾事了。朕死也能瞑目，这一点你要理解父皇的心啊！"

李元吉见说不动父皇的心，又转想别的点子，说："世民长期带兵，心比天高。其左右幕僚为了封侯入相、出人头地，总想让李世民入主天下，找空就劝其策动政变。记得父皇说世民被'书生所累'，儿臣观房玄龄、杜如晦非平凡之辈，他俩和李世民在一块，早晚得出事。"

此话高祖听了觉得对味，闷着头想了一会儿。李元吉见说到父皇的心坎上，于是告退，转而找尹德妃去了。尹德妃是李渊的最爱。李元吉心想：让她吹吹枕头风，不愁房、杜二人不倒。砍去李世民这两只手，找机会再把尉迟敬德、程咬金等猛将调离秦王府，又等于砍去李世民的两只脚。无手无脚之人，纵有天大的本事，还不是我李元吉桌上的一道菜？